南开大学年鉴

2003

南开大学办公室　编

南开大学出版社
天　津

图书在版编目（CIP）数据

南开大学年鉴．2003/南开大学办公室《南开大学年鉴》（2003）编辑委员会编．—天津：南开大学出版社，2004.10
ISBN 7-310-02196-7

Ⅰ.南… Ⅱ.南… Ⅲ.南开大学－2003－年鉴
Ⅳ.G649.282.1-54

中国版本图书馆CIP数据核字（2004）第103731号

出版发行 南开大学出版社
地址：天津市南开区卫津路94号　　邮编：300071
营销部电话：(022)23508339　23500755
营销部传真：(022)23508542
邮购部电话：(022)23502200
出版人 肖占鹏
承　印 天津市蓟县宏图印务有限公司印刷
经　销 全国各地新华书店
版　次 2004年10月第1版
印　次 2004年10月第1次印刷
开　本 889mm×1194mm　1/16
印　张 32.625
插　页 12
字　数 830千字
定　价 85.00元

2月1日，中共中央政治局委员、天津市委书记张立昌给数学大师陈省身先生拜年。

9月9日，天津市委副书记、市长戴相龙，天津市副市长张俊芳慰问李正名院士。

11 月 3 日至 4 日，中国共产党南开大学第七次代表大会隆重召开。

2 月 20 日，召开 2003 年工作会议。

9 月 17 日，著名华人科学家、诺贝尔物理奖得主杨振宁先生来我校为师生做演讲。

10 月 20 日，英国皇家学会前会长、数学家阿蒂雅教授做客“南开名人讲座”。

10 月 31 日，著名作家王蒙被聘为我校兼职教授，并做客“南开名人讲座”。

11 月 10 日，载人航天工程先进事迹报告团与天津高校师生座谈会在我校举行。

3 月 14 日，文学院、历史学院、哲学系“国家文科基础学科人才培养和科学研究基地”正式挂牌。

1 月 11 日，我校与大港区人民政府签订合作建设伯苓学院协议。

9月1日，我校与IBM、Intel联合举行新闻发布会，宣布将联手建造目前国内最先进的超级计算机——“南开之星”。

8月13日，科技部、教育部国家大学科技园专家组来我校验收大学科技园建设工作。

12 月 22 日，南开大学云南研究院在云南大学揭牌。

10 月 18 日，举行泰达应用物理学院成立典礼。

12月1日，“知识转换与社会改革”国际学术研讨会在我校举行。

4月3日，“面向21世纪的美国和中国”国际学术研究会在我校开幕。

6月20日至30日，伊朗文化艺术展在我校举行，天津市副市长张俊芳、伊朗驻华大使费雷敦·韦尔迪内·贾德出席开幕式。

11月15日，第二届公司治理国际研讨会在我校召开，全国人大常委会副委员长蒋正华、天津市长戴相龙出席开幕式。

10月13日，举行纪念梁启超诞辰130周年暨“梁启超与近代中国社会文化”国际学术研讨会。

11月8日，举行纪念陈序经诞辰一百周年学术研讨会。

12 月 30 日，召开文科研究优秀成果颁奖大会。

12 月 8 日，召开纪念吴大任诞辰 95 周年暨《吴大任教育与科学文集》出版座谈会。

12月6日，京津晋高校大学生纪念改革开放25周年暨第二届高校大学生学习“三个代表”重要思想研讨会在我校举行。

1月10日，召开第四届教职工代表大会第二次会议。

6 月 25 日，“聚散天涯，依依南开”欢送 2003 届毕业生文艺晚会。

4 月 19 日，学生合唱团“雅韵清歌”世界奥林匹克合唱比赛获奖汇报演出在天津音乐厅举行。

5 月 9 日，启动“阳光五月”“自爱、爱人，护我南开”主题月活动。

10 月 24 日，2003 年田径运动会。

编辑说明

《南开大学年鉴》(2003)是反映南开大学2003年基本情况和改革发展的史料性文献资料。

本《年鉴》共分18部分，包括2003年重要工作、特载、学术人物、机构与负责人、学科建设、教育教学、科学研究、教学科研服务及相关机构、行政管理工作、基建与后勤保障、党建与思想政治工作、群众工作、院系所情况、附属单位、表彰与奖励、毕业生名单、2003年大事记、2003年新闻媒体报道南开大学主要消息索引。

本《年鉴》所收录的资料主要由各相关单位提供。

本《年鉴》由南开大学办公室组织编写。

在编写过程中，得到了各有关单位的大力支持，原副校长王文俊对编写工作提出了很多宝贵意见，在此谨表衷心感谢。

编　者

2004年7月

目　　录

2003年重要工作

特　　载

学术人物

机构与负责人

学科建设

教育教学

科学研究

自然科学研究

社会科学研究

教学科研服务及相关机构

图书馆

档案馆

出版社

学报编辑部

网络信息与教育技术管理中心

行政管理工作

办公室工作

战略发展规划工作

国际学术交流与合作工作

人事工作

离退休工作

财务工作

审计工作

党建与思想政治工作

群众工作

院系所情况

附属单位

表彰与奖励

毕业生名单

2003 年大事记

附　录

2003 年重要工作

防控非典工作

基本情况

非典疫情在天津的发生给学校各方面工作带来了很大的冲击，也使学校承受了巨大压力，正常的教学科研和其他工作都受到很大冲击和影响，防控非典的任务十分艰巨。面对严峻复杂的非典形势，学校上下团结一致，万众一心，积极响应中央和天津市委的号召，突出讲政治、讲科学、讲大局，以高度的政治责任感和为群众负责的精神，沉着应对，妥善处置，有效地控制了局面，使得学校未受非典侵袭，保证了学校的稳定局面和改革发展各项工作的正常进行。

抗击非典期间，学校共有滞留外地学生689人，天津市在家学生2445人，校内共有发热学生233人，经医院鉴别处理439人次，非典患者1人，在指定医院接受观察治疗人员8人，与其密切接触人员49人，隔离观察人员560人，儒苑西学生公寓流感爆发，仅三周时间就有76人发高烧，经反复调查了解，查明了原因，经多次采取消毒、防护等措施控制住了病情。

面对复杂的非典形势，学校采取了一系列有效措施：

1.快速反应，建立学校和各院（系）、各部门二级防控非典领导机构。非典疫情在天津出现后，学校领导班子就敏锐地意识到问题的严重性、复杂性和艰巨性，专门成立了以党委书记、校长任组长，常务副校长任副组长，主管学生工作副书记和主管后勤工作副校长参加的学校防控非典工作领导小组，下设防控非典办公室。学校防控非典领导小组每天召开专门会议，研究非典情况，部署工作。学校各院系、各单位相继成立了防控非典工作领导小组，组织落实本单位的防治非典工作。学校实行24小时值班制度。

2.采取一系列坚决果断措施，阻断非典传入校园。4月21日，学校召开紧急会议部署非典防治工作，制定了南开大学防治非典工作预案。拨出专款200余万元用于防治非典工作，为学生购置口罩3万个，温度计5500支。对教室、宿舍、图书馆、实验室、食堂、校园内交通要道、家属区和校内公共场所进行定期消毒，共使用消毒液3.15万公斤。为校医院紧急购置物资设备，创造条件，做好非典防治工作，购买隔离服250件。做好发热学生和其他患病学生的治疗工作，一旦出现发热学生，院系学生工作干部、校医院医生、导诊员同时以最快的速度赶赴现场，护送学生到医院就诊。进一步加强校园管理，严格实行凭证进入校园制度，严禁校外无关人员和车辆进入校园，并对进入校园者进行体温测试，阻止校外车辆进入校园1.5万余辆次，阻止校外无关人员进入校园2万余人次。将教学区与家属区分离管理，凭证进入教学区，严禁无关人员进入教学区。学生凭宿舍出入证进入教学区和公共场所，为此专门赶制

13000张出入证。在学生宿舍极为紧张的情况下，腾出一、二宿舍作为隔离观察区，对发热学生进行隔离观察治疗。搞好校园环境卫生，清理各种垃圾1000吨，清整地面2000余平方米。关心外来务工人员的安全与健康，采取多种措施做好外来务工人员和民工的防治非典工作，制定并实施外来务工人员防控非典七大措施。与学府街建立密切联系，为居委会提供计算机、防护用品等物资条件，共同做好家属区的防治非典工作。卓有成效地开展思想政治工作，构建学生思想政治工作"四级管理"网络：第一级，学校领导亲临学生工作第一线进行指挥，并经常深入到学生宿舍区做学生的思想工作。第二级，学生工作队伍时刻保持与学生的联系，反复做学生的思想工作，随时解决他们遇到的问题和困难。第三级，宿舍管理人员发挥与学生密切接触的优势，配合学校做学生的思想教育工作。第四级，学生党员和学生骨干发挥模范作用，带领学生进行自我管理和自我教育。"四级管理"在教育学生服从学校统一安排，稳定学生情绪，以积极健康的心态面对非典的挑战，维护校园稳定等方面发挥了巨大作用。注重人文关怀，热情关心患病学生、隔离观察学生和一线工作家属以及在家中进行隔离观察教职工的身体健康和生活情况，通过慰问、捐助、心理调适、帮助他们解决生活中遇到的问题和困难等多种形式，表达学校对他们的关心和爱护，为隔离观察学生免费供餐10200人次。广泛开展爱校护校活动和各种文体活动，强身健体，活跃校园气氛，丰富学生业余生活，举办了"自爱、爱人、护我南开"和"青春飞扬，爱我南开"大型系列文体活动。由于措施得力，有效地阻止了多种潜在传染源传入校园，校园内没有发生一例非典病例，保证了校园的稳定和师生的生命安全。只有一例非典病例发生在家中，但未传入校园。

3.坚决执行教育部提出的"教师不停课、学生不停学、师生不离校"的要求，精心组织安排教学计划，适时调整教学方式，采取网上教学、远程教学、电话辅导、学习伙伴等多种形式进行教学活动，保证了学校教学工作的基本正常进行。关心外籍教师和留学生的身体健康，专门成立了由分管外事的副校长任组长的工作领导小组，负责外籍教师和留学生的防治非典工作，妥善安排他们的生活、学习和健康检查。在全国疫情严重时期，根据日方要求，以最快的速度为在我校进行现地教学活动的200多名日本留学生办理了回国手续，并派出十余名教师随同赴日本继续上课。

4.坚持"两手抓"、"两个不放松"。一手抓防治非典，一手抓改革和事业发展，特别是从5月中旬开始，更加大了对教学科研、学科建设、基本建设、学生就业、招生宣传和党建工作的力度，使非典造成的损失减到了最小。采取网络教学、远程教学、电话答疑等灵活的教学方式进行教学；采取返校答辩、网上答辩、电话答辩等多种形式对各类毕业生论文进行答辩，保证毕业生按时毕业；动员任课教师、研究生导师共同做好毕业生就业工作，大大提高了就业率；通过报纸、电视、互联网、电话及邮寄招生简章等多种形式进行招生宣传，保证招生宣传工作的顺利进行；积极推进精品课程和名师、名教材建设；克服困难，力保在建工程项目如数学研究中心、蒙民伟楼、学生宿舍楼、MBA中心等重点项目不受影响，目前工程进展顺利，并未因非典而拖延；学校第七次党代会筹备工作进展顺利，党代表选举、两委委员候选人推选工作已顺利结束，其他准备工作都在有条不紊地进行推进。

5.高度重视信息工作，建立了反映灵敏、运转协调、灵活高效的联动信息工作机制，保证了学校与各院系、各单位信息的畅通。防控非典办公室在校园网、有线台、《南开大学报》、宣传橱窗等及时发布学校防控非典信息，通报师生病况、学校的举措、有关规定、要求、须知等，让广大师生充分了解学校抗击非典的各方面情况，增强抗击非典、战胜非典的决心和信心，并专门制作了7期《情况通报》发到学生宿舍和教职工家中。在校园网、有线台开设“众志成城”栏目，编发17期信息，及时宣传为抗击非典做贡献的先进人物和先进单位的先进事迹，树立榜样，鼓舞士气，凝聚力量。

6.各级党组织积极发挥政治核心作用和战斗堡垒作用。各级党组织和党员在抗击非典斗争中发挥了巨大作用，经受住了严峻的考验，涌现出了一批优秀的基层党组织和优秀党员。全校呈现出哪里有困难，哪里就有党员，哪里有思想问题，哪里就有党组织的思想政治工作的新局面，很多宿舍中贴出“有困难找党员”的标志，并公布党员名单。后勤管理办公室和后勤集团充分发挥党组织的政治核心作用，组织医护人员和后勤保障人员不顾个人安危，积极投入到学校抗击非典的第一线，精心为发热学生和隔离观察学生做好治疗与服务工作。校医院党支部充分发挥战斗堡垒作用，积极采取措施，及时制定预防治疗方案。多次召开党员大会进行动员，全体党员都向党支部递交了请战书，积极要求到一线工作，到最艰苦、最危险的岗位上去。许多党员在请战书中表示：“我是医务工作者，更是党员，现在是党和国家需要我们的时候，无论付出何等代价，甚至生命，也一定保证全校师生员工的身体健康。”在党员的带领下，全院医护人员情绪高昂，纷纷递交请战书，表示坚决打赢这场没有硝烟的战争，很快组建了三个梯队投入到抗击非典斗争中，以实际行动实践了他们的诺言。党委学生工作部认真组织学生工作干部做好学生抗击非典工作，做好学生的思想政治工作，特别是对隔离观察学生做了大量的思想工作，并进行有针对性的心理咨询和调试，缓解了同学们的心理压力，增强了战胜非典的信心和决心，顺利度过了困难时期，没有一个学生因隔离观察发生意外情况。信息学院“强军计划”党支部由来自部队的60名军官组成，他们主动承担了学生公寓的值班任务，昼夜查宿，保证了学生的健康和安全；积极参加学校的各项公益活动，帮助学生解疑释惑，消除恐惧心理；做发热学生思想工作，使他们主动就医并自觉接受隔离观察，为学校防治非典工作做出了重要贡献。校园环境服务中心负责校本部、迎水道校区、龙兴里和兴南小区的外环境消毒，以及校本部家属区消毒，危险区域突击消毒，隔离观察区垃圾消毒清运等。为了消除职工顾虑，稳住队伍，中心领导率先垂范，每次都亲临现场参与作业，每当有疫情发生，总是以最快的速度赶到现场及时、彻底地进行消毒作业。每天派专人负责隔离观察区3栋宿舍楼垃圾的消毒、清理。为保证校园的清洁、卫生，战胜非典做出了应有的贡献。

7.以社会为己任，发挥科研优势，做好防治非典科技攻关。启动近50项防治非典科研项目，有多项成果被人民日报、人民日报内参、新华社内参和政府部门采用。

(1)法政学院赵正群教授撰写的《改进抗典信息发布制度的一项建议：将需要公众了解的通知改为通告》，被新华社(内参)采用。撰写的《抗击“非典”与法治系列评论》，由《人民法院报·法治时代周刊》《抗击“非典”与法治》专栏连续刊登。

(2)国际商学院申报的“SARS的社会经济影响及应急管理对策研究：基于社会资本理论与影响深度评估的社会组织治理”获得国家自然科学基金委员会资助，也是天津市唯一的一项针对SARS问题的国家级研究项目。

(3)经济学院组建“外部冲击评估与对策研究组”，并根据研究内容组成了七个子课题组，分别就“非典”对中国消费、投资、贸易、现代物流、股市、保险、引进外资、旅游等方面展开深入研究。该报告作为内参通过人民日报转给中央有关部门。

(4)经济学院“SARS对天津经济社会的影响与对策研究”课题组完成《非典研究要报》

21 份，其中有 3 份刊载或摘载于市政府《参阅资料》、《经济日报》、《中华工商时报》。

(5)生命科学学院俞耀庭教授接受国家卫生部卫生技术监督局委托，研制成功一套在恒定压力下测定无纺布对合成血液的渗透性的装置，主要用于检测医务人员在防治“非典”第一线所穿的防护服的隔离性能，监测其能否防止病人血液的渗透。为防治非典发挥了重要作用。

(6)软件学院与南开基因公司受天津市卫生局委托，共同开发出一套 SARS 疫情上报、统计、分析系统。

(7)法政学院心理学研究中心对天津市五所高校大学生的 336 名大学生，44 名教师的心理和行为反应进行调查，形成调查报告。对开展抗击非典有关工作具有较大的指导意义。

抗击非典工作取得的成绩与经验

防控非典工作取得了很大成绩，校园内没有发生一例非典病例，师生的生命和身体健康没有受到损害，没有因非典而产生其它不良后果，没有因非典影响毕业生就业率，没有因非典明显影响工程建设进度，校园秩序井然有序，各项工作都已恢复正常。学校的一些经验和做法得到了上级领导机关的充分肯定，其中，“采取切实措施解决儒苑西学生公寓发烧学生增多问题”引起国务委员陈至立、教育部长周济重视并做批示；“南开大学采取七项措施，做好外来务工人员非典防治工作”、“南开大学认真做好被隔离学生的思想工作”、“南开大学做好毕业班返校学生工作”等被教育部编入简报；“南开大学利用网站教学辅助功能实现教师不停课，学生不停学”被编入教育部《教育要情》；“南开大学认真做好被隔离学生的思想工作”、“南开大学启动 1+1 伙伴学习计划”被教育部非典办转发。“南开大学在防控非典斗争中，充分发挥党组织的战斗堡垒作用和党员的先锋模范作用”被天津市委教委工委、市教委采用。

这些成绩的取得关键在于，学校党委始终把师生的安危放在第一位，把保护师生的生命安全作为我们的根本指导思想；加强党的领导，充分发挥政治优势，发挥党组织和党员的突出作用；发挥思想政治工作的巨大威力；关键时刻，领导干部带头，党员带头，身先士卒，冲锋在前；全校动员，同舟共济，共赴危难；得到了教育部党组和天津市委、市政府的大力支持、指导和帮助。正是因为有了这些，才取得了抗击非典斗争的重大胜利。

南开大学第七次党代会

会议情况

中国共产党南开大学第七次代表大会于2003年11月3日至4日召开。

11月2日下午，在东艺系演播厅召开预备会议。预备会议由校党委副书记孔繁丰同志主持。224名大会代表出席会议。会议听取了薛进文同志代表党代会筹备工作领导小组所作的中共南开大学第七次代表大会筹备工作的汇报，听取了吴本湘同志代表党代表资格审查小组所作的中共南开大学第七次代表大会资格审查的报告，审议通过了大会主席团成员和秘书长名单。薛进文同志作为第七次党代会主席团第一次会议推举的主席团召集人主持审议通过了大会议程、日程及大会选举办法，通过了新一届党委委员和纪委委员预选候选人的建议，通过了选举监票人、计票人等。

11月3日至4日，中国共产党南开大学第七次代表大会在东艺系演播厅隆重召开。来自全校28个代表选举单位的239名代表组成12个代表团出席大会。学校非党代表的本届党委委员、纪委委员，原校级党政负责人，党员中层正职干部，我校在全国人大、全国政协、天津市人大、天津市政协及在民主党派中担任全国和市级领导职务的部分党员同志应特别邀请出席大会。党外中层正职干部，我校在全国政协、市人大和市政协任职的党外人士，我校的天津市民主党派主要负责人及校内民主党派主要负责人，教代会、工会、共青团、学生会、研究生会、博士生会主要负责人作为嘉宾应邀出席大会。校长侯自新主持大会。党委书记薛进文代表校党委作工作报告。应邀出席大会并在主席台就座的领导同志有：中共天津市委副书记邢元敏，市委常委、市委教卫工委书记陈超英，中组部三局李锋副局长，教育部人事司彭新实处长，原天津市人大常委会主任、原校党委书记张再旺，原天津市人大常委会副主任、原校党委书记李原，原校党委书记洪国起，中共天津市委组织部副部长张云鹏，市委教卫工委副书记杨希禄等。

中共教育部党组发来贺信，天津市委常委、市委教卫工委书记陈超英代表中共天津市委在开幕式上讲话。

这次大会的主题是：高举邓小平理论伟大旗帜，以“三个代表”重要思想为指导，总结第六次代表大会以来学校党委的工作，研究我校当前面临的形势，确定新一届党委的主要任务，加强和改进党的领导，进一步动员全校各级党组织和全体共产党员，团结带领全校师生员工，统一思想，振奋精神，抢抓机遇，深化改革，坚持创新，为全面建设国际知名的高水平大学而努力奋斗。

校党委书记薛进文在大会上作了题为《以"三个代表"重要思想为指导，深化改革，坚持创新，为全面建设国际知名高水平大学而奋斗》的报告。确定了学校发展的战略目标，即到2010年前后，把南开大学建设成为规模适度、结构合理、特色鲜明、国际知名的高水平大学，使其在教育质量、学术水平和整体办学实力上有显著提高，某些优势学科达到国际先进水平，成为我国高层次创造性人才培养、知识创新和服务经济建设与社会发展的重要基地。再经过几个"五年计划"的努力和艰苦奋斗，跻身世界一流大学的行列。

会议明确了今后一个时期全校工作的基本要求，即以"三个代表"重要思想为指导，加强党的领导，坚持社会主义办学方向，进一步解放思想，实事求是，与时俱进，开拓创新；坚持"求精、求强、注重特色"的方针，处理好内涵提高与外延发展的关系、重点与一般的关系，有所为有所不为；坚持深化改革，抢抓机遇，实施超常规、跨越式发展；坚持面向全国服务的同时，围绕天津市"三步走"发展战略更大程度地参与和服务于地方经济建设和社会发展；坚持继承和发扬南开优良传统，形成新的办学特色；坚持贯彻规模、结构、质量和效益相统一的原则，进一步强化管理，把提高质量和优化结构放在突出位置。

今后几年，要着重做好六个方面的工作：全面贯彻党在新世纪的教育方针，培养和造就德智体美全面发展的高素质人才；以学科建设为龙头，凝炼学科方向，加强科技创新，大力引进和造就高水平人才，不断增强学校的核心竞争力；加强对外交流与合作，加大对外开放步伐，加快国际化进程；以创新为动力，加快体制改革步伐，提高管理水平和管理效益；抓住机遇，改善办学条件，为建设国际知名高水平大学提供坚实的物质基础；加强政治文明和精神文明建设，不断增强学校的凝聚力。

经过各代表团充分、热烈的讨论，大会通过了《关于中共南开大学第六届委员会工作报告的决议》，通过了《关于中共南开大学纪律检查委员会工作报告的决议》，并对第六届党委的工作和纪委的工作给予了充分肯定。大会号召，全校各级党组织、全体共产党员和师生员工，更加紧密地团结在以胡锦涛同志为总书记的党中央周围，在教育部和天津市委、市政府的领导下，以"三个代表"重要思想为指导，坚持党的基本路线，全面贯彻党在新世纪的教育方针，解放思想，深化改革，再接再厉，同心同德，与时俱进，开拓创新，为全面建设国际知名高水平大学而努力奋斗！

大会选举产生了中共南开大学第七届委员会和新一届纪律检查委员会。25人当选为新一届党委成员，中共南开大学第七届委员会委员是：龙以明、朱光磊、乔以钢、刘育、刘景泉、关乃佳、孙骞、杨庆山、杨克欣、佟家栋、张静、张东升、张玉林、张式琪、陈洪、陈学奇、周立群、冼国明、赵秀清、郝邦增、侯自新、逄锦聚、耿运琪、高怀英、薛进文。中共南开大学新一届纪律检查委员会委员是：于莉、叶向明、孙广平、苏明辉、李晓肃、张式琪、张景荫。

11月4日下午，中共南开大学第七届委员会召开第一次全体会议。校第七次党代会秘书长吴本湘同志受中共南开大学第七次代表大会主席团委托，宣读了《关于中共南开大学第七届委员会第一次全体会议召集人的决定》。薛进文同志作为中共南开大学第七届委员会第一次全体会议召集人主持会议。23位党委委员出席会议。

会议宣读了关于中共南开大学第七届委员会常务委员会委员、书记、副书记候选人的建议；通过选举办法，推选监票人和计票人；选举中共南开大学第七届委员会常务委员会委员；选举中共南开大学第七届委员会书记、副书记；审议关于中共南开大学纪律检查委员会书记、副书记选举结果的报告。会议选举朱光磊、刘景泉、关乃佳、杨庆山、张静、陈洪、陈学奇、侯自新、逄锦聚、耿运琪、薛进文为常务委员，薛进文为党委书记，张静、杨庆山、刘景泉为党委副书记。

11月4日下午，由中共南开大学第七次代表大会选举产生的中共南开大学纪律检查委员会召开第一次全体会议。校第七次党代会秘书长吴本湘同志受中共南开大学第七次代表大会主席团委托，宣读了《关于中共南开大学纪律检查委员会第一次全体会议召集人的决定》。张式琪同志作为中共南开大学新一届纪律检查委员会第一次会议召集人主持会议。7位纪委委员出席会议。会议选举张式琪为中共南开大学纪律检查委员会书记、叶向明为副书记。

南开大学第七次党代会文件目录

1.中共教育部党组的贺信

2.在南开大学第七次党代会上的讲话(陈超英)

3.《以“三个代表”重要思想为指导,深化改革,坚持创新,为全面建设国际知名高水平大学而奋斗》——在中国共产党南开大学第七次代表大会上的报告(薛进文)

4.中共南开大学纪律检查委员会向中共南开大学第七次代表大会的工作报告

5.中共南开大学第六届委员会关于党费收缴、使用和管理情况的报告

6.中共南开大学第七次代表大会关于第六届委员会报告的决议

7.中共南开大学第七次代表大会关于纪律检查委员会工作报告的决议

8.中共南开大学第七届委员会委员名单

9.中共南开大学纪律检查委员会委员名单

10.中共南开大学第七次代表大会议程

11.中共南开大学第七次代表大会日程

12.中共南开大学第七次代表大会主席团成员和秘书长名单

13.中共南开大学第七次代表大会主席团召集人和常务委员名单

14.中共南开大学第七次代表大会执行主席名单

15.中共南开大学第七次代表大会秘书处工作任务和机构设置

16.关于成立中共南开大学第七次代表大会代表资格审查小组的决定

17.中共南开大学第七次代表大会代表资格审查报告

18.中共南开大学第七次代表大会代表团组成

19.中共南开大学第七次代表大会选举办法

20.中共南开大学第七次代表大会选举党委委员、纪委委员监票人和计票人名单

21.中共南开大学第七届委员会第一次全体会议选出的领导机构成员名单

22.中共南开大学纪律检查委员会第一次全体会议选出的书记、副书记名单

23.关于召开中国共产党南开大学第七次代表大会的决议

24.关于召开中国共产党南开大学第七次代表大会的请示

25.关于南开大学召开第七次党员代表大会的批复

26.关于中共南开大学第七届委员会常务委员会组成人员和纪律检查委员会书记的通知

附录

中共教育部党组的贺信

中国共产党南开大学委员会：

值此南开大学第七次党的代表大会隆重召开之际，谨向大会表示热烈的祝贺！并向为发展我国高等教育事业做出积极贡献的南开大学广大党员和师生员工表示崇高的敬意！

南开大学第六次党代会是1997年3月召开的。6年多来，南开大学党委始终坚持以邓小平理论和“三个代表”重要思想为指导，全面贯彻执行党的基本路线，坚持党的教育方针和社会主义办学方向，紧紧把握“求精、求强”的指导思想，密切与行政领导班子配合，团结和带领全体党员和广大师生员工，解放思想，开拓创新，勤奋务实，扎实工作，充分发挥了坚强有力的政治核心和领导核心作用，在党的思想建设、组织建设和作风建设方面都取得了突出成绩，有力地推动了学校教学、科研、队伍建设和学校内部管理等各项事业的发展。实践证明，南开大学党委是一个坚强有力、团结战斗、工作有序的领导集体。

南开大学正处于发展的关键时期，此次党代会的召开，对进一步加强党的建设，凝聚人心，促进南开大学改革与发展，加快向世界一流大学迈进的步伐，必将产生十分重要的推动作用。相信在大会主席团的领导下，经过各位代表的共同努力，这次大会一定能够开成一个团结奋进、凝聚人心、鼓舞士气、振奋精神，引领南开大学胜利前进的大会。

希望本次党代会选举产生的新一届党委领导班子，和行政领导班子一起，在教育部和天津市委的领导下，以第十二次全国高校党建工作会议和这次学校党代会为契机，进一步增强责任感、使命感，在今后工作中坚持用“三个代表”重要思想统领学校工作全局，全面贯彻党的教育方针，牢牢把握正确的办学方向；围绕学校的中心工作和战略规划，加强学校党的建设和思想政治工作；认真贯彻民主集中制的原则，加强学校领导班子建设，努力增强领导班子的团结与活力，提高领导班子的凝聚力和战斗力；解放思想、实事求是、与时俱进，积极推进办学理念和办学体制的创新，总结经验，注重特色，开创南开大学发展建设工作的新局面，为我国经济建设和社会发展，为科教事业做出新的贡献。

最后，预祝南开大学第七次党代会圆满成功！

中共教育部党组

2003年11月3日

附录

在南开大学第七次党代会上的讲话

（2003 年 11 月 3 日）

天津市委常委、市教卫工委书记　陈超英

同志们：

南开大学第七次党代会今天隆重开幕了，我代表中共天津市委，对这次大会的召开表示热烈的祝贺！向出席本次大会的各位代表，向南开大学全体党员和广大师生致以亲切的问候！

本次党代会是南开大学在新世纪召开的第一次党代会，是在全党兴起学习贯彻"三个代表"重要思想新高潮，认真学习贯彻党的十六届三中全会精神，全面建设小康社会的新形势下召开的一次重要会议，对南开大学进一步深化改革，加快发展，全面建设国际知名高水平大学具有重要的推动作用和现实意义。

南开大学第六次党代会以来的六年，是南开大学历史上重要的六年，是解放思想、实事求是、抢抓机遇、加快发展的六年。六年来，学校党委高举邓小平理论伟大旗帜，以"三个代表"重要思想为指导，在教育部和天津市委的领导下，团结和带领全校师生员工，坚持党的基本路线，坚持党的教育方针，坚持社会主义办学方向，与时俱进，开拓创新，办学实力不断增强，办学水平明显提高，学校各项事业得到了全面发展，为全面建设国际知名高水平大学奠定了良好的基础。

六年来，南开大学党的建设和思想政治工作取得很大成绩。学校各级领导班子建设得到明显加强，各级党组织的战斗堡垒作用和党员的先锋模范作用得到很好的发挥，思想政治工作不断创新工作方式，针对性和实效性显著增强。学校在事业发展方面取得了多方面的进步。办学体制改革不断深化，实现了教育部与天津市重点共建，与天津大学紧密合作办学成效显著；加大了以人事分配制度改革为核心的内部管理体制改革的力度，学校办学活力不断增强，办学条件有了较大改善；学科建设取得重大进展，科研水平不断提高，取得了一批在国内外领先的标志性的研究成果；为经济与社会发展服务的能力明显增强，科研成果转化与产业化发展居国内高校前列；素质教育全面推进，人才培养质量显著提高，特别是高层次人才培养能力有较大提高；加大了教师队伍建设力度，一批中青年学术带头人已经脱颖而出，活跃在国内外学术舞台上；学校国际化程度进一步提高，南开走向世界的步伐明显加快。与此同时，南开大学以重点共建为基础，围绕天津市的发展战略和目标，加强人才培养、科学研究与成果转化，提供人才和智力支持，带动天津地方高校的发展，为天津市的经济建设、社会稳定与进步，以及对外科技文化交流做出了贡献。

同志们，这些成就的取得是教育部和天津市委、市政府正确的领导的结果，是学校党政领导班子带领全校师生员工共同奋斗的结果。借此机会，我代表市委向南开大学党委、全体共产党员和广大师生员工表示衷心的感谢！同时，特别要向为南开大学改革、发展做出卓越贡献的历届校领导和离退休老同志致以崇高的敬意！

刚刚闭幕的第十二次全国高校党建会，对新形势下进一步做好高校的党建工作，特别是高校领导班子建设、基层组织建设、党员队伍建设提出了明确具体的要求，对当前及今后一段时期高校党建工作作了全面部署。我们要认真学习领会会议精神，切实贯彻落实会议要求，把学校的党建工作推上一个新台阶。我代表中共天津市委对南开大学新一届党委提两点希望：

一、深入学习贯彻“三个代表”重要思想，推动南开大学党建工作再上新水平

在全面建设小康社会的历史进程中，高等学校担负着培养高层次青年知识群体、发展先进科学技术和传播社会主义精神文明的特殊责任，具有举足轻重的地位和其他行业无法替代的重要作用。要充分发挥这些作用，离不开党的建设这个根本保证。因此，学校党委要紧紧围绕培养德智体美全面发展的社会主义建设者和接班人这个中心任务，坚持不懈地加强和改进党的建设，为改革和发展提供坚强的组织保证。

——要认真学习贯彻党的十六大和十六届三中全会精神，坚持用“三个代表”重要思想武装广大干部、教师和青年学生，使广大党员干部在对“三个代表”重要思想的时代背景、实践基础、科学内涵、精神实质和历史地位的认识上达到新的高度，把“三个代表”重要思想化作广大党员干部的自觉行动。

——要高度重视学校领导班子建设，不断提高领导干部的马克思主义理论水平，不断增强科学判断形势的能力、驾驭市场经济的能力、应对复杂局面的能力、依法执政的能力和总揽全局的能力，把学校领导班子建设成为贯彻“三个代表”重要思想的坚强领导集体。

——要坚持党管人才的原则，加强对人才工作的领导，特别要做好在“双高”青年教师中发展党员的工作，使南开大学成为人才辈出之地、人才聚集之地、人才创业之地，成为天津市的人才高地之一。

——要进一步加强党的基层组织建设，积极探索加强高校院（系）党委、总支和学生、教职工党支部建设的有效途径，把基层党组织建设成为贯彻“三个代表”重要思想的组织者、推动者和实践者。

——要切实做好在高校学生中发展党员工作，努力做到大学生班级“一年级有党员、二年级有党小组、三年级有党支部”，把优秀青年学生凝聚到党的队伍和事业中来，不断增强党的阶级基础和扩大党的群众基础，不断提高党在全社会的影响力和凝聚力。

——要进一步加强和改进党的作风建设，加强党风廉政建设，坚持权为民所用，情为民所系，利为民所谋，努力做到“为民、务实、清廉”，以良好的党风和党员形象带动良好校风和学风建设。

二、深化改革，加快发展，为建设国际知名高水平大学而努力奋斗

党的十六大对教育特别是高等教育提出了更高的要求。学习贯彻十六大精神，要落实好十六大对教育工作提出的“一个宗旨”、“三个任务”，从与时俱进和“执政为民”的高度，深入思考“办什么样的教育”和“如何办好教育”这两大课题，努力巩固成果，深化改革，提高质量，持续发展。

高等学校是人才培养的摇篮，肩负着培养社会主义建设者和接班人的历史使命，高等学校是知识创新和科技应用转化的重要基地，承担着为经济社会发展提供科研成果和智力支持的重要责任，高等学校是传承传播精神文明和维护社会稳定的重要阵地，在社会主义精神文明建设和维护社会稳定中负有重要职责。学校党委要坚持以“三个代表”重要思想为指导，坚持党的基本路线，全面贯彻党的教育方针，为全面建设国际知名高水平大学而努力奋斗。

明年是天津建卫600周年，也是南开学校建校100周年和南开大学建校85年。近百年来，南开为天津城市教育、科学、文化发展做出了重要贡献。特别是近十年来，天津市委坚持与时俱进，努力加快发展，全市国民经济持续快速增长，实现了“三五八十”的奋斗目标，跨入全国发展较快地区的行列。南开大学为天津做出了贡献，也从天津的发展中受益。市委、市政府对南开大学的工作是非常关心的，对学校的发展是积极支持的。希望全校师生顽强拼搏，再接再厉，大力加强学科建设，造就高水平师资队伍，提高人才培养质量，增强科技创新能力，为早日建成国际知名高水平大学而努力奋斗。更希望南开大学在增强办学实力、提高办学水平的同时，积极面向经济建设主战场，服务天津经济社会发展。

不久前，市委召开常委扩大会议，就在全市学习贯彻十六届三中全会精神进行了全面部署。南开大学各级党组织和广大共产党员，要继续深入学习贯彻“三个代表”重要思想，进一步贯彻落实十六届三中全会精神，加快推进学校各项事业发展，为实现天津“三步走”战略、为中华民族的伟大复兴做出新的更大的贡献。

祝南开大学第七次党代会圆满成功！

特　　载

以“三个代表”重要思想为指导，深化改革，坚持创新，为全面建设国际知名高水平大学而奋斗

——在中国共产党南开大学第七次代表大会上的报告

（2003年11月3日）

薛进文

各位代表、同志们：

现在，我代表第六届党委会向大会作报告，请各位代表审议。

中国共产党南开大学第七次代表大会是进入新世纪我校召开的第一次党代会，也是我校发展历史上一次重要的大会。这次大会的主题是：高举邓小平理论伟大旗帜，以“三个代表”重要思想为指导，总结第六次代表大会以来学校党委的工作，研究我校当前面临的形势，确定新一届党委的主要任务，加强和改进党的领导，进一步动员全校各级党组织和全体共产党员，团结带领全校师生员工，统一思想，振奋精神，抢抓机遇，深化改革，坚持创新，为全面建设国际知名的高水平大学而努力奋斗！

我们相信，经过全体代表的共同努力，这次大会一定能够开成一个团结务实、催人奋进的大会。

一、六年来的工作回顾

我校第六次党代会闭幕至今已经六年多了。这六年，是我国高等教育事业发展最快的时期，也是我校各项改革不断深化、各项事业迅速发展、学校面貌发生重大变化的时期。本届党委在教育部党组、天津市委的直接领导下，主要做了以下几个方面的工作：

（一）加强对学校工作的领导，办学体制和内部管理体制改革取得重要进展，办学实力显著增强

加强和改善党委对学校工作的领导。认真贯彻落实《中华人民共和国高等教育法》和《中国共产党普通高等学校基层组织工作条例》，坚持党对学校工作的领导，牢牢把握社会主义办学方向，全面贯彻党的教育方针，坚持紧紧围绕学校根本任务和中心工作开展党的工作的基本思路，明确今后的发展目标和战略规划，制定中长期事业发展的宏伟蓝图，保证党和国家各项方针政策在学校的贯彻落实，推动了学校事业的发展。

办学体制改革不断深化，办学空间不断拓展。2000年12月，教育部与天津市人民政府签订了重点共建南开大学的协议，我校进入国家重点支持建设的高水平大学行列，并积极探

索与天津大学“各自独立办学、相互紧密合作”的新模式。与天津经济技术开发区合作建立了泰达学院，与深圳市政府合作成立了深圳金融工程学院，试办了软件学院和远程教育学院，吸收社会资金积极筹建南开大学滨海学院。

校内管理体制改革稳步推进，办学条件有了重大改善。按照精简、统一、效能的原则，调整学校党政管理机构，推进专业学院实体化。引入竞争机制，加大了人事分配制度改革的力度，实施岗位聘任与校内岗位津贴制度。积极探索后勤社会化改革，成立了后勤服务集团。多渠道筹措办学经费，学校的财务状况有了根本转变，学校基础设施和校园环境发生了重大变化。教职工的收入有了较大提高，住房条件有了显著改善。

科研成果转化与产业化发展加快，为经济与社会发展服务的能力明显增强。“国家大学科技园”建设初具规模，经科技部、教育部批准正式挂牌。校属产业以学科为依托，以市场为导向，实力不断壮大，在全国高校居于前列。学校发挥学科优势，积极与地方政府、企事业单位开展全面合作，为地方经济发展做出了重要贡献。

（二）加强对学科建设与教学科研工作的领导，人才培养质量显著提高，科技创新能力显著增强

学科建设取得重大进展。以“211 工程”建设为契机，加快学科调整步伐，学科整体水平有了很大提高。在原有重点学科的基础上，又有一批新兴的、应用性学科建设成为国家重点学科，初步形成了以重点学科为支撑，基础学科、应用学科、新兴学科、交叉学科和边缘学科等学科门类齐全、布局比较合理、优势互补、协调发展、开放创新的学科体系。“九五”期间“211 工程”建设项目高质量地通过了教育部专家组的验收。目前，“十五”“211 工程”建设项目已经启动，“985”一期工程建设基本完成。

办学规模适度发展。经过几年连续扩大招生后，本科生规模趋于稳定，研究生数量大幅度增加，其中博士生数量增幅最大，学生培养层次逐步提高，初步形成了本科生、研究生教育体系协调发展的局面，适应了研究型高水平大学发展的需要。

素质教育全面推进。围绕培养人这一根本任务，转变教育观念，探索并初步形成了具有南开特色的“课堂教学—校园文化—社会实践”的人才培养模式。深化教学改革，提高教育质量。顺利通过教育部本科教学优秀学校建设评估，获得专家组的高度评价，被教育部授予“本科教学优秀单位”称号。研究生招生和教育改革逐步深入，培养质量有所提高。“两课”在对学生进行思想政治教育中的主渠道作用得到强化，邓小平理论、“三个代表”重要思想“进教材、进课堂、进学生头脑”的工作取得重大进展。学生创新能力显著增强，多项科技成果在全国“挑战杯”大赛中取得佳绩。女子排球队、合唱团、国际象棋队屡获国内及国际重要比赛大奖，为学校争得了荣誉。

科研水平不断提高。采取有力措施，加大科研管理体制改革力度，科技创新能力和为现代化建设主战场服务的能力不断增强。SCI 论文和科学引文数量稳居全国高校前列。中国 APEC 研究院和 4 个教育部人文社科重点研究基地的建立，以及经济与社会发展研究院的建立，大大提升了我校人文社会科学的研究实力和影响力，为党和政府决策做出了积极贡献。

教师队伍建设加大力度。为鼓励青年人才脱颖而出，1997 年在全国高校中率先提出并实施对青年杰出人才重点资助计划。在教育部“长江学者计划”特聘教授制度外，设立了学校

特聘教授岗位，同时采取多种措施，不断加大人才引进力度。一批中青年学术带头人活跃在国内外学术舞台，一支素质优良、结构合理、人员精干和相对稳定的师资队伍渐趋形成。

（三）加强党的自身建设，充分发挥各级党组织的政治核心和战斗堡垒作用，党组织的凝聚力、战斗力不断加强

切实加强党的思想建设。坚持党要管党、从严治党的方针，高标准开展了“三讲”教育活动。坚持把思想理论建设放在首位，密切联系实际，深入扎实地开展了邓小平理论和“三个代表”重要思想的学习教育活动，各级领导干部和广大党员的思想理论水平不断提高，校党委理论学习中心组连续多年被评为天津市先进学习中心组。

切实加强党的组织建设。制定了贯彻执行《中国共产党普通高等学校基层组织工作条例》的实施意见，党支部的工作水平在总体上有了较明显的提高。重视并加强对入党积极分子的培养教育，在“双高”人员中发展党员的经验做法，在全国产生较大影响。重视干部队伍建设，认真贯彻中央《党政领导干部选拔任用工作条例》，积极推进干部制度改革，加大了后备干部队伍培养的力度，努力形成充满活力的用人机制。

切实加强党的作风建设。按照中央“八个坚持、八个反对”的要求，教育各级干部和广大党员，牢记为人民服务的宗旨，密切同师生员工的关系。深入开展党风廉政建设，建立并认真实施领导干部党风廉政建设责任制，加强对党员干部的教育、监督，严肃查处党内违纪行为，加大从源头防范和治理腐败的力度，党组织的影响力和号召力不断增强。

（四）加强思想政治工作和精神文明建设，广大党员和师生员工的精神面貌发生了可喜的变化

加强和改进党的思想政治工作。积极探索新形势下思想政治工作的途径和方法，创建了思想政治工作主题网站“觉悟网”。建立健全学校德育工作的领导体制和运行机制，全员德育格局已经基本形成。贯彻落实《公民道德建设实施纲要》，制定并实行师德规范和管理干部道德规范，深入开展教书育人、管理育人、服务育人活动。针对学生思想实际，充分挖掘资源，深入开展爱国主义、集体主义和社会主义教育。充分发挥学生“第二课堂”的作用，引导学生树立正确的世界观、人生观和价值观。师生员工广泛参与的精神文明创建活动扎实开展，“名人讲座”、“周末论坛”、“博士论坛”、“周末乐坛”等受到师生的普遍欢迎。

离退休老同志工作得到加强。定期召开老同志座谈会，通报学校工作，听取意见，组织老同志以多种形式继续发挥作用。积极支持有益于离退休人员身心健康的活动，努力落实中央和上级有关离退休人员待遇的各项政策规定，帮助他们解决实际困难。

学校治安综合治理成效明显，稳定工作不断加强。在打击邪教“法轮功”、反对以美国为首的北约轰炸我驻南斯拉夫大使馆等重大政治斗争中，党委驾驭全局，因势利导，妥善处理每一环节，维护稳定的大局。特别是在防控“非典”的斗争中，党委统一领导，沉着应对，措施得力，保证了校园安全和师生员工的身体健康。

（五）加强对教代会、工会、共青团和统战工作的领导，积极发挥群众组织和民主党派在学校工作中的作用

重视发挥教代会、工会的作用。引导他们在党委的领导下，紧密围绕学校中心工作独立自主地开展工作，支持他们依法维护教职工的合法权益，调动他们参与学校改革和建设的积

极性，发挥他们在校务公开中的主渠道作用。校工会被全国总工会授予“模范职工之家”的荣誉称号。

重视发挥共青团的作用。帮助他们加强自身建设，积极开展有益于青年学生健康成长的各项活动。支持和指导大学生相继成立了周恩来精神研究会、邓小平理论研究会、“三个代表”重要思想研究会和十六大精神研究会，开展了一系列富有成效的学习宣传活动，在全国高校中产生了较大影响。

重视统战工作的开展。支持和帮助各民主党派加强自身建设，及时向他们通报学校的重大事项，鼓励他们在本职岗位上建功创业，参与民主管理，积极为学校的改革发展贡献力量。注意培养选拔民主党派及无党派人士中的优秀人才，充实到学校各级领导岗位，同时积极向上级推荐和输送干部。

同志们，在全校各级党组织、广大共产党员和师生员工的共同努力下，本届党委圆满地完成了第六次党代会提出的各项任务，党的建设、事业发展和各项改革都取得了丰硕成果。中组部、中宣部、教育部党组授予我校“党的建设和思想政治工作先进高等学校”称号。

党的建设方面，共发展党员 4337 名，其中发展学生党员 4082 名，学生中党员比例由 1997 年初的 10.8%增长到 16.1%。全校共有 63 个基层党组织、296 人次在党内受到校级以上表彰。

学科建设方面，本科专业由 45 个增加到 67 个，硕士点由 73 个增加到 152 个，博士点由 39 个增加到 93 个，博士学位授权一级学科点由 2 个增加到 12 个，博士后科研流动站由 9 个增加到 17 个。国家重点学科由 11 个增加到 18 个，国家基础学科人才培养和科学研究基地由 6 个增加到 8 个，并建立了大学生文化素质教育基地，教育部重点实验室由 2 个增加到 3 个，教育部社会科学重点研究基地发展到 4 个。

教学和科研工作方面，六年来共获国家优秀教材奖 9 项，国家级优秀教学成果奖 6 项。其中，申泮文教授主持的《化学元素周期系》多媒体教科书软件及教学成果、数学学院的教学成果“培养基础性数学人才的实践”荣获一等奖。六年来，共承担自然科学研究项目 1488 项，科研经费 56442.2 万元；社会科学研究项目 1296 项，科研经费 4902.5 万元。98 项自然科学成果、210 项人文社科成果获国家级、部委级和市级奖励，其中，卢桂章教授主持的“面向生物医学工程的微操作机器人系统”项目荣获国家技术发明二等奖，刘文英教授著作《漫长的历史源头——原始思维与原始文化新探》获首届国家社会科学基金项目优秀成果二等奖。

师资队伍建设方面，“长江学者计划”特聘教授已达 12 人；获国家杰出青年基金资助者由 1 人增加到 11 人，入选“百千万人才工程”由 2 人增加到 9 人，入选“跨世纪人才培养计划”由 2 人增加到 28 人，有 10 人获教育部优秀青年教师奖；程津培教授增列为中科院院士，张伟平教授获第三世界科学院数学奖，他们二位一起增列为第三世界科学院院士；陈永川教授获联合国教科文组织“贾乌德·侯赛因奖”和“中国五四青年奖章”，许京军、张伟平教授先后被评为“中国十大杰出青年”，顾沛、朱光磊教授获首届高校“教学名师奖”。

人才培养方面，本科生、研究生比例由 3∶1 发展到 1.56∶1。共授予博士学位 1455 人，硕士学位 6180 人，共培养本科毕业生 13726 人，专科毕业生 1303 人，成人教育学员 13013 人。目前全校共有博士生 1956 人，硕士生 5623 人，本科生 11859 人，专科生 573 人。3 名学生荣获全国“五四奖学金”，7 篇博士论文入选全国百篇优秀博士论文。

国际学术交流方面，与 17 个国家和地区的 65 所大学及科研机构新建了校际交流关系，成功地举办了58次国际学术会议。六年来共招收长期留学生4684人,短期留学生1989人次。

改善办学和教职工生活条件方面,学校多渠道筹措办学经费142864万元,占总收入的47%,设备图书购置费共26121万元。校舍建筑面积增加到997974平方米,比1997年初增长36%,教职工住宅面积增加到384396平方米,比1997年增长56%。

综上所述,经过六年的改革和建设,我校办学实力有了显著提高,办学环境有了较大改善,为创办国际知名高水平大学奠定了坚实的基础。这些成绩,是我们在邓小平理论和"三个代表"重要思想的指引下,在上级党委的正确领导和大力支持下,依靠全校各级党组织、全体共产党员和师生员工的共同奋斗所取得的。在此,我谨代表第六届党委会,向关心支持南开大学的上级领导和社会各界人士,向全校共产党员和广大师生员工,向为建设南开大学做出贡献的老领导、老同志和广大离退休教职工,向各民主党派和无党派人士表示衷心的感谢!

回顾党委六年多来的工作,我们深深地体会到:

第一,必须坚持以邓小平理论和"三个代表"重要思想为指导,坚持正确的办学方向,坚持解放思想、实事求是、开拓创新、与时俱进,不断开创学校工作的新局面。

第二,必须坚持党对学校工作的领导,全面贯彻党的教育方针和各项政策,紧紧围绕学校的根本任务和中心工作,不断加强党的自身建设和思想政治工作,增强党组织的凝聚力和号召力。

第三,必须坚持把发展作为办学强校的第一要务,抢抓机遇,迎难而上,通过抢抓机遇创造发展的条件,通过发展振奋人心,凝聚力量,提升学校办学水平。

第四,必须坚持正确处理好改革、发展和稳定之间的辩证关系,以改革促发展,以发展求稳定,不断深化改革,加快学校发展的步伐。

第五,必须坚持以学科建设为龙头,以教学、科研为中心,以深化改革为动力,全面提高办学质量和办学效益。

第六,必须坚持以育人为根本,大力弘扬南开精神,全面推进素质教育,努力培养德智体美全面发展的社会主义建设者和接班人。

第七,必须坚持为全国服务的同时积极为天津市的经济建设和社会发展服务,为天津市提供人才和智力支持,在服务天津的过程中发展南开。

第八,必须坚持全心全意依靠广大教职员工办学的思想,充分调动和发挥广大教职员工创建高水平大学的主动性、积极性和创造性,不断增强广大师生员工的凝聚力和顽强拼搏、共创大业的使命感与责任感。

在总结成绩的同时,必须清醒地看到我们的差距和不足。主要是:在如何适应社会主义市场经济体制,进一步加快学校发展方面思想解放不够、开拓意识不强、创新举措不多,对关系学校战略发展的有些问题深入研究也不够;国际级和国家级高水平教师偏少,管理干部后备队伍建设跟不上事业发展的需要;学校内部管理体制和运行机制还不能完全适应形势的要求,管理水平亟待提高;加强党的建设的措施还不够有力,有些基层组织建设还存在着薄弱环节。这些问题必须引起我们的高度重视,并在以后的工作中扎扎实实地加以解决。

二、面临的形势和今后的任务

同志们，本世纪头二十年，对我国来说，是一个必须紧紧抓住并且可以大有作为的重要战略机遇期。对我校来说，也是加快发展的重要战略机遇期，是全面建设国际知名高水平大学，为跻身世界一流大学行列奠定基础的关键时期。在这个时期，我们面临着严峻的挑战和难得的机遇。

全面建设小康社会的宏伟目标决定了南开在新世纪的历史使命和时代责任。当今世界，经济全球化不断发展，科学技术日新月异，综合国力竞争日趋激烈。教育以其先导性、基础性和战略性的重要作用已经进入经济和社会活动的中心，处于优先发展的战略地位。坚持教育创新，深化教育改革，优化教育结构，合理配置教育资源，提高教育质量和管理水平，全面推进素质教育，造就数以亿计的高素质劳动者、数以千万计的专门人才和一大批拔尖创新人才，是党的十六大对教育发展提出的明确要求。高等教育在全面建设小康社会，实施"科教兴国"战略中负有重要的历史责任。南开大学作为国家重点大学，责无旁贷，理应做出应有的积极贡献。

当前，国内各高校都在抢抓机遇、深化改革、开拓创新、加快发展，呈现一派你追我赶、百舸争流的态势，特别是经过前几年高等教育管理体制改革，一批原来与我校规模相当的重点大学成倍扩大，一些兄弟院校从政府得到了更多的投入，这就使我校面临更加激烈的竞争局面。这种竞争，体现在从政府和社会争取资源多少上，体现在学校教学科研水平和社会服务能力上，体现在对拔尖杰出人才的争夺上，体现在优秀生源的选拔上，体现在毕业生就业市场的竞争上，体现在学校的内部活力上，同时还体现在社会对大学的评价上。对此，我们一定要增强忧患意识，居安思危，清醒地认识到日趋激烈的竞争带来的严峻挑战，形势逼人，不进则退。

同时，也应看到，我国全面建设小康社会的宏伟蓝图，天津市"三步走"跨越式发展战略的实施，都将为我校的发展带来历史性机遇，为我们全面建设国际知名高水平大学提供广阔的空间。近几年，我们埋头苦干，积蓄力量，也为南开大学今后的发展打下了较好的基础。因此，我们一定要树立强烈的机遇意识，发扬南开人不畏困难、顽强奋斗的光荣传统，乘势而上，"聚精会神搞建设，一心一意谋发展"。

今后一个时期，我校发展的战略目标是：到2010年前后，把南开大学建设成为规模适度、结构合理、特色鲜明、国际知名的高水平大学，使其在教育质量、学术水平和整体办学实力上有显著提高，某些优势学科达到国际先进水平，成为我国高层次创造性人才培养、知识创新和服务经济建设与社会发展的重要基地。再经过几个"五年计划"的努力和艰苦奋斗，跻身世界一流大学的行列。

为实现上述"两步走"的战略目标，我们必须高举邓小平理论伟大旗帜，以"三个代表"重要思想为指导。"三个代表"重要思想，是我们党的立党之本、执政之基、力量之源，对于正在全面建设国际知名高水平大学的南开大学而言，具有重大的理论指导意义和实践意义。我们必须清醒地认识到，要代表中国先进生产力的发展要求，大学就应当高度重视提高人才培养水平，重视科学研究和知识创新，推进产学研相结合，努力使大学成为培养高素质创造性人才的基地，成为科技创新的基地；要代表中国先进文化的前进方向，大学就应当坚持马克思主义理论的指导地位，坚持理论创新，努力建设和创造中国特色社会主义文化，同时成为民族优秀文化与世界先进文明成果交流借鉴的桥梁；要代表中国最广大人民的根本利益，大学就应当以育人为本，努力培养全心全意为人民服务的有理想、有道德、有文化、有纪律的社会主义事业的建设者和接班人，全面推进我国社会主义经济和社会的更快发展。总之，我们要科学准确地理解“三个代表”重要思想，旗帜鲜明地坚持“三个代表”重要思想，坚持不懈地实践“三个代表”重要思想，这是我们全面建设国际知名高水平大学的根本保证。今后一个时期，全校工作的基本要求是：以“三个代表”重要思想为指导，加强党的领导，坚持社会主义办学方向，进一步解放思想，实事求是，与时俱进，开拓创新；坚持“求精、求强、注重特色”的方针，处理好内涵提高与外延发展的关系、重点与一般的关系，有所为有所不为；坚持深化改革，抢抓机遇，实施超常规、跨越式发展；坚持面向全国服务的同时，围绕天津市“三步走”发展战略更大程度参与和服务于地方经济建设和社会发展；坚持继承和发扬南开优良传统，形成新的办学特色；坚持贯彻规模、结构、质量和效益相统一的原则，进一步强化管理，把提高质量和优化结构放在突出位置。

今后几年，要着重做好以下六个方面的工作：

（一）全面贯彻党在新世纪的教育方针，培养和造就德智体美全面发展的高素质人才

党的十六大报告对党在新世纪新时期的教育方针作了精辟的论述，这就是“坚持教育为社会主义现代化建设服务，为人民服务，与生产劳动和社会实践相结合，培养德智体美全面发展的社会主义建设者和接班人”。我校作为国家重点大学之一，必须认真贯彻这一教育方针，进一步转变教育思想和教育观念，坚持教育创新。

1.提高学生综合素质，把德育放在首位。着力提高学生的思想道德素质、科学文化素质和身心健康素质，尤其要关注其思想道德素质。弘扬南开教育传统和特色，继续以周恩来校友为楷模塑造学生健全人格，培养学生敬业乐群、诚信守法的优良品德。针对不同层次学生各学习阶段的特点，安排以世界观、人生观、价值观教育以及爱国主义、集体主义、社会主义教育为主要内容的教育活动，尤其要重视社会主义信念和共产主义理想教育。把德育工作贯穿于学校教育的全过程，建立全员育人、全方位育人的德育工作格局。

2.精心规划与调整办学规模和人才培养层次。逐步完善符合高水平研究型大学要求的多层次办学格局，形成研究生教育、本科教育、留学生教育与继续教育结构合理的教育体系。巩固和发挥本科教育优势，本科生保持适当规模。在保证质量的基础上，逐步扩大硕士研究生的规模。博士生教育工作重点放在提高教育质量上，下大力量培养各学科的拔尖人才。我校在校本科生、研究生逐步达到1.5∶1的比例。规范并改革成人教育、远程教育管理体制，形成多层次、多规格继续教育的新格局。

3.深化教学改革，提高教学质量。充分吸收最新学术成果，深化课程体系、教学内容、教学方法的改革创新，尤其要注重用信息化带动教学方法的现代化。实施精品教材建设计划、精品课程建设计划和教学名师奖励计划。进一步完善学分制，实行弹性学制，扩大学生的学习自主权，调动学生的学习积极性。加强教学管理，进一步完善本科教学质量监控体系和评价体系。发挥优势，突出特色，加强教学基地建设，加快本科专业调整和建设。采取切实措施提高生源质量，改革培养模式，完善课程体系，规范教学内容，着重强调与科研紧密结合，使

我校研究生教育尽快接近国际先进水平。

4.强化学生创新精神和创新能力的培养。将培养学生的独立思维能力和创新思维方式置于教学活动的中心。注重学生的个性发展，因材施教，加强个别指导，使每个学生不同的认知特点和不同的发展潜力都得到充分发挥。本科生教育在提高课堂教学质量的同时，积极倡导、大力支持学生开展教学实践和社会实践，在实践中更好地了解社会需求，激发创新灵感，培养创新能力。实施研究生教育创新工程，加强研究生培养基地的建设，推动研究生教育优质资源的共享，建立研究生创新激励机制，为研究生创新研究创造条件。

5.培养学生的国际意识和世界眼光。坚持“引进来”和“走出去”的方针，加强与世界一流大学的合作，将国外先进的教材、培养方案乃至优秀教师引进来，将我校优秀的学生、教师派出去，开阔眼界，提高水平，了解各学科领域的世界前沿，树立攀登世界科学高峰的雄心壮志。

（二）以学科调整为主线，凝炼学科方向，加强科技创新，大力引进和造就高水平人才，不断增强学校的核心竞争力

高水平的学科、高水平的研究成果和高水平的人才，是高水平大学核心竞争力的实质内容，也是衡量一所高校实力的主要标准。今后一个时期，学校所有工作都要围绕增强学校的核心竞争力和可持续发展能力来开展。

1.调整学科结构，促进重点学科发展。强化学科建设在学校发展中的龙头地位，继续坚持“加强基础，强化优势，合理布局，优化结构，支持重点，发展应用，立足创新，协调发展”的方针。继续巩固传统学科优势，充分发挥化学、数学、经济学、历史学等传统支柱学科的作用。大力组织和支持前沿领域的学科交叉，大力扶植新的学科生长点，逐步形成一些新的支柱学科，构筑起特色鲜明、布局合理、结构优化的学科框架。形成基础学科力量雄厚，应用学科前景广阔，交叉学科活跃强劲，新兴学科不断生长，基础和应用相互结合、相互促进的学科发展格局。

加强重点学科建设。以“十五”“211 工程”建设和“985 工程”二期建设为基础，加大对 18 个国家重点学科的支持力度，进一步凝炼现有重点学科的学科方向，集中力量建设以化学等为依托的材料科学与材料加工学科，以化学、生物学等为依托的生命科学学科，以数学等为依托的基础理论学科，以经济学、管理学为依托的经济与管理学科，以历史学等为依托的人文学科等 5 个学科建设平台，以重点学科带动相关学科，促进学科群的发展。在不远的将来，使一批学科在国内处于领先地位，使三、五个学科达到国际一流水平。

2.坚持科技创新和社科研究创新，促进学术繁荣发展。加强自然科学研究。深化科研管理体制改革，调整相关政策，加强科技创新基地建设，进一步增强学术实力。建设好南开大学国际数学中心。调整现有国家重点实验室的结构、布局和研究方向，以特色求发展。依托科技创新基地和重大科研项目，整合人才资源，造就一批学术带头人和优秀学术团队。有组织、有计划地推进若干优秀科技创新群体的建设，积极争取承担国家层次的重点、重大项目，参与国家重大科技计划。支持和鼓励与境外著名大学、科研机构和企业开展实质性合作研究。积极推动与天津大学的紧密合作，办好联合研究院，实现优势互补，争取建立绿色化学化工国家实验室。

加强高新技术研究。围绕国家和区域经济建设、社会发展、科技进步的重要领域，重点推

进信息技术、生物技术、新材料、绿色化工、环境保护等领域的研究，逐渐拥有一批自主知识产权。在维护学校知识产权的前提下，充分调动师生员工从事科技创新活动的积极性，大力推进科技成果转化。加快大学科技园建设步伐。理顺和规范校办企业管理体制，形成合理的校办企业投入撤出机制。

加强哲学社会科学研究。基础理论研究在巩固优势的前提下，选准方向，焕发新的生机。应用研究积极从改革开放和社会主义现代化建设的实践中获取理论创新的强大动力，把具有全局性、前瞻性和战略性的重大理论和现实问题作为研究的主攻方向，努力做出科学的理论回答。进一步加强教育部人文社会科学重点研究基地的建设，充分发挥其示范和辐射作用，形成更多的系列的具有原创性和重大影响的标志性成果。不断推进理论创新，坚持理论联系实际，为党和政府决策服务，为物质文明、政治文明和精神文明建设服务，使我校成为哲学社会科学基础理论研究的重镇和弘扬先进文化的重要基地。

千方百计为繁荣学术营造良好环境。在全校形成支持创新的良好氛围，从制度上、政策上支持教师从事创新性的研究，鼓励冒尖，允许失败，创造潜心治学、宽松和谐的学术气氛。优化管理环境和服务环境，管理要规范，服务要配套，并不断提高工作水平。

3. 进一步推进人才强校战略，加大师资队伍建设力度。党委要把人才工作摆在更加突出的位置。人才资源是第一资源，人才战略是第一战略。我们要以全局的观点、战略的眼光，充分认识人才对学校的决定性作用，增强队伍建设的紧迫感。领导干部目中要有人，心里要想到人，工作要从调动人的积极性着手，资源要朝着干得出事业、出得了成果的人那里倾斜，政策要向着有利于激励人干事业的方向制定和调整。

进一步优化师资队伍结构。采取切实措施，逐步提高教师学历层次，改善教师队伍的职称结构和年龄结构。修订完善师资队伍建设规划，抓好培养、吸引和使用三个环节。做好现有人才的规划、培养和使用工作，发挥各年龄段教师的作用，建立起有效的师资队伍新老交替机制。健全必要的流动机制，实现学缘结构多元化，从学科实际出发逐步做到本校毕业生一般不直接留校任教。努力营造有利于青年人茁壮成长和脱颖而出的良好环境，培养和造就一批在国内外具有一定知名度的青年学术带头人和优秀青年骨干教师。

加大优秀人才引进力度。在全校大力倡导倾心举才、甘为人梯的精神，各级领导干部都要有识才的慧眼、用才的气魄、爱才的感情、聚才的方法，畅通渠道，广纳群贤。通过深化改革，完善人才引进的工作制度，真正建立起吸引人才、遴选人才、培养人才、留住人才、用好人才的有效机制。采取更有力的措施，加大投入力度，今后五年每年用于引进人才的资金不低于 3000 万元，为人才的成长和发挥作用创造更优惠、更方便的待遇和条件。

重视团队建设，形成学术合力。采取切实措施，大力加强学术创新团队建设，提高联合攻关和承担国家关键领域重大科研项目的能力。同时充分尊重学术研究的客观规律，在制度上为创新团队提供更为广阔的学术研究的“空间”和“时间”。

（三）加强对外交流与合作，加大对外开放步伐，加快国际化进程

教育国际合作和学术交流，是利用全球知识和教育资源、加快发展我国教育事业的重要途径。推进我校的国际化进程，是建设国际知名高水平大学的重要任务之一。

1. 加强学校对国际交流与合作的领导。建立相应的领导机构，加强制度建设，不断增强对外交流的主动性。逐步把对外学术交流与合作的工作重心从学校下移到学院（系），学校支

持并充分调动专业学院开展国际学术交流与合作的积极性、主动性和创造性，发挥学术带头人和知名学者在国际学术交流中的主体作用。

2. 逐步提高国际学术交流的层次和质量。与世界一流大学、跨国大企业以及国际组织建立深入持久的合作关系，不断扩大交流合作领域，探索新的合作方式。积极鼓励、大力支持在校内举办高层次的国际学术会议。充分利用国际教育资源、先进教育技术和管理经验，提高我校的办学层次和办学水平，扩大南开在国际上的影响，使我校成为民族优秀文化与世界先进文明成果交流借鉴的桥梁和窗口。

3. 根据教学科研的需要，加强人才交流。有组织、有计划选派优秀中青年教师到世界一流大学学习、访问。逐步扩大外籍教师特别是高水平教师在校人数，为他们提供良好的工作生活环境。采取灵活多样的形式，邀请世界一流的专家学者来我校进行教学科研等学术交流活动。

4. 积极探索中外合作办学的途径和方式。充分利用世界一流大学的品牌、师资和课程等优质教育资源，提高我校的学科建设、教学科研、教育管理的水平，提高人才培养的质量。利用我校优势学科的教育资源，积极开拓海外办学渠道，不断扩大我校的国际知名度。

5. 采取有效措施，大力发展留学生教育。拓展留学生来源国家和地区，扩大留学生招生人数，2010 年在校留学生人数达到 2500 人。理顺留学生教育管理体制，扩大留学生教育的专业覆盖面，提高留学生培养层次和质量。大力发展对外汉语教学，办好对外汉语教学基地，扩大中华文化在世界的影响。

（四）以创新为动力，加快体制改革步伐，提高管理水平和管理效益

一流大学必须有一流的管理。我们要以创新为动力，更新传统的管理理念，继续推进办学体制、特别是校内管理体制改革，不断提高管理水平和管理效益。

1. 认真总结经验，积极探索办学体制改革的新途径和新模式。继续推进与天津大学的紧密合作办学，实现优势互补，提高我校学科水平和人才培养综合素质。密切与天津经济技术开发区的合作，积极推进泰达学院二期工程建设，发挥泰达学院在资源和机制上的优势，使之成为功能合理、自我发展能力强的新的学科发展基地。加强与深圳市的合作，办好深圳金融工程学院，成为我校对外开放、中外合作办学的窗口。推进与大港区的合作，加快滨海学院建设。

2. 创新内部管理体制和运行机制。进一步完善校院两级管理体制，在学科大类的范围内适时调整系、所结构，加强学科之间的交叉融合，发挥学科综合优势。进一步理顺校、院管理权限与职能分工，规范办事程序，调动专业学院的积极性。学校党政职能部门主要行使党政管理职能，强化服务意识。扩大学院的自主权，增强学院在学科建设、人才培养、队伍建设、行政管理上的主动性。进一步完善与专业学院相交错的、更为弹性和灵活的、跨学院的研究院体制，加强和规范跨学科的研究中心建设，使它们在交叉学科建设中发挥更大作用。继续推进后勤社会化改革，积极探索适应建设国际知名高水平大学需要的后勤管理体制和运行机制。

3. 进一步深化学校人事制度改革。重点是以推进聘用制和强化管理为突破口，加快用人制度和分配制度改革。通过改革，在规范编制管理、科学合理设置工作岗位的基础上，经过试点，全面实行全员聘用制，同时积极设计人员流动的“出口”办法，建立能上能下、能进能出的

用人机制，实现人事管理由身份管理向契约管理、岗位管理的转变，由行政任用关系向平等协商的聘用关系转变；深化学校内部分配制度改革，建立与聘用制相适应的规范合理、形式多样、自主灵活的分配激励机制，使聘任工作更加有利于教师和干部队伍的建设和管理；积极推进人事代理制度改革，实施教师"国际化"能力计划和博士后定向定点扶持计划，使师资队伍的管理更有活力；促进人才合理流动，形成公平竞争与有序流动相结合的良性机制，充分调动教职工的积极性和创造性，为学校的改革和发展提供强有力的组织保证和人才支持。

4. 切实提高管理水平和管理效益。把强化管理作为提高办学水平和办学效益的重要手段之一。树立现代大学管理理念，强化质量和效益观念，增强依法治校意识。强化层级管理，建立健全领导干部责任制和责任追究制。建立健全管理制度，规范管理程序，增强服务意识，提高办事效率和服务水平。以管理信息化为切入点，完善管理手段，建立全校统一的"数据中心"，共享管理资源。

（五）抓住机遇，改善办学条件，为建设国际知名高水平大学提供坚实物质基础

今后几年，我们要抓住机遇，解放思想，加大投入，加快建设，进一步改善办学条件，为全面建设高水平大学提供坚实的物质基础和保障。

1. 科学规划学校布局及基本建设。完善主校区校园建设总体规划，在2010年以前，基本完成能够满足高水平大学建设和发展所需要的主校园基础设施、教学、科研及学生生活设施建设。努力把南开校园建设成为功能分区合理、基础设施完善、自然环境优美、交通秩序井然、文化气息浓郁的育人场所。积极推动天津市批建新校区工作，精心组织筹措，科学论证规划，为建设一流大学开拓更为广阔的办学空间。

2. 加强教学科研支撑服务体系的建设。加强校园信息化建设，做好"数字南开"工程建设的总体规划。进一步完善校园网络系统及其基础服务，以此为基础，建设校园公共信息服务设施，构建功能齐全、结构合理、信息畅通的校园数字化平台，逐步实现管理现代化和资源信息智能化。加大图书文献资源和现代化服务手段建设力度，加快信息化图书馆的建设。加强基础实验室建设，不断完善公共服务体系，整合相关资源，为教学、科研和管理提供保障。围绕教学科研等中心工作，不断改善后勤设施条件，提高后勤服务水平。

3. 切实改善师生员工的工作、学习和生活条件。随着学校事业的发展，不断提高师生员工的生活质量和水平。积极稳妥地推进教职工住房货币化改革和医疗改革，维护他们的合法权益，满足人们多样化的物质文化需求。关心家庭经济困难的学生，采取多种措施帮助他们完成学业，健康成长。

4. 多渠道筹措办学经费，确保学校发展规划的实施。从办学体制、管理体制上下功夫，增强学校的筹款能力。面向社会，积极争取科研基金和横向科研经费。广泛吸收国内外团体、个人的捐赠和资助，适时建立南开大学教育发展基金。合理配置办学资源，努力增加面向社会自主办学的收入。积极利用市场信贷手段，适度合理举债，加快学校发展。

（六）加强政治文明和精神文明建设，不断增强学校的凝聚力

加强政治文明和精神文明建设，是建设国际知名高水平大学的重要内容，要进一步扩大校内民主，调动一切积极因素，营造团结、和谐、奋进的校园人文氛围。

1. 全面推进校务公开。坚持公开原则的确定性与公开步骤的渐进性相结合、公开内容的

真实性与公开形式的多样性相结合，积极探索行之有效的途径和方法，并使其逐步规范化和制度化。把学校的中心工作、工作难点和大家关注的热点及时向师生员工发布，努力做到政策公开、过程公开、结果公开，以充分调动广大师生员工的积极性、主动性和创造性，推动和促进学校各项改革和事业的发展。各学院（系）、各单位要根据自身的实际情况，认真组织、积极推进院（系）务公开。

2.改革和完善决策机制。加强集体领导，发挥集体智慧和作用，健全领导班子集体决策重大问题、重要干部、重要项目、大额资金使用的制度，并建立健全配套的落实保障制度和机制。按照高教法的要求发挥学术委员会的作用，充分发挥校务委员会、学位评定委员会、教学指导委员会的作用，在学校改革发展、学科建设、人才培养、科研方向等重大问题上，广泛听取多方面的意见，使学校的各项决策更加科学化、民主化。

3.加强统战工作。充分发挥民主党派在参与学校重大决策、民主管理和民主监督等方面的作用，支持他们搞好自身建设，继续积极培养、选拔任用、举荐输送各民主党派和无党派人士中的优秀知识分子。认真贯彻党的民族宗教政策和侨务政策，充分挖掘我校统一战线的资源，为学校的改革、发展、稳定服务。

4.加强对教代会、工会、共青团和学生会等群众团体的领导。坚持和完善教代会制度，发挥工会组织的积极作用，保证广大教职员工对学校工作的知情权和参与权。积极发挥共青团组织的桥梁纽带作用，使其真正成为党组织的助手和后备军。继续做好离退休人员的工作，不断解决他们生活中遇到的困难和问题，使他们“老有所养、老有所医、老有所教、老有所学、老有所为、老有所乐”。重视广大校友这一重要资源，发挥他们在学校改革、发展中的积极作用。

5.加强对精神文明建设工作的领导。发扬爱国、敬业、创新、乐群的光荣传统，弘扬“允公允能，日新月异”的南开精神，激发师生员工为建设高水平大学做贡献的使命感和责任感。继续贯彻落实《公民道德建设实施纲要》，以师德建设为重点，完善并继续实施教书育人的有关规定和师德规范。继续开展群众性精神文明创建活动，加强校园文化建设。继续绿化美化校园，以清雅的校园环境，优美的校舍建筑，丰富的人文景观，陶冶师生情操，促进学风、教风和校风建设。

三、紧密围绕学校的奋斗目标，加强、改进党的建设和思想政治工作

全面建设国际知名的高水平大学，必须深入贯彻“三个代表”重要思想，以改革的精神全面加强、改进党的建设和思想政治工作，为实现学校的奋斗目标提供坚强的思想、政治和组织保证。

（一）加强党的思想建设，用邓小平理论和“三个代表”重要思想武装广大党员干部和师生员工

加强和改进党的建设，必须紧密结合我校的实际，坚持用科学的理论武装广大党员干部，指导党的建设的实践。

1.深入学习贯彻“三个代表”重要思想。通过扎实有效的工作，使广大党员干部在对“三个代表”重要思想的时代背景、实践基础、科学内涵、精神实质和历史地位的认识上达到新的

高度，认真贯彻“三个代表”重要思想的根本要求，同心同德为创建国际知名的高水平大学而奋斗。

2.坚持用科学的理论武装党员和师生员工。抓好校院（系）中心组的学习，完善理论学习制度。各级领导干部要带头学习和实践“三个代表”重要思想。加强对基层党组织理论教育工作的指导，不断拓展理论学习的广度和深度。发扬理论联系实际的学风，善于运用马克思主义的立场、观点和方法，以创新的观念和机制推进南开的发展。充分发挥“两课”在对青年学生进行思想政治教育中的主渠道作用，强化“第二课堂”的育人功能，真正使邓小平理论和“三个代表”重要思想深入浅出地“进教材、进课堂、进学生头脑”。

3.用“三个代表”重要思想统领哲学社会科学工作。充分发挥我校的学科优势，积极推动马克思主义理论创新。在重大理论和现实问题研究上要有南开人的声音，在认识世界、继承文明、创新理论、咨政育人、服务社会方面不断有新的建树，为马克思主义理论建设做出应有的贡献。

（二）加强干部队伍建设，把各级党政领导班子建设成为贯彻“三个代表”重要思想和创建国际知名高水平大学的坚强领导集体

创建国际知名高水平大学、进而创建世界一流大学，必须加强各级领导班子建设，加强对人才工作的领导，不断提高干部队伍的整体素质。

1.坚持和完善党委领导下的校长负责制。充分发挥党委在学校办学中的领导核心和政治核心作用，依法建立科学的工作制度和管理机制。校党委总揽全局，协调各方，统一领导学校的工作。同时，又要尊重和支持校长依法积极主动、独立负责地开展工作，充分行使学校法人代表的职权。紧密围绕学校的奋斗目标，建设团结务实的领导班子，领导班子成员要以政治家、教育家的高标准严格要求自己，加强自身修养，提高工作水平。

2.坚持和健全民主集中制。加强党内民主建设，以保障党员民主权利为重点，建立健全能够充分反映党员和党组织意愿的党内民主制度。严格按照“集体领导、民主集中、个别酝酿、会议决定”的原则，完善党委内部的议事和决策机制。领导班子内部既要明确分工，又要密切合作，做到互相支持、团结一致。党的各级组织和全体党员特别是领导干部，都要严格遵守党的纪律，决不允许有令不行、有禁不止、各行其是。

3.坚持党管人才的原则，加强对人才工作的领导。进一步完善党委统一领导，组织部门牵头抓总、有关部门各司其职、密切配合的工作格局。建立健全人才工作咨询决策机制、协调落实机制和监督约束机制，不断创新党管人才的方式和方法。通过政策支持、精神激励和环境保障，使我校成为人才辈出之地、人才聚集之地、人才创业之地。

4.坚持党管干部的原则，建立健全领导干部选拔任用机制。贯彻领导干部选拔任用条例，把那些德才兼备、实绩突出和群众公认的优秀人才及时选拔到领导岗位上来。引进竞争机制，深化干部制度改革，同时注重干部人事制度改革与其他改革的衔接。制定并实施培养选拔优秀青年干部的五年规划，加大培养选拔优秀年轻干部的工作力度。

5.建立健全领导干部的培养和监督管理机制。以党校为阵地，加强干部培养。通过选派优秀青年干部到境内外著名大学、党政机关、企事业单位挂职锻炼，以及采取在职学历教育、各类进修学习等多种方式，着重帮助他们加强党性修养、理论学习和实践锻炼，提高自身素质。加强后备干部队伍建设，进一步完善助理制度、年轻干部下基层锻炼等制度，加大年轻干

部交流、培养和使用的力度。进一步完善干部考核指标体系，加强对干部的监督。

（三）加强党的组织建设，把基层党组织建设成为贯彻“三个代表”重要思想和创建国际知名高水平大学的组织者、推动者和实践者

党的基层组织是党的全部工作和战斗力的基础。加强和改进党的建设，必须高度重视并切实做好抓基层、打基础的工作。

1.充分发挥党组织的政治核心和战斗堡垒作用。坚持围绕中心、服务大局、拓宽领域、强化功能，不断扩大党的工作的覆盖面，提高党的基层组织的凝聚力和战斗力。各分党委、党总支、直属支部要发挥党的政治优势和群众工作优势，通过党政联席会议，参与讨论和决定本单位的发展规划、年度工作计划和重大改革措施。党支部要严格组织生活制度，丰富活动形式，过好党内生活。加强对支部书记的教育和培训，注重发挥他们工作的积极性、主动性和创造性。

2.充分发挥共产党员的先锋模范作用。在全校党员中深入开展保持党的先进性的教育，充分发挥党员在建设国际知名高水平大学中的积极性、主动性和创造性。在重大事项和重要工作任务面前，党组织要对党员提出明确具体的要求，注重发挥党员的先锋模范作用。严格党员民主评议制度，做到对党员严格要求、严格教育、严格管理、严格监督，不断提高党员队伍的整体素质。

3.加强和改进发展党员工作。遵循“坚持标准、保证质量、改善结构、慎重发展”的方针，坚持做好在“双高”中青年教师中发展党员的工作，特别要重视在青年学生中发展党员的工作，提高青年学生党员的比例。加大对入党积极分子的培养力度，正确把握培养和发展、数量和质量、组织入党和思想入党的辩证关系，及时把经过考验、符合党员条件的先进分子吸收到党内来。

（四）加强和改进党的作风建设，以良好的党风和党员形象带动良好校风和学风建设

加强和改进党的作风建设，必须按照中央提出的“八个坚持，八个反对”的要求，紧密联系学校实际，突出重点，狠抓落实。

1.牢记党的宗旨，坚持群众路线。建立健全领导干部联系基层、联系群众的制度，坚决克服形式主义和官僚主义。凡是关系到学校改革发展，尤其是涉及群众切身利益的重大措施，事前都要进行深入细致的调查研究，广泛听取群众意见。党的各级领导干部都要在工作中自觉坚持群众路线，正确对待自己，正确对待组织，正确对待群众，把对上级负责和对群众负责统一起来。校级领导干部更要主动到困难比较多的单位去解决问题，到意见比较集中的地方去倾听群众呼声，到工作开展不力的部门去开拓局面。关心那些工作、学习、生活遇到困难的教职工和学生，千方百计地帮助他们排忧解难，真正把转变作风落到实处。

2.牢记“两个务必”，加强党风廉政建设。进一步加强对纪检监察工作的领导。坚持标本兼治、综合治理，不断加大从源头上治理腐败工作的力度。进一步落实党风廉政建设责任制，坚持把思想道德教育、制度建设与加强监督管理结合起来，把反腐倡廉寓于学校各项重要政策措施之中，逐步建立起一套适应社会主义市场经济发展要求和学校改革发展需要的廉洁从政行为准则与道德规范。要坚持权为民所用，情为民所系，利为民所谋，不断提高党组织和党员在群众中的威信。要大力倡导艰苦奋斗、勤俭节约，反对铺张浪费。对于各种违法违纪

案件，要坚决查处、决不手软。

（五）加强和改进党的思想政治工作，充分发挥党的政治优势

思想政治工作是坚持社会主义办学方向，做好学校一切工作的重要环节，因此在任何时候、任何情况下都不能忽视和削弱。

1. 思想政治工作要以正确理论为指导。坚持用马克思主义的科学精神和基本原理，对当前亟需进行理论引导或说明的突出问题，作出科学的、有说服力的、符合实际的解释和说明，引导师生员工不断克服和抵制错误的、落后的、腐朽的思想文化的影响与侵蚀。在事关政治方向和根本原则的问题上，一定要旗帜鲜明、理直气壮、毫不含糊。

2. 思想政治工作要从实际出发。紧密结合党员和师生员工在思想认识以及工作、生活中产生的新问题，突出加强理想信念教育。把先进性要求与广泛性要求有机结合起来，增强思想政治工作的针对性和实效性。特别是在学校实施重大改革和重要决策时，更要进行广泛的宣传和细致的思想工作，以取得师生员工的理解和支持。

3. 思想政治工作要紧密结合学校的根本任务和中心工作进行。防止和纠正“两张皮”的现象，把思想政治工作做到教学科研的前沿。把做思想政治工作与帮助师生员工解决实际问题结合起来，既讲道理又办实事，既以理服人又以情感人。认真研究计算机网络对师生员工思想观念、价值观念、法律道德观念、生活方式和身心健康等方面产生的影响，主动建设，积极引导，加强管理，构建思想政治工作的新平台。

4. 思想政治工作要摆上各级党组织的重要议事日程。思想政治工作是全党的工作，党的各级干部和所有党员都要做。要进一步健全党组织统一领导，行政各部门和工会、共青团齐抓共管、各负其责的思想政治工作领导体制和工作机制。按照中央“政治强、业务精、纪律严、作风正”的要求，建设一支专兼职结合的思想政治工作队伍，不断提高工作能力和工作水平。

各位代表、同志们，回顾过去，我们深深为南开的发展而感到自豪；展望未来，我们更感到肩上责任的重大。明年这个时候，我们将迎来南开学校建校一百周年和南开大学建校85年纪念日。纵观南开大学建校八十四年的历史，就是与各种困难、灾难顽强斗争中不断发展的历史。南开人从来没有向任何困难低头，总是对未来充满必胜的信心。过去，“允公允能、日新月异”的南开精神鼓舞着我们不断奋进，今后，也必将激励我们勇往直前。让我们更加紧密地团结起来，高举邓小平理论伟大旗帜，以“三个代表”重要思想为指导，坚定信心，振奋精神，同心同德，锐意进取，为把我校建成国际知名高水平大学、进而建成世界一流大学而努力奋斗！

南开大学2003年工作要点

（2003年2月17日党委全委会议审议通过）

2003年全校工作总的要求是：高举邓小平理论伟大旗帜，以“三个代表”重要思想为指导，深入学习贯彻党的十六大精神和市委八届三次会议精神，以筹备召开南开大学第七次党代会为契机，进一步加强党的建设和思想政治工作，加强干部队伍建设，深化改革，加强管理，狠抓落实，提高教育教学和人才培养质量，增强科技创新能力，优化育人环境，加快国内外知名高水平大学建设步伐。

一、学习贯彻十六大精神，全面推进高水平大学建设

1.学习贯彻十六大精神是我校2003年的首要政治任务。全校师生员工，特别是校院（系）学习中心组成员要紧紧围绕主题，把握灵魂，抓住精髓，深入系统学习，认真贯彻落实，统一思想，凝聚力量，加快改革发展。

2.贯彻落实市委八届三次会议精神，发挥学校优势，积极为地方经济社会发展做贡献，推动重点共建工作取得实质性进展。

3.以发展为主题，按照“发展要有新思路，改革要有新突破，开放要有新局面，各项工作要有新举措”的要求，结合“十五”“211工程”建设和“985工程”二期启动，修订、完善学校总体战略发展规划和学科建设、队伍建设规划，完成校园建设规划的制定。

4.坚持“以人为本”，进一步完善管理制度、管理机制，提高管理水平。加强信息化建设和数字化校园建设，改进管理手段。

二、加强学科建设，提高教育教学质量

5.以学科建设为龙头，推进“十五”期间“211”工程建设，高质量完成“985工程”一期，做好“985工程”二期准备工作。调整学科结构，凝练学科方向，突出重点，力求若干学科有所突破。大力发展急需专业、新兴、交叉学科。处理好重点学科与一般学科的关系，促进学科的协调发展。

6.做好第九次学位授权申报工作。争取拓展工程硕士领域，争取获得MPA专业学位授权。认真准备并做好两院院士申报工作。

7.贯彻落实教学工作会议精神，深化教学内容和教学方法改革，推进教材建设，创新教

学管理体制。实施名师工程，设立“南开大学教学名师奖”。修订学则，完善学分制，实行弹性学制。积极做好按学科门类招生和新的人才培养模式的试点工作。

8. 进一步加快本科专业建设和调整的步伐，加强、改革、改造我校原有基础优势专业，培养新的专业增长点，大力扶植应用性专业，优先发展国家建设急需的本科专业。

9. 加强国家级人才培养基地建设，更好地发挥其示范辐射作用，进一步加强科学素质和人文素质教育，全面提高人才培养质量。

10. 加强实验室建设、图书资料建设和校园网络建设。加强基础课实验中心建设，创建国家级基础实验教学示范中心，加强教学基础设施建设，特别是公共多媒体教室和网络教室的建设。

11. 继续办好成人教育，探索、规范远程教育，努力提高办学质量。

三、加强科技创新工作，大力推进哲学社会科学研究

12. 积极参与教育部“高校科技创新工程”，落实学校科技创新与文科科研工作会议的部署，提高我校科技创新特别是原始性创新的能力。理科科研经费力争达到 1.5 亿元，文科科研经费争取突破 1500 万元。

13. 大力加强国家、教育部重点实验室和国家工程中心等科技创新基地建设，整合资源，加大改革力度与支持力度。建立大型科学仪器实验平台，为科技创新提供保证。努力培育优秀科技创新团队，积极争取国家、教育部的重大科研项目。

14. 加强知识产权保护，强化专利意识，成立知识产权领导小组，组建专门机构，做好知识产权规划、协调、保护等工作。设立专利基金支持专利申请与维持，提高专利申请量。

15. 进一步促进产学研结合，完善科技成果转化和高新技术产业机制。加强大学科技园建设，加快基础设施建设，建立特色运作机制和发展模式，迎接科技部和教育部的评估。完成南开化工园一期建设并投产。

16. 加强对十六大提出的重大理论与实践问题的前瞻性、战略性研究，加强为地方经济社会发展服务。强化精品意识，多出高质量成果。

17. 加强国家社科基地建设，充分发挥其示范带动作用。创新文科科研体制，优化科研结构，整合学校现有研究机构，新建“两海（海洋、海河）经济研究中心”等社会急需研究机构。

四、深化改革，推进教育创新，扩大对外开放

18. 继续深化人事分配制度改革，积极探索和完善新形势下人力资源开发管理办法，加大考核力度，进一步量化考核标准。

19. 加大人才引进和培养力度，提高人才引进质量，重点引进拔尖人才。调整完善相关政策，使人才引进和培养工作逐步走上规范化和制度化轨道。

20. 进一步深化后勤改革，理顺关系，加强制度建设，建立激励、竞争和约束机制，切实提高服务质量和管理水平。

21. 理顺校办产业管理体制，强化校产管理办公室的管理职能。加快校办产业改制工作，

建立现代企业制度，初步建立起激励、约束机制和经营性国有资产投入撤出的良好资本运营机制。

22.进一步创新办学体制，推进与天津大学紧密合作步伐。加快软件学院的建设。理顺泰达学院与相关二级学院的关系，加大改革力度。加快深圳金融工程学院建设。

23.抢抓机遇，积极推动天津市批建新校区的规划工作。积极稳妥推进职业技术学院与地方政府合作办学，探索民办二级学院办学模式。

24.多方位、多渠道筹措办学经费，增强办学实力，保证学校快速发展。做好发展委员会与校友会工作。

25.成立国际学术交流委员会，统筹规划国际学术交流与合作，提高学术交流的层次和效益，扩大学校在国际学术界的影响。大力发展留学生教育。

五、搞好基建工作，优化育人环境

26.以优化育人环境、提高校园文化品位为目标，实施校园整体规划。继续调整教学、科研、生产及办公用房，合理配置，为教学、科研工作服务。

27.进一步加强基本建设项目的质量管理和效益评价，做好学生公寓（西区）、数学研究中心、综合实验楼、MBA大楼、第二主教学楼、学生活动中心、汉教中心等项目的建设工作。积极推进联合研究院大厦的建设。

28.美化校园环境，整顿校园秩序。做好学生宿舍和教室修缮工作。完成校内水系改造工程和教工住宅小区的环境改造工程。加快迎水道校区、学生宿舍和住宅小区网络建设。

六、加强党的建设和思想政治工作，为学校改革发展提供坚强保证

29.筹备召开南开大学第七次党员代表大会，以此为契机，进一步凝聚人心，鼓舞士气，推动学校改革与发展。

30.加强党的组织建设，做好青年学生和优秀知识分子入党工作。认真贯彻中央《党政领导干部选拔任用条例》和我校的实施细则以及后备干部队伍建设实施办法，完善干部考核评价体系，加强干部培养培训。

31.继续推进思想政治教育进网络工作。深化邓小平理论、“三个代表”重要思想“进课堂、进教材、进学生头脑”工作。加强宣传思想工作和精神文明创建活动，营造良好舆论氛围。

32.加强学生教育管理工作，尤其是加强招生与就业工作，完善制度，整合资源，提高生源质量，拓宽就业渠道。

33.深入开展党风党纪教育，加强党政监督。进一步加大对招生、基建、维修工程和大宗物资采购招标的执法监察力度，强化校产内部监督制约机制，不断加强财务管理和审计监督。认真做好信访和案件查处工作，推进反腐败三项工作任务的落实。坚持党风廉政责任制，严格实行责任追究。

34.高度重视学校安全和稳定，深入开展综合治理，搞好信息工作和信访工作，为学校改革发展创造良好的外部环境。

35.加强民主政治建设，进一步推进校务公开，充分发挥教代会在校务公开工作中的主要载体和主渠道作用。

36.加强统战工作，支持各民主党派组织的自身建设。加强对工会、共青团、学生会的领导，支持他们依照法律和各自章程开展工作，更好地发挥其联系广大师生员工的桥梁和纽带作用。

用“三个代表”重要思想武装大学生头脑

南开大学党委书记　薛进文

“三个代表”重要思想是新世纪新阶段全党全国人民继往开来、与时俱进，实现全面建设小康社会宏伟目标的强大思想武器。用“三个代表”重要思想武装广大青年特别是当代大学生，关系到中国特色社会主义事业的前途命运。毋庸置疑，当代大学生是值得信赖、大有希望的一代，但他们的健康成长并不是 一个自然而然的过程。坚持科学理论的指导，是大学生树立正确的世界观、人生观和价值观，增强全面建设小康社会使命感和责任感的重要保证。在全面建设小康社会的历史进程中，必须不断深化“三个代表”重要思想这一马克思主义在中国发展的最新成果的教育，在邓小平理论“三进”（进教材、进课堂、进学生头脑）工作的基础上，深入开展“三个代表”重要思想的“三进”工作。充分发挥“两课”在大学生思想政治教育中的主阵地、主渠道作用，用“三个代表”重要思想武装大学生的头脑，是历史和时代赋予高校的庄严使命与神圣职责。

近年来，我校党委坚持以“三个代表”重要思想统领“两课”教学，紧密围绕为全面建设小康社会培养数以千万计的专门人才和一大批拔尖创新人才的目标，积极做好“三进”工作，取得了明显成效。

一、以“三个代表”重要思想全面统领“两课”教学

以“三个代表”重要思想统领“两课”教学，就是要求所有的“两课”课程都要突出“三个代表”重要思想这个核心，坚持用“三个代表”重要思想的理论视野审视各门课程的教学目的和任务。在具体教学实践中，《毛泽东思想概论》重在论证、回答社会主义在中国如何由理论变为现实的问题，帮助学生认识毛泽东思想是邓小平理论和“三个代表”重要思想形成的历史前提和理论基础；《邓小平理论和“三个代表”重要思想概论》重在论证、回答什么是社会主义、怎样建设社会主义的问题，回答我们在新世纪举什么旗，走什么路，实现什么目标的问题，帮助学生系统地掌握邓小平理论和“三个代表”重要思想的科学体系；《当代世界经济与政治》重在运用“三个代表”重要思想分析当今世界经济政治发展的现状和走向，深化对“三个代表”重要思想时代背景的理解；《马克思主义政治经济学》重在从马克思主义发展史的角度，揭示对人类社会发展规律认识的历程，全面理解“三个代表”重要思想的科学内涵；《马克思主义哲学原理》重在阐述“三个代表”重要思想所蕴含的世界观、方法论，帮助学生更加深

刻地认识中国共产党人运用马克思主义的立场、观点和方法，结合本国实际和时代特征，在解决中国特色社会主义实践重大问题方面的理论创新；三门思想品德课则从培养学生思想品德、基本素质等方面，阐释和说明当代青年大学生在全面建设小康社会中的历史使命和责任；研究生政治课《马克思主义与当代社会思潮》(博士生)、《科学社会主义理论与实践》(硕士生)则以专题讲授形式，系统阐述"三个代表"重要思想的理论价值，使学生在对"三个代表"重要思想的时代背景、实践基础、科学内涵、精神实质和历史地位的认识上达到新高度。

在明确教学目的和任务的基础上，我们在教学中努力联系社会现实和学生的思想实际，重点抓了"三个结合"。

第一，把"三个代表"重要思想的"三进"工作与已开展的"四个如何认识"等重点、热点问题的研究结合起来。在教学中讲清楚"四个如何认识"，是深入进行"三个代表"重要思想"三进"工作的重要任务。而且，针对时代发展提出的新问题，在理论上给予有说服力的回答，正是"三个代表"重要思想"三进"工作的必然要求。

第二，把"三个代表"重要思想的"三进"工作与不断推进"两课"教学改革有机地结合起来。一是采取专家辅导与理论研讨相结合的方式，组织"两课"教师深入学习研讨，使"两课"教师对"三个代表"重要思想的认识达到新的高度；二是以每门课程、每个教研室为依托，召开集体备课会，制定了七门课程贯彻"三进"的教学方案；三是组织科研攻关，鼓励"两课"教师紧紧围绕"三个代表"重要思想的理论体系进行科学研究，增强"两课"教学的学术底蕴；四是利用"学术论坛"等形式，采取多种形式加大学习研究、宣讲的力度；五是在"两课"教学网站上开设"三个代表"重要思想"三进"工作的专题栏目。

第三，把"三个代表"重要思想"三进"工作与"两课"中多门课程的整体建设有机结合起来。今年上半年，我校就组织了《"三个代表"重要思想概论》课的试点工作，并在教学的具体内容上做到不仅向学生讲授"三个代表"重要思想的理论体系和基本观点，而且讲授反映并体现这一理论的党的路线、方针、政策和由此取得的伟大成就，以及在此基础上产生的最新理论成果、实践经验。这样的教学给予学生的是有关"三个代表"重要思想的完整、系统的理论体系，有助于学生从整体上把握"三个代表"重要思想，学生反映很好。

二、提高课堂教学水平，不断拓宽"三进"工作的方法和途径

用"三个代表"重要思想武装大学生头脑，作为主阵地、主渠道的"两课"课堂教学水平和教学效果是关键。为此，我们重点抓了以下工作：

第一，课堂教学以学生为主体。课程内容既要有内在逻辑，更要充分考虑受教育者的思想实际，使教育者的意图与学生的实际需要最大程度地统一起来。

第二，课堂教学的专题化。专题化教学实际上是针对各种实际问题的教学。专题化，也就是问题化，如"三个先锋队"和保持党的先进性等就是学生关注的重大理论问题。按照问题来组织课堂教学，可以一改过去按章、节、目照本宣科式的教学方法，大大增强了现实感和针对性。

第三，课堂教学的立体化。即利用现代化直观立体的教学手段，让学生在课堂中能够听、说、看并用，真正做到入脑、入耳、入心。如在讲我们党如何代表中国最广大人民的根本利益时，结合我国抗击非典的实践，以"学理论、学英雄、论奉献"为主题，放映了党和国家领导人

深入工厂、街道、学校指导工作、进行慰问和记者走入病房对白衣战士感人事迹进行采访的镜头。看到此情此景，同学们真切地感受到了“三个代表”重要思想的丰富内涵。

与此同时，为了不断拓宽“三个代表”重要思想“三进”工作的有效途径，我们在“两课”教学实践中积极探索“三个融为一体”的模式。一是必修课与选修课融为一体。在抓好必修课的同时，增设一些选修课，如“邓小平江泽民理论著作选读”、“‘三个代表’重要思想理论体系研究“、“先进文化的发展与中国现代文化思潮”等，受到学生欢迎。二是一般教育与个别教育融为一体。我们要求每位“两课”教师都要联系几个宿舍，及时了解学生的思想实际，进行有针对性的解疑释惑，收到很好的教育效果。三是课上教育与课外教育融为一体。我们积极发挥“第二课堂”的作用，通过举办学生党员和骨干业余党校、入党积极分子业余党校，支持青年学生成立“‘三个代表’重要思想研究会” 和“十六大精神研究会”，引导青年学生成立“学习‘三个代表’重要思想百人中心组”，举办“名人讲座”、“周末论坛”，营造积极向上、“以科学的理论武装人”的良好氛围。在全国高校中率先设立“学生学习邓小平理论和’三个代表’重要思想奖励基金”，对在理论学习中涌现出的先进个人和集体进行表彰和奖励，极大地调动了青年学生学习理论的热情。目前，我校青年学生中“邓小平理论研究会”和“‘三个代表’重要思想研究会”会员已发展到4000余人，形成了广受新闻媒体关注的“南开理论圈”。

按照党的十六大要求，围绕全面建设小康社会的奋斗目标，贴近社会实际和学生生活实际开展“三个代表”重要思想的“三进”工作，加深了学生对党的感情，坚定了他们的政治信念。最近一次调查显示，我校80．4％的学生认为自己对“三个代表”重要思想“很了解”，94．8％的学生认为“大学生应努力成为中国先进生产力的开拓者、先进文化的弘扬者和最广大人民利益的维护者”，96％的学生认为邓小平理论和“三个代表”重要思想对我国社会主义现代化建设具有重要的指导作用。

（注：本文发表在《求是》2003年第21期）

南开大学2003年文件目录

南发字

资格的通知
南发字 18 号 关于认定于海等 9 人助理研究员资格的通知
南发字 19 号 关于认定部分其他系列专业技术人员高级职务及中级职务任职资格的通知
南发字 20 号 关于部分附中、附小、幼儿园教师专业技术职务评审结果的通知
南发字 21 号 关于认定李春英等人高级及中级任职资格(代评)的通知
南发字 22 号 关于王迎军职级的通知
南发字 23 号 关于公布 2002～2003 学年第一学期课程建设(本科)评估结果的通知
南发字 24 号 关于认定苗春明等三人副主任医师、杨志兵等二人副研究员任职资格的通知
南发字 25 号 关于给予刘雯、郑紫薇留校察看处分的决定
南发字 26 号 关于给予孙雅静勒令退学,给予张岸元留校察看处分的决定
南发字 27 号 关于给予安淑娟、徐博雅、郭继光留校察看处分的决定
南发字 28 号 关于给予冯轲、张永林勒令退学处分的决定
南发字 29 号 关于转发《教育部关于进一步发展繁荣高校哲学社会科学的若干意见》通知
南发字 30 号 关于给予周金星等九名学生勒令退学处分的决定
南发字 31 号 关于印发《南开大学"面向 21 世纪振兴行动计划"专项资金管理办法》的通知
南发字 32 号 关于进一步加强教育创新提高教学质量的若干意见
南发字 33 号 关于苏明辉等职务任免的通知
南发字 34 号 关于印发《南开大学捐赠工作暂行规定》的通知
南发字 35 号 关于加强科技创新工作的意见
南发字 36 号 关于加强国家重点实验室建设的若干意见
南发字 37 号 关于专利和知识产权保护工作的若干意见
南发字 38 号 关于印发《南开大学科技创新基金管理办法》的通知
南发字 39 号 关于建立大型科学仪器实验平台,促进学科发展和科技创新的几点意见
南发字 40 号 关于印发《南开大学优秀成果、科技论文、专利及科研管理奖励条例》的通知
南发字 41 号 关于成立南开大学国家(部门)重点实验室指导委员会的通知
南发字 42 号 关于成立南开大学知识产权工作领导小组的通知
南发字 43 号 关于成立南开大学大型仪器管理委员会的通知
南发字 44 号 关于亚太地区大国历史研究中心更名为南开大学世界近现代史研究中心的通知
南发字 45 号 关于成立南开大学人才开发培训中心的通知
南发字 46 号 关于印发《南开大学关于博士研究生申请学位科研成果的规定》的通知
南发字 47 号 关于给予刘媛媛勒令退学处分的决定

南发字48号	关于调整校计划生育委员会人员组成的决定
南发字49号	关于印发《南开大学实施〈中华人民共和国语言文字通用法〉办法》的通知
南发字50号	关于印发《南开大学关于人事档案管理的暂行规定》的通知
南发字51号	关于成立南开大学国际问题研究院等机构的通知
南发字52号	关于温秀颖等任职的通知
南发字53号	关于进一步加强南开大学人文社会科学研究工作的几点意见
南发字54号	关于印发《南开大学人文社会科学研究优秀成果奖励办法(试行)》的通知
南发字55号	关于张睿壮任职的通知
南发字56号	关于印发《南开大学关于在博士学位授权一级学科范围内自主设置学科、专业的规定》的通知
南发字57号	南开大学关于公布博士学位授权一级学科范围内自主设置学科、专业名单的通知
南发字58号	关于印发《南开大学关于校办企业解散、撤销等工商注销登记工作的管理办法》的通知
南发字59号	关于高玉葆等职务任免通知
南发字60号	关于苏利春任调研员的通知
南发字61号	关于批转研究生院《关于在防治"非典"期间研究生教学、考试和论文答辩工作的安排意见》,教务处《关于在防治"非典"期间本科生教学考试和论文答辩工作的安排意见》,学工部研工部《关于防治"非典"期间部分毕业生返校工作的安排意见》的通知
南发字62号	关于印发《南开大学聘请名誉教授制度实施办法》的通知
南发字63号	关于印发《南开大学优秀博士后奖励办法(试行)》的通知
南发字64号	关于终止张洁留校察看处分的决定
南发字65号	关于印发《南开大学内部会计控制制度(试行)》的通知
南发字66号	关于认定杨单等6人教授(研究员)任职资格,王国利等10人副教授(副研究)任职资格的通知
南发字67号	关于霍耀秀等职务任免的通知
南发字68号	关于方建新任正处级调研员的通知
南发字69号	关于印发《南开大学精品课程建设规划》的通知
南发字70号	关于调整校务委员会组成人员的通知
南发字71号	关于成立银行贷款资金管理小组的通知
南发字72号	关于成立南开大学财经工作领导小组的通知
南发字73号	关于成立南开大学环境与社会发展研究中心学术委员会的通知
南发字74号	关于国际学术交流处违规装修谊园咖啡厅的通报
南发字75号	关于印发《南开大学仪器设备招投标管理实施细则》的通知
南发字76号	关于给予任川、谢路漫留校察看处分的决定
南发字77号	关于终止刘晓留校察看处分的决定

南发字78号	关于印发《南开大学校内资源对南开大学科技园开放共享的有关规定》的通知
南发字79号	关于印发《南开大学科技创业基金管理办法》的通知
南发字80号	关于印发《南开大学硕士生指导教师资格审批和选聘工作办法(试行)》的通知
南发字81号	关于印发《南开大学学则》的通知
南发字82号	关于法政学院调整部分系的通知
南发字83号	关于朱光磊等职务任免的通知
南发字84号	关于在软件学院设立系所的通知
南发字85号	关于孟志国、杨勇任职的通知
南发字86号	关于加强校友工作的若干意见
南发字87号	关于给予陶泽峰、杨桦、米崴、马爱平留校察看处分的决定
南发字88号	关于印发《南开大学关于推荐优秀应届毕业生免试为硕士研究生的实施办法》的通知
南发字89号	关于给予林玉婷同学勒令退学处分的决定
南发字90号	关于成立南开大学社会科学发展咨询委员会的通知
南发字91号	关于印发《南开大学人文社会科学发展咨询委员会工作条例(试行)》的通知
南发字92号	关于印发《关于给予硕士研究生和本科毕业生来校工作人员住房补贴的暂行办法》的通知
南发字93号	关于认定赵勇等44人讲师(助理研究员)任职资格、夏焕云等26人助教(研究实习员)任职资格的通知
南发字94号	关于认定刘芳芳等19人助理实验师(助理工程师)任职资格、陆萍等7人助理馆员任职资格的通知
南发字95号	关于南开大学印刷厂资产评估申请立项的批复
南发字96号	关于乔明强等职务任免的通知
南发字97号	关于成立南开大学语汇学与词典学研究中心的通知
南发字98号	关于成立南开大学城市公共安全研究中心的通知
南发字99号	关于成立南开大学发生与比较认识论研究中心的通知
南发字100号	关于国际商学院学术委员会调整的通知
南发字101号	关于同意天津市和成科技发展公司资产评估立项的批复
南发字102号	关于南开大学应用化学研究所申请办理注销有关有续批复
南发字103号	关于取消廖荣军、郑夫增、廖隆政入学资格决定
南发字104号	关于印发《南开大学临时用工管理暂行办法》的通知
南发字105号	关于公布我校被批准为公共管理硕士专业学位培养单位的通知
南发字106号	关于公布我校通过第九批学位授权审核的学科、专业名单的通知
南发字107号	关于张伯伟等职务任免的通知
南发字108号	关于公布我校入选国务院学位委员会第五届学科评议组成员名单的通知

南发字 109 号	关于公布我校入选天津市人民政府学位委员会第二届学科评议组成员名单的通知
南发字 110 号	关于 2003 年度专业技术职务评审工作指导性实施意见
南发字 111 号	关于专业技术职务评审机构换届的通知
南发字 112 号	关于南开大学电子试验厂申请办理注销的批复
南发字 113 号	关于印发《南开大学“211 工程”专项资金管理办法》的通知
南发字 114 号	关于柯平等职务任免的通知
南发字 115 号	关于成立南开大学泽尔腾实验室的通知
南发字 116 号	关于朱晓夏等职务任免的通知
南发字 117 号	关于公布南开大学第六届学位评定委员会各学科评议组成员调整名单的通知
南发字 118 号	关于《天津市和成科技发展公司申请办理注销报告》的批复
南发字 119 号	关于孙广平等职务任免的通知
南发字 120 号	关于印发《南开大学保护知识产权的规定(试行)》的通知
南发字 121 号	关于印发《南开大学校办企业发展风险基金管理办法》的通知
南发字 122 号	关于成立南开大学危险化学品评审中心的通知
南发字 123 号	关于成立南开大学科学研究计算机学术委员会的通知
南发字 124 号	关于调整生命科学学院系所的通知
南发字 125 号	关于王勇等职务任免的通知
南发字 126 号	关于印发《南开大学实施人事代理制度暂行办法》的通知

南办发

南办发 1 号	关于表彰信息工作先进集体、优秀信息员的决定
南办发 2 号	关于做好寒假、春节期间安全保卫工作的通知
南办发 3 号	关于放寒假的通知
南办发 4 号	关于安排好 2003 年春节期间困难师生员工生活困难问题的通知
南办发 5 号	关于启用“南开大学办公室”新印章的通知
南办发 6 号	关于启用“南开大学美国研究中心”印章的通知
南办发 7 号	关于启用“南开大学开放教育学院”印章的通知
南办发 8 号	关于转发《常委组织部 2003 年工作计划》的通知
南办发 9 号	关于启用“中国共产党南开大学汉语言文化学院支部委员会”印章的通知
南办发 10 号	关于转发《常委统战部 2003 年工作计划》的通知
南办发 11 号	关于转发《关于 2003 年开放教育学院高等教育向自学考试(本、专科)招生工作的通知》的通知
南办发 12 号	关于转发计划生育办公室《南开大学 2003 年人口与计划生育工作安排》的通知

南办发 13 号	关于“五一”节放假的通知
南办发 14 号	关于转发档案馆、组织部、人事处《南开大学归档单位工作职责及考核办法》的通知
南办发 15 号	关于启用“南开大学‘211 工程’办公室”印章的通知
南办发 16 号	关于在校园内悬挂横幅的管理办法
南办发 17 号	关于鼓励专业技术人员在防治非典型肺炎斗争中充分发挥作用的通知
南办发 18 号	关于转发机关党委《关于加强机关作风建设的若干意见》的通知
南办发 19 号	关于部分专业学生进驻泰达学院的通知
南办发 20 号	关于放暑假的通知
南办发 21 号	关于做好暑假期间安全保卫工作的通知
南办发 22 号	关于召开期末督查工作总结会议的通知
南办发 23 号	关于启用“中国 APEC 研究院”和“南开大学泰达应用物理学院”印章的通知
南办发 24 号	关于启用“中国共产党南开大学后勤委员会”印章的通知
南办发 25 号	关于启用“南开大学教务处”等印章的通知
南办发 26 号	关于启用“南开大学科学计算研究所”印章的通知
南办发 27 号	南开大学关于做好防治非典型肺炎工作文件材料收集归档的通知
南办发 28 号	关于国庆节放假的通知
南办发 29 号	关于启用“中国共产党南开大学马克思主义教育学院委员会”印章的通知
南办发 30 号	关于转发保密委员会《关于严禁用涉密计算机上国际互联网的通知》的通知
南办发 31 号	关于转发保密委员会《关于在对外学术交流中实行保密提醒制度的通知》的通知
南办发 32 号	南开大学关于 2003 年选聘新任博士生指导教师工作的通知
南办发 33 号	关于成立南开大学汉语言文化学院留学生办公室的通知
南办发 34 号	关于开展学期工作中期督查的通知
南办发 35 号	关于开斋节放假的通知
南办发 36 号	关于转发《关于推荐 2003 年度天津市“十五”立功先进集体和个人的通知》的通知
南办发 37 号	关于元旦和寒假放假的通知

南党发

南党发 1 号	关于印发《南开大学二〇〇三年工作要点》的通知
南党发 2 号	关于印发《南开大学中层党政领导干部选拔任用工作实施细则》和《南开大学中层后备干部队伍建设的实施意见》的通知

南党发 3 号	关于召开中国共产党南开大学第九次代表大会的决议
南党发 4 号	2003 年南开大学理论学习安排意见
南党发 5 号	关于批转党委宣传思想工作领导小组《南开大学 2003 年宣传思想工作要点》的通知
南党发 6 号	关于表彰刘月波同志救助落水儿童先进事迹的通知
南党发 7 号	关于印发《关于进一步加强统战工作的若干意见》的通知
南党发 8 号	关于印发《中国共产党南开大学第七次代表大会代表产生办法》的通知
南党发 9 号	关于印发《中共南开大学第七届委员会中共南开大学纪律检查委员会的组成和委员候选人产生办法》的通知
南党发 10 号	关于成立中共南开大学第七次代表大会代表资格审查小组的决定
南党发 11 号	关于批转校社会治安综合治理委员会《南开大学 2003 年治安综合治理工作意见》的通知
南党发 12 号	关于转发中共教育部党组《关于非典型肺炎预防和控制工作致教育系统全体共产党员的一封信》的通知
南党发 13 号	关于转发中共教育部党组《发挥党的领导、民族精神的政治优势，做好当前高校学生管理工作——致高等院校全体党员信》的通知
南党发 14 号	关于印发《中共南开大学基层支部工作细则》的通知
南党发 15 号	关于印发《南开大学处级干部实行学术假和经费资助制度实施细则》的通知
南党发 16 号	关于认真学习《“三个代表”重要思想学习纲要》的通知
南党发 17 号	关于兴起学习贯彻“三个代表”重要思想新高潮的通知
南党发 18 号	关于表彰抗击非典型肺炎工作先进集体和先进个人的决定
南党发 19 号	关于印发《2003 年下半年校、院（系）中心组专题学习安排》的通知
南党发 20 号	关于举办处级以上干部学习贯彻“三个代表”重要思想培训班的通知
南党发 21 号	关于加强保密工作的意见
南党发 22 号	关于表彰女子排球队的决定
南党发 23 号	关于认真学习贯彻党的十六届三中全会精神的通知
南党发 24 号	关于印发薛进文同志在中共南开大学第七次代表大会上的报告的通知
南党发 25 号	关于认真学习贯彻南开大学第七次党代会精神的通知
南党发 26 号	关于第七届党委常委分工的意见

南　党

南党 1 号	关于同意职业技术学院党委增补委员的批复
南党 2 号	关于同意汉语言文化学院直属党支部委员选举结果的批复
南党 3 号	关于调整保密委员会的通知

南党 4 号	关于成立南开大学知识分子工作领导小组的通知
南党 5 号	关于成立“211 工程”办公室等机构的通知
南党 6 号	关于高建军等职务任免的通知
南党 7 号	关于陈钟林任职的通知
南党 8 号	关于成立南开大学日本研究院的通知
南党 9 号	关于刘恒昌等任调研员的通知
南党 10 号	关于郝邦增等职务任免的通知
南党 11 号	关于成立后勤党委和马克思主义教育学院党委的通知
南党 12 号	关于成立南开大学校友领导小组的通知
南党 13 号	关于陈学奇等职务任免的通知
南党 14 号	关于同意马克思主义教育学院换届选举结果的批复
南党 15 号	关于转发《关于中共南开大学第七届委员会常务委员会组成人员和纪律检查委员会书记的通知》的通知
南党 16 号	关于将医学院直属党支部及汉语言文化学院直属党支部改为党总支的通知
南党 17 号	关于张志尧等职务任免的通知

学术人物

中科院外籍院士(1人)

陈省身

数学大师,浙江嘉兴人,生于1911年11月。1930年毕业于南开大学,1936年获德国汉堡大学博士学位,1994年当选为中国科学院外籍院士。曾任清华大学教授,西南联合大学教授,美国普林斯顿高级研究院研究员,中央研究院数学研究所研究员兼代所长,中央研究院院士,芝加哥大学教授,柏克莱加州大学教授,美国科学院院士,美国数学会副会长,巴西科学院通信院士,意大利PALORITANI学院(SICILY)通信院士,英国皇家学会国外会员,印度数学会名誉会员,意大利PALORITANI学院(SICILY)通信院士,伦敦数学会名誉会员,南开数学研究所所长、名誉所长等,还是第三世界科学院创始人。陈省身在访问普林斯顿高等研究院两年间,完成了一项意义深远的工作,证明了Gauss－bonnet公式,提出和构造了现今普遍使用的陈示性类,使纤维从与示性类理论整个为之改观,为整体微分几何奠定了基础。以后的事实证明,他的这一贡献,不仅是微分拓扑、微分几何、复流形理论、代数几何等许多领域的研究不可缺少的工具,而且是这些不同领域融合在一起的纽带,是整体微分几何得以形成为最活跃的研究分支,成为当今核心数学的主流分支之一。这一贡献的影响,遍及整个数学,导致数学和理论物理之间的进一步联系。陈省身曾应邀在国际数学家大会上做过三次报告,其中有两次是一小时报告。1975年获美国国家科学奖章,1983年获世界数学最高奖之一的Wolf奖。还曾获美国数学协会CHAOVENET奖、德国HOMBULDT奖、美国数学会STEELE奖、德国汉堡大学BLASCHKE奖、南开大学"伯乐"奖等。陈省身教授先后创立了三个数学研究所:中央研究院数学所(1946)、美国国家科学院柏克莱数学研究所(1981)、南开数学研究所(1985)。1985年,为发展祖国数学事业返回天津,在母校创办南开数学研究所,并担任所长,并把获得Wolf奖的奖金全部捐给南开数学研究所。1985年,中国数学会设立了陈省身奖。

中科院院士(6人)

何炳林

高分子化学家,广东省番禺县人,生于1918年8月。1942年毕业于西南联合大学。1952年获美国印第安那大学博士学位。现为南开大学教授,1980年当选为中国科学院院士。曾任高分子研究所所长,中国化学会高分子化学委员会副理事长,中国生物材料与人工器官学会副理事长,中国石油化工总公司顾问,兼任青岛大学校长等职。主要从事高分子化学教学与科研工作。在寻找优质树脂中,研究了新型离子交换树脂和大孔新型吸附树脂的合成、结构、性质及应用,并将离子交换树脂与所获得的吸附树脂相互配合,研究内容扩展到生物高分子并广泛应用于化工、抗生素、医药、食物等的分离纯化、催化，医学上的血液净化，环境保护，药物控制释放等。四十多年来，共培养出600多名本科生、近百名硕士生、30多名博士生及7名博士后。他所在的研究所被国家评为博士点、博士后流动站、国家重点学科、吸附分离高分子材料国家重点实验室。研究成果获30余项国家和省部级奖。到1998年春已发表科研论文580多篇并主编了《离子交换与吸附树脂》专著。

申泮文

化学家，广东省从化县人，生于1916年9月。1940年毕业于昆明西南联合大学化学系。现为南开大学教授，无机化学学科学术带头人，1980年当选为中国科学院院士。现任南开大学新能源材料化学研究所学术委员会主任，国家“863”计划新材料领域储氢材料专题组顾问，为南开大学和山西大学双聘教授、天津市劳动模范、全国优秀教师。长期从事无机化学的教学工作和金属氢化物化学的研究工作。在教学方面，善于总结教学经验，吸收无机化学发展新成果，不断更新和充实教学内容，撰写并翻译出版了一批无机化学专著和教科书，多次举办层次不同的无机化学教师讲习班，为发展我国无机化学教育事业作出了贡献。在科研方面，创立我国独特的方法合成一系列离子型金属氢化物，以化学方法研究并合成了三类主要的储氢合金，并在此基础上发展出镍/金属氢化物可逆电池，不断取得新成果并创建南开大学新能源材料化学研究所。多次获国家科技进步与国家教委高校优秀教材奖。

陈茹玉

化学家，女，福建省闽侯县人，生于1919年9月。1942年毕业于西南联合大学化学系。1952年获美国印第安那大学博士学位。现为南开大学教授，1980年当选为中国科学院院士。曾任元素有机化学研究所所长，中国化学学会理事，中国农药学会副理事长，天津市科协副主席，国务院学位委员会两届学科评议组成员。现任国际主族化学会会员组组长等职。多年来，从事有机磷化学及农药化学的教学与科研工作。在有机农药化学方面，系统研究了几类新除草剂的合成及性能，开发成功“黄草灵”、“燕麦敌二号”等农药品种，创制“除草剂一号”新品种、“7841”植物生长调节剂投入生产并获国家专利。在有机磷化学方面，研究具有生物活性的有机磷化合物，合成多种新型含磷杂环化合物，并创制一种对人畜无害的麦田除草剂。在国内，率先开展计算机辅助下有机磷农药(除草剂)的结构与活性定量关系的研究，成功创制出具有高除草活性的硫代磷酰胺酯，取得重大成果。共培养30余名硕士生及20余名博士生和6名博士后，曾获国家自然科学二等奖，国家教委科技进步一、二、三等奖，发表论文250余篇，专著5部。

母国光

应用光学家，辽宁省锦西市人，生于1931年1月。1952年毕业于南开大学物理系。自1987年先后获得日本国立命馆大学名誉理学博士，美国光学学会、国际光学工程学会的Fellow(资深会员)，1991年当选为中国科学院院士，1993年当选为第三世界科学院院士。现任南开大学现代光学研究所所长，中国光学学会理事长，中科院技术科学部副主任，国际光学学会副会长，大学国际联合会常务理事，天津市科协主席，中国科协常委。曾任南开大学校长，研究生院院长，中科院应用光学国家重点实验室主任。长期从事光学和应用光学的研究与教学工作：在白光光学图像处理、光学模式识别、机器视觉、褪色胶片的彩色恢复、彩色胶片的档案存贮、编码彩色摄影和显示、菲涅尔全息泸波的三维目标识别、彩色编码、光学神经网络及其在识别中应用以及三维图像显示等方面的研究都提出重要的新概念和新技术，发展了现代光学信息处理学科；设计并研制“彩色电视显象管涂屏用的特殊光学校正镜”、“防空预警雷达信号的光学投影系统”、“军用白光彩色图像处理系统”、“大幅面航空摄影用的彩色图像编码及解码系统”以及“锥轴深椭球冷反光镜”等多种新型光学仪器和器件。曾获国家发明二等奖和三等奖、国家自然科学三等奖。主编的《光学》获国家优秀教材一等奖。发表论文70余篇。

程津培

有机化学家，1948年6月出生于天津市。1975年8月毕业于天津师范大学化学系，1978年9月至1981年12月就读于南开大学化学系并获硕士学位，1987年2月获美国西北大学博士学位，1987年3月至1988年9月在美国杜克大学做博士后研究。1989年9月回国在南开大学任教，先后任南开大学副教授、教授、博士生导师。1995年12月当选为南开大学副校长。现任南开大学化学学院教授，中国科技部副部长，国务院学位委员会学科评议组成员，教育部科教委员会委员，教育部教学指导委员会委员，国家自然科学基金评委，《高等学校化学学报》编委等职。主要从事物理有机化学研究，主要研究课题包括：一氧化氮(NO)生物信使分子生理作用的化学本质，环肽的仿生分子识别研究和催化不对称合成，NADH辅酶模型的反应热力学、动力学及机理，各类化学键能量，各类有机活泼中间体的热力学稳定性及其结构效应等。自1990年以来承担国家自然科学基金课题7项(含“八五”重大、“九五”重点各一项)，国家教委优秀年轻教师基金两项，博士点基金两项等。目前在研的项目有：国家自然科学基金重点项目课题一项，面上基金两项，教育部重点课题一项，博士点基金一项，与香港合作课题一项。发表论文百余篇，其中SCI内圈刊物68篇(IF>3.50的36篇)，其他文章中《科通》、《高校化学学报》和《化学学报》共26篇，CCL4篇，Review book series 1篇。

葛墨林

理论物理学家，北京人，生于1938年12月。1965年毕业于兰州大学，现为南开大学数学研究所所副所长，南开大学、天津大学刘徽应用数学中心主任，国务院学位委员会物理学科组成员，亚太地区理论物理中心（APCTP）一般委员会委员，2003年当选为中国科学院院士。曾获1982年度国家自然科学奖三等奖，1986、1988年度国家教委科技进步二等奖，1990、1996年度国家教委科技进步一等奖，1997年度何梁何利科技进步奖，1997年度国家级教育成果奖二等奖，1996年度孺子牛金球奖等。近四十年来他一直在理论物理的许多领域从事教学与科研，培养硕士研究生30余人、博士生19人，发表科学论文150余篇，专著4本，国外出版编辑书刊7部。与合作者首先发现自对偶杨——Mills场（SDYM）的无穷维代数结构，从而确立了SDYM的经典可积性。所提出的理论开始了这个分支的研究。自1987～1995年，在低维可积模型的关键数学物理方案即杨－Baxter方程（YB）与量子群等方面投入国际竞争，从RTT关系出发建立了YBE非标准解方案并讨论量子群理论，形成了特色。葛墨林教授在1998年被选为本领域最重要国际大会ICGMTP的常务委员，这是该大会三十年来首例中国人被选入该组织。在发展YB系统及量子群的自身数学物理性质之后，自1995年以来一直集中将它们应用于物理实际。首先提出若干新概念，从而将比较抽象的、用以描述非线性物理问题的数学物理理论用于量子力学系统，包括新型对称性。葛墨林教授曾以“访问教授”、“杰出访问教授”、“杰出访问科学家”等名义应邀访问过美、俄、法、意、瑞典、瑞士、韩、德、波兰等国，扩大了学术交流。

工程院院士（1人）

李正名

生于1931年1月，1953年毕业于美国ErsKine大学化学系。1956年南开大学化学系研究生毕业，师从杨石先教授。1980～1982年美国联邦政府农业研究中心访问学者。1983～1996年曾任南开大学元素有机化学研究所所长。1987～1996年任南开大学元素有机化学国家重点实验室主任。1986年晋升教授，同年被授予天津市劳动模范。1990年晋升博士生导师，同年被授予国家有突出贡献的中青年专家。1994年任南开大学化学学院副院长，1995年当选中国工程院院士。长期从事有机化学、农药化学领域的科研教学工作，已发表论文212篇，主编、参编专著5种，申请专利7项，先后培养博士生18名，硕士生24名。曾获国家自然科学二等奖，国家科技进步一等奖，各部委级奖8项。1995年在日本农药学会二十周年庆典会上被授予外国科学家荣誉奖。

教育部“长江学者奖励计划”特聘教授(10 人)

陈永川　张伟平　周其林　许京军　刘　育　方复全　席　真　龙以明　王　磊
陈志敏

教育部“长江学者奖励计划”特聘讲座教授(2 人)

汪徐家　Antti Niemi

校内特聘教授(19 人)

田建国　卜显和　程　鹏　陈　军　严秀平　叶丽虹　张　琚　朱晓农　张　涛
孔德领　王　维　陈永胜　曹又佳　陈　强　冯喜增　陈　威　于青林　方勇纯
王小麓

国家级有突出贡献的专家(13 人)

张光寅　母国光　范　曾　方克立　薛敬孝　李正名　朱光华　卢桂章　项寿鹤
王庆人　黄润秋　陈永川　程津培

国务院学科评议组成员(10 人)

冼国明　李剑鸣　龙以明　翟宏琛　程津培　耿运琪　朱　坦　葛墨林　席　真
李维安

国家“百千万人才工程”入选者(9 人)

陈永川　张伟平　马建标　张国刚　许京军　刘　育　佟家栋　冼国明　陈宗胜

国家“杰出青年基金”获得者(12 人)

陈永川　张伟平　周其林　刘　育　许京军　方复全　严秀平　田建国　朱晓晴
王　磊　卜显和　陈　军

教育部“跨世纪人才基金”获得者(28 人)

刘　育　赵　健　许京军　马建标　卜显和　方复全　袁　直　田建国　符方伟
张　琚　李学良　孙　骞　扶　磊　陈　军　郑健禺　孔勇发　白志鹏　陈志强
马君潞　陈宗胜　佟家栋　王南湜　朱光磊　张　毅　曾晓渝　李　毅　王正毅
李剑鸣

教育部“高校青年教师奖”获得者(11 人)

程　鹏　李坤望　佟家栋　李　毅　朱光磊　李维安　李剑鸣　张东刚　李翔海
张　毅　王先明

教育部“优秀青年教师资助计划”获得者(29 人)

李安之　郑吉民　王庆人　于燕生　张金忠　黄熙泰　程津培　龙以明　耿运琪

符方伟 卜显和 张伟平 刘　育 马建标 田建国 李维安 冼国明 李剑鸣
王正毅 张东刚 严秀平 王立新 范秀成 申　虹 高学平 王宁宁 李秀芳
张国权 赵学功

教授名录

文学院

教授

陈　洪 洪　波 李剑国 刘俐俐 卢盛江 罗宗强 马庆株 彭修银 乔以钢
陶慕宁 王立新 王志耕 许祥麟 张铁荣 曾晓渝 张　毅 周　荐 李瑞山
孟昭连 石　林 邢　凯 陈玉圃 范　曾 韩长利 吴晓丁 罗德荣 赵　航
耿传明 薛　义 宁稼雨 李俊琪 杨　琳 高迎进 王红旗 李新宇 杨　岚
罗振亚 王延栋

历史学院

教授

刘泽华 张分田 乔治忠 李治安 刘　敏 许　檀 张国刚 常建华 李喜所
侯　杰 江　沛 王先明 王敦书 陈志强 孙立群 元　青 哈全安 朱凤翰
刘　毅 徐　行 王利华 南炳文 林延清 白新良 杜家骥 邓安生 赵伯雄
李剑鸣 洪国起 王晓德 韩　琦 张荣明 马世力 韩　铁

研究员

汪茂和 门连凤 杨令侠 赵永纪 李小林

哲学系

教授

陈晏清 韩　强 李建珊 李淑梅 李翔海 刘文英 任晓明 王南湜 薛富兴
阎孟伟 陆　扬 李　娜 常　健 张斌峰 钱　捷 颜　一 严　正

法政学院

教授

侯欣一 程开源 赵正群 柏　桦 朱京安 胡世凯 傅士成 于语和 关信平
侯钧生 王处辉 乐国安 彭华民 张　玲 汪新建 赵万里 朱光磊 杨　龙
葛　荃 王正毅 王　骚 沈亚平 殷燕军 张睿壮 谭　融 程宝库 万国华
史学瀛 庞中英 陈耀东

研究员

张景荫

外国语学院

教授

严启刚　崔永禄　王宏印　张迈增　蒋华上　张秀华　马秋武　苏立昌　韦荣臣
苗　菊　王健宜　刘桂敏　刘雨珍　陈　曦　阎国栋　薛　琛　张文起　李景雨
周淑杰　张俊芝　徐月芳　索金梅

研究员

肖福堂

国际商学院

教授

刘志远　周晓苏　冯燕奇　张继勋　王迎军　李国津　张玉利　韩经纶　戚安邦
李　非　薛有志　齐寅峰　王全喜　陈国欣　王　健　李天元　齐善鸿　韩德昌
吴晓云　范秀成　严建援　王知津　刘玉照　伍振华　柯　平　谢晋宇　李新建
李维安　张金成　白长虹　周　建　马连福　张学民　李　莉　崔　勋　徐建华

研究员

霍洪喜

经济学院

教授

马君潞　刘玉操　李志辉　何自力　朱光华　张仁德　王述英　张世晴　刘骏民
刘纯彬　温海池　赵　津　张彤玉　贾根良　景维民　郝寿义　江曼琦　佟家栋
薛敬孝　张志超　李坤望　高乐咏　刘重力　江生忠　肖云茹　李秀芳　赵胜民
张世荣　周立群　逄锦聚　曹振良　丁长清　柳　欣　周　冰　李元亨　安虎森
王玉茹　陈宗胜　张东刚　冼国明　滕维藻　陈漓高　张岩贵　邱立成　张　诚
张晓峒　戴金平　蒋殿春　李荣林　李建民　原　新　刘秉镰　宫占奎　朱铭来
段文斌　盛　斌

研究员

张秀珍　曹小衡　谢思全　周爱民　朱　彤

马克思主义教育学院

教授

丁　军　杨永志　王元明　李　毅　杨　谦　邵云瑞　刘景泉　赵铁锁　张　静
曹　杰　武东生　平章起

汉语言文化学院

教授

石　锋　崔建新　卢福波　郭继懋　施向东　田桂民

数学科学学院

教授

定光桂 林金坤 侯自新 孟道骥 顾 沛 郭景美 刘春根 梁 科 王日生
邓少强 王 红 陈万义 张润楚 贾建华 王兆军 吴 荣 沈世镒 周性伟
梁 朴 符方伟 王永进 郭军义 张春生 孙文昌 胡健伟 苏斡云 田春松
陈鲁生 张伟平 葛墨林 陈永川 龙以明 方复全 李学良 冯惠涛 扶 磊
吴志强 朱少红 张震球 陈典发

研究员

王泉金 朱朝锋

物理科学学院

教授

陈天伦 李学潜 罗 马 蔡崇海 胡北来 周宗文 赵 柳 申 虹 孟新河
崔宝深 李宝会 吕可诚 吕福云 乔月印 盛秋琴 杨文修 李川勇 高立模
朱 箭 刘子臣 宋 智 郭 儒 金庆华 张光寅 张春平 刘思敏 臧维平
孔勇发 田建国 宋 峰 孙 骞 张国权 许京军

研究员

曹亚安

教授级高工

陶长远 张万林 舒永春

生命科学学院

教授

耿运琪 杜荣骞 黄熙泰 陈启民 俞新大 王淑芳 王 勇 王宁宁 叶丽虹
李翠凤 邢来君 刘如林 杨文博 刁虎欣 刘 方 王 磊 白 钢 高玉葆
李后魂 文 俊 宋文芹 王新华 陈 强 刘国卿 张 涛 李明刚 佟树敏
王秀玲 蔡宝立 郑坚瑜 张晓东 乔明强 孔德领 张金红 曹又佳 杨 卓
石福臣 冯喜增 陈月华 冯 露

研究员

张 琚 冯小品

教授级高工

梁凤来 侯文强

医学院

教授

朱天慧　刘　文

化学科学学院

教授

申泮文　廖代正　姜宗慧　吴世华　阎世平　黄唯平　杨光明　程　鹏　沈含熙
何锡文　王新省　张贵珠　严秀平　宋礼成　孟继本　胡青眉　徐善生　张宝申
王永梅　曹玉蓉　程津培　朱晓晴　王佰全　朱志昂　蔡遵生　袁满雪　郭俊怀
李正名　张智慧　左　榘　栗方星　张保龙　朱常英　郑吉民　黄志荣　何家骐
李一峻　项寿鹤　阎　杰　刘　欣　李立存　李文友　陶克毅　关乃佳　刘双喜
陈　军　陈铁红　郑文君　车云霞　孙　波　陈茹玉　方建新　黄润秋　李金山
孙怀林　唐祥海　张正之　周其林　高如瑜　杨华铮　郑健禺　席　真　李　靖
徐效华　何炳林　张邦华　黄文强　王国昌　渠　瑾　陈永胜　李　弘　马建标
宓怀风　张政朴　袁　直　史林启　李晨曦　阎虎生　李朝兴　吴　强　王　维

研究员

林华宽　刘　育　朱守荣　卜显和　施荣富　成俊然　袁华堂　高学平

教授级高工

张岳军　石国柱　李平英　王永泰　郑书良　赵国锋

信息技术科学学院

教授

吴功宜　刘　璟　杨愚鲁　朱耀庭　陆志才　白　刚　袁晓洁　徐敬东　李庆诚
涂奉生　王秀峰　袁著祉　陈增强　赵　新　陈秋双　孙永华　吴　岳　牛文成
贾香鸾　方　兰　赵新杰　李维祥　阎少林　杨文霞　母国光　张延炘　董孝义
翟宏琛　王肇圻　汤国庆　方志良　赵启大　林美荣　傅汝廉　袁树忠　常胜江
张伟刚　耿新华　熊绍珍　王宗畔　赵　颖　韩维桓　孟志国　卢桂章　刘景泰
张建勋　安　刚　王庆人　辛运帏　沈琴婉　朱晓农　顾泽苍　李德林　戴宇杰
张小兴　敖建平　贾春福

研究员

张桂兰　开桂云　申金媛　张斗旺　孙　云　张铁群　耿卫东　林　列

教授级高工

刘福来　赵腊月　黑中一　赵庚申

软件学院

教授

黄亚楼　程仁洪

环境科学学院

教授

傅学起　金朝晖　孙红文　张宝贵　胡国臣　朱　琳　朱　坦　庄源益　王启山
刘　茂　白志鹏　李慧明　鞠美庭

研究员

刘新亭

体育部

教授

邢纯贵　赵士杰　杨向东

机关

教授

郝邦增　张东升　孙广平　王　功　姜胜利

研究员

陈学奇　孔繁丰　张式琪　吴本湘　霍耀秀　高怀英　赵秀清　王锡治　刘秀真
荆洪刚　郭景孝　高占海　武　俊　王惠兰　曲日光　张万光

教授级高工

张思为

日本研究院

教授

杨栋梁　米庆余　李　卓　王振锁

现代远程教育学院

教授级高工

雷宗保

职业技术学院

研究员

苏利春

迎水道校区

研究员

刘恒昌

高教所

研究员

汤全启

出版社

编　审

肖占鹏　焦静宜　李正明　纪益员

南开大学附中

研究员

李信

允公集团

教授级高工

杨育麟　张则年　刘述权　周占明　王计会

校办企业党委

教授级高工

贾凤和

名誉教授(28 人)

陈省身　张明瑞　袁家骝　科斯比　李　浩　李政道　贝切勒　朱卓任　杨振宁
李远哲　亚当斯　金大中　杨忠道　伊尔斯　基辛格　厉鼎毅　尼伦伯格
法捷耶夫　池田大作　克林克曼　林家翘　韩素音　朱鹏年　罗伯特·蒙代尔
林继俭　朱经武　久曾神升　泽尔腾

客座教授(218 人)

杨登贵　王言明　徐　雷　陈耀明　宝建中　冯哲川　梁定邦　朱力行　李稻葵
张俊森　张俊喜　武常岐　王苏生　李又欣　张建波　纪晓辉　何建宗　杨振寰
林　南　程广禄　梅祖麟　坂本琉璃　王耿介　王念祖　蒲慕明　稻田耕一郎
富永健一　夏天长　加德纳　何国梁　胡德伟　黎汉明　乔玲丽　吴健福　海　斯
成露西　田中和夫　索罗斯　中岛章夫　皮格纳塔罗　潘毓刚　周耀岐　霍尔希
中田隆庄　笠原十九司　井户田侃　韩德扬　施略德　明石春浦　段开龄　叶嘉莹
杰夫里·龙因　傅雷鸣　詹姆斯葛登纳　李华伟　斋藤博　人见胜人　陈德恒
诺斯基　竹本喜一　蒋隆科　挂川晖夫　马忆华　佐佐木健一　曹希仁　科　恩
谢灵顿　潘宗光　王　冀　史泰默　周　元　今西幸男　田边信治　杨伟国　张　鑫
卫藤沈吉　江藤守总　柯特茨　刘君若　朱树豪　V.A.达凡科夫　江口圭一　谢正刚
田中隆治　许立达　邱荻蒙　胡宝星　立石信雄　查理·伍德　孙梅　马修·蒂雷尔

李忠熹　王学荆　朱鹏年　克林克曼　舒其望　罗杰·米尼尔　王士元　乔　伟
王保强　斋藤道彦　陈捷先　彭炳进　黄荣春　伊住宗晃　张明杰　大火田笃四郎
土田英俊　千宗之　肖　文　岛田多喜子　饶馀庆　山田辰雄　L. P. 沃克特
支志明　森清范　黄清溪　和野元昭　关海山　韩荣国　木村创　陈新滋　筏义人
郑天佑　吴　奇　陈北方　V. 罗格哈文　山根幸夫　桥本寿朗　梁天培　李竞生
赵　康　B.L .普罗兹　J .帕雷　赵启光　刘遵义　范维凯　小野寺忍　辛世文
王贵国　林达·格洛夫　罗伯特·霍纳德　新井郁男　张洪年　丁邦新　朱　葆
罗梅君　李　革　威廉·罗斯韦尔　Tomo Razmilovic　青木利晴　香坂昌纪
宫川俊彦　杨允中　Heimut Klocker　Ole A. Saether　古德曼　朱晓夏　李　钰
服部千春　廖伟民　高崎泰明　岩国哲人　安东尼·萨达克斯　王大栋　张　雯
戴维康　李　钟　曾宪章　约翰逊、J. D. 洛克　山崎泰彦　昼马辉夫　张伯礼
金　奇　张　磊　袁锦泉　江　燕　朱荫贵　戴一峰　王寒松　徐引篪　谢作伟
郭海成　钱小安　陈志刚　张宪文　陈学飞　裘元伦　徐二明　吴世农　席西民
魏迎远　王乃静　孙昌璞　何小刚　顾海良　林茱莉　陈永庆　杨仁敬　张基福
蔡茂诚　田　丰　王建方　贡华章　郭一令　贾长华　王　蒙　詹晓宁　唐方方
吴仰儒　吕述望　杨巨平　鲍元恺　王小慧　邱晓华　余永定

机构与负责人

校级领导

党委书记 薛进文
校　　长 侯自新
党委副书记 吴本湘(至 11 月)　孔繁丰(至 11 月)　张　静
杨庆山(11 月开始)　刘景泉(11 月开始)
副 校 长 陈　洪　逄锦聚　耿运琪　陈永川　陈学奇
纪委书记 张式琪
校长助理 高玉葆　霍耀秀　关乃佳　孙广平

中共南开大学第七届委员会常委

薛进文　侯自新　张　静　杨庆山　刘景泉　陈　洪　逄锦聚　耿运琪　陈学奇
关乃佳　朱光磊

中共南开大学第七届委员会委员

(按姓氏笔画排列)

龙以明　朱光磊　乔以钢　刘　育　刘景泉　关乃佳　孙　骞　杨庆山　杨克欣
佟家栋　张　静　张东升　张玉林　张式琪　陈　洪　陈学奇　周立群　冼国明
赵秀清　郝邦增　侯自新　逄锦聚　耿运琪　高怀英　薛进文

中共南开大学第七届委员会纪委委员

于　莉　叶向明　孙广平　苏明辉　李晓肃　张式琪　张景荫

校务委员会成员

主　任 薛进文
副主任 侯自新　吴本湘
委　员 (以姓氏笔划为序)
王　磊　王文俊　车铭洲　孔繁丰　卢桂章　申泮文　母国光　孙仲林
朱光华　刘泽华　刘振祥　李万华　李正名　李剑鸣　何炳林　谷书堂
张光寅　张伟平　张自立　陈　洪　陈茹玉　陈晏清　罗宗强　金桂玉
周学光　胡国定　洪国起　席　真　葛墨林　程津培　熊性美　薛敬孝
戴树桂　魏宏运

校学术委员会成员

主　任 母国光
副主任 侯自新　逄锦聚
委　员 (以姓氏笔划为序)
车铭洲　卢桂章　朱凤翰　刘叔新　李正名　何锡文　陈永川　陈晏清
张迈增　张光寅　冼国明　郝寿义　南炳文　洪国起　秦世才　耿运琪

葛墨林　韩经纶　程津培　薛敬孝　戴树桂

秘书长　冼国明

校学位评定委员会成员

主　席　侯自新

副主席　朱光华　耿运琪

委　员　（以姓氏笔划为序）

马君潞　王南湜　龙以明　母国光　卢桂章　李正名　关乃佳　李治安
李维安　许京军　朱天慧　朱光磊　朱　坦　陈永川　陈　洪　吴功宜
何锡文　周立群　洪国起　逄锦聚　高玉葆

机关各部门、工会、教代会、团委负责人

单位	正职	副职
办公室	高怀英	夏静波(兼)　田　冲 张亚辉　刘文华
保密委员会	陈　洪(兼)	史永红
校友会	宗茂坤	
校友工作办公室	霍耀秀(兼)	李玉峰(兼)
组织部	杨庆山(兼)	高海燕　陈钟林　孔令国(正处)
党　校	薛进文(兼)	杨庆山(兼)
统战部	王锡治	
宣传部新闻中心	刘景泉(兼)	寇清杰　王树强
学工部武装部	杨克欣	翟兆魁　吴志成　黄家友　陈桂兰　刘秀茹
纪委监察室	叶向明	苏明辉(兼)(正处)　于　莉　方彦丽
教代会工会	孔繁丰(兼)	张玉林(正处) 刘新民　吴功宜(兼) 李　毅(兼)　谭　琳(兼)
团　委	张宁宁(副处)	王　凤(正科)　时胜强(正科)
机关党委	张式琪(兼)	夏静波(正处)
研究生院	高玉葆(兼)	佟家栋(正处)　杨明光(兼)(正处) 申丽梅　薛　牧　王刚夫　林淑艳
研工部	杨明光	
“211 工程”办公室	黄唯平	陈　敬
人事处	张东升	周素华
教务处	袁满雪	沈亚平　刘立松
战略发展研究部	翟锦程	
科技处	田建国	张明涛　张剑影
专利和知识产权管理办公室		贺京同(副处)
社科处	王　功	张东刚(正处)

国际交流处	乔明强	高海燕(兼) 种 健
财务处	孙广平(兼)	王丽平 高 键
审计处	李晓肃	杨海琳
保卫处	张德宝	曹建军 邢元静 王利文
实验室设备处	侯文强	吴晓晨
离退休处	韩明亮	王连荣
后勤管理办公室	曲日光	丁蕴丽
基建规划处	高占海	李兆群 于 海
房产管理处	曲 凯	陈晓星
成教学院	荆洪刚	杨竹青
发展委员会	霍耀秀	李玉峰
档案馆	李广凤	李 杰
学报编辑部	姜胜利	
高教所	王处辉	
网络管理中心	张万光	李长利
远程教育学院	荆洪刚(兼)	刘 胜 徐 雷

各院(系)负责人

单位	正职	副职
文学院	乔以钢	李 君 李瑞山
	陈 洪(兼)	王立新
历史学院	门莲凤	周德喜 陈志强
	李治安	王利华
日本研究院	杨栋梁	
哲学系	李翔海	王新生 苏 辉
	王南湜	高志勇
外国语学院	索金梅	赵桂敏 王崇明
	王健宜	王一普 严启刚
法政学院	张景荫	孙 跃 关信平
	朱光磊	孙玉静 侯欣一
马列学院	平章起	武东生 吴克峰
	李 毅	纪亚光
汉语言文化学院	肖胜利	施向东
	石 锋	
经济学院	张秀珍	邹玉洁 何自力
	周立群	马君潞 邱立成 庞传森 李秀芳
国际商学院	赵秀清	李 元
	李维安	刘志远 骆春树 张玉利 齐善鸿
金融工程学院	逄锦聚(兼)	马君潞(兼) 刘秉镰 胡彦明 戴金平

		张亚（兼）
经济与社会发展研究院	侯自新（兼）	逄锦聚（兼）
		陈洪（兼） 王迎军
APEC 研究院	侯自新（兼）	宫占奎（正处） 吴弘宝
数学学院	孟昭华	刘艳霞 顾 沛 王日生
	王永进	梁 科 郭军义 姜立滨
数学研究所	张伟平	葛墨林 扶 磊
物理学院	孙 骞	郑宝金
	许京军	李川勇 刘玉斌 季纳新
化学学院	杨光明	刘月波 张岳军
	关乃佳（兼）	程 鹏 袁 直 郑健禺 李靖（兼）
生命科学学院	冯小品	谢桂玲 吴秀英
	卜文俊	刘 方 曹又佳
环境科学院	王南林	朱 琳 孙红文
	朱 坦	鞠美庭 郭呈才
信息学院	王富春	孙 玮 林 列
	吴功宜	郭 平 袁晓洁 孟志国 安 刚
医学院	刘 文	
	朱天慧	
软件学院	黄亚楼	张 波 程仁洪
体育教学部	高建军	李 华
	杨向东	

直属、附属单位负责人

单位	**正职**	**副职**
迎水道校区	郝邦增	杨明俊 李秀林 刘树国
泰达学院	冼国明	黄亚楼（兼）
	杜长友	杜长友（兼）
		张连众 王林印
泰达应用物理学院	许京军（兼）	
泰达生物技术学院	王 磊	
职业技术学院	杨清海	陈庆
图书馆	赵铁锁	李广生 李 培
	阎世平	柯 平
出版社	连 洁	浦富弟 纪益员 元 青
		张 蓓 王之江
校产党委	张志尧	
校产办	张思为	张志尧（兼）
允公集团	杨育麟	于本超 李明智

科技园管委会	耿运琪(兼)	杨育麟(兼) 张思为(兼) 于本超(兼)
后勤党委	陈学奇(兼)	白云龙(正处)
后勤服务集团		张 嵩 段金波
驻深圳办事处	张 亚	
附中/附小	张丽琴	齐金泉
	李 信	韩 敏
滨海学院	杨清海(兼)	刘恒昌 苏利春
	王文俊	

国家重点实验室、国家研究中心负责人

单位	正职	副职
元素有机化学国家重点实验室	李 靖	周其林 钱 颖
吸附分离功能高分子材料国家重点实验室	朱晓夏	吴 强 李晨曦 王亦农
农药国家工程研究中心天津	李正名	张岳军(兼) 赵卫光
中国社会历史研究中心	刘泽华	张国刚 常建华
APEC 研究中心	宫占奎(兼)	吴弘宝(兼)
政治经济学研究中心	逄锦聚(兼)	周立群(兼) 陈宗胜(兼) 柳 欣 罗润东
跨国公司研究中心	冼国明(兼)	戴金平(兼) 张岩贵

学科建设

概况

2003年学科建设以“调整布局、优化结构”为思路，逐步调整学科布局，使学科结构进一步优化和合理。

截止2003年底，本校博士学位授权一级学科数12个；博士点数93个（含自主设置学科4个）；硕士点数148个（含自主设置学科9个）；硕士专业学位授权点4个，具有高级工商管理硕士（EMBA）专业学位点。全国重点学科18个，天津市重点学科13个，国务院学位委员会第五届学科评议组成员10人；天津市人民政府学位委员会第二届学科评议组成员65人；博士生导师388人，硕士生导师575人。

学位授权审核工作

在国务院学位委员会开展的第九次博士、硕士学位授权审核工作中，我校坚持以“领导重视，认真申报，上下沟通，力争成功”的方针，指导学科申报工作。经审核，本校获准新增博士学位授权一级学科点2个，即哲学、工商管理学科，比上年增加20%；新增博士点14个（含博士学位授权一级学科覆盖的二级学科点8个），即外国哲学、伦理学、美学、宗教学、科学技术哲学、马克思主义理论与思想政治教育、人口学、材料物理与化学、物理电子学、计算机应用技术、会计学、旅游管理、技术经济及管理、图书馆学，比上年增加19%；自行审批新增硕士点26个，即伦理学、宗教学、法学理论、诉讼法学、环境与资源保护法学、科学社会主义与国际共产主义运动、外交学、教育学原理、应用心理学、外国语言学及应用语言学、新闻学、设计艺术学、电力电子与电力传动、电路与系统、系统工程、安全技术工程、生物医学工程、人体解剖和组织胚胎学、儿科学、影像医学与核医学、妇产科学、耳鼻咽喉科学、药物化学、教育经济与管理、社会保障、档案学，比上年增加23%。另外，根据国务院学位委员会授权，批准我校备案的在博士学位授权一级学科范围内自主设置博士点4个，即保险学、生物信息学（数学）、化学生物学、生物信息学（生物学）；自主设置硕士点9个，即保险学、物流学、金融工程、高级应用语言文学、文艺评论与创作、生物信息学（数学）、化学生物学、生物信息学（生物学）、生物技术。批准在博士学位授权一级学科范围内自主设置学科专业9个，即保险学、生物信息学（数学）、生物信息学（生物学）、化学生物学博士点，物流学、金融工程、高级应用语言文学、文艺评论与创作硕士点。

经国务院学位办批准，我校为第二批公共管理硕士（MPA）专业学位培养单位；批准工程硕士（ME）专业学位新增电子与通信工程、计算机技术、环境工程3个工程领域。另外，国务院学位委员会批准我校为高校教师在职攻读硕士学位的首批培养院校，40个学科、专业获准开展此项工作。

学科评估工作

2003年揭晓的2002年学科评估排名结果为，数学和化学分别名列第四，物理学排名为第十。在2003年全国一级学科整体水平评估中，我校有哲学、生物学、光学工程、环境科学与工程、工商管理和图书馆、情报与档案学6个学科申请参加。2003年6月，按照天津市学位办的要求，完成了我校2个天津市重点学科（微生物学、计算机软件与理论）的中期检查、评估工作，评估结果均为优秀。

在推荐国务院学位委员会第五届学科评议组成员工作中，我校有冼国明、李剑鸣、龙以明、葛墨林、程津培、耿运琪、翟宏琛、朱坦、席真、李维安10位教授当选，比上届增加1位。另外，我校有陈晏清等65位专家、学者当选为天津市人民政府学位委员会第二届学科评议组成员。

博士生指导教师选聘

确定列入2004年博士生招生简章的已任博士生导师323位。

2003年新任博士生指导教师审核工作于2003年11月18日开始，共有69位教授申请新任博士生导师。到2003年底，已经进行了各学位分委员会推荐、征求已任博士生指导教师意见和校外专家通讯评议工作，各学科评议组和校学位评定委员会审核会议将在2004年进行。

制度建设

校学位评定委员会通过了《南开大学关于在博士学位授权一级学科范围内自主设置学科、专业的规定》(2003年4月18日南发字[2003]56号)和《南开大学硕士指导教师资格审批和选聘工作试行办法》(2003年9月2日南发字[2003]80号)。

“十五”“211工程”建设项目立项工作

2002年9月16日，国家计委、教育部、财政部召开“十五”“211工程”部署工作会议，“十五”“211工程”正式启动。9月18日，学校领导赴京向教育部领导及教育部“211工程”办公室和各部门负责人汇报我校“十五”“211工程”建设总体思路和重点学科建设项目，并听取教育部领导的意见。同时，教育部向我校下达“十五”“211工程”拨款计划：“十五”期间向我校“211工程”建设投人中央专项资金合计7000万元。9月20日学校召开全校动员会议，部署“十五”“211工程”建设工作。9月26日召开校学术委员会扩大会议，讨论13个重点学科建设项目。9月27日，向教育部“211工程”办公室报送《“十五”“211工程”拟建重点学科建设项目汇总表》，初步确定13个学科建设项目及其所包含的二级学科、建设项目和建设内容。9月28日，教育部周济副部长来我校视察工作，对我校学科建设和“十五”“211工程”建设工作作出重要指示。9月30日，分别召开了由各相关部门负责人和13个重点学科建设项目负责人、18个重点学科带头人参加的工作会议。会上，校领导传达了北京评审会议的情况，并组织工作班子起草学校“十五”“211工程”建设项目可行性研究报告。9月30日教育部“211工程”办公室反馈对我校“十五”“211工程”重点学科拟建设项目的批复意见，批复意见要求：加强学校战略规划的制定，“211工程”重点学科建设项目应作为学校学科建设的重中之重来抓，集中力量，重点突破，力争在“十五”期间取得有显示度的标志性成果。进一步凝炼学科方向，突出特色和优势，针对各学科的前沿问题或国家及地方经济建设和社会发展中存在的重大问题，明确学科建设内容和建设目标，做好可行性研究的论证和立项审核工作，确保“十五”“211工程”建设的顺利实施。10月中旬，《南开大学“十五”“211工程”建设项目可行性研究报告》(下称《可研报告》)(第一稿)完成。10月29～30日，以北京大学许智宏校长为组长的教育部专家组来我校进行“十五”“211工程”建设项目可行性研究报告论证工作，对《可研报告》提出了整体审核意见和仪器设备购置审核意见。肯定了我校《可研报告》提出的目标、任务、建设计划和资金安排，同时建议对重点学科建设项目的方向进一步加以凝炼，突出重中之重，集中优势资源，力争在若干方向上取得突破性和标志性的成果。希望学校努力创造一个有利于优秀人才脱颖而出的环境，并在大型仪器设备的管理体制和运行机制上不断创新，提高使用效益，对学校多出高水平、原创性的科研成果做出积极贡献。根据教育部专家组审核意见，对《可研报告》进行修改，形成了第二稿，报“211工程”部际领导小组审查，“211工程”部际协调小组办公室对《可研报告》进行初审之后，提出反馈意见，并于11月26日在教育部召开了关于"十五""211工程"可研报告修改工作紧急会议。在此次会议精神的指导下。对《可研报告》进行再次修改，并于11月29日形成了第三稿。12月9日，参加在中国人民大学召开的"十五""211工程"建设项目可行性报告论证会议。至此，"十五""211工程"立项工作圆满完成。

"十五""211工程"建设目标和任务

"十五"期间"211工程"建设目标和建设任务是：到2005年，"211工程"重点建设学科在国内的领先地位进一步提升，其中部分学科的优势领域接近或达到国际先进水平；初步形成一支结构合理、学术精良的高水平师资队伍；原始创新能力和科研成果转化与产业化能力有明显提高，成为理论创、科技创新和教育创新和国家高层次创造性人才培养的重要基地，教学、科研和基础设施条件有明显改善，为把南开大学建设成为国内外知名的高水平大学奠定基础。

"十五""211工程"重点学科建设项目

1.数学及其应用中的前沿问题

该项目依托三个国家重点学科：基础数学、概率论与数理统计、应用数学以及组合数学与核心数学教育部重点实验室。项目建设目标和任务是：整体上把南开数学学科建成国内一流、具有相当国际影响的数学研究和人才培养中心；依托三个重点学科，综合发展，达到国际先进水平，使南开数学在国际上具有相当的地位。

2.功能有机分子的研究

该项目依托有机化学国家重点学科和元素有机化学国家重点实验室。项目建设目标和任务是：通过对功能有机分子的重点研究，使有机化学学科整体水平接近国际先进水平，争取在生命物理有机化学和金属有机化学等领域达到国际先进水平。

3.特种功能材料

该项目依托高分子化学与物理国家重点学科和吸附分离功能高分子材料国家重点实验室。项目建设目标和任务是：重点开展特种功能材料中的功能高分子材料、生物医用高分子材料和高分子纳米材料等方面的研究，在材料科学新理论、新技术的某些方面形成较强的创新能力，在吸附分离功能高分子材料和自组装高分子纳米材料等研究领域达到国际先进水平。

4.重要微生物功能基因组学的研究

该项目依托微生物学国家重点学科、生物活性材料教育部重点实验室。项目建设目标和任务是：主要以重要微生物的分子生物学为基础，重点进行"细菌基因组学及功能基因组学"的研究，及"功能基因组学"和"微生物工程"两个平台的建设，获得若干项原创性成果。在进化基因组学方面，应用基因组学和生物信息学进行微生物进化和致病菌的快速鉴定方面取得创新性成果，并达到国际先进水平。

5.信息光学与光电子技术的研究

该项目依托光学工程国家重点学科、光学、微电子学与固体电子学学科和光电信息技术科学教育部重点实验室。项目建设目标和任务是：以国际公认的、代表当代光学领先水平的美国罗切斯特大学光学研究所与阿利桑那大学光学科学中心作为参照目标，通过5年左右的建设，在光学/数字多光谱成像技术及其智能化、新型光信息传输器件、飞秒激光与物质相互作用及其应用、三维海量光信息存储及高分辨率液晶微显示器等五个方向上开展研究工作，重点建设超短超快超强飞秒激光技术平台、激光直写平台，以及与国际接轨的研究生课程体系，力争在光学/数字多光谱成像、飞秒精密加工和高分辨率液晶微显示器等学科领域内取得一批原创性和有自己特色或知识产权的研究成果。

6.城市化进程中的污染防治

该项目依托环境科学国家重点学科。项目建设目标和任务是:在城市化过程中环境污染形成机理与修复方法及水资源的合理开发利用、城市空气颗粒物污染防治技术、城市社会经济与环境协调发展等方面开展基础理论研究与应用技术开发,力争接近或达到世界先进水平。争取建成相对应的国家级或省部级重点实验室或技术开发研究中心。

7.绿色农药的分子设计及化学生物学

该项目主要由农药学国家重点学科承担并与有机化学、微生物学、环境科学、生物化学与分子生物学等学科相互结合。同时也是元素有机化学国家重点实验室与农药国家工程研究中心(天津)的主要研究方向之一。项目建设目标和任务是:拟建设三个研究方向:绿色农药的分子设计及合成,快速、灵敏、微量的新农药筛选模型的建立及应用,天然源农药的研究;两个技术平台:通量筛选技术、农药化学信息数据库,提高我国绿色农药创制的整体水平。

8.中国经济转型与经济学理论创新

该项目依托教育部人文社会科学研究基地——政治经济学研究中心,政治经济学、区域经济学、经济史三个国家重点学科。项目建设目标和任务是:以"中国经济转型与经济学理论创新"为主题,在现代资本主义经济关系研究、中国经济转型研究、城市化进程与区域协调发展政策研究、京津经济一体化与首都经济圈研究等四个领域集中开展研究,取得高水平、标志性学术成果,使中国转型经济研究达到国际水准并在国际上产生较大影响,并在应用和对策研究方面对国家和地方经济建设产生重要影响。

9.经济全球化的国际经济理论发展与中国经济

该项目依托世界经济重点学科和教育部人文社科国家重点研究基地——APEC研究中心和跨国公司研究中心。项目建设目标和任务是:以国际一流大学同学科的科研水平和教学水平为参照系,凝炼学科研究方向,选择21世纪前十年与我国国民经济发展具有密切关联的重要领域,深入进行研究,提升对WTO体制新发展与中国贸易自由化、APEC发展与中国区域经济合作、跨国公司与中国竞争力三个领域的整体研究水平。

10.现代金融理论与中国金融风险管理

该项目依托金融学国家级重点学科。项目建设目标和任务是:以美国加州大学伯克利分校哈斯商学院金融学专业的课程体系和人才培养模式为参照,通过合作和引进在整体水平上与其接近,并达到国内领先水平。在现代金融经济学与金融工程理论及在中国的应用研究、中国保险业风险管理研究、金融风险量化度量与管理研究方面与国内外大学和企业合作。同时与瑞士再保险公司合作,推出年度系列研究成果《中国保险业发展研究报告》。同时,重点建设与科学研究和专业教学相配套的"模拟实验室"。

11.中国社会历史与文化

该项目依托中国古代史、中国近现代史两个国家重点学科。项目建设目标和任务是:提升对中国社会历史与文化进行断代研究、专题研究、比较研究和综合研究的整体水平,建成国内领先并对国际学术界同行产生较大影响的中国社会历史与文化研究中心。在中国社会结构和社会生活、古代政治制度与思想文化、华北区域史、20世纪中国社会与文化变迁等特色研究领域,完成若干项海内外影响较大的中国社会历史与文化研究精品,为21世纪中国改革与社会协调发展提供丰富的智慧借鉴,特别要为华北地区经济与社会的发展提供高层次的服务。

12.亚太地区历史与国际关系

该项目依托世界史国家重点学科,并借助南开大学历史学、经济学和政治学等学科的整体优势。项目建设目标和任务是:设立“亚太主要国家的历史”、“近现代亚太地区国际关系”两个重点研究方向,力争在某些领域和专题的研究上取得突破性的成果,保持和发展本学科在国内的领先地位,为提高中国世界史学科的水平做出贡献。出版5种以上有影响的高质量论著,举办2次以上高水平的国际学术会议。

13.现代公司治理与企业管理创新

该项目依托企业管理国家重点学科。项目建设目标和任务是:以公司治理为主线,带动服务管理和中小企业管理等其他优势方向的创新,争取在公司治理和服务管理等方面达到或保持国内领先水平,中小企业管理与企业财务管理研究达到国内先进水平。完善并推出“中国上市公司治理评价系统”等具有较高显示度和应用价值的标志性成果。

“985工程”建设项目

1.数学与应用数学的研究与实践

该项目依托基础数学与概率统计两个国家重点学科以及组合数学与核心数学教育部重点实验室。项目建设目标和任务是:建成国内一流、具有相当国际影响的数学研究和人才培养中心;培养一批实力雄厚的学科带头人和立足国内的优秀青年数学家,保持数学学科在国内前三名的地位。

2.新型功能材料化学

该项目依托高分子化学与物理国家重点学科和吸附分离功能高分子材料国家重点实验室。项目建设目标和任务是:重点开展高分子材料、新催化材料、能源材料、纳米材料、分子磁性材料、分子聚集体材料和防伪材料方面的研究,在高分子材料、新催化材料和纳米材料等研究领域达到国际先进水平。

3.功能有机分子的基础与应用研究

该项目依托有机化学国家重点学科和元素有机化学国家重点实验室。项目建设目标和任务是:在基础研究方面与国际先进水平接轨,参与国际竞争,开拓我国有机化学的新理论、新技术和新方向;创造条件培养、造就中青年学术带头人以及能够承担高科技研究及国际一流水平的前沿重大课题的高层次人才。

4.光学技术科学

该项目依托光学工程国家重点学科和光电信息技术科学教育部重点实验室。项目建设目标和任务是:以国际公认的、代表当代光学领先水平的美国阿利桑那大学光学科学中心和美国罗切斯特大学光学研究所为参照目标,重点建设“飞秒激光”和“二元光学”两个技术平台,并以此为支撑重点发展两个国际前沿的研究方向,一是飞秒激光与物质相互作用及其应用研究,二是光学信息前沿技术及其应用的研究;扩大本学科的应用领域,在若干学科前沿领域取得高水平的原创性研究成果。

5.薄膜光电子技术与微电子学

该项目依托微电子学和固体电子学两个学科。项目建设目标和任务是:抓住当前国际前沿、疑难的科学内涵,结合国家重大项目中的学术问题及技术科学问题进行深入研究,以新型薄膜光伏材料与器件、集成显示功能模块与系统的关键理论和技术为创新和突破口,以项目带动学科建设,在国际上确立南开大学的学术地位。

6.信息技术学科建设

该项目依托光学工程国家重点学科、光电信息技术科学教育部重点实验室和“863”机器人网点科技部重点实验室。项目建设目标和任务是:充分发挥计算机、微电子、通信、自动化、电子信息、电子学与光信息多学科领域的综合优势,发展新型优势学科,经过2～5年的努力,使信息学院的综合实力处于国内重点院校信息学科的前列,部分学科达到国际水平。

7.介观物理与光电信息学

该项目依托理论物理、凝聚态物理、光电子材料、光电信息科学、光子学等学科。项目建设目标和任务是:加强凝聚态理论建设与国际交流,积极开拓介观物理理论的新方向,发展理论物理新生长点,使该学科点成为全国知名的重点学科和世界一流的学科;发展介观物理、纳米光电材料与技术等新型前沿学科,并达到国内领先水平。

8.环境科学与工程一级学科博士学位授权点学科建设

该项目依托环境化学、环境生物学、环境工程等学科。项目建设目标和任务是:经过 3~5 年建设,学科整体水平处于国内领先,某些研究方向达到国际先进水平;将环境科学建成国家重点学科,保持其在国内的领先地位;实现环境科学与工程学科中的理工相结合,自然科学与社会科学相互渗透的研究思路和特色。

9.生命科学重点学科科技新兴学科建设项目

该项目依托微生物学、动物学、生化及分子生物学(含遗传学)、植物及生态学科等学科。项目建设目标和任务是:在继续强化生命科学原有优势的基础上,争取在艾滋病疫苗、基因芯片、微生物基因组测序等生命科学前沿领域取得国际领先的成果,进一步提升生命科学在国内的学术地位。

10.分子医学

项目建设目标和任务是:发展分子水平上的病理机制研究和新药开发,主要致力于癌基因的研究、骨形成相关分子功能的研究、p58 与脑缺血相关的研究与肿瘤免疫和治疗的研究;创造条件培养高层次医务人员,争取在创新理论和发展高新技术方面为国民经济做出贡献。

11.迎水道校区校园计算机网络

项目建设目标和任务是:加强迎水道校区网络建设,实现校区内网络的宽带高速运行;建设多媒体教室和公共电子阅览室,改善学生上网和学习的环境;培养锻炼出一支技术队伍,参与管理维护校区计算机网络、电子阅览室和实验室。

12.适应"E"管理时代的现代管理学科建设

该项目依托工商管理、企业管理学科。项目建设的目标和任务是:用 3~5 年的时间,提升管理学科的综合实力,使之进入全国前三强;工商管理学科成为一级学科博士授权点,企业管理学科成为国家重点学科;保持 MBA 教育全国前三强的位置;带动电子商务、创业与企业家精神教育、项目管理等新兴学科建设;树立 2~3 个有国际影响力的教学研究方向;以公司治理、服务管理、数字化管理为重点,整合并带动一批科研重点,吸引 3~5 名特聘教授,进一步优化教师队伍;大力开展实证研究工作,将公司治理原则等研究成果运用于企业管理实践。

13.高起点、高水平、国际化——理论经济学与应用经济学学科建设

该项目依托政治经济学、世界经济、金融学、经济史、区域经济学五个国家重点学科,教育部人文社会科学国家重点研究基地——APEC 研究中心和跨国公司研究中心。项目建设目标和任务是:在保持理论经济学优势的同时,大力发展应用学科,并在新学科培育和学科交叉方面做出有效的探索;保持已有重点学科和优势学科在全国的领先地位,并向世界同学科的前沿迈进;推出社会公认的学术精品和高水平标志性成果,缩小与国际水准的差距;在教学和科研手段及支撑体系方面,充分利用信息技术,加快提高教学手段和科研手段,使教学手段、科学研究、资料搜集、数据分析的手段和方法有较大的改善和提高。

14.中国社会历史与文化

该项目依托中国古代史、中国近现代史两个国家重点学科。项目建设目标和任务

是：实现对南开大学历史学科的中国古代史、近现代史、专门史、史学史、历史文献学、博物馆学等研究力量的重新组合，积极引进和探索最新史学理论和方法，构建中国社会历史研究的科学理论体系，使中国社会历史与文化研究达到世界一流水平，并在学术界产生重大影响。

15. 亚太地区历史与多元文化研究

该项目依托世界史国家重点学科，并借助南开大学历史学、经济学和政治学等学科的整体优势。项目建设目标和任务是：建成全国一流的亚太地区历史与多元文化研究中心，侧重亚太主要国家历史与文化研究、亚太国家间经济社会研究、古代文明对亚太地区影响及比较研究等；在这一学术研究领域已经形成南开大学明显优势的基础上，使研究特色更突出，研究成果更精良，研究队伍更精干，创造一个培养学术尖子的良好氛围；建成全国一流的有关亚太历史文化研究的资料信息中心，建立有关这一研究领域的信息网络平台；拥有组织和协调国内有关研究的能力，实现与国际学术界接轨；建设高水平专业信息网路平台，强化学术交流和抢占学术制高点。

16. 法学门类新兴学科建设与研究

该项目依托法学、政治学、社会学、公共管理、心理学 5 个学科。项目建设目标和任务是：促进法学门类中新兴和交叉学科的发展，重点建设法律专业硕士点、公共管理专业硕士点和社会工作应用性人才培养基地；继续加强法学、政治学的优势，使其达到并保持国内先进水平；通过法学、政治学和社会学方面的三个重要课题研究项目和相应的服务支撑体系建设，带动整个法学门类学科建设的迅速发展。

17. 新时期哲学学科的改革与发展

该项目依托马克思主义哲学、中国哲学、西方哲学、逻辑学、科学技术哲学和美学六个学科。项目建设的目标和任务是：保持马克思主义哲学、中国哲学在国内的先进地位，力争达到国内领先；保持中国逻辑史研究的国内领先地位，充实现代逻辑这一较薄弱领域的研究力量；加强科技哲学在科学价值研究、信息技术与社会研究、自然哲学等领域的研究，使之达到国内先进水平；建成外国哲学和美学博士点。

18. 南开大学“文学”学科（门类）建设

该项目依托中国语言文学、新闻传播学、艺术学三个学科。项目建设目标和任务是：进一步提高中国语言文学学科的建设水平，以优势学科中国古代文学为龙头，保持其领先地位，同时带动文学学科群中的其他二级学科全面达到国内领先；继续支持语言类学科群的发展，包括汉语言文字学、语言学及应用语言学、中国少数民族语言学 3 个二级学科，强化其互补互动交叉发展的特色，达到国内领先水平；大力发展适应 21 世纪社会经济和文化发展的新兴学科和特色学科（如艺术设计学、广播电视新闻与传播学等），全方位推进各内涵学科的进步，使学科整体发展态势取得战略性突破。

19. 外国语言文学学科建设

该项目依托英语语言文学、日语语言文学、俄语语言文学学科。项目建设目标和任务是：争取用五年或更多一点的时间，使南开大学外国语言文学学科由目前的整体处于国内先进水平建设成为达到国内领先水平，某个或某些方向上达到国际先进水平。

20. 面向 21 世纪的对外汉语教学

项目建设目标和任务是：适应 21 世纪的发展要求，使对外汉语教学这一新兴交叉学科臻于成熟，教学科研水平与师资队伍水平居于国内先进、天津市领先水平；招生规模不断扩大，发展成国家对外汉语教学基地。

21. 面向 21 世纪的思想政治教育学科建设

项目建设目标和任务是：站在学科发展

前沿，深入研究新形势下马克思主义理论和思想政治教育学科体系构建的理论、方法和实践问题，紧密结合社会精神文化生活的新发展，开展思想政治教育的对策研究，有针对性地回答意识形态领域中重大的理论和实践问题。

22.21 世纪初中国高等教育学理论与实践

项目建设目标和任务是：在现有高等教育学硕士点充分发展的基础上，新建成教育史硕士点，并争取建成比较教育学硕士点，2005 年申请高等教育学博士点；将《南开教育论丛》发展为公开杂志；在校领导的统筹安排下，积极工作，汇集我校教育学、心理学、体育学三个一级学科的博士、硕士点和本科专业及教育学的教学科研力量，组建南开大学教育学院。

23.南开大学体育学科师资队伍及教学科研设施建设

项目建设的目标和任务是：保持体育学科在全国普通高校的领先水平；借助我校综合学科优势，充分发展与其他学科的交叉学科，特别要与我校高教研究所紧密合作，力争近期建立有南开特色的体育教育学科硕士点，培养体育教育及管理方向的研究生；资助教师结合教学实践做更多的科研课题，不断提高体育教师的科研水平及科研实力。

“985 工程”一期建设成果

“985 工程”建设是党中央、国务院高瞻远瞩的重大决策。2000 年 12 月，教育部、天津市政府签定了重点共建南开大学的协议。在教育部和天津市委、市政府的领导下，经过三年的建设和努力，南开大学高质量地完成了一期建设项目，学校面貌出现了新的变化，办学水平不断提高，教育教学质量不断提高，尤其是学科建设、师资队伍建设和高水平科学研究成果以及科研成果转化等诸方面成效显著，正向建设国际知名高水平大学迈出了坚实的步伐。

1.学科建设

学科水平是衡量一所学校建设成就最核心和最重要的指标之一，也是学校发展建设的“龙头”。南开大学本着“立足创新，优化结构；加强优势，突出特色；发展应用，扶持新兴；合理布局，协调发展”的建设思路，精心打造精品优势学科，重点支持建设高水平学科，走内涵式的学科发展道路，形成比较优势，提高学科的整体水平，以期带动学校整体学科水平的提高，不断提升学校的核心竞争力。

实施“985 工程”以来，南开大学学科规模不断扩大，学科水平逐步提高，形成了适应科技发展与社会进步的学科结构与布局。到目前为止，现有学科覆盖了除军事学以外的所有学科门类，初步形成了以重点学科为支撑，基础学科、新兴学科、交叉学科和边缘学科等学科门类齐全、布局比较合理、优势互补、协调发展、开放创新的学科体系，为今后学科结构的深入调整和新兴交叉学科的生长，奠定了良好的基础。

国家重点学科是衡量一所大学办学水平的重要标志，同时，学科结构与布局更是衡量一所大学办学能力和活力的重要指标。在新一轮全国重点学科评选中，我校共有 18 个学科入选，比原来 11 个重点学科净增 7 个，部分学科在全国同类学科中名列前茅。部分重点学科的某些领域或研究方向的学术水平达到国内领先水平，个别方向接近或达到世界先进水平。重点学科的覆盖面由原来的三个门类（人文、理学、经济学）扩大到六个门类，新增加了管理学、工学和农学三个门类，而新增加的重点学科也是国家科技进步和经济社会发展急需的学科。这些成果标志着我校向研究型、综合型大学的深入发展迈出了实质性的步伐。

学校研究生学位授权学科成倍增加，高层次人才培养能力大大提高。与实施“985

工程”以前相比，一级学科授权点由5个增加到12个，硕士点由86个增加到152个，博士点由47个增加到93个，博士后科研流动站由9个增加到17个。国家重点学科由11个增加到18个，国家基础学科人才培养和科学研究基地由5个增加到8个，教育部重点实验室由3个增加到4个，教育部社会科学重点研究基地发展到4个。

经过这三年的建设，重点建设的效果初现，个别学科成为国际交流合作的前沿基地。以数学为代表的基础理论学科保持着良好的发展态势，凸现了明显的建设效果，在某些方面达到了国际领先水平。由国际著名数学大师陈省身先生提议兴建的南开大学国际数学研究中心获准立项，并得到1亿多元的支持。这是国家发展与改革委员会在高校中设立的唯一一个专项。这个中心的建立，将使我校成为中国数学的一个学术重镇，而且也将成为国际上具有重大影响的数学中心之一。

2.科学研究

科研能力和水平是学科建设和队伍建设成果的综合体现。通过“985工程”建设，学校的科研综合实力进一步提高，各方面都达到了学校历史的最高水平。科研综合实力和承担重大项目能力明显增强，承担国家基金重大、重点项目的能力有较大提高，并呈现出稳步向上的发展态势，科研队伍和研究方向日趋合理完善。三年来共承担“973”、“863”、国家自然科学基金项目263项，比“九五”期间大大增加。

2001年，学校科研经费实现了历史性的飞跃，自然科学研究经费首次超过亿元大关，社科研究经费首次超过千万元大关，实现了双突破，均比“985工程”实施前有了突飞猛进的增长，并呈现出良好的上升势头，实现了跨越式发展。

在科学研究中我们一直强调抓质量、抓精品，在国内许多高校规模急剧扩大而我校规模基本没有变化的情况下，学校理工类收入SCI、EI、ISTP三大检索系统的论文数稳居全国高校前列，科研成果数量持续增长，高水平的科研成果不断涌现。

3.师资队伍

建设高水平学科的根本是高水平的师资、一流的人才。为鼓励青年人才脱颖而出，南开大学于1997年在全国高校中率先对青年杰出人才实施了重点资助计划。2001年以来，继续采取多种措施，不断加大人才引进力度。由于政策的激励和学术环境的改善，一支素质优良、结构合理、人员精干和相对稳定的师资队伍渐趋形成，一批中青年学术带头人活跃在国内外学术舞台。

2001年以来，学校师资结构优化和师资水平提高取得了重大进展，高层次人才数量快速递增。学校现有专任教师1496人，其中具有博士学位的教师为611人，比例从2000年的33%上升到2003年的41%。

在若干领域形成了一批以中青年教师为带头人具有创新、协作精神的学术团队。学术团队的形成对学科建设和科技创新的影响十分明显。

4.教学水平

南开大学现有8个国家基础学科人才培养基地和1个文化素质教育基地。经过各基地的不懈努力，基地建设取得了显著成绩。各基地教学改革生机勃勃，教学管理日趋规范，教学质量明显提高，形成了具有南开特色的“基地”人才培养模式。

学校总结南开办学经验，形成了以提高大学生综合素质、培养学生创新能力为宗旨，以课堂教学、校园文化、社会实践相结合为育人环节的“三位一体”的人才培养模式。教育教学质量稳步提高，特别是高层次人才培养能力有所提高。如以优异成绩通过教育部本科优秀教学单位评价，MBA教学评估位居全国高校第三名，连续四届共七篇博士论文获得全国优秀博士学位论文奖。

5.办学体制

泰达学院是利用地方资源和学校教育资源合作办学的一个创新办学模式。该院由开发区投资与南开大学合作兴建。泰达学院的建立适应了开发区经济建设和社会发展的需要,改善了当地的投资环境,也拓展了南开大学的发展空间,是学校为地方服务,同时争取地方支持的一种新的探索。目前,已有2000多名学生在泰达学院学习,并建立了具有高水平的研究机构,成为南开大学对外开放的窗口,提升了开发区的综合竞争力。

我校与天津大学积极探索"独立办学、紧密合作"的全新模式。在教育部和天津市政府的直接领导下,南开大学与天津大学开展了共同探索"独立办学、紧密合作"的全新办学模式,组建了联合研究院,成立了刘徽应用数学中心,合作培养研究生,共建共享信息网络,已在纳米材料、数学等方面取得了一系列的进展。

两校充分利用在教学资源配置上的互补性特点,积极拓展教育教学合作的途径,形成优势互补,共同发展的新机制。两校互开课程,接收对方推荐免试研究生,开设双学位班、互聘教师以及共同开展教学改革和实施教学管理,为培养具有创新精神的复合型人才打下了良好的基础。

2001年,我校与深圳市政府签定协议,合作开办深圳金融工程学院,2002年10月得到教育部正式批准,深圳市划拨15万平方米的土地,三年内每年投入500万元,目前已启动。学院实行全新的办学思路和模式,建设全新的管理体制,走国内外名牌大学、政府和知名企业联合办学的道路,为地方经济和社会发展贡献自己的力量。办学体制的创新既增添了学校的活力,也拓展了学校发展的空间。

教育教学

普通本科生教育

概况

南开大学在学科专业建设方面形成了学科门类比较齐全、文理并重、协调发展、优势互补的格局。2003年共有本科专业67个,专业种类覆盖理学、文学、历史学、哲学、经济学、管理学、医学、工学、法学等学科。其中文史法政类25个、经济管理类15个、理工类26个、医学1个,分子科学与工程和光电子技术科学专业为我校和天津大学合作办学本科专业,并于2003年秋季开始招生。我校有9个人才培养基地:数学、物理、化学、生命科学、中文、历史、哲学、经济学、文化素质教育基地。截止到2003年12月底,全校本科在校学生共计11344人。

教务处是本科教学的主管部门,教务处在加强本科教学的同时,也加强了自身的建设。教务处目前有正式工作人员18名,3位处长,下设3个科室和一个中心,科室分别为教学研究科、教学管理科和教务行政科,教材中心挂靠教务处。

教学改革

2003年本科教学工作的重点是继续贯彻落实教育部4号、5号文件精神,围绕"以创新人才培养为目标,以专业建设为龙头,以课程体系建设为中心,以课程建设为重点,以加强管理为保证,以提高质量为目的"的宗旨开展工作。

制订了"南开大学关于进一步加强教育创新提高教学质量的若干意见",提出十五期间,建设100门精品课程,50门示范精品课程,50本精品教材,100名骨干教师教学岗位,设立500项学生创新科研项目等改革措施。

修订了《南开大学学则》,新学则对弹性学制下在校本科生的管理进行了更加完善的规定,并且进行了制度创新,实行弹性学制六年,贯彻了依法治校、健全管理制度,规范管理行为,体现以学生为本的思想原则。根据新的学则,完成了2003级教学计划的修订工作,该计划更加注重培养学生的创新能力。启动了适应新的学则的网上教学教务管理系统的开发,为实施新的人才培养模式,实行弹性学制做好准备。

国际商学院2003级按院及大类招生,探索人才培养新模式。国际商学院与香港理工大学签署了合作意向,互派学生交流,提高教学质量。

专业建设

完成了新专业增设申报工作,经教育部批准2003年增设了药学、软件工程、信息安全、德语、分子科学与工程和光电子技术科学等六个专业。

启动"十五"新专业建设立项项目。1999年以来,我校共增加新专业22个,新专业建设迫在眉睫,通过院系申报,教学指导委员会审批，2003年投入振兴计划建设经费290万元用于支持14个新专业的建设，取得了良好的建设效果，切实改善了办学条件。形成了国家基地专业、校内重点建设专业、新专业建设三个层次的专业建设格局。

创新人才培养模式，与天津大学合作创办了分子科学与技术、光电子技术科学专业，2003年两个专业共招生118名学生，其中，分子科学与工程58名学生前两年在我校学习，光电子技术科学60名前两年在天大学习，这是合作办学的又一创新模式。合作办学涉及多方面的管理，为完善管理，教务处组织召开了多次各部门的协调会议，制订了关于加强管理的有关文件，完善了教学计划，目前两专业正顺利进行。

参与了南开大学与天津医学院共同申报恢复并创新八年制临床医学专业的工作。

基地建设

加强国家基地的建设，更好地发挥基地的辐射作用，组织了中文、历史、哲学基地的挂牌仪式；与生命科学与技术基地共同研讨并规划了基地的建设计划，组建了生物技术基地班；召开了基地建设分委员会会议，讨论2003年数、理、化、生、文、史、哲、经(包括经管法班)基地建设重点和经费使用计划，明确了今后基地建设的重点是创一流、建特色。

进一步加强"经管法"试点班的改革和建设工作。本学期实施外教讲授试点班英语，并在开放办学方面有大的推进；组织学生参加"2003年WTO与中国北京国际论坛"及"WTO事务师资培训班"一周，学生反映收获很大。

课程建设与教学改革研究

为了进一步加强课程建设，提高本科教学质量，党委书记、校长率全体校领导于4月2日开展听课活动，利用一个上午的时间，共听了32门课程。

完成南开大学教学名师的评选和申报工作，选出获校级教学名师奖5人(顾沛、朱光磊、朱志昂、孟道冀、申泮文)，并推荐评选天津市教学名师奖，经天津市教委评审，顾沛、朱光磊、朱志昂获得天津市教学名师奖，天津市推荐顾沛、朱光磊申报教育部的教学名师奖，顾沛朱光磊获得教育部教学名师奖。

经教育部审批，我校获得"国家理科基地创建名牌课程"创建优秀课程立项5门(泛函分析、化学概论、有机化学、高等代数与解析几何、实变函数)，创建项目6门(无机化学、基础有机化学实验、物理化学、光学、电磁学、力学)，共获得教育部资助25万。

获天津市网络课程建设立项6项(市场营销学、大学物理、法律基础教程、计算机网络、思想道德修养、数学图形库)，得到资助8.5万元。同时，拟定了"南开大学网络课件制作规范与评判标准"。

为加强优秀课程建设，教务处组织完善了校、院两级教学督导组，其成员150人左右，共同开展听课和评课等督导活动，本学年共听课1200余人次，有力地推动了课程建设。

根据"教育部关于启动高等学校教学质量与教学改革工程精品课程建设工作的通知"制定了"南开大学精品课程建设规划"，南开大学精品课程建设分院级精品课程、校级精品课程、校级示范精品课程三个层次。评选出2003年度校级示范精品课程5门："政治经济学"、"高等代数与解析几何"、"世界上古中古史"、"古代汉语"、"力学"。"政治经济学"、"高等代数与解析几何"、"世界上古中古史"获得天津市精品课程。

加强全校公共基础课的改革，支持数学院完成全校公共数学课程设置需求调研，根据学科发展的需要，确立南开大学公共数学教学的新体系，启动了系统改革。

制定大学外语教学改革方案。

启动学校级教学改革研究立项的工作，各院系组织申报共86项，经学校专家组评议遴选出29个立项，教师参与教学改革的积极性很高，通过立项来开展教学改革研究，进一步推进了改革的进程。

开发“南开大学学生网上评教系统”，学生对所学课程在网上进行评教，评教为实名制。

完成南开大学2002～2003年度77项本科创新科研“百项工程”的结题验收工作，学生创新取得了显著的成果，发表和待发表论文71篇，申请专利1项，设计新实验5个。

完成对双语教学课程立项项目41门课的中期检查工作。

教育部“新世纪网络课程建设工程”第一、二批项目验收7项全部通过，其中1项评为优秀（普通化学）。

师资培训与访问学者

28位教授接收国内访问学者32人，涉及19个学科；各院系共接收进修教师74人，其中单科进修7名，为云南师范大学培训管理干部、教师4名；举办了“第八届现代语言学”、“环境伦理学研究新进展”2个高级研讨班和1个“旅游学概论”暑期培训班。

文化素质教育

教育部为包括南开大学在内的32个国家大学生文化素质教育基地授牌。

南开大学牵头召开第二届天津高等学校文化素质教育协作组工作会议，并举办了南开大学第二届大学生文化素质教育节。在第二届文化素质教育节上，举行了国家大学生文化素质教育基地挂牌仪式和文化素质教育世纪文库首发仪式，并进行了全校文化素质教育先进集体、十佳优秀学生社团、十佳优秀学生记者、五佳优秀学生刊物、五佳优秀青年志愿者的评选，组织了天津市高校优秀社团成果展和天津市大学生社团文艺会演晚会，获得圆满成功。“周末论坛”共举办20讲，“非典”期间举办露天讲座一次，全校共举办各类讲座180余次。《南开大学文化素质教育通讯》共发行9期，文化素质教育基地与党委学工部、研工部、学生心理健康指导中心共同举办了“秋风冬韵”心理月电影节，参加学生近6000人次。

文学院文化素质教学部举行了2003年度文化素质类课程汇报演出，展示了文化素质教学部广大教师的教学成果。

教学教务管理

继1998年网上教学教务管理系统开发后，根据新学则的需要，启动了新的网上教学教务管理系统开发，本系统对提高本科教学管理、教学运行、教学监督具有强大服务功能。

建设校区多媒体教室（校区三、四阶梯教室），改善了校内多媒体大教室的扩音系统。

组织参加“中国高等教育软件展”，展示了我校近年来研制开发的教学软件，宣传了学校在远程教育及数字化建设方面取得的成果，教育部选10所高校设特区展台，我校是其中之一。

为加强考试及成绩管理，设计院级评价指标体系。组织校专家组和教务处成员对全校各院及教学部的近几年命题程序、试卷评阅、保存和成绩录入管理进行了检查并给每个院打分。

进行优秀教务处的申报工作，南开大学教务处被评为天津市优秀教务处。

2003年1月，教材中心启用“南开大学教材管理系统v2.0”版软件，实现了教材管理的现代化管理。该软件在天津市属领先水平。

2003年10月，二年级学生在第一、二、三学期通过国家英语四级考试后，允许学生在教材中心退英语三、四级用的教材，学生人数约为1000人。此举在全国高校中为首例。同时，开始给全校学生的教材优惠10%，成为天津市普通高等院校中学生在教材中心购书享受优惠的唯一的学校。

本科数据

2003届应届本科生2290人，其中毕业2229人，结业58人，肄业3人，有61人获得辅修证书；共2162人获得学士学位，其中双学士学位89人。本年度共有31名外国留学生毕业，其中28人获得学士学位。

本年度全校共有232人转专业，其中26人转入软件学院。

本年度处理本科学生学籍异动100人次。

本年度授予成人教育本科毕业生学士学位928人，其中夜大、函授学员299人，高等教育自学考试学员629人。

完成2003年新生入学的教育部网上电子注册工作，共计3380人(含职业技术学院学生)。

有10个代表队参加2003年全国大学生电子设计竞赛，其中两个代表队获得国家一等奖、一个代表队获得国家二等奖、一个代表队获得天津市一等奖、一个代表队获得天津市二等奖、一个代表队获得天津市三等奖。

有10个代表队参加2003年全国大学生数学建模竞赛，其中三个代表队获得二等奖。

有6个代表队参加2003年国际大学生数学建模，均获得三等奖。

天津市大学生数学竞赛共设三个类别组，在2003年9月我校有165人参加天津市大学生数学竞赛，其中理工类获得一等奖1名、二等奖11名、三等奖7名；经管类获得一等奖7名、二等奖7名、三等奖11名；人文类获得一等奖1名、二等奖4名，三等奖4名。另外有53名学生各获得南开大学数学竞赛一、二、三等奖。

全国大学外语四、六级考试，2003年组织两次，分别在6月和12月份。6月份考英语四级3845人，日语四级34人，俄语四级27人，德语四级57人，法语四级52人，考英语六级3150人；12月份考英语四级2182人，考英语六级3841人。

本年度安排两次学生选课，上半年共安排了1629个班次的课程，选课90133人次；下半年安排1630门课程，选课100000人次。

完成了2004年免试研究生的推荐工作，通过申报，院推荐小组审核，院内公示，校推荐委员会通过，校内公示等严密程序，今年推荐免试研究生共444名，其中校内301名，校外143名，其中天大31名。

“非典”期间教学管理工作

2003年春季，全国爆发了大规模的“非典”疫情，对正常的教学秩序冲击很大，教务处充分认识在抗击非典时期加强本科教学，维护教学秩序的重要性。按照一手抓非典防控，一手抓教学科研的原则，强调“教师不离岗、学生不停课，师生不离校，教学质量不能降”。教务处设立了公开应急电话。在学校的正确领导和教务处及各院系、教学部的共同努力下，教学管理的干部和教师监守岗位，认真履行岗位职责，保证了教学的顺利进行。

为完成非典时期的教学任务，教务处完善了一系列教学管理制度。这一期间下发了管理文件如下：《教务处关于在预防“非典”时期教学管理若干问题的通知》教通字(2003)第47号、《南开大学关于在“非典”防治期间严格执行〈南开大学教师工作规范〉的通知》教通字(2003)第48号、《关于防控

"非典"时期本科留学生教学管理工作的规定》教通字(2003)第51号、《关于在防治"非典"期间本科生教学、考试和论文答辩的安排意见》南发字(2003)第61号、《关于防控"非典"时期进一步加强教学工作的通知》教通字(2003)第53号、《南开大学教务处关于本科应届毕业生返校问题的通知》教通字(2003)第56号、《南开大学教务处关于现居校外的2000～2002级本科生教学工作的通知》教通字(2003)第57号、《关于防治"非典"期间本科生教学、考试和毕业事宜的安排意见》、《关于做好大学英语考试工作有关问题的意见》。

以上规章制度的颁行，保障了我校非典期间的教学秩序，保证了本科教学的质量。

采取多种方式组织教学，保证全校教学的有序进行。教务处根据学校的统一安排，为降低听课学生密度，减少相互感染的机会，将多个学院学生上课的课程分班。在4月22日至5月9日期间，全校共调整203门课程。

在教务处的组织安排下，各教学单位采取灵活多样的方式进行教学。有30多门课程实行网上教学，教师通过上网布置、批改作业，有的教师将光盘发给学生自学，对涉及面大的课程，及时录制了教学内容，通过网站进行传送。此外，还有的教师通过E-mail、电话等途径指导学习和答疑。

为了使国家大学生英语四、六级考试顺利进行，除正常的课堂教学外，教务处与公共外语教学部聘请有经验的教师为返校学生开设了8次辅导课，以满足学生四、六级考试的需要。

在非典时期，文化素质教育继续进行，在新开湖畔、文科楼后花园和化学楼前，举行各种讲座和体育活动。

加强对毕业班学生的教学、毕业论文(毕业设计)、论文答辩的管理。非典期间，部分学生由于种种原因离校，这部分学生，尤其是毕业班学生如何完成学习和学业成为一个十分重要的问题。为了摸清全校离校生人数、居住地、毕业班学生尚欠学分数、毕业论文(毕业设计)完成情况，教务处全处上下连续四五天加班，掌握了每一个毕业生的学习情况。在此基础上，本着本届毕业生如期毕业的原则，教务处要求各院系加强对学生毕业论文写作的指导和论文答辩的管理，切实保证论文质量。毕业论文的答辩可采用集中答辩，也可通过网上提交和答辩。非典疫情缓解之后，与其他有关部门协调，优先安排毕业生分两批返校。6月20日上午，我校本科生毕业典礼顺利进行，毕业生学习管理工作圆满完成。

研究生教育

概况

研究生院现有教职工 26 人，30 岁以下 9 人，占总人数的 35%；30～39 岁 4 人，占总人数的 15%；40～49 岁 8 人，占总人数的 31%；50 岁以上 5 人，占总人数的 19%。

设院长一人，副院长两人。下设五个职能部门，分别为综合办公室、研究生招生办公室、教育管理办公室、研究生培养与学位办公室和学科建设办公室，另“211 工程”办公室挂靠在研究生院。实行院长领导下的由下而上逐级负责的管理体制。2003 年主要做了如下工作：日常行政事务及部分非学历教育；全日制研究生和非学历研究生的招生；研究生的思想政治教育、学籍管理、奖·贷·助学金的评比和发放；研究生的培养和学位学位授予；制定学校的学科发展规划、博士生导师遴选、重点学科和博士点、硕士点的申报；“211 工程”、“985 计划”的立项、实施、验收。

截至到 2003 年，本校共有国家级重点学科 18 个、天津市重点学科 13 个；博士后科研流动站 17 个，比上年增加 30.76%；博士、硕士学位授权一级学科 12 个，比上年增加 20%；博士学位授权点 93 个，比上年增加 17.72%；硕士学位授权点 148 个，比上年增加 20.75%；硕士专业学位点 4 个，比上年增加 33.33%(工商管理、法律硕士、软件工程和公共管理)。博士生指导教师 388 名，比上年增加 11.19%；硕士生指导教师 575 名。评聘新博士生导师 66 名(含兼职 5 人)。冼国明、李剑鸣、龙以明、葛墨林、程津培、耿运琪、翟宏琛、朱坦、席真、李维安 10 名教授当选为国务院学位委员会第五届学科评议组成员。

在校研究生总人数近 7500 名，比上年增加 22.95%。共招收研究生 2961 名，毕业生 1346 名，其中博士毕业生 356 名，硕士毕业生 990 名。

在全国百篇优秀博士论文评选中获提名奖的 1 人，获天津市优秀博士学位论文奖的 4 人；推荐 8 名博士的学位论文参加 2004 年度全国优秀博士学位论文评选。

招生工作

招生工作始终坚持择优录取、保证质量、宁缺毋滥的方针，保证招生录取工作在公开、公正、公平的原则下进行。2003 年是研究生招生工作改革力度比较大的一年，硕士研究生入学考试初试科目由 5 门改为 4 门；外语听力成绩首次记入总分；加大接收优秀应届本科毕业推荐免试生的比例，教育部要求 30%的免试生要推荐到其他院校，我校共接收推荐免试生 381 名(本校 233 人，外校 148 人)。接收天大免试生 43 人，天大接收我校免试生 33 人；我校作为 34 所自主划线的院校之一，2003 年自主划定硕士生复试分数线，按照教育部要求，首次按照

20%的差额率实行差额复试，复试由笔试和口试两部分组成，笔试占30%，面试占70%。通过复试考核考生的专业知识，逻辑思维能力、写作能力、实验和科研能力，选拔有培养前途、有研究潜能、有创新意识和创新能力的考生。我校严格按政策落实专项计划，包括单考计划、师资计划、强军计划。为社会、高校、部队培养高层次人才。经教育部审查批准，我校共录取硕士研究生2239人，比2002年增长21%。

博士招生工作。共有1813人报考我校博士研究生，比2002年增加39.35%。3月29日至30日两天组织2003年博士研究生入学考试。4月中旬公布2003年博士入学考试成绩。随后召开博士研究生录取工作会议，提出博士录取的基本意见。本年录取博士研究生722人，比2002年增长15%。

6月下旬至7月上旬，编制2004年硕士研究生招生专业目录和参考书目，并在网上进行公布。为扩大考生生源，提高生源质量，采取多种途径加大宣传力度。一方面派出研究生院以及各院系相关教师到其他兄弟院校进行招生宣传，另一方面在《光明日报》、《中国青年报》、新浪网、中国教育网上刊登招生信息。参加中国教育网举办的“2004年研究生网上报考咨询月”的活动，进行在线答疑。按照教育部规定，10月底完成接收2004年推荐免试生的工作，共接收推荐免试生481人，其中本校推荐免试生300人，外校推荐免试生181人。11月4日至5日，举行南开大学2003年研究生招生总结会暨2004年研究生招生工作会。11月10日至14日完成2004年硕士研究生报名工作，考生报名时不再需要出示所在单位同意报考的证明，报名方式改为网上报名和现场报名相结合的方式。报考我校硕士研究生人数共计11332人，比2003年增加了21%。我校成为天津市唯一一所报名人数突破万人的院校。

12月1日至28日，完成2004年博士考试报考工作，首次采用网上报名方式。报考人数共计2012人，比2003年增加了11%。

港澳台及外国留学生招生工作。2003年我校港澳台研究生共报考82人，录取62人，其中硕士研究生34人，博士研究生28人。3月10日至3月12日，全国港澳台研究生招生工作会议在我校召开。10月8日至10月17日，参加教育部组织的三十五所内地高校港澳台研究生招生展览。12月进行2004年港澳台研究生报考工作，报考人数为82人。

外国来华留学研究生共报考30人，录取14人，其中硕士研究生9人，博士研究生5人。

完成2003年在职人员以同等学历申请硕士学位宣传、报名、组织考试、录取工作，共接收351名申请人报名，其中申请经济类学科专业的有156人，申请法学类学科的有96人，分别占本年度报名人数的45%和27.4%。完成2003年专业硕士、高校教师、工程硕士学位研究生宣传、报名、组织考试和判卷工作。

教育管理工作

研究生的教育管理工作由党委研究生工作部与研究生院教育管理办公室共同承担。2003年，党委研究生工作部及研究生院教育管理办公室有工作人员5名，其中部长1人(兼任研究生院副院长、研究生院教育管理办公室主任)，其他工作人员4人(同时作为研究生院教育管理办公室工作人员)。

教育工作主要包括全校硕士研究生、博士研究生的思想政治教育、党建、心理健康教育、安全教育、观念教育、校园文化建设、学术活动、课余活动、博士生会研究生会及其他社团建设、有关研究生教育管理的新闻宣传等。管理工作主要包括奖(优秀奖学金和普通奖学金的评发)、惩(对违规、违纪处理)、补(困难生的补助工作)、贷(助学贷款工作)、保(保险理赔工作)、勤(勤工俭学)、非学历教育(在职人员以同等学力申请硕士学位、专业硕士、工程硕士招生宣传、招生、考试)工作、学籍管理工作、毕业证证书制作、证书验证等

2003年主要完成以下工作:做好防控非典工作。4月份,为抗击SARS,党委研究生工作部及时调整工作部署,加强宣传,采取文件形式下发一系列关于抗击非典的通知、印发宣传单和抗击SARS的各种须知,把学校的各项要求、研究生院的具体措施以及研工部主要负责同志的手机号码张贴到学生宿舍的每个房间。加强学生宿舍和教师及学生流动的管理,对返回的校外学生做好进驻观察区的衣食住学的安排和慰问工作,安排第一、二宿舍学生搬迁,处理多起紧急突发事件。开展"护我南开,健康5月"活动,有3000人次参加拔河、跳绳、篮球、足球等各种比赛。组织"论奉献"大型征文活动,并通过"我爱南开"BBS开展了"奉献论坛",抗击SARS取得了全面胜利。党委研究生工作部被评为抗击非典先进集体,两名同志被评为抗击非典先进个人。

开展一系列教育活动。开展"共度佳节,月圆南开"慰问新生活动、全校"2003新生党员教育"等活动。组织100余名党员、学生干部骨干参观天津市"三五八十"成就展。组织各院系学生党员骨干100余人参观大寨。开展一系列毕业研究生教育活动,组织300多名研究生参加在北京举行的专场就业招聘会,主办招商局国际有限公司招聘会等。支持学院开展毕业生离校教育、新生开学教育40多次。近1300名研究生顺利走向工作岗位。关心学生发展,成功开展首次较大规模的研究生教育管理问卷调查,发放2500份问卷,收回有效问卷1200份,调查对象认真反馈了相关信息,利于进一步了解目前学生思想动态。

开展思想政治教育和党建工作。主办天津市大学生学习党的十六届三中全会精神研讨会,举办纪念十一届三中全会召开25周年系列活动,包括征文、座谈、学术报告等。举办25期、26期研究生党校入党积极分子党的基本知识培训班,400多名研究生接受培训并获得结业。支持指导部分学院如化学学院进行研究生党建改革试点工作,对各院系学生党支部书记、学生骨干进行培训。

开展系列学术活动。举办6期"天南大讲堂",其内容分别是南开大学李喜所教授的"漫谈梁启超"、齐善鸿教授的"研究生的核心竞争力"、王宏印教授的"激情燃烧的沉思"、李维安教授的"中国公司治理:评价与问题"、天津大学齐二石教授的"信息化带动工业化的战略思考"、王睿康教授的"生物光学成像在医学和生物上的应用";开办"南开院长论坛",副校长陈洪应邀作第一次报告,黄亚楼院长作第二次报告;举办南开大学—天津大学联合学术节,在学术节闭幕式上,周远清同志出席并讲话。邀请"IWNC"管理咨询集团著名人力资源专家、高级管理咨询讲师王潇仝做题为"自我定位与职场规划"的讲座。邀请天津市人民检察院职务犯罪预防处处长、天津市检察官协会秘书长张景惠来我校作法制报告。全年开展各种学术活动20余次,计5000多人次获益。

优秀研究生的奖励。联系并发放社会赞助的研究生优秀奖学金105万元,组织评比2003年研究生优秀奖学金,770名研究生奖获。大部分理科学生在三大检索系统发表文章,其中有近10篇文章的SCI影响因子在6.8以上。评出92名三好学生,103名优秀学生干部并给以表彰。1名研究生获得全国建昊奖学金(团中央奖),1名同学被评为全国优秀学生干部,1名同学被评为天津市三好学生标兵,1名同学被评为天津市优秀学

生干部。全年召开了光华奖学金颁奖会、华藏奖学金颁奖会、华为奖学金颁奖会等各类表彰颁奖会议10余个。全年核定、造册、发放、调整研究生普通奖学金2300人次。

开展系列文体活动，丰富研究生业余生活。开展南开大学“研究生院院长杯”研究生体育节，历时3个月（2003年10月至12月），2800余人次参与，内容包括足球、篮球、乒乓球、羽毛球、跳绳、踢毽子、棋牌、电脑联网游戏等比赛；主办“南开周末乐坛”三期；举办“驿路风华”2003年欢送毕业研究生晚会；举办“放飞心情”——研究生2004年元旦晚会，近2000名研究生参与；举办“缘定玫瑰”全市大型研究生联谊活动；开办舞蹈培训班两期，学员总计超过200人次，并举办“相约在冬季”大型舞会。

实施智力扶贫计划。主持组建第五届研究生智力扶贫支教团，由5名研究生组成，分别为来自经济学院的李艳芳、信息学院的白华、文学院的王欣昀、外语学院的王险峰、国际商学院的胡锦华。经过3个月的培训，于8月派到新疆阿勒泰支援当地中学教育。同时，还完成第六届研究生智力扶贫支教团的组建，有6名同学入选，分别为来自国际商学院的陈晗颖、法政学院的黄倩、数学学院的秦岭、信息学院的吕俊峰、马列学院的徐悦。

勤工助学和困难生的补助等工作。全年共招聘、培训、管理各类勤工助学人员1000余人次，发放勤工助学费30余万元，审核并发放各类困难补助金15万多元。办理新生保险2200余人次，理赔30余起，金额接近10万元。安排学生从儒苑搬迁入住西区公寓、安排2003级新生入住、安排18对研究生夫妻入住20宿舍“夫妻间”，央视二台曾经对此项工作进行采访和报道。

加强社团建设和指导工作。召开第二十四次研究生代表会议，指导博士生会、研究生会完成第二十四届研究生会换届工作。开展学生骨干培训工作，指导心理协会、研究生合唱团、研究生记者团等社团活动。

全年编辑《南开研究生工作》18期；《南开研究生》报13期（每期3000份，发放至所有研究生宿舍）。

学籍管理、毕业资格审查。完成2003年夏季毕业生研究生1300余名、2003年冬季毕业研究生220余名同学的毕业生信息采集、毕业照片（新华社）拍照、毕业证书制作填写等工作。建立2003年入学的3000余名研究生的学籍档案，填写注册卡片，发放学生证、学生乘火车优惠卡。

培养工作

全国优秀博士学位论文评选及学校优秀硕士学位论文评选。在全国百篇优秀博士论文评选中，我校数学所侯庆虎博士（导师陈永川教授）的《组合数学中的代数方法》获得提名奖，侯庆虎、王新生、叶万洲、张心正获得天津市优秀博士学位论文奖。经个人申报、院系推荐、研究生院审核、校学位评定委员会组织审议通过，推荐朱富海、张伟刚、李立存、康中乾、何卫东、何宗美、徐凤波、赵细康等八位博士的学位论文参加2004年度全国优秀博士学位论文评选。与此同时，还受全国学位与研究生教育发展研究中心的委托，组织20名专家对涉及16个二级学科的64篇参加全国优秀博士学位论文评选的论文进行评选。

组织优秀硕士学位论文评选工作，经个人申报、导师推荐、院系审核和研究生院组织专家评审，共评选出2003届硕士生优秀毕业论文84篇，其中一等奖20人，二等奖21人，三等奖43人，为获奖的研究生颁发了奖金和荣誉证书。

“研究生教学用书”的申报和评审。根据教育部研究生工作办公室《关于遴选、出版2003～2004年度“研究生教学用书”的通知》（教研办[2003]8号文件）精神，在研究生院组织推动下，有六位教师的六本教材作为“研究生教学用书”的备选教材，申请参加此次“研究生教学用书”遴选，即《计算机在环境科学与工程领域中的应用》（白志鹏主编）、《语法研究入门》（马庆株主编）、《归纳逻辑教程》（任晓明主编）、《马克思主义哲学高级教程》（陈晏清主编）、《网络组织》（李维安主编）、《公司财务学》（齐寅峰主编）。本年，李维安与武立冬主编的教材《公司治理教程》入选 2003 年教育部“研究生教学用书”。此外，受全国学位与研究生教育发展中心的委托，组织 16 名专家，对涉及 9 个学科的 42 种“研究生教学用书”申报教材进行了严格评审。

南开大学和天津大学互相开放研究生课程。为加强南开大学和天津大学的合作与交流，实现优势互补，资源共享，南开大学和天津大学互相开放研究生课程。本校对天津大学开放 29 门研究生课程。

审查研究生毕业资格。对每一位 2003 届硕士生和博士生的学分、论文发表、申请答辩材料的准备、校外答辩委员及论文评审专家的资格核准、论文评阅书的回收等情况，进行逐一审查。有 1040 名硕士（其中春季 95 人，夏季 945 人）、360 名博士（其中春季 33 人，夏季 327 人）的毕业资格审查合格。

学位工作

组织同等学力人员申请硕士学位外国语水平和学科综合水平全国统一考试报名工作。根据国务院学位办和天津市学位办《关于做好 2003 年同等学力人员申请硕士学位外国语水平和学科综合水平全国统一考试工作的通知》要求，编写报名简章，制作《2003 年同等学力人员申请硕士学位全国统一考试考生资格审查表》，审查考生报考资格，领取考生准考证并发放。协助天津市学位办组织考试并参与监考巡查工作。本次考试中，本校外国语水平考试报名 529 人，403 人参加考试，131 人成绩合格，合格率 32.5%；学科综合水平考试报名 428 人，321 人参加考试，179 人成绩合格，合格率 55.8%。

研究生课程进修人员以同等学力水平申请撰写硕士学位论文的资格审查及答辩管理。制作《南开大学研究生课程进修人员以同等学力水平申请撰写硕士学位论文资格审批表》，审查同等学力人员的各项材料，经审查共有 70 人合格，进入论文阶段。

组织专家评阅兄弟院校博硕士论文。共计收到全国各院校博硕士论文 100 余份，按照本校博硕士生导师名单及其研究方向，将论文送相应导师评阅，并及时收回评阅意见书。

研究生学位授予。组织学位审核组会议及校学位评定委员会会议，审议研究生学位授予。汇总整理申请博、硕士学位的研究生基本情况，提交校学位审核组及校学位评定委员会审议。1 月 7 日校学位评定委员会六届四次会议及 7 月 2 日校学位评定委员会六届五次会议，总计授予硕士学位 1216 人（其中含同等学历 195 人），博士学位 354 人。向国务院学位办和天津市学位办上报学位授予信息。整理各院、系上报的研究生学位授予基本信息，录入到全国学位信息管理系统中，形成上报软盘，上报国务院学位办及天津市学位办。

研究生学位论文送交存档。根据国务院学位办和我校有关规定，将 3494 本研究生学位论文分别送至北京图书馆、社会科学院（文科）、科技情报所（理科）、校档案馆及校图书馆等相关单位存档。

审查授予学位研究生学位档案卷 1570 份。

加强学位证书的管理。从国务院学位办订购的学位证书密封存放于学位办公室内，并定期检查。制作学位证书前，校对有关信息，减少出错率。采用专用打印机打印学位证书。领取学位证书时凭本人签字及有效证件，他人代领须携带双方有效证件，代领人签字领取。

为 214 名同等学力人员发放课程结业证。

重要事件

3 月 10～12 日，承办教育部港澳台招生工作会议。

3 月，“211 工程”办公室组建，正处级，由主任、副主任、科员 3 人组成。

2003 年我校成为首批自划分数线的 34 所招生院校，初试科目由 5 门改为 4 门，加大复试比重，给院系更大的权限，增加推荐免试人数和推荐到外校比例，英语听力首次计入总分。

5 月 31 日，研究生院由芝琴楼迁入新办公楼二楼。

6 月，我校获准为首批开展高校教师在职攻读硕士学位的培养单位，40 个学科、专业开展此项工作，并首次启动“高校教师”招生工作，共接受 395 人报名，录取 227 人。

加强招生宣传，组织 18 名教师和干部分六路到其他学校进行宣传；在新浪和中国教育科研网宣传，在线解答，获得较高点击率；通过《中国青年报》、《光明日报》进行招生宣传。

10 月 8～17 日，研究生招办参加教育部组织的三十五所重点院校港澳招生宣传展览。

完成“振兴计划”三年总结验收。

“211 工程”二期计划经过上半年自评，开始实施。

2004 年硕士研究生和博士研究生招生工作首次进行网上报名。硕士研究生报名人数在天津率先突破万人，达到 11332 名，增长 21%，在全国排名第 14 名。博士报名人数超过 2000 名。

11 月，举办天南大首届联合学术节暨学术征文颁奖典礼。教育部原副部长周远清到会，我校党委书记薛进文、天津市副市长张俊芳出席会议。周远清高度评价了两校合作办学优势互补的意义。

在第九次博士、硕士学位授权审核工作中，获准的博士学位授权一级学科点 2 个，博士点 14 个（含博士学位授权一级学科覆盖的二级学科点 8 个），硕士点 26 个（含博士学位授权一级学科覆盖的二级学科点 2 个）。

批准备案的在博士学位授权一级学科范围内自主设置博士点 4 个，硕士点 9 个。2003 年底我校申请备案的自主设置学科、专业博士点 5 个，硕士点 6 个。

本校获准为公共管理硕士（MPA）专业学位培养单位。工程硕士（JM）专业学位获准新增 3 个工程领域。

10 位专家、学者入选国务院学位委员会第五届学科评议组成员，比上届增加 1 位。

开展 2004 年已任博士生指导教师选聘工作。确定列入 2004 年博士生招生简章的已任博士生导师 323 位。2003 年选聘新任博士生导师工作启动。

印发《南开大学关于在博士学位授权一级学科范围内自主设置学科、专业的规定》（南发字[2003]56 号）。

印发《南开大学硕士指导教师资格审批和选聘工作试行办法》（南发字[2003]80 号）。

65 位专家、学者入选天津市人民政府学位委员会第二届学科评议组成员。

微生物学、计算机软件与理论天津市重点学科通过天津市学位办中期检查。

1 月 7 日校学位评定委员会六届四次会议及 7 月 2 日校学位评定委员会六届五次会议评定，授予 354 人博士学位，1216 人硕士学位。

在全国百篇优秀博士论文评选中，我校数学所侯庆虎博士（导师陈永川教授）的《组合数学中的代数方法》获得提名奖，侯庆虎、王新生、叶万洲、张心正获得天津市优秀博士论文奖。

组织优秀硕士学位论文评选工作，经个人申报、导师推荐、院系审核和研究生院组织专家评审，共评选出 2003 届硕士生优秀毕业论文 84 篇，其中一等奖 20 人，二等奖 21 人，三等奖 43 人，对获奖的研究生颁发了奖金和荣誉证书。

根据教育部研究生工作办公室《关于遴选、出版 2003～2004 年度“研究生教学用书”的通知》（教研办[2003]8 号文件）精神，在研究生院组织推动下，我校有六位教师的六本教材作为“研究生教学用书”的备选教材，申请参加了此次“研究生教学用书”遴选。

李维安与武立冬主编的教材《公司治理教程》入选 2003 年教育部“研究生教学用书”。

受全国学位与研究生教育发展中心委托，组织 16 名专家，对涉及 9 个学科的 42 种“研究生教学用书”申报教材进行了严格评审。

南开大学和天津大学互相开放研究生课程，本校对天津大学开放 29 门研究生课程。

2003 年，共审查 1040 名硕士（其中春季 95 人，夏季 945 人）、360 名博士（其中春季 33 人，夏季 327 人）的毕业资格。

组织研究生课程进修班必修课题库考试共 57 门。

其他类别教育

成人教育

概况

截止 2003 年底，我校对全国近 5 万余名干部进行不同专题的培训，培养本专科毕业生 26874 人（其中有 1341 人取得学士学位），基本上为职后教育。毕业生分布在全国 24 个省市不同的工作岗位上。曾被评为“国家教委高等教育自学考试工作先进单位”“天津市成人高等教育先进单位”、“天津市科技人员继续教育工作先进单位”、“天津市高等教育自学考试先进主考校”、“天津市成人高等学校学籍管理工作先进单位”等称号。

成人教育学院设有办公室（与招生办公室合署办公），继续教育培训科、教学与学籍管理科、自学考试办公室，现有工作人员 12 人。

招生工作

成人高等教育在办学形式及层次上，先

后开办了函授专科、专接本及专科第二学历，夜大学专科、专接本及专科第二学历，成人脱产高中起点本科、高中起点专科，干部专修科，中等学校师资本专科，高等职业技术教育，专业证书班。在办学过程中，相继开设高等函授教育专科专业30个，本科专业16个；夜大学专科专业41个，本科专业20个；成人脱产班开设专科专业34个、专升本专业3个、高起本专业6个。2003年在全国十四个省市（自治区）设有24个函授教学站。

2003年新增专业：业余专升本广告学专业；脱产专科涉外秘书专业、专升本艺术设计专业；函授专升本行政管理专业。

2003年招生专业，函授教育专科专业：金融学、公司经营与管理、计算机信息管理。专科升本科专业：金融学、国际经济与贸易、经济学、会计学、工商管理、人力资源管理、法学、行政管理。

夜大学专科专业：金融学、公司经营与管理、法律、广告艺术设计、英语、外贸英语。专科升本科专业：金融学、国际经济与贸易、会计学、工商管理、计算机科学与技术、法学、英语、广告学。

脱产专科专业：广告艺术设计、计算机信息管理、经济管理、外贸英语、涉外秘书。

脱产专科升本科专业：国际经济与贸易、会计学、艺术设计。

脱产高中起点本科专业：计算机科学与技术、财务管理、国际经济与贸易、英语、法学、生物技术。

2003年南开大学成人高等学历教育在校成人本专科生5137人，其中高等函授教育本专科生1998人，夜大学1933人，脱产班本专科1206人。

2003年教育部下达我校招生计划2700人。因“非典”疫情影响，教育部决定，原定5月份举行的2003年全国成人高考推迟到11月份进行，12月底前录取工作基本结束。录取新生于2004年春季入学，为2004级学生。

教学管理

2003年我校把规范管理、提高教学质量作为工作重点。在教学中，按照基础够用、注重应用的思路，以院系为单位，组织有关教师论证，调整原订教学计划。统一各院相同课程的教材、教学进度、教学内容、教学重点、授课时数，实现相同课程的统考。现已在成人大专层次学生中实行外语统考。在防控非典期间中，设计出一整套有效的防控方案并及时调整教学计划，采取灵活的学习方式，既完成了规定的教学计划和考务工作，又做到了确保学生身体健康。我校重视考务管理工作，制订了《关于在各类考试中严肃考风考纪的通知》，对在考试中严重违纪者给予相应处分。各教学单位针对成人学生学习基础薄弱的特点，配备有教学经验的教师任教。

2003年为1026人颁发专升本毕业证书，为1340人颁发专科毕业证书。298人获得学士学位证书。

我校按照国家规定的教学大纲和教学计划组织助学，建立了严格的主讲教师聘任制，实施严格的助学质量评估制度。采取措施保持相对稳定的教师队伍。在防控非典期间，我院设计出一整套有效的防控方案对助学班学员进行了严格封闭管理，及时调整了教学计划，采取灵活的学习方式，不但完成了规定的教学计划，而且保证了学员的身体健康。

教育管理

针对成人的特点，各教学单位党政领导非常重视学生的政治思想教育，特别是聘请有经验的教师任脱产班班主任，经常与学生谈心，组织各种活动，采取与学生座谈的形式，听取他们对教学的意见，鼓励他们增强战胜学习中困难的勇气。设立奖学金制度，开展评优活动，有98人受到奖励。

落实教育部《关于在高等教育自学考试社会助学中加强德育工作的意见》，把对考生德育工作纳入办学单位的具体工作之中。聘请有高校管理经验的人员做助学班的班主任。班主任负责对考生进行思想政治和品德教育，在关心、服务考生的基础上，对考生加强学风考纪的教育，培养考生遵纪守法的道德观念。各助学单位重视自考生思想政治工作，在助学班成立班委会、团支部，开展形式多样的德育活动及体育文艺活动。建立奖学金奖励制度，经考核评比在自考生中有96人次获得奖励。

继续教育

2003年我校作为教育部"全国高职高专教师师资培训基地校"，开设培训专业为旅游与饭店管理。全国21个省、市、自治区的65名高职高专院校骨干教师参加了培训。65名学员通过培训获得教育部高教司、科技司颁发的结业证书与天津市高职高专教育师资培训基地颁发的结业证书。

受国家文物局委托，我校举办了"全国省级博物馆馆长管理专业培训班"。由历史学院按照国家文物局批准的教学计划承担培训工作。25个省(直辖市)、自治区博物馆的25位馆长被注册参加该培训班，完成了学习任务并提交论文通过答辩，获得我校颁发的结业证书。

受天津市冶金集团党校、建材集团党校、轻工业集团党校委托，我校开设了"工商管理经理人培训班"，为期一年。具体培训工作由经济学院承担。

开放教育

概况

根据国家《宪法》第十九条"鼓励自学成才"的规定，我校开展了以个人自学、社会助学和国家考试相结合的对自学者进行以学历考试为主的高等教育自学考试。通过国家考试促进广泛的个人自学和社会助学，推进在职专业教育和大学后继续教育，造就和选拔德才兼备的专门人才，提高全民族的思想道德、科学文化素质，适应社会主义现代化建设的需要。我校1985年被天津市高等教育自学考试委员会确定为天津市高等教育自学考试主考高校。

主考工作

根据《高等教育自学考试暂行条例》，履行主考校职责参与天津市主考新专业的论证、负责组织审查有关专业课程的教学大纲及教材；组织我校教师参加天津市自考办的命题、阅卷工作；组织本科自考生参加申请学士学位英语考试及实践环节考核工作(如计算机考核、理科专业实验课和论文评审及答辩等);审核我校主考专业毕业生资格并在毕业证书上加盖学校公章。

2002年7月,学校成立南开大学开放教育学院,与南开大学成人教育学院一套班子,两块牌子,为我校开放教育的统一管理机构。开放教育是在高等教育自学考试基础上,为适应经济与社会发展的需要,发挥我校学科、师资、信息优势开放办学的一种办学模式。在天津市高等教育自学考试办公室指导下,我校履行主考校职责以专业的新发展和加强应用性为目标对主考专业的部分专业课实施改革实验,以期为下一步的改革提供切实可行的具有前瞻性的研究成果,增强我校适应经济、社会与科技发展的主动性。

为了充分体现我校的办学特色,加强特色课程的建设,提高特色课程的教学水平,不断丰富特色课程的内容,天津市高等教育自学考试委员会批准我校作为天津市高等教育自学考试开放教育试点单位,确定我校9个主考专业(独立本科段)中的部分课程为开放教育特色课程,《关于〈南开大学开放教育学院试验专业的报告〉的批复》(津教委高字[2003]7号)。由我校负责制订特色课程教学计划并派教师授课,严格按照教考分离的原则并根据命题任务书的要求负责组织试题命制工作。这一试点工作的推出,为全国统一的高等教育自学考试注入主考校专业教学优势,突显了主考校的课程特色。我校设有特色课程的专业为:工商企业管理、会计、国际贸易、金融、法律、秘书学、英语(国际商务英语方向)、保险、汉语言文学。

主考专业

专科:旅游管理、英语(外贸英语方向)、工商企业管理(国际企业管理方向)、经济法学(涉外经济法方向)、工商企业管理(公司管理方向)、金融(金融管理方向)、会计(企业会计方向)、国际贸易(国际商务方向)、电子技术、保险、计算机及应用、应用生物技术、工业分析技术、饭店管理、律师、计算机技术与应用、应用电子技术、电算会计、英语(外贸英语方向一)、应用生物技术(分子生物技术方向)、工业分析技术(二)、法律、金融、秘书、行政管理、国际贸易、公共关系与现代秘书、公共关系、商务管理、电子商务。

本科:计算机网络、经济学、律师、档案学、商务管理、生物技术、秘书学、工商企业管理、国际贸易、金融、旅游管理、保险、法律、计算机信息管理(物流方向)、知识产权管理、电子商务。

2003年我校组织教师阅卷21万余份。

至2003年,已为22347人专科毕业生、3890人本科毕业生的毕业证加盖学校公章。有1175人取得学士学位。

助学工作

坚持"提高认识、坚定信念、加强领导、严格管理、控制规模、提高质量、走向规范、健康发展"的指导思想,根据教育部《关于规范部属高校办学秩序,加强校园管理若干问题的通知》(教发[1999年]62号)文件精神,在校外建立了高自考助学基地。充分利用社会资源满足高自考的学习、生活需求,收到良好的社会效益和经济效益。

开放教育学院在高自考助学中每年均制定详细的招生计划,招生前都要在媒体上刊登广告,公布我校高自考助学招生专业、招生程序和招生咨询电话,统一确定报名条件,统一印制招生简章、自考生报到通知单、学员手册等相关资料。在招生期间统一招生纪律,统一宣传口径,统一制定收费标准及收费项目。统一报到时间并由学校统一收取学费。还建立了相应的督查机制与责任制,统一组织班主任聘任工作和进行岗前培训。通过调查考生学习及思想状况,指导并帮助解决助学单位教学、管理中的问题;指导和协调解决办学单位间及与助学基地的各种问题。

助学专业：专科：公共关系、经济法（涉外经济法）、国际贸易（国际商务）、保险、工商企业管理（公司管理）、金融（金融管理）、旅游管理、会计学（企业会计）、工商企业管理（国际企业管理）、英语（外贸英语）、日语（外贸日语）、计算机技术及应用、计算机信息管理、应用电子技术、应用生物技术。专科升本科：秘书学、汉语言文学、法律、英语（国际商务）、国际贸易、金融、经济学、保险、商务管理、工商企业管理、旅游管理、会计学、计算机网络、计算机信息管理、应用生物技术。

2003 年 12 月底，我校高等教育自学考试脱产助学班在校考生 3955 人。

重大事件

被评为“天津市 2003 年度成人高等学校学籍管理工作先进单位”。

被评为 2003 年“全国高等教育自学考试示范助学组织”。

6 月 18 日，为激励青年自学成才，校长侯自新应邀为天津教育报《自学考试专刊》题词“不坠青云志，成才靠自学”。

（撰稿人：杨竹青）

现代远程教育

概况

2003 年工作是认真贯彻教育部“积极发展、规范管理、强化服务、保证质量”的方针，围绕健全和完善各部门规章制度，使管理工作适应远程教育的发展。根据教育部 2002[188]号文件精神，及时将办学定位调整为适度开展国民经济建设和社会发展急需的本科学历和研究生学位教育，重点发展大学后继续教育和非学历的复合型人才培养，面向广大在职从业人员，为地方社会经济发展服务。在招生、校外学习中心设置、教学计划的制定、教师的选派、学籍管理等各方面，逐步完善形成一套更加符合远程教育规律的规范。

学院内设办公室、技术导播部、教学教务部、运维部，在职人员 10 人。

专业设置根据南开大学专业、师资优势，结合社会需求，开展高中起点本科、专科起点升本科两个层次的学历教育。设置高中起点本科专业五个，分别是计算机科学与技术、国际经济与贸易、金融学、保险学、市场营销；专科起点升本科专业四个，分别是保险学、行政管理、工商管理、财务管理。共开设高中起点本科层次的课程 40 门，全部采用“网上直播课堂”形式，直播约 15 周，近 1800 课时的教学内容；专升本层次传输课程 11 门近 1200 课时。

在南开大学泰达学院、天津市职工科技大学、天津市复康路教学中心、山东济南广播电视大学、浙江台州广播电视大学、辽宁大连高等医学专科学校、湖北黄冈工业学校先后设立本科校外教学中心，本年度招收学生1220人；在甘肃省广播电视大学、山西广播电视大学、陕西广播电视大学、山东广播电视大学、青岛广播电视大学、河南广播电视大学、吉林广播电视大学设立专科升本科校外学习中心，本年度招收1547人。现在学人数达到4308人。

教学工作

坚持办学的主导权，在教务处的指导下，协调相关院、系，按照远程教育学院的要求，承担制订教学计划、选派教师、授课等工作。在教学技术手段上完善课件录制系统，采取视频、音频、图像三网合一，以"实时课堂"授课为主、课件点播为辅的教学方式。该方式使用双向视频会议系统，利用DDN网络(地网)专线传输和卫星(天网)专线传输，实现了课堂集中式管理、远程双向实时交互、教师真实教学等特定目标，做到名师、名课资源的共享。为弥补"实时课堂"受时间限制的缺欠，建立并完善学院教学网站，增加网站栏目和版块内容，保证网站及点播课件、答疑区全天候向学生开放。与深圳华育新技术开发有限公司(地网传输)和东方集团卫星网络技术有限公司(天网传输)合作，负责现代远程教育的网络传输和教学中心终端设备的提供及运行维护工作。

招生工作

根据教育部有关政策精神，本着"宽进有度，严出有法、规范管理"的原则，继续并缩小招收高中起点本科生。根据校外教学中心管理水平并结合当地去年招生情况，做了调整，除继续在学院本部、泰达学院、天津市职工科技大学、浙江台州、辽宁大连等校外学习中心招生外，增加了天津市复康路教学中心、湖北黄冈工业学校教学中心。对连续两年没有招生或管理与服务质量较低的教学中心限期整改并停止其当年招生计划。根据教育部政策调整招生范围，本科层次从应届高中生扩大到从中专、技校毕业的学生，其学习形式也由全日制改为允许学生根据自身条件选择自主网上点播等。专升本层次主要面向在职人员，学院提供实时双向视频课堂教学与学院教学网站课件点播两种形式由学生自主选择。两个层次招生工作，都本着公开、公正、公平的原则，经统一命题考试，由高分到低分择优录取。高中起点本科录取采用两种办法：1.参加全国统一高考的考生参照当地高考录取本科线划定适当分数线免试录取；2.学院自主命题考试(考试科目为语文、数学、英语)，学院招生工作领导小组邀约主管校领导及招办、纪检等部门负责人共同研究、划线录取。专升本层次全部为学院自主考试，考试科目为英语、计算机基础和一门专业基础课，由学院统一组织命题、阅卷、录取。

教育管理

负责全院学生宏观教育管理及本部学生的具体管理工作。各校外学习中心根据学院要求具体负责本教学中心的学生教育管理，并适时组织学生参加当地学校的校园文化活动。在抗击非典期间，充分发挥网络教学的优势，本着对学生负责的态度，未停一节网络课程。外地教学中心则利用本教学中心的教室、机房供学生点播课件，具备条件的可在家进行课件点播，有效地保证教学进度与授课质量。本市教学中心，让学生在家组成学习小组进行网络学习，组织班主任进行家访及网络调查。新生入学之初，为使学生养成网上学习的习惯，组织高年级同学以自己的亲身体验向新生介绍网络学习经验。学院召开颁发奖学金大会对获奖同学予以表彰。同时，加强对学生的综合素质教育，本年度学院本部有59名同学提出入党要求，21名申请入党积极分子接受过学校党校党课教育。在全校秋季运动会上，学生获得团体乙组第五名。

教学管理

针对远程教育新型教学模式和远端学生众多的特点，除定期派主讲教师对各教学中心进行巡教外，还进一步加强了课程组的建设，即每门课程除正式的主讲教师外，还配备一定数量助教。各门课程组选配的助教，不仅具备足够的专业知识，而且都具备较高的计算机应用能力，利用我院教学网站对学生进行指导与答疑。

在抗击非典时期，学院克服困难为教务处录制“高等数学”部分课程、汉语言文化学院部分课程，并将所录课件链接到我校网站，供有关院、系学生共享。进一步完善了我院课件采集系统、教学教务系统，增强网络服务功能。

重要事件

3 月 28 日，召开高起本层次校外学习中心工作会，传达教育部对高起本招生工作有关要求。

4 月 10 日，专升本层次校外学习中心招生工作会议。

7 月 9 日，荆洪刚研究员担任院长。

7 月 31 日，高起本层次入学考试。

9 月 13 日，专升本层次入学考试。

9 月 15 日，2003 级新生(高起本)开学典礼。

2 月 16 日，高起本层次校外学习中心传达教育部统一考试工作会议。

12 月 23 日，专升本层次校外学习中心工作会议。

(撰稿人：张春)

高等职业技术教育

概况

2003 年，学院的工作思路为：“稳定现有规模，提高办学层次，强化内部管理，提高教学质量，突出办学特色，加快改革和发展。”学院有教职工 12 人，其中管理人员 11 人，专职教师 1 人。至 2003 年底，学院在校学生 1086 人，其中：专科学生 573 人，“高职升本科”学生 513 人。本年首届拍卖与典当专业学生毕业，出现了供不应求的局面(供求为 1:5)，实现了百分之百就业率，得到了新闻媒体的关注，先后有《人民日报》、《光明日报》、《中国教育报》、《中国青年报》、《天津青年报》、以及《南开周报》等多家报刊进行了报道与介绍。

专业设置

在 2002 年计算机科学与技术、国际经济与贸易两个“高职升本科”专业基础上，增设了电子信息科学与技术、市场营销和市场营销(拍卖与典当)专业，现共有五个专业。

教学管理

为了从管理体制和制度上保证教学工作的顺利进行,学院建立了教学管理监督机制,制定了教师聘任的实施办法、教学质量的督导制度、教师上课的检查制度、学生教师定期的座谈会制度以及教学管理人员的岗位责任制等。

2003年初与有关单位共同研究开发了适用于学院教学管理特点的《教学管理系统软件》,做到了计算机排课、学生成绩、学籍的管理以及课程表自动显示屏幕,实现了教学管理手段的现代化。

招生工作

2003年,遵照学校对高职教育的定位,停止了专科层次的招生。当年在天津市高职院校招收本科生(高职升本科)386人。

党建工作

学院党委组织、引导全院党员及师生员工认真学习江泽民同志"三个代表"重要思想,系统学习党的《章程》,掌握邓小平理论和"三个代表"重要思想的科学体系、精神实质、基本观点。学习学校第七次党代会工作报告,组织参观天津市委举办的"三五八十成果展"。组织建设方面,学院党委严格按照"十六"字方针,加强对入党积极分子的培养教育。2003年共发展党员46人,其中本科生3人,专科生42人,教工1人。办理预备党员转正21名。并按照全国高校党建工作会议精神,结合学院"高职升本科"学生党员人数多的特点,以班为单位建立了党支部,党支部书记由学生党员担任。

在防控非典期间,制定了《职业技术学院"非典"时期预案》。学院党委及时组织全体党员认真学习教育部等有关部门《致高校共产党员的一封信》,并发出倡议,号召全院共产党员站在这场斗争的前列,勇于奉献,用自己的实际行动实践"三个代表"的重要思想。王明、尚洪桂、王晓岚三位共产党员被评为学校防控非典先进个人受到表彰。2001级国际商务专业的刘爽等29名同学分别被评为校、院防控非典优秀学生干部。学院团委创办以介绍防控非典知识、宣传学校有关工作要求为主的《防控"非典"快报》,共发行17期。

教育管理

2003年学院成立由党委书记任组长的学生工作领导小组,下设学生工作办公室。学院现有专职学生管理干部3名,全体教职工担任学生宿舍的导师,加强学生管理工作。

学院出台了适用于职业技术学院学生专用的《南开大学职业技术学院学生手册》、《南开大学职业技术学院学生奖学金条例》等。发挥团委、学生会等社团组织的作用,开展形式多样、丰富多彩的校园文化活动:以"抗击非典,爱我南开"为主题的征文活动、五四主题团日活动、周末英语快餐、趣味体育比赛、2003迎新文艺晚会等。学院建立有特困生档案,实行奖、贷工作的系统化管理。

筹建滨海学院

根据《南开大学2002年工作要点》中明确提出的"继续深化办学体制改革,拓展办学空间,发挥我校在天津高等教育中的龙头和示范作用,全面推进高水平大学建设和积极探索吸引国内外资金合作创建二级学院的途径与方式"的精神,以及教育部《关于规范并加强普通高校以新的机制和模式试办独立学院管理的若干意见》,学院积极探索办学体制的改革,寻求新的发展机遇。2003年1月11日,南开大学与天津市大港区人民政府共同签署了合作建设南开大学伯苓学院的协议书,后根据教育部意见更名为南开大学滨海学院。协议书签定后,双方都成立了筹建组，分别进行筹建工作，以确保2004年招生并转入正常教学。2003年12月30日教育部正式批准筹建。

重要事件

1月11日，南开大学、天津大港区政府合作建设南开大学伯苓学院签字仪式在大港宾馆举行，校长侯自新和大港区区长陈玉贵分别代表合作双方在协议书上签字，校党委书记薛进文和大港区委书记只升华在签字仪式上讲话。天津市教委副主任马建标，大港区委、区政府、区人大主要领导，南开大学副校长陈洪、逄锦聚，校长助理刘恒昌和学校办公室、人事处、教务处、学生工作部、战略发展研究部、基建处、设备处、图书馆、职业技术学院主要负责人参加了签字仪式。

2月22日，南开大学2003年高职升本科专业课考试在校区举行，包括我校学生在内的1580名考生参加了考试。

4月12日，2000级412名学生参加天津市组织的2003年高职专科升本科文化课考试，占毕业生总数的73%。

4月30日，南发字[2003]59号文件任命杨清海为职业技术学院院长。南发字[2003]60号文件原院长苏利春任职业技术学院正处级调研员。

5月2日，学院党委发布通知：认真学习教育部党组致全体共产党员的公开信，号召全体共产党员发挥战斗堡垒作用，站在防治非典斗争的第一线。

5月9日，南开大学滨海学院一期工程破土动工。

5月15日，校党委书记薛进文来我院检查指导工作。

5月28日，拍卖与典当专业首届毕业生受到国内拍卖典当行业的广泛关注和欢迎。截止到28日，该专业已陆续收到来自全国22个省市、自治区79个用人单位，总计240余人的毕业生招聘信息。该专业今年毕业生共68人，除26人参加今年天津市的高职专升本考试外，30人已与用人单位签定了就业协议。

6月5日，拍卖与典当专业应届毕业生李生勤响应国家号召，支援西部开发，应聘西藏雪源拍卖公司，国内多家新闻媒体予以报道。

6月，学院团委、学生会组织在校学生开展形式多样、丰富多彩的校园文化活动。以介绍防控非典知识、宣传学校有关工作要求为主的《防控"非典"快报》陆续发行17期，使每个学生都能及时了解学校的有关信息和要求；组织以"抗击非典，爱我南开"为主题的征文活动和露天晚会、体育比赛、健美操等文体活动，通过一系列健康丰富、形式多样的活动，对消除部分学生的恐惧心理，稳定学生情绪，恢复正常的教学秩序和生活秩序发挥了重要的作用。

王明、尚洪桂、王晓岚三位共产党员被评为学校防控非典先进个人受到表彰。

6月18日，南发字(2003)67号文件任命陈庆璠为职业技术学院副院长。

6月28日，2000级毕业生毕业典礼。

6月29日，拍卖与典当专业举行首届毕业生毕业典礼。中国拍卖典当行业协会会长张延华，天津市商委、南开大学、天津蓝天国际拍卖行有限公司等单位领导，新华社、光明日报等十几家新闻媒体参加毕业典礼。

7月10日，学院全体党员入党积极分子赴大港对正在筹建的滨海学院进行义务劳动。

9月12日，2003级新生开学典礼、入学教育。

10月24日，在学校举办的南开大学2003年"海信杯"运动会获得学生团体甲组第五名，教工队获得甲组第四名好成绩。

11月18日，召开院学生就业工作会。

12月30日，教育部批准筹建南开大学滨海学院。 （撰稿人：张雪）

留学生教育

2003年是学校留学生工作充满机遇和挑战的一年。在校外国留学生所学专业除集中在汉语言外，还覆盖了中国文学、历史、企业管理、政治、法学、经济、国际贸易、美术（国画）、外语（英语、日语）、化学、物理、生物、环境科学、数学、计算机科学等学科。

学校每年两次招收海外留学生，一次在春季，一次在秋季。春季学生人数是877名，秋季学生人数是859名，短期班学员60人，年内长期留学生共计1218人。

在非典期间，交流处共为525名留学生办理居留证延长、变更、再次入境等各种手续，及时为回国的学生办理退费手续，受到教育部和留学生的肯定和好评，也因此又有很多学生很快重返校园。因此尽管有非典的影响，学校的外国留学生不但没有减少，而且是稳中有升，创下历史新高，为今后学校留学生学历教育的发展奠定了坚实的基础。

科学研究

自然科学研究

概况

2003年,南开大学科学研究取得很大进展,科研经费有较大幅度增长,全校理科到校科研经费超过1.54亿元,比2002年的1.35亿元增长了14.5%;取得一批具有重大影响的标志性成果,化学科学学院教授廖代正、生命科学学院教授陈瑞阳主持的二项成果荣获国家自然科学二等奖;数学研究所教授龙以明主持的项目荣获2003年度教育部提名国家科学技术奖自然科学一等奖。数学学院葛墨林教授当选中国科学院院士。科研基地建设取得进展,新建1个教育部重点实验室和1个天津市实验室。2002年发表的科技论文被科学引文索引(Science Citation Index)收录486篇,居全国高校第10位。一批科研项目通过国家及有关部门验收、鉴定,专利申请数和授权数大幅度增长。

科研基地建设

为加强学校对重点实验室的管理,学校成立了"国家(部门)重点实验室指导委员会",由耿运琪副校长担任主任,各相关职能部门、实验室的领导和部分专家作为委员,加强对重点实验室建设的指导与支持。出台了《南开大学关于加强国家重点实验室建设的若干意见》,加强我校科研基地的规划与建设,提升我校国家和部门重点实验室的科技创新能力。

新建1个教育部重点实验室。2003年南开大学有2个实验室申请教育部重点实验室,其中"弱光非线性光子学材料及其先进制备技术实验室"被教育部批准为"省部共建教育部重点实验室"。

新建天津化学科学与工程实验室。2003年南开大学、天津大学共同申请成立的"天津化学科学与工程实验室"获天津市科委批准,并拨款1000万元给予资助。

科研项目与科研经费

2003年,理科到校科研经费15486.4万元,其中国家自然科学基金1838.1万元,"973"项目835.9万元,"863"计划1903.2万元,天津市项目2227.8万元,企事业单位委托项目5609.9万元。

国家自然科学基金委资助的各类项目:2003年获国家自然科学基金委资助总额1674.5万元。(1)面上项目:申请面上项目207项,获批准59项,资助金额1138.5万元,资助率为28.5%,资助强度为19.29万元/项。(2)重点项目:申请重点项目8项,化学学院程津培院士申请的"内源性自由基若干生命科学相关的物理有机化学问题"项目获资助,资助金额170万元。(3)申请重大研究计划5项,化学学院刘育教授申请的"基于合成受体的分子纳米线/管的构筑及其功能"获重点项目资助,资助金额110万元。(4)国家杰出青年科学基金:12人申请国家杰出青年科学基金，化学学院陈军教授获得资助，资助金额100万元。(5)海外青年合作者研究基金：6人申请海外青年合作者研究基金，物理学院许京军教授同陈志刚教授合作获得资助、化学学院史林启教授同朱晓夏教授合作获得资助，资助金额各为40万元。(6)专项基金：获国家基金委各学部专项基金10项，资助金额共76万元。(7)国际合作与交流项目：在国家基金委的资助下，开展国际交流与合作8项。

国家科技部科学计划：(1)国家重点基础研究发展规划(“973”项目)：承担子课题或作为骨干成员承担了3项，经费312万元。(2)国家高技术研究发展规划(“863”计划)：2003年主持或承担“863”项目18项，经费共计2711万元。其中，生命科学学院王磊教授主持的“用于重要病原微生物检测的生物芯片研制”项目获得1348万元经费资助。(3)国家重点科技攻关计划：2003年承担攻关项目2项，经费共计100万元。

教育部资助项目：2003年获得教育部资助经费186.4万元，其中重点研究项目24万元，博士点基金122.4万元，留学回国人员启动基金40万元。

天津市项目：(1)天津市自然科学基金项目：有31项科研项目获得资助，获资助总经费325万元。其中，重点基金项目12项，经费230万元；自然基金19项，经费95万元。(2)天津市攻关项目：与天津市科委签定合同14项，经费498万元。

科研成果

2003年我校共获各类奖励16项。化学学院廖代正教授主持的“分子磁性基础研究”和生命科学学院陈瑞阳教授主持的“中国主要植物染色体研究”两项科研成果荣获国家自然科学二等奖；化学学院严秀平教授、物理学院杨文修教授分别同国家环保总局、天津中医学院附属医院合作的科研成果分获国家自然科学二等奖、国家科技进步二等奖。数学研究所龙以明教授主持的“辛道路的指标迭代理论与在非线性哈密顿系统中的应用”荣获2003年度教育部提名国家科学技术奖自然科学一等奖。

2003年12月中旬，科技部公布了2002年度中国科技论文情况，南开大学被SCI收录论文数为486篇，全国高校排名第10位，被引用论文519篇，1148次，全国高校排名第9位。同时，有142篇论文被EI收录，80篇被ISTP收录。2002年度化学学院刘育教授有34篇论文被SCI引用，个人被引用篇数居全国第二名；宋礼成教授有20篇论文被SCI引用，个人被引用篇数居全国第五名。2003年度在国内外学术刊物上发表论文2100多篇，出版科技专著22部。有39项科研成果通过鉴定、验收。申请专利139项，比去年的61项增长了127.9%，其中发明专利113项，实用新型专利26项。获授权专利32项，比去年的12项增长了166.7%，其中发明专利23项，实用新型专利9项。

附录

教育部重点实验室(4个)：

光学信息技术科学开放研究实验室、生物活性材料研究实验室、核心数学与组合数学实验室、弱光非线性光子学材料及其先进制备技术实验室。

表 1 科研活动机构情况

机构名称	批准部门	学院
吸附分离功能高分子材料国家重点实验室	国家计委	化学学院
元素有机化学国家重点实验室	国家计委	化学学院
农药国家工程研究中心	国家计委	化学学院
组合数学与核心数学教育部重点实验室	教育部	数学学院
光学信息技术科学教育部重点实验室	教育部	信息学院
生物活性材料研究教育部重点实验室	教育部	生命科学学院
弱光非线形光子学材料及其先进制备技术重点实验室	教育部	物理学院
机器人与信息自动化研究科技部“863”重点实验室	科技部	信息学院
南开数学所	教育部	数学学院
元素有机化学研究所	教育部	化学学院
高分子化学研究所	教育部	化学学院
现代光学研究所	教育部	信息学院
分子生物研究所	教育部	生命科学学院
新能源材料研究所	学校	化学学院
组合数学研究中心	学校	数学学院
光电薄膜器件与技术研究所	学校	信息学院
机器智能研究所	学校	信息学院
催化研究所	学校	化学学院
光子学研究中心	物理学院	
应用化学研究所	学校	化学学院

表 2 2003 年度理科科研经费来款情况

经费名称	经费数(万元)	比例(%)	类别	比例(%)
科研事业费	1196.3	7.72	纵向经费	61.48
主管部门专项费	333.8	2.16		
国家改计委、科技部专项费	2981.7	19.25		
国家自然科学基金项目费	1838.1	11.87		
国务院其他部门专项费	943.8	6.09		
省、市、自治区专项费	2227.8	14.39		
企事业单位委托经费	5609.9	36.22	横向经费	36.22
国外资金	165.0	1.07	其他	2.30
其他	190.0	1.23		
合计	15486.4	100		

表 3 2003 年度纵向科研项目获资助情况

项 目 来 源	项 目 数	经费数(万元)	经费所占比例(%)
"973"项目	3	312.00	4.96
"863"项目	18	2711.00	43.08
国家攻关项目	2	100.00	1.59
国务院其他部委专项	5	112.00	1.78
国家自然科学基金项目	73	1752.50	27.84
教育部项目	36	206.40	3.28
天津市项目	45	823.00	13.08
国际合作项目	3	276.25	4.39
合 计	185	6293.15	100

表 4 2003 年度科研成果获奖情况

获国家级奖项目

获奖项目名称	获奖人姓名	奖种奖级
分子磁性的基础研究	廖代正 王耕霖 姜宗慧 阎世平 程 鹏	国家自然科学二等奖
中国主要植物染色体研究	陈瑞阳 宋文琴 李秀兰等	国家自然科学二等奖
有毒化学污染物形态研究中的联用技术、方法学及相关机理	严秀平(第二完成单位、第二完成人)	国家自然科学二等奖
通里攻下法在腹部外科疾病中的应用与基础研究	杨文修(第三完成单位、第六完成人)	国家科技进步二等奖

获教育部提名国家科学技术奖项目

获奖名称	获奖人姓名	奖种奖级
辛道路的指标迭代理论与在非线性哈密顿系统中的应用	龙以明 朱朝锋 刘春根 胡锡俊	自然科学一等奖

获省、市、自治区级奖项目

获奖项目名称	获奖人姓名	奖种奖级
功能高级有序结构分子聚集体研究	卜显和 杜 森 张若桦 陈 巍 刘 河	天津市自然科学一等奖
有机锡化合物的合成结构及其应用	谢庆兰 李 靖 徐效华 郑健禺 张招贵 孙丽娟	天津市自然科学二等奖
原癌基因Lmo2的果蝇同源基因克隆及其功能研究	朱天慧	天津市自然科学三等奖
植物染色体微分析技术及其应用	李秀兰 陈成彬 许文胜 宋文芹 陈瑞阳	天津市自然科学三等奖
阅读不耗电类纸电子书	李庆诚 刘全礼 王计会	天津市技术发明一等奖
弱酸性阳离子交换树脂	阎虎生 程晓辉 何炳林	天津市技术发明二等奖
甲氨基阿维菌素苯甲酸盐合成技术	徐凤波 张正之 解 放 贺水济 毕富春	天津市科技进步二等奖
戈德印章治安管理信息系统	李明智 董轶望 张忠锋 初 春 商荣庆 孙 阳 阎 东 张毅硕	天津市科技进步二等奖
JI－100系列化管理系统	马 捷 邓耀波 张伟忠 王 智 胡顺利	天津市科技进步三等奖
经穴Ca2＋的分布及针刺对Ca2＋影响的实验研究	张春煦(第二完成人)	天津市科技进步三等奖
NGF和BDNF基因修饰的雪旺细胞与胚胎脊髓细胞悬液修复脊髓损伤	陈家童(第四完成人)	天津市科技进步三等奖

表5 2003年度科研纵向项目获资助情况

“973”项目

项 目 名 称	经费(万元)	类别	承担单位	负责人
电池失效与再生机制及低成本化研究	250	973项目	化学学院	高学平
电池反应中两极间相互影响的规律	50	973项目	化学学院	高学平
中国陆地生态系统碳储量的空间变异特征	12	973项目	生命科学院	石福臣

“863”高技术项目

项　目　名　称	经费(万元)	类别	承担单位	负责人
用于重要病原微生检测的生物芯片研制	1348	生物技术	生命科学院	王　磊
铊系超导薄膜材料研制和应用开发	200	材料领域	信息学院	阎少林
全彩色有机发光有源驱动技术的研究	200	材料领域	信息学院	孟志国
嗜热采油微生物一芽孢杆菌NG80－2的重要功能基因识别鉴	180	生物技术	生命科学院	冯　露
可控结构单壁碳纳米管SWNT的制备及电磁屏蔽复合材料研	100	材料领域	化学学院	陈永胜
LDL血液灌流吸附剂治疗高血脂症及吸附剂评价方法研究	100	材料领域	生命科学院	孔德领
通信领域高效、高功率包层泵浦光纤激光器件	100	材料领域	物理学院	李乙钢
多功能(解磷、解钾)基因工程菌的构建及应用	96	生物技术	生命科学院	李明刚
光纤光栅传感器封装技术研究及光纤光栅压力加速器研制	60	材料领域	信息学院	张伟刚
中药滴丸剂生产检测系统和质量数据分析挖掘的研究	60	自动化	信息学院	邵秀丽
北方地区安全饮用水保障技术	50	自动化	环境科学院	王启山
高温超导新型结及相关器件的研究开发	50	材料领域	信息学院	方　兰
基于部件库的MEMS设计环境原形系统研究与实现	50	自动化	信息学院	安　刚
基于系统辨识技术的显微图象深度信息恢复方法及其在微	40	自动化	信息学院	赵　新
医用纳米材料生物传感器的研制	34	材料领域	生命科学院	乔明强
α一糖苷酶抑制性降解中药复方的研究与开发	20	生物技术	生命科学院	白　钢
全血多参数生化检测微系统酶电极的开发	20	生物技术	生命科学院	陈　强
环境内分泌干扰物监测的免疫芯片技术研究	3	环境治理	环境科学院	孙红文

国家攻关项目

项目名称	经费(万元)	类别	承担单位	负责人
100KW 柔性衬底非晶硅并网发电光伏电站开发与示范	80	国家攻关	信息学院	赵庚申
元素形态权威检测方法研究及标准物质研制	20	国家攻关	化学学院	严秀平

国家自然科学基金

项目名称	经费(万元)	类别	承担单位	负责人
内源性自由基若干与生命科学相关的物理有机化学问题	170	重点基金	化学学院	程津培
基于合成受体的分子纳米线/管的构筑及其功能	110	重点基金	化学学院	刘　育
固体无机化学	100	国家杰出青年科学基金	化学学院	陈　军
金属离子对某些重要生命过程的调控作用的研究	50	重点基金	化学学院	阎世平
高分子水凝胶功能纳米粒子在生物传感技术中的应用研究	40	海外青年学者基金	化学学院	朱晓夏
光诱导光子微结构及其应用	40	海外青年学者基金	物理学院	陈志刚
金属和配体导向的主－客体分子材料化学与物理的基础研究	30	重点基金	化学学院	姜宗慧
纳米管及其复合储氢材料的电化学储氢研究	29	自由申请	化学学院	高学平
含重过渡与稀土元素多金属配合物的磁、光性质研究	26	自由申请	化学学院	刘　欣
超短脉冲数字全息术及其在飞秒激光微加工中应用研究	25	自由申请	信息学院	翟宏琛
一类新奇的蝶状桥－CO 铁硫簇合物的合成及反应研究	25	自由申请	化学学院	宋礼成
HSV1 的 ICP345 蛋白对宿主细胞功能蛋白质组的影响	25	自由申请	生命科学院	曹又佳
高功率包层泵浦掺 Yb 光子晶体光纤激光器的研究	25	自由申请	物理学院	李乙钢
嘧啶类光合作用抑制剂的设计、合成及构效关系研究	25	自由申请	化学学院	杨华铮
中学生数学夏令营	25	专项基金	数学学院	侯自新
光波相位耦合过程中的光速变化问题的研究	25	青年基金	物理学院	张国权

（续表）

项　目　名　称	经费(万元)	类别	承担单位	负责人
有序结构二氧化硅材料的仿生合成及其机理核磁共振研究	24	自由申请	化学学院	陈铁红
树枝状—线型嵌段共聚物微相结构的研究	24	自由申请	化学学院	王　维
软态核磁共振波谱研究具有残余偶极相互作用高分子材料	24	自由申请	化学学院	孙平川
血液灌流用内毒素吸附材料结构与性能研究	24	自由申请	化学学院	袁　直
基于定量反馈理论(QFT)的预测控制系统的分析设计应用	24	自由申请	信息学院	陈增强
生物降解环境材料降解参数及其测定理论和方法的研究	24	自由申请	生命科学学院	宋存江
新型手性分子聚集体构筑、结构及理化性能研究	23	自由申请	化学学院	卜显和
克隆蛋白质作模板于吸附相应天然蛋白质分子印迹聚合物	23	自由申请	化学学院	宓怀风
稳定碳同位素技术解析空气颗粒物中多环芳烃的来源	23	青年基金	环境科学院	白志鹏
厌氧同时脱氮除硫新工艺及其机理研究	23	青年基金	环境科学院	吴立波
功能性多环组装体的构筑及其分子调控	22	自由申请	化学学院	张衡益
新型固态长寿命有机光致磁性变色化合物合成及应用研究	22	自由申请	化学学院	马玉新
金纳米粒子表面端接枝聚合物用于分子识别和固相微萃取	22	自由申请	化学学院	何锡文
杯芳烃磁性复合微球的制备和分析应用	22	自由申请	化学学院	陈郎星
非相干光的非线性光学效应研究	22	自由申请	物理学院	刘思敏
5,6—二氢—2H—2,4—吡喃二酮类先导化合物的设计与合成	22	青年基金	化学学院	王有名
生物合理方法与类同合成相结合设计新型农药	22	青年基金	化学学院	胡方中
新型高效氟阴离子受体的合成及其性质研究	21	自由申请	化学学院	林华宽
硅—过渡金属化合物均相催化新型聚合反应的研究	21	自由申请	化学学院	孙怀林
金属锡参与的烯丙基化反应研究	21	自由申请	化学学院	李　靖
新型手性双核镧系金属配合物的合成结构及催化活性研究	21	自由申请	化学学院	李金山

（续表）

项　目　名　称	经费(万元)	类别	承担单位	负责人
静电相互作用驱动的低聚合卟啉分子聚集行为研究	21	青年基金	化学学院	章应辉
肌球蛋白轻链激酶在肿瘤转移中的作用及其分子机理研究	20	自由申请	生命科学学院	叶丽虹
具有分子识别特征的吸附树脂合成及在天然产物分离应用	20	自由申请	化学学院	阎虎生
新型离子液体对汞环境中典型持久性有机污染物提取机理	20	自由申请	环境科学院	戴树桂
参见罕见单糖合成的细菌基因的鉴定及其功能研究	20	自由申请	生命科学学院	冯　露
钙调素对BP－10脂结合和抗真菌功能的影响	20	自由申请	生命科学学院	李翠凤
内生真菌对非天然宿主植物抗旱性的增益作用研究	20	自由申请	生命科学学院	高玉葆
强子在有限温度重子数密度条件下性质的格色动力学研究	20	自由申请	物理学院	刘玉斌
在对映体水平上测定土壤农产品中手性农药分析方法研究	20	自由申请	化学学院	张智超
结合最新基因技术和干细胞技术的杂化人工血管材料研究	20	自由申请	化学学院	孔德领
富勒烯包含物的结构、性质与生成机理研究	20	青年基金	化学学院	尚贞锋
参与细菌表面多糖合成的糖基转移酶鉴定和功能研究	19	自由申请	生命科学学院	王　磊
苔摇蚊属生物系统学研究	18	自由申请	生命科学学院	王新华
高维神经生理系统的非线性分析及在癫痫EEG中的应用	18	自由申请	生命科学学院	张　涛
李群与芬斯勒几何	16	自由申请	数学学院	邓少强
Heisenberg群上调和分析与振荡积分及其应用	16	自由申请	数学学院	张震球
奥运会风险分析及安全管理系统的研究	15	自由申请	环境科学院	刘　茂
QCD相变理论与相对论重离子碰撞物理	15	重点基金	物理学院	申　虹
复杂环境下企业会计组织运行及其创新机制	14.50	自由申请	管理学科	程新生
基于企业战略和公司治理互动的企业可持续竞争优势研究	14	自由申请	管理学科	周　建
多层次离校毕业生职业生涯观选择过程与应对策略的研究	14	自由申请	管理学科	谢晋宇
我国企业创造性资产寻求型对外直接投资研究	13	自由申请	管理学科	吴先明

（续表）

项　目　名　称	经费(万元)	类别	承担单位	负责人
全一问题的最优解决及相关问题的算法与复杂性研究	13	自由申请	数学学院	李学良
拓扑K－双模与局部算子空间	12	自由申请	数学学院	吴志强
组合数学学术年	12	专项基金	数学学院	陈永川
原子核配对壳模型的进一步研究	10	青年基金	物理学院	罗延安
新型离子型有机锡化合物的研究	8	自由申请	化学学院	孙丽娟
高增益超长度的新型光纤激光机理及其应用研究	8	自由申请	物理学院	宋　峰
典型环境激素类物质的遗传毒性效应研究	8	专项基金	环境科学院	朱　琳
几种因子设计的理论、构造和应用	8	青年基金	数学学院	刘民千
退化对流扩散问题的间断有限元方法研究	8	青年基金	数学学院	张　强
超短脉冲激光超微细加工中临界脉冲宽度问题的研究	7	自由申请	信息学院	朱晓农
中国织蛾科分类修订和系统发育研究	7	自由申请	生命科学院	王淑霞
新型垃圾衍生燃料催化助燃与气态污染物释放规率研究	6	专项基金	环境科学院	沈伯雄
荧光金属有机化合物的合成和光电材料性能的研究	6	专项基金	化学学院	张正之
在有限温度、有限重子数密度条件下中间子性质格点色动	2	专项基金	物理学院	刘玉斌

教育部项目

项　目　名　称	经费(万元)	类别	承担单位	负责人
TiO2纳米纤维制备、结构与电化学嵌锂研究	12	教委专项	化学学院	高学平
内在真菌－牧草共生体的构建及其抗旱性研究	12	教委专项	生命科学院	高玉葆
基于药效团模型的新型除草剂的设计、合成及构效关系	7.5	博士点基金	化学学院	杨华铮
手性非金属有机磷催化剂设计、合成及其在某些对映选择	7.2	博士点基金	化学学院	唐除痴
新型纳米级金属有机分子的合成、结构及性质研究	7	博士点基金	化学学院	宋礼成
生物及拟生物微环境中烟酰胺辅酶及其模型物氧化还原反	7	博士点基金	化学学院	朱晓晴
前列腺增生基质病变分子机制的研究	7	博士点基金	生命科学院	张　琚

（续表）

项 目 名 称	经费(万元)	类别	承担单位	负责人
中国鞘蛾科系统分类与幼虫形态学研究	7	博士点基金	生命科学院	李后魂
光纤光栅阵列传感及无线网络数据传输远程监测技术研究	7	博士点基金	信息学院	赵启大
非线性系统动力学行为的研究	6.5	博士点基金	物理学院	陈天仑
网络存储系统中数据布局、故障容错和数据保护技术研究	6.2	博士点基金	信息学院	刘　景
以新型分子印迹技术对生命体活性物质进行分子识别研究	6	博士点基金	化学学院	何锡文
TiO2 纳米纤维形成机制与电化学嵌锂行为研究	6	博士点基金	化学学院	高学平
丙烯基磺酸内酯用作合成子研究	6	博士点基金	化学学院	刘纶祖
基因调控物质的合成及其生物活性测定	6	博士点基金	化学学院	席　真
暗物质与暗能量的研究	6	博士点基金	物理学院	李学潜
网络组织的运作机制及治理研究	5	博士点基金	管理学科	李维安
TS－1/堇青石整体式催化剂上NOx 分解性能的研究	5	博士点基金	化学学院	关乃佳
新型光控取向液晶聚合物薄膜材料的制备及其性能研究	5	博士点基金	化学学院	张保龙
L-adic 上同调论和伽罗华表示论	5	博士点基金	数学学院	扶　磊
一类具有正跳跃度的马尔可夫过程研究及其在保险分析中	5	博士点基金	数学学院	吴　荣
小波分析中的若干问题	5	博士点基金	数学学院	周性伟
刚性的共轭－pi－键大分子物理结构和功能的相关性研究	4	留学人员补助	化学学院	王　维
HIV 与 T 细胞抗细胞凋亡诱导机理研究	4	留学人员补助	生命科学院	曹又佳
高血压状态下的交感神经活动的非线性分析	4	留学人员补助	生命科学院	张　涛
微生物法制备生物降解材料三元共聚羟基烷酸酯的研究	4	留学人员补助	生命科学院	宋存江
硅－过渡金属键化合物催化反应的研究	3	留学人员补助	化学学院	孙怀林
室内空气复合纳米光催化净化技术和产品研发	3	留学人员补助	环境科学院	白志鹏
利用基因的体外定向进化技术创造高活性 GSTZ	3	留学人员补助	生命科学院	陈德富
钽酸锂晶体的非挥发双色全息存储研究	3	留学人员补助	物理学院	张国权
p38 信号通路在脑缺血神经元损伤过程中的调控机理	3	留学人员补助	医学院	车永哲

（续表）

项目名称	经费(万元)	类别	承担单位	负责人
分子合金类自旋转换配合物研究	2.5	留学人员补助	化学学院	刘　欣
大麦花粉白化苗QTLS定位的研究	2.5	留学人员补助	生命科学院	陈喜文
辛几何与辛拓扑中的一些问题	2	留学人员补助	数学学院	刘春根
微晶硅薄膜材料的研究	2	留学人员补助	信息学院	赵　颖

各部委项目

项目名称	经费(万元)	类别	承担单位	负责人
新型多孔材料合成及其在油品精制中的应用研究	25	中石集团	化学学院	关乃佳
复合孔及杂原子分子筛的合成、催化及表征	25	石化总公司	化学学院	关乃佳
来源于小麦和簇毛麦抗白粉病新基因的克隆研究	20	科技部	生命科学院	祁忠占
辐射流体力学能量方程(组)在高维非结构网格区域上间断	12	国家计委	数学学院	张　强

天津市项目

项目名称	经费(万元)	类别	承担单位	负责人
头盔显示Lcos芯片和系统研究	100	攻关	信息学院	代永平
肿瘤转移相关特征蛋白质芯片的研发	60	攻关	生命科学院	曹又佳
超视觉及人眼波像差仪的研究	60	攻关	信息学院	母国光
新型绿色电池关键材料的基础研究	40	重点基金	化学学院	高学平
SARS病毒基因测序、分析及分型数据库建立	40	攻关	生命科学院	王　磊
S+C+L波段喇曼光纤放大器	30	攻关	信息学院	吕福云
SOC关键单元及IP的研发	30	重点基金	生命科学院	高清远
高性能纳米结构固定化酶电极制备及生物传感器产品开发	30	攻关	生命科学院	陈　强
大面积实用高温超导薄膜研究	30	攻关	信息学院	阎少林
天津市城市环境空气污染防治技术推广中心	30	攻关	环境科学院	白志鹏
智能型光纤放大器和光源的研究	25	重点基金	信息学院	袁树忠
引黄(引江)济津水质防污染控制	25	攻关	环境科学院	王启山
微生素A衰变机理及生物活性保护技术研究	25	攻关	化学学院	朱晓晴
采油菌G1045的基因组测序和功能基因研究	25	重点基金	生命科学院	冯　露

（续表）

项 目 名 称	经费(万元)	类别	承担单位	负责人
多重自组装高分子软纳米功能材料	20	重点基金	化学学院	王国昌
医用生物芯片检测分析系统的研究与开发	20	攻关	物理学院	田建国
激光智能交通信息采集与处理系统研究开发	20	重点基金	软件学院	黄亚楼
人肝干细胞对肝癌细胞表型影响的初步研究	20	攻关	生命科学院	张晓东
实时PCR检测前列腺癌微小转移试剂盒的研究	20	攻关	生命科学院	张　琚
超高效磺酰脲除草剂作用机制及农药分子设计研究	15	重点基金	化学学院	李正名
阳离子抗菌肽的研究	15	重点基金	化学学院	阎虎生
新型纳米催化剂设计及在重要化学反应中的应用	10	重点基金	化学学院	李　伟
周期极化掺镁近化学比铌酸锂全光微结构及其应用	10	重点基金	物理学院	陈云琳
基于XML的企业ERP和协作商务整合集成平台的开发	10	重点基金	信息学院	邵秀丽
Linux系统内核级入侵检测技术研究	10	重点基金	信息学院	贾春福
基因工程α－2b干扰素新型纯化工艺及制剂研究	8	攻关	生命科学院	白　钢
从可再生资源二氧化碳合成碳酸酯及其衍生物	5	自然基金	化学学院	何良年
CeO2膜负载铜系纳米簇CO氧化催化剂制备与研究	5	自然基金	化学学院	吴世华
多维配位高分子分子基磁性材料的研制	5	自然基金	化学学院	刘　欣
分子印迹技术用于丹参活性成份的提取和开发	5	自然基金	化学学院	何锡文
分子基磁性材料的研制	5	自然基金	化学学院	姜宗慧
新型活性自由基聚合催化剂体系探索	5	自然基金	化学学院	王佰全
新型纳米均孔树脂用于中草药纯化及单体分离	5	自然基金	化学学院	王春红
芽孢杆菌抑真菌肽功能基因的克隆和表达	5	自然基金	生命科学院	乔明强
家蝇幼虫作为转化废弃食品生物反应器的研究	5	自然基金	生命科学院	李德森
用叶绿体高效生产外源蛋白质的生物技术	5	自然基金	生命科学院	王　勇

（续表）

项 目 名 称	经费(万元)	类别	承担单位	负责人
人神经生长因子基因在昆虫细胞中的表达	5	自然基金	生命科学院	俞新大
肝细胞载体材料制备和细胞培养条件的优化	5	自然基金	生命科学院	潘继伦
统计质量控制图的设计理论	5	自然基金	数学学院	王兆军
利用有机材料的光学图像处理新技术研究	5	自然基金	物理学院	张春平
宽波段可调谐窄带 THz 波参量发生器的研究	5	自然基金	物理学院	姚江宏
基于网边缘控制的 IPQOS 自适应算法研究	5	自然基金	信息学院	樊秀梅
基于 Mediation 的 Web 异构数据集成研究	5	自然基金	信息学院	袁晓洁
基于远程网开放的机器人遥操作作业模式的研究	5	自然基金	信息学院	刘景泰
平板显示器接口电路 IP 核的研究	5	自然基金	信息学院	耿卫东

国际合作项目

项 目 名 称	起止日期	经费(万元)	类别	承担单位	负责人
综合性国际艾滋病合作研究	2003～2007	200	美国	生命科学院	耿运琪
新型硅基薄膜太阳电池大面积低成本技术研究	2003～2005	55	政府间合作	信息学院	耿新华
环境管理教习费	2003～2005	21.25	国际教科文	环境科学院	朱 坦

表 6 2003 年度专利授权情况

序号	单位	发 明 人	授权专利名称	专利号	申请日	类别
1	化学院	王永梅 孟继本 张 鹏 季 奇 齐东来	烷氧氨基盐酸盐的合成方法	00 1 35821.9	2000.12.22	发明
2	化学院	李 伟 马延风 张明慧 周 瑛 陶克毅	用于环丁烯砜加氢的非晶态合金催化剂及其制备与应用	02 1 00292.4	2002.01.18	发明
3	化学院	李 伟 胡见波 张明慧 陶克毅	负载型纳米二氧化钛复合载体及其制备方法	01 1 34330.3	2001.10.31	发明
4	化学院	陶克毅 李 伟 赵玉宝 关乃佳	负载型纳米氧化锆复合载体及其制备方法	00 1 32118.8	2000.12.15	发明
5	化学院	李 伟 陶克毅 程庆彦 宋丙戌 关乃佳	用于油品中重芳烃三甲苯加氢的催化剂	00 1 32117.X	2000.12.15	发明
6	化学院	左育民 姜子涛 雷 荣	二氧化钛微球及其制备方法	00 1 21097.1	2000.07.20	发明

（续表）

序号	单位	发明人	授权专利名称	专利号	申请日	类别
7	化学院	沈含熙 孔德明 古 珑	均相分子灯标荧光探针PCR乙肝病毒检测方法和试剂盒	01 1 36949.3	2001.12.26	发明
8	化学院	曲金秋 高学平 吴 锋 袁华堂 宋德瑛	可直接端面焊接的大容量动力电池用泡沫镍电极材料	01 1 10328.0	2001.04.04	发明
9	化学院	阎 杰 王 荣 阎德意 宫维林 周 震 邓 斌	失效镍氢二次电池负极合金粉的再生方法	00 1 32165.X	2000.12.19	发明
10	化学院	阎 杰 王 荣 阎德意 宫维林 周 震 邓 斌	镍氢二次电池正负极残料的回收方法	00 1 32164.1	2000.12.19	发明
11	化学院	高学平 秦 学 吴 锋 叶世海 刘 宏 袁华堂 宋德瑛 申泮文	储氢合金/碳纳米管复合储氢材料	00 1 00505.7	2000.01.20	发明
12	化学院	汪清民 黄润秋 毕富春	双硫酰肼类化合物及其应用	00 1 05642.5	2000.04.14	发明
13	化学院	汪清民 黄润秋	二茂铁甲酰基化合物的制备方法	00 1 02500.7	2000.03.15	发明
14	化学院	廖联安 李正名 方红云 范志金	5－阿(依)维菌素B#－[1a]酯的合成及生物活性	00 1 34157.X	2000.12.06	发明
15	化学院	李正名 贾 强 黄桂琴	一种植物生长调节剂	00 1 31571.4	2000.10.28	发明
16	化学院	曲金秋 金季苏 李玉刚 牛广良 高学平 吴 锋 袁华堂 宋德瑛	粉碎与机械合金化同步的球磨机	02 2 90924.9	2002.12.13	实用新型
17	生科院	杜荣骞 叶 明 李德森 居玉玲 李戌彤 古 瑜 罗智敏 魏众济	马铃薯纺锤块茎类病毒的检测方法	99 1 23085.X	1999.12.10	发明
18	生科院	李德森 盛长忠 杜荣骞	繁殖观赏水草红蛋叶的方法	00 1 32166.8	2000.12.19	发明
19	生科院	郑双诚 王正平 张 春	植物发芽生长促进剂	00 1 32168.4	2000.12.19	发明
20	生科院	张宝贵 张英喆 程建忠 万忠发 方忠生	电解法制备亚磷酸的方法	01 1 42022.7	2001.09.07	发明
21	生科院	郑坚瑜 张洪涛 李志茹 周丽英 李 凝	碳硅纤维介导的植物愈伤组织基因转移的方法	98 1 25879.4	1998.12.22	发明
22	生科院	俞耀庭 孙德领 陈长治	球形纤维素DNA免疫吸附剂	98 1 02354.1	1998.06.08	发明
23	物理学院	许京军 张心正 黄 晖 吴 强 唐柏权 乔海军 沙作金 张光寅	固定式三维光子存储装置	00 1 21095.5	2000.07.20	发明
24	物理学院	张光寅 丁 欣 焦志勇 颜彩繁 张潮波 沙作金 高文靖	高光束质量的LD泵浦固体激光器	02 2 38344.1	2002.07.03	实用新型

（续表）

序号	单位	发　明　人	授权专利名称	专利号	申请日	类别
25	物理学院	乔月印 仇伟红 乔　峰 何宗岐 乔岭梅	双光束激光多普勒血流仪	02 2 07024.9	2002.02.05	实用新型
26	物理学院	张光寅 沙作金 张潮波 高文靖 丁　欣 颜彩繁 焦志勇	一种固体激光器谐振腔	02 2 38343.3	2002.07.03	实用新型
27	物理学院	张存洲 徐晓轩 朱　箭 张林灿 武中臣	化工流程化学成份实时在线小型光谱检测仪	02 2 82422.7	2002.10.31	实用新型
28	信息学院	阎少林	高温超导薄膜衬底台阶本征约瑟夫森结阵及其制备方法	96 1 13183.7	1996.10.31	发明
29	信息科院	董兴法 开桂云 董孝义	基于光纤光栅的应力应变传感器	02 2 82423.5	2002.10.31	实用新型
30	信息学院	耿新华 赵　颖 薛俊明	宽谱域低温叠层硅基薄膜太阳电池	02 2 94641.1	2002.12.30	实用新型
31	信息学院	李德林 耿新华 薛俊明 赵颖	多功能光电参数测量装置	02 2 94293.9	2002.12.26	实用新型
32	信息学院	李德林 耿新华 薛俊明 赵　颖	光学参数测量装置	02 2 94292.0	2002.12.26	实用新型

表 7　2003 年专利申请项目

序号	单位	发　明　人	专利名称	申请号	申请日	类别
1	化学院	唐祥海 张爱萍 刘　杰 符新亮	用于合成叔丁基取代苯酚的新催化剂及工艺	200310107261.5	2003.12.09	发明
2	化学院	姜宗慧 赵琦华 阎世平	自由基一金属配合物型分子铁磁体的制备方法	200310107065.8	2003.11.21	发明
3	化学院	陈铁红 程方益 孙平川 王敬中	有机染料/硅载体复合颜料及其制备方法	200310107589.7	2003.12.18	发明
4	化学院	朱晓夏 王旭东 胡祥正 张　栩 李晨曦 黄文强	含胆汁酸的交联单体及其制备方法和应用	03125062.9	2003.05.05	发明
5	化学院	袁　直 刘　涛 侯光辉 王孝杰 张文升	血液灌流用内毒素吸附剂及制备方法	03144231.5	2003.09.02	发明
6	化学院	袁　直 俞　玫 王慧彦 李纪红 侯光辉 王孝杰 张文升	内毒素吸附剂及其制备方法	03144383.4	2003.09.27	发明
7	化学院	李贺先 王国昌 徐青林 丽　娜	高分子纳米球体及其准临界聚合制备方法	200310119366.2	2003.12.23	发明
8	化学院	王国昌 李贺先 袁家龙 徐　娜	磁性杂化纳米纤维自组装超晶格结构材料及其制备方法	200310119365.8	2003.12.23	发明
9	化学院	刘　育 陈国颂 李　莉 张衡益	水溶性抗癌药紫杉醇复合物及其制备方法	03119497.4	2003.03.14	发明

（续表）

序号	单位	发明人	专利名称	申请号	申请日	类别
10	化学院	李　伟 马延风 张明慧 张宝贵 陶克毅	超细 NiP 非晶态合金及其制备方法	03109062.1	2003.04.03	发明
11	化学院	关乃佳 李兰东 刘书亮 刘德新	用于汽车尾气处理的催化剂及制备方法	03120993.9	2003.03.27	发明
12	化学院	刘智广 关乃佳 陈铁红 陈继新 王敬中	用 CuCl 薄膜处理生物难降解有机废水的方法	03121025.2	2003.03.31	发明
13	化学院	左育民 夏　炎	锆胶基质附聚型阴离子交换微球及其制备方法	03130375.7	2003.07.09	发明
14	化学院	吴世华 郑修成 王淑荣 王淑萍 黄唯平 张守民	CuO/CeO * 催化剂的制备及在 CO 氧化中的应用	20031012 2165.8	2003.12.29	发明
15	化学院	杨化滨 张海昌 孙　华 王晓丹 周作祥	非水体系储氢合金粉的化学镀铜工艺	03100432.6	2003.01.14	发明
16	化学院	阎　杰 叶　茂 魏进平 高学平	锂离子二次电池正极边角料及残片回收方法	03129972.5	2003.05.29	发明
17	化学院	胡伟康 高学平 宋德瑛 Dag Noreus	储氢合金为电催化剂的碱性燃料电池	03130001.4	2003.06.06	发明
18	化学院	陈　军 李锁龙 陶占良	镍氢动力电池	03130136.3	2003.06.18	发明
19	化学院	刘占泉 王连源 王庆梅 石春祥 汪根时	稀土抛光粉的制备方法	03130446.x	2003.07.24	发明
20	化学院	周其林 谢建华 程　旭 付　煜 王立新	螺环双膦配体	03104700.9	2003.02.21	发明
21	化学院	朱元元 陈茹玉	Rac－2－O－烷基甘油的制备方法	03127943.0	2003.04.25	发明
22	化学院	汪清民 黄润秋 曹焕岩 孙会凯 程慕如 李永红	含杂环甲胺基腈基丙烯酸酯类化合物及除草活性	03130523.7	2003.07.31	发明
23	化学院	邹小毛 杨华铮 傅翠蓉	杀虫剂地亚农的制备方法	03144513.6	2003.09.29	发明
24	化学院	李正名 马　宁 李永红 王建国 王玲秀 王素华	小麦田的田间除草方法	20031010 6702.x	2003.10.23	发明
25	化学院	席　真 班树荣 李正名 崔东亮 张　弘 罗　丁 牛聪伟 李志念 李　峰 吴丽欢	嘧啶衍生物及其制备方法	20031010 6640.2	2003.10.16	发明
26	化学院	汪清民 黄润秋	氰戊菊酯的制备方法	20031010 6703.4	2003.10.23	发明
27	化学院	严秀平 尹学博 江　炎 何锡文	毛细管电泳氢化物发生原子荧光光谱法在线联用接口	03100702.3	2003.01.21	发明
28	化学院	严秀平 尹学博 江　炎 何锡文	毛细管电泳氢化物发生原子荧光光谱法在线联用接口	03236381.8	2003.01.21	实用
29	化学院	李　伟 张明慧 吴志杰 陶克毅	环丁烯砜加氢制备环丁砜的方法	20031010 7516.8	2003.12.15	发明

（续表）

序号	单位	发　明　人	专利名称	申请号	申请日	类别
30	化学院	张明慧 李　伟 王来军 王鹏飞 陶克毅	多孔载体负载 NiB 非晶态合金的催化剂及其制备方法	200310107517.2	2003.12.15	发明
31	化学院	李　伟 张明慧 王鹏飞 陶克毅	氧化苯乙烯加氢制备 β—苯乙醇的催化剂和制备及应用	200310107518.7	2003.12.15	发明
32	环科院	朱　坦 郭光焕 白志鹏 葛　苏	烟道气稀释混合湍流分级采样器	03119498.2	2003.03.14	发明
33	环科院	白志鹏 董永春 王宗爽 朱　坦	去除空气中有害物质的织物的浸轧制备方法	03130387.0	2003.07.31	发明
34	环科院	白志鹏 董永春 王宗爽 朱　坦	去除空气中有害物质的织物的涂层制备方法	03130526.1	2003.07.10	发明
35	环科院	白志鹏 朱　坦 葛　苏 王同建 罗　晓	烟道气稀释混合多通道分级采样器	03119498.2	2003.03.14	发明
36	环科院	李克勋 付学起 孙红文	新型的膜生物反应器	200310106891.0	2003.10.31	发明
37	环科院	李克勋 张振家	重金属污水处理及重金属回收的装置和方法	200310119369.6	2003.12.23	发明
38	环科院	李克勋 张振家	城市污水处理工艺及方法	200310119368.1	2003.12.23	发明
39	环科院	张宝贵 王福生 张英喆 万忠发 王忠生	电解法制备次磷酸镍的方法	200310107264.9	2003.12.09	发明
40	环科院	张宝贵 王福生 宋兵魁 万忠发 王忠生	化学镀镍磷合金的方法	200310107263.4	2003.12.09	发明
41	环科院	李克勋	全密封微波消解罐	200320125742.4	2003.12.12	实用
42	环科院	朱　坦 郭光焕 白志鹏 葛　苏	烟道气稀释混合湍流分级采样器	03240576.6	2003.03.14	实用
43	环科院	金朝晖 王景华 李铁龙 杨　卓 孙　雁	安全化学实验废液贮液罐	03266664.0	2003.07.03	实用
44	环科院	白志鹏 朱　坦 葛　苏 王同建 罗　晓	烟道气稀释混合多通道分级采样器	03258297.8	2003.08.19	实用
45	生科院	王　磊	对鲍氏志贺氏菌 11 型和大肠杆菌 0105 的 O—抗原特异的核苷酸	03100535.7	2003.01.20	发明
46	生科院	王　磊	对鲍氏志贺氏菌 13 型的 O—抗原特异的核苷酸及其应用	03100537.3	2003.01.20	发明
47	生科院	王　磊	对鲍氏志贺氏菌 1 型和大肠杆菌 0149 的 O—抗原特异的核苷酸	03100537.5	2003.01.20	发明
48	生科院	王　磊	对鲍氏志贺氏菌 15 型、痢疾志贺氏菌 2 型和大肠杆菌 0112 的 O—抗原特异的核苷酸	03100538.1	2003.01.20	发明

（续表）

序号	单位	发　明　人	专利名称	申请号	申请日	类别
49	生科院	王　磊	对鲍氏志贺氏菌7型的O—抗原特异的核苷酸	03100536.5	2003.01.20	发明
50	生科院	王　磊	对鲍氏志贺氏菌8型和大肠杆菌0143的的O—抗原特异的核苷酸	03100356.7	2003.01.20	发明
51	生科院	王　磊	对痢疾志贺氏菌8型的O—抗原特异的核苷酸	03100539.X	2003.04.15	发明
52	生科院	王　磊	对痢疾志贺氏菌3型、大肠杆菌0124与0164的O—抗原特异的核苷酸	03100587.9	2003.04.15	发明
53	生科院	王　磊	对痢疾志贺氏菌7型和大肠杆菌0121的O—抗原特异的核苷酸	03100358.3	2003.01.20	发明
54	生科院	王　磊 郭宏杰 冯　露	对大肠杆菌O107的O抗原特异的核苷酸	03109588.7	2003.04.15	发明
55	生科院	王　磊 郭宏杰 冯　露	对大肠杆菌O150的O抗原特异的核苷酸	03109586.0	2003.04.15	发明
56	生科院	王　磊 郭宏杰 冯　露	对大肠杆菌O172的O抗原特异的核苷酸	03109589.5	2003.04.15	发明
57	生科院	王　磊 郭宏杰 冯　露	对大肠杆菌O52的O抗原特异的核苷酸	03129936.9	2003.05.27	发明
58	生科院	王　磊 郭宏杰 冯　露	对大肠杆菌O59的O抗原特异的核苷酸	03129935.0	2003.05.27	发明
59	生科院	曹又佳	体细胞基因导向序列盒	03130405.2	2003.07.15	发明
60	生科院	李明春 张　琦 邢来君 孙　颖	少根根霉△6—脂肪酸脱氢酶的核苷酸序列及其应用	03130000.6	2003.06.06	发明
61	生科院	俞耀庭 王永健 魏　佼	球形氨基酸吸附剂的制备方法	03130403.6	2003.07.15	发明
62	生科院	杜荣骞 李德森 罗志敏 俞　键 祁　骥	马铃薯病毒RNA的简约提取法	03130540.7	2003.08.08	发明
63	生科院	阮维斌 陆文龙 王敬国 高玉葆	作物根障碍调控剂	03144289.7	2003.09.18	发明
64	生科院	白　钢 杨文博	纯化基因工程重组干扰素的免疫磁性分离技术	03144274.9	2003.09.15	发明
65	生科院	陈月华 马宝生 蔡峻旦 汉　斌 刘凤海 梁凤来 王津红 刘春勇 刘凤英 任改新	苏云金芽孢杆菌科莫尔亚种(简称Bt15A3)烟雾剂及其制备方法	20031010 7115.2	2003.11.27	发明
66	生科院	李明春 财音青格乐 邢来君 蔡　易 陶　然	从大豆中分离到的种子特异性启动子序列及其应用	20031010 6706.8	2003.10.23	发明

（续表）

序号	单位	发明人	专利名称	申请号	申请日	类别
67	生科院	梁凤来 刘如林 奚艳伟 张　晶 马建芳	一种用生物破乳脱剂进行原油脱水的方法	200310107312.4	2003.12.12	发明
68	生科院	刘如林 黄　英 梁凤来 顾晓波	用于基因表达时序研究的质粒及其制备方法	200310122108.x	2003.12.25	发明
69	生科院	顾晓波 黄　英 刘如林 梁凤来	用于生产脂肽的工程菌株及其构建方法	200310122140.8	2003.12.26	发明
70	生科院	李　剑 刘如林 梁凤来 王淑芳	一种新D—乳酸脱氢酶基因及其克隆	200310107150.4	2003.12.02	发明
71	生科院	冯　露 杨静华 郭宏杰 王　磊	对大肠杆菌054型的O—抗原特异的核苷酸	200310107159.5	2003.12.03	发明
72	生科院	冯　露 杨静华 彭　霞 王　磊	对鲍氏志贺氏菌10型O—抗原特异的核苷酸	200310107160.8	2003.12.03	发明
73	生科院	冯　露 杨静华 彭　霞 王　磊	对鲍氏志贺氏菌2型O—抗原特异的核苷酸	200310107158.0	2003.12.03	发明
74	生科院	冯　露 孔庆科 郭宏杰 王　磊	对大肠杆菌0141型的O—抗原特异的核苷酸	200310107164.6	2003.12.03	发明
75	生科院	冯　露 孔庆科 郭宏杰 王　磊	对大肠杆菌0156型的O—抗原特异的核苷酸	200310107162.7	2003.12.03	发明
76	生科院	冯　露 孔庆科 郭宏杰 王　磊	对大肠杆菌0151型的O—抗原特异的核苷酸	200310107163.1	2003.12.03	发明
77	生科院	冯　露 孔庆科 郭宏杰 王　磊	对大肠杆菌0159型的O—抗原特异的核苷酸	200310107161.2	2003.12.03	发明
78	生科院	王　磊 孔庆科 彭　霞	对大肠杆菌035型的O—抗原特异的核苷酸	200310117867.7	2003.12.22	发明
79	生科院	王　磊 孔庆科 冯　露	对大肠杆菌065型的O—抗原特异的核苷酸	200310117860.5	2003.12.22	发明
80	生科院	王　磊 孔庆科 冯　露	对大肠杆菌071型的O—抗原特异的核苷酸	200310117861.X	2003.12.22	发明
81	生科院	王　磊 孔庆科 冯　露	对大肠杆菌074型的O—抗原特异的核苷酸	200310117862.4	2003.12.22	发明
82	生科院	王　磊 孔庆科 郭宏杰	对大肠杆菌076型的O—抗原特异的核苷酸	200310117854.X	2003.12.22	发明
83	生科院	王　磊 孔庆科 冯　露	对大肠杆菌081型的O—抗原特异的核苷酸	200310117863.9	2003.12.22	发明
84	生科院	王　磊 孔庆科 冯　露	对大肠杆菌0109型的O—抗原特异的核苷酸	200310117864.3	2003.12.22	发明
85	生科院	王　磊 孔庆科 郭宏杰	对大肠杆菌0138型的O—抗原特异的核苷酸	200310117855.4	2003.12.22	发明
86	生科院	王　磊 孔庆科 郭宏杰	对大肠杆菌0139型的O—抗原特异的核苷酸	200310117856.9	2003.12.22	发明
87	生科院	王　磊 孔庆科 郭宏杰	对大肠杆菌0140型的O—抗原特异的核苷酸	200310117857.3	2003.12.22	发明

（续表）

序号	单位	发　明　人	专利名称	申请号	申请日	类别
88	生科院	王　磊 孔庆科 冯　露	对大肠杆菌0142型的O—抗原特异的核苷酸	200310117865.8	2003.12.22	发明
89	生科院	王　磊 孔庆科 郭宏杰	对大肠杆菌0144型的O—抗原特异的核苷酸	200310117858.8	2003.12.22	发明
90	生科院	王　磊 孔庆科 冯　露	对大肠杆菌0147型的O—抗原特异的核苷酸	200310117866.2	2003.12.22	发明
91	生科院	王　磊 孔庆科 郭宏杰	对大肠杆菌0154型的O—抗原特异的核苷酸	200310117859.2	2003.12.22	发明
92	生科院	马宝全	离子交换树脂纯化法合成牛磺酸钙	200310107314.3	2003.12.12	发明
93	生科院	马宝全	负压合成牛磺酸钙的方法	200310107315.8	2003.12.12	发明
94	生科院	蔡宝立 王松文 孙宗修 施利利 刘　霞 韩宇宁	含有阿特拉津氯水解酶基因的Ti载体的构建及转基因水稻的制备	200310107313.9	2003.12.12	发明
95	生科院	叶丽虹 张晓东 朱惠芳 吴莲英 鞠永健	高转移倾向的人乳腺癌细胞系及其建立方法	03130264.5	2003.06.27	发明
96	生科院	张晓东 叶丽红 东　楠 王洪辉	乙型肝炎病毒X蛋白转导系统表达载体及其构建	200310107316.2	2003.12.12	发明
97	生科院	陈　强 李明智 吴宝艳 王淑芳 史海滨 谢　伟 韩松岩 黄　亮 刘东波 蒋琳洁	用于生物传感器的酶电极	200320125915.2	2003.12.19	实用
98	数学院	温　媛 孙德岭 王公恕	蔬菜的人工智能育种方法	200310117813.0	2003.12.19	发明
99	物理学院	陈云琳 楼慈波 刘晓娟 许京军 陈绍林 黄自恒	周期极化掺镁铌酸锂全光开关及其制备工艺	03102423.8	2003.01.28	发明
100	物理学院	陈绍林 许京军 孔勇发 李　兵 孙　骞 黄　晖 黄自恒 刘士国 李冠告 张光寅	准确定向切割晶体的方法	03121582.3	2003.04.02	发明
101	物理学院	陈绍林 许京军 孔勇发 李　兵 孙　骞 黄　晖 张　玲 黄自恒 刘士国 李冠告 张光寅	平行度优于一秒的晶体材料偏心抛光方法	03121583.1	2003.04.02	发明
102	物理学院	宋　峰 李小明 谭　浩 杨　嘉	带活动镜圈的光学调整架	03200387.0	2003.01.14	实用
103	物理学院	吕福云 盛秋琴 郭文刚 范　宇 罗绍均 李春雷 电光角度测量装置	03144293.5	2003.09.19	实用	
104	物理学院	张光寅 颜彩繁 焦志勇 滤光器	200320112128.4	2003.11.06	实用	

（续表）

序号	单位	发　明　人	专利名称	申请号	申请日	类别
105	物理学院	吕可诚 韩　群 李乙钢 李家方	双肩梁光纤光栅温度增敏器	200320125909.7	2003.12.18	实用
106	物理学院	吕福云 张江水 王宏杰 金　杰 段云峰	可调谐光栅外腔半导体激光器	200320130968.3	2003.12.31	实用
107	物理学院	宋　峰 田建国 覃　斌	光学组合实验装置	200320130983.8	2003.12.31	实用
108	信息学院	阎少林 方　兰 何　明 路荣涛	铊系高温超导薄膜材料及其制备方法	03144207.2	2003.08.29	发明
109	信息学院	耿新华 赵　颖 薛俊明	一种高速生长硅基薄膜的低成本技术	03103964.2	2003.03.13	发明
110	信息学院	熊绍珍 吴春亚 郭　斌 赵　颖	电流分场显示驱动电路	03105079.4	2003.03.06	发明
111	信息学院	孙　云 李长健 刘维一 何　青 李凤岩 周志强 敖建平 孙国忠	铜铟镓的硒或硫化物半导体薄膜材料的制备方法	200310107202.8	2003.12.05	发明
112	信息学院	孙　云 李长健 刘维一 何　青 李凤岩 周志强 敖建平 孙国忠	无镉铜铟镓硒薄膜太阳能电池缓冲层薄膜的制备方法	200310107262.X	2003.12.09	发明
113	信息学院	熊绍珍 吴春亚 赵　颖 李　娟 张晓丹 杨广华 朱　锋 熊文娟	薄膜光光上转换图像显示装置及其制备方法	03105077.8	2003.03.06	发明
114	信息学院	董孝义 袁树忠 开桂云 宁　鼎 范万德 许兆文 项　阳 张伟刚	多模光纤排和棱镜耦合双包层光纤器件及其耦合方法	03102424.6	2003.01.28	发明
115	信息学院	耿卫东 代永平 孙钟林 夏敏 陆靖 谷武 玉华 任立儒	硅上液晶场数据动态暂存场序彩色数据处理器	03104999.0	2003.03.04	发明
116	信息学院	孟志国 吴春亚 熊绍珍	有源选址前置彩色膜有机白光二极管彩色显示器	03105078.6	2003.03.06	发明
117	信息学院	林美荣	数码光纤根管显微内窥镜	03123033.4	2003.04.28	发明
118	信息学院	张伟刚 开桂云 董孝义 袁树忠	光纤光栅带宽调谐装置	200310107067.7	2003.11.21	发明
119	信息学院	刘艳格 董孝义 孙　磊 开桂云 冯新焕 袁树中 熊凌云 张伟刚	单双波可转换波长位置及间隔可调的掺饵光纤激光器	200310107066.2	2003.11.21	发明
120	信息学院	开桂云 张伟刚 袁树忠 董孝义	波长可调谐、窄线宽、高信噪比单偏振环形腔全光激光器	200310122025.0	2003.12.31	发明
121	信息学院	张建勋 李　彬 王树新 安　刚	临场力感觉操作控制器	03129923.7	2003.05.23	发明

（续表）

序号	单位	发明人	专利名称	申请号	申请日	类别
122	信息学院	张建勋 安　刚 李　彬 王树新 刘铁罗	全数字细分型高精度步进电机控制器	03129924.5	2003.05.23	发明
123	信息学院	安　刚 李　彬 赵凤海 张建勋 卢桂章	显微镜自动操作系统	200310106631.3	2003.10.14	发明
124	信息学院	孙桂玲 李维祥 王欣伟 赵　昕 刘　兵	手机电磁辐射检测探头	03257816.4	2003.06.10	实用
125	信息学院	代永平 耿卫东 孙钟林	硅基液晶显示器用高反射率薄型镜面电极	03257847.4	2003.06.13	实用
126	信息学院	方志良 刘福来 母国光	发光二极管阵列铁路信号装置	03240574.X	2003.03.14	实用
127	信息学院	耿卫东 代永平 孙钟林 陆靖谷 孟志国 武玉华 任立儒	硅上液晶场序彩色显示控制器	03239875.1	2003.03.04	实用
128	信息学院	耿卫东 代永平 孙钟林 夏　敏 陆靖谷 武玉华 任立儒	硅上液晶场数据动态暂存场序彩色数据处理器	03239874.3	2003.03.04	实用
129	信息学院	林美荣	细径柔性光纤显微内窥镜	03250699.6	2003.04.28	实用
130	信息学院	林美荣	数码光纤根管显微内窥镜装置	03250696.1	2003.04.28	实用
131	信息学院	董孝义 开桂云 刘　波 张伟刚 赵启大 袁树忠 童峥嵘 曾　剑	高速光纤光栅传感复用解调装置	03244465.6	2003.04.03	实用
132	信息学院	开桂云 董孝义 张伟刚 袁树忠	可调谐光纤光栅分插复用器	03244651.9	2003.04.15	实用
133	信息学院	袁树忠 刘艳格 开桂云 董孝义 蒙红云 高伟清	光纤超宽带光源	200320112294.4	2003.11.21	实用
134	信息学院	袁树忠 张伟刚 开桂云 董孝义 孙　磊 于　岭 张　强	栅网式光纤微弯传感器	200320112295.9	2003.11.21	实用
135	信息学院	张伟刚 开桂云 董孝义	温度自动补偿的光纤光栅压强传感器	200320112393.2	2003.11.26	实用
136	信息学院	董孝义 开桂云 刘　波 张伟刚 曾　剑 袁树忠	光纤光栅微振动传感测试仪	200320112392.8	2003.11.26	实用
137	信息学院	刘景泰 安　刚 陈树宝 徐为民 赵　新 张　蕾	可任意位置固定的真空机器人吸附安装系统	03119500.8	2003.03.14	发明
138	信息学院	刘景泰 安　刚 徐为民 赵　新 张　蕾	Internet 的网上遥操作机器人对弈的控制系统	03119499.0	2003.03.14	发明
139	信息学院	刘景泰 安　刚 陈树宝 徐为民 赵　新 张　蕾	可任意位置固定的真空机器人吸附安装系统	03240575.8	2003.03.14	实用

社会科学研究

项目与经费

1. 国家社科基金项目

2003年，我校文科各单位共组织教师申报国家社会科学基金项目145项，中标18项，立项率12.4%。其中重点项目1项，一般项目16项，青年项目1项，项目经费总额为129.5万元。

2003年新批准国家社科基金项目一览表

项目类别	项 目 名 称	负责人	所在单位	资助总额（万元）
重点项目	民本思想与中国古代统治思想的关系研究	张分田	历史学院	11.00
一般项目	元代西部北部六行省与国家统一	李治安	历史学院	7.00
一般项目	新兴工业化背景下的政府职能	杨 龙	法政学院	7.00
一般项目	西方家庭治疗理论的新进展研究	汪新建	法政学院	7.00
一般项目	当代中国社会政治意识与政治文明建构	葛 荃	法政学院	7.00
一般项目	美国政府业绩预算技术及其对我国的借鉴意义	张志超	经济学院	6.00
一般项目	经济全球化条件下中国金融市场发展研究	陈漓高	经济学院	7.00
一般项目	国际贸易与环境保护	陈建国	经济学院	7.00
一般项目	非经典计量经济学理论方法研究	张晓峒	经济学院	7.00
一般项目	完善社会主义市场经济体制研究	景维民	经济学院	7.00
一般项目	虚拟经济、实体经济与货币数量关系研究	刘骏民	经济学院	7.00
一般项目	东盟自由贸易区与东亚经济合作研究	张伯伟	经济学院	7.00
一般项目	结构变革中的中国金融体系系统性风险及其控制	范小云	经济学院	7.00
青年项目	中国企业进入国际市场风险感知防范研究	许 晖	国商院	5.50
一般项目	让鲜红的党旗永不落	邵云瑞	马列学院	7.00
一般项目	汉语语音格局的声学描述和听感测试及其类型分析	石 峰	文学院 汉院	9.00
一般项目	康德的科学哲学与当代科学革命	钱 捷	哲学系	7.00
一般项目	中国传统哲学的当代价值	刘文英	哲学系	7.00

2. 国家自然科学基金委管理学部项目

2003年，社科处组织国际商学院、经济学院和法政学院等单位教师申报国家自然科学基金委管理学部项目33项，此外还及时组织申报了多项主任基金项目。特别是5月期间，全面奋战SARS之际，我校及时组织教师申报了以防治SARS为主题的主任基金项目，李维安教授申报的课题《SARS

对中国社会与经济的影响及应对管理策略研究》被批准。全年，共获得自然基金项目管理学部项目8项。

2003年管理科学部资助我校项目一览表

序号	单　位	项　目　名　称	申请者	资助金额（万元）
1	国际商学院	基于企业战略和公司治理互动的企业可持续竞争优势研究	周　建	14.00
2	国际商学院	我国企业创造性资产寻求型对外直接投资研究	吴先明	13.00
3	国际商学院	多层次离校毕业生职业生涯观、职业选择过程与应对策略：以就业胜任能力为导向的研究	谢晋宇	14.00
4	国际商学院	复杂环境下企业会计组织运行及其创新机制研究	程新生	14.50
5	环科学院	奥运会公共风险分析及安全管理系统的研究	刘　茂	15.00
6	国际商学院	SARS对中国社会与经济的影响及应对管理策略研究	李维安	7.00
7	经济学院	我国房地产发展的总体态势分析	曹振良	5.00
8	法政学院	农村最低生活保障制度研究	关信平 周云波	5.00

3.教育部项目

2003年，教育部拨出3000万元设立40个重大课题招标，并在全国范围内公开招标，我校共申报其中6个课题。最终，冼国明和李维安两位教授在参与竞标的两个课题中胜出，题目分别为“跨国公司与中国国际竞争力研究”和“中国民营经济制度创新与发展问题研究”，每个项目资助80万元。

文科各单位共组织申报2003年度教育部博士点基金项目48项，其中15项获得批准，另有一项被批准为专项任务项目。

单位	承担人	课　题　名　称	经费额(万元)
经济学院	盛斌	国际贸易对中国劳动力收入影响的实证研究	5.00
经济学院	李志辉	中国银行业风险控制与资本充足性管制研究	5.00
经济学院	王述英	第三方物流与中国物流配送体系现代化	5.00
经济学院	王玉茹	近代中国物价、工资和生活水平研究	5.00
经济学院	贾根良	“经济学改革国际运动”研究	5.00
经济学院	周冰	过渡性制度安排理论研究	5.00
经济学院	朱镜德	现阶段中国收入差别特征转变的理论与对策研究	5.00
法政学院	侯钧生	生态社会学研究	5.00
法政学院	张睿壮	国际恐怖主义之根源及其根治	5.00
历史学院	赵学功	二十世纪五十年代的中美英关系研究	5.00
文学院	彭修银	日本近代文艺学话语对中国现代文艺学科的影响之研究	5.00
文学院	耿传明	清末民初的文学转型与社会群体心态变异	5.00
文学院	刘俐俐	叙事性文本研究中社会文化内涵与文学性关系的新拓展	5.00
哲学系	韩强	现代新儒学的两条路线及其汇合	5.00
哲学系	李淑梅	意识形态批判与解放的认识兴趣	5.00
国际商学院	范秀成	服务补救的有效性及其影响因素研究	0.00

4.天津市社科规划项目

2003年，我校共组织教师申报148项天津市社科规划项目，立项52项，共获资助36万元，名单如下：

单位	承担人	课题名称	经费额(万元)
环境与社会发展研究中心	李慧明	环境资源可持续利用的经济激励机制研究	0.8
马列学院	张静	马克思主义中国化述论	1.0
马列学院	姬丽萍	论“两个先锋队”	0.7
法政学院	程开源	独立董事法律制度研究	0.8
法政学院	于语和	民间法视角的村规民约与村民自治	0.7
法政学院	程宝库	WTO规则与中国经济法制建设	0.7
法政学院	侯欣一	中国近代司法制度的改革——以近现代天津为中心的研究	0.8
经济学院	胡昭玲	经济全球化与中国产业国际竞争力提升研究	0.7
经济学院	张彤玉	经济全球化的各种理论	0.7
国际商学院	齐善鸿	独立董事的第三方法人制度设计研究	0.7
国际商学院	张玉利	天津市中小企业创业管理研究	0.7
国际商学院	周建	新经济背景下企业网络组织竞争优势研究——资源基础论观点在企业战略联盟中的应用	0.7
经济学院	陈国富	天津市民营经济发展的金融支持体系的构建	0.8
经济学院	何自力	“三个代表”重要思想与马克思主义经济学理论创新	1.0
经济学院	陈英	现代经济中的创新机制问题研究	0.7
经济学院	李学峰	资本市场发展与市场经济体制完善研究	0.7
法政学院	乐国安	心理定势对社会发展的影响研究	1.0
马列学院	武东生	马克思主义中国化的基本途径和规律	1.2
法政学院	周一骑	心性之学对国人心理健康及社会稳定的作用	0.7
经济学院	黄乾	转型期劳动力市场中的排斥问题研究	0.7
法政学院	李强	社会转型期中国人心理困扰的应对行为研究	0.7
法政学院	刘集林	现代西化派社会思想及其当代启示	0.8
国际商学院	王知津	基于网络环境的情报教育模式与体系创新研究	0.7
国际商学院	伍振华	网络时代档案馆知识管理理论和应用研究	0.7
文学院	赵航	未来五年我市图书出版发行事业的调查研究	0.5
外语学院	阎国栋	天津杨柳青年画在俄罗斯的收藏与研究	0.7
文学院	常晓静	20世纪中国音乐与社会的互动研究	0.7
汉语言学院	关键	现代汉语情态副词的本体研究与教学研究	0.7
文学院	王景荣	东干语、汉语乌鲁木齐方言特殊语法现象的研究及与突厥语的比较	0.7
汉语言学院	郭继懋	表达视角中的汉语语法	0.8
文学院	意西微萨·阿错	汉语在民族地区的变异与汉语的民族变化	0.8
文学院	王红旗	现代汉语非指称成分研究	0.7
外语学院	马秋武	天津话三字组连读变调的优选论分析	0.8
文学院	李剑国	搜神记搜神后记研究	0.8
文学院	耿传明	清末民初社会意识与文学转型	0.8
文学院	乔以钢	女性观与现代中国女作家创作研究	0.8

（续表）

单位	承担人	课　题　名　称	经费额(万元)
外语学院	索金梅	庞德与中国	0.8
历史学院	徐行	周恩来与中国现代工业体系的初创	1.0
历史学院	林延清	明代后妃与明代政局	0.8
哲学系	李淑梅	政治哲学视野下的当代自由问题研究	0.8
哲学系	李建珊	科学文化与艺术文化的融通	0.8
马列学院	杨谦	马克思主义哲学中国化研究	1.0
哲学系	薛富兴	中国自然审美传统及其当代人文价值	0.8
哲学系	李娜	面向哲学的逻辑学研究	0.7
法政学院	柏桦	中国古代法律政治观	0.8
国际商学院	马连福	天津上市公司治理水平与经营业绩互动效应的实证研究	0.4
国际商学院	武立东	中国上市公司董事会结构、行为与公司绩效:理论与实证研究	0.3
高教所	宋秋蓉	民国私立大学与当代民办高等教育发展的比较研究	0
马列学院	吴克峰	马克思主义中国化历程中的思维方法论研究	0
马列学院	韦幼苏	全球化时代我国的文化安全	0
外语学院	宁洪	美国的价值观与文化	0.3
汉语言学院	王洋	梁斌评传	0
合　计			36

5.全国教育科学研究项目

在2003年度全国教育科学项目申请中，我校教师戚安邦、李新建、宋秋蓉申报的《MBA商业伦理与职业道德教育研究》、《企业雇员教育生涯与职业生涯交互开发研究》和《近代中国著名私立大学成功因素的分析及其启示》被批准为全国教育科学“十五”规划重点课题。

此外，2003年，我校文科教师共承担一百多项政府机构及企事业单位委托的横向研究课题，获得研究经费800余万元。全年，我校文科教师通过认真论证申报获得100多项基础理论和应用理论研究的课题，获得140多项服务社会的对策咨询课题，全年入校研究经费突破1500万元，较2002年增长20%以上。

2003年文科各院系入校科研经费统计

	单　　位	全年经费数(万元)
1	经济学院	397.0056
2	经济与社会发展研究院	354.6
3	国际商学院	242.9187
4	法政学院	82.7144
5	跨国公司研究中心	72.1
6	哲学系	62.78
7	历史学院	62.408
8	APEC研究中心	42.6
9	政治经济学研究中心	38.7
10	日本研究院	36.572

（续表）

	单　　位	全年经费数(万元)
11	文学院	34.53
12	汉语言文化学院	20.15
13	马列学院	15.84
14	研究生院	10
15	学报	10
16	外语学院	5.2
17	图书馆	5
18	高教所	4.41
19	体育部	2.09
20	社科处	47.069
合计		1546.6877

注：1.经济与社会发展研究院的经费中包含自筹的60万元。

2.经济与社会发展研究院的经费中，包括国际商学院教师承担课题的经费约40万元、经济学院教师承担课题的经费约为25万元、法政学院教师承担课题的经费约为3万元。

抗击非典科研

2003年初，在全民抗击非典的战斗中，我校广大文科教师积极行动起来，投入到防治非典的研究工作中。

在逄锦聚副校长主持下，经济学院、国际商学院、法政学院等单位的几十位教师和研究生4～5月进行了SARS对中国经济、社会、政治的影响及对策的研究，撰写完成了10多份研究报告。教育部、国家自然基金委、天津市政府及一些媒体非常重视我校上报的研究报告，纷纷索要有关材料或来校采访。

在周立群教授的主持下，经济学院的部分师生在5月份也开展了针对SARS的专项研究，向天津市委、市政府及有关部门报送了20多份《研究要报》，市政府的内部刊物摘要登载了部分内容，有的媒体作了报道。

获奖情况

2003年，我校李维安教授的著作《公司治理》和陈宗胜教授的著作《中国经济体制市场化进程研究》获得“孙冶方经济科学奖”。

在第十一届安子介国际贸易研究奖获奖评选中，我校教师盛斌的《中国对外贸易政策的政治经济分析》获优秀著作二等奖（一等奖空缺，二等奖2项），许晖和苑涛分获优秀论文三等奖。

2003年，社科处荣获教育部首次评选的社科管理先进单位称号，该处张金香、余鹏辉、孙世欣三人荣获社科管理先进个人称号。

同时，社科处还荣获天津市哲学社会科学管理工作先进单位称号。

文科研究优秀成果颁奖大会

2003年12月30日下午，我校在伯苓楼多功能厅隆重召开了2003年文科研究优秀成果颁奖大会。校领导薛进文、侯自新、刘景泉、逄锦聚同志和上百名教师出席大会。大会由陈洪副校长主持，党委副书记刘景泉同志宣读了获奖名单。会上，校领导同志向108项获奖成果的作者颁发了奖励证书和奖金。

2003年，南开大学文科各单位和全体教师在理论研究、应用研究和对策咨询服务等方面做出了显著成绩，有18项成果获教育部奖励，有2项成果获孙冶方经济学优秀奖，还有几十项应用成果获国家部委及天津市有关部门的充分肯定，在理论研究、抗击非典、服务天津经济发展等方面涌现出许多出色的课题组。2003年，我校文科教师通过认真论证申报获得100多项基础理论和应用理论研究的课题，获得140多项服务社会的对策咨询课题，全年入校研究经费突破1500万元，较2002年增长20%以上。

会上，逄锦聚副校长、侯自新校长、党委书记薛进文同志先后讲话。他们首先向获奖教师表示热烈的祝贺和衷心的感谢，然后总结成绩，分析存在的问题，就2004年的工作提出了要求，希望文科各单位和教师在邓小平理论和“三个代表”重要思想指导下，继续坚持正确方向，抓精品、抓服务、抓队伍，站到学科理论发展的前沿，选取改革开放和社会主义现代化建设中具有全局性、战略性、前瞻性的重大理论和实际问题，出更多高质量的成果，特别要多发表高水平的学术论文，把文科研究推向更高水平。

基地建设

2003年，教育部对成立满3年的首批重点研究基地进行评估检查，我校APEC研究中心在检查之列。

9月12日，教育部专家组8人来我校对教育部重点研究基地APEC研究中心进行实地评估。上午，专家组首先听取了逄锦聚副校长关于学校加强基地建设的工作汇报。然后听取了宫占奎主任、社科处负责人、三个重点课题承担者和薛敬孝教授的汇报，并提出一些问题要求作解答。最后专家组察看了该中心的成果、档案、图书资料和网站等。下午，专家组内部讨论，给该中心考核内容逐项打分。

当日，薛进文书记、侯自新校长和有关同志听取了专家组的评估汇报。专家组组长首先充分肯定了APEC研究中心成立以来取得的成绩，对APEC研究中心为我国外交部等政府机构提供决策咨询服务取得的优异成绩大加赞赏，并对学校在基地建设中发挥的作用给予高度评价。专家组还提出了一些整改意见，希望APEC研究中心在扩大国际影响、拓宽研究内容和加强英文网络建设等方面有所改进。薛书记、侯校长分别讲话，对专家组莅临南开表示欢迎，并就专家组提出的中肯意见表示感谢，表示学校要据此进一步加强基地建设。

11月，教育部社政司将专家组对我校APEC研究中心评估合格的意见正式书面通知我校。专家组对我校APEC研究中心取得的成绩给予高度评价，同时提出一些整改意见。APEC研究中心顺利通过检查。

与教育部基地检查同时，我校推荐世界近现代史研究中心、现代物流研究中心、公司治理研究中心申报教育部补充建设重点研究基地。

制度化管理

2003年4月，为进一步发展我校文科科研工作，我校制定印发了《关于进一步提高人文社会科学研究水平的意见》和《人文社会科学研究优秀成果奖励办法(试行)》两个文件。

2003年9月，又成立了“南开大学人文社会科学发展咨询委员会”，以充分发挥老教授在发展文科中的作用。

成果统计

2003 年我校文科成果统计如下：

2003 年文科各单位成果分布情况表

单位	合计	专著	教材	工具书	译著	论文	研究报告	译文	音像软件
经济学院	420	32	34	5	5	280	60		4
国际商学院	292	19	30		18	217	5	3	
法政学院	283	23	17		7	221	4	11	
历史学院	187	16	1	1	1	168			
文学院	155	21	4		3	90	4		33
马列学院	114	3	11		1	97		1	1
哲学系	97	3	3		1	90			
外语学院	69	3	12		2	43	1	8	
高教所	55	2	1			51		1	
经济与社会发展研究院	48		4		3	19	22		
亚太中心	28	5				5	18		
图书馆	26	2	2			22			
体育部	24	2		1		21			
汉语学院	20	1		1	2	16			
日本研究院	16	2	2			11	1		
公 外	13	1	3	5		4			
其 他	9					9			
总 计	1856	135	124	13	43	1364	115	24	38

2003 年文科各学科成果分布情况表

学科分类	合计	专著	教材	工具书	译著	论文	研究报告	译文	音像软件
经济学	504	37	37	5	8	312	101		4
管理学	242	15	27		18	175	4	3	
历史学	198	20	2	1	1	174			
法 学	115	10	3		1	99		2	
政治学	106	8	9		3	76	1	9	
语言学	98	3	14	6	2	67		6	
马克思主义	92	2	11			79			
哲 学	85	3	3			77		1	1
图书情报学	78	4	3			70	1		
中国文学	67	13	2			49	3		
教育学	57	2	2			52		1	
艺术学	56	5	2			16	1		32
社会学	41	1	4		2	32	2		

（续表）

学科分类	合计	专著	教材	工具书	译著	论文	研究报告	译文	音像软件
心理学	36	4	3		2	26	1		
外国文学	30	3	1		6	17	1	2	
体育学	24	2		1		21			
新闻与传播学	12	3				8			1
逻辑学	9					9			
宗教学	3					3			
考古学	2					2			
统计学	1		1						
总　计	1856	135	124	13	43	1364	115	24	38

（撰稿人：胡军、孙世欣）

教学科研服务
及相关机构

图 书 馆

概况

本年度图书馆工作思路为：认真学习党的十六大精神，将“三个代表”重要思想落到实处，领悟落实《南开大学工作要点》，贯彻科技创新和文科科研工作会议精神，本着“发展有新思路，改革有新突破”的指导原则，坚持“以人为本，读者至上”的服务理念，各项工作都围绕全方位为教学科研提供优质服务这一中心，尽最大努力加快数字化建设，使图书馆整体工作再上新台阶。按照这个思路，图书馆党政领导班子协调一致，密切配合，使数字化建设、现代化建设、文献资源建设、读者服务、科研与国际交流、党建、管理等方面工作比上一年度均有新发展。

现任馆长为化学学院博士生导师阎世平教授，原党总支书记夏家善研究馆员，因年龄关系退居二线，马克思主义教育学院赵铁锁教授现任党总支书记，副馆长为李广生研究员、柯平教授、李培副教授。机构设置在原有中文采编部、西文采编部、文科借阅部、理科借阅部、期刊部、信息咨询部、技术部、古籍特藏部、办公室和经济管理学分馆、迎水道校区分馆的基础上增加了数字资源部，改为10部1室及两个分馆。现有在岗职工132人，其中，研究馆员8人，副研究馆员28人，馆员56人，助理馆员14人。具有大专以上学历的116人(其中硕士研究生13人)，占职工总数的88%。招聘新职工3人，退休3人，2人晋升为研究馆员，4人晋升为副研究馆员，1人晋升为馆员。

数字化建设

本年度图书馆加大了数字化建设的力度，截至2003年底，购买网络版或光盘版中文全文数据库10个，比上一年度增加3个，即万方数据资源系统、国际金融快讯、教育管理与执法电子图书库。引进网络版西文全文数据库25个，比上一年度增加20个，即ACM Digital Library、Emerala 、RSC(英国皇家化学学会)、ACS Publications(美国化学学会)、WSN、Wiley Interscience、Lexis-Nexis、IEEE/IEE Electronic Library、IOP(英国皇家物理学会)、APS AIP AIP Proceedings、ACM(美国计算机协会)、Science Online、Nature、Optics Infodase、GALE、Encyclopedia Britannica、Cambridge Univ . Press、Oxford Univ . Press、Oxford Univ Press、The NewYork Times、The Washington Post。购买中文文摘索引数据库1个，即中国社会科学引文索引。引进西文文摘索引数据库12个，比上一年度增加8个，即Social Sciences Citation Index、Arts and Humanities Index、Ei Compendxweb、Ei Village、BIOSIS preview、Dissertaion Abstracts Ondisc、The Merck Index、MathciNet。同时，2002年引进的SCI于2003年1月3日在校园网范围正式开通。这些高水

平学术数据库的引进，为我校师生密切跟踪国内外科学研究的最新进展，充分吸收先进国家的最新研究成果，全面提高教学科研和学科建设水平提供了信息资源保证。

试用中文数据库6个，即中国经济信息网、道琼斯财经资讯－高教版、经济数据特供系统、中宏财经数据库、新华社教育院校专供信息、综合型数字图书馆。试用西文数据库3个，即全球金融、财务信息数据库、Wiley电子图书/电子参考书、Wiley化学数据库。

在重视引进学术数据库的同时，图书馆还加强对本校自身资源数据库的建设。目前累计完成全校（包括各院系资料室）的书刊书目数据建设近40万条。由于图书馆编目数据规范化程度较高，被天津高校数字图书馆建设管理中心和CALIS大量采用，提高了南开大学图书馆的影响力，为实现全校文献资源共享奠定了坚实的基础。

为了进一步加强南开大学的文献资源数字化建设，挖掘、开发本校的重点文献资源、特色资源，着手建设6个专题的特色资源数据库：面向21世纪课程教材数据库、南开大学图书馆随书光盘数据库、南开大学博硕士论文文摘数据库、南开大学博硕士学位论文全文数据库、跨国公司专题期刊全文数据库、世界投资报告数据库。

文献资源建设

在着力进行数字化图书馆建设的同时，还不断加强传统纸质文献资源建设，力求形成纸质文献与电子文献齐头并进的馆藏格局。

截至2003年底，馆藏文献总量304.3万余册，比上一年度增加了5.5万册；其中中文平装书174.8万余册，中文线装书2万种，近30万册，外文书43.7万册，各语种专业工具书2万余种；中文报刊23.2万册，外文报刊18.6万册；缩微资料12600件。本年度入藏中文新书17500种，4.8万册，外文新书355种，5300册；中文报刊2530种，外文报刊1020种。

现代化建设

硬件建设。经过近些年的发展建设，图书馆的现代化硬件建设已经具备了较好的基础，形成了支持图书馆数字化和网络化、管理集成化、办公自动化的良好平台，在此基础上，为适应现代信息技术不断发展，将工作重点转移到数字化的后台建设上来，使各项技术更趋成熟、更具竞争力，不断提升信息化、数字化发展水平。

为提高处理器的速度和存储能力，引进SAN架构的存储设备，将自动化系统纳入独立的磁盘阵列；为在网上给读者提供稳定安全的服务，加强服务器安全防范性能，在局域网内安装了网络防火墙，增加入侵监测、流量控制和IP访问控制等功能，保证图书馆网络流量的畅通，使读者能快速获取图书馆的资源；为加强数据存储，防止数据流失损坏，一方面在硬件设备上采用RAID5校验技术，另一方面为自动化系统安装双机热备软件，保证一旦设备发生物理性损坏，可以在不间断系统运行的情况下进行抢修；配合馆里自动化软件版本升级，进行硬件升级；为适应数字化建设不断发展，对存储设备进一步扩容；安装数字化软件服务器端，为数据信息整合创设平台；建成迎水道校区图书馆电子阅览室，拥有阅览面积200平米，60个机位，基本满足了校区同学获取电子信息资源的需求；完成了总馆电子阅览室设备更新和整修工作。

软件建设。为不断提升图书馆业务管理水平，对美国SIRSI公司的UNICORN图书管理系统软件不断进行版本升级，开发更多功能，使采访、编目、流通、典藏、阅览、书目检索、期刊管理等环节的计算机网络化、集成化管理更加完善，纳入更加规范化、标准化科学管理轨道，形成了可靠稳定的网络管理系统。同时，为加强本馆数字化建设，还购进 TPI、TRS、DESI 等系统软件。

读者服务

本年度，图书馆接待阅览读者 699419 人次，借书 312629 册次，还书 297570 册次，读者上机检索 128499 人次，并推出如下旨在提高服务水平与质量，深化信息服务的新举措：

1. 加强调查研究，强化信息素质教育

针对教师运用电子资源存在知识结构和实用技能等方面的困难，为促进全校教师尽快掌握电子信息资源检索方法，最大限度利用数据库资源，于本年 3 月对教师进行一次利用电子信息资源状况的问卷调查。主要了解了广大教师对电子信息资源认知情况、利用情况、影响教师利用电子信息资源的因素及意见和建议，在此基础上，进行分析研究，制定出进一步推动和改进措施，并逐项付诸实施。如：加大宣传力度，促进用户观念的转变，充分利用图书馆主页、《读者之友》、《南开教育论坛》、《南开大学报》和深入院系发放电子信息资源使用指南资料等形式，宣传近年来图书馆数字化建设的成绩及其发展趋势和电子信息资源，使广大读者了解图书馆，提高对尽快适应图书馆信息化数字化必要性的认识，自觉更新观念，增强自身适应形势变化的紧迫感，主动学习利用电子信息资源的用户比上一年度有大幅度提高；强化信息素质教育，采取多种形式，加强用户培训。充分发挥学科馆员作用，有计划、有针对性地面向全校读者和对口院系采取集中专题培训与下到教师家里或办公室个别辅导的方式，进行电子信息资源使用方法的培训，全年共举办培训 21 期，参加人数 2100 余人，深入院系培训 6 次，参加人数 400 余人，个别辅导 100 余人次。同时，改革"文检课"的教学方式，充实 9 名教学力量，组织专人进行研讨，制作多媒体课件，吸引更多学生选修该课。此外，在图书馆主页开设"网上课堂"，以月为单位，及时介绍报道本月最新引进和试用数据库信息及使用方法。

2. 整合电子信息资源和馆藏文献资源，做好学科导航

为方便用户，提高其检索效率和质量，使信息资源更为有序化，利用 TPI 平台，对外文全文电子期刊和馆订纸质外文期刊的数据分学科进行整合，编制了化学、环境科学、生物学、物理学、医学、计算机、经济、管理、人力资源、法律、图书馆学、语言文字、文学艺术、历史、教育、心理学、宗教哲学等 17 个学科的分类学术资源导航，整合数据 5720 条。读者可不在线就能检索阅读数据库中的外文期刊全文。并在图书馆主页增加信息资源导航栏目，内设"本馆电子期刊目录"、"外文期刊导航"、"网上免费资源导航"、"SCI 资源导航"、"CALIS 特色数据库"等子栏目。

3. 设立新书展阅专架

为了缓解读者借阅新书难的问题，在新馆 502 室设立新书架，将新入藏的原只供研究生以上读者阅览的核心库图书，先放新书架展阅，取得较好效果。

4. 举办"宣传月"活动，主动贴近读者

为了让全校师生全面了解图书馆，以"优质服务月"活动为契机，在 9 月至 10 月，举办了旨在贴近读者，主动服务的"宣传月"活动。重点编制了题为"发展中的南开大学图书馆"的大型宣传展牌，在总馆和两个分馆进行巡回展出，并设立宣传咨询台，向新生和读者介绍图书馆的服务新举措和文献资源，同时发放《读者指南》、《读者之友》及各种电子信息资源的使用指南宣传材料，既从不同角度宣传图书馆近几年的发展变化，又从一个侧面反映南开大学的发展。展示活动达到预期目的。

5. 抗非典，促服务

抗击“非典”期间，本着对职工和读者负责的原则，先后推出10项防控服务措施。严格执行查验证件规定，减少人员流动；调整开放时间，增加消毒次数，给读者创造清新、放心的学习环境；延长还书期限，减少交叉感染。既保障了广大读者的身体健康，又为教学科研提供优质服务，营造了非常时期的良好服务氛围。

科研和国内外学术交流

科研。本年度图书馆工作人员在图书馆专业的核心期刊和其他刊物上发表有关图书馆建设和业务管理方面的学术论文，撰写、编写图书馆专业方面的学术著作和其他著作，都比往年有较多增加。同时，为进一步营造良好的科研学术氛围，馆党政领导班子鼓励大家积极申报各级各类科研课题。目前，图书馆工作人员承担天津市科研课题1项，天津市教委科研课题1项，学校社科处科研课题11项。科研经费总额多达35万元。

与国内外同行的学术交流。本年度馆长阎世平教授赴德国，参观考察该国的国家图书馆、公共图书馆、高校图书馆和法国国家图书馆、巴黎大学图书馆。副馆长李广生研究馆员到香港、澳门等地区的高校图书馆和公共图书馆进行访问考察。同时，选派各部业务骨干到英国和北京、上海、杭州、武汉、广州、深圳等地高校图书馆进行参观访问、学习考察，就共同关心的学术问题进行切磋交流。

不仅接待了北京大学等多所内地大学图书馆同行来我馆学习考察，还先后接待了香港中文大学图书馆副馆长黄潘明珠、韩国江源大学图书馆馆长李光来等来我馆参观访问，并就进一步扩大馆际间的业务和学术交流、资源共享、选派人员互访与开展共同研究等问题交换意见并签署了馆际合作协议书。

参加国内外学术会议。2003年8月，馆长阎世平赴德国柏林参加世界图书馆和信息大会即69届国际图联大会，会议主题为“知识之门——图书馆：媒体－信息－文化”。20多人次参加国内图书馆界的数字化建设、自动化系统、电子信息服务、读者服务、期刊工作、信息资源管理、联机编目、文献资源建设、资源共享、图书馆发展等专题内容的学术研讨会。

馆务工作

强化管理，进一步完善各项管理规章，推动全馆整体建设不断发展。坚持馆务会制度继续落实馆务公开工作计划。年初召开馆务扩大会议，传达学校本年工作要点，研究图书馆全年工作规划，确定新的工作思路。召开全馆职工大会，传达学校精神，回顾总结上一年各项工作，提出本年工作要点，年末召开全体职工大会，总结全年工作。平时，坚持对各业务部门工作的督促和检查。继续实行第三期岗位聘任，顺利完成学年度考核。召开有关人员，通报本年专业职称评审方式改革精神，并顺利完成职称评定工作。为适应形势发展需要，及时调整业务机构，增设了数字资源部。申报南开大学“科技查新站”，筹备建站各项事宜，并两次接受教育部专家组的考察。进一步加强安全防火措施，检修增设消防设施和设备，防火硬件得到优化。严格遵守安全保卫值班制度。加强了对外宣传，馆刊《读者之友》改为双月刊，编印至27期。坚持每周向学校上报信息动态，设立网上意见箱，随时听取读者意见和建议，并及时解决答复。

加强应急功能，取得抗击“非典”胜利。为稳定局面，有效抗击“非典”成立由馆领导、办公室主任、工会主席、分馆主任组成的预防“非典”领导小组，馆长阎世平、书记夏家善任组长，及时制定防范措施。要求全馆人员坚守岗位，严格遵守卫生消毒制度，所有服务区域、办公区域卫生均达标准。保证了工作秩序。

加强对职工业务教育与培训。本年度聘请校内外专家学者在图书馆进行专题业务讲座：天津市高校数字化建设管理中心主任冯承伯教授的“高等教育信息化与数字图书馆”、原馆长来新夏教授的“治学与写作”、北大图书馆肖珑副馆长的“数字化资源建设及相关服务”等，同时，还举办“图书馆的变革与发展”、“文献检索的思路与方法”、“数据库的检索与利用”、“UNICORN 管理系统软件的操作”等专业技能专题业务培训。

党建工作

加强领导班子的党风廉政建设。把党风廉政建设列入党建工作计划和重要议事日程，制定了《南开大学图书馆党风廉政建设责任制暂行规定》，每年填写《南开大学党风廉政建设责任书》，坚决执行党员领导干部廉洁从政的各项规章制度，认真开好领导干部廉洁自律民主生活会，并结合图书馆的具体情况制定了有关经费开支、订购书刊、物资采购与管理的相关规定。还把党风廉政建设列入党建工作计划和重要议事日程，认真开好领导干部廉洁自律民主生活会。

加强职工的政治思想教育。进一步明确“贯彻落实‘三个代表’重要思想，树立‘以人为本，读者至上’服务新理念，建设现代化图书馆”的指导思想，坚持“时间固定，形式灵活，点滴入脑”的学习方法，利用周五下午，采取集中学习与个别自学、一般领会与专家辅导相结合，阅读文件与专题板报宣传相结合的学习方式，组织干部职工学习政治理论。为保证学习收到实效，党总支编写适合图书馆工作人员实际的《学习纲要》，并由总支书记赵铁锁教授做辅导报告，请校党委副书记刘景泉教授做“缅怀毛泽东，学习‘三个代表’”专题讲座。

加强党的队伍建设和重视后备干部的培养。图书馆的广大中青年业务骨干要求进步，积极要求入党，目前图书馆共有 17 人向党组织递交了入党申请书，其中被确定为申请入党积极分子的 5 人。党总支对这种积极向上的政治风气十分关注，给以积极引导，并提出了“积极沟通，主动帮助，重点培养‘双高’，共青团随时‘推优’”的组织发展工作的思路，吸引越来越多的群众积极向党组织靠拢，有的申请入党积极分子的政治愿望坚持多年不动摇，还有的同志原来打算加入民主党派转向申请加入中国共产党。本年度，申请人增加 7 名，其中包括团员青年 4 名，“双高”人员 1 名。党总支还非常重视后备干部的选拔、培养、考核、监督工作，目前图书馆后备干部人选的人员数量、年龄结构都符合党委组织部的要求。

坚持开展灵活多样的组织生活。图书馆党总支下设 5 个党支部，各支部结合工作实际认真学习《中共南开大学基层支部工作细则》，建立健全基层党支部的组织生活制度，规范党支部的各项具体工作程序，坚持开展形式多样的党支部组织生活。在校党委组织部统一部署的“创建最佳党日”活动中，各基层党支部都积极参加，开展多项富有特殊意义的主题党日活动。第一党支部在“七一”建党纪念日和“八一”建军节之间，开展“‘八一’同颂鱼水深情，军民共话‘三个代表’”的主题党日活动，与部队官兵进行了面对面的对话、交流。这次活动在校党委组织部开展的“创最佳党日”活动中被评为一等奖。第二党支部以“缅怀革命先烈光辉业绩”为主题，参观周邓纪念馆。第三党支部利用多媒体的形式，开展寓教于乐的“学习十六大精神和党的知识”竞赛活动。迎水道校区党支部与塘沽区图书馆就基层党建工作和业务工作进行了交流往来。促进了高校图书馆和公共图书馆互相取长补短，提高了内在素质和对外宣传的能力。经济分馆党支部开展了“走进老城厢，喜看津门新变化”的党日活动，亲身感受代表先进生产力、代表先进文化、代表最广大人民群众的利益的中国共产党为天津人民创造幸福安康的生活环境的求真务实的业绩。这些富有特色的基层党支部的主题党日活动，在“创最佳党日”活动中全部获得纪念奖，图书馆党总支也获得“创最佳党日”活动最佳组织奖。

充分发挥教代会、工会作用。关心职工和离退休职工、病患职工的家庭生活困难，特别是在抗击“非典”时期，馆领导带领工会干部慰问家属在抗击“非典”一线职工，帮助他们解决困难，并组织形式多样的群众活动，如：参加木兰扇表演和风筝节比赛、太极拳培训等，丰富职工的文化生活。

重视引导、扶持团员青年的政治热情和工作激情，支持“推优”工程，把团总支作为建设现代化图书馆人才资源库。2003年召开了青年团员政治思想动态恳谈会，结合工作实践培养考察团员青年，认真做好“推优”工作，几年来向党组织推荐了多名优秀共青团员加入党组织。

重要事件

3月10日，新书阅览室向读者开放，缓解了“借新书难”问题。

3月15日，组织职工学习、落实《中国图书馆员职业道德准则》，利用《读者之友》向广大读者公示《准则》内容，以期倡导爱岗敬业，自尊自重，勤于实践，加强监督，共同进步。

4月14日，在局域网内安装网络防火墙，保证网络的安全和畅通。

4月21日，召开馆长办公会，传达学校会议精神，成立由馆领导、办公室主任、工会主席、分馆主任组成的预防“非典”领导小组，阎世平馆长、夏家善书记任组长。制定预防措施：每天消毒、取消使用代书牌、尽量减少不必要的外出活动，停止放映录像等，做好稳定工作。

4月21日下午，召开部主任会议，传达学校防控“非典”的部署和图书馆措施，强调做好职工的疏导工作，保持稳定局面。

4月29日，召开部主任、支部书记会议，传达学校会议精神和天津市、教育部有关文件，学习教育部党组《致共产党员一封信》，结合学习、落实工作，起草“进一步重申和明确的问题”，加强信息报送。

4月29日，馆领导、办公室、工会慰问战斗在“抗非”一线医护人员家属宋震；通过电话慰问图书馆离退休人员，送去图书馆全体职工的问候，并向他们传达学校预防“非典”工作精神和情况。

8月1～9日，阎世平馆长赴德国柏林参加第69届国际图联大会，会议主题为“知识之门——图书馆：媒体－信息－文化”，参会期间走访了德国国家图书馆、洪堡大学图书馆和法国国家图书馆、巴黎大学图书馆。

9月1日，迎水道校区分馆电子阅览室正式向读者开放，阅览面积200平米，拥有30个机座，为南开大学所有师生提供电子信息服务与检索。

9月9日，第七届馆员节。

9月11日，图书馆举办“德国施普林格出版新书展览”，展出该出版社2002～2003年最新出版图书，为师生创造一次难得的出版社直接交流的机会。书展期间，图书馆推出了“读者为图书馆推荐一本好书”的活动。

9月12日，教育部专家来我校听取“科技查新工作站”工作汇报，并考察图书馆申报进展情况。薛进文书记、侯自新校长分别会见了专家组，陈洪副校长参会并致词，柯平副馆长代表南开大学，从与查新专业范围的相关文献资源、查新人员结构、查新设备、查新业务能力、内部管理、科技奖励6个方面向教育部领导暨专家组作了汇报，专家组还考察了图书馆科技查新检索室和数学分馆外文期刊部，最后提出指导性意见。

9月15日，举办“图书馆宣传月”活动，

制作“发展中南开大学图书馆”宣传展牌，并巡回展示，从图书馆到教学区、从校本部到迎水道校区，向读者介绍图书馆的服务举措和文献资源。活动中还进行了各种形式的读者培训，并利用图书馆主页进行活动的动态报道。整个活动从9月持续到10月中旬。

9月18日，组织各院系教师参观第十届北京国际图书博览会，有15个院系90多名教师参加，让广大教师能在第一时间了解世界图书出版动态，参与学校图书文献建设，促进采购工作质量，使图书馆的采访工作更加贴近教师的需求。

9月27日，已故南开大学副校长、著名经济学家陈序经先生的女儿陈云仙来图书馆参观，阎世平馆长、赵铁锁书记热情接待了她，并介绍作为特藏要求保存的陈序经手稿以及本校学者对于手稿的利用情况，陈女士非常满意，更感谢南大图书馆为保存整理手稿所作的诸多努力。

9月27日，副馆长柯平教授为图书馆职工做“图书馆的变更与发展”学术讲座。

10月15日，图书馆与环科学院共同举行“日本学者金山彦喜教授赠书仪式”，由阎世平馆长主持，孙红文副院长介绍金山教授的情况，金山先生发表了热情洋溢的讲话，陈洪副校长代表南开接受了赠书，并感谢金山先生对南开的厚爱。

10月31日，图书馆邀请天津市高等院校数字化图书馆建设管理中心主任、原图书馆馆长冯承伯教授为全馆职工做“高等教育信息化与数字图书馆建设”专题讲座。

11月6日，图书馆和法政学院联合举办“陈序经先生文献展”，纪念陈先生百年诞辰。

11月20日，柯平副馆长率技术部、古籍部、编目部、信息部、办公室6名业务骨干赴武汉大学、华中科技大学、深圳大学、中山大学、华南师大五所图书馆考察学习。

12月9日，韩国江原中央大学图书馆馆长李光来教授做客南开大学图书馆，双方就馆际交流合作意向做了深入探讨，在资源共享、互派交流人员等方面达成共识。李教授还代表江原校长接受了陈洪副校长的会见，商谈建立姐妹学校事宜。

12月9日，北京大学图书馆一行12人来南开馆，就自动化管理系统的使用进行探讨和交流，主要集中在采访模块催缺报表的使用、流通工作的质量控制和系统升级后的功能改善的问题。

12月12日，应图书馆之邀，北京大学图书馆副馆长、CALIS全国文理中心副主任肖珑副教授为全体职工做了题为“数字化资源建设及相关服务”的专题报告。

12月19日，成立数字资源部，加强文献资源数字化建设，挖掘、开发我校的重点、特色资源，建立专题数据库。

12月19日，《津图学刊》执行主编、原南开大学图书馆馆长来新夏教授在图书馆的“学术论坛”中做“论治学与写作”的讲座，图书馆全体职工和国际商学院、马列学院的部分研究生一致反映受益匪浅。

12月26日，图书馆邀请校党委副书记刘景泉教授为全体职工做学习“三个代表”重要思想辅导报告，以此纪念伟大领袖毛泽东同志诞辰110周年。

（撰稿人：穆祥望、王淑贵）

档 案 馆

概况

2003年档案馆馆藏档案包括南开大学(1949年以前,1号全宗)、解放后南开大学(1950年以后,2号全宗)、天津对外贸易学院(3号全宗)3个全宗,分为党政、教学、科研、外事、基建、仪器设备、人物、人事、出版物、产品、财会、声像、实物、档案资料、电子共15大类57913卷(盘)档案,本年度收集档案4734卷。共有工作人员7名,其中正副馆长各1名,科长2名;研究馆员1名,副研究馆员3名,副研究员1名,馆员2名。全校共有专兼职档案员160名。馆内设收集指导科和保管利用科。馆长兼任中国高等教育学会高校档案工作分会常务理事、教育部直属高校档案工作协会理事、天津市档案工作学会常务理事等职务。

档案队伍管理与档案资料建设

为加强全校档案工作管理,4月9日,与组织部、人事处联合下发《南开大学归档单位工作职责及考核办法》(南办发[2003]14号),明确规定了归档单位分管领导工作职责,归档单位专、兼职档案员工作职责,及考核实施办法。

档案馆作为《百年南开展》的资料组,多方收集体现南开历史与辉煌的各类资料。如冯文潜在1913年至1962年间的中学、大学、留学德国、执教南开时的作文、信函、名信片、日记、讲稿等共721件;陈省身与胡国定为筹办南开数学研究所事宜的往来信函、陈省身的证书和口述史等共117件;江泽民给校长侯自新的信函和各类奖杯、奖状、证书、教材、著作、实物等共367件。还有为《吴大任教育与科学文集》搜集的1978年邓小平批示同意吴大任关于全国教育改制意见等珍贵文献 。

在大量收集的基础上,对新收进的及原馆藏散存档案4111卷进行了分类、编号、上架,并将索引条目录入计算机,共有机读目录161024条。其中党政类档案、科研档案、外事档案、教学档案、基建档案已全部实现了案卷级机读索引。2001年以后的党政类档案,以及部分教学档案、外事档案、声像档案已实现文件级条目索引。同时备有纸质索引目录160册。在南开大学网站上制作了档案馆网页。

档案利用

本年利用档案850人次，5007卷次。其中利用建国前档案276卷次,利用建国后档案4731卷次。在利用目的方面,编史修志552卷次,工作查考1625卷次,学术研究1433卷次,经济建设297卷次,宣传教育172卷次,其他928卷次。利用档案资料39人次,71册次。复制档案资料3397页,出具各类证明1752份。

为学校的第七次党代会召开、解放后校

史与各院(系)历史的编撰、百年南开庆典系列活动、学生的升学就业、校外人员向学校捐款、教育部财务专项检查、校友的去伪存真,以及学校的党政、教学、科研、后勤等日常管理工作提供了资料上的保证。

学术交流

9月,参加"中国高等教育学会档案工作分会理事会和高校档案信息化建设研讨会"。

10月,参加"教育部直属高校第八次档案工作研究会"。

6月和12月,李广凤撰写"信息时代档案工作的知识管理"论文,在京津两市档案工作研讨会上宣读,被天津市高校档案工作委员会评为优秀论文一等奖。

(撰稿人:张兰普)

出 版 社

落实出版政策、法规

2003年,南开大学出版社始终坚持以邓小平理论和"三个代表"重要思想为指导,认真贯彻党和国家的出版方针,遵守国家出版法律法规和各项管理规定,保证了出版社沿着正确的轨道前进。

明确高校出版社的性质和宗旨,把握正确的办社方向和出版方向。出版社2003年在制定发展战略、改革运行机制、进行队伍建设、制定选题规划时都遵循的原则是:高校出版社既是党和国家的思想宣传阵地,具有意识形态的特性,因此必须始终坚持为人民服务、为社会主义服务、为党和国家大局服务、为学校教学科研和学科建设服务;同时又是文化知识和科学技术的重要载体,知识经济的支柱产业,是现代出版企业,因此必须建立现代企业制度,完善法人治理结构,真正成为自主经营、自负盈亏、自我发展、自我约束的法人实体和市场主体,要面向人民群众,接受市场的检验和消费者的评判。

认真贯彻落实国家出版法律法规,确保出版物在政治上不走偏方向。在员工中经常宣讲党和国家的有关方针政策和上级出版部门的有关要求,宣讲社会上少数出版社由于偏离正确政治方向而给社会带来严重政治影响的反面事例,要求大家强化政治观念,增强政治责任感和社会责任感。同时,坚持和完善一套行之有效的工作机制,严格贯彻执行国家新闻出版署颁布的《图书质量保障体系》的各项规定,把好选题关和书稿终审、审读关,确保出版物在政治上没有出任何问题。

严格按国家出版法律法规办事,格外珍惜国家赋予我们的出版权,珍惜南开大学出版社的品牌,做到了不滥用书号,不买卖书号,不搞图书出版的体外循环,不给政治上及其他方面有问题的图书的出版以可乘之机,保证了出版物内容质量的较高品位。

实施精品战略

精品图书是一个出版社赖以生存发展的基石，是出版社的良好外在形象和标志，也是出版社可持续发展的重要手段。因此，我们把实施精品战略、打造图书精品放在非常突出的位置。

一是根据高校出版社的优势和特点，把出版高校精品教材和优秀学术著作继续作为选题开发的重点。从教材出版来看，2003年出版社组织开发了旅游学、国际贸易、会计学、管理学、英专、人文社科等多个系列的精品教材，其中包括国家和天津市“十五”重点教材及高质量的本科生、研究生教材。这些教材一般都经过了多年教学实践，教学效果良好，其作者大多在该学科领域有较大影响，因此出版后有力推动了有关高校的教学改革和学科建设，同时也为出版社创造了良好的社会效益和经济效益。以旅游学为例，继续完善这一精品教材系列，注意对其提升和延伸，又引进了国外的原版教材10种，加上其他旅游教材，到2003年底，有70种各层次旅游教材问世。这些教材选题面广，系统全面地反映了当代国内外旅游教育的理论、方法和最新成果，基本涵盖了高校旅游专业各层次教学的课程设置，较好地满足了高校旅游教育的需要。

从学术著作出版来看，2003年先后推出了一大批学术著作，如杨志玖的《元代回族史稿》、《吴大任教育科学文集》、《张彭春论教育与戏剧》、《儒家文艺美学》、《20世纪中国翻译思想史》等。这些著作或是反映各学科学术前沿研究水平的创造性成果，或具有重要的史料和研究价值，出版后社会反响很好，对学校的学科建设大有裨益，也扩大了出版社的影响。

三是加强以质量效益为中心的制度建设，为精品图书的出版提供坚强的质量保证。

坚持和不断完善保障图书质量的制度建设，是实施精品战略的重要内容。为此，出版社继续坚持实施三审三校一读制度；成书付印前的审读制度，充实了审读力量，同时加强了编外审读队伍建设，取得了显著成效。一年来，南开大学出版的图书没有出现任何政治问题，编校质量明显提高。2003年出版社向市新闻出版局质检中心送审图书15种，全部合格，占总数的100%。其中优质品4种，占受检总数的26·67%；良好品7种，占受检总数的46·67%，图书编校质量在全市十几家出版社中名列前茅。市出版物质检中心对南开大学出版社近两年的图书质量工作给予了高度评价：“南大出版社保持了受检图书无不合格品，成为惟一连续两年受检图书编校质量合格率达100%的出版单位。”

推进改革

根据近三年来出版社改革发展的实际状况和目前出版界的实际情况，我们进一步修订了出版社原有的改革方案，突出市场导向，强化目标管理，充分调动全体员工的积极性、创造性，为出版社的大发展注入了强劲动力。

继续实行全员聘任制，高质量完成新一聘期的工作。坚持“按需设岗，以岗聘用，淡化身份，竞争上岗，能上能下”，进一步完善了以岗位管理为基础、岗位与职责相结合的内部管理机制。

继续实行“以岗定薪，按劳取酬，优劳优酬”的分配制度，严格考核，奖惩分明。

高度重视社领导班子建设，在社长的带领下，班子成员团结勤奋，勇于开拓，廉洁奉公，成为坚强有力的领导集体。

在制度建设上，2003年从加强管理、建立灵活高效的运行机制、提高出版社的综合实力和市场竞争能力出发，在选题论证与管理、编务管理、书稿编辑校对审读、财务管理、行政管理、出版管理等方面出台或继续坚持了一系列管理规定，为加快发展创造了极为有利的条件。

在劳动制度改革方面，继续实施灵活的用人制度，杜绝铁饭碗、大锅饭。新加盟的人员基本上实行合同制。现在社里既有事业编制人员，也有合同制人员和临时工，出版社具有较大的用工自主权。

出版和经营情况

进一步加强了生产经营管理，同时加强了编辑出版流程管理，大大缩短了出版周期，图书生产能力有了大幅度提高。新书出书一般都控制在3个月以内。2003年出版新书230多种，出书规模较以前有了大幅度的提高。

大力加强了市场营销工作，一是建立、完善了销售工作的责任制，加强了考核，分解落实销售任务指标，将全年任务指标分解到每个销售区域，分解到每个月份，落实到每个业务员，同时加强考核，推行营销工作月推动会、季度小结制度，总结经验，及时解决销售中的问题；二是建点织网，以点带面，实现销售网络化；三是对重点选题图书，予以重点销售，对新书，着重抓好主发；四是加强了直销工作。

销售码洋、回款实洋、上缴税金、上缴学校利润都以较大幅度增长，创历史最高水平。2003年全年销售码洋达8000万元，回款实洋3000万元，上缴学校利润260万元。

一年来，出版社继续坚持以发展为主题，以队伍建设为关键，以市场化为导向，大力推进改革，强化科学管理，各项工作取得长足进步，整体实力和办社水平有了显著提高，已经步入跨越式发展的良性循环轨道，为下一步的大发展打下了坚实的基础。

学报编辑部

概况

学报编辑部是南开大学直属学术科研机构，负责编辑出版南开大学主办的文、理科学报：《南开学报》(哲学社会科学版)和《南开大学学报》(自然科学版)。编辑部内设文科编辑室、理科编辑室和办公室。现有在编人员8名。其中教授、博士生导师1名，副教授2名，讲师3名，助理馆员1名，助理研究员1名。

编辑工作

文科学报全年收到来稿1200余篇，出刊6期，发表文章91篇。理科学报全年收到来稿400余篇，出刊4期，发表文章102篇。

学报秉承繁荣学术，服务科研，培养人才的办刊宗旨，重点刊发学校重点扶持的学科和重点学科、强势学科的研究成果，并进行以提高刊物质量为核心的改革。开设一批有影响的专栏，如经济学科的政治经济学、历史学科的明清史、文学的文学思想史、哲学的社会哲学等专栏，反映了学校特色学科的科研成就，在校内外均产生良好影响。关注社会和学术界的热点问题，开设“热点学术问题笔谈”、“专题研究”专栏，并聘请有影响的学者作为相对固定的栏目审稿人或主持人。除继续开设“南开大学院系系列介绍”和“南开大学学术研究中心简介”专栏外，在封二、封三刊登我校优秀社会科学研究成果统计，及时报道对我校科研工作具指导意义的重要会议。注重政治导向的实效性，针对国际国内重大事件，开辟专栏及时刊发相关文章，党的十六大召开后，学报在2003年第一期及时发表了《与时俱进的马克思主义》一文，该文结稿于十六大闭幕当天，学报临时调整版面，使其以最快时间刊出，该文成为学报界最早刊发的关于十六大的文章之一。抗击“非典”期间，学报组织了“SARS对中国社会的影响与对策研究”的专题笔谈，所发文章涉及SARS对中国政治、经济、法律和社会影响等诸多方面，深刻反映了社会现状。专题研究“虚拟经济理论与政策”、“全球化与全球性问题的区别和联系”、“清代的政治、经济与文化”、“梁启超的学术思想和办报活动”、“社会学方法在文学研究中的价值与应用”、“文学思想史研究”等栏目的文章几乎每期都在文摘刊物摘登。这些专题文章的作者有国内颇具影响的著名学者、市长，也有学术带头人和中青年学术骨干。

理科学报注重论文的学术质量，反映各学科的学术水平和发展动向，及时报道各学科重大科研成果和科研进展，注重高新技术基础性研究(许多技术属国内、国际领先水平)和科学技术转化为生产力的报道。在2003年第二期发表的“引起人非典型肺炎的冠状病毒基因组与其他冠状病毒基因组的初步比较”一文，是国内学报界较早的对非典型肺炎的研究论文。围绕全面提高学术质量，按照五个注意(注意增加应用基础和新技术论文的发表，注意年轻学术带头人论文的发表，注意交叉学科与新学科生长点论文的发表，注意专版编辑与校内外专家审查意见的综合，注意刊物的学术声誉及社会效益)的要求组织稿件。强调信息密集度，由过去的5.5页/篇降到现在的5～4.5页/篇。

管理工作

文科学报严格执行《中国高等学校社会科学学报编排规范》，进行规范化编排，强调中外文摘要、中外文关键词以及参考文献、作者简介、来稿日期、基金项目、通讯地址等编辑要求。继续坚持严格执行专家审稿、编辑审稿、双向匿名审稿相结合的审稿制度，严格履行三审四校审稿程序，初审、会审、终审，皆有明确的职责要求和履行职责的记录；每一校都有严格的时间要求和校样存档。收稿、审稿、刊发、退稿及社会效果等皆有详细的登记。形成定期业务会制度，用以查找上一期工作中的不足，研究改进措施，制订和调整当期的发稿计划，布置落实细节。实现开具用稿通知制度化、规范化，加盖齐缝章，存根留档，真正把好用稿规范这道关。为保证外观质量，重新设计了封面，强化了校对措施，改进了目录页设计，加强了印刷环节的监督等。南开学报制度化的管理，在期刊界受到好评，学报编辑人员也得到期刊界的肯定。

理科学报坚决排斥一切伪科学，坚定地维护科学研究的严肃性。严格三审制度，稿件外审人多是在其学术领域颇有影响和造诣的专家、学者，确保所刊文章理论水平的前沿性和公正性。每期坚持召集编辑定稿会议，广开言路，说短论长，讲政治，谈学术，互相砥砺。2003～2004年的各期无泄密现象，保持了刊物的正确的政治方向。

社会影响

文科学报本年继续列为“综合性人文社

会科学核心期刊”，蝉联全国人文社会科学学报学会评选的“全国双十佳社科学报”，再一次被国家新闻出版署列入“全国期刊方阵双效期刊”。本刊还被南京大学中国社会科学研究评价中心主办的“中文社会科学引文索引(CSSCI)”和清华大学主办的“中国学术期刊(光盘版)电子杂志社”等多种数据库作为索引刊物。2002～2003年度被《人大复印资料》、《新华文摘》、《高等学校文科学报文摘》、《中国社会科学文摘》等重要文摘刊物大量转载，摘编、摘转率在全国近千家文科学报中位居前列，其中《人大复印资料》历史类摘转名列第三位，哲学类摘转名列第四位。所发文章有多篇获省部级社科奖项。

理科学报本年度刊登国家级基金资助项目论文41篇，省部级基金资助项目论文47篇，从本年论文内容分析，国家自然科学基金及省部级以上自然科学基金资助课题，第一期占62%，第二期占63%，第三期占65%，第四期占62%。其中863计划6篇，国家攀登计划4篇，本年摘引频率较高，并被多家权威性文摘及数据库收录。

重要事件

《南开学报》列入教育部名刊工程。2002年11月和2003年2月，教育部先后下发文件，提出启动教育部名刊工程。名刊工程是国家重点支持的、为进一步加强高校哲学社会科学研究、展示我国高校哲学社会科学研究成果的一个重大工程。2003年1月9日，按照侯自新校长的批示，学报编辑部就近年来的工作和拟订的争取进入名刊工程的措施在校长办公会上作汇报，校长办公会对学报的工作和措施给予了肯定，并指示力争进入名刊工程。2003年11月，教育部正式开始组织名刊的申报与评选，编辑部精心准备并报送了申报材料。2003年12月19日，教育部给学校发来教社政函2003年60号，正式确认《南开学报》进入名刊工程。

附录

《南开学报》(哲学社会科学版)2003年总目录

篇名	作者	期数	页码
特约专稿			
关于中国共产党科学总结历史经验的若干思考	中共天津市委宣传部 中共南开大学委员会	第2期	1—13
全面建设小康社会与全面加强大学生思想政治教育	中共天津市委宣传部 中共南开大学委员会	第2期	14—22
马克思主义研究			
论与时俱进的马克思主义	刘景泉	第1期	1—10
热点学术问题笔谈			
SARS对中国社会的影响与对策研究	佟家栋等	第4期	1—15
专题研究			
清代的政治、经济与文化	白新良等	第1期	11—41
虚拟经济理论与政策	成思危等	第2期	23—45
文学思想史	罗宗强等	第3期	1—23
梁启超的学术思想和办报活动	陆信礼等	第5期	1—29
社会学方法在文学研究中的价值与应用	刘俐俐等	第6期	1—32

（续表）

篇名	作者	期数	页码
全球化问题研究			
论全球化问题与全球性问题的区别和联系	余晓菊	第2期	46—51
政治学研究			
中国地方自治百年发展论略	李国忠	第5期	30—37
韩国民主化过程论析	金东日	第5期	38—44
法学研究			
“公司监督机制失衡症”和独立董事	高旭军	第1期	106—114
继承与创新:法国民法典解析	岳纯之	第1期	115—124
有关生物多样性的若干知识产权问题	史学瀛	第3期	64—71
论专利产品平行进口的法律调控	张玲	第3期	72—79
哲学研究			
实践性辩证存在方式与认识的辩证法	李淑梅	第1期	65—71
中国传统文化中的解释学	韩强	第1期	72—81
生命本质辨析	任晓明	第2期	91—96
现代西方对哲学真理的重建与转向	常健	第3期	24—31
科西克真理观评析 ——论人的生成和真理的生成	杜以芬	第3期	32—37
试论30年代冯友兰的中国哲学史方法论	高秀昌	第4期	48—56
僧肇“空”论解义	康中乾	第4期	57—62
人脑的自我认识 ——简析人类思维观的嬗变	李祖扬 汪天文	第6期	101—108
试论认知逻辑研究中的若干问题	王左立	第6期	109—115
伦理学·社会学研究			
人口控制与环境伦理	李淑华	第2期	97—103
城镇职业女性弱势地位与相关社会政策的思考	方刚	第6期	116—121
文学研究			
顾炎武的诗学史意义	蒋寅	第1期	82—91
从李贽评《水浒传》看晚明文人阅读视野中的鲁智深形象	陈宏	第1期	92—99
朱熹诗学思想的渊源与诗歌创作	石明庆	第1期	100—105
论女性文学的学科建设	乔以钢	第2期	104—111
中国现代文学的“现代性”语境与三分文学格局的形成	耿传明	第2期	112—117
南北朝佛寺题咏诗初探	陈自力	第2期	118—124
郁达夫与俄国文学	刘久明	第4期	96—104
鲁迅小说的颜色词语论析	杨晓黎	第4期	105—110
乐志林泉 跌荡文酒 ——惊隐诗社及其文学创作浅析	何宗美	第4期	111—117
文化融合视域下《红楼梦》的英译	何广军 柯文礼	第4期	118—124
略论十七世纪白话小说创作与传播的特征	许振东	第5期	108—113
作者文人化及其对清代白话小说创作的影响	雷勇	第5期	114—119
《尤利西斯》中语码转换的文学意义论略	王治江	第5期	120—124
论陆机“谢朝花于已披,启夕秀于未振”的文学精神	姜剑云	第6期	52—57
艺术研究			
艺术秩序与书画创作	尹沧海	第3期	119—124

（续表）

篇名	作者	期数	页码
宗教文化研究			
理性、人性和美——希腊神话拟人特征剖析	王以欣	第5期	78—86
殷周“地—母”崇拜与原始本体观	何 平	第6期	33—38
早期中国神仙信仰的形成与演化	田桂民	第6期	39—44
秩序宗教与生命宗教——对汉晋儒教、道教产生和基本功能的考察	张荣明	第6期	45—51
历史研究			
本土资源与外国史研究	李剑鸣	第2期	52—60
南明政权对日通好求助政策的形成过程	南炳文	第2期	61—65
李贽与中国的自由传统	李光福	第2期	66—74
清末戊戌、己亥年间“废立”传闻探析	董丛林	第2期	75—81
周恩来、池田大作与中日邦交正常化	纪亚光 孔繁丰	第2期	82—90
战后中间势力的崛起与分化	裴 苹	第3期	38—45
加拿大西部诸省的省内建设和经济多样化运动	傅成双	第3期	46—52
从比武大赛看骑士与教会的冲突	倪世光	第3期	53—59
山县有朋对吉田松阴思想和政策的继承	孙耀珠	第3期	60—63
春秋战国的“立公灭私”观念与社会整合（上）	刘泽华	第4期	63—72
中国公私观念研究综述	刘 畅	第4期	73—82
“子夜宣言”与太原辛亥起义——文物、文献与史实之互证	王先明	第4期	83—86
美国对日政策与东京审判	宋志勇	第4期	87—95
春秋战国的“立公灭私”观念与社会整合（下）	刘泽华	第5期	87—94
唐宋时期的中央与地方财政关系	江晓敏	第5期	95—100
明代徽州宗祠的特点	常建华	第5期	101—107
论亨利·鲁斯对中国抗日战争的报道及其影响	罗 宣	第6期	58—64
战前日本的民族意识与侵华战争	王富春	第6期	65—71
日本民族文化中的圣数“八”探析	张秀华	第6期	72—75
经济研究			
商业银行公司治理：理论模式与我国的选择	李维安 曹廷求	第1期	42—50
信用风险：新世纪金融市场的重大挑战	李志辉	第1期	51—57
环境与经济如何双赢——环境库兹涅茨曲线引发的思考	李慧明 卜欣欣	第1期	58—64
论信息化带动工业化的思想演进	杨永志 赵 伟	第3期	80—85
长期雇佣？还是短期雇佣？——以企业人力资本的形成为视点	沈士仓	第3期	86—94
关于加速启动民间投资的几点思考	吕明元	第3期	95—100
房地产功能价值论与中国房地产市场投资	舒 东 郝寿义	第3期	101—107
跨国公司区位决定因素的变化——兼论作为东道国的发展中国家的政策思考	刘 翼 冼国明	第3期	108—113
区域经济集团化与全球贸易自由化的新视角	屈子力 靳玉英	第3期	114—118
发展金融市场与实现战略目标——以天津为例的分析	逄锦聚 蒋殿春 范小云	第4期	16—28

（续表）

南开大学学报（自然科学版）2003年总目录

第1期

（续表）

（续表）

第 2 期

本期责任编辑 孙丹

期刊基本参数：CN12－1105/N＊1955＊q＊16＊128＊zh＋en＊P＊－6.00＊1500＊26＊2003－06

第 3 期

本期责任编辑 彭艺

期刊基本参数：CN12－1105/N＊1955＊q＊16＊128＊zh＋en＊P＊￥6.00＊1500＊25＊2003－09

第 4 期

（续表）

第 4 期

本期责任编辑 杨赋
期刊基本参数：CN12－1105/N＊1955＊q＊16＊128＊zh＋en＊P＊－6.00＊1500＊25＊2003－12

（撰稿人：刘晓静）

网络信息与教育技术管理中心

概况

网络信息与教育技术管理中心成立于2000年，由计算机网络管理中心、信息中心和电化教育中心组建而成。内设网络管理科、信息管理科、教育技术管理科。网络管理科负责校园网络的总体规划、建设，网络日常运行的管理和维护，网络安全，网络技术研究等。信息管理科负责有关网络信息资源的建设、管理，信息标准的制订，信息安全管理，信息资源开发技术研究等。教育技术管理科负责教育技术的应用和推广，管理学校公共多媒体教室，建有公共摄影实验室、摄像实验室及多媒体课件实验室，3个语言实验室和两个外语调频广播电台。

中心现有在岗人员24人，其中教授1人、高级工程师4人、副研究馆员2人、工程师7人、副研究员2人、助理工程师4人、高级技师1人、技师1人、中级工1人、其他1人。

计算机网络建设

校园网建设规模继续保持高速增长，主要工作有：

完成新建大楼的网络建设工程项目4个，包括行政大楼、蒙民伟楼、学生公寓(21、22宿舍)、西北学生公寓(1～7号楼)，共布网络信息结点6000个。

因楼内装修而进行的网络建设工程项目4个：包括学生宿舍(校本部14、15号楼，迎水道校区2、3号楼)、主楼、七教、芝勤楼，共布网络信息结点1000个。

家属区网络建设工程项目2个，包括：西南村14栋楼、迎水道新家属小区，共布网络信息结点1100个。

协助完成的网络建设工程项目有：并行计算中心、EMBA教学机房、六教等。

对收回的学生宿舍网进行升级改造工作，主要工作包括：更换安装新的交换机设备、重新铺设主干光纤、机柜跳线整理等。

目前校园网的运行情况是：共有各类网络信息结点2万个，7000个正式注册网络用户、每月的国际信息流量达900GB。

信息资源建设

在网上信息资源建设方面，继续为师生提供新的网络信息服务。主要有：

与学校办公室一起，完成学校办公信息网站的建设，用来发布学校各类办公信息。

引进、建设了“新华社信息——南开大学专供版”网站，提供新华社最新消息及网上信息数据库。

建设学生专用E－mail系统，保证每个在校生都能免费拥有一个带有南开域名的E－mail信箱。

主页信息系统、网络中心综合信息服务网站“南开在线”的改版和内容充实工作，其中“南开在线”网站包含书籍、音乐、VOD、软件及系统补丁、网上培训等多个独立网站。

教育技术及音视频系统建设

完成的主要工作有：

改造充实了多媒体课件制作实验室，可供其他院系师生制作多媒体课件使用。

完成了对学校外语广播系统的升级改造，由过去的音频系统改造成为调频系统，覆盖范围和播音质量上都得到了极大提高。

对中心所管理和维护的新阶梯两个多媒体教室进行了设备更新和系统改造工作。

制作完成了多项多媒体课件，并有多项成果获得了教育部和天津市的奖励。

建设了两套专用网络视频会议系统(新行政楼一楼会议室、网络中心会议室)的建设工作，成功地完成了多次网上视频会议的召开。

与有关公司合作，进行校内教学用网络视频系统的建设工作。该系统能够为师生提供网上视频讨论、网上视频会议等功能，为教学和科研服务。

教学和其他工作

在原有《摄影基础》和《录像片的编导与制作》两门课程的基础上，又开设了实用性非常强的《应用网络技术－华为网络学院》课程。

进行了多次网上视频直播工作，如“南开名人讲座”等。特别是“2003 年毕业生晚会”以及“载人航天工程先进事迹报告团”在我校的报告会与现场交流活动的网上直播，非常成功并大受欢迎。

重要事件

3 月，“南开大学办公信息网”开通。

4 月，召开“网页建设推动会”。

5 月，新行政楼局域网建设完成并正式接入校园网。

6 月，蒙民伟楼、学生公寓 21 宿舍网络建设完成并正式接入校园网，“南开大学新华社信息网站”正式开通，“2003 年毕业生晚会”网上视频直播。

7～8 月，西南村家属区、西北公寓 7 个学生宿舍，校本部 14、15 学生宿舍，校区 2、3 学生宿舍完成网络建设工程，并接入校园网。

9 月，行政楼网络视频会议系统建设完成，《应用网络技术—华为网络学院》课程正式开课。

10 月，七教、主楼等网络改造工程完工，并与校园网连通。

11 月，网上直播“载人航天工程先进事迹报告团”在我校的报告会与现场交流活动、“第二届公司治理国际研讨会”实况，学生专用 E－mail 系统建设完成并正式启用。

12 月，迎水道新建家属小区宽带网建设完成并接入校园网；试运行校内教学用网络视频系统。

（撰稿人：李长利）

行政管理工作

办公室工作

公文处理

学校严格规范公文签发程序，完善公文运转流程。2003年正式行文471件、便函100余件，收到教育部和天津市有关部门来文共1022件、机要文件2020件、内部刊物5800余件、校内来文1202件。5月，教育部通过教育行政办公系统(Edoas)、天津市教委通过办公邮件系统发送文件，学校安排专人按时开通系统、及时接收文件。2003年，学校下行文及时上网，便利查询。

督查督办工作

学校办公室于2月21日下发了《关于开展双周督查的通知》，开始对机关职能部门、群众组织和部分直属部门共计38个单位开展双周督查。要求各有关单位按规定格式每两周一次以书面形式向学校汇报本部门工作进展情况以及近期工作安排，由办公室整理汇总成《督查专报》。使学校领导能快捷、全面地了解学校工作进展情况，也便于各部门加强信息沟通，及时总结经验不足，改进工作作风和提高工作效率。

有关单位对双周督查工作高度重视，坚持情况良好。2003年共出《督查专报》18期，有力地推动了学校工作的开展和落实。2003年还分别召开期末和年终两次督查工作总结会议，将各单位落实《南开大学2003年工作要点》和《南开大学2003年工作要点任务分解表》的情况分组进行集中梳理，就工作中创新情况、存在的困难和问题以及未完成任务的原因进行交流分析。同时，在校领导的指示、文件批示督查督办和校长办公会决议的督办方面也做了大量工作。

办公自动化

2003年，南开大学加快校园网络的软、硬件建设，网络环境大为改善，以学校办公网为支撑平台，提升了学校办公自动化水平。南开办公网运行良好，在已有基础上继续充实内容，更新信息，完善功能，增加了规章制度、校情统计、南开CIS、办公电话及办公楼用房查询等栏目，在公文发布、会议日程、信访服务方面保证了准确及时。学校在信息化建设上做出重要决定，启动"数字校园"工程，建立领导系统，组织专家队伍，开展需求调研，已完成前期工作。

网页建设

学校将网页建设作为本年度重点工作，责成办公室牵头主抓。4月2日，召开全校"网页建设检查推动会"，通过总结学校网页情况、介绍典型经验和现场抽查演示评比等环节，引起各专业学院(系)和部门的重视，截止到年底，普遍建立起本单位的网站或网页，并在内容、视觉效果等方面进行改进，维护更新更加及时。

在下半年，学校启动校园网主页改版和

英文版的重建工作，已完成前期筹备工作。

综合管理

以2003年5月1日新办公楼的启用为契机，加强办公楼的文化环境建设，规范办公楼和校园悬挂横幅的管理，安排学校机关中层管理干部24小时值班，制定了《南开大学办公楼行为守则》、《办公楼会议室使用与管理暂行规定》、《学校办公楼值班管理规定》、《学校办公室公务用车管理暂行规定》、《南开大学悬挂横幅的管理规定》等相应的管理制度，推动了学校办公室行政管理工作进一步规范化、科学化。为使学校的公众形象更加规范、科学，与国际接轨，从2002年12月开始，主持策划、设计南开大学法人识别系统(CIS)，经过策划、调研、设计三个阶段，2003年完成CIS中的第一部分视觉识别系统(VIS)的设计工作。

接待工作

重视从软环境上提升接待的层次和水平，制定了《南开大学公务接待规范》和《南开大学公务接待规定》，使学校的对外接待活动有章可循。在接待活动中，从提升服务质量入手，重视每一个环节，提高接待的层次和水平，基本做到了严谨、有序，提高了南开大学的对外形象。

会务工作

精心计划，认真准备，做好每一个细节，力争把可能出现的纰漏降到最小，顺利地完成了在天津经济技术开发区举办的金融国际高层论坛、国家重点实验室和学校学科评估工作会、学校暑期工作会、第七次党代会、迎接航天英雄杨利伟、党委工作评估等重要会议的会务工作。

年鉴编撰

组织编撰南开大学历史上第一本年鉴《南开大学年鉴》(2002)，4月启动，12月出版。

战略发展规划工作

概况

南开大学战略发展研究部成立于2000年9月，下设专题研究室和信息分析室，部门出版物在原有《信息快报》、《发展研究与决策参考》和的基础上又增加《专报》。该报主要就学校发展中的有关问题，提出分析意见和建议，报送学校领导。

战略发展研究部建有“南开发展”网站，是部门开展对外交流的网络平台。除将两份部门出版物实现电子化外，“南开发展”力求为海内外关心和支持中国高等教育的有识之士提供一条对话渠道和交流窗口，从而推动南开大学事业的发展。

发展规划起草和论证

在学校党委和行政的领导下，在学校“十五”事业发展计划的基础上，修订学校的总体战略发展规划、参加修改师资队伍规划和学科发展规划，并将“三个规划”(草案)及有关情况的说明报告上报教育部。根据教育部要求，会同有关部门完成了学校的中长期发展规划的论证工作，并着手启动学校“十一五”规划的前期准备工作。

2003年10月，我部提交给2003年国内部分战略规划研讨会上的论文《高等院校战略规划制定的方法和取向问题》，被收录在由教育部主编的《谋划发展 规划未来》论文集中。

相关问题研究

2003年上半年，在学校领导大力支持下，在广泛搜集和整理国内外相关资料的基础上，聘请校内专家，开展我校与国内部分院校发展目标与主要核心指标的比较研究、我校办学空间拓展的发展战略、新校区开发建设的步骤与措施等三个方面的专题研究，组织并实施了《学校发展中若干重要问题研究》工作，形成了提交暑期研讨会的系列研究报告。

在2002年准备的基础上，开展以二级学科为基础的学校校情滚动调研，建立了基本数据库，形成了系列研究报告，为2004年的调研做好数据信息和技术上的准备。

在2002年相关研究工作的基础上，组织课题组继续开展高等学校卓越绩效管理体系的个案研究，并选择外国语学院和生命科学学院进行试点，取得了一定的效果。

根据党代会报告精神，在分析学校实际需要和发展方向的基础上，提出并确定了校院两级的管理体制、国际化问题、师资队伍建设等涉及多个领域的研究课题。

报告起草

完成南开大学“十五”“211工程”的可行性论证总报告，以及与之配套的系列报告；“985工程”一期总结的总报告；学校总体战略规划的起草和“三个规划”的文字统稿工作；党代会报告(部分内容)的起草工作；学校教学工作、科技创新与文科科研、教代会文稿的起草工作。

制度建设

经过两年的实际运行，并与国内兄弟院校同类机构进行了广泛交流，建立了良好的合作关系。根据学校的实际情况和部门承担的实际工作，不断探索新的工作模式，对部门的工作职能问题提出新的建议。同时，建立健全部门内部工作制度，并制定了相关的工作流程，使部门工作进一步规范化。

(撰稿人：宋金宁)

国际学术交流与合作工作

概况

2003年国际学术交流处作为窗口组织和协调学校各部门与国外高等院校及研究机构进行多方面的交流与合作，也是取得众多成绩的一年。2003年，交流处以“三个代表”重要思想为指导，解放思想、与时俱进，努力提高服务意识和水平，与各协议院校开展定期与不定期的学术交流活动；协助各院系聘请国际知名学者来我校讲学；派遣教师出国访问及讲学；扩大留学生的招生；协办并参加国际学术会议。这一年尽管有SARS的肆虐，交流处仍始终如一，及时应变，在派出工作，对外交流，聘请、管理外籍长期专家和短期学者来访及留学生管理工作中不断解放思想，与时俱进，努力提高服务意识和水平，以实现创办世界一流大学为目标而努力。

国际学术交流处内设有交流科、专家科、留学生科、综合协调科。

对外交流

南开大学有着广泛的国际影响，目前与34个国家和地区的160多所大学和学术机构建立了合作与交流关系。2003年学校共接待来自美国、英国、芬兰、荷兰、日本、韩国、澳大利亚、伊朗及中国香港、台湾地区来访客人198人次，与美国纽约州立大学、美国路易斯维尔大学、荷兰莱顿大学、韩国成均馆大学、韩国江原国立大学、韩国高丽大学、香港专业进修学校等签署、更新了8份协议，协助相关院、系举办了10个国际会议。保持并不断加强与已建立起友好关系的各高等院校的联系，同时寻找新领域、新项目上的合作院校。继续与合作院校开展联络和互访活动，2003年共与9所院校缔结了交流备忘录及协议共计9份，新签订协议1份。

派出工作

2003年我校各类因公出国出境（含港澳台）人员372人次，其中短期研修（指进修、合作研究等，在外停留时间在1个月以上，半年以下者）人员71人次；外出开会131人次；访问考察142人次；短期讲学11人；出国任教10人；参加出国培训8人；出国留学69人。在这些出国留学人员中，国家公派11人，单位公派58人。

在这一年里，学校还成功地组织11个团组出国（境）访问、考察。通过这些活动，增进友谊，加深双方的相互了解，也在不同程度上扩大我校的知名度，加快学校向世界一流大学迈进的步伐。

专家工作

2003年，聘请外国长期专家39名，来校进行短期讲学的专家、学者120名，名誉教授1名，客座教授20名，分别来自美国、日本、伊朗、韩国、澳大利亚、德国以及香港地区。

聘请在有关学科领域中知名专家，给学校带来最新的学术信息和动态，使学校的重点学科、新兴学科和重点实验室能够及时跟踪本学科的国际最新发展趋势，与国际同行们建立并保持密切联系，以利于自身专业与学科建设的不断进步。

重要事件

1月6日，正值中日两国缔结和平友好条约25周年以及创价大学名誉会长池田大作提议两国邦交正常化35周年之际，学校党委副书记孔繁丰教授、文学院于复千教授及王绪周研究员一行3人应邀赴日本创价学会及创价大学进行友好访问。访问期间，创价大学授予孔繁丰副书记、于复千教授为该校名誉教授，并向他们颁发聘书和证章；向王绪周研究员颁发最高荣誉证书和证章。孔副书记代表南开大学向创价大学赠送了于复千教授所作的《国有花神传盛意·牡丹樱花共芳邻》的巨幅中国画，它象征着中日两国人民将世世代代友好下去。访问中，中日双方还共同在创价学会栽种了王永祥樱，以纪念我校已故历史学院王永祥先生为中日友好所做的贡献。

1月，全美中国和平统一促进联合会会长程君复先生率联合会一行8人来学校进行友好访问。会谈结束后，程君复会长一行专门拜访陈省身先生。陈省身先生为全美中国和平统一促进联合会会刊题词，并祝愿联合会工作顺利，海峡两岸早日统一。

2月，学校与日本武藏大学以文书形式缔结武藏大学派遣留学生的协议。

2月，我校访问团赴日本爱知大学参加爱大会馆运营管理委员会会，并顺访国学院大学、青山学院大学。青山学院大学是与南开大学刚刚缔结交流协议的友好学校，此次访问标志着两校交流的正式启动。

2月，吴本湘副书记率团前往香港参加2003教育与职业博览会。参展期间，来展台咨询、索要材料的人员络绎不绝。短短4天时间里，就接待学生及学生家长、有关人士近4000人次。近1000人对南开大学的招生政策、费用、住宿条件、教学水平等进行较详细的咨询。参展团在港期间，访问香港大学、香港城市大学、香港科技大学以及中央政府驻香港特别行政区教育科技部等相关单位。这几所大学里都有南开大学师生在那里学习、深造，进行合作研究，访问团希望他们学成之后继续回南开发展。受侯校长委托，吴本湘副书记、霍耀秀助理等又分别拜访中央驻港联络办公室教育科技部部长初志农、副部长潘永华、部长级助理李凌，中国高等院校香港校友联谊会副会长李漳南教授、香港南开校友会会长肃季驹教授、原香港校友会会长何国钊先生等一些香港知名人士，向他们转达侯自新校长对他们的问候，以及他们长期以来关心、支持南开各方面发展的谢意。

3月，侯自新校长出席在北京国际俱乐部饭店至尊厅举行的授予茶道里千家前任家元千玄宗大宗匠中国文化交流贡献奖暨中国艺术研究院艺术顾问就职祝贺宴。千玄宗先生于前不久将里千家家元让位给第十六代家元千宗室。

3月，交流处与日本国驻华大使馆、北京音乐信息中心、天津市对外友协共同主办"2003天津·日本文化之舟"大型展览。展览在校体育馆举行。其间，向观众们展出日本漫画、流行音乐海报及演唱会现场录像，并由茶道里千家进行茶道演示。校党委副书记吴本湘及日本国驻华大使馆公使宫家邦彦先生出席开幕式并致辞。

3月，爱知大学国际中国学研究中心加加美光行、张琢、村田安一行来校访问，交流处组织与相关学院及部门就联合办学培养博士生事宜进行会谈。

3 月，荷兰莱顿大学校长 D. Breimer 教授、代校长 J. C. P. Liang 教授一行 6 人，来校进行友好访问。陈洪副校长与来宾们进行会谈，并将 3 月 19 日定为“南开莱顿日”，旨在促进学校师生对莱顿大学的了解，进一步加强两校间的合作。访问中，D. Breimer 校长作报告，侯自新校长与来宾们就两校未来的合作项目、教师与学生的交流等事宜进行磋商。

3 月，南开大学名誉教授、国际著名经济学家、1999 年度诺贝尔经济学奖得主罗伯特·蒙代尔教授来津，参加由学校主办的“发展金融市场 振兴天津经济”高层论坛。蒙代尔教授是美国哥伦比亚大学经济系教授，是最优货币区域理论的首创者，被誉为“欧元之父”，同时也是财政与货币政策合理配制理论、从货币角度研究国际收支理论及供给学的先驱。多年来，他先后担任过联合国、世界银行、国际货币基金组织、加拿大政府、美国联邦银行、美国财政部及欧洲经济委员会的高级顾问。作为金融专家，他对中国的经济金融改革也高度关注。

6 月，学校与香港专业进修学校签订合作办学协议，即：南开大学可在港招收本科生、MBA 学员或创办短期班等。

8 月，美国资深众议员赖斯特沃尔夫先生代表美国国际教育组织(American International Learning)与学校签订了合作备忘录。

8 月，台湾省台南市亲民党议员王家贞率领台南市高中学生代表团一行 17 人来校访问，交流处向代表团介绍南开大学的有关情况并回答学生们的提问。

9 月，韩国驻华大使金夏中先生为学校师生作题为“韩中关系的现状和未来”的专题报告。金大使风趣亲切的演讲给学校师生留下深刻的印象。金大使早在 1994 年就曾经来访过南开，对南开“校歌”中“渤海之滨，白河之津，巍巍我南开精神”一段非常喜欢，他为再一次重返周恩来总理母校感到高兴。他在谈到中韩两国关系时说，自从两国 1992 年正式建交以来，在政治、经济、贸易、投资、旅游以及留学、文化交流等各方面的关系都得到了全面、迅猛的发展。其关键在于以互补性为基础的经济关系、韩半岛的和平问题、两国地理的相邻性以及文化上的相似性等方面。金大使希望两国青年相互间应加深全面的了解。侯自新校长出席会见并参加报告会。

9 月，日本国际交流基金北京事务所所长山崎正幸等一行 7 人来校参加日本研究院主办的东亚区域经济合作学术研讨会，逄锦聚副校长出席会见。

10 月，伊朗驻华大使馆文化参赞萨贝基先生，英国驻华使馆科技参赞罗宾·波特先生、高级科技项目官员杜英女士，英国工程与物理科学研究理事会计划与交流部部长凯瑟琳·科兹女士及国际事务部部长分别来校访问，双方就今后可能合作的领域及合作的方式等问题进行初步磋商，达成共同合作的初步意向。陈洪副校长出席会见。

10 月，英国驻华使馆科技参赞 Robin Porter、高级科技项目官员杜英、英国工程与物理科学研究理事会计划交流部部长 Catherine Coates 和国际事务部长 Nigel Birch 一行 4 人来校访问。Robin 参赞表示愿意促进英国高等院校与南开大学之间的交流与合作，陈永川副校长出席会见并希望今后双方加强在科学与技术等其他领域方面的合作。

10 月，日本驻华大使馆二等书记官来校与交流处和外国语学院商谈“关于日本政府向南开大学捐赠同声传译设备”准备签字仪式事宜。

10 月，日本学者金山彦喜教授将其兄长收藏 100 余册日文原版图书捐赠予校图书馆，陈洪副校长出席捐赠仪式。

10 月，日本学者长哲郎教授及夫人来

校商谈有关我校与日本东北大学建立校际合作事宜，我校国际学术交流处、研究生院、生命科学院负责人出席会见。

10月，美国路易斯维尔大学文学与科学学院院长 James Brennand 等人来校访问，双方对原协议进行修改并签订新协议，又对路易斯维尔大学组织学生来南开大学留学一事进行磋商，陈永川副校长出席会见。

10月，日本 NTTDATA 株式会社董事长青木利晴及夫人、日本新电元株式会社本部长大川誉夫等一行 5 人来校参加"新电元奖学金颁发仪式"，孔繁丰副书记出席会见和颁发仪式。

10月，"海峡两岸管理比较研究"学术研讨会在南开大学召开。来自台湾企业界、学术界，北京、天津等地学术理论界、企业和政府代表约 300 余名代表参加会议，其中台湾管理学方面的学者、企业家以及正在大陆研修的台湾 MBA 学生近 40 人。此次会议的召开，使台湾企业界、教育界人士及青年一代对祖国大陆发展成就加深了解，加强海峡两岸人民的学术交流，增进相互间的友谊起到一定的推动作用。

11月，德国学术交流中心(DAAD)在津专家费航先生来校访问，探讨由德国学术交流中心联系派遣德语教师无偿授课事宜，国际学术交流处和外国语学院主要负责人出席接待。

11月，法国留尼旺大区副主席 Raymond lauret 等人来校访问，耿运琪副校长出席会见。

12月，韩国江原国立大学图书馆协会理事长李光来教授来校访问，商谈两校图书馆合作及建立交流关系事宜，陈洪副校长出席接待。

12月，学校党委书记薛进文率南开大学代表团一行 12 人和在香港中文大学研修考察的 4 人访问香港，走访香港大学等 5 所香港高等院校和一所专业学校，考察研究生教育、管理、课程设置等相关事宜，同时积极开展拜访在港南开校友和知名人士，宣传南开，争取资金支持等工作。在港访问期间还专程访问中联办，争取中联办对南开大学在港办学的支持。经过一个星期的考察与交流，访问取得圆满的成功。

附录

南开大学2003年国际会议一览表

序次	会议名称	会议日期	会议地点	批准文号	代表人数
1	贸易与投资以及多边投资框架学术研讨会	4月1～2日	南开大学经济学院	南外函[2003]033号	约35人,国内20人,国际15人
2	美国问题研究国际研讨会	4月	南开大学	南外函[2002]216号	约80人
3	两岸三地现代物流学术研讨会	4月13～14日	南开大学	南外函[2003]24号	约60人
4	寿险经营与风险控制国际研讨会	4月27～28日	南开大学伯苓楼	南外函[2003]31号	约200人,国外20人,国内180人
5	第十二届国际中国语言学年会暨第二届汉语语言学国际研讨会	8月16～18日	南开大学	南外函[2002]222号	290人,国内150人,国外140人
6	梁启超与近代中国国际学术讨论会	8月	南开大学	南外函[2002]200号	约100人,海外约30人
7	第二届中国文字学国际学术研讨会	8月22～26日	南开大学	南外函[2003]044号	约80人,境外学者约20人
8	东亚区域经济合作的诸课题	9月5～7日	南开大学日本研究中心	南外函[2003]100号	约50人
9	大气颗粒物源解析技术国际研讨会	11月2～8日	南开大学	南外函[2003]016号	约55人,国外学者11人
10	第二届公司治理国际研讨会——公司治理改革与管理创新	11月15～16日	南开大学伯苓楼	南外函[2003]154号	约300人,国内250人,国外50人

(撰稿人:种健)

人事工作

概况

人事处主要负责人才引进、“长江学者”特聘教授遴选、博士后管理和全校教职工的招聘、管理、培养、考核、薪酬、福利、退(离)休、工作调动等方面的工作。设四科一室二中心:流动调配科、高级人才管理科、专业技术人员管理科、工资福利科、档案室、人才开发服务中心和人才开发培训中心。现有工作人员 19 人,其中教授 1 人,研究员 1 人,副研究员 6 人。

2003 年,南开大学人事处工作的指导思想是:适应学校建设高水平知名大学目标的需要,按照“三个代表”重要思想的要求,坚持解放思想,实事求是,与时俱进,开拓创新,积极主动地配合学校的各项工作,深入研讨人事师资工作,大胆探索创新体制,深化人事分配制度改革,积极吸引高层次优秀人才,搞好高层次优秀人才队伍、骨干教师队伍、实验技术队伍、管理干部队伍这四支队伍建设。

教职工队伍状况

2003 年南开大学教职工队伍的结构继续优化。截至 12 月 31 日,在职教职工总数为 3468 人,比 2002 年的 3527 人减少 59 人,减幅为 1.7%。离退休人员 2397 人。专任教师共 1496 人,其中正高 541 人,占 37%;副高 591 人,占 40% 。专任教师中具有博士学位 639 人,占 41.8%;具有硕士学位 444 人,占 30.1%。

人才引进

2003 年,人事处在对人才引进工作进行认真总结,深入了解兄弟院校经验教训的基础上,完善引进人才政策,健全引进人才机制。颁发《南开大学关于引进杰出人才来校工作实施办法(试行)》、《南开大学“科研启动经费资助计划”实施办法(试行)》、《南开大学关于引进杰出人才和接收具有教授、副教授任职资格或具有博士学位来校工作人员住房补贴的有关规定》、《南开大学引进杰出人才专业技术职务评审暂行办法》、《南开大学人文社会科学学科特聘教授岗位制度实施办法》。适应货币分房政策的改革,施行引进人才住房补贴政策。成立引进人才专家评审组,规范引进人才评审程序,推行引进人才专家评审制度。

南开大学继续加大引进人才力度,利用银行贷款投入 1 亿元人民币作为引进人才专项经费。全年投入“教育振兴行动计划”专项经费 1858.38 万元。引进国内外各类人才 31 人(国内引进 10 人、国外引进 21 人),其中,具有博士学位 28 人,具有教授职称 24 人,具有副教授职称 7 人。完成“百名博士入校工程”,全年招聘具有博士学位教师 106 人。

管理与培训

2003年，学校配合教育部、国家留学基金委员会有关国际合作项目，办理公派出国手续共计110多人次，办理政审314人次，承办国家项目近20项，如：教育部富布莱特项目，推荐3人；教育部哈佛燕京项目，推荐5人；韩国高等教育财团项目，推荐6人；基础课教师出国项目推荐4人；留学基金委公派留学项目，推荐26人。批准32人在职攻读博士学位，26人攻读硕士学位，并推荐有关教师到其他院校学习。

向教育部报送第二、三批“长江学者”特聘教授中期考核报告。完成2002年度政府特贴、天津市特聘教授、“霍英东基金”、教育部“优秀青年教师奖”及教育部“优秀青年教师资助计划”的申报工作。起草《南开大学聘请外籍学者来校任教的管理办法》。

2003年4月，撤销人事处原外语培训中心和原职工学校，成立南开大学人才开发培训中心。8月，成功组织170多名新留校教职员工参加为期一周的岗前培训。校党委书记薛进文、校长侯自新出席并讲话，有关专家还就心理学、师德建设、学风建设、教师基本素质等专题做报告。

专业技术职务聘任

制发《关于专业技术职务评审机构换届的通知》，对全校各专业技术职务评审机构进行换届。调整全校各类各级评审组织的部分评委及专业技术职务评审的相关政策、评审条件。修订《南开大学教师高级职务任职资格评审条件（业务条件中的专业水平部分）的指导性意见》，制定《南开大学关于教师及其他专业技术人员职务评审程序的规定》、《2003年度专业技术职务评审工作指导性实施意见》。

经过外语写作考试、学院评审、校专业技术职务评聘领导小组审核和校专业技术职务评审委员会终审，教师系列评审出49名教授（研究员）、57名副教授（副研究员）和16名中级职务。其他系列晋升人员共90名。

流动编制和复聘岗位

截至2003年12月31日，经学校审批通过，22个部门以流动编制方式聘用校内外各类人员95人，其中，教授66人（含博导29人）、副教授6人。学校与流动编制人员签订《南开大学流动编制岗位目标责任书》。

截至2003年12月31日，已有5个学院中的12人受聘复聘岗位，其中，教授4人、副教授5人。学校与复聘人员签订《南开大学复聘岗位目标责任书》。

学校加强对流动编制、复聘岗位的考核力度。按照《南开大学流动编制岗位目标责任书》、《南开大学复聘岗位目标责任书》分别对流动编制、复聘岗位人员进行严格考核，在此基础上兑现岗位津贴。

人事代理

2003年，学校着手准备实施人事代理制度。完成对兄弟院校人事代理情况的调研，与北方人才市场、天津市教育委员会人才交流服务中心接洽协商，成立天津市教育委员会人才交流服务中心南开大学工作站，制发《南开大学实施人事代理制度暂行办法》，并拟定人事代理人员《聘用合同书》。

工资与福利

南开大学深化管理体制改革和分配制度改革，实行校内岗位津贴制度和模拟职员制。9月兑现2002年至2003学年校内津贴的40%部分，参加人数2500余人，总金额1430余万元。调整2003年度教职工工资标准，增加岗位责任奖金，发放年终一次性奖励工资，对离退休人员按时发放一次性生活补贴，缴纳全日制工人养老保险，办理全校事业编制人员失业保险,并做好医疗保险的准备工作。

人事档案管理

人事档案管理条件进一步改善,建立健全人事档案计算机管理系统。收集2003年全校本科生、硕士生、博士生和在站博士后的基本信息,学生、教职工的出国信息,离退休人员、辞退人员的基本信息,在职教职工基本信息。

2003年派遣、转出学生档案3893份,接收整理学生档案5963份,学生档案材料归档3000余份,接待学生档案查阅1000余次,建立博士后档案9份,转出教职工档案24份,接收整理教职工档案107份,教职工档案材料归档2万余份,接待人事档案查借阅700余次,整理离退人员档案138份,整理出国人员档案353份,提供咨询等其他服务500余次。

博士后工作

2003年南开大学共招收博士后66名,其中理科进站19名,占进站总数的29%;文科(不包括经济管理学科)进站15名,占进站总数的23%;经济管理学科进站32名,占进站总数的48%。新增哲学、社会学、外国语言文学、电子科学与技术4个博士后科研流动站。修订《南开大学博士后联谊会章程》,制定《南开大学优秀博士后奖励办法(试行)》、《南开大学博士后公寓管理条例规定》。组织2003年度优秀博士后、博士后优秀成果奖评选。申报第三十三、三十四批博士后科学基金。全年从天津市人事局争取博士后经费197.82万元,划拨博士后经费、生活费、校内津贴共195.98万元。

重要事件

1月,颁发《南开大学关于引进杰出人才来校工作实施办法(试行)》、《南开大学"科研启动经费资助计划"实施办法(试行)》、《南开大学关于引进杰出人才和接收具有教授、副教授任职资格或具有博士学位来校工作人员住房补贴的有关规定》、《南开大学引进杰出人才专业技术职务评审暂行办法》、《南开大学人文社会科学学科特聘教授岗位制度实施办法》。

1月,从研究生院接手博士后管理工作。

3月,申报"霍英东基金"、教育部"优秀青年教师奖"及教育部"优秀青年教师资助计划"。

4月,成立南开大学人才开发培训中心。

6月,向教育部报送第二批"长江学者"特聘教授中期考核报告。

6月,编写印发《南开大学新教工报到指南》。

6月,制定颁发《南开大学优秀博士后奖励办法(试行)》。

7月,新增哲学、社会学、外国语言文学、电子科学与技术博士后科研流动站。

9月,兑现2002年至2003学年校内津贴的40%部分。

10月,向教育部报送第三批"长江学者"特聘教授中期考核报告。

10月,起草《南开大学聘请外籍学者来校任教的管理办法》。

10～11月,完成对教师职务晋升与岗位聘任相关政策的调研。

11月,制定颁发《关于专业技术职务评审机构换届的通知》、《2003年度专业技术职务评审工作指导性实施意见》、《南开大学关于教师及其他专业技术人员职务评审程序的规定》、《南开大学临时用工管理暂行办法》。

11月,组织学校各级各类专业技术职务评审委员会完成专业技术职务评审。

12月,制定颁发《南开大学实施人事代

理制度暂行办法》。

12 月，组织 2003 年度优秀博士后、博士后优秀成果奖评选。

12 月，南开大学获天津市留学回国工作先进集体。

附录

2003 年引进教师名单（31 人）

吴志强 冯　露 冯喜增 石福臣 戴宇杰 张小英 赵加祥 吕英杰 方勇纯
何良年 陈永胜 陈　湧 渠　瑾 张　弛 李仁植 赵　柳 曹亚安 黄岁樑
郝越力 王红旗 李新宇 罗振亚 杨　琳 颜　一 杨　斌 马连福 庞中英
刘　娟 朱铭来 梁秀山 李长英

2003 年招聘教师名单（102 人）

杨　岚 尹沧海 高迎进 谢　朝 葛　毓 张学民 袁同凯 刘风景 丁继红
杨玉平 朴龙玉 郑泽善 朱少红 张震球 敖建平 孙国忠 严　冰 李兴娟
邱明强 杜　晶 叶培新 安桂梅 谭鲜明 赵志勇 谷珊珊 乔海军 邢晓东
余　华 吴　强 禹宣伊 傅国旗 杨新林 王庆伦 孔德明 张　敏 张育英
王旭东 马延风 柳清湘 韩　杰 顾　文 许秀芳 阎晓琦 谢建华 朱义州
李朝阳 王建国 师　唯 王淑荣 李　姝 焦鸿丽 刘　巍 欧来良 韩巍青
王　威 杨　勇 刘艳格 史广顺 任立儒 梁艳梅 陈金志 李朝晖 张晓丹
李　娟 侯国付 车秀阁 易立新 徐　建 李旭东 李宝林 刘明铭 孔祥卿
李玉平 意西微萨·阿错 高　涵 何厚今 马春靓 张仕颖 王景荣 李　伟
黄　乾 阎大颖 张立富 袁庆宏 李建标 杨　坤 卿志琼 方　磊 梁　正
金相郁 陆　岚 王　鹏 史玲玲 张志红 刘洁莹 吴　静 张振虹 边岩峰
刘清华 郭　丽 曹红娟 陈巴特尔

2003 年调出教师名单（10 人）

李国津 吕传红 孙　莘 张宝莹 蔡　拓 王光伟 谭　琳 吴莉苇 王志刚
唐少冰

2003 年过世教师与干部名单（7 人）

史延年 杨翼骧 钱荣堃 黎国彬 李乐天 陈昆源 叶振华

（撰稿人：李峰）

离退休工作

概况

离退休工作主要内容：坚持不懈贯彻执行党中央和国务院关于离退休工作的方针、政策，落实离退休人员的政治和生活待遇，开展离退休人员活动中心各项活动，办好老年大学，加强离退休党支部建设和思想政治工作，使离退休人员老有所养、老有所医、老有所乐、老有所为、老有所学、老有所教。

2003年离退休人员达到2399人。其中离休干部196人（本年度去世4人，新办离休2人）；退休人员2203人（本年度去世32人，新办退休人员148人）。

离退休人员管理处工作人员有7人。开展“树组工形象，做老干部贴心人”学习教育活动，制定“服务高标准，工作人员高素质”的管理目标，做好离退休人员的管理与服务工作。

落实政治待遇

坚持政治学习制度。组织离退休党员学习“三个代表”重要思想，各党支部分别组织学习“三个代表”重要思想交流会，组织收看中央党史教研室主任孙英同志宣传学习贯彻“三个代表”重要思想的报告录像，离退休党支部书记参加学校中层干部中心组学习培训班，组织近百名老同志参观天津市“三五八十”成就展。离休干部田连庆同志学习“三个代表”思想体会文章，编入《教卫系统老干部读本》。订购多种学习材料，有《“三个代表”重要思想学习纲要》、《中共中央关于完善社会主义市场经济体制若干问题的决定》、《老干部参考》、《天津老干部》等，阅览室备有50余种报刊杂志，供老同志们学习。

坚持联系老同志制度。坚持学校重要情况、重大工作向老同志通报，重要会议、重大活动吸收老同志参加，涉及老同志切身利益问题，听取老同志的意见和建议，学校改革、发展、稳定方面的重大动态、决策情况通过学校编辑的《高校动态》、《校情简讯》定期送予老同志阅读。制定了领导干部分别联系1～2名离休干部制度。学校领导经常登门家访，加强与老同志的联系与沟通，并帮助解决实际问题与困难。

发挥老同志的政治优势，做好关心下一代工作。离退休老同志在各院（系）担任组织员、教育督导员、学生宿舍楼长、学生社团指导教师。他们在关心、培养、教育青年学生中发挥积极作用。退休教师陈志远教授被评为“全国教育系统关心下一代先进个人”，离休干部张正立教授将3000余元稿费资助给贫困学生，《天津老年时报》以“南开离休教授资助学生成美谈”为题，进行专题报道。

加强党支部建设。组织贯彻落实《中共南开大学基层支部工作细则》和《支部工作手册》。坚持党支部书记例会制度，党总支定期召开支部书记会议，传达上级指示精神，结合党支部的情况，研究部署工作。听取各党支部的意见要求和思想反映，研究解决离退休党员工作中的实际问题。坚持党员大会制度，各支部定期召开党员大会，根据党总支的安排，结合本支部的实际情况，开展各项活动。加强党员的组织生活，实行考勤、会议记录制度，同时针对离退休党员的特点，采取多种形式，保证广大离退休党员能够正常参加组织活动。加强收缴党费管理，针对收缴党费工作中存在的问题，采取相应措施并进行了思想工作，增强党员组织纪律观念。

落实生活待遇

医疗保健方面。确保离休干部医药费按规定实报实销，退休人员按规定报销。住医院的由学校开支票垫付，门诊看病每年报销两次。2003年学校本部离退休人员医药费支出1130万余元，其中离休干部医药费支出297万余元，退休人员医药费支出833万余元。组织享受市保健的400余名离退休人员到定点医院进行体检，开展保健讲座、老年病咨询、康复医疗等。

提高生活待遇方面。确保离退休费按时足额发放，节日慰问费和各项补助费及时发放到位。节日慰问费全年从离退休人员专项活动经费中支出30余万元，分别在国庆、春节两个节日为全校离退休人员发放。其中离休干部人均570元，退休人员人均100元。还为离休干部每人发150元文化活动补助费，100元老年报补助费，比2002年共增加100元。老年节期间学校为每位离退休人员按1000元、1500元、2400元三个标准给予一次性生活补贴，标准高于2002年。落实国家政策性离退休费增长及天津市政策性补贴，其中①10月份滚动工资；②落实从7月份开始的每月生活补贴（属天津市政策）。11月进行了5个月补发，12月份随工资发放。③从7月开始每月增加离退休费基数。

送温暖活动。坚持对患病和住院老同志进行慰问，对生活困难人员给予补助，对老教授、孤老户和居住在老年公寓的老人进行定期探访和生日祝贺，并且对身体行动不便，身边缺乏子女照顾的老同志给予热情服务。在"非典"防控时期，向老同志们宣传防控"非典"知识，为老同志购买防"非典"口罩，发放防"非典"药品，保证老同志平安渡过"非典"时期。

活动中心工作

增加投资，改善环境。一是新建活动室，在龙兴里居民小区新建80平方米离退休人员活动室，投入经费近万元进行装修，添置桌椅，配备棋牌、订购报刊，制订规章制度和管理措施。二是整修西南村活动中心，投入经费万余元，进行全面的整修，更新部分家具，同时对活动中心的管理进行整顿，修订完善活动中心规章制度。三是改善北村活动室，北村活动室迁到新地址，增添活动设备，购置电视、功放机、家具，安装空调，同时学校投资十几万元，在新址建门球场，为老同志文体健身活动提供良好的环境。

开展适合老年人特点的文体活动。一方面坚持开展棋类、麻将、门球、舞蹈、京剧、唱歌、乒乓球、书法等日常文体活动，另一方面在原有成立的七个文体活动队的基础上，新成立英语合唱队，各队每周定时开展活动。在防控"非典"时期，组织"自爱爱人，护我南开"文艺演出和健身操活动。退休教师张象教授出版《夕阳情歌——老年歌曲集》CD一套，天津电台、电视台予以报道。

开办老年大学。南开老年大学1983年开办，2002年重新注册登记后，成为社会力量办学独立法人单位，办学趋于正规化。在原设置6个专业基础上，新设置8个专业。2003年开办钢琴专业和计算机专业。《天津老年时报》以"南开大学里面办老年大学，白发教授再做学子"为题，进行报道。

重要事件

4 月，在龙兴里居民小区新建离退休人员活动室并投入使用。

6 月，离退休人员管理处办公室、北村活动室搬迁新址，改善办公条件，完善活动设施。

离退休党总支组织 600 余名党员参加学校第七届党代会代表人选的选举工作，选出 16 名党代会代表，并单独组成代表团，参加党代会。

7 月，离退休党总支在中国共产党成立 82 周年之际，支付 2.1 万元，为 685 名离退休党员每人购买一箱无糖绿茶饮料，进行慰问。

10 月，组织部分离退休老同志参观天津市“三五八十”成就展，观看天津市沧桑巨变的生动画面。

组织离退休老同志三百余人游览了天津热带植物观光园、鼓楼商业街和天津市容。

11 月，作为协办单位之一，同教育部老干部协会主办单位共同举办“全国高校华夏师表书画大展”。

12 月，韩明亮同志随中国老年工作者赴澳大利亚、新西兰考察团考察。

召开党支部书记和部分老同志参加的会议，通报 2003 年整体工作，并就 2004 年工作思路征求老同志意见。

（撰稿人：王连荣）

财务工作

概况

财务处作为职能部门负责学校财务管理与核算工作，设有审核科、会计科、基金科、管理科、会计事务科 5 个科室和 1 个国有资产管理岗。现有职工 62 人，其中委派会计人员 34 人，委派在学院部分职能部门工作，其余 28 人在财务处集中负责全校事业单位财务核算和管理工作。财务处现有处长 1 人，副处长 2 人，科长 5 人，正科岗 1 人，副科长 2 人。

总体财务情况

2003 年学校共取得各项收入 78043 万元，与上年同口径相比增加了 9128 万元，增加 13.25%。其中，中央财政拨款 27661 万元，占当年总收入的 35.44%。本年实际支出 73339 万元，为当年中央财政拨款的 265.14%，与上年比增加 9458 万元，增长 14.81%。折合学生 33238 人平均培养费用为每生 22065 元，比上年增加 520 元。

1. 收入情况分析。2003 年学校共取得各项收入 78043 万元，其中教育经费拨款 31910 万元，科研经费拨款 15457 万元，其他经费拨款 717 万元，上级补助收入 45 万元，教育事业收入 21867 万元，科研事业收入 1006 万元，经营收入 255 万元，附属单位缴款 260 万元，其他收入 6526 万元。分别占总收入 40.89%、19.81%、0.92%、0.06%、28.02%、1.29%、0.33%、0.33%和8.35%。总收入中，中央财政拨款 27,661 万元，比上年同口径减少 4983 万元，主要是“行动计划”专款减少了 3900 万元，“211 工程”专项资金减少了 4500 万元。

2. 支出情况分析。2003 年学校发生各项支出 73339 万元，比上年增加 9458 万元，增长 14.81%。其中事业支出 70091 万元，占总支出 95.57%，经营支出 246 万元，占总支出 0.34%，拨出经费 934 万元，占总支出 1.27%，对附属单位补助 68 万元，占总支出 0.09%，结转自筹基建 2000 万元，占总支出 2.73%。在总支出中人员经费支出 19336 万元，占总支出 26.37%；公用支出 42460 万元，占总支出 57.90%；对个人和家庭补助支出 11543 万元，占总支出的 15.73%。事业支出中，教学支出 24754 万元，占事业支出的 35.32%，比上年增加 5010 万元，增长 25.37%；科研支出 15,743 万元，占事业支出的 22.46%，比上年增加 3681 万元，增长 30.52%，其中科学事业费支出 1027 万元，其他科研支出 14716 万元；业务辅助支出 2085 万元，占事业支出的 2.97%。比上年增加 625 万元，增长 4281%；行政管理支出 4169 万元，占事业支出的 5.95%，比上年增加 658 万元，增长 18.74%；后勤支出 13236 万元，比上年增加 3381 万元，增长 34.31%，占事业支出的 18.88%；学生事务支出 3439 万元，占事业支出的 4.91%，比上年增加 458 万元，增长 15.36%，其中助学金 3100 万元，比上年增加 531 万元，增长 20.67%；离退休人员保障支出 6221 万元，比上年增加 917 万元，增长 17.29%，占事业支出 8.88%，占教育部核拨我校离退休经费 2472 万元的 251.66%，年人均支出 27922 元，大大高于教育部核拨经费人均标准，学校用其他资金补充离退休人员保障支出 3726 万元。离退休保障支出中含支付离退休人员政府特殊津贴支出 23 万元；其他支出 444 万元，比上年增加 257 万元，增长 137.43%，占事业支出的 0.63%，系学校支付的校办产业人员的工资。

3. 年末财务状况。2003 年末学校拥有资产 186578 万元，比年初增加 49614 万元，增长 36.22%；其中货币资金 28903 万元，比年初增加 7161 万元；应收及暂付款 22989 万元，比年初增加 14700 万元；借出款 10159 万元，比年初增加 3780 万元，主要是学校整体规划后，化工厂搬迁，学校借给化工厂的周转金；材料 69 万元；对外投资 6048 万元，比上年增加 3476 万元，其中对校办产业投资增加 2200 万元，补充学校对南开大学允公集团以前年度投资不足；其他对外投资增加 1276 万元，主要是对学校深圳金融工程学院和深圳研究院投资；固定资产 118411 万元，比年初增加 20462 万元。资产的增加，增强了办学实力，为学校开展教学、科研及其他活动创造了物质基础。2003 年末学校负债 28571 万元，比年初增加 21847 万元。其中借入款 20000 万元，是 2003 年发生的银行贷款；应付及暂存款 6825 万元；应缴财政专户 428 万元；应交税金 52 万元；代管款项 1266 万元。2003 年末学校净资产 158007 万元，比年初增加 27767 万元。其中事业基金 8644 万元，比年初增加 12716 万元；固定基金 118411 万元，比年初增加 20462 万元；专用基金 2912 万元，比年初增加 293 万元；未完项目收支差额为 28040 万元，比年初减少 5703 万元，未完项目收支差额中“行动计划”等专项教育经费拨款 13355 万元，占 47.63%，专项科研经费拨款 14559 万元，占 51.92%，其他经费拨款 18 万元，占 0.06%，为引进人才专项经费拨款。

财务管理工作

2003 年学校财务管理工作继续深化财

务改革，组织财源、增收节支，学校财务综合实力明显增强，资金运行效益和效率明显提高，在有限财力资源约束下最大限度地推动学校事业的发展，为学校抓住机遇、实现跨越式发展提供有力的经济保障。

1. 继续试行国库集中支付改革。2002年，财政部、教育部确定南开大学为财政国库管理制度改革试点单位。2003年在试点工作中，学校经与财政部、教育部及代理银行沟通，基本形成分校区等校内二级核算单位资金转拨、基建拨款支付、工资和助学金发放等固定模式，试点工作开展比较顺利，基本保证学校财政拨款资金的支付。

2003年财政部、教育部共核定南开大学国库集中支付拨款预算32283万元，其中基本建设拨款5521万元，教育支出25356万元，科学支出865万元，其他支出541万元。本年预算指标拨款30433万元，待核批结转预算指标1850万元，由于1150万元基本建设资金和700万元“211工程”资金在年底拨来，未及使用即在2003年12月31日退库，待核批结转下年。

2. 拓宽筹资渠道，完成学校贷款工作。2002年学校党委常委会确定了贷款意向后，财务处多次与银行沟通，经过一年的反复谈判，争取到国家开发银行的优惠政策，于2003年6月17日双方签订贷款合同。贷款项目为“南开大学教育发展项目”，贷款总额为10亿元，从2003年开始分4年到位，贷款期限为15年，建设期为5年。为保证合理有效使用贷款资金，学校专门成立了由书记、校长任组长的“银行贷款资金管理小组”，审批贷款资金使用项目。贷款资金主要用于基本建设和学科建设项目，以解决制约学校发展的瓶颈问题和事关学校长远发展的问题。截至2003年末，学校已贷入资金2亿元，主要用于基本建设、学科建设平台及引进人才等。

3. 完善学生收费系统，加强学生收费管理。为了清楚掌握学费收缴情况，及时催缴学费，财务处与天津市南开太阳高技术发展有限公司联合开发了南开大学收费管理系统，2003年8月份开始，所有本科生和研究生实行持卡交费，计算机打票。同时，建立本科生、研究生收费数据库，实现收费系统管理，为分析学生欠费原因以采取有效措施催缴欠费奠定基础。

4. 严密内部控制程序，加强内部控制。2003年财务处进一步强化制度建设，先后制定并经学校批准出台《南开大学内部会计控制制度（试行）》、《南开大学行动计划专项资金管理办法》、《南开大学“211工程”专项资金管理办法》，起草《南开大学内部会计控制制度——货币资金（试行）》讨论稿。制度建设进一步规范学校会计行为，以加强内部会计监督，保护学校资金安全，减少投资、管理中的过失，提高资金使用效率和资产利用率。

5. 清理校办产业返还工资，理顺校企人员关系。2003年财务处在全校范围内组织出国、脱岗、离岗、应返还工资人员调查。分析校办产业应返还工资人员调查结果，确定了应返还人数，并落实到具体人以及应返还的金额，还采取技术手段治理应返还而不返还的行为，停发5个不按时向学校返还工资的企业人员工资，扣发20人工资存折。2003年收回返还工资600万元，比上年有大幅增长。

重要事件

1月至2月初，编制南开大学2002年度财务决算报表，并因良好的工作质量得到教育部财务司肯定。

3月初，接受审计署驻京津冀专员办对我校世界银行贷款“高等教育发展项目”2002年度报表审计。

3月末，编写完成《南开大学与教育部直属高校2002年度财务决算对比分析报告》，供学校领导和有关部门参考。

3月末至4月中旬，开展校办产业产权登记工作。

5月下旬，编制并向教育部上报南开大学《2003年直属高校〈行动计划〉专项资金预算》。

5月，财务处迁入新办公楼，并以此为契机，制定工作守则，要求全员遵守，并在机关干部会议上公布，接受师生员工的监督。实行上下班打卡制度和挂牌服务制度。

6月初，请天津市物价局、教委领导来学校实地考察新建学生宿舍建设标准和设施配置，争取执行天津市大学生公寓收费标准，即1200元/生年。

6月17日，侯自新校长代表南开大学与国家开发银行正式签订贷款协议。

7月中旬，党委常委会第十次会议讨论通过学校2003年综合财务预算方案。

7月23日，侯自新校长代表南开大学与新华人寿保险股份有限公司天津分公司签订社会医疗补充团体医疗保险协议，实行商业医疗保险，学校一次投保600万元，集体理赔，以求为学校节约资金。截至2003年底，部分理赔收回理赔费167万元。

作为教育部指定的第一任组长单位，南开大学负责坐落在天津、山东和东北地区的10个教育部直属高校的预算和决算及日常教育部精神上传下达工作。7月30日在南开大学召开本组2004年部门预算布置会。此后，又召开本组会议3次。

8月，正式使用收费管理系统，全校本科生和研究生持卡交费。

9月，按照天津市物价局、教委的要求开展学校教育成本调查。

10月，在全校范围内开展治理乱收费检查，召开全校动员布置会，各单位进行自查，并接受天津市物价局、财政局、审计局、教委、出版局、监察局和纠风办联合检查。

10月，在学校第七次党代会上，经过选举，财务处长孙广平同志当选为校纪委委员。

11月，在学校自查的基础上，接受教育部财务司委托北京昊海东方会计师事务所检查学校截至2002年12月31日的资金往来及财务管理工作情况。

12月初，编制南开大学2004年预算报表(二上)报教育部。

12月30日，财务处长孙广平同志被任命为校长助理(南发字[2003]119号)。

(撰稿人：王丽平)

审计工作

概况

2003年学校审计工作的总体思路是：围绕“全面建设国际知名高水平大学”的中心任务，结合管理实际，以促进加强财经管理，提高资金使用效益为目标，不断完善和深化财务收支审计、工程审计和经济责任审计三项基本工作格局，突出重点，扎实工作，开创审计工作的新局面。

财务收支审计

全年共完成各类审计项目28项，其中财务收支审计21项，经济责任审计7项，审计金额90339.11万元，通过审计查出并纠正各类有问题资金4350.75万元，为学校收回资金65.05万元，提出加强和改进管理的意见与建议108项，提交专题报告2份；此外完成科研项目审签57项。

在财务收支审计方面突出了对学校的重点资金、重点项目和重点单位及校办企业的审计。

1.重点资金和重点项目的审计。按照教育部的部署，开展对学校2002年度预算执行情况和财务决算的审计。通过审计逐步推进学校预算管理的规范化和制度化，增强预算的科学性、严肃性和权威性。开展对学校2002年度基本建设财务决算审计。在对基本建设资金管理和使用情况全面审计基础上，重点检查各个建设项目资金使用与核算的合规性。对审计中发现的内部管理和内部控制等方面的问题提出意见和建议，主管校领导和基建处对审计报告进行了专题研究，并提出具体整改措施。开展对“行动计划”专项资金管理和使用情况的审计，在审计基础上协助财务处制订了《南开大学“面向21世纪教育振兴行动计划”专项资金管理办法》，已由学校正式颁发执行。

2.对重点单位的审计。根据教育部关于“加强资金管理，确保资金安全”的要求，先后对迎水道校区、职业技术学院、基建规划处、实验室设备处、附属中学等7个单位进行了审计，连同2002年对后勤服务集团及所属单位、附属小学等的审计，已对学校全部非企业法人的独立核算单位进行了一次全面审计。审计工作首先从微观项目入手，严格审计，对被审计单位在财务管理和会计核算方面存在的问题及时予以纠正；同时从学校宏观管理着眼，对带有普遍性和典型性的问题进行梳理和归纳，向学校领导提交《对学校下属开设银行账户独立核算的非企业法人单位审计情况的汇总报告》的专题报告，从标本兼治的角度提出改进和加强管理的审计意见和建议，得到领导的重视和肯定。

3.对校办企业的审计。继2002年对未纳入允公集团管理的企业审计后，2003年又与校产办、允公集团等部门联合，对纳入允公集团管理的正天高科技公司、敬业科教技术服务公司、博泰生物化学公司、兰德咨询事务所、信光科技开发公司、森力高科技实业公司和南新公司等7个企业进行审计。由于这些企业在管理上存在体制不顺、产权不清、监督机制不健全等问题，导致普遍存在经营管理不规范、国有资产管理薄弱、财务管理不健全和会计基础工作差等情况，个别企业潜亏严重，有的甚至已资不抵债，给学校带来巨大潜在风险。此次对校办企业的审计金额共计2120.05万元，查出各类有问题资金达579.67万元，占审计金额的27.34%。审计处对审计中发现的问题及时给予揭示，并针对问题提出审计意见和建议。为了加强对校办企业的管理，防范风险，审计处还向学校领导提交了《关于对校办企业审计情况的汇总报告》，归纳审计中发现的主要问题，分析问题产生的原因，提出改进管理的意见和建议。

工程审计

全年共完成基建、修缮工程结算审计365项，送审金额12755.33万元，审减金额316.47万元，审减率为2.48%。其中：基建规划处报审67项，送审金额7900.74万元，审减率为1.31%；后勤办公室报审112项，送审金额2372.93万元，审减率为1.3%；设备处报审27项，送审金额411.09万元，审减率为9.95%；后勤服务集团报审73项，送审金额1621.86万元，审减率为7.17%；各院系所报审86项，送审金额448.71万元，审减率为5.54%。

为了保证工程结算的质量，维护学校的权益，审计处采取以下措施严把审计关。(1)加强工程前期控制。参与全部基建、修缮工程的招标工作，利用市场竞争机制降低工程造价，规范工程管理的过程控制，缓解工程结算审计压力。(2)抓住工作重点。针对基建工程报竣项目多、资金数额大、年度基建计划调整提前的特点，重点突出对基建竣工项目结算的审计，保证了学校年度基建计划按时上报。(3)探索计算机在工程预结算审计中的应用。在西区锅炉房改扩建工程的结算审计中进行初步尝试，施工单位报审价格521.3万元，审定造价460.4万元，核减60.9万元，审减率为11.68%。(4)自审与聘请社会审计相结合。对新建学生宿舍和办公楼精装修等工程进行了委托审计，取得较好的效果。

经济责任审计

学校经济责任审计工作本着“积极稳妥、量力而行、提高质量、防范风险”的原则稳步推进。受党委组织部委托，2003年先后对迎水道校区、职业技术学院、科技处、学生工作部、远程教育学院、对外交流处、附属中学等7个单位的主要行政负责人实施离任经济责任审计。审计处依据学校有关经济责任制的规定，对被审计人所在单位财务收支的真实性、合法合规性和本人遵守财经法纪情况及应负经济责任给予客观的评价与鉴证，审计工作基本做到委托者、离任者、接任者三满意。通过审计，对进一步规范被审计单位的经济管理及领导干部的从政行为起到促进作用。

经济责任审计联席会议制度进一步规范。基本形成组织部门委托并负责审计意见与建议的督促落实，审计处负责审计实施，纪委、监察室、财务处等部门协调配合的工作机制。

队伍建设

加强审计队伍建设。(1)选派5人次参加教育部财务司、天津市内审协会等举办的“计算机财务审计”、“内部审计规范”的培训。(2)将中国内部审计协会制定的《内部审计人员职业道德规范》制成标牌在办公室悬挂，以规范审计人员言行，接受领导、群众监督。(3)聘请专家教授就审计署新颁布的内审规定和审计判断理论等进行专题讲座。(4)完成教育部财务司下达的《高校管理审计》研究课题。该课题研究成果在2003年10月中国内部审计协会举办的全国管理审计理论研讨暨论文评选活动中荣获优秀论文二等奖。(5)经学校工程系列专业技术职务评审委员会通过,审计处一位同志晋升为高级工程师。

重要事件

1月,完成2002年学校审计工作总结,经主管校领导批准上报教育部财务司。

4月,与会计系老师合作完成教育部财务司下达的《高校管理审计》研究课题。

6月,首次尝试使用计算机对基建工程进行结算审计。

7月,在对学校非企业法人的独立核算单位进行审计基础上,向学校领导提交《对学校下属开设银行账户独立核算的非企业法人单位审计情况的汇总报告》的专题报告。

10月,《高校管理审计》课题研究成果,在中国内部审计协会举办的全国管理审计理论研讨暨论文评选活动中被评为优秀论文二等奖。

11月,李晓肃同志增补为天津市教育审计协会副秘书长。

12月,经中国内部审计协会审核,审计处6人获得《内部审计人员岗位资格证书》。

(撰稿人:杨海琳)

房产管理工作

概况

房产管理处是遵照教育部有关规定和学校的要求,执行各项房屋管理政策,管理学校868543万平方米房产资源,并为教学、科研提供良好服务的职能部门。2003年6月,南开大学后勤党委成立,房产处的党务工作即由学校机关党委转入后勤党委直属领导。

主要工作是:根据学校总体规划和发展,不断建立、完善房屋管理体制;抓好全校公用房屋的管理、分配、调整与部分公房修缮工作;根据政府房改精神,不断推进学校教工住宅改革并组织实施;建立和保管学校公用房、单位用房、职工个人住房的档案,为学校制定房产管理、房改政策提供资料依据;办理各类房屋置换手续。

房产管理处下设2个职能科室,公房管理科,住宅管理科,有在编人员27人,其中干部编制13人,工人编制14人(分别管理主楼、伯苓楼、范孙楼、七教、青年教工宿舍20斋、21斋)。

2003年房产处完成日常工作和房屋调整任务外,完成学校交付新的工作任务“部分公房修缮工作”。在抗击非典时期,严格落实领导责任制,服从指挥,认真执行一系列“防控”措施,加强责任楼门卫值班,公共区域每天做到消毒2~3次,教室及时清扫通风，对进出入楼的人员严格验查证件，保证了教师、学生最为密集、流动量最大的主楼、高科技楼、文科楼、七教的安全，全体职工为抗击“非典”踊跃捐款，为学校全面战胜非典的胜利做出了我们的贡献。

公房管理

2003年公房科在原有职能基础上增加了公房修缮职能。年度内学校投入1000余万元，修缮改造主楼、生科院楼、第七教学楼及小礼堂共计2.5万平方米。

1.主教学楼是南开大学一幢标志性建筑物，建筑面积18770平方米，1962年建成至今，历经风雨40余载，整体设施较为落后，不能满足现代教学的需求。针对上述情况，房产处委托学校旅游建筑设计院设计大修方案，通过学校招投标领导小组招标，确定了6家符合条件的施工单位共同承担该工程任务，聘请了有国家甲级监理资质的天津市建筑工程监理公司进行工程监理，以确保工程质量并按期完工。工程内容包括：(1)大楼外檐进行了全面清洗粉刷，木制窗更换为塑钢窗。(2)教室内重新吊顶、更换照明设施、添加吊扇、粉刷墙壁、修补地面，更换新型材料的黑板、课桌椅。(3)卫生间重新设计，更新洁具、加装排风扇。(4)一楼中厅地面全部采用高档石材铺设，定做大型吊灯和紫铜大门使整个大厅豪华庄重。

该楼由于当年设计原因，楼板承重力较弱，不宜铺饰石材，便采用新型复合材料“蝶晶石”代替。施工中发现雨篷开裂，请天津市房屋质量安全鉴定检测中心进行结构安全鉴定后，又请天津市房产住宅科学研究所进行了加固方案设计，并由专业加固队伍施工进行石材装饰，确保了楼的安全性能。9月1日，主楼内部如期完工，保证了新学期的正常使用，并实行规范化的物业管理。

2.第七教学楼内门厅以大理石材装饰；教室的门、窗、课桌、椅全部换新，地面采用复合地板铺设；房屋的楼顶重新翻修铺设防水层，更换了上、下水管道和卫生洁具；更新了供电系统，增添宽带网络和电话线路；增加了全套消防系统。翻修后的七教焕然一新，开学即投入使用。

3.七教小礼堂进行全新翻修。包括顶棚翻盖、吸音板装饰墙面、大理石铺地、更新中央空调、安装舞台灯光、配置多媒体音响设备，使原本简陋的小礼堂成为具有多方面现代功能，设有330个座位，可做报告厅、演播厅和小型演出使用。翻新后的小礼堂划归房产处管理，在全校范围内统筹使用，以发挥最大的作用和效益。

4.生科院楼外沿部分更换塑钢窗，公共大厅石材装饰、地面磨新、主楼梯换为不锈钢扶手、全部墙面刷新。

此外，为规范管理、调整公用房，制定出《全校公用房调整方案及具体运作流程图》(草案)已上报学校；调配解决了远程教育学院第三届招生用房、软件学院办公用房、光电所试验用房、信息学院搬迁遗留用房等2000多平方米；协助学校对新落成的行政办公楼实行物业管理；安排北村综合服务市场投入使用；伯苓楼全年服务于国际、国内各类会议收纳上缴会务租金32万元；对部分有偿使用公房收纳房租、暖气费38万元。

住宅管理

年度内住宅情况变化不大，区域分布在三村(东村、北村、西南村)、三区(兴南小区、龙兴里小区、迎水道校区)，面积与2002年持平。住宅管理除完成常规工作外，主要的任务是为居住在西南村7～43号楼的701户住户办理并颁发了“房屋所有权证”。

“房屋所有权证”应是每一户购房职工办妥手续后而及时领到的“证件”，受国家法律保护，它可作为抵押贷款购置商品房；出据申请出国签证的私有财产“证明”；具备有买卖、交换、赠与、继承、析产、划拨、转让、判决等设定他项的权力，关系到购房人的切身利益。学校房屋产权的变更是国家学校财产向私人财产转让，办理“产权证”手续的程序要求十分严格。从学校向教育部提出“产权单位售房”申请的批文开始到职工领到“产权证”中间需经过12道手续，其中“土地证”“房屋位置图”“基建项目建设审批”资料的准备，市房地产管理局现场查勘、到南开区房改办办理售房许可证，要经过反复的协商、磨合方能完成。在校内办理的程序中，购房人需填写购买公有住房申请表、工龄调查表、购房协议书等5种表格，房产处要为每一购房户填写住房价格评估表、售房明细表、出售统计表、公有住房买卖协议书等7个种类计17份单据，并交叉审核，确保无误后送南开区房产管理局办理“房屋所有权证”。

房改工作

1.着手起草《南开大学货币分配暂行办法的补充规定》。2002年出台《南开大学教职工住房货币分配暂行办法》后，为配合《办法》实施，做到公平、公正，于3月下旬，就《办法》中第十一条的调剂系数，第九条第二款中离退休人员的排队方法，进行了两项民意调查。由教代会向代表发出调查表200份，离退休人员管理处向离退休职工发出调查表100份，房产处将统计结果按工作程序，报学校住房货币分配领导小组和教代会、校务公开委员会讨论进行修改，定于2004年正式出台并组织实施。

2.遵照天津市住房委员会2003年4月下发《关于落实市级机关和全额事业单位“新职工”建立补充住房公积金有关问题通知》。要求全额事业单位为“新职工”办理补充公积金缴存手续。2003年1月1日起，学校住房不再进行住房实物分配，新来校工作的青年教师住房问题将依靠建立补充住房公积金来解决，目前学校已通过这项政策并准备实施。

3.为进一步做好新来校工作青年教职工住房安置问题，对1999年6月30日以后参加工作的青年教职工中具有硕士和本科学历，没有享受过福利分房的，除享受补充公积金外，使他们能有一个住房资金的积累过程，尽快具备购房能力，在学校领导的关心下，经过有关部门的努力，根据我校的实际情况，起草制定《关于给予硕士和本科毕业来校工作人员住房补贴的暂行办法》。待实施。

附录

2003 年房屋基本情况（建筑面积）

总合计	858643 平方米				
合　计	474247 平方米		合计	384396 平方米(119 栋)	
公用房	教室	38491	教工住宅	校内	255951
	图书馆	27000		兴南小区	38509
	实验室	127773		龙兴里小区	42928
	会堂	2270		迎水道校区	47008
	行政办公	31315			
	体育馆	4200			
	学生宿舍	131810	房 型	三室一厅以上	1629 套
	食堂	18362		二室一厅	2457 套
	教工单身宿舍	6038		一室一厅	1533 套
	其他附属用房	86988		合　计	5619 套

实验室设备管理工作

概况

实验室的建设与管理工作在高等学校具有重要的地位。实验室设备处是具体负责实验室的建设与管理工作的职能部门。全处有职工 32 人。具有高级工程师(教授级)职称 1 人;高级工程师(副教授级)职称 6 人,工程师职称 16 人。

截至 2003 年我校有各类实验室 53 个,实验室使用面积 36935 平方米。

其中:国家重点实验室 2 个:吸附分离功能高分子材料、元素有机化学。

教育部重点实验室 4 个:光学信息技术科学、生物活性材料、组合数学与核心数学、弱光非线性光子学材料及其先进制备技术。

国家工程研究中心 1 个:农药国家工程研究中心(天津)。

科技部重点实验室 1 个:“863”机器人网点实验室。

天津市重点实验室 7 个:信息光子材料与技术、绿色农药、无机先进材料、微生物功能基因组学、城市生态环境修复与污染防治、光电子及电子薄膜器件与技术和组合数学等。

理科基础实验教学中心 6 个:物理、化学、生物、电工电子、医学、环境科学。

全校可开出实验项目 1124 个,开出实验时数 26976 学时;全校有实验技术专业职称人员 341 人。

《实验室科学》杂志

2003 年共出版 5 期，稿源来自全国 29 个省市，每期印刷 9 个印张/144 页，每期发行量 3000 册。

根据规划建设学校体育馆的需要，实验室设备处于 2003 年 9 月份将化学试剂危险品仓库拆除，并将库存化学试剂全部处理。实验室设备处部分工作人员搬至芝琴楼办公。

实验室管理与建设

建设面向全校，特别是理工科本科一、二年级基础课实验教学中心，即化学、生物、物理、电工电子四个中心，以及医学、环境科学基础实验教学中心。全年投入人民币 1100 万元用于 6 个实验中心建设，支持实验中心的实验教学改革，增加综合性、开放性实验，实验教学多媒体课件制作，实验中心网络建设，主页制作，仪器设备更新。

经过化学实验教学中心全体教师、实验技术人员的精心准备和努力，2003 年 11 月 15～16 日举办的“南开大学大学生化学实验竞赛”圆满结束。共有 270 多名本科生参加，这是至今该学院举办的第六届化学实验竞赛。

重点实验室建设

新建蒙民伟楼于 2003 年 5 月正式启用，吸附分离功能高分子材料国家重点实验室、高分子化学研究所、环境科学与工程学院搬进该楼。其建筑面积为 9130 平方米，学校共投入 403 万元用于增加基础设施、购置实验室家具、仪器设备。

2003 年对第六教学楼、第二教学楼（思源堂）、化学院理化楼约 11000 平方米建筑面积的三座实验楼进行全面维修改造。改造内容包括：基础设施、实验室环境、电气、消防安全设施，购置实验室家具等项目，共投入 900 万元。元素有机化学国家重点实验室、农药国家工程研究中心搬进第六教学楼，医学科学院搬进第二教学楼（思源堂），材料化学系搬进理化楼。

固定资产管理

为了加强、规范固定资产管理，防止国有资产流失，2003 年重新修订南开大学仪器设备管理的各项规章制度，针对计算机附件、升级、软件管理制定了《关于计算机附件及计算机升级管理补充说明》和《南开大学计算机软件管理办法》。为了提高大型、贵重仪器的完好率和使用效益，制定了《南开大学大型仪器设备维修基金实施办法》。

简化仪器设备入账、财务报账手续，取消固定资产卡片，学校仪器设备固定资产标签采用计算机直接打印。

截至 2003 年 12 月 31 日，我校仪器设备总值达 32645 万元，30779 台件。2003 年当年购入仪器设备 6791 台件，价值 6340 万元。全年调拨、报废处理仪器设备总值 1161 万元，1782 台件。将功能下降原因的仪器设备维修后，捐赠给新疆、天津市蓟县中小学等单位 86 台微机（原值 60 万元），校内调剂给教学科研使用微机和打印机 85 台（原值 54.8 万元）。

大型、贵重仪器设备开放、实验平台建设

利用校园网络建设南开大学大型仪器设备管理开放平台，并在网上将分散在几个单位的核磁共振谱仪等同类分析测试仪器组成测试平台，“南开之星”高性能科学计算集群式计算机一期购入的 128 颗 CPU 对校内外开放。

我校根据学科发展的需要，自行组建生命科学研究平台和先进材料测试及制备平台。2003 年 7 月 12～13 日，这个建设项目

专家论证会聘请了北京大学生命科学院院长丁明孝教授，清华大学理学院院长周海梦教授，中国科学院化学所李立璞研究员，中国科学院半导体所林耀望教授担任论证专家组成员，建设项目获得通过。

仪器设备购置和实验室改造工程

2003年全年实验室设备处执行国家招投标法、政府采购法，组织学校教学科研用仪器设备和实验室改造工程进行招标66次，其中仪器设备中标金额达到4990万元，实验室改造工程中标金额1094万元，节约率分别为6.2 %和26 %。

"南开之星"超级集群计算机的购置

在学校领导和学校招投标领导小组的指导下，科学计算所的教师与国内国外计算机生产供应商进行技术交流，样机考核，周密制定招标标书和评标程序，南开之星超级集群计算机购置招标工作于2003年7月14日在校园网公布招标信息，8月5日开标，参加竞争的国内外投标商有12家。经过专家封闭评标，技术咨询，最后评议打分、投票表决，于8月15日在校园网上公布评标结果，宣布北京富通天地电脑有限公司(IBM产品代理)中标 。在合同文本内容谈判过程中，学校招投标领导小组听取了我校法政学院专家教授的意见，并加在合同文本中。2003年8月27日下午签署合同文本，合同签字的三方是南开大学科学计算所、中国教学仪器设备总公司(我校外贸代理公司)、北京富通天地电脑有限公司(IBM产品代理)。

第一期128颗CPU计算机于2003年11月24日到达南开大学。经过验收合格，投入使用。

世界银行贷款"高等教育发展"项目

2003年是世界银行贷款"高等教育发展"项目的第四年。本项目截止到2003年12月31日，已累计完成2632.2万元人民币，占项目总计划额2826万元人民币的93%。已完成贷款总额的(220万美元)85.26%，累计支付187.58万美元。2003年当年共支付71.3万美元。完成配套资金总额的(1000万元人民币项目)108.7%，累计支付配套资金人民币1080.7万元。本项目2003年当年共支付配套资金人民币105.3万元。

"21世纪初高等教育教学改革"项目通过验收

2003年10月，我校承担教育部世界银行贷款"21世纪初高等教育教学改革"项目《人文学科类数学课程设置和教学内容、体系改革的研究与实践》、《生物学本科实验教学创新体系的建立和实践》、《非环境类专业学生环境保护与可持续发展的教育研究与实践》、《综合型高等学校内部教学质量监控体系的研究与实践》共四项，通过学校组织的有校内外专家参加的结题验收。

交流与合作

2003年，我校接纳云南师范大学教师半年期进修5人次，接收云南师范大学推荐优秀本科生的免试研究生3人。当年共有8位学生在南开大学读硕士学位。计划2004年接收的3名免试研究生名单已确定。应云南师范大学要求，我校软件学院与云南师范大学教务处，于2003年8月在昆明就该校教学教务管理系统联合开发制作项目达成协议，该系统将于2004年上半年完成开发并试运转，力求推动云南师范大学的教学管理及教学改革。该校派2位技术人员到我校参与制作。邀请云南师范大学5位教师分别参加了在延吉、武汉、杭州等地由教育部组织的世行贷款项目出国考察国外高等学校理科实验室教学管理推广和研讨班活动。上述工作活动经费由我校协作活动计划专项经费支出。

重要事件

3月6日，召开国家基础课实验教学示范中心建设工作推动会，部署了本学期实验中心建设工作。

6月4日，召开我校2003年学校大型仪器设备管理委员会工作会议。会议上讨论了委员会的工作职责、建设大型仪器科学平台、“大型仪器开放基金”、“大型仪器维修基金”等实施细则。

7月12～13日，我校根据学科发展的需要，自行组建的生命科学研究平台和先进材料测试及制备平台论证会召开。

7月14日，南开之星超级集群计算机购置招标工作在校园网公布招标信息，8月5日开标，8月15日在校园网上公布评标结果，8月27日下午签署合同文本。

8月15日，应云南师范大学要求，我校软件学院与云南师范大学教务处在昆明就该校教学教务管理系统联合开发制作项目达成协议，该系统将于2004年上半年完成开发并试运转，力求推动云南师范大学的教学管理及教学改革。

11月3日，召开理科教学实验室建设工作座谈会，全校理科学院领导、教师代表参加了会议。

11月24日，“南开之星”超级集群计算机第一期设备到达南开大学。

安全保卫工作

概况

保卫处在学校党委、校长的领导下，紧密围绕学校中心任务，积极开展各项安全保卫工作，维护学校政治和治安秩序的持续稳定，预防和减少案件、事故，保护国家和人民生命财产安全，为学校教学科研和各项工作顺利进行创造良好的环境。

保卫处内设政保科、治安科、安全科、校卫队4个科室，现有专职在岗工作人员25人，其中副研究员2人，高级教师职称1人，助理研究员13人，1人任全国高校保卫学会理事、天津高校保卫学研究会常务副理事长。

学校社会治安综合治理工作办公室设在保卫处。

在抗击非典斗争中，保卫处全体同志在学校党委领导下，在保卫处领导的带动下，全力以赴投入防控非典第一线，做出了突出贡献。

提前制定工作方案，多次召开全体人员和党员、入党积极分子会议，传达有关文件精神，进行工作部署。

处领导率先垂范，带病坚持工作在防控非典一线，在领导干部的带动下，同志们都克服各种困难，任劳任怨，每天早7时30分上岗，晚7点时30分下班。

在各校门铺设地毯，坚持每天泼洒消毒

液进行消毒,师生员工凭校徽、证件出入各校门,校外人员来校实行登记制度,同时测量体温,拒绝高热人员入校,阻断非典传播渠道。随着防控非典战斗的深入,按照学校要求在文科楼西侧和大中路百货店前新建两个二道门,并对家属区和教学区以及与天大通道进行封堵,通过有线电视播放加强校园管理和理整顿交通秩序的通告,在校门口和二道门制作悬挂13条横幅、摆放7块宣传牌,用录音机播放有关通告,做好宣传工作。

自防控非典以来,全体同志放弃公休日,加班工作。工作中注意方式方法,没有发生纠纷。

在学校党委领导下,全处同志连续一个多月昼夜奋战,严格校门管理、加强校园巡逻,努力阻断非典传播渠道,校园环境得到明显改观。

坚持一手抓防控非典工作,一手抓安全稳定工作,提前制定工作方案,结合不同阶段安全保卫工作的特点,开展一系列防火防盗安全检查,足迹遍及每个单位、学生宿舍、招待所、食堂、民工住地等部位,由于工作到位,措施得力,未发生案件、事故,确保了学校不同时期的安全稳定。

政保工作

主动与有关单位联系,及时了解和掌握原法轮功活动参与人员的思想动态,积极配合有关单位做好他们的思想教育和监控工作。对重点人员和可能出现问题的人员,与市公安局四处多次到其管界派出所,落实监控措施。与公安机关联系了解3名参与法轮功活动人员的情况及处理情况,及时上报学校有关部门。2月28日抓获校外到学校散发法轮功传单光盘人员1名,11月9日抓获校外到学校散发法轮功传单人员2名,均交公安机关审查处理,受到学校和有关部门的表扬。

制定南开大学国家安全小组2003年工作要点,党委副书记吴本湘主持召开学校国家安全工作会议,并请国家安全机关负责人到会讲座。党委副书记吴本湘主持召开保卫处、国际交流处和市安全局、公安局四处参加的涉外安全保卫工作座谈会,理顺工作关系。保卫处积极配合学校国际学术交流处共同做好涉外安全保卫工作,防止境内外敌对势力、敌对分子渗透破坏,防止各类案件事故发生。配合做好留学生举办的大型活动安全保卫工作。做好首长来校、国际会议、航天工程先进事迹报告团来校座谈、欢送毕业生文艺晚会等重大活动的安全保卫工作。

做好出入境人员的政审和前往边境地区人员的办证工作。将因私出国(境)人员的档案立卷。全年办理因私出国643人次,边境证266人次。

配合有关部门做好校园网络监控工作,安排专人监控校园BBS,发现问题及时提留、删除,上报有关部门,预防有害信息的传播。对在BBS上发表有害信息的当事人,配合有关部门做好思想教育工作。

特别是做好全国"两会"期间安全保卫工作,保卫处提前制定安全保卫工作方案,明确各项工作任务和人员分工,落实各项措施。"两会"期间学校没有出现法轮功非法活动、政治案件、刑事案件和灾害事故,确保学校的安全和稳定。

治安工作

主动采取防范措施,加强治安管理,未发生影响大的案件,发案率逐年下降。2002年发生刑事案件17起、治安案件20起。2003年发生刑事案件16起、治安案件18起。2003年以来共抓获现行违法犯罪30起,违法犯罪嫌疑人35人。

1.学校领导高度重视治安保卫工作。学校投入大量资金,采取了教学区与居民区隔离措施,先后兴建6处二道门,加强教学区的治安管理。为保卫处增加32名校卫队临时工编制,并给予经费保障,加强校门管理和校园巡逻力量。给保卫处配备两辆汽车,提高快速反应能力。学校对抓获违法犯罪的有功人员及时给予表彰奖励,进一步调动保卫干部和师生员工维护治安的积极性。

2.开展安全防范教育,增强师生员工的防范意识。新生入学时对全体新生进行了安全教育讲座,还印发《致南开大学2003级研究生的一封信》,经常利用有线电视、南开大学报和校园网,向广大师生宣传典型案例,以提高广大师生的警惕性,调动广大师生维护校园治安的积极性。群众配合保卫处抓获违法犯罪嫌疑人5人。

3.开展安全检查,消除防范漏洞。在全国两会、重大节假日和寒暑假前,陈学奇副校长多次带领保卫处等部门负责同志,开展安全检查,多次带领保卫处人员对夜间值班情况进行检查。保卫处干部经常深入到学生宿舍、单位、招待所、体育活动场所,开展安全检查,并定期组织统一行动,对全校夜间值班情况进行检查,发现漏洞及时督促有关单位整改。主楼、化学楼、行政楼、附小实行保安值勤。在新行政楼安装了防盗报警系统,明珠园安装了摄像报警系统,西北村学生宿舍区安装了摄像报警系统,西区学宿舍外围摄像报警系统方案正在审定之中,请公安局有关部门对学校整体监控系统提出初步方案,并对北京大学和北京理工大学的监控系统进行实地考察。

4.把做好学生宿舍安全防范作为工作重点。先后5次召开学生宿舍楼长、值班员会议,处领导结合治安形势,提出加强宿舍安全管理的要求。安排专门干部负责宿舍安全保卫工作,组织人员配合宿舍管理部门多次对宿舍(包括校外大学生公寓)进行安全检查,及时堵塞防范漏洞。保卫处把学生宿舍特别是女生宿舍作为巡逻重点并取得显著成效,如:暑假期间在学生17宿舍楼顶抓获1名用望远镜窥视女生宿舍的流氓,在学生7宿舍抓获1名夜间隔窗偷窃同学财物的犯罪嫌疑人,11月18日凌晨在女生15宿舍抓获流氓1名。西区学生宿舍投入使用后由于围墙还不完善,保卫处安排一个巡逻组加强夜间巡逻,未发生案件。学校后勤部门雇佣16名保安在西区学生宿舍、校外大学生公寓值勤巡逻,加强学生宿舍治安防范。

5.加强民工管理工作。暑假期间学校施工部位多,校内民工达5000多人。陈学奇副校长对加强民工教育管理工作十分重视,多次召开雇佣民工的单位负责人会议,多次深入施工工地进行安全检查。保卫处4次召开施工单位负责人会议,与施工单位负责人签订《安全保证书》,施工单位交纳保证金,保卫处采取登记、教育、检查、清理相结合的管理方法,及时发现和制止治安案件和火险事故苗头5起,有效地预防和减少民工对校园治安的影响。

6.加强招待所、体育活动场所和校园环境的治安管理。3次召开校内招待所负责人会议,多次进行安全检查,督促落实各项安全防范措施。多次与体育部负责人面谈,研究如何加强体育场馆的安全管理问题,要求落实管理责任制和管理措施,预防各类治安问题的发生。

7.做好学校社会治安综合治理工作。起草了《南开大学2003年社会治安综合治理工作意见》,经学校领导审定后,下发各单位执行。与66个中层单位的负责人签订《南开大学社会治安综合治理目标责任书》,推动全校治安综合治理工作的开展。天津市综治委和市委教卫工委对我校综治工作进行检查验收,对我校综治工作的成绩给予充分肯定。

8.加强校门管理和校园巡逻,抓获现行违法犯罪。坚持对门卫人员进行严格教育和严格管理,在非典时期认真履行职责,做到严格管理，文明值勤。认真组织巡逻蹲堵工作，在组织好干部机动车巡逻和校卫队员公开巡逻，清理闲杂人员、震慑违法犯罪，维护校园秩序的同时，认真组织隐蔽蹲堵，抓获现行违法犯罪。

安全工作

认真贯彻教育部、市政府、市委教卫工委安全防火文件精神，认真落实公安部《机关、团体、企业、事业单位消防安全管理规定》，积极开展安全防火工作，全年没有发生火灾事故。

1.领导高度重视，落实逐级防火责任制。党委书记薛进文、校长侯自新分别带领有关单位负责人进行防火安全检查和施工安全检查，党委副书记、副校长张静，副校长耿运琪、陈学奇分别带领三个检查组进行安全检查。陈学奇副校长多次带领有关部门负责人对实验楼、学生宿舍、学生食堂、招待所和校外企业进行安全检查。保卫处修改了《防火责任书》，66个单位负责人与校长侯自新签订《防火责任书》，随后各中层单位又与下属单位的负责人签订责任书，各实验室确定防火负责人，做到层层有责任，层层抓落实。

2.开展安全检查，加大隐患整改力度。在校领导多次进行安全检查的同时，保卫处在全国“两会”前、“非典”期间、暑假开学后等对全校各部位进行拉网式安全检查。学校投入200多万元，基层单位也投入部分资金，整改隐患漏洞。发现隐患201项，已整改189项。尤其是取缔化学学院应用化学研究所使用大量剧毒品的生产车间、元素所南侧实验室、金工厂外租的霓虹灯厂和印刷厂外租的腾腾公司等隐患。对学校室外120个消防栓进行维修。为新行政楼等21个部位配备、维修灭火器623个、配备器材架117个、消防水枪11个。

3.开展防火宣传教育，提高自防自救能力。组织国际交流处、化学学院、后勤办、后勤集团等8个单位的安全保卫负责人参加市消防局组织的消防知识培训，组织图书馆、化学学院两个单位的防火负责人参加市消防局组织的消防设施管理培训。将市公安局四处《天津大学、天津财经学院发生火灾的通报》及时传达各单位。与实验室设备处联合下发《关于进一步加强实验室安全工作的通报》。利用校内各种媒体进行防火宣传，在教学区设立安全宣传橱窗。对3个单位的义务消防队进行消防培训。

4.认真开展疏散通道、安全出口的专项治理工作。根据全国和天津市开展人员密集场所安全疏散通道、安全出口专项治理的工作部署，结合我校实际认真开展工作。7月19日召开治理工作会议，学校32个有关单位主管安全工作的负责人参加会议，传达市教委安全会议精神和天津市公安局、天津市安全生产监督管理局联合通告内容。部署专项治理工作，保卫处向各单位下发《消防安全疏散通道、安全出口专项治理自查整改报表》，8月底之前为各单位自查整改阶段，9月中旬保卫处进行专项检查验收。学校投入经费160余万元，专项治理32项，保卫处为人员密集场所配置“安全出口”指示牌70块，安全防火提示牌500块，治理工作取得明显成效。市政府安全检查组来校检查验收给予充分肯定。

5.认真做好冬季防火工作。12月1日学校召开冬季安全防火工作会议，各院(系)党委书记、副书记、主管院长、保卫干部、各单位、机关各部门负责人参加会议。会议由校党委副书记杨庆山主持，保卫处负责同志传达了天津市冬季安全防火工作会议精神，并对我校冬季防火工作做部署。市消防局重点处乔旭处长出席会议并讲话。侯自新校长做重要讲话。保卫处起草“做好冬季防火工作的紧急通知”，印制300份发给各单位，张贴各部位。制作悬挂宣传横幅20条。12月

2日市消防局出动10名警力，保卫处出动干部8名，有关单位负责人参加20余名，组成8个联合检查组，对学校各部位进行检查。当晚保卫处配合消防局对夜间值班情况进行检查，在检查中发现的问题督促有关单位进行整改。

校园环境整治

积极对教学区、学生生活区治安环境进行清理整治。取缔教学区和学生生活区书店1处、复印点2处、摆摊设点11处。保卫处白天坚持机动车巡逻和自行车巡逻，多次组织晚上清理活动，清理教学区和学生生活区流动小贩30余人，收缴三轮车6辆。

学校党政领导高度重视治理居民区治安环境问题，多次请学府街办事处、公安学府街派出所和南开区综合执法队等执法部门对西南村居民乱开门脸、乱摆乱卖、乱堆乱放及部分私搭乱盖进行清理整治。与学府街办事处签订对居民区环境进行管理的协议书，继续由政府有关执法部门对居民区的环境秩序实行长效管理。

队伍建设

1.注重领导班子建设。领导班子认真坚持民主集中制原则，班子成员互相尊重，互相支持，团结一致，形成合力，严以律己，率先垂范。加强工作的主动性、计划性、针对性，重落实、重成效。团结带领全处同志积极做好各项安全保卫工作，取得突出成绩。

2.发挥党支部战斗堡垒作用和党员先锋模范作用。党支部制定支部工作计划，定期开展组织生活，以邓小平理论为指导、认真组织学习胡锦涛同志“七一”讲话和《“三个代表”重要思想学习纲要》，学习学校党代会报告，提高觉悟，统一思想，激励干劲。全体党员在学习和工作中发挥骨干带头作用。尤其在防控非典斗争中，党员、干部做出表率。做好入党积极分子培养考察工作，经过机关党委批准，1名同志转为中共党员，2名入党积极分子为中共预备党员，4名入党积极分子列为重点培养考察对象。

3.加强作风建设，提高管理水平和服务水平。认真落实机关党委关于加强作风建设的部署，结合保卫处实际，制定《争创文明处室行为规范》，并抓好《文明工作规定》、《廉洁自律六不准》等规章制度的落实。提高工作效率，增强服务意识。收到群众赠送的锦旗一面，表扬信、感谢信6封，校园网BBS上有表扬保卫处的帖子10多件。保卫处被学校评为防控非典先进单位，3名同志分别评为天津市、市教卫工委、南开大学防控非典先进个人。

4.严格校卫队的教育和管理。为提高校卫队整体素质，从下岗职工中挑选队员，选择在原单位担任一定领导职务的同志为骨干，坚持开展责任心教育、形象教育和服务意识教育的教育活动，落实《文明用语规定》、《文明值勤规定》等规章制度和奖惩机制，队员素质明显提高，在维护校园治安、抓获违法犯罪斗争中取得突出成绩。

获奖情况

2002年南开大学被市委、市政府评为社会治安综合治理先进单位。

2002年和2003年南开大学两次被市政府评为消防安全先进单位。

2001年、2002年和2003年保卫处连续三年荣立市公安局集体三等功。

2001年、2003年保卫处两次被市国家安全局评为涉外安全保卫工作先进单位。

2001年保卫处荣获市委教卫工委与“法轮功”斗争先进单位、2002年社会治安综合治理等三项先进单位称号。

2001年、2002年保卫处三次被南开大学评为信息工作先进单位。

2003年保卫处被南开大学评为防控非典先进单位，被机关党委评为“文明处室”。

2001年至2003年保卫处处长张德宝被市委、市政府评为社会治安综合治理先进个人，被评为天津市防控“非典”先进个人和市委教卫工委防控“非典”优秀党员，被市委教卫工委评为优秀党员、荣立市公安局个人三等功，被南开大学评为优秀思想政治工作和管理工作者。

刘桂鹏被市公安局评为剧毒物品安全管理工作先进个人。

邢元静被市委教卫工委评为与“法轮功”斗争先进个人。

张德宝、杜建民、时恩琦等三人被评为南开大学防控“非典”先进个人。

王志忠被南开大学评为信息工作先进个人。

市公安局四处专门发文保工作简报《南开大学坚持“以防为主，打防结合”方针 积极落实校内安全保卫工作》，对学校安全保卫工作给予充分肯定并进行推广。

重要事件

1月7日，教卫工委负责同志来校检查社会治安综合治理工作。

1月20日，市公安局四处在学校召开高校保卫处长会议，保卫处分别荣获集体三等功和个人三等功。

1月22日，天津市教卫工委在学校召开安全稳定工作会议。

4月2日，迎接天津市安全检查小组来校检查。

6月20日，做好伊朗大使和天津市领导来校为伊朗文化周活动剪彩的安全保卫工作。

7月1日，天津市安全检查小组来校进行安全检查，陈学奇副校长汇报我校近期以来的安全工作情况。

7月10日，陈学奇副校长带领后勤办公室、后勤集团、设备处、保卫处等单位负责同志以及市公安局四处干警对全校重点部位进行暑期安全大检查。

9月1日，“南开之星”超级计算机招标工作，IBM全球副总裁和天津市有关领导来校，保卫处配合有关部门做好警卫任务。

9月2日，做好韩国驻华大使来校访问的安全保卫工作。

9月6～8日，做好日本研究院主办“东亚区域经济合作国际学术研讨会”的安全保卫工作。

9月16日，天津市安全生产技术监督管理局、市消防局重点处负责同志来校检查工作，副校长陈学奇带领有关部门负责同志对我校蒙民伟楼实验室、物理学院三教实验室、元素所实验室、经济学院大楼、生科院大楼等实验室进行安全检查。

10月13日，配合消防局重点处对主楼，学生14～15宿舍，学生第一、第二食堂，新图书馆等重点部位进行安全检查。

10月14日，天津市“疏散和消防通道”专项治理检查组来校检查工作。听取我校“疏散和消防通道”专项治理工作的汇报并对有关部位进行安全检查，对我校的工作给予充分肯定。

10月31日，做好原文化部部长王蒙来学校进行名人讲座现场的安全保卫工作。

11月10日，做好航天工程先进事迹报告团及航天英雄杨利伟来我校与天津市大学生代表进行座谈会的安全保卫工作。

11月11～15日，由国际商学院和香港大学等单位合办的“第二届公司治理国际研讨会”。全国人大副委员长蒋正华出席开幕式，保卫处配合有关部门做好警卫工作。

发展委员会工作

概况

发展委员会经2002年9月12日第十次校党委常委会决定成立，是学校为充分利用各种社会资源，拓展办学空间组建的议事机构。校长侯自新任主任，副校长陈洪、校长助理霍耀秀任副主任，委员包括学校办公室、研究生院、教务处、科学技术处、社会科学研究管理处、国际学术交流处、人事处、财务处主要负责人、校友会及发展委员会办公室负责人。

发展委员会的职责是贯彻落实校党委、校行政关于学校发展工作的有关指示、决议；审议发展委员会办公室年度工作计划；听取发展委员会办公室工作开展情况的汇报，予以检查监督；研究决策发展委员会工作的有关重要事项；关心发展委员会办公室队伍的思想和作风建设。

发展委员会办公室是南开大学发展委员会的办事机构，在发展委员会领导下开展工作，为正处级单位，下设国内工作部、海外工作部、综合事务部。发展委员会办公室主任由霍耀秀兼任，李玉峰担任副主任，现有专职工作人员4人。办公室主要职责是认真贯彻落实校党委、校行政关于学校发展工作的有关指示、决议；会同有关部门编印《南开大学校友通讯》、《南开大学年度事业发展报告》，宣传学校改革、建设和发展情况；综合协调全校捐赠工作，建立健全筹资组织网络，密切学校与社会各界和南开校友的联系；挖掘各种社会资源，组织开展筹集资金工作；以筹集资金为工作主线，积极探索社会各界、南开校友支持学校发展的新形式、新途径；向捐赠方及时沟通捐赠款项使用情况；按照学校要求，抓好校友会的自身建设和工作开展；完成学校交办的其他工作任务。

基础建设

完成建章立制，制定了《发展委员会组织机构及工作职责》、《发展委员会办公室工作职责》、《发展委员会办公室工作人员岗位责任制》、《发展委员会办公室组织机构及岗位设置意见》、《发展委员会办公室工作人员守则》，实现工作正常运转。

开展南开校友和各类社会资源调研，初步建立国内外南开校友、国内外企业家、实业家和重点学生家长联络网络，建立校友资源数据库以及校、院、系三级筹资工作队伍网络。

筹资工作

2003年全年捐资工作取得积极进展，捐赠情况见附表。

重要事件

1月26日，召开南开大学部分在津校友新春座谈联谊会，副校长陈洪主持会议，党委书记薛进文发表新春祝辞，校长侯自新作南开大学事业发展工作汇报。44名在津南开校友（副局级以上干部和事业有成的企业家）参加了座谈联谊会。

2月18日～2月25日，党委副书记吴本湘、校长助理霍耀秀等同志，参加香港2003年职业/教育博览会期间，分别拜访了香港南开校友会、中央人民政府驻港联络办公室、中国高校香港校友会联合会和何国钊、李漳南、萧季驹、李文振、陈金城、沈家等老校友、香港知名人士。

3月20日，已故美籍华人王文田女士及其丈夫李书华先生向南开大学捐款1722291.62元，学校分别设立王文田奖学金和李书华奖学金。3月20日南开大学向捐赠执行人吕连壁、何青意寄发《捐赠证书》。

4月3日，学校下发南发字[2003]34号文件，《南开大学捐赠工作暂行规定》自2003年4月1日起执行。

4月16日，上报《南开大学85周年校庆活动初步构想》。刘景泉、李玉峰等同志赴京与国家博物馆商讨百年南开展览事宜。

5月23日，发展委员会办公室上报校庆组织机构名单。

6月10日，发展委员会办公室根据校党委要求，提出并上报《南开大学校友工作领导小组及其办事机构校友工作办公室职责范围》。

6月23日，校党委下发南党[2003]12号文件，决定成立南开大学校友工作领导小组，薛进文、侯自新为组长，吴本湘、陈洪、霍耀秀为副组长。学校下发南发字[2003]67号文件，任命霍耀秀为校友工作办公室主任（兼），李玉峰为校友工作办公室副主任（兼）。

6月26日，发展委员会办公室2002～2003学年度 档案工作评为优秀等级。

6月30日，校友工作办公室向学校呈报《关于加强校友工作的若干意见》，薛进文、侯自新、陈洪等校领导同志对此做出批示，同意以学校文件名义印发。

7月4日，新创办的《校友工作动态》正式编印刊发。

8月11日，向天津市教委上报《南开大学关于成立南开大学教育基金会的请示》。

8月20日，向天津市纪念建城600周年活动筹委会办公室上报《南开大学关于将百年南开庆祝活动列入天津建城600周年纪念活动的请示》。

8月26日，南开大学向天津市社团管理局发《南开大学关于申请成立南开大学教育基金的函》。

9月9日，南开大学向美国百人会会长发出参加2004年百年南开庆典的邀请信。

9月15日，南开大学印发南发字[2003]86号文件《关于加强校友工作的若干意见》。

9月27日，我校召开全校中层正职干部会议。陈洪副校长主持会议。薛进文书记出席会议。侯自新校长全面部署了明年校庆工作和下一步捐赠工作、校友工作。

11月6日，侯自新校长、霍耀秀校长助理、李玉峰副主任等，于11月6日至9日赴港访问。

12月1日，向亚洲基金会“赠予亚洲”基金递交申请书。

12月10日，召开各院（系）分管校友工作副院长会议。

12月30日，上报下发《发展办、校友办2004年工作要点》。

12月31日，侯自新校长、陈洪副校长会见旧金山湾区南开校友会胡启林等4位副会长。

附录

2003年南开大学捐赠情况一览表

编号	捐款管理单位	捐赠人(单位)	捐赠时间	捐赠金额(物品)	捐赠用途	备注
001	学工部	中国科学院	2003.1.14	15000元	中科院奖学金	
002	学工部	李书华	2003.3.20	$69322.04 (572953.59元)	用于奖励物理学院本科生	发捐赠证书
003	学工部	王文田	2003.3.20	$139050.18 (1149338.03元)	用于奖励文科各学院本科生	发捐赠证书
004	学工部	三星(中国)总部	2003.3.26	108000元	三星奖学金	
005	社科处	台湾中流-喜玛拉雅研究发展基金会	2003.3	82000元	用于文科研究资助，教师、研究生各10人	
006	学工部	香港福慧慈善基金会	2003.4.15	100000元	福慧奖(助)学金	
007	学校	范曾	2003.4.30	500000元和“战胜非典，匹夫有责”书法精品一帧	用于学校抗击非典专款。	发捐赠证书和捐赠纪念牌
008	研工部	中国科学院	2003.5	20000元	设立研究生奖学金，	
009	学工部	联通公司	2003.6.30	100000	用于学生工作	
010	学工部	霍济光基金会	2003.7.7	44038.65元	支持文史哲等文科品学兼优的贫困学生而设，10名学生获奖.	
011	学工部	晓龙基金会(曾宪章博士)	2003.9.4	60000元	晓龙优秀贫困大学生奖学金，本科生20人获奖	
012	数学所	熊知行 陈省身	2003.9.10	40000元	奖励优秀数学教师，孟道冀、李军获奖	
013	环境科学与工程学院	天津市商会	2003.9.12	100000元	用于环科院报告厅内装修及必要设备的添置	
014	学校	南开大学日本人校友会	2003.9.18	$800 (6571.92元)	用于支援学校抗击非典工作	发捐赠证书
015	学工部	香港福慧慈善基金会	2003.9.26	50000元	福慧奖(助)学金	
016	社科处	东港集团公司	2003.9	96000元	用于化学博士生优秀奖学金	
017	研工部	华燊燃气股份有限公司	2003.9	150000元	设立研究生奖学金	
018	文学院	吴志明	2003.9	8000元	作为吴志明传播学创新奖学金本年度颁发。总额为30万元	

（续表）

编号	捐款管理单位	捐赠人(单位)	捐赠时间	捐赠金额(物品)	捐 赠 用 途	备注
019	学校	美国旧金山湾区南开校友会	2003.10.10	$1570 (12725.27元)	作为学校教育基金	发捐赠证书
020	学工部	IBM公司	2003.10.22	24000元	IBM奖学金	
021	学工部	松下电器育英基金	2003.10.22	20000元	松下奖学金	
022	学工部	日本新电元公司	2003.10.24	200000元	新电元奖学金	其中7万元用于研究生
023	研工部	华为技术有限公司	2003.10	75000元	设立研究生奖学金	其中用于教师3.5万元
024	国际商学院	台湾义首大学副校长张春雄先生	2003.10	20000元	设立东卿奖助学金，资助国际商学院最困难的学生中成绩优秀者，共8人	
025	研工部	将军投资管理有限公司	2003.10	300000元	设立“敬业”奖教金，表彰在研究生培养和管理中做出成绩的教师和干部	2002年设立，期限3年，每年30万，10万元为管理费
026	研工部	光华教育基金会	2003.10.	300000元	设立研究生奖学金，硕士265人、博士46人获奖	其中用于本科生3万元
027	学校	方润华	2003.11.6	周恩来铜像一尊	用以表达对周恩来总理的热爱和纪念。	发捐赠证书
028	学工部	韩国外换银行天津分行	2003.11.6	20000元	KEB.BAK奖学金	
029	学工部	LG电子(天津)电器有限公司	2003.11.13	30000元	LG电子奖学金，本科生10人获奖	发捐赠纪念牌
030	学工部	三星(中国)总部	2003.11.14	108000元	三星奖学金	其中4.8万元用于研究生
031	学工部	广西党委西部助学工程	2003.11.14	5000元	西部助学工程资助	
032	学工部	PPG涂料(天津)有限公司	2003.11.19	10000元	PPG奖学金，化学院5人获奖	
033	外国语学院	日本住友商事	2003.11.21	27000元	外语学院日语、英语专业18名学生获奖	
034	学工部	日本北野财团	2003.11.28	50000元	北野财团奖学金，25名本科生获奖	发捐赠纪念牌
035	研工部	求是科技基金会	2003.11	250000元	研究生奖学金	其中15万元指定给陈省身先生支配
036	研工部	新加坡净宗学会	2003.11	$2000 (16529.20元)	研究生奖学金	

（续表）

编号	捐款管理单位	捐赠人(单位)	捐赠时间	捐赠金额(物品)	捐 赠 用 途	备注
037	历史学院	天津市永泰房地产公司	2003.11	50000 元	支教费	
038	生命科学学院	奇哲纪念济困助学金	2003.11.	4000 元	资助生科院本研一年级特困生	
039	物理科学学院	物理学院77级光学专业毕业生	2003.11.	20000 元	“七七”之光奖学金	
040	法政学院	何悦	2003.12.1	9600 元	法学系学生，一等奖6人，1000元/人；二等奖6人，600元/人	
041	学工部	韩国李知恩女士	2003.12.2	36000 元	设立大洲奖学金，25名本科生获奖	
042	学工部	中国扶贫基金会	2003.12.2	10120 元	新长城特困资助金	
043	人事处	宝山钢铁公司	2003.12.6	86000 元	宝钢奖学金，教师1人获特等奖，3人获一等奖，学生共12人获奖，3000元/人	
044	学工部	天津乐金大沽化学有限公司	2003.12.9	45000 元	LGDAGU 奖学金	从2001年起，每年出资10万元，在我校和天大设立.
045	学工部	颐中烟草(集团)有限公司	2003.12.26	100000 元	颐中奖学金	其中2万元用于研究生
046	学工部	曾宪梓教育基金会	2003.12.26	180000 元	曾宪梓奖学金	
047	学工部	中国扶贫基金会	2003.12.29	6400 元	新长城资助金	
048	学工部	天津市教委	2003.12.30	29000 元	市理工科优秀学生奖学金	
049	外国语学院	日本驻中国大使馆	2003.12.31	663363.73 元	用于购置“同声传译”设备	
050	文学院	沈秉禾	2003.12	10000 元	作为“迦陵古典文学奖助学金”，奖励以所在省前50名考入中文系的新生。	沈为澳门实业家
051	文学院	李蓬春(中文86届校友)	2003.12	400000 元	设立“润世”奖学金，奖励中文系学生	李为天津润世集团董事长
052	文学院	叶嘉莹	2003.12	4000 元	作为“叶氏驼庵奖学金”奖励文学院学生	
053	文学院	范曾	2003.12	200000 元(以实物充抵)	日本二立堂复制中国画，建设文学院“古画临摹室”	发捐赠证书和纪念牌

（续表）

编号	捐款管理单位	捐赠人(单位)	捐赠时间	捐赠金额(物品)	捐 赠 用 途	备注
054	文学院	范曾	2003.12	50000元	用于装修“古画临摹室”	同上
055	文学院	范曾	2003.12	250000元	用于奖励东艺系绘画专业学生优秀毕业创作	同上，上3项合一
056	生命科学学院	诺维信(中国)生物技术公司	2003.12	30000元	用于生科院学生奖学金	
057	学工部	两位在津工作的匿名年轻人	2003	80000元	设立寸草济困助学金，资助40名品学兼优而生活困难的学生，每人每月200元，每年10个月。	
058	学工部	王克昌	2003	20000元	学生奖学金	其中1万元用于研究生

2003年度捐赠合计：人民币6953640.39元，范曾书法精品一帧，周恩来铜像一尊。

校友工作

概况

南开校友总会2003年的工作面临较为有利的形势，校友工作列入学校议事日程，南开大学校友工作办公室成立，总会挂靠南开大学发展委员会。南开校友总会的工作指导思想是：抓住机遇，开拓创新，把握重点，服务中心。

校友联络

南开校友会是团结海内外南开校友，联系母校的重要纽带和桥梁，2003年，总会以多种方式，继续加强与各地南开校友组织的联系和互动，推动北京、湖南等地南开校友会完成换届工作，一批有朝气的中青年校友开始进入校友会的领导层。

总会注意探索新形势下做好校友工作的新思路新方法和新途径，不断开拓和强化为学校服务，为校友服务的范围与力度。

抗击非典时期，总会加强与各地校友会的联系，关心慰问各地校友，并依靠各地校友组织，主动配合学校招生办公室做好外省市招生宣传工作，为南开争取优秀生源。

总会配合学校有关部门，主动参与校友资源开发工作，有效地推动旅美已故校友王文田捐赠的落实工作。王文田校友向大学捐赠20多万元美金设立奖学金。

总会主动、热心为校友办实事、办好事，尤其在帮助、支持中青年校友重回南开深造方面，总会作了大量和有效的工作。

总会选准角度，主动参与和支持南开百年校庆活动的具体筹备工作。

校友总会网站与《南开校友通讯》

2003年，总会加强了网站建设和《南开校友通讯》的编辑工作。完成了总会网站首页和部分栏目的更新工作，改善了网页的视角效果，在宣传内容上，突出了南开新闻和百年校庆筹备工作的宣传，并加强了对校友的网上服务。

完成了《南开校友通讯》26期的编辑出版工作。本期《南开校友通讯》从内容到版面设计，突出了对南开精神、南开人物和南开百年筹备工作的宣传，内容较丰富，形式较活泼。

重要事件

1月26日下午，在伯苓楼多功能厅召开部分天津校友春节联谊会，党委书记薛进文、校长侯自新出席会议并讲话。王鸿江、钱其璈、叶迪生等50名南开校友参加了联谊会。

3月14日上午，在行政楼第二会议室召开南开校友总会在津理事会，与会理事听取了总会2002年工作汇报，并认真研讨2003年总会工作要点，校长侯自新、副校长陈洪等校领导参加会议，并发表重要讲话。

3月初，已故旅美校友王文田女士向南开大学的捐赠208372.22美元寄到我校。根据王文田校友的遗愿，将她和丈夫李书华先生的积蓄捐献给我校，并分别设立王文田奖学金和李书华奖学金。

8月9日，我校八三届数学系近60名校友返回母校，庆祝毕业20周年，联谊会在行政楼会议室召开，校友向学校赠送刻有“天高水长”的石匾作为纪念品。侯自新校长和部分教师参加了联谊会。

9月13～16日在乌鲁木齐市新疆农业大学召开第十次全国高校校友工作研讨会，研讨会总结十年全国高校校友工作的实践经验和成就，开展了首次高校校友工作优秀单位的评选工作。南开校友总会被评为高校优秀校友工作单位。宗茂坤、李玉峰、范桂苒代表学校参加了此次会议。

（撰稿人：宗茂坤）

基建与后勤保障

基建规划工作

概况

2003年，在“非典”的非常时期，基建规划处工作主要是进一步完善了校园整体规划，保质保量完成各项基建工程，加强内部管理，建立健全了相关制度。

在建项目

2003年，我校基本建设项目多、时间紧、任务重。在建工程有：综合实验楼（25767m^2）、西区学生公寓8号楼（30053m^2）、南开数学研究中心（17760m^2）、南开数学研究中心专家公寓（3010m^2）、汉教中心（2871m^2）、MBA大厦（29388m^2），共计108849m^2。

工程前期工作

在做好在建工程工作的同时，基建规划处采取多种措施，做好2004年开工项目的前期工作。2004年计划开工的项目有：学生活动中心（12572m^2）、第二主教学楼（37697m^2）、南开大学体育中心（24600m^2）、会展中心（7200m^2）、生物试验楼（10000m^2），共计92069m^2，以上项目均列入教育部或天津市2004年基建投资计划。

拆迁情况

2003年，分阶段拆除原保卫处和学生宿舍10、11、12宿6000平方米。

内部管理和制度建设

2003年，进一步贯彻落实《基建规划处工作人员廉政行为规范十一不准》，加强党风廉政建设。完成了《关于进一步加强基建工程管理工作的实施细则》初稿，并在实践中逐步试点。制定了基建工程立项和勘察、设计、外网配套单位的选择，基建工程招标，合同签订，财务控制，工程质量管理与验收，基建档案管理等规定，基本涵盖了基建工作的全过程并有很强的实际操作性。比如在招标形式上，通过甲方控制下的总包公司招标这种方式，有效地调动了总包单位的积极性，也控制了工程质量和价格。

重要事件

1. 学生公寓（西区）1～7号楼的建设情况

为了适应高校扩招的新形势，学校决定迁移南开大学化工厂，在原址建设65000平方米学生公寓，解决学生宿舍严重不足的问题，以保证学校教育教学秩序和教学水平。

为了保证2003年8月底学生入住，基建规划处提前做了大量的准备工作，得到了各个部门对该工程的重视。天津市政府、天津市建委等有关部门也对我校学生公寓工程十分关注，专门召开了加快该工程建设的专题会议。市规划局和市建委围绕此项工作，专门为我校开辟了快速通道，及时有效地处理好报建审批工作，并召开了专题协调会以促进该工程的顺利开工。

学生公寓工程的施工周期只有130多天，比计划工期缩短60多天，时间非常紧张。为保证学生开学入住，基建规划处有关人员在2003年春节期间，放弃休息时间，大年初六开始进行验线、桩基础处理等工作，3月14日完成招标工作，4月6日正式挖槽开工建设。经各部门通力合作，该工程进展顺利。

2003年4月，突如其来的非典疫情爆发，严重影响了工程的正常秩序。工程的进展面临严峻问题：施工现场民工由于对非典的恐慌，一夜之间300多名民工纷纷"逃离"工地，返回老家，劳动力严重不足；工程所需的各种设备材料无法运输到位等等。为保证工程的顺利进行，面对出现的困难，我处在学校党委、行政的领导下，在天津市建委和施工企业的大力支持下，一手抓非典防控，一手抓工程建设，工作紧张有序。

在西区学生公寓建设中，因为工期紧和雨季提前，基建规划处提早安排交叉作业，楼本体与内部抹灰、外网配套同时进行，确保工期和工程质量。

在学校领导的关心、支持和各有关部门的密切配合下，2003年8月30日，学生如期、顺利搬入新的学生公寓。

2. 非典时期的工作情况

2003年，爆发"非典"疫情后，基建规划处提前安排好工作，组织交叉施工，确保工期和质量，同时又要确保本处员工和建筑工人的身体安全。先后向各建筑单位下发了《关于进一步加强在校建筑业外来务工人员非典型肺炎防治工作的紧急通知》、《南开大学基建工程防控非典型肺炎工作安排》和《致为南开大学建设发展做出贡献的民工兄弟们的一封信》等。学校也拨专款，划出专门区域建设民工驻地，改善民工居住和卫生条件，稳定了当时的民工情绪，把非典带来的不利因素降到最低程度。教育部第62期简报刊发了《南开大学七大措施加强外来务工人员"非典"防治工作》。

（撰稿人：冯静）

后勤管理工作

概况

后勤管理办公室2003年的工作思路是：以"三个代表"重要思想为指导，深入学习贯彻十六大精神，在不断深化的后勤改革中，切实提高管理水平，做好基础设施完善配套和维修改造工作，优化、美化校园环境，为学校发展提供后勤保障。

后勤管理工作坚持以为学校事业发展提供物质保证和服务支撑为目标，2003年度继续依据有利于保证学校发展和稳定，有利于提高服务质量和管理水平，有利于减轻学校负担为原则，坚持为教学科研及师生服务的方向，在基本建设、房产管理、服务保障、基础设施改造、校园环境建设等方面全面推进并取得了新的进展。

为建设国内外知名高水平大学，学校在进行学科建设、教学改革、管理体制改革的同时，斥巨资打造校园面貌，基本建设、基础设施改造、校园环境建设进入高速发展时期，使办学条件和校园环境的改观初显成效。为教学科研及师生服务管理工作也在以往基础上，进一步合理资源配置、提高服务质量、讲求效率效益，取得了明显进展。

后勤管理办公室作为后勤管理的职能部门，除代表学校对生活后勤工作进行宏观管理，还负责学校后勤服务基础设施、校园环境建设的规划，组织小型基建、修缮、园林绿化工程的预算制定与决算审核；负责学校环境保护、爱国卫生、能源管理等全校性生活后勤的管理协调；代表学校管理校医院、幼儿园、旅游建筑规划设计研究院、校计划生育办公室。后勤管理办公室按编制设工程计划管理科、行政事务科、综合管理科三个科室，现有工作人员 11 人，其中研究员 1 人，副研究员 4 人，高级工程师 3 人，中级职称 3 人。

校园环境建设

2003 年实施的校园环境建设工程包括：西南村住宅区环境改造、行政楼前场地整修及绿化、总理像基座及小广场整修、西南村 45～49 号住宅楼外檐粉刷和屋顶平改坡工程、主楼安装夜景灯光、新建北村门球场及周边环境改造、西门路沿线绿化等项目。

西南村住宅区是校内最大的教职工住宅区，居住教职工 3700 余户，该住宅区环境改造工程经重铺路面、便道，整修排水管线，重置照明路灯，绿化、美化，对路面进行了加宽、整平，美化了环境，教职工居住的适宜程度得到了明显改善。行政楼前场地整修和总理像基座整修两项工程经合理设计，绿化造景，使原已呈破损之态、有碍观瞻的状况得以改观。主楼夜景灯光安装、西南村 45～49 号住宅楼外檐粉刷和屋顶平改坡两项工程既改善了校园环境，也按市政府要求美化了市容街景。北村门球场建设、西门路沿线绿化也相应改善了该区域的校园景观。

后勤建设项目

按学校有计划的改善教学科研条件及学生住宿环境的安排，2003 年先后实施了涉及学生宿舍、运动场地、阅览场所、基础设施方面共计 8 个建设项目。

学生 14、15 宿舍及迎水道校区 2、3 号学生公寓的整体维修改造工程包括给排水、电气、网络系统全部更新、塑钢窗更换、卫生间改造、内外檐油漆粉刷等项目。该工程利用暑假期间，合理安排工期，在保证工程质量的前提下抓紧工程进度，于 8 月份竣工交付使用，保证了学生新学期按时入住。体育场整体改造工程继 2002 年底完成土建部分，2003 年上半年完成了高等级进口塑胶跑道及草皮铺装以及场内设施安装，可容纳 2000 人的看台尚在施工中。改造后的体育场已被国际田联认证为二级田径场地，可举办多种体育比赛项目，并全天候使用。新图书馆灯具全部更新，消除了安全隐患，保证了师生阅览、学习的照明需要。西北村道路及三五电站周边道路改造工程于年中竣工，该路自西北村东端西延，至新建西区学生公寓，并与西门路贯通，该工程涉及拓宽、翻修、电力、雨排、通讯诸多子项，竣工后有效提升了东、西流向的通行能力，尤其方便了住宿在西区学生公寓学生的出行。拆除办公楼东侧平房及小市场，新建北村综合服务用房及老干部活动用房，使办公楼东侧环境得到治理，该区域的使用也得已规整。

人口与计划生育工作

人口与计划生育工作采取多项措施，确

保“三个到位”。层层分解任务，确保责任到位，按学校人口与计划生育工作质量及效果指标考核细则将任务层层分解，落实到人；健全工作网络，确保人员到位，抓好人员的调整与充实，不断强化工作队伍的组织建设；实施财力支持，确保经费到位，主动协调相关部门，保证了工作的顺利展开。

积极为育龄职工服务，并与校医院协作，开展对育龄职工的孕情检查、随访服务、生殖保健咨询、技术服务等工作，提高药具发放率，不留空档，保证了晚婚晚育百分之百达标。

在做好教职工计划生育工作的同时，将大学生的生殖健康问题列为重要工作内容。承担的“国际青春健康”项目是天津市高校中唯一项目点，在化学学院学生中启动的该项目培训课程，通过互动式培训，丰富了大学生性与生殖健康方面的知识，也增强了校方对大学生性与生殖健康问题的关注。为拓展项目活动，还先后开展了青春健康咨询、同伴教育调研、性与生殖健康问答调查等活动，在大学生中普及性知识方面发挥了积极作用。

搭建网络平台，提升宣传水平。校内计划生育网站连年来不断充实、更新，网站强大的信息量对师生员工获取生殖健康知识和人口与计划生育政策发挥了重要作用，也受到市、区计划生育部门和新闻媒体的关注，《人口与生殖健康》杂志、《协会信息》对此均做了宣传报道。

南开大学医院

南开大学医院在原配备50余台、套检查治疗仪器基础上，2003年新配置全自动生化分析仪、血球计数仪、酶标仪、金标检测仪、24小时动态心电图监测仪等医疗仪器设备，输液病床增至27张，进一步增强了为师生员工查病治病的物质基础。全年共完成门诊量100000余人次，进行疫苗预防注射3954人次，承担本科生、研究生入学、毕业体检9739人次，献血体检3000余人次，儿童基础免疫接种860人次，为师生员工接种流行性出血热疫苗6398人次。

2003年上半年在抗击非典期间，校医院全体职工及医护人员弘扬南开光荣传统，积极投入到防治非典工作中，站在学校抗击非典第一线。按照学校党政部署，校医院组成两个梯队，先后建立三个不同类别的隔离宿舍，21位医务人员进驻隔离病房，医护人员昼夜工作、无私奉献、不怕牺牲，全程为559名隔离学生服务。他们对学生似亲人、胜亲人，抛小家、顾大局，为学校抗击非典做出了突出成绩。与此同时，校医院面对非典疫情，统筹安排，有序开展工作，制定防控预案、建立信息系统、保证物资供应、多渠道开展宣传，为学校的稳定作出了积极、有效的努力。该院吴宝康、李小农两位同志因表现突出被评为天津市“十五”立功先进个人、市级优秀共产党员。还有一批同志同时受到表彰。

南开大学幼儿园

南开大学幼儿园现设大、中、小、托四个年龄组共16个教学班。在园儿童500余名。随着幼儿教育的发展，在原有的舞蹈、绘画、珠算、识字等兴趣教学活动的基础上，2003年又增设了泥塑、滚轴、围棋等多种课余艺术班，既使孩子受到了多方面的艺术熏陶，又使他们自身的特长得以培养与发挥。

南开大学幼儿园秉承“四优园所”光荣传统，作为南开区落实《纲要》试点园，本着以科研带教学的原则，承担“家园共育促进幼儿的发展”科研课题，并运用该科研课题的成果开展多种形式的教研教学活动，取得了良好效果。其中庆“三八”集体生日会、爱国主义教育活动“擎起奥运之火”在天津电视台《月亮船》节目中播放，魏爱宽老师教改实践演讲获南开区一等奖、天津市二等奖，

陶敬老师撰写 的“我与乐园教育”获南开区乐园教育征文三等奖。教学活动还根据不同年龄的认知水平，组织不同内容的外出活动，托、小班的幼儿到淘气堡游玩，中、大班的幼儿到农场采摘水果、参观科技馆和自然博物馆，此类教学活动均取得满意效果。

南开大学幼儿园在抓好幼教工作同时，不断改善办园条件，更新教学设备及相应的办园物资，自己动手制作了玩教具，为提高幼教质量、拓展办学空间提供物质基础。“六一”儿童节前夕，南开区区长、南开教育局局长、南开区政协主席及妇幼保健院院长来园指导工作，对幼儿园的工作给予了高度赞扬。

旅游建筑规划设计研究院

南开大学旅游建筑规划设计研究院2003年顺利通过国家建设部组织的勘察设计单位资质年检，为乙级设计单位。

南开大学旅游建筑规划设计研究院技术力量较强，技术人员专业结构合理，熟悉教育建筑的结构特点，倾力做好校内建筑工程的设计工作，2003年先后完成：北村综合服务用房、主楼改造，第七教学楼维修、第二教学楼改造、第六教学楼改造，学生第14、15宿舍改造，迎水道校区2、3、4号学生公寓改造等项工程的设计工作。

南开大学旅游建筑规划设计研究院注重在职人员业务技能的提高，采用多种方式提高各类专业技术人员的业务水平和技术能力。在所承担的设计工作中，以科学求实的工作姿态，认真履行工作职能，深入实际调查研究，深入现场跟踪服务，其职业精神和专业水准深受客户好评。

重要事件

整体改造后的体育场被国际田联认证为二级田径场地。

校医院被评为天津市总工会“十五”立功先进集体、南开大学抗击非典型肺炎工作先进集体。

南开大学被天津市评为2002～2003年度计划生育药具管理工作先进单位。

南开大学代表队在南开区《天津市人口与计划生育条例》知识竞赛中获二等奖。

幼儿园庆“三八”集体生日会、爱国主义教育活动“擎起奥运之火”在天津电视专题节目中播放。

计划生育专职干部周秀珍被评为全国计划生育协会先进工作者。

工会干部李长江被教育工会评为2003年度优秀工会积极分子。

校医院原副院长马修贵因涉嫌经济问题被逮捕。

（撰稿：王津元，审稿：丁蕴丽）

后勤服务集团

概况

2003年度，在学校党委、行政的领导和支持下，后勤服务集团忠实实践“三个代表”重要思想，紧密围绕学校中心工作，在改善服务条件、完善服务手段、优化服务质量诸方面取得积极进展，使为教学、科研和师生生活的支撑保障能力达到新的水平，主要表现在：供热能力由60万平方米提高到110万平方米；学生食堂建筑面积由6.8万平方米增加到13.3万平方米；学生宿舍建筑面积由9.1万平方米增加到15.3万平方米（含儒苑公寓2.7万平方米）；公共环卫实现了垃圾封闭化、清运机械化；绿化面积已达40.1万平方米，其中绿地面积为16.1万平方米，绿化覆盖率达到40.1%，为我市先进水平。为建设国际知名的高水平大学奠定了扎实的物质基础条件。

集团年度经济计划指标，在克服非典疫情严重影响的情况下，基本上得以实现。集团年度总收入4576.1万元，其中学校支付1558.4万元，有偿服务收入2734.5万元，经营收入254.5万元。集团年度总支出4281万元，节余（含未完工项目款）266.6万元。集团内具有法人资格的劳动服务公司和生产发展中心经营情况未列入。集团年度经营总收入超过2002年163万元。集团负责的维修、改造与建设项目共51项，完成年度投资总额3039.9万元，有力保障了教学、科研和师生生活的正常运行。至2003年底，集团全民所有制职工共270名，集体所有制职工109名，合计379名；另外，雇用临时工约700名。集团职工中，副高级职称管理、技术干部13人，中级职称52人，高级技师1人，技师24人，高级工149人。至目前，集团全民所有制职工平均年龄为45周岁。

膳食服务

2003年以前50年，学校学生食堂建筑总面积为6.8万平方米。而在2003年竣工投入使用的新食堂建筑面积就达到7.5万平方米，超过前50年之和。新食堂命名为学二食堂，基建部分学校投资为1500万元，内部装修和配置由集团投资450万元。其中一、二层为学生基础伙食，可一次性容纳1458人同时就餐，引进全国各地风味名厨共10家，以满足各地学生需求；三层为经营性餐厅，经公开征集，由学生提议，命名为馨香园，设有大厅和10个雅间，可供540人同时就餐。馨香园于10月18日开始营业，现已成为学校大型庆典和重要接待的主要场所，达到建立新的服务窗口，树立新的服务形象的预期目的。

随着学二食堂投入使用，学生餐饮布局进行了相应的调整。按照学校规划，将老学二食堂（既原研究生食堂）拆除。与此同时，学一食堂进行内部更新改造，将其三分之一的面积辟为清真食堂，面积为389平方米，使为少数民族学生服务的物质条件大为改观。膳食中心为照顾少数民族学生，每月为清真食堂补贴 3000 元。原清真食堂交给学校汉语言文化学院使用。

2003 年的膳食工作一大特点是，学一、学二、学三等全部学生食堂实现了用公共餐器具，就餐后统一清洗和消毒，有效维护饮食卫生和方便广大学生，彻底结束南开学生自带碗筷就餐的历史。同时，继续保持食品安全卫生的工作成绩，受到国务院、天津市食品安全卫生检查组好评。

为切实提高膳食服务水平，满足师生日益提高的饮食需求，集团组织烹饪技术比赛，开展南开美食周活动，在学生食堂公开展出饮食新品 50 余种，得到学校领导的关注和广大同学的好评。集团派出选手参加天津市烹饪大赛，获金奖三枚，得到夏宝龙副市长的肯定，也弘扬了南开的饮食文化。

学生宿舍管理

2003 年，学生住宿条件得到实质性大面积的改善，由原先的 9.1 万平方米增加到 15.3 万平方米，实现本科生 6 人一间，硕士生 4 人一间，博士生 2 人一间。其中，新建西区学生公寓 7 幢，3.5 万平方米，接收儒苑公寓 2.7 万平方米。新建公寓设计为单元式，每个单元均设有卫生间，公寓为相对独立的小区，采用全新的物业管理模式。同时，学校投资相继改造校本部 14、15 宿舍和迎水道校区 2、3 宿舍，共 1.4 万平方米。新建公寓和改造公寓内部配置崭新的家具和用具，包括多用柜、自习桌、电视柜、学习桌、上床下桌、木椅、床垫、电扇等，学校投资的室内配置总额约 730 万元。在各部门通力协助下，新宿舍和改造的宿舍于新学年开学时按计划投入正常使用。

学校于 2003 年 8 月 1 日对儒苑公寓进行全面接收。该公寓前身是市财政局、市教委联合投资的“天津市儒苑大学生公寓有限公司”。经学校与天津市商定，该公司作价 4850 万元，产权转移给南开大学。目前，公寓产权转移手续正在办理之中。按照学校决定，儒苑公寓定名为“南开大学儒苑公寓”，由后勤服务集团经营管理，并在新学年开始安排新生住宿。

儒苑公寓土地总面积 2.1 万平方米，建筑总面积 2.7 万平方米，分东、西两院，共有学生宿舍 738 间，床位总数 3233 个。另外，公寓区建有三层教学楼 1 幢、二层办公楼 1 幢、学生食堂 2 座，还有超市、洗浴、休闲等用房。

宿管中心在 2003 年共办理 6411 名新生入学手续，4385 名毕业生离校手续，同时，还按照学校计划，调整、搬迁、回迁学生 1 万余人次。在开展创建文明宿舍活动中，有 100 间学生宿舍被授予“文明宿舍”称号，有效地维护了学生宿舍的良好秩序。

为提升学校宿舍管理水平，根据学校住宿较为分散(本部、迎水道、儒苑、泰达)的实际情况，暑假前设计完成宿管计算机软件系统，并在迎新工作中投入使用，该软件不仅在计划安排、调整、查询中快速 便捷，而且实现与学籍、收费等职能部门之间互动。经主管校长批准，项目已列入科研计划，不断予以完善，重点解决全方位、大范围使用和网络配置问题。

按照学校建设规划，学生第 1、2、11 宿舍予以拆除，9 宿舍留作非典疫情期备用房。

动力修建

随着事业发展，学校各种建筑迅速增加，学校供暖能力缺口达 30 万平方米。经周密调研、论证，学校决定在原西南村锅炉房进行扩容改造，即将原先 3 台 10 吨锅炉改造成 2 台 30 吨锅炉。此项工程正式工期 4 个半月时间，从工程启动至竣工总计 158 天，确保当年 10 月底供暖期之前试运行。供暖增容工程的竣工，标志着我校供暖能力已达到110万平方米的水平，从根本上保证了学校事业发展的需要。工程投资共1451万元，采用目前最先进的自动化设备，低噪音、低排污，为天津市同行业先进水平。

在学校建筑面积急剧增加的情况下，由于加强了管理和技术改造，学校2003年水资源消耗比2002年下降14.9万吨，节资48万元。

2003年继续加大节电管理和技术改造力度，安装磁卡电表1400块。其中学生宿舍安装1100块。年度回收水电费590万元(不含校财务处代扣部分)，同期增加18%，其中，回收学生超标购电费30万元。

学校继续对电力基础设施进行改造，以适应教学、办公和生活需要，主要是：1号变电站异地重建，项目投资200万元，满足新行政楼、北村居民和体育馆用电；9号变电站设备更新项目投资141万元，解决化学楼容量不足的问题；西南村22～40楼外电网增容改造，项目投资20万元，保证居民安全用电。

年度监理学校重要工程项目20多项，项目资金总额1482万元，保证工期、质量，维护学校利益。

完成学校入库家具27858件，价值2414万元，报废家具10804件，价值92.7万元，调拨家具40件。另外，中标制作学生宿舍家具总额55万元，包括学习桌、衣柜、方凳等。

校园卫生与绿化

2003年，学校加大投资，使公共环卫体系建设水平达到新高度，为抗击非典，维护师生健康发挥重大作用，主要是：购置3部自卸式垃圾运输车，淘汰人力敞开清运垃圾的方式；校园内敞开式垃圾箱改为钢制全封闭垃圾箱；家属住宅楼老式垃圾道拆除或封闭。目前，仅还剩西南村16、17、18、19楼尚未拆除旧式垃圾道。以上几项举措，使蚊蝇滋生率下降，减少了空气和环境污染。学校环卫设施水平居于天津市前列，特别是非典疫情期间，天津电视台及时报道专题节目，号召在全市推广。另外，全校灭鼠投药覆盖率100%，全年集中灭蚊蝇9次。

至2003年底，学校新增绿地面积2.1万平方米，新栽树木313株，绿篱1065延长米，完成6宿舍北绿化景点工程1134平方米，由校园中心自筹资金12万元完成项目投资。目前，学校全部绿化面积为40万平方米，绿化覆盖率40.1%，为天津市先进水平。

2003年学校继续保持天津市卫生红旗单位和绿化先进单位称号。

另外，在全校性大型事务服务方面继续做出显著成绩，主要是：完成暑期学生票订购工作，共计4000余张，制作身份证2840件，完成迎新和毕业生的各项服务工作，布置学校重要会议、庆典活动35次，完成大学生义务植树的组织实施工作。

接待服务

后勤服务集团经营管理的接待宾馆资源共3处，即明珠园、谊园3号楼、静园。其中，明珠园为学校规格较高的主要接待宾馆。

据统计，尽管受到非典疫情的严重影响，合计年接待宾客为8.3万人次，接待各种会议，学术交流、短期学习班共48个，提高了学校的声誉，创造了良好的社会效益。经过艰苦努力，客房部年总收入仍达到390万元，基本上与2002年持平。

为优化服务条件，提高服务质量，集团投资200多万元对谊园3号楼所有客房进行装修改造，更新了家具，配置了有线电视和空调等设备，使谊园3号楼的接待能力有了显著的提升；对明珠园客房卫浴设施进行必要的改造和更新，使之更舒适、方便。另外，餐饮部开辟4间雅间，装修典雅、清新，更加适应消费需求。所有这些必要的投入，为2004年南开学校100周年、南开大学85周年庆典的隆重接待奠定了必要的物质条件。

客运部在全部车辆已经更新、车质良好的条件下，不断开创优质服务的新局面，全年运行33.8万公里，营运额达到89.9万元。同时，负责学校1531名驾驶员的管理工作，重点做好驾驶证管理和办理车务手续服务。新增驾驶员陪练服务工作，配置陪练车辆2部。

迎水道校区后勤

校区后勤保障能力在2003年得到进一步提高，主要是：教学楼更新课桌椅384套；新增绿地3500平方米；学生浴室更新为20吨不锈钢高位水箱，更新浴室衣柜20个；全部6.1万平方米教学、办公楼水电供应得到充足保障，维修及时，3幢学生公寓全部改造一新；迎水道98号家属院的3号、4号楼144户自来水管予以更新，更新教学楼下水管道。

另外，校区食堂供应稳定，饮食安全。全年为校区师生收发函件4.76万件，汇款750万元，包裹1.28万个，报刊杂志5.4万份，准确、安全率100%。

住宅小区管理服务

学校纳入准物业化管理的居民小区共4个，即兴南小区、龙兴小区、西南村新区、迎水道新区，管辖建筑总面积17万平方米，教工住户2000余户，4个小区绿化总面积已达2.1万平方米。

各个小区管理服务功能在2003年得到进一步完善，主要是：西南村新区内原7幢旧楼房改造及配套工程完工；高层住宅电梯及二次供水设施安全、稳定；按照国家规定，配齐全部楼内消防设施；各小区完成了自来水抄表到户的移交工作；增种100余株观赏树木和遮荫树种，增添休闲凳；因地制宜修建自行车棚、摩托车棚，改建警卫室；安装楼号标志牌，划定机动车停车位；更新安装垃圾桶和护栏、小区宣传栏；更换部分楼道的声控开关和电梯照明设备；取消龙兴里无功自耗电站，降低能耗；底商改造为磁卡购电，堵塞漏洞；关闭兴南小区扰民底商。

其他工作

南开浴园继续保持较高的服务水平，全年接待26.5万人次洗浴，洗浴年收入53万元。为方便学生，南开浴园附设小超市、洗衣房和理发项目，使学生享受到周到的系列化服务。

原服务公司经营管理的西区平房（小招待所）25间共500平方米按照学校建设规划予以拆除。

原生产发展中心经营管理的玻璃仪器厂按照学校建设规划予以拆除。

原后勤服务集团办公楼按照学校建设规划予以拆除，集团办公楼移址芝琴楼。

抗击非典

自4月21日开始集团全面进入防控非典工作，在集团党政领导带领下，各中心全力以赴，把防控非典工作作为工作的重中之重，集团和各中心都制定具体的防控非典措施并在预防非典的过程中做了大量的工作，主要做了以下工作：

1.建立隔离观察区和导诊队。按学校要求，集团组织作为隔离区的学生1宿舍、2宿舍、11宿舍的先后腾迁和卫生清扫及室内设备的维修，由于时间紧，卫生和维修工作均连夜进行，有效保证发热学生及时隔离、就诊。自4月23日集团首批用于诊断的专用车辆及3位司机到位起，集团又先后组织和派遣三批司机及导诊人员到抗非典一线工作。导诊队的主要任务是，负责接发热学生进入隔离区，运送发热学生转诊，办理转诊手续，负责病愈学生返回宿舍的运送工作等。导诊队员所承担的是学校抗击非典工作中最危险、最艰巨的工作。这些同志及所在中心克服大量的困难，24小时坚守岗位，有效解决保卫学校、爱护学生的普遍性难题，保证了抗击非典的阶段性胜利。受到学校党委和全校师生的高度评价。导诊队成员有：鄂东林、何建荣、徐文君、饶瑞志、张伟臣、陈维森、刘连生、曹建毅、吕宏江、张广来、程绍伯、白呼军、陈志安、石柏、崔春华、王伟华、蒋斌、张玉刚、甄如波、杨泽书、薛根有、郭振强、刘春森、严骏、刘惠山、李玉昆、李振海。其中：程绍伯、何建荣、张伟臣、白呼军、王伟华、饶瑞志、吕宏江、刘春森等八位同志两次上岗。

2. 成立校园外环境消毒工作指挥部。为适应防控非典的紧迫形势，集团成立校园外环境消毒工作指挥部，段金波副总经理任总指挥，任大爱任副总指挥。组建10人专职消毒小分队，负责主校区、迎水道校区、兴南和龙兴小区的环境消毒、疫情消毒、医疗垃圾消毒和清理。主干道机械化消毒，居民区人工消毒，共集中实施12次，成效显著。

3. 信息工作。鉴于集团管理的部门是抗击非典最敏感的部门，也是学校极为关注的地方。集团办公室自4月24日以来，每天坚持向学校和主管校长以文字报告当日信息，至7月1日，累计报告信息350余条，其中有重要价值的信息数十条，为学校党政决策起到应有作用。

4. 募捐与慰问。部分中心党支部开展抗击非典募捐活动，共募集资金5741元。集团党委、工会分三次对一线司机及导诊人员的家属进行慰问，慰问品资金来源为募捐款。非典期间，集团本部支部召开两次组织生活会，会上同志们纷纷要求到一线工作，并表示努力做好本职工作，尽自己最大的力量，打好这次抗击非典的战役。

5. 统筹领导。4月25日陈学奇副校长主持召开后勤系统预防非典工作会议，会议对预防非典工作进行统一部署。后勤集团按照学校要求对各项工作进行统筹领导。在建立隔离区和导诊队、建立校园外环境消毒工作指挥部等工作中，集团党政领导坚持一线工作，一线指挥。根据工作进展情况，以集团党委、集团文件形式总结、推动面上的工作，包括《后勤服务集团防控非典工作的八项措施》、《致后勤服务集团全体共产党员的公开信》、《关于进一步加大力度、做好防控非典工作的紧急通知》、《关于做好防控非典时期财务安排的通知》等。在防控非典工作取得阶段性胜利之后，学校对集团的努力和工作成绩予以充分肯定，其中，张嵩、刘桂岑、程绍伯同志评为校级先进个人，刘桂岑同志为市级先进个人；校园中心党支部、宿舍中心党支部为市级先进党支部。

6. 宿管中心在集团机关同志的协助下，自4月21日起对宿舍进行连续8天的排查，主要是检查宿舍是否留宿外人，同时向学生做预防非典的宣传工作。排查主要利用中午或晚上学生在宿舍的时间，每天排查120个房间左右，累计共排查房间近1000间。通过排查，有效地消除外来人员留宿的问题。为强化宿舍管理，宿舍中心赶制一万张出入证，5月3日晚8点开始，宿管中心与学工部、研工部、团委同志一起入宿舍分发证件至晚11点。5月12日，宿管中心为留学生制作200个出入证。为儒苑公寓印制出入证2800张。

7. 膳食中心在非典期间，成立防控非典领导小组，下设两个专业组，每天坚持做好消毒和食品卫生工作，确保餐饮的安全。膳食中心为隔离观察学生供餐计10200人次左右；为9000余学生免费提供预防非典中药汤剂。为方便学生用餐，调整和延长营业时间，开设两个餐厅全天不间断营业。膳食中心在非典期间因平抑物价所受损失约

14.5 万元，为隔离学生供餐费用约为 4.8 万元左右。

8.在抗击非典工作中，校园中心共对学校主校区、迎水道校区教学区，及龙兴里和兴南家属区进行了 12 次大规模消毒。校园中心每天对学校主要干道洒水除尘。4 月 30 日至 5 月 1 日凌晨，校园中心清运体育馆后各种垃圾、19 宿舍东工程垃圾、化工厂门前工程垃圾及各处零星工程垃圾近千吨，清整地面总面积 2000 余平方米。校园中心为 1、2 宿舍隔离观察区大夫配送鲜花。5 月 22 日起割除新开湖水草工作连续作业 4 天，共割除清运水草近 100 吨，并购进 1500 斤鱼苗投放到新开湖。6 月 2 日、3 日在全校发放灭鼠药，并在全校外环境投放灭鼠药 45 箱。全校实施了垃圾清运机械化，垃圾筒封闭化，公共卫生工作水平上了一个新台阶。

9.住宅小区管理服务中心加强对兴南、龙兴里、西南村和校区等几个小区的管理，对小区进行喷药消毒作业，针对兴南小区紧临市传染病医院的特殊情况，小区负责人及时召集居委会代表开座谈会，努力做好小区教工稳定情绪的工作。

10.校区中心食堂做好卫生消毒工作，向学生免费提供预防非典中药汤剂。服务公司学子食屋在非典时期采取分餐制和相应的新的服务程序，保持了就餐量。南开浴园采取严格的消毒措施，保证学生洗浴卫生。接待中心谊园 3 号楼承接部分学生住宿，他们对学生住宿房间、楼道每日消毒，并为学生配备晾衣杆、洗衣机、电风扇等生活设施，并将有线电视全天开通，为学生做好服务；招待餐厅每天为一线医护人员供餐。为进一步方便龙兴里、兴南小区教职工出行，动力中心将化工厂大门拓宽并铺沥青路面，对化工厂柠檬酸楼下水进行改造，消除下水道溢水对新路的侵害。动力中心制定 7 项措施，加强对施工队伍、外来人员的防控非典监管。

11.动力修建中心加强对西南村服务市场的监管，市场管理办公室向每个个体经营单位发《致市场个体经营者的一封公开信》，进一步明确防控非典时期对经营者的严格要求和处罚措施。对全员经营者重新登记，制证上岗。对市场进行消毒和加强卫生管理。

（撰稿人：张光勋）

校办产业

概况

2003 年，南开大学拥有投资和控股的校办企业 50 个，其中国有独资企业 44 个。2003 年末校办产业共计拥有净资产 28.23 亿元。从业人员 2645 人，其中事业编制人员 249 人，专业技术人员 550 人。

南开大学校办产业的管理体制是校产管理办公室代表南开大学对国有经营性资产行使管理和监督权。天津南开允公集团有限公司代表南开大学对南开允公集团所属企业国有经营性资产进行运营管理。

2003年，校办企业实现经营收入53098万元，与上年同期比下降3.18%；亏损24437万元；上缴学校利润1261万元，与上年同期比下降10.75%。

企业改制

2003年，将南开大学印刷厂整建制划归南开大学出版社，对印刷厂展开国有资产评估，为该厂的改制做准备。清理学校全民所有制企业，正式批准天津市开泰化学技术公司、天津市和成科技发展公司、南开大学应用化学研究所、南开大学电子试验厂等4家企业解散，办理工商注销登记。筹备设立“校办产业发展风险基金”，为校办企业改制工作奠定工作基础和提供物质保障。

管理监督

2003年，完善校办企业管理制度，制定《南开大学关于校办企业解散、撤销等工商注销登记工作的管理办法》。加强国有资产管理，收回解散注销改制全民所有制企业的资产。加强校办产业的监管，对南开允公集团所属7家全民所有制企业进行了审计工作。

重点校办产业简介

南开大学校办产业主要涉及的行业有电子、信息、软件、化工、生物、商业、流通业、出版业、服务业等，形成规模并在国内具有影响的校办产业主要是电子、信息、化工等。校办产业主要企业有：允公集团、戈德集团、津科公司、南开大学出版社、天津南开合成科技有限公司等。

1. 天津南开允公集团有限公司。天津南开允公集团有限公司成立于1997年1月19日，注册资金为8000万元人民币。该公司为南开大学独资，是南开允公集团的核心企业，受南开大学委托对集团所属企业国有经营性资产进行经营。主要是以资本运作和投资控股对国有资产进行保值增值。截至2003年末拥有净资产2.96亿元，与上年比增加20%。2003年经营收入157万元；亏损194万元，与上年同期比下降60%。

2. 天津南开戈德集团有限公司。天津南开戈德集团有限公司是天津南开允公集团有限公司控股的高科技企业集团公司，注册资本6.27亿元。经营领域有电子信息、光机电一体化、生物工程、精细化工、新能源、新材料等。南开戈德集团现有天津南开戈德股份有限公司、天津南开生物化工股份有限公司、天津戈德移动商务有限公司和天津和平海湾电源集团有限公司等骨干企业。截至2003年底，集团拥有经营资产22.39亿元。2003年集团实现销售收入3.27亿元；亏损2.51亿元。

3. 天津津科电子有限公司。天津津科电子有限公司成立于1985年，是天津南开允公集团有限公司与香港庞进集团共同投资的高科技企业。公司坐落于天津新技术产业园区，注册资本3100万人民币，2003年末拥有净资产3314万元。津科公司致力于电子信息产业，主要从事“电子书”等移动信息平台、终端及各种应用软件的研制与开发，是通过ISO9001质量体系认证的国家软件基地骨干企业，也是电子读物阅读器生产的主要企业。从提出GB双字节汉字编码方案，推出世界第一台计算机汉字终端，到首创“阅读不耗电电子书”，在业界不断创新。2003年经营收入为3343万元，与上年同期比增长72%，实现利润22.4万元。

南开大学国家大学科技园

2003年8月12日至14日，全国大学科技园工作指导委员会组织专家对南开大学科技园进行验收。2003年10月16日，国家科技部和教育部以国科发高字[2003]336

号《关于认定第二批国家大学科技园的通知》，认定南开大学科技园为国家大学科技园。

南开大学国家大学科技园总体规划是由两个孵化区、若干个辐射产业区和相关机构组成。孵化区为设置在天津新技术园区华苑产业区内的高新技术项目与产业孵化区，设置在南开大学西侧的人才培养孵化区。高新技术产业区分别是设在天津市静海县经济开发区的生物医药产业基地和化工农药产业基地，设在天津经济开发区汉沽化工区的化工科技园，设在天津市汉沽区的海洋生物养殖产业区，设在天津新技术园区华苑产业区的鑫茂民营园等。南开大学科技园规划建设规模为建筑面积约17万平方米，计划总投资约5亿元人民币。

管理体制：南开大学国家大学科技园以市场运作机制为导向，以优化配置和整合资源为目标，建立系统、灵活、动态、高效的运作机制。成立以校长为主任的科技园指导委员会负责科技园的宏观指导。成立以主管副校长为主任的科技园管理委员会负责科技园政策制度的制定，基础设施建设和重大项目的审批等。管委会下设办公室，负责科技园的日常管理工作。

经营体制：采取多元化投资共建的模式，组建由天津南开允公集团有限公司、天津金厦房地产联合公司、天津鑫茂科技投资集团、天津博恩生物医药有限公司、南开大学实业公司等五家股东共同投资的天津南开允公科技园有限公司，注册资金2000万元人民币。该公司负责科技园的基础建设、服务体系建设和经营管理。

基本建设：高新技术项目与产业孵化区位于天津新技术园区华苑产业区内，占地112亩。2003年在建项目有科技大厦、IT园和西部大学虚拟园三座建筑，总面积5.6万平方米。

人才培训孵化区位于南开大学西侧，占地约40亩。2003年中国博士后公寓（天津）竣工，建筑面积1.4万平方米；在建项目有MBA中心大楼，建筑面积2.98万平方米。生物医药产业基地入园企业天津金红胜利药业有限公司，注册资本1400万元。2003年按照GMP认证标准建设的生产厂房及配套设施竣工，总投资2500万元。入园企业天津佳德药业有限公司，注册资本1000万元。2003年生产厂区正在建设中。

入园企业：截至2003年末，南开大学国家大学科技园内有孵化型科技企业69家，科技园内从业职工3957人。2003年申请专利48项，批准专利1项。实现产值49082万元，实现利税356万元。

重要事件

2003年8月12～14日，全国大学科技园工作指导委员会组织专家对南开大学科技园进行验收。

（撰稿人：辛连兴）

党建与思想政治工作

组织工作

概况

组织工作是学校党委工作的重要组成部分，主要工作内容是：党的基层组织和党员队伍建设与管理，学校干部队伍规划，干部选拔任用和培养考核，后备干部培养，党员、干部的教育培养，知识分子工作，与“法轮功”斗争工作等。

组织部与党校合署办公，共有工作人员8人。2003年，组织部和党校以十六大精神为指导，努力实践“三个代表”重要思想，与时俱进，开拓创新，用新思路、新举措开创组织干部工作的新局面。

理论学习

学习贯彻落实党的十六大、十六届三中全会和全国高校第十一、十二次党建会议精神，贯彻落实《中共中央关于在全党兴起学习贯彻“三个代表”重要思想新高潮的通知》要求和7月1日胡锦涛总书记在“三个代表”重要思想理论研讨会上的重要讲话精神，大力加强“三个代表”重要思想的系统学习。9月17日至9月26日采取相对集中的方式，举办处级以上领导干部学习贯彻“三个代表”重要思想培训班，在全校兴起学习贯彻“三个代表”重要思想的新高潮。

切实改进党员干部思想作风、学习作风、工作作风。从组织干部自身抓起，下半年开展为时三个月的以公道正派为主题的“树组工干部形象”集中学习教育活动。

加强支部书记和党员的学习与培训，举办党支部书记培训报告会，请党委书记薛进文做辅导报告，各分党委、党总支、直属党支部书记和基层各党支部书记近300人听取了报告。组织全校教职工党员和正在党校学习的入党积极分子观看电影《周恩来万隆之行》，为全校各分党委、党总支订阅《党建信息报》、《求贤》、《党建文汇》，为基层教职工党支部订阅全年《支部生活》杂志，为教职工党支部书记订阅全年的《光明日报》。

基层组织建设

学校党委下设27个分党委、党总支，各基层党组织共设有党支部334个，其中教职工党支部202个，学生党支部132个，教职工党支部中有9个是离退休教职工党支部。全校党员6556人，其中专业技术干部1161人，党政专职干部562人，工人72人，离退休人员1124人，学生3637人，另有出国党员644人。

加强基层党支部建设，促进党内生活制度化、规范化。党委印发《中共南开大学基层支部工作细则》(南党发[2003]14号)。文件分为总则、党支部的设置、党支部的基本任务、党支部的规章制度、党员的管理、发展党员工作、党支部的考核、附则共八个部分三十四条。7月，党委组织部印发《南开大学党支部工作手册》，12月，组织部到各个分党委、党总支进行调研座谈，检查《中共南开大学基层支部工作细则》的落实情况和手册的使用情况。

开展“创最佳党日”活动。活动以“实践‘三个代表’，立足本岗，抢抓机遇，开拓创新，建功立业”为主题。主要内容是：积极实践“三个代表”重要思想，紧密联系防治“非典”工作的实际，激发广大党员的积极性、创造性，探索、创新基层党组织活动的形式和内容，提高基层党组织的战斗堡垒作用，为学校建设做贡献。学校成立由校领导和办公室、组织部、宣传部、纪检委、工会、学工部、研工部、团委等部门负责人组成的评审委员会，评选出5个一等奖，10个二等奖，2个组织奖，19个参与奖。在市委教卫工委最佳党日活动评选中，我校两项活动分获一等奖和三等奖，组织部获最佳组织奖。年底，党委召开全校大会进行隆重表彰，所有校领导参加，获得一等奖的五个单位在大会上作了交流。组织部把交流材料汇编成册，发放全校各党支部。

加强党费的收缴和管理工作。每次调资后，及时提醒各基层单位重新核对党费的收缴金额。12月在对基层支部工作进行检查时，着重检查党费的收缴、管理、记录情况，对不足之处提出改进意见。全年收取党费530944.14元，利息收入3600.62元，其他收入18元；使用党费216499.99元，上交市委159283.25元，党费结余158779.52元，累计结存411998.45元。

加强调研。在全校6000多名党员中随机选取300多名党员发放调查问卷，了解基层支部建设的实际情况和党员组织生活状况。针对所发现的基层组织建设中存在的问题，明确改进方向，提出改进措施。调查离退休党员交纳党费的情况，通过调研向党委汇报存在的问题，分析问题产生的原因，提出改进的意见。

建立国家工作人员登记备案制度。8月，贯彻落实中央和天津市委关于加强党政领导干部和高级人才出国(境)管理的规定精神，根据《关于进一步加强国家工作人员因私事出国(境)管理工作的通知》(津党组发[2003]16号)要求，建立我校特定范围国家工作人员登记备案制度，首次备案人员主要是处级以上干部和博士生导师，共计538人。12月第二次报备，报备新增2人，变更54人，撤销3人。

加强对党员的管理。全年为2147名党员办理组织关系转移手续，为90名长期出国党员办理了保留党籍手续。

加强信息化建设。完善党员数据库、干部数据库、高级知识分子数据库，改版南开大学党委组织部网页，充分利用天津市组工信息网开展党建工作。

党员发展工作

贯彻落实第十二次全国高校党建工作会议精神，进一步加强和改进学生党建工作。12月召开学生党建工作研讨会，与学工部共同制订我校加强和改进在大学生中发展党员工作的措施。聘请35位有丰富党务工作经验的老同志为兼职组织员，进一步规范发展党员的程序与手续，把好党员入口关。一年来，900人(854名学生、46名教职工)经过公示成为中共预备党员，801名预备党员转为正式党员。

重视在“双高”(博士学位、高级职称)人员中发展党员工作，全年发展“双高”党员9名，转正13名。我校现有45岁以下“双高”人员655名，其中中共党员386人，占45岁以下“双高”人员的58.9%。

“法轮功”专项工作

做好对“法轮功”重点人的监控和教育转化工作。对1999年以来练过“法轮功”的人员重新填表登记，掌握了较详细的情况。11月9日晚，学校保卫处巡逻队员抓获正在散发“法轮功”传单的校外不法分子，有功人员受到学校表彰，这是我校第四次抓获来我校散发反动宣传品的“法轮功”分子。在教卫工委“法轮功”专项工作会议上，我校作了经验介绍。

干部培训

理论与实践相结合开展培训工作。在全国高校中率先设立每年70万元的干部培训专项经费。党委组织部多次举办中青年管理骨干培训班，邀请校领导及有关专家学者为各级干部举办专题报告和讲座。3月8～14日组织基层党组织负责人赴西南、中南地区高校学习考察。3月16～22日组织基层党组织和后勤部门负责人赴华中和华东地区的兄弟院校考察交流。12月3～9日组织部分专业学院院长赴香港中文大学、香港科技大学和香港理工大学等高校就研究生教育管理工作进行考察。

鼓励党政领导干部进行在职学习。在中青年干部中开展多层次学历教育，鼓励年轻干部参加学位课程进修班，择优推荐他们在职攻读硕士、博士学位。2003年共选送7位同志在职攻读硕士、博士学位。

积极选派干部参加教育部和天津市组织的干部培训。参加教育部培训5人，其中校级领导3人，中层干部2人；参加市级培训30人次，包括市委教卫工委统一组织的出国进修、市委党校培训、市委教卫工委干部培训、中青年专家座谈会、留学归国专家研讨会等。

选派干部进行有针对性的挂职锻炼。共选派15名中青年管理骨干分赴香港中文大学、清华大学、南京大学、西安交通大学、教育部等单位的部分管理部门进行为期2个月到1年不等的挂职锻炼。年底召开干部挂职锻炼总结汇报大会，编印了《干部挂职总结报告集》

党校工作

充分发挥党校培训基地作用，全年培训各类人员2300余人。其中举办各种类型的入党申请人培训班6期，包括本科生班2期，研究生班1期，泰达学院学生班2期，教职工班1期，共1659人参加培训。举办中青年管理骨干培训班1期，教职工党支部书记培训班1期，397人参加培训。举办处级以上干部学习贯彻“三个代表”重要思想培训班1期，245人参加培训。

干部选拔与考核工作

以“三个代表”重要思想为指导，认真贯彻党的干部路线、方针、政策，严格按照《南开大学中层党政领导干部选拔任用工作实施细则》的规定办事。选拔副处级以上干部61名，其中正处级干部30名，副处级干部30名，正科级干部1名。共交流处级以上干部8名，其中正处级干部4名，副处级干部4名。对4名提拔担任副处级以上领导职务的干部实行了试用期制。进行了4次干部考察预告，对1个职位实行了差额考察，考察人数2人，差额考察比例为50%。副处级干部自愿辞职3名；免职3名，其中正处级干部1名，副处级干部2名。

加强干部工作的制度化建设。出台《南开大学中层党政领导干部选拔任用工作实施细则》、《南开大学中层后备干部队伍建设的实施办法》和《南开大学处级干部实行学术假和经费资助制度》，抓住干部培养、选拔任用和考核三个关键环节建设干部队伍。《高教领导参考》分两次刊发我校有关做法，教卫工委全文转发《南开大学中层党政领导干部选拔任用工作实施细则》、《南开大学中层后备干部队伍建设的实施办法》。

加强处级干部考核工作。考核工作自6月23日开始，至7月9日结束。按照《南开大学2002～2003学年度中层干部考核安排》的要求，各分党委、党总支、直属党支部通过干部自我总结、领导班子总结述职、群众民主评议、上级主管领导评议等环节，对全校中层现岗管理干部及其所属部门的工作，进行阶段性综合测评。测试结果全部合格。本次考核定量评议项目中分值较低的项目集中于“组织协调水平”和“工作效率”上。

分党委、党总支班子换届

11月完成中共南开大学委员会第六届委员会换届选举工作。经中共南开大学第七次代表大会选举，教育部党组同意，市委组织部批准，杨庆山同志和刘景泉同志当选为校党委副书记。校领导班子调整补充后，校党委常委会人员发生变化。经11月4日中共南开大学第七届委员会第一次全体会议选举，关乃佳同志、朱光磊同志当选为中共南开大学委员会常委，并上报中共天津市委组织部审批。11月23日，中共天津市委组织部批准通过。经过调整，校党委常委11人，校党委委员25人。

1月完成汉语言文化学院直属党支部换届选举工作，4月完成马克思主义教育学院党总支换届选举工作。

对迎水道校区党委、数学科学学院党委、国际商学院党委、环境科学与工程学院党委、信息技术科学学院党委、校产党委、滨海学院党委、图书馆党总支、体育教学部党总支9个基层党委(党总支)的书记人选进行调整，对机关党委、经济学院党委、后勤党委、环境科学与工程学院党委、化学学院党委、马克思主义教育学院党委、哲学系党总支7个基层党委(党总支)的副书记人选进行了调整。同时，撤销原后勤集团党委和后勤管理办公室党总支，成立后勤党委；撤销原马克思主义教育学院党总支，成立马克思主义教育学院党委；撤销原环境科学与工程学院党总支，成立环境科学与工程学院党委；撤销原医学院直属党支部，成立医学院党总支；撤销原汉语言文化学院直属党支部，成立汉语言文化学院党总支。对职业技术学院党委委员进行了适当调整。

第七次党代会筹备和选举工作

自2月17日中共南开大学六届十四次全会决定召开第七次党代会以来，党委组织部围绕选举和推荐进行筹备工作。3～5月经过“三上三下”选举产生了240名党代表。5～7月，又经过“三上三下”的程序完成了30名党委委员候选人预备人选、9名纪委委员候选人预备人选和党委常委、书记、副书记，纪委书记、副书记候选人预备人选的推荐工作。其间，穿插各类统计、批复、资格审查，制作代表名册、“两委”委员名册，起草党代会各种文件、请示，大会议程、选举工作安排等等。

8月，组织部将我校党代会的各项材料上报教育部党组。9月，配合中组部完成对我校党委书记、副书记，纪委书记、副书记候选人预备人选的考察工作。10月，完成大会21个文件中的17个文件定稿和党代会各类材料的印制工作。11月3日，七次党代会胜利召开，组织部完成大会预选举和正式选举工作。

2003年11月完成中共南开大学第六届委员会换届选举工作。中共南开大学第七次代表大会大会选举产生了中共南开大学第七届委员会和纪律检查委员会委员。中共南开大学第七届委员会由25人组成，设常委会；纪律检查委员会由7人组成，不设常委。经11月4日中共南开大学第七届委员会第一次全体会议选举，以差额选举方式从12名常委候选人中选举产生常委11名。以等额选举方式选举书记1名，副书记3名。11月4日，中共南开大学纪律检查委员会第一次会议选举纪委书记和副书记。11月23日，经教育部党组同意，市委组织部批准，薛进文同志当选为党委书记，张静、杨庆山和刘景泉同志当选为校党委副书记。张式琪同志当选为纪委书记，叶向明同志当选为纪委副书记。关乃佳同志、朱光磊同志新当选为中共南开大学第七届委员会常委。

知识分子工作

为新增正高级职称人员和新引进的正高级职称人员办理干部保健证共73份。组织正高级职称人员、市级劳模等785人到市级医院检查身体。

"树组工干部形象"集中学习教育活动

根据中组部关于在全国组织系统兴起学习贯彻"三个代表"重要思想新高潮，开展以公道正派为主要内容的"树组工干部形象"集中学习教育活动的要求，结合学校组工干部工作实际，我校开展为期三个月的以公道正派为主要内容的"树组工干部形象"集中学习教育活动。

这次集中学习教育活动分4个阶段进行：动员部署，制定方案；认真学习，深化认识；查找差距，制定整改措施；搞好总结，完善制度。全体组工干部通过学习党的十六大报告、胡锦涛同志"七一"重要讲话以及《党政领导干部选拔任用工作条例》等文件，参加校内处级干部"三个代表"重要思想培训班等，提高思想认识和工作的自觉性。

为增强集中学习教育活动的针对性和实效性，切实解决突出问题，党委组织部通过自查、召开座谈会和发放"树组工干部形象"征求意见表等方式，广泛征求工作对象、服务对象和相关部门的意见，深入剖析原因，制定改进措施。

共发出征求意见表29张，收回28张（教卫工委未交回征求意见表，但出具了书面意见）。征求意见表共设有8个测评指标，在公道正派、服务意识、工作作风三个测评指标上全部为优秀；组织协调指标有26张为优秀，2张为良好；规范管理和工作实效指标有24张为优秀，4张为良好；制度建设指标有23张为优秀，5张为良好；工作创新指标有21张为优秀，7张为良好。没有中等和差的评价。

重要事件

2月，在市委教卫工委知识分子工作会上，党委书记薛进文作了题为《按照"三个代表"要求做好"双高"人员入党工作》的经验介绍。

2月，由党委组织部负责起草的《南开大学中层后备干部队伍建设实施办法》正式下发，经民主推荐，分党委、党总支召开党政联席会议审核，学校第五次党委常委会议讨论，全校确定216人为处级后备干部人选。

3月中旬和下旬，先后两次组织部分基层党组织和后勤部门负责人赴西南、华中和华东地区的复旦大学、四川大学、武汉大学、南京大学等9所高校，就干部工作、基层党建工作、后勤改革进行专题考察调研。

3月21日，《中国教育报》在一版头条位置以《南开一大批拔尖人才入党》介绍了我校加强发展"双高"人员入党工作的做法。

5月，《高教领导参考》2003年第10期刊登《南开大学加强后备干部队伍制度建设》。

5月21日，市委教卫工委全文转发了我校关于干部队伍建设的《南开大学中层党政领导干部选拔任用工作实施细则》和《南开大学中层后备干部队伍建设的实施办法》。

5月29日，党委印发《中共南开大学基层支部工作细则》（南党发[2003]14号）。文件分为总则、党支部的设置、党支部的基本任务、党支部的规章制度、党员的管理、发展党员工作、党支部的考核、附则共八个部分三十四条。

6月，天津市委和市委教卫工委对防治非典型肺炎工作中涌现出的先进党组织和优秀共产党员进行表彰，我校医院李小农被授予“天津市防治非典型肺炎工作优秀共产党员”称号，信息技术科学学院“强军计划”党支部、后勤服务集团校园中心党支部、校医院党支部被授予“天津市教卫系统防治非典型肺炎工作先进党组织”称号，李小农、崔颢、张德宝、邢丽芳、谢桂玲、刘桂岑被授予“天津市教卫系统防治非典型肺炎工作优秀共产党员”称号。

6 月，改版后的“党委组织部”网站正式运行。

6 月 22 日，组织部、党校在学校南门周总理塑像前举行新党员宣誓大会，共有 700 多名新党员集体宣誓。

7 月 2 日，在市委组织部举办的《党政领导干部选拔任用工作条例》百题知识竞赛中，我校组织部派员参加的教卫工委高校队取得全市第二名的好成绩，受到市委教卫工委表彰。

8 月，党委组织部进一步细化《中共南开大学基层支部工作细则》，印发《南开大学党支部工作手册》，要求各支部认真做好各项记录，作备忘、总结、考核之用。

8 月，我校建立特定范围国家工作人员登记备案制度。

8 月，《高教领导参考》2003 年第 16 期刊登《南开大学处级干部实行学术假和经费资助制度》。

9 月，组织部开展为期三个月的“树组工干部形象”学习教育活动。

9 月 29 日，举行兼职组织员致聘仪式，聘请 35 位有丰富党务工作经验的老同志为兼职组织员。

11 月，我校数学学院党委“听春潮涌动之声 展鸿鹄振翅之志”党日活动获教卫工委“创最佳党日”活动一等奖，经济学院学生党总支“党旗下的关爱”党日活动获教卫工委“创最佳党日”活动三等奖，我校组织部获教卫工委最佳组织奖。

11 月，举办中青年管理骨干培训班，新任处级干部和部分处级后备干部 102 人参加培训，12 月 27 日结束。

11 月 7 日，教育部第 211 期简报以《南开大学积极做好学生党员发展工作》为题对我校加强学生党员发展工作的做法专门进行介绍，并上报中央政治局。12 月，《天津工作》第 12 期以“以创新精神积极推进高校学生党员发展工作”为题刊发了我校的经验材料。

12 月，党委组织部被评为教卫系统先进组织部门，高海燕同志被评为市级优秀组工干部。

12 月初，组织部分专业学院院长赴香港中文大学和香港理工大学进行专题考察调研，深入了解一流大学的办学特色、管理体制和运行机制，管理规定、政策及办法，重点考察研究生管理、教学管理、科研管理、人事管理四个方面。

12 月 13 日，在泰达学院召开学生党建工作研讨会，传达第十二次全国高校党建工作会议精神，就我校进一步加强和改进学生党员发展工作进行交流。

宣传思想工作

2003年，南开大学宣传思想工作紧密围绕“三个代表”重要思想和党的十六大精神的学习贯彻落实，紧密围绕学校第七次党代会的召开，紧密围绕学校的根本任务和中心工作，积极推进理论武装、思想政治工作、精神文明建设和新闻舆论宣传等项工作，努力营造团结奋进、共谋发展的良好氛围，为学校的改革发展和创建国际知名高水平大学提供有力的思想政治保证和精神动力支持。

理论武装

起草下发《南开大学党委关于认真学习〈“三个代表”重要思想学习纲要〉的通知》和《关于兴起学习贯彻“三个代表”重要思想新高潮的通知》，组织召开部分理论工作者和师生代表学习《“三个代表”重要思想学习纲要》座谈会。与有关部门密切配合，组织处级干部学习贯彻“三个代表”重要思想培训班，全校240余名处级干部接受培训，在校内积极兴起学习贯彻“三个代表”重要思想的新高潮。

制定、印发2003年全校理论学习计划和专题学习安排，进一步明确理论学习的目的和要求。坚持校、院（系）中心组学习制度，认真落实学习计划，及时通报学习情况，注重理论联系实际，讲究学习的实效性，保证了校、院（系）中心组理论学习的正常开展。校中心组就胡锦涛同志“七一”重要讲话、《南开大学发展战略规划》等专题举办5次集中学习和讨论。

迎庆学校第七次党代会召开，学习、宣传、贯彻党代会精神，努力营造团结向上、积极进取的良好氛围。党代会召开之前，参与学校第七次党代会报告的起草工作；《南开大学报》开辟《党的建设巡礼》、《迎接党代会，喜看新成就》、《党代表风采》和《南开新貌》等栏目，从不同方面展现了我校第六次党代会以来的工作，全面反映我校在党的思想建设、组织建设和作风建设方面的成就。党代会召开期间，《南开大学报》出版《党代会特刊》，集中报道党代会的盛况。校有线电视台开辟“迎接南开大学第七次党代会召开专栏”；播出新闻专题，直观地展现学校所取得的成就和发展现状；制作完成迎接第七次党代会专题片——《与时俱进的南开大学——第六次党代会以来建设成就巡礼》。举办《迎庆党代会喜看新成就》的宣传橱窗和“第六次党代会以来南开大学事业发展图片展”。利用广播、“觉悟”网、校园BBS等舆论信息资源，对党代会精神进行广泛的宣传。党代会闭幕后，在校内组织掀起学习贯彻党代会精神的热潮。有线电视台制作了电视专题片《南开大学第七次党代会》，校报开辟“第七次党代会报告学习问答”和“认真学习贯彻党代会精神”专栏，及时准确地报道各院系、单位部门的学习贯彻情况。

深入开展理论研究。编辑出版我校师生

学习贯彻十六大精神论文集《与时俱进 开拓创新》;组织理论骨干撰写"五个一工程"理论著作和论文,9篇文章在天津市组织的学习贯彻"三个代表"重要思想和十六大精神活动中获得一等奖,3篇文章入选教育部理论研讨会。积极组织我校调研成果的申报工作,获天津市一等奖1项,二等奖4项,三等奖5项。在全校发起纪念毛泽东同志诞辰110周年理论征文活动,召开理论研讨会,并有4篇文章入选全国高校纪念毛泽东诞辰110周年大会。

思想政治教育和精神文明建设

成功组织"载人航天工程先进事迹报告团与天津高校师生座谈会"。积极宣传抗击非典的科学防护知识,深入开展思想政治教育活动,进行正确的舆论引导,稳定人心,增强学校的凝聚力。在防控非典期间,《南开大学报》积极宣传抗击非典中涌现出来的先进事迹、防病知识,反映学校一手抓抗击非典,一手抓学科建设与教学科研的工作和成绩;有线电视台制作播放21期"众志成城、抗击非典"专栏通报;校园网、"觉悟"网站、BBS,广泛宣传防治非典的科学知识,及时发布我校防治非典的工作举措,深入宣传在抗击非典中涌现出来的好人好事。

积极组织"弘扬奉献精神大讨论"系列活动。抗击非典期间,积极组织师生参与《人民日报》发起的"弘扬奉献精神大家谈"活动,邀请有关专家学者召开奉献精神座谈会,组织理论骨干撰写理论文章,其中《人民日报》刊发我校4位师生的讨论文章。《南开大学报》、校有线电视台等媒体也相继开设专栏,对讨论活动进行宣传报道,在校内掀起奉献精神讨论的热潮,澄清部分师生在理论和实践中对奉献和奉献精神的模糊认识。

积极做好校园网络和BBS的监管工作。加强思想政治教育进网络工作,大力开展校园网络有害信息专项治理工作,形成安全、文明用网的强大声势。在校园BBS管理中本着因势利导,趋利避害的原则,一方面加强监控,及时删除不良信息,另一方面积极疏导,不断充实"红客"队伍,发挥其应有的作用,主动在网上开展思想政治教育。在伊拉克战争、防控非典、"西北大学日本留学生下流演出"等重大事件中,及时获取信息,发挥重要作用。继续坚持网络管理小组每月一次例会制度,通报BBS讨论热点问题,分析可能出现的敏感话题,上报BBS近期情况。

努力繁荣发展校园文化,以思想政治素质为核心的素质教育得到加强。为丰富和繁荣师生的校园文化生活,本年度邀请王蒙、阿蒂亚、唐树备、泽尔腾等名家来我校作客"南开名人讲座";举办20场"南开周末乐坛",邀请了著名作曲家王莘来我校,为师生赠送唱片,邀请法国和墨西哥著名钢琴家来校为师生举办高水平的演出,取得非常好的效果,深受师生欢迎。

开展第十三次师生员工思想政治状况滚动调研,及时掌握师生员工的思想动态,增强工作的针对性。

"觉悟"网

不断加强"觉悟"网站建设。在不断增加网站信息量和内容的同时,注重推出高质量的栏目。根据形势的发展和网站建设的需要,2003年8月觉悟网完成改版。在广泛征求意见后,对网站的主要栏目进行建设,调整后网站的栏目有:南开新闻、理论武装、时事纵横、党建园地、素质教育、南开之窗、学生时代、心理驿站以及觉悟专题和视频专栏。2003年12月,成功承办"天津市高校思想政治教育网络建设工程评估验收会议",验收会上,觉悟网站建设工作汇报和现场演示受到专家组的高度评价,顺利通过验收。

本年度"觉悟"网的主要工作有:

新闻发布。及时将南开大学的重要新闻

以文字和图片等不同的方式发布到网上，广泛宣传南开建设发展当中的重大事件。

专题制作。2003 年，共制作各类专题 17 个，主要有：两会专题、周恩来诞辰 105 周年图片展、干部群众关心的 25 个理论问题、向郑培民同志学习、献血专题等。在突如其来的抗击非典的斗争中，觉悟网站配合学校整体部署，率先开辟抗击非典专栏，及时发布校内疫情通告，广泛宣传科学防治知识，为稳定人心起到积极的作用。之后为广泛宣传在抗击非典斗争中涌现出来的优秀事迹，在网站上开辟“弘扬奉献精神大讨论”专栏，在校内掀起爱国主义、民族精神讨论的热潮。在深入学习贯彻“三个代表”重要思想活动中，觉悟网专门开辟专栏，向师生宣传中央精神并辅之以专家的专题报告，为师生学习理论提供帮助。

加强管理。以改版为契机，改变网站的维护形式，将绝大多数内容转变为基于数据库的管理，使维护更加高效简洁。同时，网站还积极为困难学生提供勤工助学岗位，以勤工助学的形式吸收学生加入到维护团队中来。

对外宣传

2003 年，各媒体对我校的报道无论是数量还是质量上继续呈现上升趋势。据不完全统计，本年度各文字媒体(包括网络)发稿量为 1900 余条，广播电视媒体 400 余条。整体报道质量呈现上升趋势。上半年，由我校组织召开、宣传部新闻中心组织报道的“金融高层论坛”，分别在国内媒体的重要位置刊登，引起较强烈的反响。由新闻中心与职业技术学院共同策划组织的两次“首届拍卖专业大学生受欢迎”新闻报道被新华社、《人民日报》海外版、《中国教育报》、《中国青年报》、《工人日报》等中央和地方媒体在重要版面刊发，在包括搜狐、新浪、新华网等在内的互联网上刊登 20 余次/条。新闻中心与天津电视台专题部共同策划拍摄专题片《张伯苓》。下半年，我校在新华社国内动态清样的发稿率有了明显提高，《光明日报》在头版头条报道我校创新型人才培养的情况。《人民日报》、《光明日报》、《中国教育报》等报道我校合唱团的成长和发展历程；《光明日报》连续报道南开女排的夺冠历程；《求是》杂志刊发党委书记薛进文同志介绍我校“三个代表”重要思想“三进”的文章《用“三个代表”重要思想武装大学生头脑》。“南开之星”超级机器人建设、“第二届公司治理国际研讨会”，分别在国内媒体的重要位置刊发 200 余条，引起较强烈的反响。《天津日报》报道我校数学中心建设的文章被新加坡《联合早报》全文转载。新闻中心与中央电视台、香港无线电视台、香港凤凰卫视等媒体共同策划、协助拍摄的《东方之子——访南开大学校长侯自新》、《讲述天津一南开故事》、《南开大学》等专题片节目播出后，在校内师生及海内外校友中引起很大反响。新华社报道我校光电子所孙钟林教授主持的科研项目“液晶显示屏”，全国 31 家媒体予以转载。

南开大学报

本年度，《南开大学报》根据校党委 2003 年工作要点的要求，在加强思想政治工作和精神文明创建中，加大宣传力度，取得突破性的进展。本年度共出版校报 37 期。从 2003 年 6 月第 853 期开始，《南开大学报》由原来的 4 开 4 版扩版为对开 4 版，信息量扩大一倍；从第 862 期起，更换为由有关专家从周总理的墨迹中辑字而成的新报头；从党代会特刊起，实现编辑部自己排版，报纸内容及版面质量不断提高。

为配合党代会宣传，在党代会前后出版党代会宣传专刊，开辟《兴起学习“三个代表”新高潮》、《迎接党代会 喜看新成就》、《党的建设巡礼》、《党代表风采》、《南开新貌》等专栏，刊登《深化改革 首创大学特区强势学科造就学术高地》、《严谨创新陶铸一流人才 南开军团享誉五湖四海》、《南开速度》、《暑期维修工程巡礼》、《让创新型人才辈出》、《光大教育 功在千秋》等多篇文章及党代表介绍，以及关于党代会筹备情况的报道。党代会闭幕后，开辟《认真学习贯彻党代会精神》的消息动态专栏和《第七次党代会报告学习问答》专栏，刊登全校师生员工认真学习贯彻党代会精神，以实际行动努力开创新局面的多篇文章。在党代会召开之际，出版《党代会特刊》，集中反映党代会内容，包括消息、评论、工作报告摘登、侧记以及师生反响等，及时准确地对党代会作全面报道。

加大对学校教学科研中心工作和改革发展事业的宣传力度。本年度，先后报道学校学科建设及教学科研动态，教育创新以及“十五”“211”建设项目启动，“985”一期工程建设，航天英雄杨利伟来南开，葛墨林教授当选为中国科学院院士，卢桂章荣获国家技术发明二等奖，顾沛、朱光磊荣获首届高校“教学名师奖”，生命科学院王磊、数学学院陈志敏入选“长江学者奖励计划”特聘教授，刘育荣获2003年全国高校宝钢教育基金优秀教师特等奖，李维安、陈宗胜、臧旭恒同获孙冶方经济科学奖，举办天津经济高层金融论坛、公司治理及寿险等大型国际研讨会，“南开之星”落户南开，泽尔腾实验室成立，生物芯片公司成立，泰达应用物理学院成立，云南研究院挂牌，首次与天津大学联合招生，国家级大学科技园授牌，学生科技创新工程启动，南开女排勇夺世界大运会冠军，教育部授予女排为高水平运动队称号，南开学子勇摘2003年微软“创新杯”全国冠军，化学学院本科生易龙荣获全国“挑战杯”特等奖，化学学院张磊荣获2002年中国大学生“五四奖学金”，本科生、研究生就业率，南开名人讲座、周末论坛、周末乐坛等工作。开设“新书推介”、“名师风采”，“媒体南开”、“培养高素质创新型人才大家谈”、“读书”、“南开社团”、“学子论坛”等栏目，刊登大量教学科研和人才培养等方面的内容信息，收到了很好的效果。此外，完善发行工作，使广大师生能够及时读到校报；推出新版《南开大学报》电子版，并做到及时更新和维护。

南开大学有线电视台

南开大学有线电视台本年度共制作56期新闻节目、44部专题片、18期“南开周末乐坛”。在2003年上半年试行一周双新闻的基础上，从下半年开始正式实行一周双新闻制度，即周二、周五首播校内新闻，其他时间重播。在此基础上，从9月下旬开始，有线台在每天中午12点增加重播前一天晚上播出的南开大学新闻和中外故事片节目，受到师生员工的欢迎。此外，还协助拍摄《西南联大启示录》电视专题片，参加《西南联大启示录》研讨会；制作专题片《插上数字的翅膀——南开大学教育信息化巡礼》，参加全国高校教育软件展览；制作《南开大学》（法语片）专题片，参加在法国举行的中国高等教育展览，受到领导和参观者的好评。

广播站

2003年，广播站在原有“南开新闻”、“轻松驿站”、“英语沙龙”、“音乐时分”等栏目的基础上，新开设“书评”、“访谈”等节目。全年共播出节目时间为107小时。

图片社

2003年，图片社共拍摄和制作校内重大活动的图片5000余幅，并为校内外媒体和图片展、宣传橱窗提供大量图片。

“百年南开展”筹备工作

2004年是南开百年，届时，我校和南开中学将联合在国家博物馆举办“百年南开展”。2003年5月，展览筹备工作开始启动。

各项筹备工作进展顺利，展览时间已确定(2004 年 4 月 28 日～5 月 7 日)，公告已见报，协议已草签，展览大纲 4 稿已基本完成，并交国家博物馆，与大纲对应的展品的准备也已基本就绪。

统战工作

概况

一年来，我校统战工作，坚持抓紧大事，做好小事，制度落实，注意总结。

2003 年，我校统战工作的大事有：各级人大、政协换届；校党委制定下发《关于进一步加强统战工作的若干意见》；组织我校各级人大代表、政协委员和民主党派负责人参观考察海河综合开发工程和“天津三五八十成就展”等。我校统战工作的各项制度进一步贯彻落实，并收到更好效果：如 2003 年全国和天津市“两会”前夕，分别召开全国和天津市人大代表、政协委员欢送和培训会；举办我校各方面统战人士迎国庆度中秋茶话会；新年春节慰问统战人士代表人物等。统战部非常注意调查研究，总结经验的工作。各级人大、政协换届后，即撰写了《各级人大、政协和民主党派换届后，对我校统战工作的总结与思考》；结合我校党委换届，总结多年统战工作经验，撰写了《1997 年以来，本届党委统战工作的基本情况》；结合校党委重视人才，做好人才工作的一系列做法，撰写了《要十分重视党外代表人物工作》的文章，并在 2003 年全国高校统战工作研讨会上作为大会发言的 7 所院校之一介绍经验。统战人士生病，我们就到医院或家中看望；统战人士去世，我们协助办理丧事；统战人士的意见、要求，我们认真解释，积极反映；热情接待统战人士 100 余人次。做到于小事中见政策，事事件件有统战。

学习落实“三个代表”重要思想和校党代会精神

帮助和支持民主党派学好“三个代表”重要思想。介绍推广我校民盟成员学习“三个代表”重要思想的经验。推动民主党派加强思想建设和组织建设。

我校第七次党代会期间，校党委征求民主党派对党代会报告的意见和建议；民主党派负责人列席开幕式；致公党主委卜显和代表民主党派向大会致贺词。党代会闭幕后，校党委向民主党派负责人通报党代会情况，传达、学习党代会报告，贯彻落实校七次党代会精神。

各级人大、政协换届工作

在 2003 年各级人大、政协换届中，我校有 15 人不再担任人大代表、政协委员；有 42 人当选为新一届人大代表、政协委员；由统战部代表学校和上级领导机关与他们普遍进行了谈话，并向不再连任的人士赠送纪念品。换届后，我校在各级人大、政协和民主党派的任职数达79个，是我校在历届人大、政协和民主党派中，任职数最多的，也是天津高校中任职人数最多的。

2003年全国和天津市“两会”前夕，学校分别召开全国和天津市人大代表、政协委员欢送座谈会。校党委书记薛进文同志对座谈会极为重视，他出席会议作重要讲话，向人大代表和政协委员提出目标、要求和殷切希望。会议安排熊性美、朱坦、南炳文、胡龙桥等资深人大代表和政协委员，结合亲身体会座谈中国共产党领导的多党合作的优越性和参政议政的经验等。对新一届人大代表和政协委员进行一次政治交接培训。

2003年全国“两会”期间，据不完全统计，中央和天津电台、电视台、天津日报等十多家重要新闻媒体，对我校全国人大代表、政协委员参政议政活动的宣传报道达104人次之多。“两会”闭幕后，统战部打印出《南开大学教师在各级人大、政协任职情况》上报校党委，并撰写了《各级人大、政协和民主党派换届后，对我校统战工作的总结与思考》的总结报告。

我校统战部组织各级人大代表、政协委员和民主党派负责人，参观考察天津海河综合开发工程和“三五八十成就展”，了解天津，为天津发展出力。

完成了天津市委统战部下达我校的党外代表人物“十百千”工程二、三层次人选32人的物色、推荐、材料整理等各项工作。

贯彻落实校党委关于进一步加强统战工作的意见

在校党委书记薛进文同志直接领导下制订的《关于进一步加强统战工作的若干意见》，经3月26日第三次党委常委会审议通过，作为校党委[2003]7号文件下发各分党委、党总支、直属党支部贯彻执行。

民主党派办公室布置就绪，投入使用。建立了统战部网页。协助我校民盟委员会建立网页，挂在统战部网页上，并向各民主党派介绍了民盟的这一做法和经验，也受到民盟中央的充分肯定。

举办2003年统战人士迎国庆度中秋茶话会。薛进文书记和侯自新校长出席并讲话。各级人大代表、政协委员、两院院士、各民主党派负责人、留学归国人员等各方面统战人士数十人参加茶话会。薛书记和侯校长介绍了我校改革发展的成就和面临的任务，统战人士踊跃发言献计献策。

协助致公党南开大学总支部和民进南开大学委员会顺利完成了换届工作。

2003年新年、春节和中秋节期间慰问民主党派主要负责人、台、侨及少数民族代表等统战人士30余人。与统战成员谈话100余人次。对10余名民主党派发展对象进行考察。推荐5人参加上级举办的党外处级干部培训班。

侨、台和民族工作

完成《天津市侨情调查表》，对我校的新华人华侨、捐资赞助等情况进行调查统计。

物色推荐我校11名优秀留学归国教师，参加致公党天津市委等单位联合举办的留学归国创业有功人员座谈会，帮助整理事迹材料，他们的发言获得高度赞扬。

接待台籍学生、台湾学术团体和台商13人。解放军总政六办对我校涉台工作给予高度评价。全国台联文宣部长范德忠同志听取我校关于台湾学生情况汇报，并参观校园，进行拍照，用以对台宣传。

向台湾书法协会理事长刘炳南夫妇在美国举办书画展及刘炳南先生八十寿辰致电祝贺。

做好少数民族教师的思想宣传工作和回民新生家长的接待工作。

宣传工作

撰写了《各级人大、政协和民主党派换

届后，对我校统战工作的总结与思考》、《1997年以来，本届党委统战工作的基本情况》、《要十分重视党外代表人物工作》等经验总结和研究文章等10余篇文章，都在不同媒体和会议上发表使用。

重要事件

2003年，各级人大、政协换届，按照有关条件和要求，有进有出。我校涉及人员多，工作量大，有15人退出、42人进入各级人大、政协。从2002年或更早期开始，就着手进行各类人选的物色、推荐、整理材料、谈话等诸多工作。这次换届后，我校教师在各级人大、政协和民主党派的职位数达79个，比1998年换届增加16个，比1993年换届增加28个，在天津高校中任职数最多。

3月26日，第3次党委常委会审议通过《关于进一步加强统战工作的若干意见》，印发各分党委、党总支、直属党支部，贯彻执行。

12月5日，统战部组织我校各级人大代表、政协委员、民主党派和侨联负责人，参观考察了天津市海河综合开发工程和"三五八十成就展"。海河综合开发工程指挥部负责人用多媒体演示的方式作了详细介绍。还参观了狮子林桥下沉段和古文化街施工现场。并就海河开发的有关问题，与指挥部负责同志进行咨询和探讨。

附录

民主党派基层组织负责人

序号	单位	党派	姓名	性别	基层组织任职情况	任职时间	职称	毕业院校
1	数学学院	民革	胡龙桥	男	南开大学民革支部主委	1991.10	教授	山东大学
2	研究生院	民盟	高玉葆	男	南开大学民盟委员会主委	2000.1	教授	英国威尔士大学
3	生科院	民盟	邱兆祉	男	南开大学民盟委员会副主委	1998.10	教授	南开大学
4	化学学院	民盟	袁　直	女	南开大学民盟委员会副主委	2000.1	教授	南开大学
5	历史学院	民盟	陈生玺	男	南开大学民盟委员会副主委	1995.10	教授	南开大学
6	经济学院	民建	徐宝满	女	南开大学民建小组负责人	2002.6	副教授	南开大学
7	国商院	民进	范秀成	男	南开大学民进委员会主委	2003.11	教授	南开大学
8	文学院	民进	宁稼雨	男	南开大学民进委员会副主委	1996.12	教授	南开大学
9	信息学院	民进	张建勋	男	南开大学民进委员会副主委	2003.11	教授	中国科学院
10	化学学院	致公	卜显和	男	南开大学致公党委员会主委	2003.7	教授	南开大学
11	生科院	致公	王　勇	男	南开大学致公党委员会副主委	2003.7	教授	奥地利农林大学
12	信息学院	致公	孙青林	男	南开大学致公党委员会副主委	2003.7	副教授	南开大学
13	法政学院	农工	侯欣一	男	南开大学农工小组负责人	2002.6	教授	西北大学
14	法政学院	九三	乐国安	男	南开大学九三委员会主委	2001.9	教授	中国科学院
15	科技处	九三	田建国	男	南开大学九三委员会副主委	2001.9	教授	南开大学
16	法政学院	九三	汪新建	男	南开大学九三委员会副主委	2001.9	教授	南开大学

（撰稿人：王锡治）

纪检监察工作

校纪委、监察室在学校党委、行政和上级纪检监察机关的领导下，2003 年以邓小平理论和“三个代表”重要思想为指导，深入学习贯彻党的十六大精神、中央纪委二次全会精神和全国教育系统纪检监察工作会议精神，紧密结合我校实际，紧紧围绕落实加快建设国际知名高水平大学的奋斗目标，坚持与时俱进，开拓创新，切实加大党政监督力度，加强反腐败三项工作，坚持标本兼治，综合治理，努力从源头上预防和治理腐败，进一步推进我校党风廉政建设和反腐败斗争的深入开展，以实际行动为校第七次党代会的召开营造良好环境。

党风廉政建设

领导干部廉洁自律工作：按照教育部和天津市教卫工委的要求，以规范副处以上领导干部从政行为为主要内容，开展了落实中央、中纪委及教育部关于领导干部廉洁自律有关规定情况的专项检查工作。5 月份，组织全校 247 名处级以上领导干部认真填写《领导干部廉洁自律自查自纠登记表》，对领导干部是否经商办企业、收受下属单位和个人现金、有价证券，参加健身活动、配偶子女从业等方面的情况进行了专项清理。7 月底，根据天津市领导干部廉洁自律工作领导小组办公室《关于开展清理超编制超标准小汽车工作的通知》(津廉办发[2003]8 号)的具体要求，对我校各单位 1995 年 7 月 1 日以来办公购置小汽车的情况进行了调查摸底，及时汇总情况，写出专题报告，上报学校领导及上级主管部门。

校院(系)两级领导班子民主生活会：6 月 4 日，按照天津市纪委、天津市委组织部的文件要求，会同组织部下发《关于“七一”前后召开处级领导班子民主生活会的通知》。为保证生活会的质量，纪委始终注意严格执行程序，重点抓好会前准备、会上开展积极的批评与自我批评、会后认真整改等主要工作环节。对校级领导班子民主生活会，坚持会同组织部门预先征求党内外群众的意见和建议，并于开会前汇总向党委报告；坚持将中央、中纪委和上级有关领导干部廉洁自律的规定送每位领导班子成员，协助党委推动领导班子成员对照有关规定，逐条进行对照检查，开展积极的批评与自我批评，制定整改措施。对各分党委、党总支、直属党支部的生活会，纪委和组织部坚持统一安排，加强指导和督促检查，并有重点地参加部分单位的民主生活会，认真总结经验，及时通报情况。8 月底以前，校院(系)两级领导干部共计 200 多位领导同志按时参加了生活会，占应该参加生活会总数的三分之二以上。

党风廉政建设责任制：3 月份，在全校召开的纪检监察工作会议上，就 2003 年落实党风廉政建设责任制工作做出具体部署。组织全校各中层单位和部门的党政主要负责人向分管校领导签订责任书，制订抓好党风廉政建设工作的具体措施。4月中旬，纪委监察室及时总结落实情况，并以简报的形式通报全校。

信访与案件查处：全年共受理群众信访28件，其中重点调查11件，上级交办并要结果的2件，基本上做到了件件有结果。针对信访中群众反映较多、影响较大的问题进行深入调查分析，从中发现管理体制机制和工作中的漏洞，并以调查报告的方式向有关部门和学校提出了整改建议。重视案件查处工作，下半年，投入大量时间配合南开区检察院对原校医院副院长马修贵受贿案进行了查处。

党风廉政教育：运用《南开大学报》、有线电视、网络等媒体，大力宣传十六大精神、上级和学校关于开展党风廉政建设的方针政策和指导思想。配合党委组织部、宣传部坚持在处级以上领导干部中开展了党风廉政教育，尤其围绕增强“三个意识”、提高“三个能力”，开展了理想信念、廉洁从政的教育，促进党员干部树立牢固的思想道德防线。同时，通过学习新党章，积极开展党纪政纪条规和法律法规教育，进一步增强了党员干部遵纪守法的意识。9月份，组织全校200多名中层领导干部参加由市纪委举办的“经纬线”杯党员领导干部廉洁从政知识竞赛活动，参赛率达85%以上。

党政监督和执法监察

对基建、修缮工程和大宗物资采购招投标工作实施监督：积极参与学校各项招投标工作，坚持提前介入，全程监督，把好重点环节，并依据有关法律和学校有关规定进行执法监察，促进学校各项招投标制度的落实和完善。2003年，共参加学校各类招投标150多项，涉及资金约2亿多元，有效地保证了学校建设项目顺利进行。同时，为加大监督力度，邀请南开区检察院参加数学中心工程建设的全程监督，校长代表学校与南开区检察院签订协议，开展“数学中心工程廉政建设、预防职务犯罪共建活动”。与施工单位、监理单位签订了“廉政责任书”，开展经常性的督促检查；发挥民主党派监督作用，邀请特邀监察员参加学校重大项目招投标工作和工程验收。坚持对违规运作加大制约和处理力度，以学校名义在全校通报批评了国际学术交流处违规装修谊园咖啡厅的错误做法。

对招生工作实施监督：在坚持对全校各类学生的招生录取工作进行全程监督的基础上，积极探索加强对研究生招生工作的监督检查。配合研究生院建立健全各级研究生招生工作的领导机构及各级有关人员的岗位职责和廉政责任制，进一步完善研究生招生录取工作制度。参加了包括研究生入学考试的监考、命题、集体阅卷、复试分数线及相关政策的制订、复试的笔试、面试、录取及相关重要信访查处的全过程；参加与研究生招生工作有关的全部会议，并在会上提出纪律要求等，对保证研究生招生工作的公开、公平和公正起到积极作用。

对干部选拔任用工作实施监督：继续认真贯彻执行中央《关于党政领导干部选拔任用工作条例》，进一步完善干部选拔任用和监督管理机制。3月份，建立了组织、纪检监察、审计部门联席会制度，明确了在加强干部任前、任中和任后环节的管理和监督工作中有关部门的职责。坚持对领导干部执行廉政谈话和诫勉谈话制度，先后与新聘任的15名正处级领导干部和1名重要部门的副处级领导干部进行了岗前谈话，明确领导责任，对他们提出了廉洁从政方面的具体要求，并赠送了相关的政策法规文件汇编。加强对干部招聘工作的监督，纪委负责人参加了学校人事部门组织的招聘工作，坚持现场监督。

对教育收费工作实施监督：根据教育部

和天津市教卫工委的要求，会同财务处、审计处对全校各单位收费情况进行了全面检查，各单位进行自查，学校对重点单位组织抽查，并对查出的问题进行了处理。在新生入学时还对收费工作进行了现场监督检查。

按照天津市教卫工委、教委、教育工会《关于进一步推行校务公开工作的意见》，发挥组织协调作用，配合有关部门继续推进校(院)务公开工作。制订《南开大学校务公开监督、检查实施办法》，参加校务公开工作落实情况的检查。3月份，我校顺利通过了天津市教卫工委、教卫纪工委、天津市教育工会组织的验收，并被评为天津市校务公开工作的先进单位。

调研和信息工作

配合党委做好校第七次党代会的筹备工作，在认真总结上一届纪委工作的基础上，召开座谈会，广泛听取意见，反复进行修改，完成了《纪委工作报告》的起草任务，并经大会审议通过。

根据天津市纪委、天津市教卫纪工委所确定的调研重点，2003年共完成调研报告和论文8篇。其中作为天津市纪委课题组成员单位完成的中央纪委调研课题《高等教育领域党员领导干部违法违纪行为的主要表现形式、特点及其治理对策》一文，刊登在天津市纪委《纪检监察调研》期刊第7期；《高校纪检监察部门协助党委对党风廉政建设实施组织协调建立有效机制，理顺各种关系》一文作为天津市教卫工委纪检监察理论研讨会发言材料。

加强信息的收集和反馈，上报各种信息24条；网上刊登纪检监察有关文件22份、工作动态24条、学习资料8篇；下发简报5期。

自身队伍建设

以进入新办公楼为契机，积极改善办公设备条件；制订纪委监察室创建“文明处室”工作计划，开展创建文明部处活动；结合实行《工作人员挂牌办公制度》以及工作发展、人员变化的情况，认真细化个人岗位职责，科学规范工作程序，强化责任。充分运用现代信息化办公手段，不断提高工作效率和质量。

南开经纬网站

《南开经纬》在专业人员技术指导下，由纪委监察室负责维护，并注重网页整体水平的提高和宣传实效。在日常维护工作中，积极借鉴和学习兄弟院校的经验，不断探索创新思路，并于2003年4月改版。改版运行一年来，《南开经纬》以其信息丰富、更新及时、检索链接功能齐全及色彩明快、图文并茂、美观大方等特点受到学校师生员工和高校纪检监察部门的关注和好评，年点击浏览率达2万人次以上。

重要事件

1月19～22日，对文艺体育特长生专业水平测试工作进行监督检查。

2月25日，召开校纪委全委会，审议通过《南开大学2003年纪检监察工作要点》。

3月7日，召开纪检监察工作会议，传达上级会议精神，总结2002年工作情况，部署2003年工作任务。

3月7～10日，对东艺系绘画专业考试进行监督。

4月2～17日，对各院(系)研究生复试工作进行监督检查。

4月23日，参加数学中心基建工程项目招投标会议并进行现场监督。

5月下旬，按照市廉洁自律办公室的要求，组织全校中层干部对照廉洁自律有关规定进行自查，并填写《领导干部廉洁自律自查自纠登记表》。

6月11日，我校举行数学中心工程《施

工合同》、《监理合同》及《廉政责任书》的签字仪式。

6月29日，参加主楼大修工程的招投标会议并进行现场监督。

6～7月，参加西南村供暖锅炉增容改造工程的10个项目的招投标会议并进行现场监督。

7月15日，参加市教卫纪工委中期工作推动会，我校在会上作经验介绍。

7月26日～8月4日，根据市领导干部廉洁自律工作领导小组办公室的通知要求，对全校各单位1995年7月1日以来购买小汽车的情况进行清理。

8月5日，邀请南开区检察院和学校特邀监察员参加学校重点教学科研项目超级计算机机群系统《南开之星》的招投标工作并进行现场监督。

9月5日，组织全校中层干部参加市纪委举办的“经纬线”杯党员领导干部廉洁从政知识竞赛活动。

9月26日，召开市教卫系统纪检监察第二片组工作研讨会。

9月27日，召开全校党政负责人会议，布置治理教育乱收费工作。

9月17日，教育部监察局局长刘金平一行来我校进行调研。

11月3日，学校召开第七次党代会，通过纪委工作报告，并选举产生新一届纪委委员。

11月4日，选举产生新一届纪委书记、副书记。

11月23～28日，2名纪检监察干部赴外地4所高校做专题调研。

12月，纪委监察室被评为天津市先进纪检监察组织和天津市教卫系统先进纪检监察组织。

12月，纪委书记张式琪被评为全国教育系统纪检监察工作先进个人。

12月，纪委副书记叶向明被评为市教卫系统先进纪检监察干部。

（撰稿人：于莉）

学生教育管理工作

概况

2003年，党委学生工作部全面贯彻落实党的十六大精神，继续推进“三个代表”重要思想的“三进”工作，本着“深入、创新、规范、提高”的原则，加强学生思想政治教育和管理工作，完善学生管理体制和工作机制，不断提高学生工作科学化、规范化、制度化水平，以优异成绩迎接学校第七次党代会的召开。

在抗击非典期间，学工部在做好本部门预防工作、维护正常的工作秩序的同时，组织和动员各院（系）学生工作部门、专兼职学生工作干部和学生党员骨干，落实上级的各项部署和学校的防控举措，及时掌握离校和在校学生的动态，汇总上报学生情况，组织教育部关于非典时期大学生思想状况的调研工作。为加强校园和宿舍管理,及时与宿管中心组织发放学生宿舍出入证,为学生建立健康档案,实行学生健康日报制度。关心隔离区学生,为隔离区学生发放慰问金和慰问卡,并提供心理咨询。精心组织、认真安排学生返校工作,积极开展"自爱爱人,护我南开"活动。主动联系娃哈哈集团、宝洁公司的捐助,并将捐助品及时下发给每个学生。适时组织学生工作干部座谈会,宣传学生工作干部中的典型事迹,坚定信心,鼓舞士气。精心组织好毕业典礼与欢送毕业生晚会,做好毕业生文明离校工作。

思想政治教育

党委学生工作部以邓小平理论和"三个代表"重要思想为指导,紧密围绕学校中心工作,以培养高素质人才为目标,通过学生工作干部培训、新生入学教育、毕业生文明离校教育、学生业余党校以及各类问卷、座谈、访谈等调研方式,加强学生工作队伍和广大学生的思想政治教育工作。

以全国高校第十二次党建工作会议和学校第七次党代会为契机,积极推进学生党建工作。加强党的理论、方针、政策的学习,强化学生党员党性教育,努力提高学生党员思想政治素质,以低年级党员和毕业班党员为主,分别举办了第十五、十六期学生业余党校。认真总结我校学生党建工作经验,举办学生党建成果展,编印《学生党建工作巡礼》,并以多种方式开展学生党建状况调研。配合组织部召开学生党建工作研讨会,出台《关于加强学生党员发展工作的意见》,深入开展学生党员发展和培养工作。

关注重点学生群体,认真做好学生日常思想教育工作。开展包括形势政策、校史校情、安防保卫教育在内的多种形式的新生入学教育,组织新生参观周邓纪念馆、"三五八十"成就展。推行毕业生党员文明离校责任制和毕业生网上留言活动,通过组织毕业生评优、"聚散天涯,依依南开"毕业生晚会、毕业典礼等活动,强化毕业生文明离校意识。开展经济困难学生的思想教育工作,以推进国家助学贷款工作为抓手,强化学生诚信意识和责任意识。积极探索文化素质教育活动的新载体,做好第二届"周恩来班"的遴选工作。

认真研究学生关注的热点问题和新时期学生教育管理工作的特点,开展学生思想调研。依托青年研究中心组织选题31项,并重点组织非典时期学生工作快速反应机制的研究,建立学生职业生涯设计档案30份,启动职业生涯全程化辅导。先后组织开展2003年高校学生思想政治状况滚动调研、教育部和天津市"两课"教育教学问卷调查、教育部关于非典时期大学生思想状况的调研、市教委和市宗教局关于天津市学生宗教观现状调研、市委关于十六届三中全会召开前天津市大学生关注的热点和焦点问题等调研活动。编发《南开学生工作通讯》2期。

把握学生思想动态,为有针对性地开展学生工作奠定基础。充分发挥班导师、宿舍导师和学生骨干的作用,着重从信息报送和新闻宣传两个角度掌握学生的思想动态及关心的热点问题,并重视校园网络(BBS)在学生思想教育中的作用。组建学生工作信息员队伍,畅通信息报送渠道,规范并加强学生工作的信息报送工作。做好寒、暑假学生返校思想动态调查。非典期间,在每日及时汇总上报学生思想状况的同时,对隔离区学生的思想状况进行分析调研。加强与教育新闻媒体的联系,重要工作提供新闻通稿或背景材料,如"南开大学积极做好经济困难学生工作"、"飘扬的旗帜、战斗的堡垒——南开大学学生党建工作成果纪实"、"南开大学五项举措力促毕业生就业"、"南开大学一批博士生、硕士生自愿留津工作"等,诸多媒体对其中的内容进行报道。

学生心理健康教育

学生心理健康指导中心坚持“全员心育、以生为本”的教育理念，将学生心理健康教育渗透到教学、管理的各个环节，在全校积极营造关注学生心灵成长、呵护学生心理健康的良好氛围，努力构建以个人为基础、学校为主导、家庭为依托、社会为辅助的心理支持系统。

选用“精神症状自我评定量表”(SCL－90)和“卡特尔十六种个性因素测验”(16PF)两套量表，为2003级3000余名学生建立心理健康档案。在学校本部、迎水道校区、泰达学院开展个体咨询。校本部咨询室开放5个工作日25个小时，每周接待个体面询达20人次以上，网上回信10余封。开展“相识南开园”等大型团体咨询服务，组织“建立良好人际交往”行为训练。非典期间，在校园网开设“共有天空”版，为学生筑起心灵的堤坝。通过“心有灵犀”版，以书面形式回答同学的心理问题，并开辟“心理协会”、“灵魂避难所”等心理交流的网络平台。举办首届“南开心”和“秋风冬韵”心理月电影节，尝试将电影、音乐、绘画等艺术形式引入心理健康教育，并取得良好的效果，参加人数累计达8000人次。

南开大学心理协会纳新200余人，成员达到600余人，是人数最多的学生社团之一。社团成员除了协助心理健康指导中心开展活动外，还自行组织多种多样的活动，如：为大龄单身研究生组织的“缘定玫瑰”活动、“走向成年，我们同行”南开师生与中学生共度成人仪式、走进福利院等，将学生的视野从大学校园引向社会生活的广阔层面。

构建学校、院系、宿舍三级防护网络。学生心理健康指导中心首期聘任11名兼职心理咨询教师，为学生提供咨询服务，工作时间也由坐班制向值班制过渡，不断推进心理健康教育的规范化、专业化和职业化，原有的行政化工作模式逐渐被规范高效的专业工作所取代。同时，院、系成立学生心理健康工作小组，在学生宿舍设立心理瞭望哨。各院、系学生心理健康工作小组负责本院、系学生的心理健康教育，及时发现学生的心理问题，保持与中心的联系，在中心指导下开展工作。学生宿舍的心理瞭望哨由具备一定心理学专业知识的学生担任观察员，在发现问题的时候及时与院系和学校取得联系。

奖学金与助学工作

学生奖励制度不断完善。全年有4781名学生获得奖学金，占学生总数的42.2%。奖学金发放总额达572.82万元。评选校级三好学生842名，校级优秀学生干部283名。

在天津市高教系统各类评优中，学生女子排球队和学生合唱团双双荣获“天津市先进集体标兵”称号；两名学生获得“天津市十佳大学生”称号；9名学生分别被评为“天津市三好学生”和“天津市优秀学生干部”；10名学生获得“天津市理工科优秀学生奖学金”，其中两名学生荣获特等奖。1名学生荣获“全国优秀学生干部”称号。

在勤工助学基金的支持下，设置校内学生勤工助学岗位400余个，800余名学生活跃在学生宿舍楼长、层长、学生工作助理等各类勤工助学岗位上。勤工助学报酬支出总额达35万元。学生勤工助学岗位全部实现网上公开招聘，有关考核制度已经建立，勤工助学工作正在向制度化、规范化、科学化的管理方式迈进。

以各类奖学金、国家助学贷款、勤工助学、特殊困难补助和学费减免为主体的多元化资助贫困生的政策体系日趋完善。及时掌握特困新生的情况，安排好“绿色通道”。截至年底，共有2326名学生得到国家助学贷款，合同贷款总额达4620.75万元，银行实际发放贷款 2398.6 万元。571 名学生得到学费减免政策的照顾，总额达 119.98 万元。配合国家有关政策，为获得国家奖学金的学生配套减免学费 110.9 万元。收到来自社会各界捐资提供的各类特困资助金达 20 多项，总额超过 45 万元。自酬资金发放的各类困难补助总额达 33 万余元。3000 多名经济困难学生获得资助。

招生工作

招生办公室针对非典疫情带来的影响，采取多种方法开展招生宣传工作。主管校长、招办主任通过电视媒体宣传学校的招生录取政策，解答考生问题；积极与全国各省级电视台联系，提供学校的招生宣传材料，力求在黄金时段播出，让更多的人了解学校；充分利用网络的优势，面向社会开通招生咨询网站，配备专人在网上随时回答考生的问题，据不完全统计，在填报志愿期间，接待网上咨询 240820 人次；发挥招生宣传组的作用，公布联系电话、E－mail 地址，要求组长在考生填报志愿期间值班并回答考生的问题；随着非典疫情的缓解，派人到部分地区，深入重点中学开展招生宣传；联系各地校友会，邮寄招生宣传材料，通过校友宣传学校；在原有 3 部电话的基础上，新增 2 部咨询电话，为做好招生工作提供保障。

对本科生招生信息网进行改版，采用 Asp 和 Java 技术，完善动态交互功能。开辟招生新闻、考生问答等栏目，基本做到每天更新。与多家大型网站建立良好的合作关系，互为友情链接对象，在多个大型搜索引擎注册，扩大招生信息网的影响。考生问答栏目坚持每天回复考生问题三次以上，受到考生和家长的欢迎，实现考生与招生工作人员的互动。开发网上查分系统、体育特长生网上报名系统等，实现网络化办公，给考生和家长带来方便。

为了进一步做好计算机远程录取工作，成立以主管校长为组长，有纪委、监察室、学工部、招生办公室等部门负责人参加的招生工作领导小组，对招生录取工作进行全程领导和监督，集体研究和妥善解决录取过程中一些政策问题。在安排录取工作人员时，明确提出录取信息保密的“三不”要求，即“不该知道的不知道、不该说的不说、不该打听的不打听”，凡与录取工作无关的人员一律不得进入录取场所，并将工作人员分成计算机操作和后勤保障两部分，采取定人、定机、包省份的办法，各司其职、有条不紊、迅捷快速、准确无误地完成本职工作。修改体育、艺术特长生招生暂行规定，严格规定美术类专业课考场纪律、阅卷要求和新生入学后复试，并在复试中退回 4 名不符合要求的考生。

2003 年，面向全国 31 个省、区、市，招收本科生 3000 人。受高考命题变化的影响，录取的总体分数较往年有所降低，理工类录取总平均分为 571 分，文史类录取总平均分为 568 分，辽宁、江苏、河南三省录取总平均分为 610 分。成功组织艺术、体育冬令营，通过严格的测试，录取体育特长生 36 人、艺术特长生 32 人。

就业工作

学生就业指导中心针对严峻的社会就业形势和多元化的毕业生就业需求，不断加大就业指导力度，一方面引导毕业生调整择业观念，正确认识就业市场的现状；一方面帮助毕业生有针对性地完善自己，提高择业的竞争力。从 2003 年 10 月开始，面向全体毕业生举办就业指导系列讲座，并安排专人接待毕业生个体咨询，团体指导与个体咨询相结合，使毕业生求职减少盲目性，增强主动性，提高信息利用率。在非典期间，开展面向各院、系就业工作干部的业务培训活动和面向全体毕业生的专题咨询活动，提前启动 2004 届毕业生就业指导工作，由于动手早、工作到位，减少了非典疫情对就业工作的影响。通过简报形式，定期通报工作情况和各院系、专业就业进度，介绍院、系工作动态和经验，为学校领导决策服务，有利各院系之间互相学习、互相促进、共同提高。

中心在加强就业信息网站栏目建设的同时，注重数据库查询功能和用户互动功能的开发，创造性地开发个性化服务和人性化管理方式，为每一位已注册的毕业生用户和单位用户提供一个独立的虚拟空间，成为毕业生网上发布自荐信息、定制和投递电子简历以及用人单位发布招聘信息、接收毕业生电子简历的快捷通道，实现24小时在线招聘、求职服务。首次启用自行开发的《毕业生就业管理系统网络版》，实现了各院自行录入、中心审核确认的就业方案编制模式，各院可以及时了解本院和兄弟学院的就业工作进度，中心也可利用该系统及时发布各种通知，基本实现网络化办公。

中心积极开展就业市场调研和毕业生跟踪调查，先后派出两个调研组分别赴长江三角洲、珠江三角洲，走访党政机关、知名企业、科研机构和兄弟院校，了解就业市场发展趋势，征求用人单位的意见和建议，收集往届毕业生成功事例，增强就业指导工作的针对性和科学性。通过信函、参会、网站等形式，向社会各界广泛宣传毕业生资源。精选1200余个用人单位，寄发宣传材料和生源信息。先后参加十余个部委、地区和企业集团主办的信息交流会，与近千个用人单位进行交流。通过就业网站的“生源信息搜索”、“学子自荐”等栏目，服务毕业生和用人单位。与2000余个新老客户建立长期稳定的联系，收集需求信息1200余条，共计4500余个岗位。在非典期间，通过网站、传真、电话等方式，收集需求信息60余条，并为部分用人单位组织网上招聘或书面沟通。邀请用人单位来校举办专场招聘会70余场，并将往年在冬季举办的大型校园招聘会改在春季举办，90余家用人单位到会，为毕业生提供较为宽松的择业环境。完成多个国家部门和省市的公务员考试的推荐工作，被录取的毕业生明显增多。

2003年，全校共有毕业生4385人，其中毕业研究生1574人(其中博士生499人、硕士生1075人)，本科毕业生2246人，高职毕业生565人。截止年底，毕业研究生中已落实就业单位1303人，占82.78%；录取博士生或博士后157人，占9.97%；申请出国92人，占5.84%；就业率为98.60%。本科毕业生中已落实就业单位1155人，占51.42%；录取研究生851人，占37.89%；申请出国181人，占8.06%；就业率为97.37%。高职毕业生中已落实就业单位84人，占14.87%；录取专接本231人，占40.88%；出国3人，占0.53%；就业率为56.28%。

国防教育工作

概况

2003年，南开大学人民武装部、军事教研室的工作思路是：坚持以“三个代表”重要思想为指导，以国防教育为中心，以军训育人和教学科研为基本点，统筹兼顾，突出重点，讲求实效，体现特色，紧紧围绕学校中心任务开展工作。

武装部、军事教研室接受学校和上级军事机关的双重领导，接受并完成学校、上级军事和教育行政主管部门、国防动员部门、武装工作部门以及人民防空部门赋予的工作任务，承担学校国防教育和本科学生必修军事理论教学与技能训练。负有教学管理双重职能。现有教学管理人员7人，其中，在岗专职人员4人，返聘1人，天津警备区驻校现役军事教官2人。现有人员中具有副教授（副研究员）职称3人。

军事教研室资料室现有军事科学、社会科学、自然科学等藏书6000余册（含期刊），其中工具书、图书2300余册，期刊55种3700余册。

本年度，在深入贯彻国办发[2001]48号文件精神的同时，认真落实天津市人民政府办公厅《转发市教委天津警备区司令部关于在我市普通高等学校和高级中学开展学生军事训练工作意见的通知》（津政办发[2003]13号）精神，从世界形势、国家战略和高等教育实际出发，研究制定《南开大学2003～2007年学生军训工作发展规划》；总结提炼出以国防教育为中心，爱国主义教育为主线，军事训练为重点，素质教育为导向，人才培养为目的的南开军训育人特色；确立依法开展军训，强化国防观念，使军事教学训练成为改善学生知识结构的启示教育和其他专业学科的有益补充的工作定位。在教学科研方面，克服非典影响，完成2002级学生军事理论必修课教学工作，取得一批科研成果。在巩固军训成果方面，注重发掘内涵，与学生工作、素质教育、校园文化紧密结合，广泛开展各项活动，取得明显成效。在武装工作方面，统筹兼顾，圆满完成上级军事机关、教育行政主管部门、武装工作部门、人民防空部门赋予的23项工作任务。先后在3月份“天津市学校国防教育总结表彰暨经验交流大会”和10月份天津市教委“落实天津市人民政府办公厅[2003]13号文件情况汇报会”上介绍经验，被评为“天津市学生军训工作先进单位”，受到通报表彰。

军事课教学

根据《普通高等学校军事课教学大纲》的规定要求和学校总体教学安排，完成2002级2969名本科学生18周432学时的必修军事理论教学工作，同时面向本校和天津大学本科学生全年开设军事与素质教育选修课3门10个教学班，有1100多名学生选修。4月下旬非典防控重点时期，鉴于军事课大班教学，院(系)合班上课的实际情况，及时制定下发“关于‘非典’时期学生军训工作的实施意见”，灵活调整教学方式，采取网上公布作业与学生自学相结合、电话咨询指导与教师巡回检查相结合的办法落实教学计划，按期完成全校统一考试。因“非典”离校的157名学生利用暑假完成补课。参考学生100%，及格率99.95%，优良率58%。军事技能训练原定6～7月组织实施，因“非典”尚未解除经请示上级主管部门取消。为弥补欠缺，9月初在“南开国防教育”网站开设“网上课堂”，将训练内容陆续编辑上网，供学生自修学习。此外，协助《天津广播电台》就“美伊战争”发展进程、力量分析、作战样式、战争预测等问题提供素材，接受采访，同时受聘担任《天津青年报》“美伊战争”栏目组特约编辑顾问，为搞好正面引导，维护社会和校园稳定发挥积极作用。

科研与师资培训

就学生学校国防教育和学生军训面临的形势与任务、问题与对策、组织与保障、程序与规范、管理与评估等现实课题进行专题研究，撰写论文8篇，有6篇推荐参加天津市第三届学校国防教育论文评选并全部获奖，其中一等奖5篇、二等奖1篇，获奖数量和质量居全市第一名。所有获奖论文均在教育部学校国防教育核心刊物《国防教育》杂志公开发表，其余2篇论文被天津市学生军训工作领导小组办公室《军训工作简报》转发。集体攻关，自行研制《空间技术》、《军事地形学》、《核、生、化武器与人民防空》三个多媒体课件的制作，并应用于教学实践。与天津“北方网站”技术人员合作，修改更新“南开国防”教育网站，制定《网站维护管理制度》。4月份新版开通至12月31日，登陆浏览人数260000余人次，成为全国第一所开通专用国防教育网站的普通高校。受天津市教委委托，组织策划并主编出版天津市统编教材《新编大学生军事课教程》，完成其中三个章节15万字的编写。与中国社会科学院出版社联合，邀请国防大学著名学者王小健、李力钢教授成功举办“天津高校军事教师业务讲座暨教学法培训”，来自部队系统和地方高校的50余名军事课教学管理人员参加，受益匪浅。

巩固军训成果

为适应学生军训制度化和军事教育学科建设的需要，修订完成《南开大学学生军训规章制度汇编》共7章62条270余款，使学校国防教育、军事理论教学和技能训练以及巩固军训成果的组织管理更加规范。以“南开国防教育”网站为载体，增设网上课堂、国防科普、军事评论、时事新闻等特色栏目，为师生提供广泛参与的空间；推荐军事教学管理人员担任学生宿舍导师，加强与学生的沟通；指导支持“南开大学军事爱好者协会”独立自主地开展活动，组织资助他们瞻仰“烈士陵园”，参观“周邓纪念馆”和“平津战役纪念馆”；调整充实南开大学学生射击代表队和军事定向越野代表队，定期组织活动，丰富学生业余生活，参加天津市首届大学生射击比赛获团体总分第二名；坚持开设军事与素质教育选修课，并纳入学校教学计划，成为学生竞相选修的热门课程；加强与院(系)学生班长，党支部、团支部书记，学生会主席等学生骨干的沟通与交流。11月，组织48名学生骨干赴杨村军营开展旨在爱我国防、强我素质、丰富生活为主题的“军营采风”活动。参观部队内务、科技训练成果、文化生活设施以及迎外分队高难度训练，组织“81”和“95”新式国产轻武器实弹射击，与官兵就当今世界军事热点、科技强军和祖国统一等问题展开讨论，在了解军营、理解军人的同时接受鲜活生动的国防教育。

武装工作

完成天津警备区赋予的学生军训工作调研及“若干规定”部分内容的起草工作；落实学校定点预备役人员“心理战应急分队”整组和学校预备役“军事专业对口人员登记”的摸底与编制工作；完成天津市人民政府统一部署的防空防灾警报试鸣演习任务；与北京军区、天津警备区妥善处理学校数学中心大楼工地两处国防工事的拆除与赔付事宜，节省资金近10万元；深化国防教育，组织师生积极参加全国第三个“全民国防教育日”和天津市第十四届“国防教育宣传周”的宣传教育活动；完成天津警备区、南开区人民武装部下达的基层武装业务学习与作业；落实国务院及教育部关于“双拥”和“军民共建”通知精神，对全校400余名历年复转军人进行慰问，与南开区民政部门签署“科技拥军协议”，通过智力拥军、节日慰问、走访沟通等方式，与中国人民解放军总后勤部、天津警备区、65集团军196旅、武警81师、舟桥85团等建立长期共建关系。

重要事件

1月，被评为天津市“学生军训工作先进单位”，杨建国被评为“先进个人”。

2月，落实中共中央、国务院、中央军委《关于加强和改进城市民兵工作的意见》(中发[2002]9号)文件精神，完成以武装部、宣传部、学工部、信息学院、外语学院和医学院等有关人员参加的“南开大学预备役心理战应急分队”的整组工作。

3月，改版开通“南开国防教育”网站。经咨询和网上检索确认，南开大学是全国第一所开通专用国防教育网站的普通高校。

5月，在天津市第三届学校国防教育论文评选中，推荐参评的6篇论文全部获奖，其中一等奖5篇、二等奖1篇，获奖数量和质量名列第一。所有获奖论文均在教育部学校国防教育核心刊物《国防教育》杂志发表。

6月，武装部部长兼军事教研室主任翟兆魁受聘担任天津市高等学校军事教学指导委员会副主任。

9月，圆满完成天津市人民政府、市人民防空办公室统一组织的全市“防空防灾警报试鸣演习”任务。

11月，获天津市首届大学生实弹射击比赛团体总分第二名。

11月，组织学生社团“军事爱好者协会”和部分学生干部深入杨村部队开展旨在爱我国防、强我素质、丰富生活为主题的“军营采风”活动。

12月，与中国社会科学出版社合作，邀请国防大学著名学者王小健、李力钢教授成功举办“天津高校军事教师业务讲座暨教学法培训”。

12月，走访慰问驻津部队，对全校400余名历年复转军人进行慰问活动。

（撰稿人：翟兆魁）

信息工作

概况

围绕学校中心工作和上级领导机关关于信息报送要求的精神及时、准确、全面地做好学校各方面工作信息的收集和报送，突出信息工作为领导决策服务和宣传南开两大功能。重点突出四个方面：一是继续贯彻落实学校党委《加强和规范信息工作的意见》，进一步提高信息工作的质量。二是全面增强信息报送意识，主动挖掘有价值的信息资源，积极主动地做好各方面信息的报送工作。三是在信息载体和信息报送的广度和深度上进行积极探索，加大信息的综合分析、深度分析和系列分析的力度。四是继续加强信息网络建设，扩展信息来源渠道。

各单位信息制度化建设工作取得明显进展，很多单位坚持以各种形式定期不定期编发《工作简报》。大部分单位及时、全面报送工作动态信息，漏报信息的情况明显减少，特别是对重大政治事件和重要工作信息的报送。

2003 年，学校办公室信息调研科共编辑《南开简讯》37 期，《南开简讯——信息工作专刊》4 期，《高教动态》18 期，《情况反映》2 期。各单位共上报信息 1190 条，办公室采用 1064 条，向上级机关报送信息 195 条。其中“南开大学做好外来务工人员非典防治工作”、“南开大学认真做好被隔离学生思想工作”、“南开大学创新就业工作模式，毕业生就业率再创新高”、“南开大学做好学生党员发展工作”等 4 条信息被教育部单独编发简报；“南开大学掀起学习贯彻党的十六大精神的热潮”、“南开大学加强科技创新与文科科研工作有新举措”、“南开大学加强后备干部队伍制度建设”、“南开大学推进校务公开加快学校发展”、“南开大学处级干部实行学术假和经费资助制度”、“南开大学积极培育物理学科新的增长点”等 6 篇文章被《高教领导参考》刊发。

抗击非典信息工作

坚持信息报送“零报告制度”，每日向教育部、中组部干部三局、天津市教委、教卫工委报送各类有关非典信息 90 余条，其中，“儒苑西学生公寓发烧学生增多”引起国务委员陈至立、教育部长周济重视，并批示；“南开大学采取七项措施，做好外来务工人员非典防治工作”、“南开大学认真做好被隔离学生的思想工作”被教育部编发简报；“南开大学利用网站教学辅助功能实现教师不停课，学生不停学”被编入教育部《教育要情》；“南开大学认真做好被隔离学生的思想工作”、“南开大学启动 1+1 伙伴学习计划”被教育部非典办转发。“南开大学在防控非典斗争中，充分发挥党组织的战斗堡垒作用和党员的先锋模范作用”被天津市委教卫工委、市教委采用。

每日为校领导编发《防治非典情况通

报》,全面反映学校当日的防控工作情况和师生发病情况,为领导决策提供依据,共编发《防治非典情况通报》42 期。共编发《防控非典通报》7 期,发放给全校师生。

利用在校园网、有线台、《南开大学报》、宣传橱窗等发布学校防控非典信息,使广大师生及时充分了解学校抗击非典的各方面情况,增强抗击非典、战胜非典的决心和信心。在校园网、有线台开设"众志成城"栏目,及时宣传为抗击非典做出贡献的先进人物和先进单位的先进事迹,"众志成城"共编发 16 期。

保密工作

概况

保密工作是新时期党和国家的一项重要工作。高等学校承担着人才培养、科学研究和国际学术交流的重任,保密任务十分繁重。学校成立保密委员会,挂靠学校办公室,主任由一位学校领导兼任,副主任由一位副处级干部担任,成员由学校相关部门和单位负责人组成。保密委员会是南开大学负责保密工作的职能部门,负责指导、协调、监督和检查全校的保密工作。各部处、院(系)明确一位领导负责保密工作,并选定一名思想政治水平高、工作责任心强的同志担任兼职保密员,负责本单位保密宣传、组织管理、监督、检查工作。

学校党委注意研究新形势下保密工作的规律,针对世界多极化、经济全球化、信息网络化的特点,制定《关于加强保密工作的意见》,并以党委文件的形式下发到各基层单位,提出切实加强保密工作制度化和规范化建设的措施,要求各单位建立健全保密工作队伍,加强保密宣传教育和保密管理。学校没有失泄密案件。

主要工作

加强保密工作机构和队伍建设。根据工作需要和人员变动情况,及时调整学校保密委员会,各单位、院(系)确定一名保密员,建立起覆盖全校各单位的保密工作网络。建立保密工作例会制度。定期召开重点涉密单位负责人会议,交流本单位保密工作情况,研究部署下一阶段工作。

建立对外科技交流保密提醒制度保密提醒制度。规定涉密科研项目申请立项时,分别在科学技术处和社会科学处填写《对外科技交流涉密人员登记表》,承诺在对外科技交流保密中遵守保密守则,并由科学技术处和社会科学处记录存档。

加强对涉密计算机系统的管理和保密技术防范。9、10 月份,保密委员会和网管中心对涉密计算机的使用和管理情况进行一次集中检查,对涉密计算机的使用情况重新登记。

开展保密宣传教育。9 月中下旬,集中开展了《保密法》系列宣传教育活动。宣传教育活动以纪念《保密法》颁布 15 周年为主题，主要开展了座谈会、图片展、播放专题片、在校报及校园网上开辟“《保密法》宣传周”专栏等活动，大力宣传《保密法》基本知识，在学校内部营造宣传保密法、学习保密法、执行保密法的良好氛围。

机关党建工作

概况

2003年机关党委会由9名委员组成，设书记、副书记、秘书各1人。机关党委书记由校纪委书记张式琪兼任。所属党支部26个，党员287(含离退休党员)人。

2003年机关党委工作的指导思想是：以“三个代表”重要思想为指导，深入学习贯彻党的十六大精神，落实校党委的工作部署，积极迎接我校第七次党代会的召开，并推动党代会精神在机关的贯彻落实，在加强机关党的思想、组织、作风建设方面，发挥党组织的政治核心作用，围绕落实学校中心工作和建设高水平大学的目标，努力建设一支高素质的管理干部队伍。

思想理论建设

按照校党委的部署，把加强思想理论建设摆在突出的位置，把学习贯彻十六大精神作为2003年机关党建工作的首要任务。通过学习贯彻十六大精神，加深对“三个代表”重要思想的领会，通过贯彻“三个代表”重要思想，推动十六大精神的落实。一是抓机关学习中心组。强调党员领导干部要以身作则，作学习贯彻十六大精神的带头人，要求深入学，持久学，力求融会贯通，要求学以致用，用有所成。学习的主要内容有十六大文件、胡锦涛同志“七一”重要讲话、中宣部《“三个代表”重要思想学习纲要》等。通过学习，使党员领导干部认识用“三个代表”重要思想和十六大精神武装全党是当前和今后一个时期首要的政治任务，认识努力用“三个代表”重要思想和十六大精神指导实践、解决问题、推动工作是学习贯彻“三个代表”重要思想和十六大精神的出发点和落脚点。二是以中心组学习带动机关各部门党员、干部的学习。确定以支部或部门为单位，利用党日活动日组织机关党员、干部学习，用“三个代表”重要思想和十六大精神武装头脑，统一思想，凝聚力量，指导实践，推动工作，把学校改革与事业发展推向前进。三是举办理论学习专题报告会。先后邀请党委宣传部原部长刘景泉教授和马列教学部赵铁锁教授等作报告，通过理论与实践相结合的学习辅导，使大家提高认识，加深理解，把学习引向深入。

组织建设

1.抓党支部建设，充分发挥战斗堡垒作用。一是上半年面对非典突然袭击，积极投入非典防范工作。5、6月间先后六次召开机关党委会议，党支部书记和各部门负责人会议，研究部署有关防控非典工作，传达中共教育部党组和天津市委关于在防控非典期间发挥党组织和党员作用的文件精神以及校党委的工作部署，结合机关实际，对各支部提出五点要求，强调在危难之际以实际行动把党的旗帜举起来，让党的声音响起来，使党的形象树起来，并号召党支部和共产党员站在第一线，弘扬民族精神，战胜非典，夺取胜利。二是贯彻落实“中共南开大学基层支部工作细则”，搞好党支部培训。4月举办党支部书记、组织委员培训，从党支部的地位、作用和任务；党支部的主要职责；党员教育以及组织发展四个方面请校党委原副书记吴本湘作辅导，校纪委书记、兼机关党委书记张式琪部署机关党委全年工作。三是结合机关实际，修订完善“机关党支部工作考核办法”，印发各支部试行，对加强支部建设起到推动作用。四是落实党委组织部关于“创最佳党日”活动安排，提供经费，创造条件，开展形式多样的组织活动。研究生院党支部在“创最佳党日”活动中获先进，受到学校表彰。

2.抓党员先进性教育。一是关键时刻抓党员。非典期间向党员，特别是党员领导干部交任务、提要求，提出不仅要作好本职工作，而且在关键时刻要能冲上去，打硬仗，以实际行动发挥先锋模范作用和示范带头作用。在抗击非典斗争中，机关有5个党支部和24人被评为先进，受到学校表彰。二是开展党建系列活动。6月、12月先后召开青年党员骨干座谈会，结合本职工作，畅谈思想，交流体会；利用建党纪念日对30年以上党龄的老党员进行慰问，发慰问信、学习资料和慰问品，发扬传统，凝聚力量。三是开展形式多样教育活动。3月组织参观“雷锋事迹展览”和“平津战役纪念馆”，使党员受到革命传统教育。

3.抓组织发展。一是及时与党支部沟通情况，抓紧工作，有计划地安排入党积极分子参加党校培训，满腔热情地予以帮助和教育；二是为入党积极分子举办党课，邀请法政学院院长朱光磊教授讲党课，使与会者加深对党组织认识，坚定入党信念。三是规范组织发展程序，严格把关，坚持成熟一个，发展一个。2003年共发展党员5人，办理预备党员转正10人。

作风建设

坚持以党的优良传统作风，推动机关作风建设和精神文明建设

1.以新办公楼搬迁为契机，5月召开机关作风建设动员大会，校党委书记薛进文和校长侯自新亲自出席，薛书记对机关党建工作和作风建设作指示、提要求，使大家统一了思想，振奋了精神，明确了目标。动员大会对机关作风建设起到推动作用。

2.制定“关于加强机关作风建设的若干意见”，提出机关作风建设四方面工作任务及措施，经校党委领导同意，该意见以学校办公室文件形式下发，使机关作风建设迈出新的步伐。

3.举办“学习‘三个代表’，加强机关作风建设研讨会”，利用暑期，组织机关党委委员、党支部书记和机关工会委员会成员参加学习研讨，使大家认识提高，思想统一，目标明确，达到预期的效果。

4.建立“机关作风建设评估实施办法”，在机关党支部书记研讨会上进行研讨，突出为领导决策服务，为基层服务，为师生员工服务的要求，形成相对量化和可操作性的考核指标，为机关作风建设打下坚实的基础。

5.开展“文明处室”创建活动，明确提出创建“文明处室”的要求和考核标准，组织各部门有针对性地制定创建计划，加强督促检查，推动工作开展。年底，组织“文明处室”评比工作，在自评申报的基础上，有10个单位获奖。

6.开展机关作风评议，围绕作风建设四

方面内容，年底，以不记名方式填写评议表，发放全校各基层党委、党总支及直属支部，广泛听取各方面意见，找出存在问题和不足，切实加以改进，扎实推进机关作风建设。

思想政治工作

坚持“以人为本”的原则，作好机关思想政治工作，营造良好机关氛围，不断增强机关的凝聚力

1.要求各支部在工作实践中把思想政治工作与管理育人、服务育人结合起来，多做关心人、理解人、尊重人的工作；多做得人心、暖人心、稳人心的工作；多做振奋精神，鼓舞士气的工作；多做统一思想，凝聚力量的工作，把思想政治工作作到群众心坎上。

2.在防控非典工作中，发挥思想政治工作优势，机关党委多次召开会议，分析研究机关干部职工思想动态，采取措施主动作好群众工作，经常下去了解情况，有针对性地作好各方面的工作。适时组织对一线部门同志的慰问。为关心大家身体健康，更有效地抗击非典，6月，为机关全体工作人员每人发放防非典用品(如消毒液、洗手液、毛巾、香皂等)，体现党组织的温暖。

其他工作

配合党委组织部门完成对机关中层干部的推荐和考核工作。

配合纪委监察部门作好党风廉政建设工作以及落实民主生活会制度。

配合人事部门作好机关人员招聘工作。

协助校教代会、工会完成机关工会委员会成员调整，明确分工。创造条件，支持协助机关工会开展活动。指导并支持建好“机关工会之家”。协助举办健身培训，活跃职工文化生活。为职工办实事、办好事。

发挥机关团总支作用，调动机关青年积极性，支持开展活动。

重要事件

4月中旬～5月下旬，根据校党委的部署，按照民主集中制的原则，经机关全体党员几上几下反复酝酿推荐，并经投票选举，机关有30名党员(含退休党员1人)被选为出席我校第七次党代会的代表。

4月24日，经校党委第五次常委会议研究决定，任命夏静波为机关党委委员、副书记(南党[2003]10号文件)。

(撰稿人：楼正)

群众工作

教代会、工会工作

概况

2003 年教代会、工会工作的指导思想是:在学校党委、市教育工会的领导下,高举邓小平理论伟大旗帜,以“三个代表”重要思想为指导,全面贯彻党的“十六”大会议精神和市委八届三次会议精神,紧密围绕中心工作,确保服务大局,突出维护职能,积极推进学校民主政治建设,注重教职工素质教育,加强二级教代会和工会基层分会“小家”建设,深化送温暖工程等方面工作实现新的突破。团结动员全校教职工,为创建国际知名的高水平大学作出积极的贡献。

为了在新世纪新阶段开创教代会、工会工作新局面,教代会、工会把学习党的十六届三中全会精神、校第七次党代会精神和中国工会十四大精神结合起来,准确把握工会、教代会组织的定位,配合学校党政领导,积极推动校务公开工作,努力推进学校民主政治建设,提高各级教代会参政议政的能力和水平,充分发挥教代会在学校民主管理、民主参与、民主监督中的作用,从维护教职工利益和需求出发,坚持为教职工服务的宗旨,努力为教职工多办实事、好事,营造团结、进取和朝气蓬勃的氛围,促进学校教学科研的稳定发展。

教代会设有常任主席团和提案工作、教学科研工作、校务公开工作、民主评议干部 4 个专门委员会,下设 18 个代表团。校工会设有工会委员会、经费审查委员会、女工工作委员会、青年工作委员会和福利工作委员会。下设办公室、宣传部、组织部、文体部、女工部、福利部、财务部和 30 个基层分会。现有专职工会干部 8 人。

组织宣传工作

校工会、教代会多次召开专职干部会议,认真学习校党委书记薛进文同志在第七次党代会上所做的工作报告,研讨如何更好地贯彻落实我校第七次党代会精神,结合工会、教代会实际,动员和组织全校各级工会组织把思想和认识统一到党代会报告的精神上来,把智慧和力量凝聚到党代会提出的目标和任务上来,与时俱进,胸怀全局,坚定信心,振奋精神,在新世纪新阶段进一步做好工会、教代会工作。校工会、教代会主席孔繁丰就认真学习贯彻我校第七次党代会精神做了专题发言。

中国工会十四大闭幕后,为了更好地学习中国工会十四大会议精神,召开了教代会和工会“两会”委员和基层分会主席参加的会议,听取我校出席中国工会十四大的代表、新当选的全国总工会执行委员、物理学院党委书记孙骞教授所做的关于“认真学习中国工会第十四次代表大会精神”的报告。

为了深入学习、贯彻《工会法》,充分发挥基层工会组织在学校民主参与、民主管理和民主监督中的作用,进一步提高参政议政水平，暑假期间校工会在蓟县举办了基层工会干部培训班。部分基层分会主席在会议上发言，介绍和交流了二级教代会、基层分会参政议政以及开展校务公开工作的经验。

为进一步加强工会自身建设，更好地实施校工会工作规范化管理，2003年重点抓了如下工作：按照校教代会、工会工作实际需要，重新调整制定了校工会专职干部岗位责任制；重新修订完善校工会财务管理方面的各项制度；制定了加强校工会作风建设的“创建文明处室公约”。

开展各种先进集体和个人评比表彰活动。为了加强评选劳模工作，经学校领导同意，重新调整了评模领导小组成员。2003年，工会组织开展了评选2002年度天津市劳动模范和天津市“十五”立功先进集体、先进个人活动，信息学院光电子所被评为天津市特等劳动模范集体，经济与社会发展研究院被评为天津市“十五”立功先进集体，宫占奎、周立群、齐寅峰、张琚、周其林、孙骞等6人被评为天津市劳动模范，冼国明、邵云瑞、傅士成、阎少林、严秀平、冯永丽、高海燕等7人被评为天津市“十五”立功先进个人，学校于5月中旬隆重召开了表彰大会。

面对突如其来的非典疫情，校工会具有较强的政治敏感性和全局意识，积极采取各种措施，充分发挥工会组织作用，组织教职工积极抗击非典，努力维护我校正常的教学科研秩序和生活秩序。在学校党委和上级工会组织的领导下，根据工会工作的特点，先后作出了一系列抗击非典疫情的重要举措。召开基层工会主席会议，部署积极防治非典的应急措施，向基层分会下发了“关于发挥各级工会组织作用，积极防治‘非典’的通知”。按照学校统一部署，与博士生会、研究生会、学生会联合发出了倡议书，号召全校师生员工在这场没有硝烟的战斗中经受考验，健康生活、乐观向上、万众一心、和衷共济、坚定信心，同抗非典。重点开展了以“自爱、爱人、护我南开”为主题的阳光五月系列活动。如：习武健身太极拳观摩、师生篮球友谊赛、室外音乐会、教工放风筝比赛等。先后慰问了后勤办、校医院、保卫处、后勤集团、学工部和研究生院等单位的抗击非典一线人员和战斗在天津市防治非典一线医护人员的我校职工家属，分别向他们送去了慰问信和慰问品。开展这些活动对弘扬南开精神，齐心协力抗击非典起到了振奋人心，鼓舞士气的积极作用。

在抗击非典的斗争中，我校工会荣获全国教科文卫体工会系统抗击非典先进集体，南开大学医院荣获天津市抗击非典“十五立功”先进集体，张志尧、吴宝康荣获天津市抗击非典“十五立功”先进个人。

编辑印发了7期《教工之声》专刊和3期《工会信息》，充分利用《教工之声》专刊等各种宣传媒体，大力宣传先进人物和先进集体事迹，营造了弘扬先进、学习先进的良好氛围。为了鼓励先进，工会还制定了《关于工会系统各类先进表彰奖励办法暂行规定》。

文体活动

积极开展形式多样的群众性文体活动。为活跃广大教职工业余文化、体育生活，除按惯例举办教职工运动会、球类比赛、节日庆典文艺演出活动外，主要依靠教职工爱好者广泛开展群众性社团活动。目前，长期坚持开展活动的社团有：太极拳研究会、乒乓球协会、棋类协会、京剧团、教工合唱团、篮球队、服装模特队、健身舞队、民乐队等。

校工会太极拳研究会参加天津市第三届太极拳锦标赛，荣获集体项目一、二等奖。校教工女子乒乓球代表队参加2003年天津市“龙都杯”第九届市民乒乓球大赛，获得成年女子团体赛第二名。承办天津市2003年高校教职工围棋比赛，获得团体第六名，数学学院陈学民获个人比赛第五名。承办天津市第二届教职工文化艺术节书画、摄影优秀作品展。与清华大学、天津大学联合在我校东艺系举行三校教工合唱团演出观摩活动。

为使我校的外国专家和留学生对中国民族音乐的魅力有所了解，应国际学术交流处的邀请，校教师合唱团、爱乐乐团在东方艺术系举办中国民族音乐欣赏会。

深秋，教师合唱团在北京金帆音乐厅演出获得巨大成功，首都新闻界作了详尽报道，并对我校教师合唱团的演技水平给予高度评价。

12 月 23 日，我校教师合唱团参加天津市第二届教工艺术节闭幕演出暨 2004 年新年音乐会获得成功。

12 月 31 日，南开大学 2004 年新年音乐会在校区大礼堂举行，教师合唱团演唱了《欢乐颂》、《夜晚的星》、《美丽的草原我的家》等歌曲，受到师生热烈欢迎。

青年工作

配合人事处做好我校 2003 年度新招聘的青年教师、干部暑期培训工作，并组织他们去河北省革命老区白洋淀参观学习；组织青年教师参观天津市危房改造展览和华苑、梅江住宅新区；组织中青年教师、工会干部赴杨柳青农场进行采摘活动；赴北塘鱼村乘船出海捕鱼，亲身体验渔民生活；教师节期间组织青年教师赴保税区参观。

女教职工工作

“三八”妇女节，举办了投篮比赛、木兰扇表演赛，全校近 900 名女教职工踊跃地参加了活动。召开部分女教职工参加的“为实现我校战略发展规划献上一策”为主题的座谈会。完成了天津市教育工会委托我校所作的《关于天津市高校女教职工自身发展问题》的调研报告。天津市妇联评选我校高玉葆、吴秀英家庭为天津市“五好家庭”，并获银质奖章。校工会、教代会副主席刘新民评为全国先进女职工，物理学院教授、博士生导师申红评为天津市“三八”红旗手。

生活福利工作

应教职工要求，邀请一汽集团等汽车销售公司来校进行汽车优惠展销服务活动。邀请眼科中心大夫为教职工免费检查咨询。举办“小灵通”手机优惠展销服务。

坚持每周四举办“商品展销服务日”活动。建立健全了特困职工档案，配合学校做好帮困工作及各种福利工作，开展在教师节和元旦、春节期间慰问病号活动，为离退休人员发放慰问品，做好“两节”期间一次性困难补助等工作。

教代会工作

1 月中旬，南开大学第四届教职工代表大会第二次会议隆重开幕。侯自新校长做《以十六大精神为指导 团结进取 全面加快高水平大学建设》的工作报告，陈学奇副校长做关于《南开大学职工住房货币分配暂行办法(讨论稿)》的报告。会议进行三天，经过各代表团的认真讨论，通过了《南开大学职工住房货币分配暂行办法》，闭幕式上校党委书记薛进文作了讲话。

为积极稳妥地推进我校教职工住房制度改革，尽快建立住房货币分配制度，多次召开教代会校务公开委员会专题会议，讨论《〈南开大学教职工住房货币分配暂行办法〉的补充规定》和《南开大学关于已购公有住房校内交易的暂行管理办法》。为了使教职工对住房货币分配政策中涉及到的部分返款的比例系数形成共识，与房管处配合专门印制了 200 余份住房系数调查表，下发至教代会每一位代表征求意见，调查表回收后又再次召开教代会校务公开委员会会议，对代表们的各种意见进行认真讨论，反复论证，为使这一棘手问题的解决奠定了基础。

校工会作为学校招标领导工作小组成

员，参与学校的基建工程、修缮工程及大宗物资设备采购招投标工作和工程竣工验收工作百余项，为学校节约开支，杜绝浪费，防止不正之风做了大量工作。

校务公开

2003 年，我们把配合学校党政领导，积极推动校务公开工作，迎接天津市高校校务公开工作检查推动组和天津市厂务公开办公室来我校检查指导作为一项重点工作。

为了加强校务公开工作的时效性，我校认真落实校务公开责任制，始终坚持“校党委统一领导，校行政主持，纪检、监察、校办、工会协调监督，各职能部门直接参与”的领导体制和工作机制。实践证明，这种做法是符合上级领导要求的，工作是卓有成效的。

为了更形象、更真实准确地反映我校开展校务公开工作以来所取得的成效，校工会与校有线台合作拍摄了《坚持推行校务公开推动高水平大学建设》的专题片。同时，编写了《南开大学校务公开实施办法汇编》和《南开大学校（院）推进校务公开工作的意见汇编》。

3 月下旬，由天津市教卫工委、市纪工委和市教育工会负责人率领的天津市校务公开工作检查推动组来我校检查指导工作，并参加我校召开的校务公开工作检查汇报会。工作组听取了副校长、南开大学校务公开工作组组长陈洪的汇报，观看了《坚持推行校务公开 推动高水平大学建设》的专题片，审阅了《南开大学校务公开实施办法汇编》和《南开大学校（院）推进校务公开工作的意见汇编》等材料。检查推动组对我校近年来开展校务公开工作所取得的成绩给予了充分肯定和高度评价，认为我校开展校务公开工作扎实、深入，取得了明显的效果。检查汇报会结束后，市教卫工委、市教卫纪工委和天津市教育工会的领导与我校教职工代表就我校在开展校、院两级民主管理、推行院务公开和二级教代会建设方面进行了座谈。

10 月上旬，我校作为天津市教育系统唯一一所学校再次接受天津市厂务公开办公室负责人率领的工作组来我校检查指导校务公开工作。工作组高度评价了我校在校、院两级推行校务公开后所取得的成绩，认为我校开展校务公开工作各级领导高度重视，学校党政领导一把手亲自参与，工作机制完善，制度健全，思路清晰，实效突出，工作内容规范。近期根据天津市厂务公开民主管理工作领导小组的文件精神，我们又制定了“关于实行‘厂务公开重大问题建议书’等‘四书’制度的意见”的实施意见。

重要事件

1 月，召开南开大学第四届教职工代表大会第二次会议，通过《南开大学职工住房货币分配暂行办法》。

3 月，天津市校务公开工作检查推动组来我校检查指导工作并参加我校召开的校务公开工作检查汇报会。

5 月，我校隆重召开 2002 年度市级先进表彰会，表彰荣获南开大学 2002 年度天津市劳动模范、“十五”立功先进集体、先进个人。

5 月，校工会召开各基层分会主席会议，要求各基层分会按照校工会抗击非典五月系列活动安排和落实“关于发挥各级工会组织的作用，积极防治非典的通知”的精神，在防治非典的斗争中，充分发挥工会组织的作用，坚守工作岗位，做好本职工作，保证学校各项工作的正常进行。

5 月，制定抗击非典“健康五月、乐观五月、友爱五月、责任五月”系列活动的具体内容和时间安排。先后慰问了后勤办、校医院、保卫处、后勤集团、学工部和研究生院等单位的抗击非典一线人员和战斗在天津市防治非典一线医护人员的我校职工家属，分别向他们送去了慰问信和慰问品。

5月，按照学校的统一部署，校工会积极开展以“自爱、爱人、护我南开”为主题，以“健康、乐观、友爱、责任”为内容的“抗击非典，阳光五月”系列活动。

6月，教代会校务公开委员会讨论《南开大学教职工住房货币分配实施细则》。

6月，著名作曲家王莘夫妇向南大师生和医护人员赠送了最近由王莘抗击非典新歌创作组录制的《万众一心 众志成城》CD歌曲光盘专辑100套。

7月，校教工男女乒乓球代表队参加2003年天津市“龙都杯”第九届市民乒乓球大赛，女队获得成年女子团体赛第二名。

7月，校工会举办暑期基层工会干部培训班。

8月，南开大学医院被天津市总工会评为抗击非典“十五立功”先进集体；张志尧、吴宝康被评为抗击非典“十五立功”先进个人。

8月，应内蒙古大学工会邀请，校党委副书记、工会教代会主席孔繁丰率领校工会代表团应邀访问了内蒙古大学、内蒙古师范大学、内蒙古工业大学。

8月，配合人事处做好我校2003年度新招聘的青年教师、干部暑期培训工作，并组织他们去河北省革命老区白洋淀参观学习。

9月，召开庆祝教师节、中秋节音乐茶话会。党委书记薛进文向荣获抗击非典“十五立功”先进集体和先进个人颁发奖证、奖章、奖金。

9月，成立南开大学棋类协会。

9月，我校出席中国工会十四大的代表、物理学院党委书记孙骞教授当选全国总工会新一届执行委员。

10月，校工会太极拳研究会参加天津市太极拳比赛，分别荣获太极剑团体一等奖和太极拳团体二等奖。

10月，天津市厂务公开办公室负责人率工作组来我校调研、检查指导工作。

10月，举办校秋季运动会，有40人打破19项校运会纪录。

10月，清华大学、天津大学和南开大学教工合唱团在我校东艺系举行演出、交流、观摩活动。

11月，我校举办2003年天津市高校教职工围棋比赛，共有10所院校和2所医院，共15个代表队参加了比赛。

12月，学校教师合唱团在北京金帆音乐厅演出获得巨大成功，首都新闻界作了详尽报道，并对我校教师合唱团的演技水平给予高度评价。

12月，我校教师合唱团参加天津市第二届教工艺术节闭幕演出暨2004年新年音乐会获得成功。

12月，南开大学2004年新年音乐会在校区大礼堂举行，教师合唱团演唱了《欢乐颂》、《夜晚的星》、《美丽的草原我的家》等歌曲，受到师生热烈欢迎。

12月，我校荣获全国教科文卫体工会系统抗击非典先进集体。

12月，我校荣获天津市教育工会2003年度“教育系统工会工作先进单位”。

（撰稿人：杨培林）

共青团工作

概况

2003年共青团工作的指导思想是：以邓小平理论和“三个代表”重要思想为指导，实践“了解青年、服务青年、凝聚青年、组织青年”的工作理念，紧密围绕学校党政中心工作，坚持“党有号召，团有行动”的优良传统，团结带领各级基层组织和广大青年团员，扎实开展“三个代表”重要思想和十六大精神学习教育活动，全面强化团的组织建设，开展丰富多彩的校园文化活动、社会实践活动和科技实践活动，全面推进素质教育，探索团的工作现代化的科学内涵和有效途径，突出重点，狠抓落实，埋头苦干，锐意创新，不断开创共青团工作新局面。2003年5月，南开大学团委被评为全国“五四”红旗团委。

团委下设组织部、宣传部、文体部、素质拓展中心、科创中心、社团联、实践中心，同时指导学生会、研究生会、博士生会开展工作。现有专职干部4人。

基层组织建设与骨干培养

团的组织建设。扎实推进团建创新，完善以宿舍为单位的宿舍团小组建设制度，指导团小组开展理论学习、过组织生活。进一步开展在社团内建立团组织工作，加强社团的凝聚力。加强对基层工作的指导和检查的力度，并对基层团组织开展的创新工作进行引导和支持。推进学习型组织建设，大力开展团干部教育培训工作。

完善共青团“五四”评优工作，利用评价机制，以评促建。通过评选产生优秀团支部和先进个人，进行宣传和表彰，为基层团的工作树立典范，明确方向。2003年“五四”评优通过对候选集体和个人进行多种形式考评，最终授予经济学院国际经济贸易系2001级团支部等11个团支部“南开大学十佳红旗团支部”称号；2002级法学系第四团小组等38个宿舍团小组“南开大学优秀宿舍团小组”称号；张展等10名同学“南开大学十佳共青团干部”称号；吴思等10名同学“南开大学十佳共青团员标兵”称号；哲学系2002级团支部等26个团支部“南开大学优秀团支部”称号；金鑫等32名同学“南开大学优秀共青团干部”称号；康桂梅等29名同学“南开大学优秀共青团员”称号。

充分发挥两级团校功能，全面推进团干部培训。各院(系)都开办团校，使二级学院团校成为培训的主渠道，校团委通过组织团校主要负责人座谈会、经验交流会等形式对基层团校进行指导。一年级新生参加团校学习的同学占当年入学本科生总数的52%。通过培训学习，使他们在思想上和工作水平上有了很大进步，整体素质也得到普遍提高。

黄埔团校是南开大学团委组织部下属的人才培养基地，是共青团培养优秀团员、团干部的大学校。自1983年建校至今已有二十年历史。2003年，黄埔团校在求稳的基础上力图创新。秉承“严肃、团结、开拓、创新”的校训和“笃志、博学、质朴、方正”的校风，以坚韧不拔的精神开创了黄埔新的发展思路和办学模式，为今后黄埔的发展积累了大量宝贵的经验。2003年，黄埔团校共设置第53期、54期两期。其中传统性的活动延续发展，同时不断加强理论建设，形成黄埔办学的两个目标：(1)培养具有敏锐的政治头脑、过硬的政治素质的社会主义事业的建设者和接班人；(2)培养具有专业的业务素质、全面的工作能力、得当的工作方法的合格的高素质的学生干部。53期团校创立了高级部，有意于培养学员理论与实践相结合而更偏重于提高学员的实践能力，也意在为团校培养优秀的后备组织人才。54期团校进一步完善高级部，使之成为团校的智囊团和中坚力量，从而形成了团校初级部、高级部、新生团干部培训班的三级团校模式。同时进一步完善了“校长负责制”，并改革了“小组制”。时值团校建校二十年之际，54期团校举办了包括南开大学、北京大学、天津大学三校办学经验交流会和“激情黄埔”话剧及图片展在内的“黄埔二十年”大型系列庆祝活动。

理论与宣传

团委宣传部主要承担各项宣传工作，下设办公中心、网络中心、宣传委员培训学校和南宣记者团，以《南开青年报》、《南开共青团工作简报》、南开共青团网站为载体。

团委不断发挥基层团组织的理论学习作用，同时抓载体、促实践、重实效，推进理论学习的深度，拓展实践教育的广度，在南开学子中不断兴起学习宣传实践“三个代表”重要思想的热潮。确立了以学生社团为骨干、以基层团支部、团小组等为依托的学生课外理论学习的组织体系。在理论学习组织的建设和管理上，“一手抓创建，一手抓完善”。以南开大学黄埔团校、南开大学各院系团校、南开大学宣传委员培训学校、南开大学干校、学生学马列小组、学生学党章小组、学生学习邓小平理论研究会、学生学习“三个代表”重要思想研究会、学生学习十六大精神研究会等为骨干，参加这些学生理论学习社团的同学已经达到学校总人数的75%。

转变思想教育观念，创新思想教育形式，拓宽思想教育领域。团组织依托团建创新试点的成果，传统班团支部与生活区、社团团组织等多管齐下，积极拓展学习阵地，推动“三个代表”重要思想进支部、进社团、进社区、进网络，建立层次分明、结构合理的学习阵地，通过主题团日、网络学习、社团活动、生活园区、团报团刊等载体广泛开展“三个代表”重要思想的学习。这些理论学习的骨干组织每年举办各类学理论报告会、研讨会、交流会百余场，组织学生的学习理论社会实践活动30余次。

以丰富多彩的主题教育活动为载体，深化理论学习。举办“高举团旗跟党走、争做社会主义四有新人”系列活动在继承中力求创新发展，成效显著。举行纪念改革开放25周年以及纪念“一二·九”运动系列活动。

创新学生课外理论学习制度。鼓励机制创新，推动理论学习的长效发展。2003年团委持续开展南开大学理论学习奖励金制度和理论研究立项资助制度以及理论学习百人中心组制度及配备学生课外理论学习专业导师制四项制度。以制度保障和鼓励青年学生学习理论的热情，并不断将青年学生的学习热情引导到读懂理论、研究理论的层面上，不断开展深层次的理论学习活动。同时在保障学生课外理论学习制度的同时，我们为学生进行课外理论学习专门配备专业指导老师，建立学生课外理论学习专家指导委员会，邀请在理论研究和实践理论方面取得成绩的知名专家为青年学子进行学习辅导。

团组织形成理论学习经验交流文章500多篇，形成各类理论学习经验汇总刊物20余种，其中南开大学学生理论学习文集已经连续出到第五集。11月份，整理出版了《学习伟大理论，迈向辉煌未来——南开大学学生理论学习论文集》第五集；召开各类交流会、总结会、报告会近百场，制作各类光盘10余种；全国各大媒体发表的关于大学生学习宣传实践“三个代表”重要思想的报道100多篇。

组织开展的各种形式的交流总结在推动大学生学习互动、不断深化理论学习效果的过程中发挥积极作用。11月在去年召开第一届京津两地大学生学习“三个代表”重要思想及十六大精神研讨会的基础上，又举办了京津晋高校大学生纪念改革开放25周年暨第二届高校大学生学习“三个代表”重要思想研讨会。

积极开展理论研究。参加共青团天津市委员会的课题立项研究工作，获得团中央“全团调研奖”三等奖。

团委的宣传思想工作，利用多种宣传阵地和宣传手段，在校内外宣传报道南开共青团的各项重大活动，展示共青团良好的精神风貌，同时努力建设一支素质全面、作风优良的团的宣传干部队伍。

同各个媒体保持良好的合作关系，校团委的大型活动，得到了包括中央电视台、新华社、《人民日报》、《中国教育报》、凤凰卫视、天津电视台、《天津日报》、《今晚报》在内的多家媒体的宣传报道。《南开青年报》是团委创办面向全校的舆论阵地，每半月一期。坚持正确的舆论导向，及时准确反映南开大学各级共青团组织的工作，宣传学校青年学生的各项活动，共出版11期。另外南开共青团网站和《南开共青团工作简报》也在宣传方面起到重要作用。

加强共青团组织内通讯员队伍的建设。通过招收新成员，扩充了南宣记者团，聘请了《天津日报》、《今晚报》的记者担任南宣记者团的校外老师，对记者团成员进行培训，在每个基层院系团委设立了通讯员。

学生课外学术科技创新

2003年是南开大学学生课外学术科技创新工作取得巨大进展和丰富成果的一年。南开大学科技创新服务中心即南开大学学生科技协会以“活跃校园学术气氛，培养学生勇于探索、锐意进取的精神，配合学校教学和科研，培养提高学生的创造能力、实践能力、科研能力，重点培养一批学生科技精英，为培养跨世纪的科技人才奠定基础”为工作宗旨，以组织参加“挑战杯” 全国、市、校大学生课外学术科技作品竞赛和创新创业计划竞赛为龙头活动，以南开大学学生课外学术科技创新工程为保障，开展了大量基础性工作，为我校学生课外学术科技创新工作丰富成果奠定基础。

我校在第八届“挑战杯”全国大学生课外学术科技作品竞赛和第七届“挑战杯”天津市大学生课外学术科技作品竞赛中获佳绩。

在第八届“挑战杯”全国大学生课外学术科技作品竞赛中，经校内竞赛精心选拔的我校化学学院2001级本科生易龙同学的作品“分子信息存储材料”获得化工类唯一特等奖；化学学院2000级本科刘军力同学的作品“负载型非晶态合金制备新方法——银诱导粉末化学镀法”获得二等奖；软件学院1999级本科生伍宽等同学的作品“游泳比赛自动计时系统”获得三等奖；国际商学院博士生唐跃军的作品“论转轨经济中内部人控制与道德风险”获得三等奖，易龙同学的导师化学学院程鹏教授获得了“优秀指导教师”称号。在第七届“挑战杯”天津市大学生课外学术科技作品竞赛中，我校也获得了6个特等奖，6个一等奖，7个二等奖，1个三等奖，经济学院徐复教授等十位老师获得

“优秀指导教师”称号，我校还获得团体“优胜杯”。

启动“南开大学学生课外学术科技创新工程”。为培养出更多创新人才，进一步推动我校学生课外学术科技创新活动的开展，学校成立了以校长侯自新为组长，党委副书记兼副校长张静、副校长逄锦聚为副组长，由财务处、党委宣传部、学工部、研工部、教务处、科技处、社科处、团委等相关部门组成的学生课外科技创新工程领导小组，还为此设立了由知名学者教授及校外专家组成的专家委员会，对工程的发展提出可行性建议，制定学生课外科技作品的评审细则，负责学生课外科技创新作品的初审立项以及结项的评判工作，并对工程办公室的工作给予指导。工程中规定从2004年开始，学校每年将划拨不少于100万元的经费作为专项基金，同时积极争取社会资金注入专项基金，鼓励学生的科技创新活动。任何基础扎实、分析问题和解决问题能力强、对科技发明制做有浓厚兴趣、有较强的实践能力和科研能力的在校学生都可提出立项申请。学校将出台相关政策支持获得立项的同学。

召开“学生课外学术科技创新推动暨表彰大会”。12月4日，我校学生课外学术科技创新推动暨表彰大会在伯苓楼举行。校长侯自新出席会议并讲话，校党委副书记兼副校长张静主持大会。全校各院(系)、各部门的负责人与师生代表参加大会。会上表彰了我校参加"挑战杯"全国大学生课外学术科技作品竞赛取得好成绩的学生及其指导教师。侯自新校长为获奖师生颁奖。侯自新校长指出，要以此为契机，充分认识学生课外学术科技创新活动对人才培养的重要作用；各院系要把支持此类活动作为基本环节来抓好，将学校的课外学术科技创新活动开展得更好；要看到进步，也要看到不足，要统一协调，整合校内资源，进一步推动创新人才培养。

开展校内“挑战杯”学生创新创业计划竞赛初赛。为迎接第四届“挑战杯”全国大学生科技创新创业计划竞赛及第三届“挑战杯”天津市大学生科技创新创业计划竞赛，引导大学生了解创业知识，培养创业意识，树立创业精神，提高创业能力，深化校园科技文化活动，积极促进青年学生勤奋学习、奋发成才，校内的“挑战杯”学生创新创业计划竞赛拉开帷幕。校学生科协开展了系列创新创业计划竞赛讲座、活动。

社会实践

团委组织的社会实践队伍、实践项目选题逐渐成熟，大部分项目能够切中时代主题，把握社会热点、活用专业知识，体现出了当代大学生暑期社会实践的一个长期发展规律，为暑期社会实践能够常做常新寻找到新的支撑点。团委积极鼓励各院系团委开创自己的实践品牌，对那些能够把握时代脉搏、符合社会需要、务实创新、成效显著、具有发展潜力的项目给予重点支持，建立对资助项目的全程监督体制，以及对优秀项目的奖励机制，从而提高了所有暑期社会实践项目的活动质量。

暑期共派出社会实践队伍19支，参与返乡实践个人近4000人。我校被评为全国大中专学生志愿者暑期“三下乡”社会实践活动先进单位，我校经济学院的大学生“三个代表”重要思想实践服务团、国际商学院的大学生“抗击非典”实践团、泰达学院的西部支教服务团、化学学院的“除陋习，树新风，做文明市民”实践团等六支团队被评为天津市大中专学生志愿者暑期“三下乡”社会实践活动优秀实践团队标兵，我校有32人被评为天津市社会实践先进个人。

同时团组织始终把实践作为“三个代表”重要思想学习的关键环节，通过“三下乡”活动、志愿者服务、社区援助等多种形式，引导青年学生在实践中学习理论，在实践中感悟理论，在实践中运用理论。通过“三个代表”实践服务团、“三下乡”博士团、“三个代表”宣讲团、志愿者服务、西部支教、文艺演出等形式深入社会，投身实践，倡导文明新风，辐射学习成果，明确社会责任。持续深入地开展南开大学理论学习宣讲小分队深入天津市各个社区进行理论宣讲。青年学生在实践感悟中明确了社会责任，树立了奉献意识，弘扬了社会新风，增强了投身改革开放和社会主义现代化建设伟大实践的自觉性和主动性。

社团建设

南开大学社团联合会(以下简称社团联)在校团委的指导下，对全校社团进行管理、监督、服务和协调。社团联在工作中本着“科学管理、互相监督、服务为本、携手共进”的原则，逐渐形成了“协调社团、服务学子”的工作作风。在延续往年的例行工作，即社团的注册、活动的审批推动和财务清查等活动的基础上，3 月份换届之后，社团联进行了内部组织改革，由原来的 4 个中心 8 个部门转变成了 3 个中心 6 个部门，简化了组织机构，也使机构设置更合理、更有活力。2003 年，注册理论学习、社会科学、学术科技、文学艺术、志愿服务、体育休闲类等社团 55 个，吸纳本科生和研究生 6500 余人。为了跟上社团发展的脚步，便于社团的管理，社团联修订了原有制度，包括《南开大学社团管理条例》、《社团审批制度》、《社团注册制度》、《社团财务制度》、《社团院(系)挂靠制度》，出台了新的《社团评优制度》、《社团宣传准则》、《社团印章刻制准则》、《社团总结制度》等一系列的相关管理制度准则，并在此基础上出台了《南开大学社团联合会工作手册》的初稿，使社团的活动有理可凭，有据可依。在对全校社团进行了全面调查之后，社团联提出了社团分级管理的初步构想。4～5 月，社团联的工作并没有因为非典的肆虐而停滞，而是积极配合社团进行了有益的活动，“南开大学首届电影节、心理月”等健康积极的社团活动为略显沉闷的校园注入了活力。11 月，社团联进行了社团评优，在对各社团的财务情况，活动情况及调查问卷进行综合评定的基础上，评选出了绿色行动小组、摄影协会、三农学社、辩论与口才协会、电影协会、棋牌协会、演讲团、营销学社、花郎跆拳道俱乐部、书画苑等十佳社团。在进行校内工作的同时，社团联也积极与兄弟院校联系合作，天津大学、天津体育学院、天津工业大学等兄弟院校纷纷发来请柬，邀请社团联参与他们的活动。

青年志愿者工作

青年志愿者协会以“奉献、友爱、互助、进步”为准则，以“立足校园、发挥优势、奉献爱心、服务社会”为宗旨，在全国高校中率先建立青年志愿者日。同时在注册管理工作方面走在全国高校的前列，发放中国志愿者协会统一印制的志愿者服务手册和志愿者徽章，每位志愿者都有全国统一编号的注册号码。一年来，南开青年志愿者在校内外开展了丰富多彩的志愿服务活动，并积极为天津市大型活动提供志愿服务。

南开大学青年志愿者协会承担了 2003 年度南开大学的迎新接待工作。在抗击“非典”的斗争中，南开大学青年志愿者协会组织了“青年志愿者服务队”在各个学生宿舍建立“青年志愿者服务岗”，在各个学生宿舍门口协助宿舍管理人员检查同学们的出入证件，避免外来人员进入我们的宿舍，保护大家的健康，使我们的校园不受到非典的袭击。为保障青年志愿者高效优质的完成任务，青年志愿者服务队还制定了《南开青年志愿者服务队管理条例》和《南开青年志愿者服务队行为规范》。与此同时，为了把大家的关爱带给被隔离的同学，青年志愿者开展“爱信使”活动，每天将当日报纸别上特别的

“爱心签”给隔离的同学们送去。“爱心签”上写着同学们的祝福和关怀。

深入开展环保宣传活动，继续与与天津市南开区环保局合作，选拔及聘用“环保宣传员”，建立“南开社区环保课堂”。集中组织青年志愿者在重点区域开展植树造林、沙尘暴防治、水污染整治、清除“白色污染”、植绿护绿、清除非法张贴物、回收废旧电池、打扫津河等环保志愿服务活动。事迹先后被《中国青年报》、《中国教育报》等多家媒体报道。

持续开展科技、教育、文化、卫生“四进社区”活动。南开志愿者与天津市各社区建立了合作关系，并签订合作协议书。协助居委会干部开展工作，不断开展为贫困家庭的子女提供义务家教。

走进高中计划。南开青年志愿者们走进中学，宣传南开，通过报告会、座谈会等形式与中学生交流学习心得，传授高考经验，受到中学生的欢迎。

学生会

南开大学学生会是由南开大学党委领导并接受校团委指导开展工作的全校学生核心组织。一年以来，学生会本着“联系同学、服务同学、锻炼能力、提高素质”的工作宗旨和“实事求是、深入同学”的工作作风开展了一系列工作，组织了大量形式新颖、内容丰富 的活动，在营造高雅校园文化的实践中，努力探索高扬时代的主旋律，体现时代的真精神，取得了优异成绩。

加强自身建设，提高干部素质。5月，校学生会副秘书长李岳韵当选为天津市学生联合会主席。9月，经学校党委批准，在校团委指导下，学生会进行了换届选举。共7名候选人参加了主席团竞选，法政学院社会学系本科三年级学生任毅当选为南开大学学生会主席。11月开始举办第三期学生干部培训学校。干校以全面提高学生骨干的政治素养、理论水平、实践工作能力及领导能力为主要内容，理论联系实际，以名师讲座、社会实践和调研、学员之间的研讨和交流等为主要方式。

丰富校园文化，展现学子风采。4月，举办南开大学首届棋类文化活动月。来自全校各院系的13支代表队报名参赛。比赛决出了中国象棋团体冠军及中国象棋、国际象棋、围棋、五子棋等四个项目的男女个人冠军。本次活动邀请到了中国象棋大师杨德琪先生与中国象棋项目的获奖选手进行一对十的车轮战表演赛。4月，举办南开大学排球联赛。5月，正值非典期间，为了贯彻上级“团结一致，共抗非典”的号召，南开大学学生会在学校“健康五月”活动的号召下，举办了排球、健美操学习班。并组织“南开大学杰出青年校友论坛”活动。11月11日，组织南开大学“校长杯”足球联赛。11月，在我校东方艺术大楼进行了校园之星风采大赛南开大学赛区决赛。我校选送的三名选手在随后举行的总决赛中夺得了“互动之星”和“才艺之星”两个奖项，为南开争得了荣誉。11月28日，在天津市小柯校园原创歌曲大赛中，我校选手黄浩赢得最佳人气奖 。11月底至12月初成功举办第十三届校园十大歌手竞赛。本次比赛旨在创造一种健康的校园文化氛围，通过活动为同学们提供更宽阔的舞台，让同学们表现自己、锻炼自己、展示自己。

关注校园生活，服务南开学子。10月，制作南开大学课程表。11月，举行“校园生活实话实说”问卷调查活动。为发现并尽量解决同学的实际问题，南开大学学生会制作并在校区、本部发放了“校园生活实话实说”的问卷，校学生会就此次调查进行统计分析，列出学生最想解决的十大问题，为同学们解决或做出合理解释，使学生会真正成为代表学生利益的组织。为了加强学生与校医院的沟通，充分反映同学的心声，提高医院的服务水平，12月24日下午，学生会组织各院系学生代表与校医院领导座谈。

抗击非典工作

从4月下旬以来，团委针对非典蔓延的形势，按照学校党委和学校防治非典领导小组的部署，积极应对非典型肺炎的挑战，心往一处想，劲往一处使，投入了学校防治非典的攻坚战。一个多月中，团委高度凝练工作队伍，灵活调整活动形式，充分发扬艰苦奋斗作风，各项工作开展卓有成效。

一是结合团委常规工作，将防控非典工作与学生的思想教育相结合，在非常时期积极引导学生理论学习社团积极开展理论学习活动，在全校范围内展开学习"三个代表"重要思想的征文活动。并在特殊时期开创"阳光课堂"，在新开湖畔请理论学习的专家以及延安精神研究会的专家进行专题讲座，以新形式的室外讲座在全校师生中掀起理论学习的新热潮，并开通南开青年理论学习红色网站，充分利用网络开展理论学习，建设南开网上理论学习阵地。做好校园舆论的正面引导工作，以《南开青年》为主要阵地，缩短信息周期，加强文章力度，用正确的观点分析引导认识，用感人的事迹专访振奋人心，用生动的工作报道提高士气，引导学生正确对待非典，同时理性思索非典。继续以多种形式加强校园文化建设，开展学术、科技和文体活动。团委组织创建了"南开青年论坛"，在新开湖畔开谈，以青年大学生关注的社会热点问题进行讨论，用青年人的视角关注社会、国家和人民，讨论问题，理性思索，表达青年大学生对于社会的热爱和深深的责任心。同时在全校范围内组织了跳绳、排球、踢毽子的体育比赛，并开展了健美操的学习班。一系列活动的开展，在活跃校园文化氛围的同时，更鼓舞了全校师生以健康乐观的心态抵抗非典。

同时，团委发出了《团结一心，众志成城，争取最后胜利——致全校共青团员的倡议书》；发出了《给全校共青团干部的一封信》；学生会代表全校同学向奋战在抗非典前线的全体医务工作者发出了《鲜花献给您、感谢献给您》的慰问信；体育类社团向全校师生发出了《锻炼身体、关注健康、预防非典、从我做起》的倡议；青年志愿者协会也发出了《挺身而出、战胜非典》的号召志愿服务的倡议书等等，都极大地增强了同学们与学校、国家同舟共济、克服眼前一切困难的决心和信心。

二是从共青团的先进性出发，认识当前防治非典工作的重要性，将防治工作作为推进团组织建设特别是团支部、团小组建设的契机，把防治工作转变为考验队伍、锻炼干部、改进工作的契机。团委下发了文件《发挥共青团生力军作用，积极抗击"非典"疫情》，要求各级团组织做好党的助手和后备军，各级团干部要全力配合所在单位党委的防治工作，各类学生骨干要坚守在学生活动的第一线。同时组织各基层团支部开展了丰富多彩的以抗击非典为主题的主题团日活动，活动形式多样，内容丰富多彩，用青少年的蓬勃朝气和昂扬斗志向非典宣战，共同夺取抗击非典的胜利。其中的"宿舍团小组读书学习活动"、"休闲趣味体育活动比赛"、"我为学校工作提建议"、"防治非典知识竞赛"等等活动都在同学们当中引起了巨大的反响。

三是以学生生命健康为根本出发点，协助学校做好非典的防控，同时做好稳人心暖人心的工作。各级团干部配合各级党委积极行动，深入宿舍、联系同学，坚持督促、检查学生宿舍每天的消毒情况，监督他们每天测量体温，并密切关注同学的思想动态，做好情绪安抚工作，及时为同学们排忧解难。在校团委的指导下，研究生会、学生会、青年志愿者积极行动起来，开展了签名、物品发送、看望医护人员、慰问一线工作者等一系列活动。

四是抓住契机，倡导健康文明的生活方

式，在校园发起“抵制不文明行为，争做文明大学生”的倡议，创建南开大学每日体育锻炼活动。

五是另辟蹊径、转变活动形式，主动出击、创新活动内容，继续牢固地把握学生活动的主动权，把学生的精力引导到正确的轨道上，

为学校进一步的防治工作和恢复正常的教学科研秩序做好充分准备。富有创意地增加了众多有针对性的以“防治非典型肺炎”为主题的活动，如：在全校范围内举办“我爱南开”的主题征文；宣传关于防治非典的科学方式并发放预防非典的知识小手册；开展室外的抵抗非典主题摄影、组织新开湖畔的室外音乐会等等。

重要事件

5月，南开大学团委被评为全国“五四”红旗团委。

4～6月 抗击“非典”工作。

5月，在教育部艺术教育委员会和教育部学生体育协会联合秘书处共同举办的“全国学生戏剧比赛（双语）”中，南开大学团委获得优秀组织奖，选送的所有节目全部获奖。

5月，校学生会副秘书长李岳韵当选为天津市学生联合会主席。

9月，创建“南开大学杰出青年校友论坛”。

9月，经学校党委批准，在校团委指导下，学生会进行了换届选举。共7名候选人参加了主席团竞选，法政学院社会学系本科三年级学生任毅当选为南开大学学生会主席。

10月，南开大学团委被团中央评为全国大学生暑期社会实践活动先进单位。

11月，南开大学2000级本科学生易龙夺得“挑战杯”全国大学生课外学术科技作品竞赛特等奖。

10月，经团委推荐，方复全获得天津市十大杰出青年称号。

10月，我校学生学习“三个代表”重要思想研究会、三农学社、青年志愿者协会、学生学习邓小平理论研究会等社团被评为“天津市优秀社团”。

10月，参加共青团天津市委员会的课题立项研究工作，获得团中央“全团调研奖”三等奖。

11月，南开大学2000级本科学生易龙夺得“挑战杯”全国大学生课外学术科技作品竞赛特等奖。

11月22日，召开京津两地高校学生记者论坛。

11月，出版了《学习伟大理论，迈向辉煌未来——南开大学学生理论学习论文集》第五集。

12月，天津市高校团组织促进大学生创业工作推动会在我校举行，团中央书记处书记杨岳出席了会议。

12月，第七届“挑战杯”天津市大学生课外学术科技作品竞赛中，我校获得了6个特等奖，6个一等奖，7个二等奖，1个三等奖，经济学院徐复教授等十位老师获得“优秀指导教师”称号，我校还获得团体“优胜杯”。

12月4日，召开南开大学学生课外学术科技创新推动暨表彰大会。启动学生科技创新工程。

12月6日，召开京津晋高校大学生纪念改革开放25周年暨第二届高校大学生学习“三个代表”重要思想研讨会。

12月9日，南开大学合唱团受邀参加了由团中央、教育部、中央电视台联合举办的“唱响心中的歌——全国大学生纪念‘一二九’运动68周年文艺晚会”的演出。

12月22日，南开大学学生交响乐团在北京国家图书馆音乐厅举行了“斯拉夫之夜”新年音乐会。

12月30日，任命时胜强为团委副书记（正科级）。

院系所情况

数学科学学院

概况

本年度数学科学学院紧紧围绕教学、科研这两个中心，深化改革，强化管理，狠抓落实，不断提高教学和人才培养质量，在学科建设、教学管理、党建和学生工作诸方面取得了新成绩。

学院现任院长王永进，副院长顾沛、梁科、郭军义、姜立滨、王日生，党委书记孟昭华、副书记兼副院长刘艳霞。学院现仍设9个教学与研究机构：数学系、科学计算与应用软件系、信息与概率系、统计学系、金融信息技术系，高等数学教学部，核心数学与组合数学教育部重点实验室，计算实验室，南开大学科学计算研究所。

截至2003年末，学院有教职工83人。在岗专职教师60人，其中：教授31人（含博士生导师15人），副教授23人，讲师6人。教师中具有博士学位的29人。学院现有"数学与应用数学"、"信息与计算科学"、"统计学"三个本科生专业，有"基础数学"、"概率论与数理统计"、"应用数学"三个国家重点学科。数学学科现有博士（硕士）学位授权学科（专业）5个：基础数学、计算数学、概率论与数理统计、应用数学、生物信息学。一级学科"数学"建有博士后流动站，2003年在站博士后7人。学院现有学生872人，其中本科生667人、硕士研究生151人、博士研究生54人。本年度学院有4人被选聘为博士生指导教师，有3人晋升正高级职务，有2人晋升副高级职务，有5名教师退休。

南开数学图书馆藏书约27000册，各类杂志约1100种，是国内目前规模最大的数学专业图书馆，被校内、外的教学科研人员和研究生广泛使用。学院另有一个中文资料室，有3000余册中文图书，主要用于本科生的课外阅读。

学科建设

学院在现有学科充实、发展的基础上，不断推出新兴、交叉学科，2003年新增"生物信息学"博士（硕士）点。学院还邀请加拿大麦吉尔大学徐鉴君教授来院领导材料科学与生命科学中的数学的学术研究。

为促进学科发展，学院加大人才引进力度，积极派人到各高校进行招聘宣传，并利用网络在国内外广泛宣传南开数学学科优势，吸引优秀数学人才来院应聘，同时发动全体教师了解和提供高层次人才信息。学院设专人负责人才工作，对应聘人员及时耐心解答相关问题。通过院人才引进专门委员会审核应聘人员材料、试讲等程序，严把引进人才质量关。本年度学院共引进、调入和选留具有博士学位的教师8人，其中教授3人（1人为英籍香港人、牛津大学博士）、副教授2人、博士3人。

为加快学科建设，学院拿出一定经费资助中青年教师参加全国性的学术会议，积极支持、鼓励青年教师继续深造或出国进行交流、合作。制定《南开大学数学学院教师职业道德规范》,进一步提高教职工的师德水平。通过一系列措施,不断拓宽教师的学术研究领域,促进学科的建设与发展。

教学工作

学院参考国内外名校数学系的教学方案,组织教师修订2003年本科生教学计划,调整专业选修课,加强公共基础课,为2004年实行以院为单位招生奠定了良好基础。成立由退休资深教授组成的教学督导组,随机抽查听课,认真做出评价并及时反馈教学情况,促进了本科生教学质量的提高。学院重视名牌课程和精品课程建设,制作的南开大学精品网络课程"高等代数与解析几何"(孟道骥教授主讲)被评为天津市示范精品课。由顾沛教授主持、天津市六所高校共同承担完成的教育部"世行贷款"项目"人文学科类数学课程设置和教学内容、体系改革的研究与实践"通过结题验收,专家组评价:该项目的研究成果在国内居于领先地位,将对我国人文科学的数学教育起到示范性作用。

学院采取措施加强《高等数学》课程的教学工作,恢复习题课,实行习题课优秀博士、硕士生助教制,聘请优秀博士生和硕士生承担《高等数学》习题课教学工作。在国内兄弟院校及各院(系)开展调研,改革和调整《高等数学》课程的分类,重新修订教学大纲。组织全校大学生数学竞赛,并选拔南开大学代表队参加天津市大学生数学竞赛,取得良好成绩。

学院针对学科发展形势的变化及沿用老课程体系暴露出的弊端,在广泛调研的基础上进行研究生课程体系改革,形成包括公共基础课、专业基础课、专业选修课三个层面的课程体系,使研究生通过三年的学习,不仅能具备基础数学修养,而且能掌握本专业的基础理论和学科前沿知识。该体系经反复论证并报研究生院批准后,于2003年正式实施,效果良好。改革研究生公共基础课考试,实行统一命题、试卷存档、统一保管。编写从研究生入学到毕业的各种信息登记、检索的管理软件,提高工作效率。为提高研究生生源质量,学院在抓好免试推荐研究生工作的同时,积极抓好招生宣传工作,采取网上宣传和派专人到全国各重点院校进行招生宣传,召开学院本科生考研推进会,鼓励更多的优秀本科生考研等措施,使2003年的生源质量和数量好于往年。本年度学院有1篇论文获天津市优秀博士论文奖,有3篇论文获校级优秀硕士论文奖;有1人获学校博士后三等资助金;1人获学校优秀博士后项目奖;有2人获学校"敬业"奖教金一等奖、6人获二等奖。

数学基地班

本年度学院加大数学"基地"班招生工作力度,争取到教育部给南开大学数学"基地"班招生的新政策,即可以从全国高中数学联赛省赛区二等奖里的优秀学生中招收保送生。学院还制定了加强招生工作的一系列措施,如加大南开数学、英语测试的力度,与各省市数学会普及工作委员会、各省重点高中加强联系,给招生人员予以适当的补助和奖励等,2003年数学"基地"班共招收保送生36人(一等奖17人、二等奖19人)。在同年9月成都召开的全国数学和力学"基地"负责人交流会上,顾沛教授《让南开大学数学基地的建设更上一个台阶》的发言受到与会者的好评。数学"基地"还荣获"天津市2002年度职工职业道德建设先进单位"称号。

科研工作

为鼓励教师多出科研成果,学院出台相应政策,一是为没有科研经费的中青年教师(教授除外)提供发表论文版面费。二是对来院进行合作研究的国内专家每年资助500人/天住宿费。三是积极支持教师与国外研究机构进行合作研究和开展短期学术访问。四是定期邀请国内外专家学者来院做学术报告。本年度加拿大滑铁卢大学陈家骅教授，日本Hirosaki大学数学系统科学系陈小君教授，英国沃里克大学沈维孝博士，加拿大麦吉尔大学徐鉴君教授，佛罗里达大学统计系Samuel S. Wu副教授，南京师范大学孙文瑜教授，清华大学数学系刘宝锭教授、数学所方复全教授，南京大学数学系王立洪博士等9位专家、学者应邀来院举办讲座。全年发表学术论文79篇，其中SCI检索25篇。

学院积极组织科研项目申报工作，邓少强教授入选教育部2003年度"优秀青年教师资助计划"。本年度申请国家自然科学基金项目4项，总金额44万元。科研项目结题5项，在研项目20项，入账科研经费68.1万元。学院还组织编制了科研管理软件，使科研项目的管理、登记、查询更为方便快捷。

本年度核心数学与组合数学教育部重点实验室邀请国内外著名数学专家和学者14人次进行学术交流活动，有力地推动了数学学科的发展。

科算所于2003年暑期完成超级计算集群招标工作，并于11月底完成"南开之星"机房装修和"南开之星128"正式装机、调试及试运行。到2003年底，"南开之星"已经调试完毕，并对全校教师免费开放其中用Myrinet高速网连接的64个处理器，对全校学生免费开放其中用千兆以太网连接的64个处理器。"南开之星128"正式运行后理论上将达到每秒7千亿次的运算速度。

党建工作

学院现有12个党支部，其中教工支部5个、学生支部7个。院党委认真贯彻执行中央、教育部党组、校党委关于加强党建工作的指示精神，认真抓好基层组织建设和党员队伍建设，健全和落实"三会一课"制度，规范党员的组织生活，采取丰富多彩的形式开展理想信念教育，积极争创"最佳党日"活动。院本科生党支部组织的"最佳党日"活动，获得了天津市一等奖、南开大学一等奖。院党委十分重视党员的教育管理工作，以"三个代表"为主线在全体党员中，开展不间断的理论学习，进一步提高党员的理论修养和政策水平。院党委要求党员不仅要在组织上入党，更强调思想上入党，在各项工作中发挥先锋模范作用，在非典肆虐的关键时刻，院党委和各党支部发挥战斗保垒作用，统一思想，服从指挥，同心同德带领广大师生胜利完成了抗击非典任务。院党委重视党员发展工作，将其纳入重要工作议程，尤其重视在大学生、优秀青年教师和"双高"人员中宣传党的基础知识，做好发展工作，全年共发展党员24名，其中教工1名、学生23名，预备党员按期转正24名。在全院教职工的共同努力下，学院获得天津市2001～2002年度精神文明先进单位荣誉称号。

院务工作

本年度学院制定了教师出国审批制度、财务管理及人才引进工作流程等9项管理制度。进一步修订、完善了"数学学院聘岗考核及奖惩办法"，顺利完成第三聘期年度考核工作。招聘5名本科生从事管理工作，提高了管理队伍的整体水平。积极筹措资金改善教学环境和条件：为3间教室安装多媒体设备，为6间教室安装空调，为机房更换29台电脑，利用假期对教学区、卫生间进行装修和改造。目前学院的各个教室都配齐了空调，办公条件和教学设施及环境也有较大的改善。

为实现管理工作的民主化、科学化和规范化，采取如下措施：一是在决定重大问题时都吸收教师代表、工会主席参加，充分听取他们的意见和建议，让他们真正参与民主管理和民主监督。二是每年底召开教职工大会（教代会），由院长向全院做当年工作汇报，介绍学院财务收支情况，听取广大教职工的反映和意见，自觉接受群众监督。大会还征集教职工提案，鼓励、支持教职工为学院的改革发展献计献策。三是在决定学科建设和学院重大建设事项前都向教授、系主任、支部书记通报情况并征求意见。四是对关系到学院和教职工切身利益的重大事项，一律由党政联席会议集体讨论决定。通过院务公开建立畅通的沟通渠道，及时反映师生员工的意见和要求，以公平、公正的工作作风营造学院团结、协作的良好氛围，进一步促进了学院的发展。

学生工作

重视学生专兼职工作队伍建设，突出学生素质和能力的培养，通过培训不断提高学生工作队伍和学生骨干队伍的管理水平与工作能力。积极引导和鼓励学生会、团学社开展丰富多彩的活动，创数学学院品牌，如与天津大学、天津师范大学联合举办的“天津市数学文化展示月”活动，抗击非典主题党日活动，南开大学周末乐坛第一期暨数学学院迎新晚会，以及三人篮球赛、普舞、卡拉OK、数学学院元旦联欢晚会等活动深受学生欢迎。学院重视学生就业工作，召开学生大会进行就业形势和就业政策的教育，并召开全院教职工大会，号召教师对外做好就业宣传工作，动员教师广开渠道为毕业生提供更多的就业信息。2003年学院本科毕业生131人，其中保送研究生34人，考取研究生18人，出国17人。

学生及学生工作获得的奖励有：2001级应用专业王伟 在全国大学生“我谈大学生就业与创业”征文大赛中获特等奖、2002级统计专业赵萌 在2003年“CCTV杯”全国英语演讲大赛（天津赛区）获优胜奖、2001级信息专业郭惟苗同学获得天津市大学生英语竞赛二等奖、2001级计算专业李君同学和2003级信息专业的张凯磊同学分获天津市大学生演讲比赛三等奖和优秀奖。2003年数学学院在南开大学第六届演讲比赛暨首届天津市大学生演讲比赛南开大学选拔赛中获最佳组织奖，并获得“抗击非典五四红旗团委”荣誉称号和学校第二届文化素质教育节“文化素质教育工作先进集体”荣誉称号。

重要事件

3月，数学科学学院与天津大学、天津师范大学联合举办天津市数学文化展示月活动。

4月18日，学校批准数学学院自主设置博士（硕士）点学科、专业“生物信息学”。

8月9～10日，数学系79级毕业生回南开举行毕业二十年纪念会。

9月9日，顾沛教授参加第一届高等学校“教学名师奖”表彰大会，并荣获首届高校“教学名师奖”。

9月18日，孟道骥、李军二位教师荣获第二届“吴大任、熊知行数学教学奖”。

10月14日，邓少强、杨庆之、陈鲁生三位教师获得南开大学2003年度金桥奖。

12月29～30日，科学计算研究所召开第二届研讨会。

（撰稿人：姜立滨）

数学研究所

概况

南开数学研究所现有教职工 29 人(2003 年留校 2 人),其中院士 3 人(外籍院士 1 人、第三世界院士 1 人、中国科学院院士 1 人)、教授 10 人、副教授 1 人、教师 2 人、教辅 5 人、党政管理 6 人、工人 2 人、流动岗 2 人、未聘岗 1 人。

在校研究生 78 人。其中博士研究生 36 人(含外国留学生 1 人),硕士研究生 42 人(7 月初 2000 级毕业硕士研究生 8 人,博士研究生 2 人)。

数学所含有数学图书馆、理论物理研究室和组合数学研究中心(组合数学研究中心在人事调动和经费上是独立的)几部分。

学科建设

数学所现有“基础数学”和“应用数学”国家级重点学科,也是国内首批博士授权点和国内首批一级学科博士学位授权点。“基础数学”和“应用数学”均有博士学位授权及硕士学位授权。核心数学与组合数学实验室是教育部重点实验室,主任为陈永川教授,学术委员会主任为龙以明教授。博士后流动站 1 个。现有博士后研究人员 4 人。

教学工作

数学所坚持“把握办学方向,从严办所”的方针。来所应聘工作的教师都要经历 2 年的试用期,在规定的期间内若达不到规定要求则自动解聘或另行安排工作。研究生的招生分配工作也严格执行国家规定的录取标准和分配原则。在教学上我们为学生提供优越的学习环境和条件。2003 年在硕士研究生中设立“求是研究生奖学金”项目,鼓励在南开攻读博士学位。该奖项每年奖励 2 人,每人每年 2 万元人民币,每人至多奖励五年。该项奖励由“求是研究生奖学金”基金管理委员会评定。延长图书馆的开放时间,充分发挥数学图书资料的作用。使我们的老师和学生能及时了解数学发展新动态。目前该馆藏书近 30000 册,各类杂志有 600 余种。2003 年投入购书款近 200 万元。多年来保持着数学资源的馆藏优势。为了充分发挥这一优势,2003 年参加全国 16 所高校的馆际互借,进一步扩大了图书馆在全国高校的影响力。

提供资金鼓励学生参加由教育部举办的研究生暑期学校活动。为了提高学生的知识面和及时掌握该方向的最新动态,邀请国内外著名数学家来南开访问并作系统讲学。2003 年来数学所访问一周以上的著名国外学者近 20 人。他们的到来带来了数学前沿的课题,同时扩大了我们的国际影响。部分来访者简况如下:

3～4 月间日本东京大学 T. Kambe 教授来南开数学所进行为期两个月的教学科研工作。

2～4 月，德国波恩大学教授黄文玲在南开数学所进行为期 2 个月的学术访问。

3～4 月间澳大利亚堪培拉大学汪徐家教授来南开进行为期 1 个月的学术访问。

7 月，美国加州州立大学 San Bernardino 分校的 Joel Stein 教授来组合数学研究中心进行为期三个月的教学科研工作。

7 月，美国 Eastern Michgan University 数学系刘九强教授来组合数学研究中心进行为期两个月的访问。

9 月，南开大学特聘讲座教授，法国里昂大学曾江教授来组合数学研究中心进行为期三个月的教学科研工作。

12 月 20 日，加拿大 Carleton 大学高志成教授到研究中心进行为期一周的访问。

10 月，南开大学特聘讲座教授，法国国家科研中心 Alain Lascoux 教授来组合数学研究中心进行为期两个月的教学科研工作。

12 月 5 日美国印地安那普度大学沈忠民教授来所进行为期两周的学术访问。

科研工作

2003 年度在研科研项目 19 个，国家资助项目 4 个。资助经费 2925.15 万元（含国家财政拨款 2100 万元的数学研究中心开办费）。项目名称和经费来源如下：

内容 项目负责人	课　题　名　称	项目来源	资助金额 （万元）
陈省身	津京几何工作营	国家基金委	40
葛墨林	数学物理前沿物理应用	教育部	22
龙以明	与北京大学合作项目	北京大学	10
龙以明	与中科院合作项目	973 项目	9
龙以明	非线性哈密顿系统	博士点基金	4
张伟平	博士点经费	教育部	2.5
张伟平	核心数学的前沿问题	973 项目	56.3
陈永川	组合与逻辑算法		171
方复全	与北京大学合作项目	973 科研项目	4.35
方复全	国家基金委项目	国家自然科学基金	10
方复全	Seiberg－Witten 理论、流形的几何与拓扑	国家自然科学基金	55
陈永川	组合函数	专项基金	20
扶磊	L－adic 上同调论和伽罗华表示论	博士点基金	5
扶磊	与清华大学合作项目	973 项目	13
扶磊	跨世纪优秀人才培养计划	教育部	20
白承铭	代数表示论及其在数学物理中的应用	青年基金	15
白承铭	李群、李代数与数学物理中的若干前沿问题	专项基金	2
陈永川	骨龄智能测试系统	专项基金	10
董玉君	达芬方程及哈密顿系统	专项基金	11
数学所	数学研究中心开办费	中央财政	1752
数学所	数学所活动费	中央财政	348
数学所	事业费	教育部	95
刘徽应用数学中心	事业费	教育部	250

2003 年度我所研究人员在国内外刊物上发表学术论文 52 篇。

学术活动

学术会议：1月11日在天津大学报告厅举办了由南开大学和天津大学联合成立的"刘徽应用数学中心"第一届年会。中心主任南开大学葛墨林教授主持，中科院院士周恒教授和两校科研处领导及与会代表70余人出席了会议。会上各科研小组汇报了自己的工作进展和所取得的成果。10月12日胡国定先生在南开大学举办"共同回顾革命岁月展望我国美好未来"大型座谈会。来自上海、北京、南京、武汉及本市的老革命家和南开大学数学院部分老先生共100余人出席了座谈会。8月5日扶磊教授在北戴河组织了为期6天全国范围的"数论方向"的学术活动，有30余位代表参加。10月25日数学所研究生会组办"与名教授座谈"系列活动，特别邀请了南开大学扶磊教授和法国里昂大学曾江教授参加了该项活动，在校研究生60余人参加了活动。

重要的学术报告：应邀到数学所做学术报告的著名学者有陈省身、杨振宁、阿蒂亚、何作庥、文志英等。重要的报告和报告人如下：

报告题目	时间	参加人数	地点	报告人
关于 Finsler 流形与调合映照	2月29日	30人	数学所	沈一兵教授 浙江大学
方阵几何	2月27日	30人	数学所	黄文玲教授（德国）汉堡大学
与大学生座谈	2月28日	150人	数学所	陈省身教授
Orbifold Cohomology	3月2日	30人	数学所	阮勇斌教授（美国）
椭圆方程的热方法	3月25日	150人	数学所	张恭庆教授 北京大学
欧氏空间的平均曲率流	4月3日	20人	数学所	汪徐家教授 澳大利亚堪培拉大学
Kinetic Theory and Fluid Dynamics	9月5日	30人	数学所	刘太平教授 美国斯坦福大学
Hyperbolic conservation laws	9月5日	30人	数学所	杨彤教授 香港城市大学
与大学生座谈	9月17日	300人	数学所	杨振宁教授（美国）
Poincare 猜想及其相关问题	9月26日	70人	数学所	段海豹教授 科学院
二十世纪的几何	9月28日	250人	数学所	陈省身教授
物理化学和几何中的多面体与个人成长经历	10月20日	300人	伯苓楼	阿蒂亚爵士（英国） 南开大学名人讲座
Minimum energy configuration	10月21日	150人	数学所	阿蒂亚爵士（英国）
Ten structure of the spectron of one dimensional 学术报告	11月27日	30人	数学所	文志英教授 清华大学
漫谈芬斯勒几何	12月3日	200人	数学所	陈省身教授
Twistor bundle theory and its Applications	12月18日	30人	数学所	唐梓洲教授 清华大学
Ricci Hamilton flow and perelmans ground breaking	12月19、22、23日	30人	数学所	马力教授 清华大学
Finsler 几何与导航问题	12月22日	30人	数学所	沈忠民教授 美国印地安那普度大学

所务工作

由陈省身先生亲自主持的每月一次的全所教授工作会议制度，是我所长期以来的工作特色。讨论内容主要是数学所的发展和当前需要解决的重要问题。如策划下一年的重要会议计划、邀请国际著名专家来访计划、每年度的评聘工作等。2003年度的工作重点是数学中心大楼和专家公寓的建设、数学图书馆信息化、邀请访问学者工作计划、2003年度的教职工年度考核和岗位评聘工作。

学生工作

在非典期间配合学校的安排组织学生锻炼身体，增强体魄。组织了全体研究生参加的放风筝比赛、羽毛球比赛、乒乓球比赛等。用数学所的优越条件组织了与名教授座谈活动。邀请来所访问的法国里昂大学曾江教授、南开大学扶磊教授等，为同学们答疑解惑，畅谈数学，探讨人生。

党建工作

数学所现有教工和学生党支部各1个，正式党员36人。2003年1名博士研究生入党，2名研究生转正。一年来认真贯彻执行中央、教育部党组、校党委关于加强党建工作的指示精神，认真做好组织建设和党员队伍建设，坚持三会一课制度，过好支部组织生活。采取多种方式开展理想信念教育，发挥老党员多的特点对年轻党员进行革命传统和理想教育。

兴建数学研究中心大楼和专家公寓

陈省身先生建议国家投资在南开大学校内兴建中国的数学研究中心。兴建数学研究中心的意见得到国家主席江泽民的支持，并由国家财政部、国家计委、国家建委、国家教育部具体操作。经过国家计委派专家评估组来南开的两次评估，得到专家的肯定并建议国家投资。国家拨款11160万元人民币用于数学研究中心的基建和购置大型计算机。2003年5月数学研究中心大楼前期设计和工程招投标完成，并进入工程施工阶段。在2003年7月16日举行了隆重的开工典礼，参加典礼的主要领导和贵宾有：天津市委副书记邢元敏、天津市副市长张俊芳、南开大学党委书记薛进文、南开大学校长侯自新、南开数学研究所名誉所长陈省身、南开数学研究所名誉所长胡国定、南开数学研究所所长周性伟、绍兴市建筑管理局局长傅俊明、浙江省人民政府驻北京办事处主任方羿、绍兴第一建工集团党委书记鲁六九。该工程预计2004年9月完工。

重要事件

4月30日，由国家投资兴建的数学研究中心大楼开工。

8月3日～8月9日，陈省身先生到北戴河休假。

9月11日，杨振宁与清华大学校长顾秉林来所访问。

11月8日，陈省身获香港科技大学荣誉博士学位。

11月7日，陈省身获得中国科技馆发展基金委员会第五届“启明奖”。

陈省身荣获俄罗斯喀山大学第三届罗巴切夫斯基奖章及证书。

11月24日，葛墨林教授当选中科院(数学物理学部)院士。

张伟平获得第九届陈省身数学奖。

龙以明获教育部提名国家科学技术奖自然科学一等奖。

方复全获天津青年科技奖。

方复全获得天津市十大杰出青年称号。

侯庆虎博士获得了“2003年全国优秀博士论文提名奖”。

侯庆虎博士获得了2003年“天津市优秀博士论文奖”。

Alain Lascoux教授在教学工作中的杰出表现，被天津市授予“海河奖”。

10月27日，陈省身为南开大学报题词“祝南开大学报日新月异”。

陈省身先生亲自设计和印制2004年“数学挂历”送给数学院师生和数学界朋友。

（撰稿人：吕宏海）

物理科学学院

概况

学院现有教职员工 110 人，专职在岗教师 76 人，其中教授 37 人(含博士生导师 25 名)，副教授 32 人。教师中具有博士学位者 37 人。学院拥有“长江学者”特聘教授 2 人、国家杰出青年基金获得者 3 人、“跨世纪人才”4 人；特聘教授 4 人，讲座教授 7 人，兼职教授 12 人。2003 年，学院学生总数 917 人，其中本科生 644 人，硕士生 215 人，博士生 56 人，留学生 2 人。2003 年，学院有 4 人晋升教授职称，4 人晋升副教授职称，2 人晋升中级职称，3 名老教师退休。

学科建设

为进一步贯彻落实党的十六大精神和科教兴国的方针，推动南开大学教育事业的发展，2003 年，南开大学泰达学院与物理科学学院，共同建立南开大学泰达应用物理学院。“应用物理学院”的行政编制隶属于泰达学院，学术、科研和学科建设由南开大学物理学科组负责。

泰达应用物理学院作为南开大学物理学科新的增长点，其宗旨在于：促进南开大学物理学科的发展，在国家有关应用物理学科发展规划中取得先机并占据制高点。教学方面兼顾理论基础知识与实际应用技能的培训，培养高新科技产业发展需要的高素质物理型人才。在科研方面，基础研究与应用研究并重，研究高新产业发展所面临的各种关键技术问题，加强学科建设与产业化之间的结合。泰达应用物理学院将建设成为教学与科研并重、研究与开发并举的具有影响的研究与开发中心和人才培养基地。

泰达应用物理学院具有培养学士、硕士、博士的授权点，并招收博士后研究人员，现拥有超快光子学、弱光非线性、光电材料与器件、量子材料与器件等 10 个实验室，聚集了包括中科院专家教授在内的一批国内外物理学光电子研究领域的领军人物，其中我国光电子专家王占国院士主持建立了 MBE 实验室，韩国 Imishik Lee 教授建立了纳米生物科学实验室。

教学工作

学院始终注重课程建设，并取得了显著的成效，2003 年出版国家级“九五”重点教材 2 部，“光学”“力学”“电磁学”被评为国家物理学基地名牌建设课程，“力学”被评为学校精品课程。“材料物理”专业被学校确定为 2003 年重点资助的“十五”新专业建设立项项目。

学院教学领导小组为推进教学改革，提高教学水平，于 2003 年 6 月 25 日召开了学院 2003 年第一期教学研讨会。会议就教学感情、教学档案的准备、互动教学、教学方法、教学演示、课件的制作、多媒体教学、网上教学等问题进行了研讨，与会的中青年教师都就以上内容做了充分准备并积极参与讨论，教学督导组的老先生也提出了自己的见解和经验。通过此次研讨会，各位教师的教学经验和感受得到了充分的交流，为学院教学领导小组制定下一步重点工作方案提供了宝贵的素材。

科研工作

2003 年，学院在研项目 51 项，总经费 1208 万元。其中国家级项目 27 项，部委级项目 14 项。2003 年出版专著 1 部，发表科研论文 220 篇，被三大检索系统收录 77 篇。申请专利 9 项，专利授权 6 项。生物物理科学与技术系系主任杨文修教授，与天津市中西医结合急腹症研究所、天津医科大学基础医学院等单位，联合进行了“通里攻下法在腹部外科疾病中的应用与基础研究”的科研工作，并申报了国家科学技术奖，该项目经国务院批准，获得 2003 年度国家科学技术进步奖二等奖。

学术活动

积极开展国内外的学术交流活动，与数十所国内外知名的大学和研究机构保持密切的联系与合作，如美国、澳大利亚、加拿大、新加坡、日本、韩国等。多次举办、承办国际国内重要学术会议，有 14 名教师担任国内国外主要的学术兼职。聘请国内外知名大学和研究机构的 6 名知名学者、专家担任南开大学的兼职教授。聘请多名专家、学者来校做学术报告，如加拿大麦克马斯特大学史安昌教授、台湾大学何小刚教授、中科院物理研究所孙昌璞教授、香港城市大学光电子研究中心朱伯濂教授等。邀请国内外知名学者举办“今日物理”系列讲座 17 次。

党建工作

理论学习方面，组织全院师生学习和深入体会江泽民同志在中国共产党第十六次全国代表大会的报告，学习新《中国共产党党章》，继续学习“三个代表”重要思想，学习胡锦涛同志在十六届三中全会上的讲话，为迎接中共南开大学第七次代表大会，就如何理解新党章要求、如何体会十六大精神进行了专题的讨论和学习，校党代会结束后组织全院党员深入学习贯彻党代会的精神和要求。组织建设方面，共发展共产党员 27 名，其中硕士研究生 7 名，博士研究生 1 名。

制度建设方面，按时举办政治学习和民主生活会，制定并落实党风廉政建设责任制及实施措施，结合班子各成员的具体工作，明确各自承当的责任，对照廉洁从政行为规范和有关规定考核各自工作，并按要求向校党委、纪委写出书面报告。明确职责，加强对基层支部的组织活动制度做出具体要求。严格按照组织程序，推选代表参加中共南开大学第七次党代会。学院党委书记孙骞当选为中华全国总工会第十四届委员会执委，党委副书记郑宝金获得“南开大学第二届敬业奖教金”管理干部二等奖。另外，组织全院师生参观了泰达经济开发区和泰达学院，组织全院教工党员参加了基层党组织建设典型示范单位——北京房山区的韩村河村。

院务工作

健全考核制度，顺利完成了第三期聘岗中期考核。完成了 2003 年职称评定工作。完成了第三教学楼的部分维修工作，改善了教学条件。落实消防安全措施，为第五教学楼更换了安全照明设备。2003 年 10 月充实了学院领导班子，明确分工，各负其责。选留优秀毕业生充实管理队伍。完善学院网络建设，更新服务器，充实学院主页内容。筹备第五教学楼的维修事宜。

2003 年 12 月学院举行了青年教师座谈会，组织青年教师就教学、科研和实验室建设、教学参考书、本科生课程体系建设、研究生培养、学校的住房安排，以及如何在院内建立起一条通畅的信息流通渠道等方面的问题提出了自己的感想和建议，并进行了热烈的讨论。通过座谈，青年教师们认识到在南开大学创建国际高水平知名大学的过程中，物理学院担负着重要的责任和义务。现阶段也正是物理学院发展的关键时期，青年教师有责任有义务为其发展而努力贡献自己的力量，发挥自己的能力。通过这种形式的交流，增强了教师相互之间的沟通和学院的凝聚力。

学生工作

完善了宿舍导师制和学生宿舍党员负责制。抗击非典期间，学院党政领导班子获防控非典先进集体称号，张明奎获防控非典优秀团干部称号，2000 级物理学专业本科生常鸥在北京市宣武区卫生局做青年志愿者，受到北京市宣武区卫生局的表扬。4 月物理学院研究生会成立。开展形式多样的文体活动。举办全院师生卡拉 OK 比赛，组织全院学生的 CP 杯足球联赛和篮球联赛，院研究生会承办学校的“院长杯”乒乓球比赛，同时与外国语学院、经济学院和生命科学学院研究生会联合举办四院研究生的联谊活动，作为活动的后续成立了面向全校研究生的“友缘南开”交友网站。全院师生捐种环保防沙林。2 人获三星级奖学金、3 人获新电元奖学金、1 人获中科院奖学金，5 人获第二届“七七之光”助困奖学金资助，袁林、吴素芝、刘玲玲、李正正获天津市数学竞赛二等奖，安亚南、于洪军、徐团伟获天津市数学竞赛三等奖，在南开大学第一届本科生“科研创新”项目中获得两个一等奖；2000 级本科生涂勤昌获得 2002～2003 学年度天津市理工科特等奖学金，是学院多年来第一个获此殊荣的本科生，并提前一年考取本校研究生，2000 级本科生班获天津市市级先进集体，2003 级转攻博士生刘智波被评为“天津市十佳大学生”。物理学院学生电子信箱正式开通，并设立了学院的群发邮件组。在 2000 级本科生保研过程中，学院利用各项保研指标保送研究生共计 55 人，占年级学生总数的 40.7%，无论是保研人数还是保研比例均创学院历史记录。

重要事件

7 月，宁平治教授承担的“九五”国家级重点教材《原子核物理基础－核子与核》由高等教育出版社出版。

9 月，孙骞获“天津市劳动模范”称号。

9 月，孙骞当选中华全国总工会第十四届委员会执委。

10 月，2000 级本科生获天津市高校学生先进集体。

10 月，2003 级转攻博士生刘智波被评为“天津市十佳大学生”。

10 月，南开大学泰达应用物理学院成立。

10 月，李川勇、申虹、张国权获金乔奖教金。

10 月，刘玉斌、季纳新任学院副院长。

11 月，宋峰获得教育部优秀青年教师资助计划。

化学学院

学科建设

本年新增材料物理与化学、化学生物学2个博士点和药物化学硕士点，博士点达到8个，硕士点达到10个，与天津大学化工学院结合两个学院优势学科创办的“分子科学与工程”专业获得教育部的批准，今年招收第一届学生，共58名。与医学院、生命科学学院共同组建的“药学”专业获得教育部的批准。“材料化学”项目于2002年12月通过评审，成为南开大学“十五”第一批重点建设的新专业。以化学学院与天津大学化工学院为依托的“化学科学与工程国家实验室”申请工作取得重大进展，为申报需要，天津市科委已拨出1000万元专款先期成立天津化学科学与工程实验室。院内实验室进行重大调整，高分子所整体迁入新建成的蒙民伟楼，元素有机化学国家重点实验室大部和农药国家工程中心的部分实验室迁入第六教学楼，材料化学系大部分实验室迁入理化楼。

教学工作

2003年录取新生204名，其中化学专业115名（最高分597，最低分543，平均分563）；材料化学专业59名（最高分547，最低分519，平均分535）；分子科学与工程专业29名（最高分582，最低分568，平均分577）。

“基础化学”和“有机化学实验”被评为校级优秀课程，占全校评出的优秀课程的三分之一。在基地名牌课评选中，“化学概论”和“有机化学”被评为创建优秀项目，“物理化学”、“无机化学”和“基础有机化学实验”被评为创建项目，是全国化学基地中名牌课程最多的基地。

由程鹏教授组织的全国“高等化学教学资源库”的建设工作，于2003年1月通过以清华大学校长顾秉林院士为首的专家组论证，9月在北京召开了第三次工作会议，并与参加学校签订了合同，车云霞、张宝申、孙宏伟三位教授分别作为普通及无机化学、有机化学和结构化学牵头单位负责人。

本科生课外创新活动取得重要成果。2000级本科生易龙获2003年第八届特等奖，刘军力获得二等奖；2000级本科生李毅彤以第一作者身份在SCI影响因子大于4.0的Chem. Commun.（2003，《化学通讯》）上发表论文；2001级的吴祥和吴志杰的两项创新课题获得首批学校百项创新项目优秀奖。以上这些成绩分别被《中国青年报》、《科技日报》、《天津日报》、《光明日报》分别以整版篇幅或头版头条报道，天津电视台多次采访并制作专题节目，扩大了基地的影响。

多名教师获得教学奖励。朱志昂获天津市教学名师奖，刘育获宝钢优秀教师特等奖，程鹏获天津市师德先进个人，裴利民获天津市普通高等学校教学管理先进个人，车云霞、李一峻、唐良富、孙宏伟获南开大学“金乔”奖教金。

科研工作

2003年,化学学院科研经费到位2321万元。其中纵向到位经费1714万元,横向到位经费607万元。课题立项98项,其中纵向课题52项(“973”项目5项、“863”项目1项、国家基金项目32项、教育部基金5项、天津市基金9项),横向课题46项(其中省校合作基金2项,经费55万元)。申请专利34项,获专利授权10项。

发表科技论文675篇,其中国外期刊发表363篇,国内期刊312篇。2002年在世界科技论文三大索引《SCIE》《EI》《ISTP》中,《SCIE》收录352篇,《EI》收录45篇,《ISTP》收录5篇。在2002年度各学科SCI论文数量排名中,我校化学学科全国排名第四位。在2002年度国际被引用篇数较多的作者全国排名中,刘育教授排名第二,宋礼成教授排名第五。

在科研方面获得了重要奖项。获得国家自然科学二等奖1.5项(廖代正教授领导的课题小组1项,严秀平教授与外单位合作1项),教育部自然科学二等奖1项,天津市科技进步一等奖1项,二等奖1项,三等奖一项。

学术交流

因“非典”原因,本年度学术交流活动减少。各学科共邀请22名国外专家来院讲学。国际知名高分子科学家、德国美因兹大学Gerhard Wegner先生被聘为我院客座教授。有10多人次的教师参加国外学术会议。

院务工作

本年退休职工22名,招聘引进职工32名。通过院内人才引进机制,引进了陈永胜、何良年、渠瑾、张弛、陈涌等高级人才,其中陈永胜为天津市特聘教授。试行现场办公会制度,党政联席会议在各系所轮流召开。加强信息工作,增加网上互动等功能的新网站开始运行,使信息更新和采集工作变得简单和高效。创办化学院信息简报,上报信息量连续两年排校理科第一名。制订“化学学院提高教学质量的几项措施”,调动了教师对于本科和研究生教学的积极性。安全保卫工作试行新机制,化学楼、六教、理化楼引进保安公司人员值班。在抗击非典过程中,院领导班子积极工作,慰问配偶在一线工作的职工,领导全体职工和学生,顺利地完成了任务,化学学院被评为“南开大学抗击非典型肺炎工作先进集体”。

党建工作

全年发展党员58名,其中本科生16名、硕士研究生29名、博士研究生12名、中青年教师1名,57名学生和4名中青年教师按期转为正式党员。

学生工作

学生党总支结合本院实际,加强组织建设、思想建设和作风建设。通过在教研室成立党支部,教工支部与学生支部共建,实施“先锋工程”,聘请教工党员为学生党支部兼职组织员等形式,发挥教工支部和教工党员参与学生教育和管理的积极性,加强支部的制度化、规范化建设。认真组织全院学生党员、入党积极分子和申请人深入学习十六大会议精神,开展实践“三个代表”重要思想,迎接我校第七次党代会,学习党代会精神系列活动,组织学生党支部委员和党员骨干培训,推进学生党员的思想建设和作风建设。团委大力加强学生会、研究生会、团支部、团小组、学生社团的建设和管理,开展主题团日竞赛活动,完善团支部工作制度和工作档案,建立团支部工作指导、监督和考评机制,促进了团支部工作的规范化、制度化。组织团支部参加学校“五四评优”系列活动，以评促建，积极推进学院共青团工作的全面发展。成功举办2003级本科生团干校，110余名同学参加了培训，为学院学生工作培养了一批优秀的学生干部。学生会成功举办化学学院第三届运动会，主办南开大学第二届文化素质教育节、纪念一二·九运动68周年活动、津乐汇圣诞狂欢活动、“月光琴行化学学院新年元旦晚会”，组织参加校研究生运动会和校田径运动会。本学年，化学学院学生及学生工作获得的奖励有：团委被评为天津市“抗击‘非典’五四红旗团委”，2002本科大班荣获“天津市普通高等学校2002～2003年度学生先进集体”称号，2002级本科团支部荣获南开大学“十佳红旗支部”称号；2002级本科生赵燕楠荣获天津市“三好学生”称号，1999级博士李丽、2001级硕士李索龙获得南开大学特等奖学金，49名同学荣获校级一等奖学金，188名同学荣获校级二等奖学金，264名同学荣获校级三等奖学金，206名同学荣获校级基础奖学金，31人荣获校级单项奖学金，27人获各类社会奖学金，70名同学被评为校级“三好学生”，27名同学被评为校级优秀学生干部；2003毕业本科生156人，其中免试推荐或考取研究生89人，出国18人，参加工作49人，就业率为100%。

重要事件

1月，由程鹏教授组织的全国“高等化学教学资源库”的建设工作专家组论证，9月在北京召开了第三次工作会议。

3月，本院新增材料物理与化学、化学生物学2个博士点和药物化学硕士点被批准。

4月11日，由统一集团主办，化学学院团委、学生会承办的“统一闪亮之星”全国大学生歌手大赛（南开大学赛区）预赛在学生活动中心举行。

4月12日，由我院“灵南”科幻协会、天津大学科幻协会联合举办的“天津市第二届大学生科幻节——科幻论坛”在南开大学伯苓楼报告厅举行，来自南开大学、天津大学、河北工业大学、北京工商大学、北京工业大学、北京石油大学等高校的同学参加了此次论坛。

9月18日，举行蒙民伟楼落成使用典礼，著名实业家、香港信兴集团主席蒙民伟，香港南开校友会会长何国钊，校长侯自新出席典礼，校党委副书记吴本湘主持典礼。

制订了“化学学院提高教学质量的几项措施”，并于9月开始施行。

9月，“分子科学与工程”专业招收第一届学生。

10月13日，由化学学院团委参与主办的南开大学“第二届素质文化节开幕式晚会暨大学生文化素质教育世纪文库首发式”在东方艺术系演播厅举行。

11月，2000级本科生易龙获得第八届“挑战杯”全国大学生课外科技作品大赛特等奖，2000级本科生刘军力获二等奖。

12月“材料化学”项目通过评审，成为南开大学“十五”第一批重点建设的新专业。

11月，朱志昂教授获天津市教学名师奖。

12月，刘育教授获宝钢优秀教师特等奖。

12月9日，由校团委、我院团委和学生会承办的南开大学纪念“一二·九”运动68周年火炬接力长跑活动在总理像前举行。

年底，廖代正教授领导的课题组获得国家自然科学二等奖，严秀平教授与北京大学合作获得国家自然科学二等奖。

生命科学学院

概况

2003年12月31日，生命科学学院完成院系调整，将原来的三系一所（微生物学系、生物化学与分子生物学系、生物学系、分子生物学研究所）调整为五系二所，即生物化学和分子生物学系、微生物学系、遗传学和细胞生物学系、植物生物学和与生态学系、动物生物学和发育生物学系、分子生物学研究所、昆虫学研究所。

生命科学学院有专职在岗教师75人，其中教授39人，副教授24人。具有博士学位的53名，已占全院教师总数的70%以上。45岁以下中青年教师45人，占60%。在教师队伍中有长江学者奖励计划特聘教授及国家杰出青年基金获得者1人、教育部跨世纪人才1人、天津市特聘教授3人、南开大学特聘教授7人，天津市中青年授衔专家1人。2003年，学院有10位教师在国外留学及进修访问，新增教职工9人。

学院共有学生1146人，其中本科生497人、医预班委培生300人、硕士研究生225人、博士研究生117人、外国留学生7人。

学院资料室藏有生命科学方面的书籍（含期刊）2万余册，其中有西文刊280种1.5万册、日文期刊58种1000册、中文刊389种4000册、中外文图书1000余册。

学科建设

在振兴计划、“211”二期工程、校生命科学平台建设项目的支持下，在加强和巩固优势学科的同时，积极培育和发展新型交叉学科，逐步形成南开生命科学的特色，确立在国内外的学术地位。

整合院内科研力量，向重点学科和重点实验室倾斜。2003年，211工程微生物学国家重点学科建设项目立项。成立天津市微生物功能基因组学重点实验室。12月，召开微生物学国家重点学科研讨会，进行学科建设的规划。

6月11日，与天士力集团、华立达公司签署了共同建设“国家生命科学与技术人才培养基地”协议。与天津大学在“生物技术和生物工程”、“生物信息学”和“生物活性材料”等交叉学科建设方面进行实质性合作。继续建设“国家基础科学人才培养——昆虫分类学特殊学科点。

耿运琪教授被聘为国务院学位委员会学科评议组成员，教育部生物学教学指导委员会副主任。耿运琪、高玉葆、卜文俊教授被聘为天津市学位委员会生物学部委员。耿运琪、卜文俊教授被聘为国家自然科学基金委员会生命科学部专家评审组成员。

教学工作

2003年上半年，在非典期间，教学工作

受到一定影响。根据学校及教务处的有关规定和要求，学院完成了本科生转专业工作、修订弹性学制教学计划、本科生毕业论文抽查及答辩和暑假补课工作。

生科院“国家生命科学与技术人才培养基地”分别从2001级、2002级本科生中招收两批，共61名学生。

2003年下半年，学院配合教务处完成了双语教学课检查、学生成绩管理工作检查，推荐本科毕业生免试读研工作和“九五”期间及2001年、2002年教材建设资助立项的验收与检查。12月，向全院学生宣传加强考风考纪的要求和规定。

为了提高本科教学质量，学院对学生反映较多、意见较大的课程进行调整。安排院教学督导组教师广泛听课、调查研究，分析教学大纲。11月6日，督导组提出“关于解决基础课内容重复的若干意见”，12月10日，完成对院五门公共必修课教学大纲的修改。在研究生培养方面，审定博士和硕士研究生课程内容，对博士、硕士研究生的开题报告和论文质量进行评估和把关。提高研究生，特别是博士生创新性能力的培养和要求，以及发表论文的要求。

在教材建设方面，杜荣骞教授在校教材建设基金资助下，编写《生物统计学》(高等教育出版社，2003年4月)、《生物统计题解及练习》(高等教育出版社，2003年8月)，于自然、黄熙泰、李翠凤主编《生物化学习题及实验技术》(化学工业出版社，2004年6月)。

在教学改革方面，10月，由刁虎欣教授主持的教育部“新世纪高等教育教学改革工程”项目——“生物科学本科实验教学创新体系建立和实践”顺利通过项目评估验收，给予很高评价；张金红教授指导的2000级本科生邓楠获得2002～2003年度南开大学本科生教学研究“百项工程”优秀项目一等奖。

科研工作

2003年，生命科学学院在研项目142项，总经费6024.3万元。新增各类项目65项，共计立项经费3072.8万元。其中国家973项目子课题、国家863项目(包括子题与小子题)共8项，经费1866万元；国家自然科学基金项目20项，经费534万元；教育部项目9项，经费63.5万元；天津市自然科学基金14项，经费267万元；国际合作项目1项，经费200万元；纵向合作项目4项，经费27.5万元；横向合作项目6项，经费79.8万元；南开大学资助项目3项，经费35万元。

2003年申报专利54项，在全校排名第一，授权专利5项。SCI收录论文25篇。发表在核心期刊论文(国内)137篇。

2003年，陈瑞阳教授主持、宋文芹、李秀兰主要参加的“中国主要植物染色体研究”荣获国家自然科学二等奖。

学术活动

2003年10月，生命科学学院召开了“生命科学学院建院十周年庆典暨学术报告会”，卜文俊院长作了《与时俱进，创建一流学院》的报告，回顾建院十年来生科院的发展历程。香港科技大学齐众教授，生命科学学院曹又佳教授、孔德领教授、张涛教授分别作学术报告。

挂靠在生科院的微生物学会、生物化学与分子生物学会、动物学会、植物学会和遗传学会分别召开理事会并举办相应的学术活动。

生科院聘请杨其伟、金奇、张磊、江燕、张福锁为兼职教授并作学术报告，聘请朱彦(美国)、安齐顺一(日本)、何斌(美国)为客座教授并作学术报告。

生科院邀请美国、英国、俄罗斯、日本、加拿大、意大利、印度、中国香港的11名学者来院访问讲学。学院共有9名教师参加国际学术会议,7名教师出国作短期访问。

党建工作

在思想建设方面:院党委深入贯彻"三个代表"重要思想,进行"共产党员如何在教学科研工作中实践三个代表"的主题讨论会。认真贯彻市委八届五次全会和南开大学第七次党代会精神。在抗击非典期间,院党委协助院行政举办了"依靠科学,战胜非典"大型咨询活动。坚持理论联系实践,2003年9月,组织党员教师到大寨参观学习。

在组织建设方面:积极作好双高教师培养发展工作。12月,发展白钢博士入党。2003年共发展教工党员1人,本科生党员13人,博士生党员2人。

在制度建设方面:制定《生命科学学院2003年党风廉政建设安排》报送校纪委。7月,执行《中共南开大学基层支部工作细则》,建立计划总结报告制度、组织生活会制度、民主评议党员制度、党费收缴和管理制度。

2003年,生科院被评为天津市文明学校,天津市教育系统工会先进集体。5月,张琚被评为天津市劳动模范。7月,院党委副书记谢桂玲被评为教卫工委优秀共产党员。谢桂玲、轩辕铮铮被评为南开大学优秀共产党员。11月,高玉葆、吴秀英夫妇家庭被评为第四届全国五好文明家庭。

院务工作

学院进一步强化制度建设。细化院、系、所领导工作职责。为提高引进人才的科研水平,出台《关于对引进青年教师给予科研启动资助》的规定。为加强安全工作,制定《安全保卫规章制度》,院领导签订责任书。加强对教学、科研工作和教职工的管理,制定《教职工办理申请出国的暂行办法》、《科研管理费的补充规定》等。

为提高学院管理人员业务水平,举办第三期行政管理及计算机培训班,共计54学时。

进一步提高行政后勤服务质量。在非典期间,学院投资4000余元为每位教职工购买过氧乙酸消毒液及喷雾器,每天坚持对三个教学楼内进行消毒。5月,院领导班子成员到校医院慰问校医院大夫。

7～8月,完成生物楼的门厅改造、水电改造、楼顶防水处理和楼体外檐粉刷工作,并更换塑钢门窗。学院为三个教学楼更换了防火安全出口标志牌、安全疏散指示牌和应急灯。保卫处为表彰生科院在安全防火工作中做出的贡献,赠送20个灭火器材。

2003年全年完成水、电、气及木工日常维修310多项,对三个教学楼的所有课桌椅进行检修,完好率达到100%。全年购买仪器327件,价值581万,报废仪器125件。

2003年7月7日,学院党政领导在全体教职工大会上公开述职,并进行当场评议。10月,在伯苓楼举办"生命科学学院建院十周年庆典"。

学生工作

生命科学学院学生工作办公室共有4位专职教师,负责全院学生的思想政治教育和日常管理工作,并组织各种规模的学生活动。

2003年9月,生科院第十六届团校开课,为期两个月,共招收学员56名,合格毕业55人。

在学生活动方面,以大型活动为主线,辅助以各种形式的班级、社团活动。2003年4月4日,举办"第十五届南开大学体育节"。9月为迎接新生的入校,组织卡拉OK大赛、扫舞盲、新生辩论赛、篮球赛、羽毛球大赛、学生书画大赛等一系列活动。12月31日,在东艺系演播厅举办"生命科学学院元旦联欢晚会"。2003年,在生科院注册的社团有动漫社、保护环境及野生动物志愿者协会、绿眸协会、飘模特队、地理协会、花郎跆拳道俱乐部和电子竞技协会。

在学生就业指导工作方面，生科院开辟“毕业生专栏”，发布就业信息，开展一系列就业指导讲座，并加强与四个企业的学生实践的基地建设。4月1日，组织学生参观天士力集团，并安排学生到天士力等基地实习。9月25日，邀请宝洁公司高层主管来校做讲座。12月2日，召开了全体毕业生就业会议。1999级本科毕业生中，有49%考取研究生，19%出国，2%进入研究所和大学，9%进入大公司。2000级毕业研究生中13%考取博士和做博士后，54%出国，18%在大学和研究所工作，13%进入大公司。从反馈信息来看，生命科学学院的毕业生以优良的素质得到用人单位的好评。

学生及学生工作获得荣誉有：2001级生物技术团支部获得五四评优“十佳红旗团支部”称号；邓楠进行的“拆分手性化合物（2—芳基丙酸类）菌株基脂肪酶研究”，获得创新科研“百项工程”一等奖；院刊——《源》在南开大学第二届“文化素质教育节”中被评为“五大优秀学生刊物”。

2003年共有277名本科生获得学校奖学金，其中一等26人，二等86人，三等131人，单项34人。39名研究生获得学校奖学金，其中一等8人，二等5人，三等26人。16名学生获得新电元、宝钢、中海石油、松下、福慧等企业奖学金。13名品学兼优的学生获得国家奖学金。17名本科生、3名研究生被评为南开大学优秀干部。53名本科生和4名研究生被评为校级三好学生。10名优秀学生获得诺维信奖学金。

重要事件

由陈瑞阳教授主持，宋文芹、李秀兰主要参加的“中国主要植物染色体研究”荣获2003年度国家自然科学二等奖。

生命科学学院被评为2003年“天津市精神文明先进单位”。

10月，“生命科学学院建院十周年庆典暨学术报告会”在伯苓楼报告厅召开。

10月，《面向21世纪教育振兴行动计划》项目“生命科学重点学科及新兴学科建设”通过验收。

12月，南开大学以技术入股方式与其他三方投资人合作成立天津市生物芯片有限公司。

12月，学校批准在泰达学院成立生物技术学院。

本年，世界银行贷款高等教育发展项目第二期总值23万美元的本科教学仪器设备到位并验收。

（撰稿人：张鸿）

医学院

概况

2003年医学院的工作思路是：高举邓小平理论的伟大旗帜，以“三个代表”重要思想为指导，坚持“三个面向”的发展方针，以硬件改造为基础；以学科建设为主线，以教学质量为保证，积极提高医学院的办学实力，努力实现医学学科的跨越式发展。

医学院现有专任教师队伍共126人，其中正高级职称61人，副高级职称56人，中级职称9人。教师中19人具有博士学位，青年教师中5人在职攻读博士学位。现任院长是医学分子遗传学教授、博士生导师、全国人大代表朱天慧教授。

学院主要以培养临床医学专业硕士研究生为目的，现设有七年制临床医学本硕连读专业，学生在第六、七两年享受研究生待遇，完成学业并经审查合格准以本科和研究生毕业，同时授予医学学士学位和硕士学位。此外学院在原有的三年制内科学、外科学研究生专业的基础上，还增设了妇产科学、儿科学、耳鼻咽喉科学、影像医学与核医学、人体解剖与组织胚胎学和生物医学工程等研究生专业，目前有各类在校学生共230人，已毕业硕士研究生8届，共130人。

学院本着提高标准、严格要求、把握医学前沿动态组织教学的原则，贯彻拓宽基础，加强实践的办学方针，坚持自然科学、生命科学、医学科学相互渗透，教学、临床、科研相互结合的办学思想，使自然科学、基础医学、临床医学三个阶段相互衔接，成为七年一贯制的整体。

综合性大学的整体优势为医学院创造了良好的教学环境，学校的生命科学学院、化学科学学院、物理科学学院、人文科学学院、外国语学院、信息技术科学学院等院、系、所为医学院预科教育提供了雄厚的教学实力，同时也为医学院创造了难得的多学科共享学术氛围。

医学院重视对基础医学教学条件的建设，已经在教学实验室改造与教学仪器设备的添置、图书资料室及信息网的建设、多媒体教室及教材教具配套等方面取得突破性的进展。成立医学实验教学中心，拥有五个基础医学教学综合实验室，总实验教学面积大于860平方米；各类实验仪器设备近1090台，总价值840余万元，满足基础医学14门课程的实验教学之需。

医学院目前与中国人民解放军第254医院、天津市第一中心医院、天津市儿童医院、中国医学科学院血液学研究所、天津市肿瘤医院等实行联合办学。

学科建设

医学院始终坚持把学科建设放在学院发展的首位，坚持一贯的发展战略和建设方针，重点发展现有的医学遗传学、生理学、人体解剖学优势学科；与南开大学生命科学学院共同培养生物化学与分子生物学专业、生理学专业博士研究生；以医学院为主体，协同吸附分离功能高分子材料国家重点实验室和生命科学学院共同培养生物医学工程硕士研究生。经过多年积极的努力，整合数家联合办学医院的学科实力，在临床医学和基础医学的一级学科下增设儿科学、妇产科学、耳鼻咽喉科学、影像医学与核医学、人体解剖与组织胚胎学硕士学位授权学科，使医学院硕士学位授权学科、专业达到8个。学院下大力量实施"人才引进规划"，对现有人才、青年教师加大培养和选拔工作力度，加强在岗培训，形成一整套有利于人才引进和培养的机制。

教学工作

在学校的大力支持下，医学院教学硬件环境得到极大的改善，近千万元经费的投入使古老的第二教学楼得到彻底的改造，五大教学实验室配备先进的实验教学设备，多媒体教室、资料室及网络化教学设备的安装使教学条件达到实验教学的标准。同时逐步加强教学过程的管理，组织教学计划和大纲的修定，统一集体备课和教案书写方式及内容，坚持学生评课、专家听课制度，定期召开教学座谈会、评估会，完善和整理各类教学档案，继续推动多媒体授课方式，积极提倡双语教学，逐步实行考教分离。加大对联合办学单位合作和管理的力度，积极给与必要的经费投入，建立临床教学管理机构，严格筛选临床教师，规范临床技能的指导，按照要求把握学生实习的出科考试，使实习质量得到有利的保证，学院整体教学水平有明显的提高。

在抓好七年制临床医学专业教学的同时，加强三年制硕士研究生教学的管理，在招生中坚持宁缺毋滥；公正、公开的原则，保证研究生入学的质量。不断完善三年制硕士研究生培养计划的修订，加强公共必修课、专业基础课、专业课的跟踪管理，增加适应医学发展的新课程和新内容，增强科研意识，培养研究生独立思考和综合分析问题的能力。

科研工作

学院的"973"一期项目"分子医学"经过两年的建设，顺利通过验收。申报国家自然科学基金项目4项，申报天津市自然科学基金项目2项。本年度在研各类科研项目共9项，其中，天津市自然科学基金项目3项；国际合作项目1项；教育部世行贷款项目子课题1项；国家自然科学基金项目1项（合作）；教育部回国留学人员基金项目2项；南开大学回国人员启动基金项目1项。2003年在各级别杂志上共发表学术论文21篇，其中SCI收录5篇；国家级核心刊物2篇；其它学术论文14篇。

朱天慧院长的"原癌基因－LMO2的果蝇同源基因克隆及其功能研究"成果被评为天津市科学技术奖自然科学三等奖。

学术活动

3月，杨卓教授参加了在西班牙召开的英国西班牙联合生理年会，并发表一篇论文。

10月，国际华人骨研学会（ICHTS）成员陈棣（美国德州大学圣东尼奥）、邓红文（美国Creighton大学）、朱绍舜（美国犹他州大学）、纪晓辉（美国宝洁制药有限公司）、蒋叶宾（美国加利·尼亚大学旧金山分校）、Agnes Vigney（美国耶鲁大学）等一行来我院进行学术交流，就有关治疗骨质疏松症药物研发及相关科学研究领域的最新进展进行了研讨。

10月，美国宝洁制药有限公司Axelrod博士、纪晓辉博士、Sabatakos博士、Taiwo博士来我院就双方研发治疗骨质疏松症药物靶点的合作项目进行探讨，初步制定下一阶段的研究方案。

12月，杨卓教授参加在英国剑桥召开的英国生理年会，并发表一篇论文。

党建工作

学院直属党支部重视基层党组织班子和党员队伍建设，健全党的组织生活，并开展了一系列的活动。如邀请全国人大代表、学院院长朱天慧教授作专题报告，介绍两会情况；组织全体党员参观“三五八十”成就展和赴红旗渠考察学习等活动。在实践中，积极探索组织生活的有效形式，提高针对性和实效性，并获得2003年南开大学“创建最佳党日”活动参与奖。严格组织选举程序，重视培养后备干部，增强党组织的凝聚力和战斗力。重视党员发展工作，将其列入日常性的重要工作议程，在制订年度工作计划、安排日常工作中，注意把党员发展工作放在重要位置来抓，并严把发展党员质量关。通过帮助申请人端正入党动机，选送条件成熟申请人到党校接受系统培训，在日常工作学习中培养和提高申请人的政治思想素质，在专项活动中重点考察和筛选发展对象，及时收集和反馈党员和群众对申请人的反映，加强对预备党员的培养考察等措施的落实，确保新党员的质量，维护党组织的庄严性与神圣性。直属党支部十分重视在一线中青年教师，“三高”人才以及优秀的大学生中的党员发展工作，学院的每个教研室和行政办公室都有教工党员，各本科、研究生班级有学生党员。本年度发展学生党员13名。

院务工作

学院加强院务管理工作，对管理体制、管理准则、管理职责、党务工作、行政工作、教学、科研管理、学生工作、教代会及工会工作、人事工作、财务工作、安全保卫工作、档案管理等均强调规范化科学化管理。每周召开一次院务会，实行公开院务，自觉接受学院广大教职员工的监督。2003年春季流行的“传染性非典型性肺炎”对学院正常的教学工作带来了极大的冲击，临床教师不能正常到校上课，生产实习学生面临疫情的威胁，从事学位论文的学生不能按计划进入临床实验室开展科研工作，多数学生处于紧张焦虑状态，个别学生甚至对所要从事的专业产生了怀疑或抵触的心态。面对突如其来的疫情，院党政领导多次召开紧急会议，商讨对策，部署工作。为确保学生的生命安全和心理健康，经请示学校的有关领导，果断地做出决定及时将实习的学生撤离医疗现场，调整临床教学的授课方式，引导学生通过阅读文献资料自学相关内容，并将原实习生安排到院内各教研室进行教学和科研活动实习。学院还组织学生创刊和发行七期“抗击非典专刊”，及时掌握学生在非典时期的思想动态，院长亲自在专刊上撰文引导学生面对疫情要树立正确的医德观，宣传医生救死扶伤、无私奉献的职业道德。学院为每个班级又增派一名班导师，深入到学生宿舍，及时地把握和了解学生的思想动态和生活状况，并向学生发放慰问品。

学生工作

学院学生工作办公室全面负责医学生的学习、日常生活、课外活动、入学教育、就业教育等项工作。组织学生会的改选，定期召开各年级团支部书记联席会，研究学生的思想动态和探讨新时期学生工作的特点。充分利用院报、学生宿舍等文化宣传栏、橱窗等多种形式宣传党的教育方针、政策法规，对学生进行爱国主义、集体主义、社会主义、人道主义教育。配合学校对新生进行系列入学教育，制定个人在校学习规划。

全院学生有71人次获学校各类奖学金的奖励；12名学生被评为三好生；5人被评为优秀学生干部。在南开大学2003年秋季运动会上，医学院学生获得乙组团体总分第二名。

学院努力做好医学生就业指导工作，请医学界老专家、学者进行医德教育，使毕业生树立正确的就业理念，指导毕业生熟悉就业形势、就业政策，多方提供就业信息。开展择业咨询，解答毕业生求职过程中遇到的各类问题。2003 届(96 级)21 名毕业生全部一次性就业，主要分布于北京、天津、上海、广东等省市三级甲等医院或部队医院。

重要事件

3 月 2～17 日，医学院院长朱天慧教授赴京首次以全国人大代表的身份出席中国人民代表大会第十届全国人大常委会第一次会议。

3 月 8 日，朱天慧院长获得天津市“津门女将”的荣誉称号。

4 月 21 日，学院召开预防非典全体教职工紧急工作会议，传达学校的会议精神，并结合学院的具体情况对有关工作进行了部署。

4 月 25 日，朱天慧院长、刘文书记亲自前往天津市第一中心医院，了解学院学生在该医院实习的情况，鉴于医院方面当时的防护措施不够完善，为保证学生的安全，经学校同意，撤回实习的学生。同时与儿童医院协商，撤回在该医院上课的两个年级学生，在学校上课。

当天再次召开全院教职工大会，通报有关非典的工作，并为各个班级配备班导师，每天检查学生的身体情况及人员流动情况，定期检查学生宿舍，了解学生的身体、心理及生活环境。

6 月 26 日，学校投资 130 万元用于第二教学楼内装修改造工程正式动工，历时两个月的施工将教学楼的内部翻旧一新，并为教学实验室添置 50 余万元的实验家具、600 万的教学仪器设备。

8 月 20 日，医学院首次扩大招收七年制临床医学专业 57 名学生。

10 月 18 日，国际华人骨研学会(ICHTS)成员一行 6 人来学院学术交流，就有关治疗骨质疏松症药物研发等进行了研讨。

10 月 14 日，美国宝洁制药有限公司 4 位专家来我院就双方研发治疗骨质疏松症药物靶点的合作项目进行探讨，初步制定下一阶段的研究方案。

(撰稿人：刘文、车永哲、唐路扬)

信息技术科学学院

概况

信息技术科学学院(以下简称学院)2003 年基本工作思路：进一步完善学科发展规划，继续调整学科结构，逐步形成信息光学与光电子技术、计算机、电子工程、自动化与信息安全的学科格局；抓住机遇，落实学院“十五”事业发展规划、“211”工程与

"985"教育振兴行动计划,为学科发展创造良好的内外部环境;扎扎实实地抓好博士点、硕士点的建设,稳步提高研究生培养质量,促进教学、科研的协调发展;将人才引进和培养,学科梯队建设放在学院工作的首要位置。

学院现有教职工 215 人,其中专职教师 135 人,教学辅助人员 50 人,党政管理人员 21 人。专职教师中中国科学院院士 1 人,特聘教授 2 人,教授、研究员 64 人(其中博士生导师 32 人),副教授、副研究员 51 人。教师中具有博士学位的 56 人。本年度有 8 人晋升教授、研究员,3 人晋升副研究员,退休教师 4 人。

学院现有学生 2136 人,其中本科生 1432 人,硕士研究生 572 人,博士研究生 132 人。

学科建设

学科建设再上新台阶。按照学院学科发展规划,以调整、优化学科结构为目标,抓住学科点申报的时机,发挥多学科综合优势,认真组织学院(与学校)的相关学科资源,完成信息学科的博士点、博士后流动站、硕士点、工程硕士点与本科专业的申报工作。在第九次学位授权申报中,新增博士学位授权学科 2 个,新增硕士学位授权学科 2 个,新增工程硕士点 2 个,新增博士后流动站 1 个,新增本科专业 2 个。初步形成了以计算机、电子工程、信息光学与光电子技术、自动化与信息安全为主体的南开信息学科的基本结构,为下一步的学科建设与发展奠定基础。

完成"985 工程"一期 3 个建设项目的自评;开始实施"211 二期工程——信息光学与光电子技术研究项目",与学校签订责任书。

教学工作

认真抓好学院教学改革,为提高本科与研究生教学质量积极开展工作。成立院教学领导小组,负责学院教学改革,决定学院重大教学事宜;坚持院领导、督导组、教师听课制度,本年度学院党政领导和系主任平均听课 8 人次,督导组听课 151 人次,共向 10 位教师反馈改进建议,帮助授课教师提高教学水平;参照国外著名大学的教学模式,在一年级第一学期开设两门专业选修课"计算机科学概论"和"电子科学概论",选派近 20 名以科研为主的教授参与授课,强化低年级本科教学,使学生对专业方向产生兴趣,为今后学习奠定良好的基础;组织评审七个 2001 年校级电子版教材立项项目并结题;加强与国内知名高校和知名公司的专业交流,拓宽培养渠道,建立本科生校外毕业设计制度,14 名学生首次赴校外单位完成毕业设计。

规范研究生初试、复试、录取、导师分配、培养和授予学位等工作程序,使整个研究生管理工作制度化、规范化;利用教学网站,开通硕士生和导师双向选择系统;修订研究生教学计划,组织教师完成教学大纲的编写,召开学位委员会审议并通过研究生教学计划和教学大纲;进一步完善推荐免试研究生工作制度,为鼓励学生开展科技创新,补充对在国家级科技竞赛中获奖同学予以加分的规定;推荐刘菁菁等 46 名本科生为 2004 年免试硕士研究生,其中包括获全国电子设计大赛一、二等奖的李伟辰等 6 名同学。

五个本科创新科研立项项目通过验收结题,其中陈天鸿等《基于 Web 的软件协作开发平台》、王楷夫等《可定制的通用评估系统》两个项目获南开大学本科生创新科研"百项工程"优秀项目二等奖。

出版 12 种教材,其中陆志才《微型计算机组成原理》为普通高等教育"十五"国家级规划教材，吴功宜《计算机网络》为21世纪大学本科计算机专业系列教材，朱耀庭《C语言难点可视化剖析》获得中央电化教育馆、教育部基础课程教材发展中心组织的第七届全国多媒体教育软件大奖赛(高教组网络课程)优秀奖。

沈琴婉《文医类的计算机基础课改革》获准在南开大学"新世纪教学改革工程"立项。

实验室建设

学院新建EDA实验室和自动控制技术实验室。EDA实验室投入经费90万元，装备有信号发生器、数字示波器、基于PC的逻辑分析仪、可编程器件开发实验箱、PC机及10种EDA软件，可供40名学生同时实验。EDA实验室建成除支持全院公选课《EDA基础及应用》和《现代信息技术》实验外，还作为开放实验室，接纳大量本科生进行课外的实践活动及毕业设计。自动控制技术实验室投入经费38万元，装备有过程控制实验系统、自动控制原理实验箱、示波器、信号发生器等，支持本科生《自动控制原理》及《过程控制系统》的实验。

计算机基础教学部申请经费50万，购买124台联想微机，更新迎水道校区的计算机实习实验室。

科研工作

学院非常重视科研工作，认真组织全院教师和科研工作人员申报省部级以上或重大横向科研项目，科研经费位居全校第三，科研立项42项。其中国家自然科学基金项目8项，国家"973"计划、"863"计划、"攀登"计划、国家攻关等重大项目9项，博士点基金项目1项，天津市自然科学基金、天津市科技攻关项目、天津市重点基金项目24项，电子部及其他横向项目16项，合同经费1523万元，实到经费1350万元；在国内外学术刊物和学术会议上发表论文390余篇，被《SCI》、《EI》《ISTP》收录的论文149篇。取得了一批重要的科研成果，其中李庆诚"科研阅读不耗电类纸电子书"荣获天津市技术发明奖一等奖；孙云863项目"铜铟硒太阳能薄膜电池试验平台与中试线"课题取得突破性进展，CIGS太阳电池的效率达到12.1%，小组件效率达到6.6%；董孝义"光纤光栅，全光纤集成光子器件于系统研究"获天津市自然科学二等奖。学院鉴定和验收的科研项目总计72项，达到了预期的目标，经专家鉴定，部分项目已达到国际先进水平。天津市科委批准南大强芯半导体芯片设计公司成立"天津市半导体芯片研究中心。

学术活动

全年邀请17名国内外知名专家、学者来学院讲学，他们是天津大学姚建铨院士、香港中文大学蔡小强教授、香港城市大学陈关荣教授、香港科技大学王文副教授、日本(珠)JUST系统基础研究所苫米地英人博士、香港科技大学郭海成教授、德克萨斯大学齐向彤博士、中国科学院吕述望研究员、美国NetScreen公司创始人之一毛宇明博士等。教师参加国际学术会议9人次，参加国内学术会议19人次。学院举办专题学术讲座26次。光电信息科学教育部重点实验室、天津市光学学会、天津市激光学会在我校联合举办天津市激光学会2003年学术年会。微电子系张福海老师在韩国国立汉城大学(Seoul National University)电子工程系完成为期一年的合作研究后于8月底回国。期间开展了MEMS技术与基因芯片研究，为进一步开展微电子技术研究奠定良好的基础。李维祥、孙桂玲两位老师6～9月赴加拿大麦吉尔大学进行国际CIDA合作研究。青年教师史广顺被天津市刑侦科技侦察局聘为"天津市刑侦科技专家"，以智能所学生为主体，为天津市刑侦科学技术研究所设计开发了部署于全市的“天津市现场勘察检验系统”。许静老师被中国软件行业协会聘请为软件测试推广项目专家，多次参加中软协在全国各地举办的讲座、培训等活动。学院与日本鹿儿岛大学工学部签订“进一步开展交流合作意向书”。

党建工作

组织全院师生认真学习党的十六大精神和“三个代表”重要思想；完成南开大学第七次党代会“两委委员”提名推荐工作，选举王富春等十四名党代表参加校第七次党代会；积极参与学科建设、教学科研、师资队伍建设等工作，配合、支持院长开展行政工作；坚持中心组学习，加强学院党政领导班子思想作风建设和组织建设，坚持党政联席会制度，严格实行党风廉政建设责任制，召开领导班子民主生活会；加强党务工作的制度化、规范化管理，制定《党委工作制度》、《组织发展程序》、《党支部换届选举办法》、《支部书记登记制度》、《党委关于组织发展的若干规定》、《党委关于支部换届选举工作的意见》等项规章制度；开展创建最佳党日活动，组织党员外出参观考察，参观平津战役纪念馆、自然博物馆、热带植物园、杨柳青明清风情街等，赴大寨学习考察，采取丰富多彩的形式开展“理想、信念”教育，增强党组织的凝聚力和战斗力；开展“保持党员先进性”教育活动，组织义务鲜血、义务植树活动，围绕教学、科研中心工作开展创优评优活动。

积极做好组织发展工作，特别是做好“双高”人员的培养工作。本年度发展党员54名，其中学生党员53人，教职工党员1人；预备党员转正57人。

在年度考核、学科建设、教学科研，特别是抗击“非典”的工作中，主动做师生员工同志的思想政治工作，化解矛盾，理顺情绪；加强对工会、教代会、共青团、学生会的指导，做好统战工作。

防治“非典”工作

书记、院长亲自抓、总负责，成立非典防控工作领导小组，明确每个人工作职责；制定五项“关于加强预防‘非典’工作的意见”；坚持信息员每日巡查和信息报告制度，全面掌握师生在校与离校的情况；严明组织纪律，不传谣、不信谣；为师生购置必要的消毒、防护用品；通过网站和宣传专栏向师生宣传非典防控知识；利用网站教学辅助功能，上传教学课件、布置作业、进行答疑，实现“教师不停课，学生不停学”；工会、共青团组织师生开展丰富多彩的文体活动，增强体质，增强凝聚力。在这场抗击非典的战役中，学院经受住了考验，党政领导干部、党员和师生团结一心，众志成城，保证教学科研和生活秩序井然，维护全院师生员工的健康安全。2002级强军计划研究生党支部被评为天津市“抗击非典”先进集体，孙玮同志被评为天津市“抗击非典”先进个人，李洪喜同志被评为天津市“抗击非典”新长征突击手，刘刚、李月秋、王坚、李洪喜获南开大学“抗击非典”先进个人称号。

院务工作

认真落实中央人才工作会议精神，下大力量做好招聘引进人才工作。全年引进招聘青年教师21人，其中成功引进美国康奈尔大学方勇纯博士为南开大学特聘教授，引进美国加州大学赵加祥博士，招聘和选留具有博士学位的中、青年教师11人，硕士学位的青年教师2人，教授和副教授各一人，3名博士提前留校转为在职研究生。学院具有博士学位的教师比例占专职教师41%，40岁以下青年教师比例占专职教师43%。

制定八项规章制度：《关于引进杰出人才、招聘、选留、调入教师来院工作的实施办法》、《关于其他系列专业技术人员申请转教师系列的有关规定》、《关于单位公派出国留学计划工作的暂行规定》、《关于单位公派出国留学计划学院排序的基本原则》、《关于免试研究生推荐及接收工作实施细则》、《关于推荐免试生审核小组秘书工作的若干规定》、《关于教学督导组工作的若干规定》、《关于课程建设的若干规定》。

编印《信息技术科学学院岗位聘任工作文件汇编》1册、《2001～2003信息学院本科教学管理公文集》1册、《创新科研百项工程信息学院首批立项项目汇编》1册、《2001～2003信息学院本科生全国科技竞赛参赛经验汇编》1册和《信息技术科学学院简讯》7期。

在学院网站上开发教学教务管理系统，该系统覆盖学院教学教务管理过程中的各个环节；开发数字化教育与管理协作平台，运用现代信息技术，对学院各项工作进行信息化的管理，学院初步实现“网上办公、网上管理、网上教学、网上服务”。

顺利完成第三聘期第一年度考核工作，完成各类人员职务晋升评审等工作。

学生工作

举办大型系列谈话节目“实话实说”；举办新生中秋晚会；组织新老生学习、生活交流会；组织193名学生献血，超额完成献血工作；组织召开2003级班导师和宿舍导师工作交流会。

学生获奖：经国家留学基金管理委员会审批，2001级计算机系李斌同学获得Lucent Global Science Scholars荣誉，并获得一次性奖金1000美元。吴方浩、李栋、刘菁菁和李斌四人小组开发的作品“DJ梦工厂网络电台平台”项目，在微软亚洲研究院主办的“创新杯”软件开发大赛中力挫群雄，荣获第一名的好成绩。刘菁菁、吴方浩、阙嘉兰、徐巧丽四位同学获得IBM奖学金。第28届ACM国际大学生程序设计竞赛亚洲预选赛北京赛区比赛中，学院同学组成的南开大学代表队“I LOVE NANKAI”获得第15名的好成绩，为我校赢得一枚宝贵的铜牌，实现了ACM竞赛“零”的突破，此后又在中山赛区的比赛中获得铜牌。在由教育部高等教育司和信息产业部人事司主办、索尼公司协办的全国大学生电子设计竞赛中，学院获得两金一银优异成绩，其中一等奖团队：林朗、李楠、薛传国，指导教师赵腊月正高工；李伟辰、冯复汉、尹文基，指导教师孙桂玲副教授；二等奖团队：董灿、刘毅、郭春雷，指导教师李国锋副教授。学院足球健儿夺得“校长杯”足球联赛亚军。学院辩论队在“校长杯”辩论赛中获得亚军。

学生就业工作：面向毕业生认真开展就业指导工作，使毕业生了解就业形势、就业政策，帮助他们树立正确的择业观。积极向招聘单位推荐毕业生，针对毕业生共同面临的问题，开设择业指导系列讲座，培训面试技巧，及时公布就业信息。282名本科毕业生，133人被录取为硕士生，占毕业生总数的47.2%；出国17人；就业112人；一次就业率92.91。毕业生就业地域分布为：北京市5人，占1.8%；天津市54人，占19.1%；其他省市53人，占18.8%。114名毕业硕士研究生，11人被录取为博士生，7人出国留学，96人就业。36名毕业博士生，7名留校任教。

重要事件

1月，母国光院士当选天津市新一届政协常委。

1月，赵颖、耿新华、王宗畔三位同志任天津市津能电池科技有限公司董事、监事和总工程师，完成南开大学（丁方）900万无形资产相应承担的合同责任。

2月，陈增强教授受聘为中国系统工程学会会刊、国家一级学术刊物《系统工程学报》编委。

2月，新增本科专业2个：信息安全和光电子技术科学。

3月，落实教育部与李嘉诚基金会共同实施的“西部十四所重点建设高校教师岗位计划”，白刚教授赴延边大学支教。

3月，戴宇杰教授等主持的90nm的SOC设计成果被评为中国信息技术十大新闻之一。

4月16日，学院召开由信息技术、数学、法学等多学科人员参加的“信息安全学科建设”主题研讨会。

4月28日，王富春同志任学院党委书记、党委委员，张斗旺同志任正处级调研员、学院党委委员。

5月，光电子薄膜器件与技术研究所荣获天津市特等劳动模范集体称号。

5月，阎少林同志被评为天津市“十五”立功先进个人。

6月，翟宏琛教授当选为国务院学位委员会第五届学科评议组成员（光学工程组）。

8月，我国第一枚LCoS芯片在光电子薄膜器件与技术研究所诞生。新华社内参、人民日报、中国电子报、天津电视台等媒体进行专题报道。

9月，学院年轻教师在教师节之际发出倡议，开展全心助困，生活学业“一帮一”活动。此项倡议得到学院党政领导和部分教师的积极响应。

9月，新增博士学位授权学科2个：计算机应用技术和物理电子学；新增硕士学位授权学科2个：系统工程和电路与系统；新增工程硕士点2个：计算机技术和电子与通信工程。

10月，新增博士后流动站1个：电子科学与技术博士后流动站。

10～12月，学院聘请香港中文大学蔡小强为南开大学特聘讲座教授，聘请香港城市大学陈关荣教授、香港科技大学王文副教授、日本（珠）JUST系统基础研究所苫米地英人博士、香港科技大学郭海成教授、中国科学院吕述望研究员为南开大学兼职（客座）教授。

12月，以光电子薄膜器件与技术研究所为主，成功申报《光电子薄膜器件与技术重点实验室》并获准为天津市重点实验室。

（撰稿人：郭平）

软件学院

概况

南开大学软件学院于2001年8月筹建，2002年1月正式成立，是首批经国家教育部、国家计委批准的国家示范性软件学院。学院现下设软件工程系、软件技术研究所、教育软件技术中心，院长为黄亚楼教授。软件学院的办学宗旨是培养具有国际竞争力的高层次软件专门人才，同时，把培养大批各类复合型软件人才作为重要任务，为用信息技术改造传统产业准备坚实的人才基础。

软件学院成立初期在南开大学泰达学院开办，借鉴了企业化运作，采取了专业化教学，实现了后勤社会化。同时，考虑到天津市的整体格局，并为充分发挥南开大学的办学优势，在南开大学本部开办软件工程硕士和软件工程本科一、二年级，形成了一院两址、覆盖天津市区与开发区两个主要发展区域的特有办学模式。

2003 年学院在本科、研究生两个层次完成多次招生，已经形成本科四个年级、硕士三个年级的完整教学体系。学院教师队伍已经扩张到 22 人，大部分具有博士学位。聘请兼职教授 4 人，一般兼职教师达到 14 人。

2003 年，学院进一步建设了基础环境，在泰达学院整合教学办公环境 1300 平米，建立了四个先进的教学实验室和三个科研实验室。在本部第六教学楼，规范了 1200 平米的教学环境，建立了三个本科生实验室，三个研究生实验室，四个教师工作室。使得学院的办学条件进一步改善。

2002 年 10 月软件学院顺利通过国家教育部、中国软件行业协会组织的中期评估。

学科建设

学院目前专业设置包括本科与硕士两个层次。软件工程本科采用两种模式招收本科生，一是从在校二年级以后的学生中招生，按二年培养，毕业授予软件工程学士学位。另一是直接招收参加高考的高中毕业生，按四年培养，毕业授予软件工程学士学位。软件工程硕士是南开大学第一个工程硕士学位授权点，采取国家专业硕士联考和自主考试两个方式录取学生，录取工作由南开大学自行确定，按两年培养，毕业授予软件工程硕士学位。软件学院同时招收计算机软件与理论、模式识别与智能系统专业的硕士生。

2003 年，软件学院重点进行了学科体系的构建，建立了软件工程系、软件技术研究所、教育软件技术中心，以及多个科研实验室。

教学工作

过去一年，软件学院招生工作在多个层面开展。2003 年 3 月，第二批软件工程硕士入学。2003 年 8 月组织软件工程硕士自主入学考试，录取 70 人，于 2003 年 10 月入学。至此，在校工程硕士生达到三个年级，工程硕士教学经历了完整的过程。在 2003 年春季学期，我院克服非典的影响，再次进行了本科转专业招生，26 名 2001 级学生转专业学生于 8 月入学，使得学院有了三个年级的转专业本科生。2003 年 9 月首次从高考招收本科新生 98 人，录取分数在全校理科专业名列前茅，制定并实施了四年的本科教学计划。2003 年 9 月同期入学的还有计算机软件与理论专业、模式识别与智能系统专业的硕士生，其中接受本校、外校推荐免试研究生 13 人。

2003 年教学工作继续在诸多方面推进改革。在 2003 年春季学期，我院在 1999、2000 级推行了联合课程设计工作。1999 级的设计题目“南开大学软件学院教学教务管理系统”涵盖了四门课程。2000 级的设计题目“网络五子棋游戏”以及“文件分割器”涵盖了四门课程。通过联合课程设计，学生综合运用知识、技术的能力得到提高，开发、管理较复杂软件项目的能力增强。

学院于 2003 年秋季学期首次启动了本科生毕业论文工作。在教务处的指导下，制定了“软件学院关于本科毕业设计的规定”，采用项目管理方法，对毕业设计的诸多环节进行了管理。在 40 名 1999 级学生中，派出了 15 名学生前往广州、上海、北京、天津等地的企业进行毕业设计工作。2003 年 12 月底，学院组织，对 1999 级 40 名毕业生集中进行的毕业论文答辩。2003 年底首届 1999

级本科生毕业，学院完成了2+2模式教学的一个完整过程。

2003年秋季学期首次启动了软件工程硕士学位论文工作。参考国家工程硕士指导委员会的精神，借鉴其他院校的经验，在研究生院的指导下，制定了“软件学院关于软件工程硕士论文的管理规定”，加强了学位论文工作的过程控制力度。

学院于2003年5月8日召开了软件学院四年制本科课程体系设置论证会，邀请了15名专家对我院制定本科课程体系进行讨论、修订。2003年7月11日在春季学期结束后，举行了教学研讨会，邀请校内外教授传授执教经验，讨论2003年秋季学期课程设置、师资安排。

2003年，我院成立了本科教学督导组。为了体现公正、公开、客观的原则，该督导组由本学院教师、外院教师组成。在2003年春、秋季学期，我们分别进行了学生评教工作，评教工作显示我院教学质量继续保持良好势头。

为推行示范性软件学院成立的宗旨，我们继续聘请来自企业的高级技术专家或管理专家任教，软件工程硕士的课程“企业系统解决方案”聘请企业专家11人次，以技术讲座的形式讲解典型行业、典型软件系统的解决方案。

2003年我院本科新生招生水平在全校名列前茅，1999级学生的就业率100%，就业水平在我校排名居前。黄亚楼教授获得南开大学敬业奖教金一等奖(教学)，教学办主任周环敬业奖教金一等奖(管理)。我院获2003年南开大学本科成绩管理优秀单位。

科研工作

软件学院的科研工作是在务实、创新的指导思想下进行的，即服务区域经济、服务教学，理论与应用相结合、应用中发现并提升理论问题，多学科交叉、院内外合作。在智能信息处理技术、教育信息化、数据库技术与信息系统、语音技术、机器人技术等方面进行了大量的理论和应用研究工作，目前在研项目十余项，经费近200万元。

为推动教育教学信息化建设，2003年软件学院重点组织了教育软件技术的研究开发工作。先后承担了南开大学本科教学教务系统开发、研究院学位与管理系统。7月应派出使云南师范大学，推动南开大学与云南师范大学的手拉手合作，承担了云南师范大学本科教学系统开发。

2003年4～5月，非典肆虐期间，由天津市卫生局领导，软件学院黄亚楼教授牵头设计开发了非典型肺炎疫情统计报告系统。该系统于5月14日参加天津市科技抗非典现场推动会。

为强化学院科研工作，学院先后与国际著名IT公司IBM、微软、ORACLE、BEA、HP、SUN签定合作协议或建立合作关系，并得到了这些公司的大力支持。学院与天津远洋等公司建立科研合作关系，以促进天津地区的信息化和经济发展。

学术交流

学院学术活动同时在校内、校外两个空间实施，加强学习、交流，扩大影响，服务学科发展，支持研究开发，启迪培养学生。

2003年5月主管院长参加了在厦门举行的教育部－IBM大学合作年会。2003年10月SUN技术年会在北京召开，我院两名副院长参加了会议。2003年11月微软技术年会在北京召开，副院长和两名教师参加了会议。2003年10在中国民航总局主办的“第五届民航信息化论坛上”，院长黄亚楼教授应邀作“知识发现及其在民航收益管理中的应用”大会报告。2003年11月16日，南开大学“软件技术与产业发展论坛”系列活动揭幕，晓龙基金创始人及执行长、美国百人会会员、天津市政府经济顾问曾宪章博士作"软件产业发展方向与策略"报告。

2002年以来我院先后10余次派出轻年教师参加IBM、SUN、ORACLE、微软等公司的软件技术培训和技术年会，使教师及时掌握了先进的软件技术和学科最新发展动态，促进了学院的教学、科研工作。

学院继续加强与公司企业的密切合作，先后邀请了20余位IT公司企业的技术骨干和高层负责人为研究生和本科生讲授企业系统解决方案和专门技术，内容涉及银行、证券、保险、电信、电力、智能交通、教育等领域，拓宽了学生的知识面。

党建工作

2003年，软件学院在党建方面注重两个工作，一是建设组织，发展党员队伍；一是加强学习，提高党员队伍水平，发挥党员积极作用。

2003年软件学院在原教工党支部的基础上，在党委的指导下，在本科高年级建立了学生第一党支部，把在泰达学院的学生党员组织起来。在南开大学本部，建立学生第二党支部，把本科低年级学生党员、研究生党员组织起来。2003年内发展学生党员5人，教师党员1人，转正党员3人。

广大党员在各自的工作岗位上都发挥着党员的先进模范作用，保证了软件学院教学、科研任务的圆满完成，体现了党支部的"堡垒"作用和"保障"作用。党组织重视群众工作，协调干群关系。多次慰问生病的职工及家属，慰问贫困学生，帮助他们解决生活困难，尽力解除他们的后顾之忧。

党支部建立了较为完善的工作制度，注意保持与群众的密切联系，主动听取与接受群众意见。组织党员干部到国有大中型企业如天津远洋公司、民营企业如天士力制药集团公司参观考察等活动，教育党员干部深刻体会改革开放25年来的巨变，培养党员的大局意识、党性意识，将党的号召变成自觉的行动。

在国内外形势发生变化及突发事件面前，如伊拉克战争、SARS肆虐等，全体党员都能正确认清形势，自觉跟党中央保持一致，紧要关头党员干部能冲锋在前。

院务工作

2003年度，软件学院进一步建设了基础环境设施。2003年7～9月，在泰达学院支持下，对泰达学院二区二楼、五区三楼进行调整，新建设了3个实验室、1个会议室、3个科研试验室。在学校支持下，学院获得第六教学楼一层的空间，2003年6月开始，学院参与到第六教学楼的改造工作，为改造工作提供了详细需求，始终关注改造的进程，并提前进行了规划。引进物业管理，改进了学院整体工作环境。

院务工作在2003年中为教学、科研工作提供了很好保障，为一系列的大型活动提供支持：第四届南开－华为科技节、软件学院中期评估、第二届学生实践成果展、软件技术与产业发展研讨会、本科毕业设计答辩会、迎新工作等。此外，根据学院年青职工多的特点，广泛开展了爱国主义教育，组织参观科普、考察企业等公益活动，极大地培养了全体职工的集体主义精神。

学院进一步建立和完善了多项规章制度，如：会议制度、人事工作制度、物资采购规范制度、物资管理维护制度等。同时，协助制定了实验室开放管理制度、学生实验守则、机房和多功能电子教室的管理规定等。学院先后进行了多次应聘人员面试考核，师资和管理人员队伍得到逐步壮大。针对与化学院共用一楼的现状，学院加强消防安全工作，积极落实学校安全工作的各项方针政策，以多种形式开展安全教育，完善具体防范措施，落实岗位责任制。

在2003年4～6月非典型肺炎突发期间，学院及时为师生购置防范用品，对师生的出行进行了严格的管理，多次处理紧急事件。最终胜利战胜非典，保证学院各项工作的顺利开展。

学生工作

2003年度，软件学院共有1999、2000、2001、2003三个本科年级，配备1名专职学生工作人员，有2个学生党支部。

软件学院学生工作围绕学生思想教育、素质教育和日常管理工作，着重培养学生实践动手能力与创新精神，在抓好学生科技创新活动、创建学生创新活动基地，积极开展社会实践活动等方面做出了一定的成绩。

软件学院组织了丰富多彩的学生活动：第四届南开—华为科技节，软件学院第二届学生实践成果展，组织软件学院足球联赛和篮球联赛，组织师生座谈会，帮助新生树立正确的学习观，掌握有效的学习方法。在南开大学首届本科生创新科研项目评审中，软件学院有五个项目获得支持。院报《软件e代》正式发行；学生社团"亿灵软件开发联盟"开展了一系列活动。

学生和学生工作获得的奖励有：1999级刘睿同学获2003年度"计算机世界奖学金"；2000级本科生申科同学获得三星奖学金；5名品学兼优的学生获得国家奖学金；2名本科生获得晓龙奖学金；2名本科生获得新电元奖学金；2名本科生获得颐中奖学金；2名本科生获得中海油和香港福惠奖学金；刘睿、武宽、俞震东、薛松四名本科生获得校集体特别奖学金；在第八届挑战杯全国大学生课外科技作品竞赛中，伍宽、赵申两位同学提交的作品"游泳池比赛自动计时计分系统"获得三等奖，此前，该项目获得"挑战杯"科技作品竞赛天津赛区特等奖；第四届南开大学华为科技节，软件学院的12份学生科技作品参评，获得一等奖1名、二等奖2名，三等奖5名。

2003年12月，软件学院1999级本科生毕业。1999级本科毕业生由于采取2.5+2的培养模式，比其他专业学生晚半年毕业，就业工作存在着诸多的特殊性。学院认真做好就业指导，向学生讲解就业的基本政策、就业时遇到的问题、就业时需要注意的事项。学院主动向对口单位宣传、推荐学生。1999级40名本科毕业生就业率达到100%。

重要事件

3月8日，软件学院与信息技术学院共同承办的第四届南开一华为科技节在泰达学院落下帷幕。

5月4日，黄亚楼教授荣获第三届"天津五四青年奖章"。

5月14日，由黄亚楼教授牵头设计开发的"天津市非典型肺炎疫情统计报告系统"参加天津市科技抗非典现场推动会。

7月张小林同志获得南开大学防范非典先进个人称号。

7月23～27日，代表南开大学赴云南师范大学，推动手拉手合作项目，并签订合作协议，承担云南师范大学教学教务软件系统开发。

8月30～31日，南开大学首次自主的软件工程硕士入学考试举行。经严格考试，70人被录取。

9月，软件学院首次从高考中招收本科新生，首次招收98人，招生分数名列全校各专业前茅。

9月，微软公布新一届微软"最有价值专家"(MVP)，共有77位当选，软件学院年轻教师谢茂强荣膺MVP称号。

10月11～13日，软件学院第二届学生实践成果展在东方艺术系展厅举办，12日实践成果汇报会在东艺报告厅举行。

10月12～15日，南开大学软件学院顺利通过由国家教育部、中国软件行业协会组织的中期评估。

11月17～24日，软件学院1999级伍宽、赵申携带作品“游泳池自动计时计分系统”参加在华南理工大学举办的第八届“挑战杯”大学生课外科技作品竞赛，获得三等奖。此前，该项目获得“挑战杯”科技作品竞赛天津赛区特等奖。

12月4日，南开大学召开学生科技创新表彰大会，刚刚在第八届挑战杯全国大学生课外科技作品大赛中获得三等奖的软件学院1999级本科生伍宽、赵申受到表彰，并获得特别奖学金。黄亚楼教授因在第七届、第八届“挑战杯”连续指导学生参加竞赛获奖，得到学校表彰。同时，黄亚楼院长还作为学院代表介绍软件学院在创新活动方面取得成绩和经验。

12月，南开大学第二届敬业奖教金颁发，黄亚楼教授获得一等奖(指导教师)，周环获得一等奖(管理)。

12月，软件学院首批本科生毕业，就业率达到100%。

环境科学与工程学院

概况

2003年学院以组织师生员工深入学习“三个代表”重要思想、贯彻落实十六大精神为指导，以推进“985”建设项目和“211”二期建设项目为重点，促进教学、科研和学科建设的全面发展。

2003年初，学院对“985”教育振兴行动计划“环境科学与工程一级学科博士学位授权点学科建设”项目的建设目标进行中期检查。7月1日，学院与学校签订“211”工程二期重点建设学科建设项目“城市化进程中的污染防治”责任书，并与各子项目负责人签订目标建设责任书。9月份，学院分别向教育部、天津市和国家环境保护总局申报“环境健康与污染恢复”、“城市化进程中生态修复与污染防治”、“城市空气颗粒物源解析及污染防治”三个重点实验室。年底，向天津市申报的“城市化进程中的生态修复与污染防治”重点实验室通过专家组评审，进入最后审批程序。

2003年6月，学院由第六教学楼搬入新落成的蒙民伟楼。学校投入200万元对教学、科研及办公基础设施进行装备，学院办学基础条件得到根本改变。

2003年10月18日，学院举办庆祝20年院庆的活动，取得圆满成功。国家和天津市领导罗豪才、宋平顺、程津培为院庆题词。著名艺术家范曾先生为学院学术报告厅——“博爱厅”题字。天津市委常委、市教卫工委书记陈超英同志、市人大副主任张元龙同志、校党委书记薛进文同志等领导和嘉宾，以及在校师生和校友200多人参加了院庆大会。学院收到40余家校内外兄弟单位的贺信与贺礼。

学院现设有7个教学、科研机构以及校挂靠单位：环境科学系、环境工程与管理系、环境科学研究中心、“南开大学环境评价所”、“南开大学泰达膜分离技术研究开发中心”及学校挂靠学院的“南开大学环境与社会发展研究中心”、“南开大学城市公共安全研究中心”。

学院现有专职在岗教师 43 人，其中教授 16 人(含博士生导师 13 人)，副教授 13 人，讲师 13 人，助教 1 人。教师中具有博士学位的 19 人，在读博士学位的 14 人。具有博士学位和在读博士学位的教师占教师总数的 74%。本年度学院招聘具有博士学位的教师 3 人(包括人才引进 1 人)，校特聘教授陈威与学校签约，从在读博士研究生中选留教师 2 人。教师退休 1 人，晋升正高级职务 2 人，晋升副高级职务 4 人。现有学生 519 人，其中本科生 290 人，硕士研究生 159 人，博士研究生 70 人，另外有进站博士后 3 人。

目前，学院图书资料室系统收藏了 40 余种环境科学类重要期刊，及可提供教师和学生使用的教材、教学参考书、工具书，原版及影印书刊和国家环境保护标准及法律、法规文本。

学科建设

学院现有环境科学与工程一级学科博士学位授予权，本年度校学位委员会通过我院增设的环境工程领域工程硕士授权点和安全工程硕士点，以及申请环境科学与工程一级学科下自设的二级学科:环境管理与经济硕士点。

本年学院完成“985 环境科学与工程一级学科博士学位授权点学科建设”项目第一期建设目标，通过学校组织的专家评审。评语为:“学科建设思路明确，重点突出，项目执行期间，争取到国家重点学科，新增环境工程专业硕士点。在科学研究方面，注重与社会经济发展的互动关系，取得了较好的社会效益。国际学术交流十分活跃。科研方面保持良好的发展势头，在选留培养青年教师方面保持良好的发展势头，办学实力大大提高。希望继续加大优秀人才的引进力度，增加高水平学术论文的发表数量。”7 月 1 日，学院与学校签订了“211”工程重点学科建设项目“城市化进程中的污染防治”责任书，开始启动项目建设，7 月 10 日学校向学院拨款 519 万元项目建设经费。

2003 年 9 月 24 日学校批准成立跨学科的“南开大学城市公共安全研究中心”，挂靠在我院。我院还与天津市气象局签署联合建立“城市大气环境污染防治预防中心”协议，学院大气污染防治中心被天津市科委评选为“城市环境空气污染防治技术推广中心”，并获得中华环境奖提名奖。

教学工作

发挥教育部高等学校环境科学类教学指导分委员会主任委员单位的作用，于 2003 年 8 月 24 日在内蒙古大学组织召开“教育部高等院校环境科学类专业教学指导分委员会 2003 年年会暨新形势下高等学校环境科学类专业的人才培养战略研讨会”，组织分委员会单位合作向教育部申请“中国高等环境科学教育发展战略研究”及“环境科学/生态学学科专业规范研究”两个课题的立项准备工作。

加强本科生课程建设，促进教学质量不断提高。2003 年 2 月，学院制定“关于加强本科课程建设评估工作的几点意见”。为贯彻实施该意见，学院成立课程建设委员会，负责全院课程建设组织工作。成立院教学督导小组，小组成员对所有本科生课程进行听课、评估。2003 年有 4 门课程的教师获学院优秀教学奖。

学院调整和加强教学实验中心管理工作，建设环境化学与环境监测实验室、环境生物学与生态学实验室、环境微生物实验室、水处理工程实验室、大气与固体废弃物实验室、环境工程信息实验室、环境信息实验室。其中水处理工程实验室建设获学校40万元立项建设经费。

在研究生培养方面，2003年争取到校内外免试生15名，提高了入学优秀研究生比例。在研究生培养过程管理中，实行新任硕士生导师的培训制度、招收研究生师生互选制度、导师对研究生论文指导的检查评估制度、研究生论文阶段定期科研主讲报告制度。为有效调动博士生学习与科研的积极性，学院还提出"关于提高博士生生活补贴的措施"，于2003年9月开始执行。

积极开展教学改革研究，本年承担教育部教改立项课题2项，天津市普通高校教改项目1项，南开大学"新世纪教学改革"立项项目1项。本科学生承担创新科研项目1项。

科研工作

2003年学院在研项目50余项，到位经费431.1万元，其中纵向经费245.6万元，横向经费105.5万元，专项科研经费120万元。本年科研新增立项35项，其中国家基金重点课题1项，"863"子课题2项，参加"973"课题1项，入选教育部跨世纪人才资助计划基金1项、国家自然基金自由申请项目5项，天津市自然基金6项，横向课题24项。戴树桂教授主持的国家自然基金重点课题"黄河兰州段典型有机污染物迁移转化及承纳水平研究"立项经费90万元，朱坦教授作为副组长承担的"863"子课题"大气颗粒物源解析研究"立项经费48万元，王启山教授承担的"863"子课题"北方地区安全饮用水保障技术"立项经费50万元。

本年度学院教师发表科研论文146篇，其SCI收录11篇，申请专利13项。

学术活动

2003年先后邀请日本千叶工业大学金山彦喜教授，美国国家地质调查局邱成才研究员，日本三菱环境部部长广什醇二博士，东京大学山浩之博士，美国新泽西州医科和牙科大学环境和职业健康系主任MarkRobson博士，美国环境和职业健康科学研究所国际卫生合作中心主任Jim Zhang博士，美国清洁生产中心陈勇生博士到学院讲学。有10名教师赴日本、新西兰、德国、泰国、中国香港等地参加国际学术研讨会并进行学术交流。选派1名教师出国攻读博士学位，3名教师出国做博士后研究。

2003年戴树桂教授作为国际环境毒理与化学学会亚太分会董事与孙红文教授参加该组织在新西兰举行的学术研讨会。

2003年10月27～31日，应早稻田大学全球信息与通信研究所富永英义教授的邀请，朱坦教授作为UNESCO环境管理教席负责人，王南林副教授作为成员参加在日本东京早稻田大学举办的"第四届联合国教科文组织/大学间/早稻田大学，环境与信息技术国际学术研讨会"。出席日本自动车技术会主办的学术报告会——"世界各国环境问题研究"。与日本早稻田大学、泰国松克拉大学、菲律宾大学、马来西亚Putra大学、新加坡国立大学讨论继续与UNESCO签订UNITWIN的协议与今后工作的计划。

2003年11月26～28日学院举办"城市环境空气颗粒物源解析技术国际研讨会"，国内外著名学者教授及国内11个城市环保局、11个科研单位共88位科研人员参加了研讨会。魏复盛院士、王文兴院士、美国著名专家Dr. John G. Watsongo、Dr. Judithc. Chow在研讨会上做了学术报告。大会论文集收录55篇论文。

10月5～19日，环境与社会发展研究中心举办教育部委托的"环境伦理学高级研讨班"。

党建工作

思想建设方面，院党委组织党员和师生

员工深入学习和实践“三个代表”重要思想，结合十六大文件的学习，联系学院学科建设特点，开展学习和贯彻“科教兴国战略”、“可持续发展战略”讨论，进一步提高责任感。上半年，院党委领导全院师生员工团结一致，共同抗击非典，发挥党组织的政治核心作用和党员模范带头作用，保证了抗击非典工作的全面胜利和教学科研工作的正常进行。

组织建设方面，5月份院党委成员进行调整，王南林同志任院党委书记，郭呈才同志任院党委副书记、党委委员，原党委书记刘新亭同志任正处级调研员。根据基层党支部建设的需要，将原5个党支部调整为9个党支部。全年发展预备党员12名，24名中共预备党员按期转为中共正式党员。

制度建设方面，坚持党政领导班子成员政治理论学习制度和民主生活会制度，制订我院“党风廉政建设责任制实施办法”，并对照廉洁自律规范和有关规定进行严格考核，按要求向校党委、纪委写出书面报告。

院务工作

强化院务管理工作为教学、科研、学生服务的思想意识，进一步推进制度化、规范化、信息化建设，提高民主决策、院务公开水平。年初，召开学院教职工大会，院长向全院教职工汇报了工作和年度工作计划，广泛地听取了教职工的意见。选举产生新一届学院民主管理委员会、工会。6月份，学院在广泛听取教师意见，认真研究的基础上形成蒙民伟楼分配方案，实现了顺利搬迁，保证新学期教学、科研正常进行。10月份组织20周年院庆活动，总结学院20年办学经验，增进学院对外联系和宣传。制定“环境科学与工程学院招收专职教师管理办法”(试行)、“环境科学与工程学院聘请校外兼职教师管理办法”(试行)。完成2002～2003年度岗位考核工作。院办公室选留本科毕业生1人，调入干部1人。

学生工作

2003年学院招收本科生80名，硕士研究生67名，博士生28名。学院专职学生工作干部2名，为本科生、研究生配备班导师8名，宿舍导师6名，负责学生的专业学习指导和综合素质教育。积极推进学生党支部建设，11月份将原本科生党支部分为2个党支部，将原硕士研究生党支部组建为按年级3个党支部。学生会、学生社团积极开展丰富多彩的活动，主要活动有：学生会为2003年入学新生制作了内容丰富的入学指南，举办20周年院庆晚会，举办南开环境文化节之环保知识竞赛，环科协会与南开区环境保护局合作举办环境教育社区讲座，主办环境协会第十九届论文年会，来自全国高校40余篇论文参选。

为提升学院学生工作整体水平，6月份开始筹建学生工作网页，逐步开设学生工作办公室、工作新闻、党建、团委、学生会、学生信息库、新生入学指南7个栏目。

本年度有161人获各类奖学金，7人被评为校级优秀学生干部，7人被评为校级三好生。院学生足球队获校足球赛第三名，金圣圣、李炜媛获校跳绳团体双环比赛第一名，吴济舟、张研获校运动会三项全能第一名，孙彤获天津市首届电视节目支持人大赛第三名。

学院今年本科生毕业54人，其中21人就业，25人考取研究生，5人出国学习，并且董昭获哈佛大学全额奖学金，3人待分配，就业率为94.44%。

重要事件

1月8日，学院召开教职工大会，选举产生新一届院民主管理委员会和工会。

6月，学院由第六教学楼搬迁进入蒙民伟楼。

7月1日，学院与学校签订“211”工程

二期重点学科建设项目“城市化进程中的污染防治责任书”。

9月24日，校批准成立挂靠学院的“南开大学城市公共安全研究中心”。

10月13～18日，学院举办建院20周年纪念活动。18日召开“南开大学环境科学与工程学院建院20周年纪念暨学术报告会”，朱坦院长作了“回顾过去二十载同心求发展，展望未来新时期奋进建辉煌”汇报。天津市委常委、市教卫工委书记陈超英，市人大副主任张元龙，校党委书记薛进文及学院师生、校友参加了大会。

10月5～19日，环境与社会发展研究中心举办教育部委托的“环境伦理学高级研讨班”。

11月，朱坦教授入选国务院学位委员会第五届学科评议组环境科学与工程组成员。

11月26～28日，学院举办“城市环境空气颗粒物源解析技术国际研讨会”。

（撰稿人：刘新亭、谢藏娥）

文 学 院

概况

南开大学文学院重新组建于2000年末，为实体化学院。学院对应“文学”学科门类，内含“中国语言文学”、“新闻传播学”、“艺术学”3个一级学科。内设8个教学与研究机构：中国语言文学系，传播学系，东方艺术系，艺术设计系，文化素质教学部，中华古典文化研究所，中国文字学研究中心，词汇学与词典学研究中心。2003年，专职在岗教师77人，其中教授36人(内博士生指导教师14人)，副教授31人，具有博士学位者24人。调入教授6人，调入和选留具有博士学位师资4人，其他教师6人，退休3人，调出1人。本年晋升正高级职务3人、副高级职务1人，认定中、初级职务5人。1人获“宝钢教育基金优秀教师奖”，6人获“南开大学敬业奖教金”。罗宗强、陈洪任新一届校务委员会委员，陈洪、马庆株、张毅、范曾任新设校人文社会科学发展咨询委员会委员。

副校长陈洪继续兼任院长。本年部分内设机构更换负责人选。职能科室设有办公室、教学科研办公室、党委办公室、工会暨教代会、团委、学生工作办公室、教育培训中心等。现有思想品德教育教师3人，行政管理人员10人，党务管理人员1人，图书资料人员3人，实验技术人员3人。本年2人晋升教育研究管理系列副高级职务。

录取2003级本科新生165人，研究生119人，外国留学生40余人。至9月新学年开始，共有各类学生957人，其中本科生499人，硕士研究生184人，博士研究生96人，外国留学生72人，成人高等学历教育全日制学生106人。

建有图书资料中心，藏书及期刊近6万种(册)，涉及语言、文学、传播、美术、书法、音乐、舞蹈等学科，另有音像图书500余种。在范孙楼、东方艺术大楼、中心教学楼内设有教师研究室、画室、研究生专用教室、绘画教室、古画临摹室、语音实验室、多媒体中心、电子阅览室、视觉艺术实验室、影视传播实验室、录音室、多媒体教室、演播厅、展厅、日本茶道室、会议室，以及各类先进教学实验设备。

学科建设

“中国语言文学”学科为国家文科基础学科人才培养和科学研究基地，具有一级学科博士学位授予权，覆盖中文学科研究生培养所有8个二级学科（“中国古代文学”、“中国古典文献学”、“中国现当代文学”、“比较文学与世界文学”、“文艺学”、“中国少数民族语言文学”、“汉语言文字学”、“语言学及应用语言学”），其中“中国古代文学”为天津市重点学科。本年又有“高级应用语言文学”和“文艺评论与创作”2个硕士授权学科获准自主设置，“新闻学”和“设计艺术学”硕士学科获得授权。连同原有硕士学位授权学科“美学”、“美术学”、“传播学”，全院共有硕士点15个。“中国语言文学”博士后科研流动站继续招收进站研究人员，本年在站博士15人。接受“面向21世纪教育振兴行动计划·985项目”“南开大学‘文学’学科（门类）建设”第一期建设检查评估，被评为优秀，制定二期建设规划上报。接受国家教育部为中文“基地”正式颁授“国家文科基础学科人才培养与研究基地·中国语言文学”铭牌。实施学校“十五”新专业建设第一期项目“艺术设计专业建设”和“广播电视新闻学专业建设”，收效显著，通过验收。

教学工作

原有本科专业“汉语言文学”、“绘画”、“艺术设计”、“编辑出版学”，本年“广播电视新闻学”正式招收第一届本科生38人。现有本科专业5个，并面向全校学生开设“大学语文”和艺术类文化素质教育课程。

贯彻教育部和校有关提高本科教学质量文件精神，高度重视本科教学，完善教学工作管理模式，在教学计划制定、教学方案落实、教学效果和质量考评、青年教师授课能力培养、学生创新能力提高、学生教学实践环节、教材建设等各方面强化管理。继续执行院教学指导委员会听课制度，召开专题会3次，进行教学质量评估。召开院务扩大会议，通报学校课堂教学检查情况，专题研究课堂教学。召开全院教学质量与教学改革推动会，由部分课程教师介绍经验，揭示存在问题及薄弱环节，提出改进措施。非典期间，召开教学工作会议，布置非常时期教学安排，加强管理，克服困难，使得各项教学正常进行，顺利完成全体学生各类学位论文答辩。暑期部分课程实施补课。举行“大学语文”公选课教学研讨会，调整教学内容。举行教学改革推进会，展示本院教学改革成果及学生教学实践成果，邀请校分管领导和主管部门负责人到场指导，获得肯定。适应学校新“弹性”学制，修订2003级本科教学计划，明确各类课程层次，设定院各专业共同必修课、相关专业共同必修课、系指定必修课、专业选修课等4个系列，从2003年起执行。洪波等主持“古代汉语”项目通过“新世纪网络课程建设工程”验收。制定精品课程建设实施方案。获“2003年南开大学本科成绩管理优秀单位”。本院教师编著“大学生文化素质教育世纪文库”出版并举办首发式，第一批为陈聿东、崔延子《中国美术通识》，何洪禄《中国音乐通识》，王立新等《西方文学通识》，岳英放《中国音乐鉴赏》，宁稼雨、张峰屹《中国文学通识》，陈聿东《名画鉴赏》等六种，配有电子版。

首次评选、奖励优秀学士学位论文，评出2002～2003学年度一等奖5名，二等奖10名，三等奖20名。评选并颁发第七届“叶氏驼庵奖学金”二等奖2名、三等奖10名。2003级汉语言文学专业本科生段斌因入学成绩优秀获“迦陵古典文学奖助学金”1万元。评选并颁发“传播学创新奖学金”二等奖3名、三等奖2名。评定并颁发2002～2003学年度“范氏奖学金(艺术鼓励奖)”一等奖1名、二等奖2名、三等奖3名。接受校友捐资设立中文系“润世”奖学金。继续实施与香港浸会大学学生交换计划。举行中文专业本科生写作课第三届学术研讨会,研讨主题为“写作理论与语文素质教育”。2项本科生创新科研项目“新时期中国新闻出版现状与对策研究”、“新话语写作学论题系列”顺利结题。传播学系1999级29名本科生专业实习成果丰硕,举行汇报会。2000级编辑出版学专业本科生曹燕获第二届全球华文青年文学奖散文组冠军。辅导编辑出版学专业本科生学术论文和“调查报告”写作,组织学生参加第四届“未来编辑杯”学术论文竞赛。传播学系新生自拍情景剧2部、艺术设计系学生自拍短片《螺母》参加第二届全国艺术院校大学生数码媒体大赛,《螺母》获得入围奖和最佳剧情短片提名奖。举办文化素质教学音乐汇报演出。孟超美率学生合唱团参加世界奥林匹克合唱比赛获奖后举办汇报演出。举办绘画专业2003届本科生毕业书画创作展、2000级本科生赴云贵地区写生汇报展。艺术类专业招生考试报名人数创新高,录取率接近1%。

与天津市教委人事处合作举办天津市中学语文教师高级应用语言文学专业硕士研究生课程进修班。成人高等学历教育开设“艺术设计”专科起点本科专业,因非典延后于10月举行招生考试,录取新生63名。高等教育自学考试全日制助学班继续招收“公共关系”专科、“秘书学”本科专业学员,情况良好。

科研工作

接教育部语言文字信息管理司通知,国家语委语言文字标准化技术委员会汉语语汇分技术委员会及秘书处设于本院,学校批准成立“南开大学词汇学与词典学研究中心”挂靠本院,分委员会主任委员和中心主任,其宗旨为研究和制定汉语语汇标准。本院同时为汉语语法与语篇分技术委员会委员单位,王红旗任委员。召开座谈会,专题讨论筹备成立视觉艺术研究中心事宜。发动和组织教师申报2004年度国家社科基金项目,提出明确要求并协助申报论证,共上报22项。马庆株申报教育部人文社会科学重点研究基地项目“被动表述问题多角度研究”,获资助经费20万元。石锋申报国家语委语言文字应用“十五”科研规划重点项目“普通话水平测试研究”子课题“计算机辅助普通话水平测试评分系统研究”获得批准。申报并获准立项项目还有:国家社科基金2003年度项目1项,教育部人文社会科学研究2003年度(博士点基金)项目3项,天津市“十五”社科研究规划(2003年度)课题7项。孙昌武应全国社科规划办之约撰写《树立精品意识,提高研究水平》一文发表。乔以钢《多彩的旋律——中国女性文学主题研究》获第二届中国女性文学奖(莱蒂菲杯)女性文艺理论著作奖。杨熹发中国画作品《蝶梦》获第二届中国岩彩画展铜奖。10人获南开大学2003年社会科学研究优秀成果奖中文系汉语言文字学专业2名博士生获“新世纪第二届现代汉语语法国际研讨会”青年优秀论文二等奖。

本年科研成果有专著15部,如陈洪、罗宗强主编,张峰屹、赵季、张毅、宁稼雨、李瑞山撰《中国古代文学发展史》(上中下三册),乔以钢《多彩的旋律——中国女性文学主题研究》,耿传明《现代性的文学进程——20世纪中国文学的动力与趋向考察》和《轻逸与沉重之间——现代性问题视野中的新浪漫派文学》,孟昭连《中国小说艺术史》,何平《中国传统政治思维探源》、许祥麟编著《京剧剧目概览》,张红选注《温庭筠词新释辑评》,王立新等译《耶路撒冷三千年》等;论文150篇,如曾晓渝《见母的上古音值》,周荐《论词的构成、结构和地位》,刘俐俐《历史观:中国文学批评的重要视角与方法》,张毅《良知、童心、性灵——儒家心学与诗学片论》,王志耕《卢那察尔斯基批评中隐含的道德立场》,陈洪《论〈西游记〉与全真教之缘》等。出版学术刊物《文学与文化》第4辑、《南开语言学刊》第2期。

结合2002～2003学年度教师岗位职责考核,制定并开始实施《学术著作奖励暂行条例》(据此评出并奖励特等奖1部、一等奖1部、二等奖3部、三等奖4部),《学术论文奖励暂行条例》(据此评出并奖励一等奖4篇、二等奖12篇、三等奖8篇),《文艺创作奖励暂行条例》(据此评出并奖励一等奖2项、二等奖3项、三等奖2项)。

学术活动

院负责人作为教育部中文教学指导委员会副主任委员出席全体会议(温州);参加重点高校文学院院长(中文系主任)"全国中文发展论坛"(兰州);参加全国重点高校文学院院长(中文系主任)经验交流会(北京);应研究生院邀请,介绍本院学科建设情况;随校代表团访问香港五所大学,与有关院系达成初步合作意向;会晤香港中文大学宗教学系负责人,讨论合作举办国际学术讨论会事宜。

本年邀请来院举办讲座者有:著名作家、清华大学人文学院格非教授,中国人民大学中文系金元浦教授,德国艺术史学家、艺术策展人古恩特—米纳斯博士,中央电视台西部频道陈永庆新闻总监,中国社会科学院民族研究所研究员吴安其兼职教授,福视传媒公司总经理吴志明兼职教授,著名作家、国家文化部原部长王蒙先生,微软亚洲研究院语音组研究员初敏博士,中国社会科学院语言所研究员、《方言》杂志麦耘主编,北京舞蹈学院舞蹈艺术与舞蹈传媒系主任张朝霞博士,香港大学中文系主任单周尧教授,中国社会科学院语言研究所研究员、《中国语文》刘丹青副主编,以色列驻华大使安吉道先生,韩国水原大学朴泰德教授,香港科技大学陈建华教授等。聘请单周尧、伊朗文化参赞萨贝基先生、日本青山学院大学远藤光晓教授为客座教授,聘请王蒙、陈永庆为兼职教授。

继续面向新生举办"初识南开"系列讲座,由叶嘉莹、罗宗强、范曾、孙昌武4位教授主讲。开始举办"博士论坛",分"文学"、"语言学"两大系列,由在读博士生和博士后在站人员宣讲论文,指导教师评点,本年共举办20期。"语言学沙龙"继续举办。语言学教授与微软亚洲研究院专家讨论实验语音技术、语料库语言学、汉语特点及与计算机技术关系等问题。本年教师参加国际学术会议11人次,参加国内学术会议18人次。4人赴韩国岭南大学、济州大学讲学,1人赴延边大学支持学科建设。美术专业教师赴上海参观"晋唐宋元国宝展"。曾晓渝教授应古屋召宏主席之邀,赴日参加日本中国语言学会第五十三届全国大会,作《中国水族语言中的汉字音》学术报告,并应邀访问3所学校;又带领日本8所大学及国内学者访问团在贵州荔波县开展水语、水书学术调研活动,为期两周,受到《中国青年报》、新华网、新浪网等媒体报道。承办国家教育部资助第八届语音学高级研讨班。承办首届"伊朗文化艺术展"。参与主办"周末乐坛"20场。设立主题橱窗,展示本院教师学术及创作成果。本院教师主持天津市文学学会和天津市语言学会,获天津市社会科学界2000～2002年度先进学会称号。2人获天津市社会科学界2000～2002年度学会工作积极分子称号。

院务工作

年初召开院务扩大会议，传达学校本年工作要点，讨论学院本年工作规划。召开全院教职员工大会，传达学校会议精神，通报校长工作报告内容，回顾上一年各项工作，提出本年工作要点。上半年期末召开全体教职员大会总结工作。继续实行第三期岗位聘任，改革教职员岗位聘任考核办法，学术和创作成果以奖优为主，顺利完成学年度考核。新学期初召开院务会议，研究新学年工作。召开全体教职员大会，通报本年教师职称评审方式改革和博士生指导教师遴选工作；布置期末工作。

抗击非典期间，召开全体大会，通报情况，要求教师坚守岗位。范曾教授向学校捐款50万元人民币并题词“抗击非典，匹夫有责”。五一劳动节，全院扫除、消毒，所有公共区域均达卫生标准，受到校方好评。举办“自爱爱人，护我南开”主题活动，师生及留学生表演文艺节目和体育游戏。与校教务处联合举办露天周末论坛，请专家发表“非典时期社会心理与行为分析”演讲。管理和教辅人员坚守岗位。为教职工及离退休人员发放防非典药品和消毒用品。何洪禄创作歌曲《护士日记》获第十届中国人口文华奖。

学院管理工作进一步规范。网站正式升格，召开建设推动会，现场演示评估，具体布置维护和管理分工；增设栏目，充实内容，存储容量大，系统运行平稳，实现远程实时在线编辑，及时补充更新信息资料，根据本院多学科特色，整合设置多种类别、形式教研资源。专题研讨学院统计、档案、信息及网站建设，逐一落实工作责任制，及时积累、整理、上报相关材料及统计数字，并在网上公布。设置档案工作专兼职人员，2002年度档案立卷归档顺利完成，在学校档案工作评比中，获档案管理工作类优秀、本科生成绩类档案优秀、2001届研究生成绩类档案优秀。《文学院快报》继续出刊，编印至54期。图书资料中心利用假期调整布局，整理积压期刊上架，采用新方法，加快新书编目，安置磁性防盗装置。组织图书馆数据库检索系统培训。学生电子阅览自习室更换液晶显示器，采用ASDL国际专线4兆宽带专线上网，配置常用软件库和电子学习资料，速率大为提高。装修、改造建成视觉艺术实验室，硬件配置标准提升，保证及时开设专业课程。在东方艺术楼新增投影设备及配套音响，修缮范曾画室，接受范曾捐款建设古画临摹室。更新文化素质教学音乐教室设施。全面整修范孙楼各科室，添置设施，办公条件大为改善。三次检查卫生安全情况，添置消防设备，配置应急照明设施，防火硬件优化。坚持院务公开，院负责人与本科生代表座谈，就院各职能部门办公情况征求学生意见建议。接待中文系1979级校友返校，以“我与南开二十四年”为主题，请叶嘉莹先生重开讲座。修订充实校友信息库。克服非典不利影响，组织2003年天津市高等学校招生统一考试语文试卷评阅，圆满完成任务。学院被评为南开大学2002年人口与计划生育工作达标单位。组织教职员参加校秋季田径运动会开幕入场式和拔河等项目比赛。工会组织师生篮球比赛、乒乓球友谊赛等多项文娱活动。1人被评为校工会先进个人。

党建工作

现有教工党支部6个，教工党员74名；学生党支部10个，学生党员208名。推选代表7人出席中国共产党南开大学第七次代表大会。陈洪任新一届校党委常委，乔以钢任委员。院党委向全体教职员传达会议精神。邀请十六大精神宣讲团成员来院讲座，组织师生开展学习“三个代表”重要思想迎接十六大学习十六大精神活动。专题讨论大学生如何贯彻"三个代表"重要思想，得到中央电视台《新闻联播》节目报道。重点加强对党员、申请入党积极分子教育，本年度共发展中共预备党员77名，其中本科生52名、硕士研究生25名；另有36名学生和3名中青年教师按期转为中共正式党员。按时举行院党政班子政治学习和民主生活会，结合分管工作，明确各自廉洁从政责任。讨论、修订并颁布《学生党支部工作暂行办法》等文件，加强对各学生党支部书记教育管理，定期召开全院学生支部书记联席会。通过发展对象预审和公示、民主评议、联系群众、组织生活、理论学习、按时缴纳党费等各项制度，加强学生党建工作规范化管理。调整学生党支部结构。开展2003级新生入党教育、第一期新生团校活动。2003级硕士研究生党支部创新支部活动形式，"将组织生活搬到室外"。2002级、2003级本科生党支部与老教授座谈，以"改革开放后家乡变化"为主题开展讨论。非典期间，2001级本科生党支部"隔离区里的发展大会"主题党日活动在南开大学"创最佳党日"评比活动中获二等奖。党委被命名为南开大学抗击非典型性肺炎先进集体，李君、翟明睿为先进个人。

学生工作

加强学生工作制度化、规范化建设，制订并颁行《班级委员会管理暂行规定》、《专业导师工作条例》、《学生工作例会制度》、《学生工作人员岗位分工职责》、《学生工作机构及其职能》、《现岗学生工作人员分工》等规定。启动本科生专业导师制，实行年级主任、教师兼任本科生专业导师、优秀硕士研究生担任一年级本科生宿舍导师三层次管理体制。17人获校"优秀宿舍导师"表彰。召开第四次学生代表大会，总结学生会工作，审议并通过《学生会章程(试行)》，选举产生第四届学生代表委员会及秘书长。通过竞选，4人当选学生会执行委员会主席团。修订《奖学金评定综合测评附加分项目标准》，完善学生奖学金评定办法。

防治非典期间，学院负责人和学生工作教师多次深入学生宿舍和教室，印制发放传单，讲解预防知识，讲明暂时隔离同学情况。加强学生考勤管理，批评个别擅自离校学生，严格控制在校学生外流。建立班长、宿舍长负责制，每天随时关注了解学生动态，坚持定时上报学生健康情况统计数据。给所有离校学生寄发《文学院致暂时无法返校学生的一封信》，耐心接听询问电话，传达学校和学院相关规定，鼓励其"克服浮躁、加强锻炼、磨练意志、安心学习"。及时安排生病同学就医，安慰室友，消除恐惧心理。调动全体教师力量利用一切接触学生机会进行宣传教育，稳定同学情绪。购买运动器材和口罩等防护用品，发放到各宿舍，组织开展体育活动周、文艺晚会，活跃业余生活，加强锻炼。因工作突出，团委被评为天津市抗击"非典""五四"红旗团委，学生工作部门获校通报表扬，2002级硕士研究生团支部被评为优秀团支部，3人被评为优秀团干部，3人被评为优秀团员。

组织举办第三届"南开之光"文学艺术节，包括学术论文写作比赛、文学作品创作大赛等。协办"天津市高校公益广告大赛"。举办电影晚会等"新年文化周"系列活动。组织专场观看古装话剧《钗头凤》演出，与剧组现场座谈。举办迎新文艺晚会、"叶氏驼庵奖学金"颁奖暨元旦文艺晚会、中秋师生联谊舞会。多次举行师生对话会。举办中外学生联谊，向优秀外国留学生颁发荣誉证书和纪念品。组织46名同学义务献血。在校2003年秋季田径运动会上以244.5分取得学生乙组团体总分第一名，并获精神文明奖，实现"双蝉联"。校第三届体育节上，获院系组暨校长杯赛篮球亚军，羽毛球女子单打二、三、四名。2001级本科生"渡"诗社筹划刊印诗集《渡》，与天津广播电台滨海台"非常阅读”栏目交流诗歌创作经验。2002 级艺术设计专业学生赴北京参观国际双年展，与知名艺术家座谈交流。

院团委获“文化素质教育先进集体”称号。2001 级本科生金鑫被评为“2003 年天津市三好学生”。校 2003 年共青团“五四”评优中，2002 级艺术设计专业本科生团支部为“十佳红旗团支部”，2002 级汉语言文学专业本科生团支部为“优秀团支部”，2001 级 2 人为“优秀团干部”，2001 级 2 人为“十佳团员标兵”。2 人获校十大学生记者称号。在 2002～2003 学年研究生和本科生评优中，249 人获奖学金、三好生、优秀学生干部等各项奖励，其中研究生 34 人，本科生 215 人。2002 级韩国留学生金真和金智恩姐妹分获南开大学一等和二等奖学金。84 人次获得国家奖学金、福慧特别奖学金、霍济光奖学金、松下奖学金、中海油贫困大学生助学基金、可口可乐特困大学生奖学金及学费减免、困难补助等资助。推荐 2004 届优秀应届本科毕业生免试为硕士研究生工作顺利完成，15 名学生被本校录取，16 名学生被其它院校录取；2 人保留入学资格，从事学生工作和赴西部支教。2003 届本科毕业生全部顺利就业。

重要事件

2 月 28 日，第一期“博士论坛”开讲，持续全年，共举办 20 期。

3 月，“中国语言文学”学科接受国家教育部“国家文科基础学科人才培养与研究基地”授牌。

4 月 18 日，学校正式行文通知，经国务院学位委员会办公室备案同意，我院自主设置“高级应用语言文学”、“文艺评论与创作”2 个硕士授权学科。

4 月下旬至上半年期末，全院师生抗击非典，坚持教学，工作得力，获学校多项表彰。

6 月 14 日，第四次学生代表大会召开，产生第四届学生会。

6 月 24 日，举行 2003 届本科毕业生欢送会暨 2002～2003 学年度优秀学士学位论文颁奖仪式。

6 月 27 日，2003 届本科生毕业离校。

7 月 7 日，2003 届硕士、博士生毕业离校。

9 月 11 日，举行典礼和晚会，欢迎 2003 级本科 165 名新生。

9 月 16 日，举行典礼，欢迎 2003 级 119 名研究生。

9 月，视觉艺术实验室落成。

9 月 24 日，学校正式行文通知，同意国家教育部语言文字信息管理司关于全国语言文字标准化技术委员会汉语语汇分技术委员会秘书处挂靠我校的协商意见，成立南开大学词汇学与词典学研究中心，挂靠我院，代行秘书处工作。

10 月 24、25 日，蝉联校秋季田径运动会学生乙组团体总分第一名和精神文明奖。

10 月 18 日，迎接中文系 1979 级校友返校，与 2003 级新生同在主楼 111 教室聆听叶嘉莹先生时隔二十四年重开讲座。

11 月 6 日，2 人分别当选为校第七届党委常委和委员。

11 月，院团委被评为“南开大学文化素质教育工作先进集体”。

11 月 10 日，学校正式行文通知，我院“新闻学”、“设计艺术学”2 个学科获得硕士学位授权。

11 月，7 个天津市社科年度项目获准立项。

12 月，与中文系 1986 届毕业生、天津润世集团董事长李蓬春先生签订协议，以人民币 40 万元为基金，设立“润世”奖学金，奖励品学兼优的中文系本科生、研究生。

12 月 21～28 日，接待日本早稻田大学、青山学院大学等 10 所高校语言学者一行10人来我院学习交流汉藏语言学。此前，曾晓渝教授率日本语言学者及我院少数民族语言学博士生十余人赴贵州作田野调查，协助当地抢救“水书”，受到《中国青年报》等媒体关注。

本年，加强补充师资力度，先后引进杰出人才李新宇、王红旗，应届优秀毕业博士意西微萨·阿错、孔祥卿等17位教师。

历史学院

概况

历史学院是2000年10月由原历史系、历史所、拉丁美洲研究中心、日本研究中心和古籍与文化研究所等单位组建而成的实体化专业学院，现任院长李治安教授、党委书记门连凤研究员。

学院下设3系（历史学系、世界史学系、文物与博物馆学系）、3所（历史研究所、中国近现代史研究所、古籍与文化研究所）、3个研究中心（即日本研究中心、美国历史与文化研究中心、拉丁美洲研究中心，其中日本研究中心于年底分出，成立直属学校的日本研究院）和1个历史文献资料中心；另有1个教育部人文社会科学重点研究基地——南开大学中国社会史研究中心（学校直属）。系、所、中心下分设若干教研室或研究室。

历史学院是具有博士学位授予权的一级学科单位，拥有3个国家级重点学科（中国古代史、中国近现代史和世界史）、1个博士后流动站和1个国家基础学科人才培养与研究基地。

全院有在岗教职工107人，其中教授37人（博士生导师27人）、副教授39人、讲师6人。教师中具有博士学位者51人，有2人入选“跨世纪优秀人才奖励计划”，1人入选“百千万工程”，2人获教育部“高校优秀青年教师奖”，1人获教育部“优秀青年教师资助计划”资助，2人担任教育部历史教学指导委员会委员，16人任全国性学术团体会长、副会长等职。

2003年度全院在校学生共697人，其中本科生289人、硕士研究生224人、博士研究生164人、外国留学生20人。另有在站博士后研究人员20人。

经过长期建设积累，院物质条件不断改善。其中，文献资料方面，拥有中文资料阅览室、外文资料阅览室、古典文献阅览室、期刊室和电子图书阅览室等，总面积640平方米。藏有中、英、日、俄、韩、希腊等书刊文献约6万种。学院还建有博物馆，文物藏品达3000余件；设有“中国古代社会生活数字博物馆”、“中国史学网”（教育部高教司、历史学教学指导委员会联合开办）等多个专业史学网站。

国家级重点学科

1.中国古代史。中国古代史于1981年首批获得硕士学位授予权和博士学位授予权，1987年被评为国家级重点学科，1996年“中国社会历史”列入国家“211工程”重点建设项目（均为国内首批）。2002年，中国古代史再次被评为国家级重点学科。主要研究领域：中国社会史、政治思想史、政治制度史、上古中古史、明清史、经济史、生态和疾病医疗史等。

2. 中国近现代史。1986年取得博士学位授予权，1987年被评为国家级重点学科，1996年列入国家“211工程”重点建设项目的学科（均为首批），2002年再次被评为国家级重点学科。2002年8月设立中国近现代史研究所。主要研究领域：华北区域史、留学生与近代文化、北洋军阀史、周恩来与近代人物。

3. 世界史。1981年首批获得硕士学位授予权，1984年开始招收博士研究生，1988年世界地区国别史被评为国家级重点学科，1996年“亚太史”首批列入国家“211工程”重点建设项目，2002年再次被评为国家级重点学科。主要研究领域：美国史、日本史、国际关系史、西方古代文明。

人文社会科学重点研究基地

南开大学中国社会史研究中心，在原历史系中国社会史研究室的基础上建立，以历史学院的专家教授为研究骨干，2000年9月正式被批准为教育部普通高等学校人文社会科学重点研究基地。该中心下设社会思想与大众心态、基层社会与国家权力、区域社会史和社会生活与风俗史等4个研究室，重点研究方向有：中国传统政治思想与社会、传统基层社会与国家权力和华北地域社会等。

自成立以来，中心先后组织了6个基地重大项目研究和10多个各类项目研究，科研工作稳步推进，取得一批重要研究成果。其中第一批2个重大项目基本完成，相关著作和论文集已陆续出版，还编辑出版了大型学术年刊——《中国社会历史评论》（已出版五辑），在国内外学术界产生了重大反响，奠定了其作为中国社会史研究中心的学术地位。

国家级基础学科人才培养和科学研究基地

南开大学历史学系自1923年成立以来，逐步形成了良好的师德和学风，培养造就了大批历史学专门人才，在国内外享有崇高的声誉。1995年历史系被确定为首批国家人文社会科学基础学科人才培养和科学研究基地，招收历史学基地本科生。多年来，基地大力弘扬“惟真、惟新、求通、致用”的优良学风，大力推进教学改革，适时调整课程体系，通过名师授课、名师辅导、优秀精品课程建设和丰富多样的课外实践活动，致力于对基地学生德、才、识的全面教育和综合素养的提高，取得了良好效果，在教育部文科基地中期检查和2002年验收中均获得优秀。

此外，基地还在教育部和高校历史教指导委员会的支持下，面向全国21所高校历史学人才培养基地的学生，组织举办“全国史学新秀奖”评选活动（每两年一次），以充分发挥基地在历史教学方面的辐射带头作用，受到全国高校历史专业学子的热烈响应。该活动已经成功举办3次，对推进全国历史学人才培养基地建设和高校历史教学的发展，都产生积极的影响。第四届评选活动，于2003年底启动。

学科建设

2002年，中国古代史、中国近现代史和世界史再度被评定为国家级重点学科，以此为契机，2003年度院领导班子和各学科带头人多次组织专门讨论，根据21世纪史学研究发展的新走向，认真制定全院及各重点学科的未来发展规划，大力进行学科队伍的整合、研究方向的调整和学术特色的凝炼，积极培植学科发展的新亮点，在保持学科传统优势的同时，注重开拓新的学术领域，特别是加强历史交叉学科的研究，并初见成效。其中，中国古代史学科在继续强化对中国传统社会与文化史研究的同时，逐步发展了生态环境史、疾病医疗社会史和历史地理学等交叉学科研究；中国近现代史学科则在原有的华北区域史、北洋军阀史等研究的基础上继续开拓，确定以 20 世纪中国社会调查研究为新的主攻方向，在乡村史、农民史、近世中国社会变迁与转型等研究方面开辟新的研究课题，筹备组建 20 世纪中国社会调查研究专门机构和大型研究项目；亚太地区国别史重点学科则在原有基础上，围绕亚太地区国别史和大国关系史研究进行重点突破，同时加强对上古、中古以来几大世界文明体系的跨文化比较研究。

2003 年度，以三大重点学科建设为目标的"面向 21 世纪教育行动计划"——"中国社会历史与文化"和"亚太地区历史与国际关系"两个重点项目均顺利通过中期检查。

精干的学术研究队伍是重点学科发展的关键。院领导班子高度重视对优秀人才的培养和引进，积极解决学术带头人的接续问题。本年度，一批学术成绩突出的青年教师晋升职称，多名青年教师被选派赴日、韩、欧美访问进修、开拓了学术眼界。

教学工作

教学工作是全院工作的中心，其中本科教学尤为重要。在本科教学方面，又以基地生培养为龙头和先导。1995 年，历史系被确定为首批国家人文社会科学基础学科人才培养和科学研究基地并开始招收基地生。基地每年招生 60 人，现有在校基地生 240 人，占全院本科生人数的 2/3 以上。

本年度，学院继续推进人才培养基地课程教学体系的改革和完善，带动本科教学工作的全面发展。为此，学院充分用好教育部和学校的专项经费支持，改善教学设备和教学环境，有重点地支持基地课程教学的改革。在教学工作中，遵循"课堂教学——社会实践——校园文化"三位一体的人才培养模式，在大力提高课堂教学质量的同时，继续开办"名师辅导班"，指导学生阅读研习史学名著，邀请院内外史学名家为基地生举办史学研究理论和方法的讲座；通过组织"五四论文竞赛"、指导基地生编辑内部学习交流刊物、组织专题社会实践等课外学术活动，提高广大本科生的综合素质。

为了大力推进历史课程教学体系的改革和创新，上半年学院先后召开多次会议，组织全院教师，针对历史学科发展的新趋向和社会对专业人才需求的新形势，就课程体系调整问题进行广泛深入的讨论，在有关重大问题上达成共识、形成决议，并逐一加以落实，使各本科专业的课程体系更趋合理完善。

根据教育部和学校的有关精神，本年度学院积极推进本科精品课程建设，以精品课程建设带动课程教学质量的全面提高。为此，学院以主干基础课程为单位，聘请院内优秀骨干教师，组成学术带头人领衔或参与、职称年龄结构合理的课程教学和教改小组，积极完善教学内容、改进教学方法、更新教学设备手段，取得良好的成效。"世界上古中古史"被评为校级和市级示范精品课程；"中国古代史"获得学校教改立项，初步完成大型多媒体课件制作和课程数据库建设工作。

为了提高本科生的专业学习积极性，多途径吸收社会资源，建立各类奖学金，并认真做好评奖工作。历史系原有"乔氏奖学金"、"姚氏奖学金"、"陈捷先奖学金"，近年又新设"王玉哲文博奖学金"、"杨志玖蒙元史奖学金"、"政治思想史奖学金"等，本年度又有一批品学兼优的本科生获得奖励，激励了他们的专业学习热情。与此同时，还积极鼓励、支持本科生组织参与“创新科研”百项工程活动，本年度共有3个项目获得学校资助，其中1项获得学校二等奖。

作为国内师资力量最为雄厚的历史学重镇之一，近20多年以来，学院的研究生培养工作不断取得发展，硕博士生人数不断增多，逐步接近乃至超过本科生数量。2003年，在读硕士生已达204人，博士生173人。针对这一发展形势，学院积极探索研究生培养的新思路和新体制，加强研究生的培养和管理工作，以保证人才培养质量和学术水平的稳步提高。为此，学院实行硕士研究生教学指导的“双导师制”，鼓励博士和硕士生导师共同担任硕士研究生的指导教师；实行博士生“预答辩”制度，院学位委员会严格审查校外专家通信评议意见，不合格者不允许答辩。

此外，学院还充分利用院内专业齐备、师资力量雄厚这一优势，积极开办各类培训班、进修班，帮助国内文化事业单位各类人员提高业务素质。本年度开办“全国省级博物馆馆长管理干部培训班”，共有25位省级博物馆管理干部来学院参加学习培训，取得了良好效果。另外还多次组织教师赴外地开展业务培训活动。

学术研究

南开历史学科是学校四大支柱学科之一，以覆盖面广、二级学科门类齐全、科研和师资力量雄厚、以“惟真、惟新、求通、致用”的学风为特色，卓然于中国史林，赢得了学术界的嘉许，并逐步成为国内最具影响力的史学重镇之一。由于原历史系、历史研究所、古籍与文化研究所及拉丁美洲研究中心等多个独立科研教学实体联合组建了目前的学院，因此原本分散于各个系、所和中心的学术力量得以整合，形成更加合理的科研和教育格局，并迎来南开历史学科创新发展的新阶段，学术研究再创佳绩。

南开历史学科逐步形成以精品求生存、用精品促发展的战略共识，并在学院内部大张旗鼓地倡导“板凳要坐十年冷、文章不写一字空”的严谨、科学的治学理念。同时，学院还利用“985工程”、“211工程”等科研经费，重点资助出版有学术价值和创新意识的研究著作；并多方筹措资金，加大对高质量论著的奖励力度。在老中青三代学人的不懈努力之下，精品战略在去年又见成效，无论是论著发表的数量与质量、在全国和省部级奖项中的获奖情况、从国家和省部级有关单位中争取到的课题研究经费、师资队伍的建设、人才的培养、本科教育的质量以及学科影响力的提升等各个方面，都取得了不俗的成绩。

学院教师每年公开发表的论著数相当可观，专著占有较大的比重。其中2003年度出版专著35部，位居于全国历史学科之首。在这些年中，学院先后组织出版“中国社会史研究丛书”和“南开史学家论丛”等多套有份量的系列学术著作。尤其是隆重推出的两批“南开史学家论丛”，荟萃了郑天挺、雷海宗等十五位著名学人的研究精华，在国内史学界引起了相当大的反响，李学勤等史学名家还撰写了相关的书评，《人民日报》、《光明日报》等报刊则有专门的报道。在此基础上，学院又推出“南开史学家论丛”第二系列，获得国内外学者的广泛好评。2003年在CSSCI刊物上撰写论文88篇，此中的诸多文章，都是在《中国社会科学》、《历史研究》、《中国史研究》、《近代史研究》、《世界历史》等著名刊物上发表的，而且数量在逐年攀升。其中2001年7篇、2002年12篇、2003年14篇，在国内产生了较大的影响。2003年新承担各级各类科研新项目20余项，其中国家社会科学规划基金项目2项、国家重点实验室项目1项、省部级科学研究项目8

项、其他项目10余项,资助经费171.808万元。

学术交流

长期以来,学院积极通过主办国内国际学术研讨会、聘请国内和外籍专家讲学、出访研究进修等形式,“请进来、走出去”,大力开展国内国际学术交流活动,增进学术同行之间的友谊、扩大学术眼界、推动学术信息的传播、扩大南开大学及其历史学科的国内国际知名度。

2003年,学院学者又组织举办一系列高水平的学术研讨会。如“创新论坛:中外近代化道路的新审视”、“《南开史学家论丛》研讨会”(在人民大会堂举行)、纪念梁启超诞辰130周年“梁启超与近代中国社会文化”国际学术研讨会、“多元学科视野下的中国社会史研究学术研讨会”、“明清以来华北社会经济研究学术研讨会”,在国内外学术界产生广泛的影响。

为了加强本院不同学科师生之间的交流,互相启发新的学术思路和研究方法,继续经常性地举办了各种主题的小型座谈会和学术沙龙等;继“博导论坛”之后,本年度又首次开办“博士后论坛”,深受全院师生的欢迎。

本年度,著名历史学家、台湾中央研究院院士许倬云、著名历史学家和古文献学家黄永年、著名作家冯骥才、著名史学家林天蔚、澳洲昆士兰大学黎志刚、美国富布赖特学者Gary Rice、日本东海大学教授浅井纪、台湾中研院近史所教授张玉法、台湾中研院近史所教授张力、台湾大学李炳南、台湾大学历史系陈捷先、香港中文大学宗教与中国社会研究中心吴梓明、香港中文大学宗教与中国社会研究中心卢龙光等数十位海内外著名学者,先后来学院访问讲学。

本年度,学院先后派出出访学者20余人次,前往欧美、日本、韩国等国,和中国台湾、香港地区访问进修、讲学和参加国际学术会议。其中如陈志强应邀赴美国普林斯顿大学、希腊雅典大学、希腊国家科学院从事讲学与合作研究;张国刚教授应邀在日本京都大学举行的日本唐代研究会上做学术演讲;林延清教授赴新加坡参加亚洲学者学术讨论会并宣读论文;南炳文先生赴韩国参加韩国中国明清史成立20周年纪念会并作学术报告;王利华、阎爱民等赴韩国开展访问研究,并在多所大学作学术报告和授课;江沛教授赴日本访问研究;冯尔康、常建华等教授应邀赴台湾多家学术机构访问讲学等。

为加快历史研究学术信息交流,继续积极推进“中国史学网”、“中国古代社会生活数字博物馆网”等多个网站和网页建设,调整结构、充实内容。

党建工作

本年度,院党委继续组织全院师生认真学习邓小平理论、江泽民“三个代表”重要思想和十六大精神。先后有5名教师党员、4名学生党员在报刊杂志发表学习“三个代表”体会文章。2003年上半年,根据学校党委的部署,学院党委认真组织党员选举参加南开大学第七次党代会代表工作。2003年4月,学院党委认真执行和落实教育部和学校党委的指示精神,积极采取措施做好预防非典工作。在非典爆发的初期,学院党委及时向全院教师党员和学生发公开信,要求师生,尤其是要求党员在关键时刻发挥党员模范作用。并通过多种渠道为第一线的教职工和部分一线学生干部购买防非典药品、口服液、消毒药品和口罩等,采取各种形式慰问、支持第一线的师生。有两位负责学生工作的干部因在预防非典工作中成绩突出,获先进个人称号。2003年下半年,学院党委和行政紧密配合,成功举办历史系八十周年系庆,在国内外扩大了南开历史学科的影响。认真传达学校第七次党代会精神,利用党员组织生活时间，专门学习讨论学校党委工作报告，使党员教师进一步了解和明确了南开大学的奋斗目标，同时也更清楚了本学科的发展方向。认真落实全国党建工作会议精神，采取具体措施做好发展学生党员工作。化小支部建制，由过去四个学生党支部改为按学生专业划分成九个学生党支部，提高了学生党支部的活动质量。积极参与党委组织部“创最佳党日”活动，博士生支部获二等奖，教师中国古代史支部获参与奖。学院党委在学科建设中，发挥党的领导核心和协调保障作用，保证学院坚持正确的发展方向。特别是通过细致的思想工作和院务公开制度做到公平施政，共谋学院发展。组织建设方面，坚持两周一次的党员组织活动，坚持发展中共预备党员民主评议制度、公示制度，坚持按时按数缴纳党费制度。2003 年发展学生党员 18 名，其中本科生 8 名，研究生 10 名。另有 5 名教师和干部递交了入党申请书。制度建设方面，坚持党政联席会议制度：学院党委定时组织学院中心组学习，每学期召开一次党政班子成员民主生活会，每位干部都对照廉洁从政行为规范和有关规定检查各自工作，每学期向学校纪委报告一次个人与单位廉洁自律方面的自查情况。

院务工作

本年度，学院进行院领导班子和岗位调整，继续完善党政联席会议制度、职称岗位评审制度、财务制度，以及工作量计算和业绩认定、档案规范管理、安全保卫等各项规章制度。日常院务工作有序进行。

除上述日常管理事务之外，本年度顺利做好如下几项重要工作：

1. 春夏期间，根据上级指示精神，在书记、院长的统一指挥下，组织全院师生做好抗击非典工作；

2. 10 月 10～12 日，隆重举行南开大学历史系八十周年庆典活动，主要内容包括：在伯苓楼举行隆重纪念大会，学校领导、历届系友、兄弟学校及院（系）负责人和本院师生共 300 余人参加大会，并听取精彩学术报告；编辑出版《南开历史学科八十年》纪念册；在南开大学博物馆举办“南开史学名师教书育人治学业绩展”等。

3. 顺利完成 2003 年职称评定工作，共有 3 位教师晋升为教授，5 位教师晋升为副教授。

本年度共有 3 位老教师光荣退休。

学生工作

2003 年上半年，组织学生党员学习江泽民“三个代表”重要思想，支持“十六大精神”研究会开展理论学习活动。面对突如其来的非典，团委始终按照学院党委的指示精神进行工作，开展各种文体活动，顺利完成防控非典的工作和学生的正常学习工作。

组织 2003 年度义务献血，出版两期《纵横》院报。2002 级博物馆专业出版《博物》系报。组织南开大学首届民族文化节。

邀请学生工作负责人对历史学院学生会干部进行培训。举办 2003 迎新中秋晚会。学生会与天津师范大学历史文化学院建立长期合作关系，并合作举办 2003 圣诞晚会。在校区开展“我的大学时代”系列学术讲座，在本部开展就业留学相关讲座。

成立历史学院团员研讨班。以一二·九运动和毛泽东同志诞辰 110 周年为契机，开展系列学习、宣传、纪念活动。

制定大学生素质拓展计划底稿，并建立电子档案。组织同学们参加校区篮球赛，参观天津自然博物馆、石家大院等名胜古迹。组织 2003 秋季运动会，获乙组第六名。筹备成立历史学院学生合唱团。

团校举办第四期团校培训，采取话剧表演、辩论、讲座、新老生座谈等多种形式对新生进行指导。组织与生命科学院团校的联谊交流。

另外，还组织同学参加南开大学演讲节、校园辩论赛、校长杯足球赛等活动。

重要事件

1月11日，“创新论坛：中外近代化道路的新审视”研讨会召开。

2月22日，著名历史学家杨翼骧教授去世。

4月12日，《南开史学家论丛》研讨会在人民大会堂隆重举行。

6月，《南开史学家论丛》第二辑由中华书局出版。

9月28日～10月4日，我国著名历史学家、陕西师范大学资深教授黄永年先生来我院讲学。

10月，《南开历史学科八十年》纪念册出版。

10月，“南开史学名师教书育人治学业绩展”在南开大学博物馆开展。

10月10日，南开大学历史学院举办“首届全国省级博物馆馆长专业管理干部培训班”。

10月12日，南开大学历史学院在伯苓楼举行隆重纪念会，庆祝历史系八十华诞。

10月13日，纪念梁启超诞辰130周年“梁启超与近代中国社会文化”国际学术研讨会在津召开。

11月24日，中国文联副主席冯骥才来学院作“文化遗产的保护”的报告。

11月24～26日，“多元学科视野下的中国社会史研究学术研讨会”召开。

11月28日～12月1日，“明清以来华北社会经济研究”学术研讨会召开。

12月，《中国社会史研究丛书》第二辑“政治理念与中国社会”结集出版。

12月3日，著名日本史专家吴廷璆教授逝世。

12月5日，新增“博士后论坛”学术讲座。

12月8日，“全国省级博物馆馆长管理干部培训班”结业。

12月9～10日，香港中文大学吴梓明教授、卢龙光教授来学院作学术讲演。

日本研究院

概况

日本研究院正式成立于2003年4月24日。杨栋梁教授任院长。研究院下设3个教学与研究机构：日本历史与文化研究中心、日本经济研究中心、日本政治与对外关系研究中心。

日本研究院是目前我国高校中唯一的院级实体日本研究与人才培养机构，其前身是日本研究中心。1964年，著名日本史专家吴廷璆教授组建了日本史研究室；1972年，外文系日本语言文学教研室成立；1975年，经济研究所日本经济研究室成立。1988年5月29日，以上述各日本研究单位的成员为基础成立校内横向科研机构日本研究中心。1994年，在日本万国博览会纪念协会和日本友人吉永实雄、吉永正藏捐助下建成日本研究楼；1995年，日本研究中心成为日本国际交流基金的重点资助的“中国华北日本研究基地”后，科研条件得到进一步改善，国际学术交流迅速扩大。2000年4月，日本研究中心成为实体科研机构，原日本史研究室人员编制整体转入。2001年学校实行学院制管理体制改革后，日本研究中心划归历史学院领导。2001年，在日本友人吉永正藏、宫川俊彦捐助下，建成日本研究院资料馆。

日本研究院现有专职科研人员7人，其中教授4人(均为博士生指导教师)，副教授2人，讲师1人；行政资料管理人员3人。教师中4人具有博士学位，1人担任中国日本史学会副会长，4人担任中国日本史学会各分会会长，1人担任中国日本史学会副秘书长。现聘有日本顾问教授2名、客座教授5名、特别讲师4名，国内客座教授1名。现有研究生46人，其中博士生29人，硕士生17人，另有博士后1人，韩国留学生1人。

采取开放式的管理与运行机制，以深入研究、拓宽领域、广泛交流、服务社会为宗旨，组织校内日本研究人员、联合部分校外日本研究专家，通过横向研究课题、国际学术研讨会、出版日本研究丛书、赴日学术考察等形式，从日本历史、政治、经济、文化、语言、文学、社会、法律等领域对日本进行综合性研究。现聘校内兼职研究人员33人，其中教授12人(含博士生导师5人)、副教授20人、讲师1人，另聘请校外专家5人。

我院是日本国际交流基金在中国重点支持的三个日本研究基地之一。1995年，我院被日本国际交流基金确定为“中国华北地区日本研究基地”，至今已连续获得9年资助。截至2003年，研究院在该基金的资助下，取得了卓有成效的科研与学术交流成果：完成合作研究28项，出版专著44部，派遣研究人员赴日研究4人，派遣教师赴日考察团5次17人，派遣博士生赴日研修团4次17人，邀请日本专家来访进行集中讲学7人次，主办国际学术研讨会5次、国内学术研讨会1次，购买日文图书资料4306册，购置电脑、同声传译设备等共15套等。

研究楼与资料馆总面积2000平方米。研究楼设有国际会议厅(配有同声传译设备)、贵宾接待室、客员研究室、学术交流室、会议室、接待室、办公室、教室及35间个人研究室，各室均接通了国际互联网，并可接收日本卫星传送的电视节目。资料馆内设有资料阅览厅、书库(密集活动书架)。资料馆内有日文藏书1万余册(其中多数为日本友人、友好机构捐赠)，有期刊和中日文报纸50余种。

学科建设

日本研究院的日本历史研究方向，作为南开大学国家重点学科世界史的主干之一，参加了两期的国家“211工程”重点建设项目，目前正在参与国家科研基地的申报工作。日本历史方向从1978年起在全国最早招收硕士研究生，从1984年起开始招收博士研究生；日本经济方向、日本政治与对外关系方向在本年度获得研究生院批准，将从2004年度招收硕士、博士研究生。

研究院的发展目标是：通过大力开展学术研究与交流、高级人才培养、资料信息服务及对日政策咨询等活动，在较短的时期内建设成为国内领先、国际知名的综合性日本研究与人才培养基地。目前，日本研究院在继续保持日本历史与文化重点研究方向的同时，积极引进专职研究人员，建立当代日本经济、当代日本政治与对外关系两个新的重点研究方向。这三个重点方向将分别依托国家重点学科世界史、国家重点学科世界经济及博士点学科国际政治，并作为其重要组成部分发挥拥有的作用。

教学工作

日本研究院设有“江口圭一日本研究奖学金”、“依田熹家日本史研究奖学金”。注重提高研究生的培养质量。鼓励博士生导师协助指导或直接指导硕士研究生，并为硕士生提供各种条件，使其有机会参加教师主持的研究课题。加强对研究生毕业论文的指导，发挥导师集体指导的优势，严格“前期开题报告”，“中期写作汇报”、“后期预答辩”制度，对研究生在论文写作过程中出现的问题、遇到的困难进行及时有效的指导。同时注意发挥博士生的主观能动性，鼓励研究生组织学术沙龙。

大力支持研究生参加对外学术交流活动。本年度，2000级博士生徐万胜、华桂萍应邀赴日本冲绳，参加日本立教大学主办的“全球化的亚洲的综合性安全保障和异文化理解”国际学术研讨会。2000级博士生徐万胜、2002级博士生许岩分别获得日本住友财团提供的“亚洲各国的日本相关研究资助”，资助额分别为80万日元、50万日元。

本年度派遣11名优秀硕士、博士研究生赴日本留学、学习考察。其中6名为日本研究院派遣，分别赴日本立教大学和国学院大学留学一年，1名为教育部派遣，赴下关教育大学留学一年，另外4名组成赴日研修团，由日本国际交流基金资助，在立教大学等进行短期(28天)学习考察。赴日留学期间，3名博士生应邀参加了“东京都北区中日和平友好条约缔结25周年纪念会”，2003级博士生王湧在会后接受日本华人电视台的采访，扩大了南开大学及日本研究院的影响。

科研工作

2003年度各类在研课题6项，受助经费89.4万元，其中日本国际交流基金资助的横向综合研究项目72.8万元，中国社科重点项目1项6万元，教育部重点项目1项5万元，中国社会科学院项目1项5万元，学校项目2项，各0.3万元。加强对日本历史及现状的综合研究，注重研究的质量与现实意义，取得了一系列高质量的学术成果。专职科研人员共发表科研成果17项，其中专著2部，编著3部，论文12篇。

获奖科研成果4项，即米庆余监修、肖伟著《战后日本国家安全战略》获天津市第八届社会科学优秀成果三等奖；米庆余《琉球历史研究》、杨栋梁《国家权力与经济发展——日本战后产业合理化政策研究》因获得2002年度教育部第三届优秀成果三等奖，而分获2003年度校文科科研优秀成果奖，米庆余在《历史研究》上发表的论文《钓鱼岛及其附属岛屿归属考》也获得该奖。此外，赵德宇的专著《西学东渐与中日两国的对应》和李卓、宋志勇等人发表的5篇论文获得日本研究院优秀科研成果奖。

学术活动

本年度，我院主办了“东亚区域合作”国际学术研讨会，来自日本、韩国、中国的专家学者60余人出席，教育部国际合作与交流司亚非处处长薛彦青、日本国际交流基金北京事务所所长山崎正亲、南开大学副校长逄锦聚应邀出席并致辞；中共天津市委常委、天津滨海新区管委会主任皮黔生作了题为“改革开放中的天津与东亚区域经济合作”的特别演讲，日本国际论坛的专家组成员、国际大学校长山泽逸平及著名学者木下俊彦、关志雄、平川均等专程赴会并发表了演讲，韩国柳韩大学校长、总统府顾问金泳镐教授作了“东亚经济整合的新框架与规则”的大会报告。此外，与山西大学日本研究中心联合举办“中日关系的新动向”学术讨论会，探讨当前的中日关系问题。

13人次应邀来访讲学，即我校客座教授、日本青山学院大学名誉教授三和良一先后分7次作了题为“昭和恐慌的教训”、“高速增长的正面效应和负面效应”、“资本主义往何处去”、“日本经济史”、“资本主义经济缘何能快速增长”、“日本资本主义的新阶段”、“日本资本主义向何处去”的学术报告；名古屋大学名誉教授安川寿之辅以“福泽喻吉的‘亚洲观’”为题，作了2次学术报告；日本著名记者、社会实践家饭沼和正的报告题为“从模仿到创造——处于转折点上的日本科学与技术”；东京大学研究生院教授三谷博的报告题为“近世日本的国际环境”；山梨学院大学法学部教授江藤俊昭的报告题为“关于本次众议院选举”；原日本建设大臣水野清以“小泉新内阁的政策走向”为题作了演讲。

18人次赴国内外进行学术交流活动。其中，杨栋梁、李卓、王健宜、韩立红4人组成学术考察团赴日考察访问21天，杨栋梁受教育部派遣赴日进行学术访问21天，李卓应邀赴日本神户学院大学进行2个月的学术研究，王振锁率领博士生赴日研修团赴日考察28天，宋志勇参加教育部派遣的中国学者代表团赴韩国访问3天。8人次在日本的大学或学术机构作学术报告：杨栋梁在神户学院大学等三所大学分别做了题为“南开大学的日本研究”、“最近中国的日本研究动向”、“中国经济改革的道路”的报告，李卓在神户学院大学等四所大学分别做了题为“家族制度的中日比较——以姓名为中心”、“独生子女政策及中国人家族观的变化”、“中国的日本研究”、“中国独生子女政策与家族观的变化”的报告，宋志勇在立命馆大学的报告题为“战后初期中国的对日政策”。4人次参加国内学术研讨会：杨栋梁参加天津市外办等举办的“非典后天津中日经济合作及其对策”学术研讨会、参加天津亚太研究中心主办的“朝核危机与中日关系”学术研讨会(提交论文“以平常心看待中日关系”)，宋志勇参加中国社科院日本所主办的“海峡两岸日本研究信息交流会”、同济大学亚太中心主办的“中日关系中人与文化的作用”国际学术研讨会。米庆余教授应邀为全校师生作学术报告：“对当前中日关系的思考”。

党建工作

日本研究院党支部在校党委和历史学院党委的领导下开展各项工作。组织党员师生认真学习“三个代表”重要思想，学习党的十六大文件及中央领导的重要讲话精神。党支部工作机制健全，带领全体党员按规定和计划过组织生活，进行党内政治学习，坚持每学期召开一次民主生活会，开展批评与自我批评。党员自觉遵守党的纪律，按时交纳党费，发挥模范带头作用。密切配合院里的行政工作，积极参与本单位重大问题的决策，保证本单位教学、科研、对外交流工作的顺利进行。

院务工作

建立健全研究院管理体制，在正常开展各项教学科研工作的同时，重点抓好国际学术研讨会和引进人才两件大事。建院伊始，设立日本研究院办公室，明确了行政人员的工作职责，理顺了教学、科研、对外交流、日常事务等各项工作间的关系。加强与校内外兼职科研人员间的联系，组织实施日本国际交流基金资助的三个横向科研项目，完成2002年度日本国际交流基金项目结项、2004年度该基金项目申请工作，完成2002～2003年度聘任岗位的考核工作，做好三个专业方向科研人员的选调工作。搞好年内专家讲学、普通来访、中心成员出访、研究生赴日留学的对外联络工作，做好日本研究院揭牌仪式的各项工作，重点完成“东亚区域合作国际学术研讨会”的筹备工作。经多方联系，促成日本已故历史学家家永三郎教授的12000余册遗书赠送我院一事，受到日本

《朝日新闻》、中国《参考消息》等国内外主要媒体的关注。建立日本研究院网站，编印了四期与校内外相关单位进行信息交流的《日研季刊》，编写了2003年大事记，并制成2003年度专家讲学、教师出访、研究生赴日留学统计表。改善科研条件，为资料馆新购108个密集活动书架，可容纳藏书43000余册，搞好研究楼内的管理及楼前的绿化工作。关心本院离退休人员，筹办国内著名日本史专家、我院日本史专业奠基人吴廷璆先生追悼会，为我院教师、原日本研究中心创始人俞辛焞教授举办离休纪念会，定期看望离退休人员。

学生工作

组织学生听取来访的专家讲学13场，内容涉及日本政治、经济、外交、文化等各个研究领域。组织研究生与日本爱知大学在南开大学留学的13名学生进行座谈，就中日关系、历史问题、日本政局、日本经济现状、中国经济以及高校教学等问题进行座谈，加深了中日青年学生之间的相互理解。完成2002～2003年度院内"江口圭一日本研究奖学金"、"依田熹家日本史研究奖学金"的评选工作。顺利完成硕士、博士研究生的招生及毕业论文答辩工作。

支持研究生参加各种文体活动。在南开大学研究生院主办的"院长杯"2003年南开大学研究生乒乓球赛上，2000级博士生雷鸣、2000级硕士生周志国获男子双打冠军，雷鸣、姚静获混男女双冠军，雷鸣、周志国、田庆立、向卿、万鲁建获男子团体亚军。举办迎新生茶话会、毕业生欢送会、新年联欢会、研究生郊游等丰富多彩的活动。2002届研究生会主席周志国被评为校优秀学生干部，2001级博士生乔林生被评为校三好学生。

重要事件

4月24日，南开大学党委批准成立日本研究院。9月1日，日本公明党党首神崎武法特意为此致电侯自新校长表示祝贺。

6月20日，举办我院教师、原日本研究中心理事长俞辛焞教授离休纪念会。

7月12日，举行"南开与日本关系研究"科研项目启动会，王文俊、申泮文、梁吉生、魏宏运、刘焱、王健宜、南炳文等相关领域的专家学者参加。

7月13日，中央电视台文献纪录片"东京审判"摄制组来我院采访，宋志勇副院长应邀担任文献记录片《1946·东京审判》的主评人。

6月底，日本已故历史学家家永三郎先生的遗书将捐赠给我院。7月1日的日本《朝日新闻》、7月6日的中国《参考消息》就此分别进行了报道。7月14日，杨栋梁院长就此事宜接受《天津青年报》的专访，该报于同月17日、18日分两版进行了专载。

7月19日，与山西大学日本研究中心在山西大学联合举办"中日关系的新动向"学术研讨会。

7月30日，日本国际交流基金北京事务所山崎正亲所长、河野明子、盐泽雅代女士来我院检查工作，侯自新校长、高乐咏国际学术交流处长会见日本客人。

9月6～8日，我院主办"东亚的区域经济合作"国际学术研讨会，中外学者60余人与会，教育部国际交流与合作司亚非处薛彦青处长、日本国际交流基金北京事务所所长山崎正亲、南开大学副校长逄锦聚应邀出席开幕式并致辞。中共天津市委常委、天津滨海新区管委会主任皮黔生作了题为"改革开放中的天津与东亚区域经济合作"的特别演讲。

9月6日，举行南开大学日本研究院揭牌仪式。

9月26日 南开大学客座教授、日本爱知大学名誉教授江口圭一先生逝世。

10月15日，我院教师考察团赴日本国

学院大学等进行为期21天的考察访问，团长杨栋梁院长，成员有李卓教授、王健宜研究员、韩立红研究员。

11月13日，我院研究生乒乓球代表队在南开大学研究生院主办的“院长杯”2003年研究生乒乓球赛上，夺得男子双打冠军、男女混双冠军、男子团体亚军。

12月3日，著名历史学家，原全国政协常委，天津市政协副主席，南开大学总务长、历史系主任、历史研究所所长、日本研究院奠基人、教授、博士生导师吴廷璆先生，因病医治无效逝世，享年93岁。追悼会于同月6日在津举行。

12月8日，王振锁率领博士研修团一行5人赴日本立教大学等进行为期28天的研修考察。

12月29日，米庆余教授的专著《琉球历史研究》、论文《钓鱼岛及其附属岛屿归属考》，杨栋梁教授的专著《国家权力与经济发展——日本战后产业合理化政策研究》获得“南开大学2003年度优秀科研成果奖”。

哲　学　系

概况

哲学系现有在岗教职工45人，其中教授（含双聘教授2人）18人（其中博士生导师16人）、副教授18人、讲师1人、行政管理和教辅人员8人。教师中1人入选教育部“跨世纪优秀人才奖励计划”，1人获教育部“高校青年教师奖”，2人获“宝钢教师奖”，具有博士学位者达27人，占专任教师人数的71%。2人被聘为博士研究生导师，1人晋升为教授，1人晋升为副教授，2人获“香港金乔奖教金”，6人获“南开大学敬业奖教金”，6人获南开大学优秀社会科学成果奖。现有在校学生412人，其中博士研究生86人，硕士研究生94人，本科生232人。

哲学系现设有马克思主义哲学教研室、中国哲学教研室、外国哲学教研室、逻辑学教研室、科学技术哲学教研室、宗教学教研室、美学教研室、伦理学教研室、社会哲学研究所、中国哲学研究中心、宗教文化研究中心、发生与比较认识论研究中心等教学、科研机构。现任系主任是王南湜教授，党总支书记为李翔海教授。

国家基础学科人才培养和科学研究基地

在通过教育部验收的基础上，重新制定了基地发展战略和发展计划，突出强调打造南开哲学基地特色的重要性。重新制定了基地经费使用计划，重点支持资料建设和教材建设。制定了图书资料购置计划，并成立了以专业教师为主体的图书采购小组。与国家图书馆、中共中央编译局等单位建立了固定的联系，以拓宽基地图书资料的采购渠道。在现代化的教学系统、信息与图书资料系统、教学行政管理系统和教学研究系统已初步形成的前提下，建成了多功能学术报告厅，为更好地开展学术活动奠定了基础。

学科建设

学科建设实现了重要突破，在国务院学位委员会组织的评审中，以通过率100%的优异成绩获得哲学一级学科博士学位授予权，并获人事部批准设立哲学学科博士后流动站。由此，哲学学科成为国内为数不多的几个整体实力雄厚、学科门类齐全，能够培养从本科生、硕士生到博士生、博士后全部层次哲学人才的教学科研基地，整体学科实力居于全国先进行列。增设西方哲学、美学两个博士学位授权点和伦理学、宗教学两个硕士学位授权点。

教学工作

本科教学方面，学校“新世纪教学改革工程”批准“哲学系新世纪课程体系改革”立项并给予经费资助。系教学指导委员会在对国内外重要大学哲学系的本科教学计划进行了全面调研的基础上，对哲学、逻辑学、宗教学三个本科专业的教学计划进行了全面的调整，并制定了新的培养计划。组织高年级本科生讨论本专业的教学计划和培养方案，针对学生提出的问题进行课程体系的改革。组织学生进行网上评教，向教师反馈学生的评教意见，改进教学工作。继续贯彻教育部4号文件精神，认真落实教授、副教授为本科生开设课程的相关规定。制定了“哲学系本科各专业精品课程建设规划”，将哲学概论等16门课程列为系精品课程规划项目，决定对这些课程的教材编写给予资助。推荐“世界科技文化史”、“中国哲学史(二)”、“美学概论”等5门课程申报学校精品示范课程和学校精品课程。

研究生教学方面，组织各二级学科重新审定教学计划和培养方案，调整了部分专业硕士生和博士生的培养方向，制定了新的教学计划。

科研工作

在研立项26项、入账科研经费67万元。全年出版发表科研成果105项，其中专著3部，论文102篇。王南湜教授、李翔海教授、阎孟伟教授、李淑梅教授、任晓明教授、薛富兴教授获2003年度南开大学社会科学优秀成果奖。

学术活动

继续举办“南开大学天马讲座”，邀请刘放桐教授等国内著名学者来我校进行学术交流。先后有近20人次参加国内马克思主义哲学、中国哲学、西方哲学、美学等学科的全国性学术会议，1人赴台湾访问。国际交流方面，先后邀请法国、澳大利亚、加拿大等国家的专家学者来校进行专题学术讲座；1人赴日本、1人赴加拿大、2人赴瑞典进行访问、交流。

党建工作

组织全系师生学习贯彻“三个代表”重要思想，开展多种形式的学习十六大精神活动，就如何贯彻我校第七次党代会精神进行专题讨论。由我系教师撰写的《论“三个代表”重要思想对马克思主义的理论贡献》一文入选“全国高校‘三个代表’重要思想理论研讨会”。组织建设方面，共发展中共预备党员26名，其中本科生15名、硕士生10名、博士生1名，另有25名学生按期转为中共正式党员，本科生入党申请人数占普通本科生人数的41.3%，研究生入党申请人数占普通研究生人数的56.9%，输送50余名本科生、研究生入党积极分子到学生业余党校参加学习。制度建设方面，定期举行系党政班子政治学习和民主生活会，制定落实党风廉政责任制措施，结合班子各成员分管的具体工作，明确各自承担的责任，对照廉洁从政行为规范和有关规定考核各自工作，并按要求向校党委、纪委写出书面报告。明确职责，对各支部的组织生活制度做出具体要求，制定了发展对象确定制度和公示制度、民主评议制度、联系群众制度、组织生活制度、政治学习制度、按时交纳党费制度。在学校“敬业”教育优秀工作者、“抗击非典”先进个人评选中，系党总支副书记高志勇分获二等奖和先进个人称号。

系务工作

系内设综合办公室，开展行政事务和教学管理工作。进一步完善各项规章制度，制定《办公室工作规范守则》、《办公室主任岗位职责》、《财务、物资管理岗位职责》、《教务干事岗位职责》、《设备管理岗位职责》、《机房值班员岗位责任制》等。扩充、改善图书资料室，为学生创造良好的学习环境。配合做好人才引进和教师招聘工作。对来我系进行学术交流的国内外专家做好接待。顺利完成本聘期内各类人员的业绩考核工作。

学生工作

现配有一名专职从事学生工作人员，为一、二年级本科生分别配备了2名专业教师担任宿舍导师，4名研究生担任本科生各年级班主任。对建立全程导师制的学生教育管理新模式进行了探索，安排专业教师对本科生的学习、思想、生活各方面实行全过程的教育管理。坚持新老学生交流会、师生座谈会制度，保证师生之间的联系沟通。结合学生党建、学生干部选拔培养、学生社团、新生团校，举办大量丰富多彩的文体活动，取得良好效果。

加强学生基本的思想道德素质教育，组织学生骨干和全体本科生学习我校德育工作会议精神和文件，落实《南开大学〈中国普通高等教育德育大纲〉（试行）实施细则》、《南开大学本专科学生德育考评实施规程（试行）》、《南开大学学生宿舍文明建设工作条例（试行）》等，强化对学生的激励约束机制。团总支、学生党支部、学生会、研究生会、学生社团、各年级团支部、班委会建立了工作记录制度，记载学生的思想政治表现、活动情况、做好事情况及其他表现，为开展综合评价积累基本依据。注意把思想政治工作与学生的人生发展、业务学习、日常生活问题结合起来，通过经常性的交流谈心，帮助学生提高思想认识，促进全面发展。

开展大学生成才文化工程建设，组织各种校园文化学术活动，注重发挥哲学的优势，积极推进学生文化建设：举办学术讲座5次；编制《猫头鹰》、《思路》等出版物；组织哲学研习会开展学术交流、研讨活动；加强学生宿舍文化建设，开展以“提高文化品位，自觉文明修身”为主题的“宿舍文化创意展示大赛”及“卫生先进宿舍”评比表彰活动。

学生及学生工作获得的奖励：获南开大学“海信杯”田径运动会乙组团体总分第三名（为本系近十年来取得的最好成绩）。获校级集体表彰2个、校级个人表彰5人次，学生年度获学校以上各类先进120余人次，占学生总数的40％。本科生中，被评为校级三好学生21人，优秀学生干部8人。35名同学报名献血，16名同学光荣献血。2002级团支部在“五四”评优中获南开大学“十佳红旗团支部”。郑飞同学被评为天津市“十佳大学生”，宋媛同学被评为“南开大学十佳共青团干部”，郝琳同学被评为“南开大学十佳共青团员”。

学生就业工作：学生就业指导工作以经验丰富的专职指导教师为主，专业教师积极协助，采取及时公布招聘信息，积极向招聘单位推荐毕业生，定期召开毕业班就业指导会等形式，指导毕业生熟悉就业形势、就业政策及学校就业安排，帮助学生树立正确的就业观和成才观，培训求职方法和技巧。开展择业咨询，解答毕业生求职过程中遇到的各种问题。2003届全部为哲学专业毕业生，共有35名本科毕业生，11人被录取为硕士研究生，1人出国留学，1人延期毕业，分别占毕业生总人数的31.4%、2.9%、2.9%；一次性就业22人，行业分布为：党政机关2人，占5.8%，企业16人，占45.7%，教学科研单位2人，占5.8%，新闻出版业2人，占5.8%。2003届硕士毕业生一次性就业率为100%。

重要事件

1月3日～4月16日，举办三次"南开大学天马讲座"专题讲座。

3月21～28日，加拿大多伦多大学Ronald de Sousa教授来我系进行专题讲座。

4月5日，哲学基地举行挂牌仪式。

5月4日，郑飞同学被评为天津市"十佳大学生"。

9月，在校团委举行的"五四"评优活动中，2002级团支部获南开大学"十佳红旗团支部"，宋媛同学被评为"南开大学十佳共青团干部"，郝琳同学被评为"南开大学十佳共青团员"。

9月19～21日法国巴黎高等师范学院哲学系主任Clauole Imbert教授来我系进行专题讲座。

10月，本科生体育代表队获南开大学"海信杯"田径运动会乙组团体总分第三名。

11月3～13日，西澳大利亚大学王毅博士来我系进行专题讲座。

12月1～3日，加拿大萨斯喀彻温大学宗教学研究与人类学系主任詹姆斯·幕伦斯教授来我系进行学术交流。

法政学院

概况

法政学院2003年在原来三系一所4个教学单位格局的基础上，进一步进行学科整合，将原有的政治学系调整为政治学系、国际关系系、行政管理学系三个系；将社会学系调整为社会学系、社会工作与社会政策系、社会心理学系三个系；加上原有的法学系和国际经济法研究所共8个教学单位。学院内设或受学校委托代为管理、协调的科研机构。有行政管理实验室、社会工作实验室、心理学实验室、物证实验室和法学研究所、全球问题研究所、美国研究中心、政治文化研究中心、心理学研究中心、社会调查研究中心、中国农村问题研究中心、比较法律文化研究中心、南开大学亚洲问题研究中心以及南开大学国际问题研究院等。2003年11月被批准为公共管理硕士专业学位培养单位。

法政学院由朱光磊教授任院长。现有专职在岗教师91人，其中教授29人（含博士生指导教师10人，特聘讲座教授1人），副教授38人，讲师18人，助教6人。教师中具有博士学位者44人。本年调入人员12人，其中具有博士学位 8 人。教师有 2 人退休。3 人晋升为教授,4 人晋升副教授,4 人晋升讲师。现有学生 3419 人,其中本科生 1195 人,硕士生 1077 人,博士生 107 人,留学生 3 人,函授生 504 人,夜大生 533 人。

图书资料中心的管理初步实现了网络化,建立了法政学院中文图书数据库;完成了法学、政治学、社会学中文普通图书的计算机编目和回溯建库工作;购买了美国"Lexis NexisTM Academic 学术大全"的网络信息系统的上网权,为法学、政治学、社会学等领域的专业教师提供了比较权威和相对全面的信息服务;完成了 2 万余册的图书打标工作。

学科建设

2003 年法政学院新批准增设了社会学博士后流动站,人口学博士点,法学理论、诉讼法学、环境与资源保护法学、外交学、应用心理学、社会保障 6 个硕士点,新增设了公共管理硕士专业学位(MPA)培养授权点。现共有博士后流动站 1 个,博士学位授权点 3 个,硕士学位授权点 18 个和 2 个专业学位授权点。现有法学、政治学与行政学、行政管理、国际政治、社会学、社会工作、应用心理学 7 个本科专业。学院还设有国际经济法、政治学理论、社会学等专业硕士研究生课程进修班。

教学工作

继续贯彻、落实《法政学院本科教学改革措施》,加强课程和教材建设。朱光磊教授获"国家首届教学名师奖"。法学系柏桦教授《中国政治制度史》和行政管理学系谭融教授《美国政治制度》获教育部"百门精品教材"立项资助。柏桦教授的《增强大学生爱国意识的课程构建》,傅士成教授《法学专业课程体系和内容改革研究》获南开大学 2003 年度"新世纪教学改革工程"立项资助。在"南开大学'十五'新专业建设立项"中,应用心理学专业获资助 35 万元,行政管理专业获资助 15 万元均通过学校验收。在南开大学本科生创新科研中,政治学系黄亮同学的《平遥古城开发与保护政策对当地居民影响的效果评估》和社会学系李营同学的《健康老龄社会——建立社区社会保障为基础的社会养老保险体系》,被评为南开大学本科生创新科研二等奖。

科研工作

2003 年法政学院科研经费共 92.75 万元,人均 1.03 万元。各种立项 48 项,其中国家级项目 4 项,教育部项目 4 项,横向、委托项目 9 项。我院承担了校长基金项目"非典对我国经济、政治和社会的影响及其对策"其中的两个子项目——"非典对我国政治的影响及其对策"和"非典对我国社会的影响及其对策",并圆满地完成了任务,研究成果已在相关的杂志上发表。与国际商学院联合申请的国家自然科学基金管理学部主任基金项目"SARS 对中国社会与经济的应对管理策略研究"被批准立项。另外承担 3 项全国哲学社会科学规划课题,9 项天津市社会科学基金课题,13 项校级文科项目,2 项教育部人文社科研究博士点项目。万国华教授在天津市政府研究项目中获资助 25 万元。

科研成果数共 331 项,在 CSSCI 发表 3 篇以上论文的教师有柏桦、陈耀东、何红锋、乐国安、汪新建、王处辉、葛荃、庞中英、谭融、杨龙、吴志成。学院为教师资助出版专著 8 部。

学术交流

与加拿大萨斯喀彻温大学联办的国际学术研讨会"知识转型与社会政策:社会科学研究在政府决策中的地位",并与该校社会学系达成了进一步学术交流的意向。澳大利亚詹姆斯库克大学 JCU 校长访问我院,达成合作意向，合作项目将于2004年具体洽谈。举办"中国社会工作教育协会第四届年会暨中国社会与社会工作教育理论与实践学术研讨会"和"全国社会工作专业实习师资培训班。继续实行双周学术报告会制度，举办25次讲座。出版2002～2003年度《南开法学评论》、《南开政治学评论》、《南开社会学评论》。

党建工作

认真学习校第七次党代会报告，紧密围绕党代会提出的战略目标，结合学院的实际，积极组织党员学习《中国共产党党内监督条例》和《中国共产党纪律处分条例》。开展"创最佳党日"活动，院党委组织全体党员到西柏坡开展以"牢记两个务必，实践三个代表，保持共产党员先进性"为主题的党员教育活动。认真做好《南开大学党支部工作手册》记录，认真落实了《南开大学基层党支部工作细则》。非典期间，组织三个专业课题组，提交《非典对我国社会的影响及对策方略》、《非典对我国政治的影响及对策》以及《非典的法律问题及对策方略》三个研究报告。各党支部召开"党员如何在非典时期发挥先锋模范作用"的组织生活会，密切联系现实，做好抗击非典工作。

顺利完成本科生支部换届工作，完成97名新生党员档案审查工作。建立入党积极分子的考查档案。举办入党积极分子党章学习班，被考察人暨重点发展人培训班。加大发展力度，出台《主管学生工作的副书记找即将入党学生谈话》制度。做好"双高"人员入党工作，有一名双高人员加入中国共产党。全院学生入党积极分子200多人，申请入党的有600多人，新发展中共预备党员97名，其中本科生53名，研究生44名，学生和教师中预备党员转为中共正式党员126名。

党委制定党风廉政建设措施，签订党风廉正建设责任书，把党风廉正建设纳入干部任期目标责任制，设立意见箱，每周开启一次，落实各种公示制度。坚持院党委民主生活会和各支部民主生活会。制定《南开大学法政学院党风廉政责任制实施办法》，此办法受到学校领导重视，并在全校推广。全年上报信息98条，学院被评为年度信息工作先进单位，院党委秘书张维平获优秀信息员称号。

院务工作

2003年在学生、教师人数增加，专业规模不断扩大的情况下，我院重新调整办公室人员的工作职责。在管理人员中继续提倡服务意识和规范管理，不断强调文字报告的规范书写，上传下达文件的及时、准确，工作环节上衔接通畅、高效，管理服务方面的到位。进一步规范用章制度，重新明确使用公章批准人的职责和登记制度。制定法政学院安全责任制，把安全防范工作落实到每个人。更换部分消防设备，开展经常性的安全教育。完成全院宽带网的建设。继续加大投入改善实验室、教研室以及办公室计算机、打印机等办公设备。学院为十余名调入教师在解决子女入学、配偶工作、住房等问题，为他们营造宽松和谐的工作、生活氛围。

在抗击非典中，教师和管理人员都表现大无畏的精神，十几次到隔离区看望慰问学生，从发放消毒药水到轮流值班，为抗击非典做大量工作，期间，评出校院级15名优秀个人。全院教职工为救助特困学生积极捐款近万元，解决他们生活方面的燃眉之急。学院工会还经常以各种形式丰富活跃教职工的文化生活。

学生工作

学院利用党课、团课、干部培训、形势报告、讲座、讨论会、辩论会等形式开展日常思想政治工作，使广大学生逐步树立起正确的世界观、人生观和价值观，同时寓教于乐，充分利用第二课堂开展丰富多彩的校园文化活动和各种社会实践活动，并在各级各类评比和竞赛中取得优良成绩。举办的“法政文化节”活动在全校同学中产生巨大反响，模拟法庭、模拟人大等突出法政学院特色的活动，更是打出南开法政人的品牌。荣获“海信杯”校运会男子甲组第一名。在北京举办的“Jessup 国际模拟法庭辩论赛”中，位列第三名，并荣获南开大学特别奖学金集体二等奖。学院代表队在全国“贸仲杯”辩论赛中名列第五。在全国“中法图书”杯书评大赛中，学院荣获一等奖 1 项、二等奖 1 项、三等奖 2 项，与南京大学并列第一(全国 30 人获奖)。2003 年 5 月，2002 级政治学系、社会学系团支部被评为“五四红旗支部”，张士勇等 4 位同学被评为“优秀团干部”，江依妮等 3 位同学被评为优秀团员。法学系郭乐琪同学，社会学系郑丹同学荣获天津市三好学生称号。在第五届天津市大学生演讲比赛南开赛区中，我院荣获“最佳组织奖”。重新修订《法政学院本科生奖学金评定条例》和《班导师工作职责》，继续开展每周一次的“院长接待日活动”，及时开展对班导师及宿舍导师的总结评优工作。高度重视就业指导工作，在面临非典疫情的困难情况下，2003 年学院学生就业率名列全校第四，本科生达 98%以上，研究生就业率达 100%。

重要事件

1 月 8 日，成立南开大学亚洲研究中心，任命杨龙为中心主任。

2 月 18 日，民法、刑法课程被评为 2002～2003 年度第一学期校级优秀课程。

3 月 9 日，全院党员去西柏坡过党日。

4 月 9 日，成立南开大学国际问题研究院。

4 月 18 日，任命张睿壮为南开大学国际问题研究院院长。

6 月 25 日，新成立四个系：行政管理学系、国际关系系、社会工作与社会政策系、社会心理学系。任命葛荃、张睿壮、关信平、乐国安、王骚为系主任。

9 月，朱光磊教授获“国家首届教学名师奖”。

10 月 25 日、26 日，荣获“海信杯”校运动会学生男子甲组第一名，精神文明奖第一名。

11 月 10 日，被批准为公共管理硕士专业学位(MPA)培养单位。人口学博士点通过审核，法学理论、诉讼法学、环境与资源保护法学、外交学、应用心理学、社会保障学硕士点通过审核。

11 月 14 日，朱光磊、张睿壮、柏桦、关信平、程开源、王处辉、乐国安、沈亚平被聘为天津市人民政府学位委员会第三届学科评议组成员。

11 月，学生献血 110 人。

12 月 1～3 日，社会学系与加拿大萨斯喀彻温大学联合举办国际学术研讨会。

12 月 7～13 日，举办“中国社会工作教育协会第四届年会暨中国社会与社会工作教育理论与实践学术研讨会”和全国社会工作专业实习师资培训班。

(撰稿人：黄怡)

外国语学院

概况

外国语学院坚持以马列主义、毛泽东思想、邓小平理论和“三个代表”思想为指导，以学科建设为龙头，本着“求精、求强”的精神，创新、务实地在本科生教育、硕士研究生教育、博士研究生教育和博士后流动站建设四个工作平台上开展工作，2003 年学院在学科建设上有了进一步的发展，科研立项和科研成果都创历史新高，学院的各项管理工作得到了进一步地强化和规范。

学院在 2003 年狠抓硬件建设，争取到日本政府的援助，建设投资近 70 万的同声传译教室，增加对声像资料的投入，配合学校完成全院办公室和教室的装修，全院教学条件得到进一步改善。学院十分重视基础性建设工作，完成《外国语学院行政年鉴》、《外国语学院规章制度汇编》、《外国语学院教学科研年鉴》的编写工作。积极开展非典防控工作，确保全院师生的健康。加强党的建设工作，发挥院工会和共青团的作用，保证全院各项工作顺利完成。

学院目前设有英语系、翻译系、日语系、西语系、公共英语教学部和 3 个研究中心，即翻译研究中心、英美文学研究中心、俄苏文学研究中心。共有英语、日语、俄语、法语、德语等 5 个本科专业。英语、日语、俄语 3 个专业均为硕士点，其中英语语言文学专业在 1990 年被批准为博士学位授权点，现在是天津市重点学科，2003 年经国家人事部批准在外国语学院设立外国语言文学博士后(流动)工作站。

学院有专职教师 134 名，其中教授 24 名(博士生导师 8 名)，副教授 54 名，讲师 45 名。现聘请外籍教师英语 3 名、日语 3 名、俄语 1 名、法语 1 名、德语 1 名、韩语 1 名。学院晋升教授 1 名，晋升副教授 3 名，晋升讲师 6 名。教职工有 3 人退休。

学院有学生 866 名，其中本科生 681 名，硕士研究生 147 名，博士研究生 38 名。公共英语教学部承担全校 8374 名本科、硕士和博士研究生的教学和全校远程教育的英语教学工作。学院的成人教育工作有了较大的增长，在校成人教育学生共计 1282 人(其中夜大学生 595 名，高自考学生 687 人)。

学院图书馆资料中心在 2003 年购进新书 570 册，藏书总数达到 31835 册。

学科建设

在外语学科发展规划、目标明确的基础上，围绕把英语学科建成国家重点学科的目标，明确该学科的学术带头人，加强对学术骨干的培养，初步形成结构合理、整体素质优良的学术梯队；积极申报并获国家人事部批准，建立外国语言文学学科博士后流动站；新增"外国语言学与应用语言学"硕士点；顺利通过学校对我院“教育振兴行动计划”的评估验收，并被评为优秀。完成设置“朝鲜语”专业可行性报告，并向学校首次提出申报。法语专业获得学校拨划的10万元“新专业设置专项资助”和5万元2期专项资助，使该专业图书资料建设迅速发展。德语专业获5万元专项资助。招聘法语和韩语各一位教师来学院工作。

教学工作

学院认真抓教学基础建设和教学质量的提高，推动教学管理科学化、规范化，对本科生教育、硕士研究生教育、博士研究生教育和博士后流动站建设的四个工作平台进行重新规划。

英语专业四级考试通过率为88%，日语专业四级考试通过率为100%，俄语专业四级考试通过率为100%，英语专业八级考试通过率为87.97%，日语专业八级考试通过率为83.87%，俄语专业八级考试通过率为100%，英语专业四级口语考试通过率为90.9%，英语专业八级口语考试通过率为83.1%。德语专业，翻译系圆满完成首次招生任务。公共英语教学部组织全系范围的督导备课与查课，为全校已通过四级考试的同学开设从语言知识到文化知识及实用技能等多种选修课，并完成全国英语四、六级口语考试天津考点考务工作和英语四、六级考试阅卷工作。西语系外籍教师俄罗斯专家奥丽佳女士因教学工作成绩突出，获天津市政府“海河奖”。英语系2000级学生张丹枫、张玲、邓薇的《基督教在云南少数民族地区的传播及文化影响》获南开大学2002～2003年度本科生创新科研“百项工程”一等奖。在教材建设上，英语系王宏印教授主编的《英汉翻译综合教程》、日语系王健宜教授主编的《日本古典文学》教材入选“全国高等教育百门精品课程教材建设计划”。

英语系组织编写的《高校英语专业系列教材》(共20本)多次重印，反映良好。日语系王健宜、刘桂敏教授主编《高级日语精读》出版，此教材是天津市高校“十五”规划教材入选的重点项目。《国际商务日语》《高级日语》两套系列教材启动，编写工作进展顺利。《高级日语精读》、《日本文化概论》、《国际商务日语函电》、《国际商务日语会话》、《国际商务日语文选》出版。

科研工作

现有各类在研项目13项，获资助经费8.8万元。英语、俄语四项科研课题获天津市社科基金立项资助。英语系索金梅教授的《庞德与中国》，获天津市外国文学学科一般项目资助。英语系马秋武教授的《天津话三字组连续变调的优选论分析》，获天津市语言学一般项目资助。西语系阎国栋教授的《天津杨柳青年画在俄罗斯的收藏与研究》，获天津市艺术学科一般项目资助。翻译系宁洪副教授的《美国人的价值观与文化》，获天津市国际问题学科一般项目资助。这是学院获省部级科研项目立项最多的一年。英语系启动“2003～2004年度中青年教学科研资助项目”。公英教学部编写的《南开大学大学英语改革方案》获得教育部首批试点立项；薛琛、左耀琨、王一普、郭嘉等老师合作的项目《密集型教育在大学英语教学的作用》获教育部立项。

科研成果共计69项。其中专著3部，即索金梅的《庞德〈诗章〉中的儒学》、马秋武的《优选论与汉语普通话的音节组构》、韩立红的《日本文化概论》。教材12部，论文47篇，译著3部，译文9篇，研究报告1篇。

英语系博士生导师刘士聪教授2002年在CSSCI入选期刊上发表3篇学术论文，在2003年12月30日召开的“南开大学2003年文科研究优秀成果颁奖大会”上受到表彰和奖励，再次荣获南开大学社会科学研究优秀成果奖。马秋武教授论文《优选论的制约条件：分类与表述》，荣获天津市语言学会2003年学术年会优秀论文二等奖,《后SPE音系学理论的发展取向》获2003年天津市第八届社会科学研究优秀成果三等奖。

学术活动

2003年学院积极进行国内外学术交流。教师参加学术会议15人次,内地学术交流14次,港澳台地区2次,其中严启刚教授应邀作大会主题发言。参加国内学术交流教师提交论文8篇,其中内地7篇,港澳台地区1篇。讲学派出5人次,其中内地3人次,港澳台地区2人次。外请来校讲学3人次,其中国际1人次,国内2人次。社科考察派出2人次皆为国际交流。学院组织学术讲座6次,学术沙龙1次。《大学英语》杂志第九期专版介绍了刘士聪教授治学经验,并在封面配有大幅照片。

日语系与中国日语教学研究会、日中友好市民俱乐部联合举办"中国大学生日语毕业论文大赛"。

党建工作

组织全院师生学习十六大报告和新《党章》,深入领会"三个代表"重要思想的科学内涵。索金梅、阎国栋、王一普、温秀颖、李莉、王之英、赵桂敏、白永耕、曹绍红等9位同志作为学院党员代表参加校第七次党代会。

举办第六期学生业余党校,就"新时期如何成为一名合格党员"这一专题进行学习讨论。组织建设方面,组建翻译系党支部;发展中共预备党员22名,其中本科生17名、硕士研究生3名、教师2名;有31名中共预备党员按期转为正式党员,其中教师5人。

制度建设方面,按时举行院党政班子政治学习和民主生活会,结合班子各成员分管的具体工作和承担的责任,检查党风廉政责任制措施的落实情况,对照廉洁从政行为规范和有关规定进行考核,并按要求向校党委、纪委写出书面报告。加强对党支部书记的教育管理,对各支部的组织活动、制度提出具体要求,以往制定的发展对象确定制度和公示制度、民主评议制度、组织生活制度在各级党组织中得到落实。在天津市教卫系统防治非典型肺炎工作评比中,学院研究生党支部书记邢丽芳同志被评为天津市教卫系统优秀共产党员;在学校抗击非典工作中,邢丽芳同志、本科生党支部书记杨晓峰同志荣获先进个人称号。

在学校的"创最佳党日"活动评比中,院行政党支部"读优秀共产党员传记,加强共产党员党性修养"活动获一等奖,行政党支部书记白永耕在学校党委表彰会上,做经验介绍。英语系－翻译系联合党支部"教师——为党旗争辉的辛勤园丁"活动获二等奖,西语系党支部"老中青党员庆七一,重温入党誓词"活动获参与奖,院党委获组织奖。

学院在年初召开"三育人"表彰大会,对在"三育人"工作中做出成绩的17名教职工进行了表彰。英语系张雅丽、翻译系温秀颖、日语系石云艳、西语系郝淑霞、行政办公室赵国强、教科办曹莉等老师分别在会上介绍经验。

院务工作

加强学院制度建设,编辑《外国语学院制度汇编》,规范办事程序,使各项工作做到有章可循,有法可依。整合行政人力资源,减少临时工,提高了部门的工作效率。编辑《外国语学院行政年鉴》和《外国语学院教学科研年鉴》,侯自新校长为《外国语学院行政年鉴》题词"以史为鉴"。编印5期和全国兄弟院校交流的刊物《外国语学院简报》,向学校报送信息60条,28条被《南开简讯》采用。学院的网页建设取得较好的成绩,在学校召开的网络工作会议上受到好评。配合学校完成全院教室和各办公室的装修,改善师生员工的学习和工作环境。建设计算机网络教室，并正式投入使用。院资料中心进一步完善多语种图书管理系统，已输入该系统13254册图书。电教中心完成新建法语专业和视听室声像资料，购买、审看及编目工作。积极开展非典防控工作，确保全院师生的平安和教学秩序的正常运转。学院表彰在防非典工作中涌献出来的10名先进个人，并为战斗在抗非典一线医务人员捐款8842.2元，是全校捐款最多的单位。

新开设的高自考“国际商务日语”本科，获得天津市高自考委批准，为学校和天津市高自考专业增添一个新的专业。教代会上半年召开专门会议，讨论通过《外国语学院岗位聘任考核教学人员工作量计算办法》、《外国语学院2002～2003学年度岗位聘任考核党政管理及教辅人员考核评分办法》、《外国语学院奖酬金分配原则及发放办法》等3个涉及教职工切身利益的规章制度。重新修订院务公开的若干规定。12月份召开首届教代会第四次会议，讨论和通过王健宜院长关于《贯彻南开大学第七次党代会精神，鼓干劲、干实事，开创外国语学院新局面》的工作报告，南开大学工会主席、教代会主席孔繁丰教授出席会议并讲话。

学生工作

师生团结努力，共抗非典，制订应急预案，开展“青春飞扬，爱我南开，我为团旗增光彩”主题团日活动以及各种室外文体活动，取得抗击非典的重大胜利。

学院积极发挥学生宿舍导师的作用，建立奖惩机制开展评优活动，有12人被评为优秀宿舍导师。举办第六期学生业余团校；举行宿舍文化设计大赛；组织部分学生党员和团校成员参观“新中国反腐败第一大案”；成功举办第十一届外语节，并和大三学生的实习活动紧密结合，效果良好。举办学生业余党校第六期入党申请人培训班，讲授党的基本理论知识。院本科生党支部进行评优，有6名同学被评为优秀共产党员。12月，学院召开优秀学生表彰会，院党委领导为188名获校奖学金的同学、52名三好学生、15名优秀学生干部以及获得“李宜燮奖学金”(2人)、“柯斯碧奖学金”(1人)的同学颁发获奖证书。组织67名同学参加义务献血。

积极做好就业工作，举办多期毕业生就业指导讲座，热情接待用人单位，组织供需见面会，为毕业生提供个人咨询服务，充分利用“毕业生就业信息发布栏”和校园网、信息联络员等方式将就业信息及时传达给毕业生。虽然受到非典的影响，就业工作仍然能够克服困难，顺利进行。2003届英语、日语、俄语三个专业本科毕业生共189人，42人录取为研究生，自费出国留学9人，一次性就业130人，就业率为95.8％。就业地域分布为天津117人，占61.9％；北京26人，占13.8％；其他城市46人，占24.3％。2003年本科生就业率为95％，研究生就业率为100％，是全校同级毕业生就业工作做的比较好的单位。

重要事件

1月17日，外语学院隆重召开年终总结暨“三育人”表彰大会。

3月28日，南开大学第十一届外语节隆重开幕，侯自新校长、张静副校长出席开幕式并讲话。

3月31日，学校下发南发(2003)33号文件，任命王一普为外国语学院副院长(兼公英教学部主任)。

5月30日，学院召开教代会，经过大会表决通过有关“教师工作量计算办法”等3个文件。

9月10日，我校二级学院第一本年鉴《外国语学院行政年鉴》编辑完成，侯自新校长亲自为此年鉴题词“以史为鉴”。

9月19日，《南开大学报》刊登“高等教育百门精品课程教材建设”评审结果，学院英语系王宏印教授的《英汉翻译综合教程》评为一类精品项目，日语系王健宜教授的《日本古典文学》(成套教材)为三类选题项目。

9月30日，西语系外籍教师俄罗斯专家奥丽佳女士因教学工作成绩突出，获天津市政府“海河奖”。

10月23日，国家人事部下发国人部发(2003)38号文件，批准学院建立外国语言文学学科博士后流动站。

11月10日，学校下发南发(2003)106号文件，公布学校通过第九批学位授权审核的学科、专业名单的通知。学院“外国语言学及应用语言学”为硕士学位授权学科、专业。

11月11日，日本政府捐赠学院同声传译设备签字仪式，在学校隆重举行。日本公使宫家邦彦，天津市副市长只升华，校长侯自新、副校长陈永川，天津市教委、天津市外办及学院领导出席了签字仪式。

12月12日，学院隆重召开首届教职工代表大会第四次会议，听取了王健宜院长所做的工作报告，听取了有关教代会工作其他报告。校工会、教代会主席孔繁丰教授出席会议并讲话，高度评价学院工会和教代会的工作。

12月12日，天津市哲学科学规划领导小组下发天津市“十五”科研究规划(2003年度)课题立项通知，我院索金梅、马秋武、阎国栋、宁洪等教师申报科研课题获准得立项。

(撰稿人：白永耕、李东元、邢丽芳、杜婴)

马克思主义教育学院

概况

马克思主义教育学院有三个教学部，即马克思主义基础理论教学部、思想品德教学部和思想政治教育研究部；一个研究部，即马克思主义理论教育研究所。院长为武东生教授，党委书记为平章起教授。

学院现有在岗专职教师55人，党政管理人员5人，教学辅助人员1人，兼职教授4人、副教授1人，离退休教职工36人。在岗专职教师中，教授12人(含博士生指导教师4人)，副教授21人，讲师20人，助教2人。本年度2人被评为博士生指导教师，1人晋升为教授，2人晋升为副教授，3人退休。现有学生141人，其中本科生74人，硕士研究生67人。

经过对原有图书资料的重新进行整理编目，图书资料室现有藏书1.5万册，中文期刊220种，外文期刊10种，内容涉及哲学、伦理学、政治经济学、科学社会主义、国际共运史、中共党史、政治、法律、马克思主义理论与思想政治教育等学科。

学科建设

学院全面启动“面向21世纪教育振兴行动计划”的“马克思主义理论与思想政治

教育”学科项目建设工作，申报“马克思主义理论与思想政治教育”博士学位授权点获得成功，成为全国高校中拥有该学科博士学位授权点的少数单位之一。增设了“科学社会主义与国际共产主义运动”硕士学位授权点。现有硕士学位授权点5个，即马克思主义哲学、马克思主义政治经济学、科学社会主义与国际共产主义运动、中共党史、马克思主义理论与思想政治教育。学院设有一个思想政治教育本科专业。截至2003年学院已成为本科生、硕士生、博士生培养层次完整、学科门类齐全的专业学院。

学院把提高教师队伍的学历层次作为加强学科建设的一项重要工作来抓，有重点地加强中青年教师的学历结构。现有的46名五十岁以下的中青年教师中，获得博士学位和在职攻读博士学位的33人，占中青年教师人数的71.4%，占全部教师人数的60%。青年教师李毅教授入选教育部“跨世纪优秀人才培养计划”和教育部“优秀青年教师教学科研奖励计划”。李毅教授、武东生教授、纪亚光副教授入选天津市“131工程”人才培养计划

教学工作

本年学院的特色工作是继续做好“三个代表”重要思想的“三进”工作。学院在总结邓小平理论和十六大精神“三进”工作经验的基础上，紧密结合社会实际和学生的思想实际，把“三个代表”重要思想渗透到各门课程中讲授。一是把“三个代表”重要思想的“三进”工作与已形成的“四个如何认识”等重点、热点问题的研究有机地结合起来，将学生的思想提高到新的精神境界。二是从“两课”教育教学实际出发，通过多门渗透的方式把“三个代表”重要思想的“三进”工作与“两课”每门课程的整体建设有机地结合起来，以《毛泽东思想概论》、《邓小平理论概论》课为主，全面贯彻“三个代表”重要思想的“三进”工作的精神，重点讲授我们党领导人民82年奋斗取得的光辉业绩，82年的实践给予我们的深刻启示和基本经验；“三个代表”重要思想的科学内涵；按照“三个代表”的要求，加强和改进党的建设的任务；党的最高纲领和最低纲领的统一；党在新世纪的历史任务和奋斗目标。其他几门课程，如《马克思主义哲学原理》和《马克思主义经济学原理》，深入阐述马克思主义与时俱进的理论品质和发展观，以及对马克思主义的基本观点丰富发展的内容。重点讲清楚当代中国马克思主义的本质的特点。《当代世界经济与政治》、《思想道德修养》、《法律基础》等课程则分别从各门课程的教学要求出发，在课程中全面体现“三个代表”重要思想的重要内容和基本观点，全面阐述“三个代表”重要思想的理论意义和实践意义。全校研究生政治课《当代世界经济与政治》（博士生）、《科学社会主义理论与实践》（硕士生），在教学中全面贯彻江泽民同志“七一”讲话精神，尤其是“三个代表”重要思想的“三进”工作。从而形成系统完整的讲授“三个代表”重要思想的教学体系。三是利用现代技术手段，把“三个代表”重要思想的“三进”工作与“两课”教学网站的建设有机地结合起来，实现课堂的延伸。学院率先建立起全国高校第一个“两课”教育的专门网站，把“两课”8门课程的教学内容再现于“晨钟”网站，使网站成为易于学生接受的“两课”教学的在线课堂。“两课”教师可以对学生进行网上讲学、网上答疑、网上批改作业、网上对话，从而实现了“两课”教学走出教室、进入宿舍，扩大影响的目的。在网页上除了与“两课”8门课程对应的栏目外，还专门开辟了“三个代表”重要思想学习论坛。通过这一途径，辅之以电子信箱，基本上实现了教师与学生、学生与学生之间的交流与互动。在论坛中学生提出“三个代表”重要思想学习中的问题，教师可以及时予以解答。学生也可以说自己的体

会。据不完全统计，本年学生在网站上粘贴的学习体会文章达几百篇，教师也将自己学习“三个代表”重要思想的文章粘贴在网上，供学生学习时下载交流，受到学生的欢迎。网站开办一年来，点击次数多达10万余次。学院计划进一步充实网站的内容，提高内在的质量，扩大外部影响，努力使其成为全国高校的“两课”网站，为全市乃至全国高校的“两课”教学服务。学院的做法在全国“思想政治教育进网络工作”会议上，受到上级领导及同行的关注和好评。从学生评教和问卷调查反映，学生为“两课”教师评优的比例达到90%，认为“两课”教学起到了引导作用、教学效果显著的占85%，认为通过“两课”教学改变了一些片面认识的学生比例占36%。

进一步完善教学质量监督管理体系及教学管理工作制度，成立了由5名具有丰富教学经验的离退休老教师组成的教学督导小组，负责听“两课”教师讲课，向学院领导及“两课”教师反馈听课意见，并提出改进教育教学的意见和建议，以达到提高教学质量的目的。按照教育部社政司的要求，编写并出版了《高校“两课”教育教学热点、难点问题的解析》(学习十六大精神专辑)，及时地为全国的“两课”教师提供了辅导材料。受天津市委教卫工委、天津市教委委托，举办了一期天津市高校二级学院党委(党总支)副书记研修班，培训从事学生思想政治工作的专职干部70多人。积极推进多媒体教学，现有“两课”8门课程，有4门课程全部实现多媒体教学，4门课程部分实现多媒体教学。制订了《马克思主义教育学院教学管理条例》、《教研室主任主要职责》、《教务干事岗位职责》(1,2)、《马克思主义教育学院研究生导师工作条例》等，加强对教学的管理工作。

科学研究

启动“面向21世纪教育振兴行动计划”的科研工作，颁布了《南开大学人文社会科学研究优秀成果奖励办法》，制订了《马克思主义教育学院科学研究工作管理条例》、《关于资助教师发表高水平学术论著的试行办法》、《马克思主义教育学院学生“五四”论文竞赛条例》，鼓励师生积极撰写科研论著(文)。在天津市委教卫工委、天津市教委组织的“三个代表”重要思想研究立项申报工作中，一举争取到8项课题。现有在研立项43项，其中国家及国务院部委项目9项，国家社会科学基金奖1项，天津市项目23项，入账资助经费57.74万元。

全年发表科研成果116项，其中专著3部，即刘景泉教授的《与时俱进——马克思主义的理论品质》、《国史纪事本末(第4卷)》，纪亚光副教授的《雅尔塔密约与中苏、日苏关系》；编著或教材6部，即王元明教授的《马克思主义哲学原理》，丁军教授的《马克思主义政治经济学原理》，武东生教授、傅洪副教授的《思想道德修养》，杨永志教授、赵美龄副教授的《邓小平理论与“三个代表”重要思想概论》，寇清杰副教授、陈弘副教授的《当代世界经济与政治》、季健霞副教授的《知识经济发展与政府职能转变》；音像软件1辑，即杨谦教授的《马克思主义哲学原理》(多媒体课件)；译著一部，即王丽讲师的《物理与人理》；论文集一部，即刘景泉教授主编的《与时俱进，开拓创新》；论文105篇。获各级奖励的科研成果6项，其中在天津市第八届社会科学科研成果评奖中，获一、三等奖项各一项。

学术活动

为加强中外学术交流，活跃院内学术氛围，学院先后有3名教师赴美国和香港、澳门地区考察访问，同时，邀请维也纳大学汉学及教育学博士、斯洛文尼亚卢布尔亚那大学亚非系主任罗亚娜教授来学院作《关于中西高等教育体系的比较》的学术讲演。学院还利用“双周学术论坛”这一阵地，请院内多位专家教授进行学术讲座。以教研室为依托，利用“论坛争鸣”的形式举办“热点”问题研讨会多次。学院还选派了5名教师参加国内学术会议。此外，为培养学生的研究与写作能力，学院决定自2003年起，每年度举办一次“五四”论文竞赛。论文竞赛分研究生组和本科生组，每组设一等奖1名、二等奖3名、三等奖6名。参赛论文的评审工作由“五四”论文竞赛评审委员会负责。评审时间为每年4月1～30日，5月4日前后公布获奖名单及论文题目。对获奖作者颁发获奖证书及奖品，并在评优、奖学金评定、推荐研究生时优先考虑。对特别优秀的论文，由学院向有关报刊推荐发表。

党建工作

在思想理论建设方面，组织全院党员和师生深入学习和领会十六大精神和“三个代表”重要思想，并采取科研立项等形式，鼓励和支持教师紧紧围绕十六大精神、特别是“三个代表”重要思想进行科学研究，以拓展学习的深度和广度。为了配合全国高校“两课”的十六大精神和“三个代表”重要思想的“三进”工作，学院按照教育部社政司的要求，发动50位教师集体编写了《高校“两课”教育热点、难点问题解析》(学习十六大精神专辑)一书，及时地为全国高校的“两课”教师提供了辅导材料。中央关于《“三个代表”重要思想学习纲要》印发后，学院组织了有关教研室认真学习了《纲要》，召开推进“三个代表”重要思想“三进”的集体备课会，在保证8门课程进行“渗透”式教学的同时，很快独立开设了《“三个代表”重要思想概论》课程，由4位党员教授担任主讲，受到学生的好评。

在组织建设方面，随着学生党员数量的大幅度增长，对原学生党支部进行了调整，分设为本科生党支部和研究生党支部，并对这2个支部委员会进行了改选，使全院党支部数量由10个增至11个。在此基础上，认真按照有关程序和规定，改选了院党委，由平章起教授任党委书记，纪亚光副教授任副书记。本年共发展党员26人，其中教师1人，研究生15人，本科生10人。学院党委重视加强制度建设，在注意提高领导干部个人素质的同时，认真制定了以贯彻执行民主集中制为核心的一系列制度。如《院党政联席会议章程》、《院党委主要职责》、《马克思主义教育学院党支部工作条例》等，并把各种规章制度以文件的形式确定下来，供日常工作中实施和执行。

在党风廉政建设方面，为贯彻落实中央关于从严治党的方针，促进学院党政领导班子党风廉政建设的制度化和规范化，修订了《马克思主义教育学院党风廉政建设责任制暂行规定》。院党政主要领导干部每年分别向校党委书记和校长签订递交《南开大学党风廉政建设责任书》，带头贯彻执行党员领导干部廉洁从政的各项规章制度。学院还将党风廉政建设列入党建工作计划和重要议事日程，并贯穿于教学、科研、管理等日常业务工作之中。认真开好党政领导干部每年一次的廉洁自律专题民主生活会，积极开展批评与自我批评，主动解决 在思想作风、学风、工作作风、领导作风和生活作风方面存在的问题，并及时将专题民主生活会的情况报告校纪委、监察室。

在干部队伍建设方面，本年学院在向学校输送了3位校部(处)级领导干部以后，及时地就学院党政领导班子的配备和领导干部的选拔问题向校党委提出建议，并协助党委组织部进行考察，重视做好后备干部选拔和培养工作。

院务工作

本年度重点修订和制定了32项规章制度，包括教学管理条例、科研工作管理条例、行政管理制度、图书资料管理条例、教研室管理条例、研究生导师工作条例、硕士学位课程及学位论文的有关规定、院务委员会主要职责、学术委员会主要职责、教师职务评审分委员会主要职责、各类管理人员的岗位职责等。

为了实现管理工作的民主化和科学化，进一步实行政务公开制度。政务公开做到了"三个公开"：一是政务公开重在制度公开。在做好与教职工切身利益密切相关的工作中，注重事先制定程序和规则。就教职工关心的问题反复征求教职工的意见，征求工会、教代会和民主管理领导小组的意见，力图集思广益寻求有一个好的章程和工作程序，党政联席会议则对每一个工作程序和环节进行认真审议。为了做好按比例发放岗位津贴工作，积极听取各方面的意见，先后在教研室主任、支部书记范围内征求了三次意见，在工会、教代会和民主管理领导小组范围内听取了两次意见，最后形成了《马克思主义教育学院2003年校内津贴实施细则和发放办法》及《工作程序》。此办法力求在教学、科研、社会工作量的计分上公平合理，教师和行政分别考虑，注意了一些特别事项的处理。制定程序规则的事前公开，为后来的津贴发放奠定了一个较好的基础。二是政务公开重在程序规则的公开。通过会议、公示栏、学院网络等多种形式，将学院的重要工作、规章制度向广大教职工进行通报。不仅让教职工知道要做什么工作、工作的要求是什么，还让教职工知道如何做工作、工作的具体程序是什么。三是政务公开重在执行程序过程的公开。在学院职称评定、岗位评聘、评优表彰和年终工作量考核等工作中，特别注重工作执行过程的公开。一方面，严格履行程序中规定的每一环节，如职称评定工作中成果公示、工作量计分过程中教研室的审核等等；另一方面，每一个工作程序在公开执行过程中都能接受广大群众的监督，如职称评定和岗位聘任过程中都有职称评审委员会和岗位评聘委员会的票决，学院把投票结果全部公开，接受群众的监督和审查。政务公开、政策公开、规章制度公开、工作程序公开，强化了教职工对学院政务的知情权、参与权和决策权，提高了广大教职工参与学院改革和建设的积极性。

以凝聚人心为目的，学院建立了"教职工之家"。学院多方面想办法筹措资金，购置和配备了音响、卡拉OK、DVD影碟机、电视机、大屏幕投影仪、乒乓球、健身器械等，丰富了教职工的业余生活。同时，学院还通过工会、教代会积极组织教职工参加学校组织的各种体育、文艺比赛活动。在学校组织的木兰扇健身比赛中，女教职工经过刻苦训练，获得了冠军。女教职工的那种刻苦训练、精益求精、奋发向上、团结争先的精神被学院教职工誉为"木兰精神"。

学生工作

调整了学院学生工作领导小组，配备了5名兼职干部。并应学工部的要求，为一年级本科生配备了10名专业教师任宿舍导师，其中本院一年级本科生宿舍导师4名。结合新生入学、学生党建、学生干部选拔培养、学生社团工作等，举办丰富多彩的文体活动，取得了良好的效果。主要活动有：迎新文艺晚会、中秋师生联谊会、元旦国庆文艺晚会、新老生交流会、师生座谈会；组织学生积极参加校运动会、"校长杯"足球赛、本科生足球赛和学院保龄球、羽毛球比赛；成立了学生"读书会"等等。

为保障学校和学院的安全团结，在校党委的统一领导下，成立了马克思主义教育学院突发事件工作领导小组，制定了《马克思主义教育学院突发事件应急预案》，就发生传染疫情、学生走失、火灾、学生集会游行等情况，相应制定了日常工作和应急处理措施。在本年出现的非典突发灾害中，学院党政领导以高度负责的精神做好师生员工防治非典的组织和领导工作，负责学生工作的干部和信息工作的同志兢兢业业，认真负责、全面细致地做好各项工作，使学院抗击非典的工作有条不紊的进行，工作十分到位，受到了师生的好评。

本年学生获奖的有：在2002～2003年度奖学金评定中，共27人获得各类奖学金，其中4人获一等奖学金，7人获二等奖学金，13人获三等奖学金，1人获宝钢奖学金，2人获学单项奖学金；在“三好学生”评比中，7人被评为“三好学生”；在“优秀学生干部”评比中，5人获“优秀学生干部”称号。

学生就业指导工作以经验丰富的指导教师为主，专业教师积极协助，采取及时公布招聘信息，积极向用人单位推荐毕业生；召开学生就业指导会，指导毕业生了解就业形势、就业政策及学校就业安排；帮助学生树立正确的就业观和成才观，为毕业生培训求职方法与技巧；开展择业咨询活动，解答毕业生求职过程中遇到的各类问题。2000级19名毕业硕士研究生，除了2人被录为博士生之外，其余17人一次性就业100%，其分布地域为：天津市9人，占就业人数的53%；北京市5人，占就业人数的30%；杭州市1人，占就业人数的5.8%；上海市1人，占就业人数的5.8%；西安市1人，占就业人数的5.8%。

重要事件

4月11～12日，院党委组织全体在职教工和离退休党员赴河北省平山县西柏坡，参观西柏坡纪念馆和中共中央旧址，学习毛泽东、邓小平、江泽民、胡锦涛几代领导人先后在西柏坡的讲话，认真领会“两个务必”的西柏坡精神。此次党日活动被校党委组织部列入《南开大学2003年度“创最佳党日”活动材料汇编》。

4月30日，学院按时完成了《马克思主义教育学院》（2002年）撰写任务，并被编入2003年12月由南开大学出版社出版的《南开大学年鉴》（2002）。

5月16日，选举产生出席校第七次党代会代表6名：张静、平章起、李毅、武东生、李旭征、叶梧西。

5月，成立了马克思主义教育学院突发事件工作领导小组，李毅任组长，平章起任副组长，成员为武东生、吴克峰、纪亚光。

6月18日，召开院学位委员会会议，审议2000级硕士研究生学位授予事项。

6月27日，召开全院教职工大会，听取院党政领导班子成员李毅、平章起、武东生、吴克峰、纪亚光述职。

7月7日，学院按时完成了《天津市社会科学年鉴》（2002年）“南开大学马克思主义教育学院”条目的撰写任务。

7月13日，天津市委教卫工委、天津市教委委托马克思主义教育学院举办天津市高等学校二级学院党委（党总支）副书记研修班第三期，在范孙楼218室举行了开班典礼。研修班历时5天。

9月12日，召开学院全体党员大会，改选马克思主义教育学院党委。平章起为党委书记，纪亚光为副书记，李毅、武东生、吴克峰、李旭征、吕祖明为党委委员。

9月17～24日，校党委举办全校中层正职干部学习“三个代表”重要思想培训班。平章起、李毅、崔然忠参加培训班学习。

9月19日，天津市委教卫工委、天津市教委授予南开大学马克思主义教育学院“天津市师德建设先进集体”荣誉称号。

9月26日，马克思主义教育学院在范孙楼多功能厅举行学术讲座，请维也纳大学汉学及教育学博士、斯洛文尼亚卢布尔亚那大学亚非系主任罗亚娜教授作《关于中西高等教育体系的比较》的学术讲演。

9 月 26 日，根据学校的统一要求，马克思主义教育学院成立院史编写组，李毅、平章起为组长，崔然忠为负责人，武东生、吴克锋、纪亚光、李旭征、杨谦、丁军、韦幼苏、赵美玲、姬丽萍、傅佩善、傅洪、于明盛为成员。

9 月 29 日，校党委在行政楼一楼会议室举行兼职组织员致聘仪式，崔然忠被聘为马克思主义教育学院党委兼职组织员，任期两年。

10 月，经国务院学位委员会审定批准，南开大学马克思主义教育学院建立“马克思主义理论与思想政治教育”学科博士点。至此，马克思主义教育学院形成了本科生、硕士生、博士生完整的培养体系。

11 月 2～4 日，张静、平章起、李毅、武东生、李旭征、叶梧西作为马克思主义教育学院选举产生的党代会代表，参加了学校第七次党代会。

12 月，修订并印发《南开大学马克思主义教育学院制度管理规定文件汇编》。

12 月 11 日，院职称评审委员会听取申报正、副高级职称教职工述职。

12 月 13 日，平章起、崔然忠赴泰达学院参加校党委召开的贯彻全国党建工作会议精神、加强大学生党建工作会议。

12 月 31 日，马克思主义教育学院新增教授一名：平章起；副教授 2 名：纪亚光、徐曼。

（撰稿人：崔然忠）

汉语言文化学院

概况

南开大学汉语言文化学院 2003 年工作的基本思路是以对外汉语教学基地建设为龙头，带动各项工作开拓进取、全面上水平。

本年度内，院内教学和科研机构在原有的留学生汉语系、汉语培训部、中国语言研究所的基础上，增设和调整为留学生汉语系、对外汉语系、汉语进修部、汉语短期培训部、中国语言研究所等两系、两部、一所。

学院现有教职工 42 人，包括专职对外汉语教师 36 人，管理、教辅人员 6 人。专任教师中教授 6 人，副教授 14 人，讲师 13 人，助教 3 人；具有博士学位和正在在职攻读博士学位的教师 11 人，具有硕士学位的教师 23 人，具有大学学历的教师 2 人。除新来的青年教师外，均持有对外汉语教学资格证书，绝大多数教师具有国外研修和讲学经历。本年度新招聘博士 2 名，硕士 1 名。退休 1 人。本年度 1 人晋升正高级职务，2 人晋升副高级职务。本年度在国外研修、讲学的教师有 20 人次。施向东教授获第三届中国高校人文社会科学优秀成果奖。院长石锋教授是世界汉语教学学会理事、中国对外汉语教学学会副会长、华北地区分会和天津市对外汉语教学学会会长。学院是天津市对外汉语教学学会会长和秘书长单位。施向东教授是天津市对外汉语教学学会秘书长。

留学生汉语系本年度共招收汉语言文化专业本科生429人次，比上年度的300人次提高了40%；汉语进修部共招收汉语长期进修生706人，比上一年度的404人提高了74.7%。此外，全年招收留学研究生20人，短期班进修生294人，在校本国研究生35人。全年共招收各类留学生1560人次，比上年度的962人次提高了62%。对外汉语系招收首届对外汉语专业本科生25人。

图书资料室现有藏书(含期刊)近7500种，内容涉及语言、文学、艺术、历史、文化等学科。另有音像资料1560种。

本年度的重点工作包括夺取抗击非典斗争的全面胜利；坚持以评促建，加快第二批对外汉语教学基地的建设和申报工作，并顺利通过评审，入选国家对外汉语教学基地；开展院庆十周年活动；筹备主办两个国际汉语学术交流会议；巩固发展留学生招生规模；致力于加快留学生招生、培养的硬件建设，不断进行教学改革提高教学质量，充实专、兼职师资队伍，为扩大招生规模、增强招生竞争力和吸引力加强物质准备和软件建设；积极推动完成重点教材和科研项目的立项和结项；做好对外汉语教学专业首届本科生入校的各项工作；继续完善内部管理的规章制度建设，探索不断理顺留学生招生工作体制的新途径；加强党政领导班子的思想作风建设和教职工的思想政治工作。

学科建设

现有硕士学位授权学科(专业)2个：语言学与应用语言学、汉语言文字学。本科专业2个：汉语言、对外汉语。博士专业和博士后研究专业各2个：语言学及应用语言学、汉语言文字学。

本年度第二次申报了国家对外汉语教学基地。在接受评审过程中，推动学院各项工作提高水平。上年度基地评审的成绩是总分798.7排名第五，以2.8分之差惜败于北京大学，与首批建设的基地失之交臂。但排名第五也扩大了我校在学科领域的影响力和知名度，为2003年的申报工作打下良好的基础。

2003年，坚持以评促建，各项工作取得显著进步。

一边抗击非典，一边迎接并第二批基地建设评审，学校领导和全院师生投入了巨大的精力，暑期再次接受了国家汉办的评审。侯自新校长亲自主持指挥准备工作，先后主持了全校各部门迎接基地评审的协调会，检查了模拟汇报会的全部过程，最后亲自主持各项汇报工作，并向专家组评审会作了申请报告。

基地建设检验了我们的实力。在教学方法和手段的改革、教材建设、现代化教学软件和多媒体教学课件的研发应用，科研项目和成果的数量、质量、获奖、影响等需要长期积累才能见效的方面，我院教师与参评的兄弟院校相比有明显的实力，有些方面有突出的表现和优势，受到评审专家的赞扬。

2003年共有17所学校申报国家对外汉语教学基地。专家评审委员会通过对申报材料进行认真评审，以无记名投票方式为申报单位综合打分，确定8个单位进行实地考察。在考察过程中，专家评审委员会按照保重扶强、全面发展、突出特色、公正、公平的原则，重点考察了相关单位教学、师资、科研、教材、教师培训、对外交流以及管理体制、基本设备条件等方面。在认真总结了8个单位的优势、特色及存在的不足的基础上，独立对各单位打分。根据打分结果，提出4个单位作为国家对外汉语教学基地建议名单。我校以高分名列榜首。

经教育部批准，南开大学、华东师范大学、南京师范大学、中国人民大学成为我国第二批国家对外汉语教学基地。

学校历来非常重视并且积极支持汉语言文化学院的工作。我院在首批评审时排名第五，本年度评审排名第一，两年整体排名都是第五位。在社会上扩大了南开的知名度和影响力，为全校师生争得了荣誉。

本院是中国汉语水平考试（HSK考试）天津考点和国家对外汉语教师资格考试的主办单位。本年度为国家组织HSK考试3次。

教学工作

2003年，以基地建设为龙头，坚持以评促建，推动教学工作各个环节高标准、严要求、上水平，顺利通过评审。

坚持以教学大纲为指导做好教学安排，课程建设常抓不懈。已经形成南开特色的语言基础课、系列文化课、教学实践课等三个系列的课程，在迎接基地评估过程中得到进一步充实、加强、开拓。

学院注重教学方式和教学内容的改进。上年度电脑语音教学软件和现代化多媒体教学方式在基地建设中受到评审组专家的好评。在国内同行中处于领先地位。本年度，原有的视听说课多媒体课件得到修改、完善，如郑天刚、陆平舟二位老师编制的多媒体课件《现代汉语视听说——美术片专集》，石锋教授的《桌上语音工作室》。同时又取得一些新成果。周文壮老师编制的多媒体课件《跟我学汉语》已经取得初步成果，施向东教授研制的《古代汉语》网络教程已经可以应用，陆平舟、李增吉老师研制的《HSK教学辅导》光盘版已经进入出版环节，视听说课的《电视剧专集》、《访谈录专集》和《新闻报道专集》的研制仍在继续。

写作课除抓好课堂教学外，教师还积极组织学生进行课外写作实践活动，组织了作文竞赛，为获奖学生颁奖，编辑印制了《优秀作文100篇》，许多留学生的文章被采用，增强了他们学好汉语的信心。

加强了语言实践课和专业实习课的组织管理，采取增加师资力量和资金投入等措施，先后共组织300多名学生去北京、蓟县、广西桂林等地进行语言实践和专业实习，40多名专兼职教师带队并指导学生活动。

本年度学院的教学管理以贯彻落实教学管理制度为重点，继续坚持以提高教学质量为中心的教学管理指导思想，开展“教学质量月”活动；坚持部、系负责人听课制度；教学管理人员经常到学生班听课、听取留学生的意见，每学期学生填写教学评估表，年末召开了学生代表座谈会，品评教学工作和教学水平。以学生综合测评的意见为依据，召开了优秀课程表彰会，对得分90分以上的30门课程给予了表扬和重奖；坚持新教师试讲制度和培训制度，兼职教师考核上岗制度，组织了两次兼职教师招聘会，举办了两期兼职教师业务培训班，通过考试、试讲选拔兼职教师上岗等等，使教学质量不断提高。

加强教学研究工作，定期召开院系（部）负责人教学研讨会、同类课型教师教学研讨会、新老教师教学研讨会，积极支持教师参加全国和地区性教学研讨会。

建立了由退休专家组成的教学督导组，检查监督课堂教学改革措施的推进情况和教师教学水平、教书育人的情况；建立教学教导委员会，检查督促课程体系改革、新教材编写、教学手段方式改革的推进情况；建立学生活动指导委员会，对学生社会实践、专业实习、课外文体活动、班导师工作制度的落实等进行检查督促，使各项改革措施落到实处。

本年度继续发扬重视编写教材的传统，组织力量加强教材编写工作。本年度，出版、结项和正在进行的教材项目有5个，学院教师已经累计编写出版教材共44部。其中，有与国外合作的教材11部，国内合作的教材4部。

在此基础上，学院规划的本科生语言系列教材、中国文化系列教材、商务汉语系列教材、科技汉语系列教材正抓紧编写，有的种类已取得阶段性成果。这四个系列教材的建设目标是形成一个具有南开特色的完整的教材体系，适用于学院各个层次的教学需要。

一手抓抗击非典，一手抓教学。2003年春季学期的教学受到非典传播的严重冲击。学院在抗击非典斗争中，坚决贯彻了上级关于教师不停课、学生不停学的方针，最初25个教学班，不断调整学生人数、师资配备和教学方式，始终保持良好的教学秩序和教学质量，圆满完成课堂教学、毕业论文指导和答辩等各项教学任务。为稳定大局作出贡献。特别是爱知大学现地教学班的教学和教学管理经受了巨大的考验，留学生的防疫、教学、稳定工作既复杂由艰巨。4月21日，爱知大学现地教学班负责人紧急通知我院，日方195名学生将于4月26日撤回日本，要求我方派遣10名教师赴日随行教学。在学校的领导和各部门的支持下，我院10名教师在不停课的情况下，克服重重困难，三日内办妥了申领护照、出境检疫、签证等事项，比原定日期提前一天出发，4月25日随日本留学生赴日教学，办事之快、效率之高，为日方惊羡赞叹不已。在4月25日至7月15日的80天中，老师们把南开大学优良的校风、高水平高质量的教学工作带到了日本，赢得了良好声誉，巩固了合作办学关系。

科研工作

我院近年来科研能力不断加强，科研成果层出不穷。有些成果有较高的学术水平，获得了各级的奖励。本年度学院在科研立项方面新增天津市项目5项，取得科研成，29项。其中出版专著4种，发表论文25篇(其中10篇核心期刊论文)。作为第一负责人完成科研课题3项(国家汉办项目)。石锋教授主持的《桌上语音工作室(教学版)》，荣获国家高等教育教学成果二等奖，天津市一等奖。施向东教授的《汉语和藏语同源体系的比较研究》获第三届中国高校人文社会科学优秀成果三等奖。

目前以我院教师作为第一负责人在研的科研项目有29个，其中7个是国家汉办的项目。

天津市十多年来每年出版的对外汉语教学研讨会论文集、华北地区的两本对外汉语教学研讨会论文集，都是以我院为主组织筹备、编辑出版的。学院每年出版一辑《汉语言文化论集》，已经出版9辑。今年，我院与文学院、外语学院联合编辑出版《南开语言学刊》已经出版至第3期。

学术交流

合作编写教材、进行合作研究。本年度，王洋副教授与日本爱知淑德大学合编的汉语口语教材已完成初稿。

本年度筹备召开的两个学术会议即6月与香港科技大学合办夏季语言教学国际研讨会、8月与中国社会科学院语言研究所和中国语言学会合办第十二届国际中国语言学学会年会暨第二届汉语语言学国际研讨会的各项准备工作已经完成，因非典传播的冲击延至2004年召开。11月主办了天津市对外汉语教学学术讨论会。院内组织了师生学术沙龙5次，外请学术报告会6次。

党建工作

2002年12月成立校党委直属的学院党支部，共有党员36名。2003年12月成立党总支，下辖3个党支部，教工党支部、学生党支部、退休教工党支部。现有党员43名，其中教工党支部有党员19名(在国外任教的7名)，学生党支部有党员14名，退休教工党支部有党员10名。

总支委员会由3名委员组成，设书记1

名，未设副书记。3个党支部各设书记1名，副书记1名，未设支委会。学院设置专职从事党务和思想政治工作的岗位1个，即党总支书记，未设秘书岗位。同时，党总支书记还兼任行政副院长。

本年度发展预备党员2名，新增入党积极分子16名。

学院党组织积极开展党建工作，充分发挥党组织在学院改革发展中的政治核心作用和党员师生的先锋模范作用，建立健全党支部和支委会工作制度、党内组织生活制度，明确支委的职责分工，定期召开支委会和支部大会，按时组织支部生活，开展组织活动。积极在师生中培养、培训和选拔入党积极分子并加强发展党员的工作，坚持在学生党员和积极分子中开展党课教育。

大力加强师生员工的思想政治工作，坚持院中心学习组理论学习制度，在全院师生中带头认真学习“三个代表”重要思想、十六大报告、校第七次党代会精神。坚持教职工理论学习制度，每周五都安排全院职工的业务培训和理论学习。及时学习贯彻党和国家及学校的重要文件、方针政策、会议精神、工作部署。特别是在抗击非典的斗争中、在申报国家对外汉语基地和接受评估的工作中，全体共产党员发挥了先锋模范作用，广大师生表现出高度的政治思想觉悟，全院师生包括离退休教师，表现出南开人高度的事业心、使命感、凝聚力和奋勇拼搏、无私奉献的精神。

开拓基层党组织建设工作的新局面，党日活动获得奖励。

2003年6月，根据市委教卫工委通知要求和校党委组织部通知精神，我院直属党支部以“创最佳党日”活动为契机，积极开展党建工作，强化了党员意识，提高了党员在学院工作中的责任心，增强了党组织的凝聚力。6月27日，全体党员活动日主办了主题为“爱我南开，爱我汉院，同心同德，建言献策”的庆七一“最佳党日活动”。会后现场评选出了好意见、好建议、好歌手，学院给予了奖励。活动气氛热烈而隆重，既充满欢歌笑语，又严肃认真，主题集中鲜明。许多党员特别是退休职工党员、学生党员表示：这样的组织活动令人耳目一新，永难忘记。此外还组织了参观天津爱国主义教育基地的党日活动，参观了平津战役纪念馆和大沽炮台。年终总结评比时，我院系列党日活动获得二等奖。

院务工作

本年度院务工作的主要方面包括：保证抗击非典的各项工作取得全面胜利。保证国家对外汉语教学基地评审工作获得通过。加强领导班子思想作风建设，不断建立和健全落实民主集中制的各项规章制度，积极推行院（系）校务公开，建立健全和完善院（系）务公开制度，对财务管理、干部人事管理、后勤管理、职称评定、工资福利等与师生利益密切关联的领域，做到平时公开透明，定期通报沟通，重大事项及时征求意见、通报情况。如坚持党政联席会议制度，坚持重要事项和重要决策集体研究决定、事前向全院大会通报、会后广泛听取群众意见、履行公示等民主程序。

认真做好本学院干部的选拔、培养、考核、监督工作，在党委组织部的领导下，建立了学院后备干部库。培养选拔了一批思想成熟、业务过硬、懂专业、会管理、肯奉献的系部主任、业务骨干和学生工作干部。

改革完善院内管理机制。调整了系（部）、所机构及其负责人。成立了学院留学生招生办公室，加强了对外招生宣传和合作办学交流活动。先后派员参加了教育部组织的赴欧洲的教育展览，天津市组织的赴东南亚教育展览，新增加了与韩国“北京语文学院”的合作办学项目，并组织了赴韩国的招生宣传。

建立了以学院领导班子为核心、以系部办主任为骨干、以班导师为基础力量、全员齐抓共管稳定和安全工作的队伍和工作格局，安全稳定工作常抓不懈。

加强党风廉政建设。及时组织院系中心组和全体党员认真学习纪检监察会议精神，学习党委、纪委领导同志的重要讲话，认真贯彻落实会议精神和学校关于党风廉政建设方面的各项规定，领导班子认真履行党风廉政建设方面的职责，自觉把党风廉政建设和反腐败工作作为大事来抓，与业务工作同部署、同落实、同检查。

学院支持工会依法独立地开展工作，按规定吸收工会负责人参加或列席有关会议。三重一大工作征求工会负责人的意见。充分发挥工会组织联系群众的桥梁纽带作用和为职工生活福利服务的作用，工会活动丰富多彩，受到师生好评。

学院重视退休教师的工作，建立了与离退休职工的联系制度，关心离退休教师的生活和困难，根据实际情况适时进行慰问，帮助老师们排忧解难。

学生工作

学院在全局工作中十分重视思想政治工作，尤其在队伍建设、经费投入方面充分保证学生工作的重要地位。党政领导、系部办负责人和全院员工都要承担学生工作，每个教师都是班导师。在学生文体活动、社会实践、专业实习、安全稳定和思想品德教育工作中，形成了全院团结协作、全员做学生工作的机制和局面。有计划有组织地在学生中开展丰富多彩的思想政治教育活动和品德教育活动，寓教育与文体活动之中。2003年以来，组织了留学生趣味运动会、篮球赛、排球赛、摄影赛、作文赛、卡拉OK赛、歌咏比赛、社会实践等多种活动。9月新生入学和年终都组织了丰富多彩的联欢和庆祝活动。在本国学生中组织了国家安全形势报告会、外事纪律培训会、学习“三个代表”重要思想报告会、学习校第七次党代会文件座谈会、“七一”座谈会，组织了参观周邓纪念馆、平津战役纪念馆等多种活动。

重要事件

4月17日，接校办电话传达的侯校长指示：(1)高度重视非典预防工作，不可掉以轻心。(2)要求师生做好自身防护措施。各单位做好消毒工作。(3)师生近期不要去疫区。(4)五一期间在津或就近休息。各单位一定要细致深入扎实开展工作。我院抗击非典的斗争全面展开。

4月25日，爱大现地教学班195名留学生撤回日本，我院10名教师赴日随行教学。

6月23日，院领导班子召开民主生活会，寻找差距和不足，开展批评和自我批评。

6月27日，全体党员活动日。主题：“爱我南开，爱我汉院，同心同德，建言献策”。

6月28日，组织了参观天津爱国主义教育基地的党日活动，参观了平津战役纪念馆。

7月5日，组织了参观爱国主义教育基地大沽炮台的党日活动。2003年HSK共举办三次。5月份考试因为非典原因取消。7月份正常进行，HSK(基础)报名人数41人，HSK(初中等)737人，HSK(高等)152人。根据北京HSK考试中心的安排，10月份增加一次考试，天津考点初中等报名人数有673人。12月份考试，HSK(基础)15人，HSK(初中等)1184人。

10月20～25日，我院2000级本科生2个班共计38人，按照教学计划赴广西桂林组织教学实践活动，由院办公室主任王泽鹏、留学生系副主任吴星云、电教资料室于文通3位老师带队，教学实践活动圆满成功。教学实践归来之后，举办了摄影展览，取得了良好的宣传效果。

9 月 29～30 日，我院组织进修生 70 人前往蓟县黄崖关、九山顶等地参观学习。9 月 30 日，组织进修生 130 人前往北京龙庆峡参观学习，教学实践任务圆满完成。

12 月 7 日，我院教师、研究生、留学生本科生、留学生进修生在学校体育馆组织多场排球赛，活跃了留学生的生活。

12 月 24 日，在东方艺术系演播厅举行了迎新年联欢会，使留学生在中国度过了美好愉快的新年。

10 月 31 日，我院聘请文学院博士生导师马庆株教授为学院顾问，聘任仪式之后，马先生为我院师生做了“让中国语言学走向世界”的学术报告。

由于“非典”的影响，院庆工作受到极大影响。为了进一步宣传我院对外汉语教学工作的进展，我院开展了“网上院庆”的工作。分三项工作：(1)组织征文活动；(2)院庆图片展览；(3)学院影视录像节目回顾。

5 月 28 日，我院组织为了抵抗非典，保障师生的身体健康，组织没有因非典回国的留学生举办了“趣味运动会”，活跃了非典期间的沉闷生活。

崔建新、王瑛、祖晓梅出国。

6 月 20 日，国家汉办组织一些高校的对外汉语教学研究人员在我院召开 HSK 研讨会，汉办主任严美华参加，我校校长侯自新教授、副校长陈永川会见了汉办的领导。

6 月 24～28 日，中国语言学会秘书长、美国威斯康星大学张洪明教授访问我院。

6 月 30 日，陈永川副校长宴请非典期间未回国的留学生，有效联络了与留学生的感情。

6 月 26 日，我院师生赴平津纪念馆参观学习。

7 月 15 日，赴日本爱知大学任教的教师返回天津，我院院长石锋教授亲到机场迎接，热烈欢迎教师们的归来。

11 月 22 日，我院承办了天津市对外汉语教学学会年会，有 160 多位专家学者参加会议，收到论文 60 多篇。

短期班情况：

2 月 3 日～3 月 7 日，日本立命馆大学 30 人；

2 月 18 日～3 月 6 日，日本京都橘女子大学 22 人；

2 月 10 日～3 月 13 日，日本爱知大学 13 人；

3 月 4～19 日，日本北九州大学、长崎大学 26 人；

3 月 31 日～4 月 11 日，韩国仁川政府公务员 8 人；

6 月 23 日～8 月 15 日，美国威斯康星大学 1 人；

11 月 10～21 日，韩国仁川政府公务员 9 人；

8 月 18 日～9 月 7 日，韩国天主教大学 16 人。

经济学院

概况

现任院长周立群教授，党委书记为张秀珍，副院长为庞传森、马君潞、何自立、邱立成、李秀芳、邹玉洁。现设12个教学研究机构：经济学系、金融学系、国际经济贸易系、风险管理与保险学系、经济研究所、国际经济研究所、人口与发展研究所、台湾经济研究所、城市与区域经济研究所、跨国公司研究中心、政治经济学研究中心、亚太经济合作(APEC)研究中心。现有政治经济学、世界经济、金融学、经济史、区域经济学五个国家重点学科。有理论经济学和应用经济学两个博士后流动站，已招收博士后研究人员40余人。理论经济学和应用经济学均已获得一级学科博士学位授予权，覆盖经济学的16个二级学科，在政治经济学、经济思想史、经济史、西方经济学、世界经济、人力资源与环境经济学、区域经济学、金融学、国际贸易学、产业经济学、数量经济学、劳动经济学、财政学、保险学等14个学科招收和培养博士研究生和硕士研究生。学院设有经济学、金融学、保险学、国际经济与贸易、财政学等五个本科专业。

经济学院现有在岗教职员198人，其中专职教师142人。在教师中，教授(研究员)65人(含博士生导师48人)，副教授58人，讲师19人，其中有博士学位者80人，有2名国务院授予有突出贡献的中青年专家，2名国务院学科评议组成员，3人进入“跨世纪优秀人才培养计划”，本年1人入选“教育部第四届高校青年教师奖”、1人获霍英东教育基金会奖。本年晋升正高职称10人，晋升副高职称5人，7人选聘为博士生导师，选留具有博士学位的师资7人，从国外引进师资5人，调出6人，退休1人。学院现有学生3342人(含港澳台学生及留学生97人)，其中本科生1871人，硕士生867人，博士生604人。2003年招收本科生460人，硕士生300人，博士生189人。学院现有3座大楼组成的主体建筑群，其建筑面积2万平方米。各系所资料室拥有藏书3万余册，中外报刊180多种。电化教学实验中心拥有10个多功能、多媒体教室和3套大型语音设备，并建有现代经济学实验室和经济学局域网中心。

国家级重点学科

政治经济学：所属一级学科为理论经济学，主要研究方向为现代资本主义研究、社会主义市场经济理论与经济体制改革、经济运行与经济发展、经济学体系、结构与方法、转型经济学。

世界经济：所属一级学科为理论经济学，目前该学科在全国同类学科排名中列第一名。主要研究方向为：世界经济理论、跨国公司和国际直接投资、地区和国别经济。

金融学：所属一级学科为应用经济学。

主要研究方向为：国际金融、货币银行、风险管理与保险。

经济史：所属一级学科为理论经济学。主要研究方向为：中国近代经济发展史、中国农村经济史、外国近现代经济史。

区域经济学：所属一级学科为应用经济学。主要研究方向为：城市经济理论与政策、区域经济理论与政策、经济全球化与区域化、城市与区域交通经济、台湾经济。

人文社会科学重点研究基地

亚太经济合作组织（APEC）研究中心为国家级、专门从事APEC问题研究的国际性学术研究机构。其主要研究方向为：APEC问题研究、国际贸易理论与政策以及国际区域经济合作。中心现任主任为宫占奎教授。现任外交部长李肇星为中心名誉主任。中心下设学术部、国际交流部和资料室。2003年，中心的科研工作主要集中在以下几个方面：一是完成由中心负责承担的一年一度的重点科研任务——“亚太经济发展报告”及“亚太经济合作组织咨询报告”的撰写工作。二是与商务部合作开展名为“中国加入WTO的承诺与中国APEC单边行动计划的比较研究”的有关中国－欧盟双边合作的子课题研究。三是完成同云南省社会科学院与云南财贸学院三方合作开展的中国－东盟自由贸易区经贸关系问题研究。四是完成由天津市政府外事办公室委托开展的“中国周边主要国家和地区外资准入政策比较分析与天津市外向型经济战略研究”咨询研究项目。

政治经济学研究中心：是教育部与南开大学共建的、面向全国的人文社会科学重点研究基地，是依托经济学多个博士点为基础的跨院系、跨学科的实体性开放式研究机构。2003年中心举办了一次国际性学术讨论会和多次小型座谈会，与中国高校人文社科信息网合作，于2003年6月创办了电子期刊《政治经济学评论》。电子期刊是人文社科网受教育部社政司委托创办的人文社会科学学术性电子期刊群。该期刊为季刊，2003年共出了两期。积极准备教育部三年一次的评估和检查，对人员和结构进行了调整，准备以最好的姿态迎接教育部在2004年对我基地的检验。同时对网页也进行了改版，新的网页界面更能突出中心的特点和特色，内容也更为丰富和翔实。

跨国公司研究中心：作为全国性跨国公司研究基地，以建立一流的研究中心为目标，跟踪跨国公司的发展动态，联系跨国公司对中国经济发展的作用以及相关政策问题，进行深入的理论与政策研究，发表了一大批很有影响的研究成果. 中心注重跨国公司对我国经济的影响及相关政策研究，已与商务部、许多大型跨国公司、国内一些研究机构建立了广泛的合作关系。中心主任冼国明教授被聘为国务院学位委员会第五届学科评议组成员。2003年冼国明教授主持的申报教育部人文社科重大课题攻关项目“跨国公司与中国国际竞争力研究”成功夺标。2003年6月中心创办电子期物（季刊）《跨国公司研究》。

国家经济学基础人才培养基地

1998年7月经济学专业被教育部正式确定为国家经济学基础人才培养基地。根据教育部关于基地建设的方针，结合我系的实际情况，在认真讨论和论证的基础上，确定了基地建设的总思路并提出了系统的建设措施：

1. 以转变教育思想观念为先导，积极探索和借鉴吸收各种先进、科学的教育思想，推动教学改革。这就是：(1)在人才培养和社会需要的关系上，积极适应社会发展需要，走理论联系实际，教育面向社会的人才培养道路；(2)在基础与专业教育的关系上，树立加强基础教育，拓宽专业口径，增强经济学人才培养适应性的思想；(3)在知识、能力和素质培养的关系上，树立将知识、能力培养与素质培养三者融为一体，特别注重文化素质培养的观念；(4)在教与学的关系上，树立学生是教学活动的主体，重视学生独立学习能力和创新精神的培养的思想；(5)在理论与实践的关系上，树立理论联系实际，强化社会实践教学的观念。

2.探索并建立新颖的人才培养模式。基地重视人才培养的质量，积极采取各种措施开展人才培养工作，如基地实行经济学名著导读、“五四”论文竞赛、魏埙经济科学奖、联络导师、本硕连读等制度，取得显著成效。自建设基地以来，基地班学生在公开出版物上发表论文 31 篇，占基地班总人数的 30%。基地同学认真学习外语，不断提高英语水平，基地班同学的英语六级通过率达到了 91.17%。为了向经济类及相关学科输送高质量基础人才，我校对经济学基地实行倾斜政策，毕业生一次性攻读研究生比例很高。99 级攻读研究生 28 人，其中免试推荐 21 人，考取 7 人，占基地班总人数(34 人)的 82.3%；00 级免试推荐 20 人，占基地班总人数(33 人)的 60.6%。

3.进一步完善师资结构，提高师资队伍建设水平。在师资队伍建设中要特别重视抓紧培养年轻学术带头人和跨世纪的学术骨干，使教师队伍形成合理的梯队结构。目前，基地已经拥有一支学历层次高、年龄结构合理、素质优良的师资队伍。基地现有在编教师总数为 24 人，其中教授 12 人，副教授 8 人，高级职称教师占教师总数的 83%；博士生导师 8 人，占教师总数的 33%；讲师 4 人；拥有博士学位的教师 15 人，占教师总数的 62.5%；在读博士 3 人；40 岁以下的年青教师获得博士学位和即将获得博士学位的比率达到 100%。

4.更新教学内容，优化课程体系，加强通识基础文化素质教育。课程体系是实现人才培养目标的关键环节，围绕经济学基础人才培养目标，我们对原有课程体系进行新的调整。调整课程体系的指导思想是：强化基础课程，拓宽专业口径，增设人文素质课程，使课程设置做到系列化和层次化，充分体现注重知识，增强能力，提高素质，全面发展的人才培养要求。根据该指导思想，新的课程体系由思想道德素质、身体与心理素质、基本知识能力素质、专业知识与能力素质、文化素质等五个板块所组成。

5.加强教材建设，形成体现教学内容更新和课程体系改革成果的精品教材。基地组织学科带头人和课程组负责人牵头，按照“创新、超前、一流”的标准编写新教材；在编写新教材的同时，引进高水平外文原版教材作为教学的辅助参考读物，部分课程直接选用外文原版教材进行双语教学。自建设基地以来，共出版教材 29 部，其中 10 部为经济学专业系列教材。

6.大力加强重点课程的建设，形成在全国有影响的精品课。我们选择了一批基础好，地位重要且影响面较大的课程加以重点建设，取得显著成效。现在，政治经济学课程已经被评为天津市级精品课程，西方经济学被评为校级精品课程。

7.用启发式、讨论式、研究式等教学方式。同时还积极引导和帮助高年级学生边学习边从事科研活动，以强化学生创新精神与独立科研能力的培养。为了提高教学手段现代化的水平，基地主抓了西方经济学、政治经济学等核心课程的课件制作工作。现在，政治经济学、西方经济学、经济史、经济思想史、资本论导读、计量经济学、投资经济学、货币银行学、财政学、城市经济学等 16 部教学课件的制作已经完成并在教学中加以使用。

8.加强教学实践环节。教学实践是实现理论联系实际，增强学生的社会责任感，提高教学质量的重要环节。我们组织学生深入工厂、矿山、开发区及农村进行实地考察，加深对社会的认识，提高社会责任感与社会实际工作能力；组织学生开展各种类型的主题实践活动，如志愿者活动、义务劳动、宣传和咨询等，增强学生的服务意识和奉献意识；建立固定的社会实践基地，使实践教学稳定化、长期化。

经过基地全体教师的认真工作和努力，基地建设取得了显著成绩，人才培养模式形成鲜明特色，得到了教育部评估专家的高度好评。在今年教育部组织的验受评估中，我校的基地被评为优秀基地。

学科建设

学院于 2003 年完成“211 工程”的两个建设项目“现代经济学”和“国际经济学”并通过了国家终审。“十五”“211 工程”建设进入中期阶段，基本完成“面向 21 世纪教育振兴行动计划”。项目建设继续以政治经济学、世界经济、区域经济学、经济史、金融学五个国家重点建设学科为依托，坚持高起点、高水平、国际化，在学科结构调整、师资队伍整合和新一代师资队伍建设特别是优秀留学人才的引进方面有突破，在新学科方向培育和学科交叉方面做出有成效的探索。学科建设继续坚持凝练学科方向，突出优势和重点，在整合学科方向的基础上加强了“中国经济转型与经济学创新”、“经济全球化下的国际经济理论发展与中国经济”、“现代金融理论与中国金融风险管理”三大项目的建设。3 月 25 日，我院“南开大学‘十五’‘211 工程’重点学科建设项目”之“现代金融理论与中国金融风险管理”、“中国经济转型与经济学理论创新”、“经济全球化下的国际经济理论发展与中国经济”通过专家论证。通过前沿性、前瞻性科学研究的带动，培养出一批理论基础深厚、扎实并有创新能力的博士研究生，以推动学科建设、科研水平、师资队伍和人才培养水平的全面提高。努力把经济学院建成高层次经济专业人才的培养基地、中国经济转型的研究中心和国际学术交流基地，使之成为中国经济改革与发展的重要思想库和智囊团。

教学工作

2003 年经济学院继续努力探索提高教育和教学质量的新途径和新方法，进行人才培养模式创新。学院 5 个专业重新修订了教学计划和 112 门课程的教学大纲，继续以“加强基础、拓宽口径、突出实践、强化能力”为原则调整和实施课程体系。我院完成 2003 级本科教学计划的修订工作，此次教学计划的修订突出了院级必修课程，由原来的 7 门改为 10 门。从 2003 年起各专业高等数学课程由高数(二)提高到高数(一)。

5 月经济学院制定了“经济学院‘非典’时期加强教学管理的意见”和“关于在防治‘非典’期间经济学院本科生教学、考试和论文答辩的安排”，妥善处理了非典突发影响正常教学秩序的问题。7 月 1 日下发了经济学院“关于加强院级必修课建设的通知”。再次重申经济学院的 8 门必修课课程并责任到人。各课程组负责人召集其课程组的教师对该门课程的建设规划进行讨论，做到实行统一教材、统一大纲、统一试卷的教学模式。

学院于 3 月份开始组织实施研究生教学方案的修改，经过导师、任课教师和管理人员的不懈努力，新的培养方案和课程设置于 8 月份完成，9 月份开始在 2003 级新生中正式使用。新的方案涵盖了经济学院各个系所、各个专业所涉及的全部硕士生课程，在学生的选课、老师的授课、教学过程、考核方式等方面都进行规范，使其有可操作性。同时也在教师中引入了竞争机制，部分相同课程使用双语教学和分班教学，一门课程安排两位教师授课，教师只有认真备课，所讲授的内容理论联系实际，涉及其所研究方向的前沿，内容新颖、生动，并且能适应当前社会需求，学到的知识可以应用到实际工作中去，学生乐于接受，才能取得好的教学效果。继续与台湾中央研究院合作，为研究生开设高级宏观经济学、高级微观经济学和高级金融理论课程。进一步加强对教学活动的监控和督导，由离退休教师组成的教学督导组继续专门负责课程评估和教学检查工作，保证了教学质量的提高。受教育部委托，我院与法学院和国际商学院合作在全国继续经办经济、管理和法学复合型人才培养试点班。在南开大学2003年教学工作会议上我院何自力副院长作了试点班建设经验介绍。教学研究和教学改革取得新成果。经济学专业组织编写和出版国家经济学基础人才培养基地系列教材10本。到2003年10月，第一批计划所列的项目已经全面完成，包括《转型经济学》、《发展经济学》、《信息经济学》、《知识经济学》、《制度经济学》、《比较制度经济学》、《经济学方法论》、《〈资本论〉导读》、《博弈论》、《现代西方经济学主要学派》等十本。这批教材反映了近年来在各领域的最新成果和经济学一些新兴领域的内容。

继续深入开展双语教学，已有15门课程采用外文原版教材授课，1门课程获校首批双语教学课程立项资助。

继续大力推进教学手段的现代化建设，多媒体辅助教学手段在教学中得到广泛利用，已有20余门课程制作了网络课件。现在，政治经济学、西方经济学、经济史、经济思想史、资本论导读、计量经济学、投资经济学、货币银行学、财政学、城市经济学等16部教学课件的制作已经完成并在教学中加以使用。政治经济学课程的电子课件、教学录像以及其他一整套电子教学文本已经上网，学生可以在网上通过阅读电子文件和看录像进行学习。王述英教授的“政治经济学”课程（本科生课）被评为校级精品课、天津市优秀课程。金融专业和保险专业与远程教育学院合作开展网上教学。

今年院办组织在校研究生填写2002年发表的文章或科研成果，并首次编写出《经济学院2002年研究生科研年鉴》，共收集了研究生发表的文章或论文85篇。我院再次对研究生毕业论文写作格式进行修改；首次对博士论文答辩委员会决议进行规范和提出要求，制定了我院“关于规范博士论文答辩委员会决议书写内容和体例要求”，并发给答辩学生和每位博士生导师，取得了很好的效果。另外，为了减少每位答辩研究生答辩信息录入的出错率，提前三个月让答辩研究生填写《输机表》，并由专人进行计算机录入，然后由填表人进行校对，保证了答辩材料中各项信息的准确性。

国际经济贸易系与澳大利亚国立大学建立了长期合作的关系，并于2003年签订了南开大学与澳大利亚国立大学的两校合作协议，两校校长在协议书上签字。2003年申请在金融学系增设“金融工程学”专业。

科研工作

共承担国家和省部级以上研究课题15项，纵向项目共23项，横向项目40项，科研总经费397.0056万元。科学研究集中在中国经济转型与经济学理论创新、现代资本主义经济关系研究、市场结构和企业组织、国际经济理论发展与中国经济、WTO体制新发展、贸易自由化、APEC发展与中国区域经济合作、跨国公司与中国的国际出口竞争力、现代信用经济与虚拟经济、金融工程理论及其应用、银行业风险量化度量与管理、证券市场风险度量与监管、中国近代经济史发展、两岸经贸关系等领域。全年发表科研成果468项并获多项奖项。其中专著32部，编著（含教材）34部；工具书及参考书53部，译著5部，论文280余篇，研究报告60余篇，音像软件4件。如逄锦聚“面向21世纪政治经济学创新丛书”：《知识经济发展与政治经济学创新》（逄锦聚等）、《转型期中国财产制度变迁研究》(谢思全等);柳欣“货币与资本市场研究前沿丛书”:《资本理论——有效需求与货币理论》(柳欣)、《“剑桥资本争论”的困境与出路——资本与收入分配理论的动态调整分析》(陆长平)、《股票价格:经济功能与货币政策反应》(刘澜飚)、《资本市场、有效需求与经济增长——以中国股市为例的研究》(李学峰)。柳欣《中国宏观经济运行与经济波动(1990～2002)》和《中国宏观经济分析》,陈国富等《中国城市竞争力报告》(城市竞争力蓝皮书),何自力《比较制度经济学》,贾根良《演化经济学:经济学革命的策源地》,成思危、刘骏民《虚拟经济理论与实践》,姚国庆《博弈论》,张世晴《西方经济学主要流派》、《实际经济增长》,朱光华等《政治经济学(社会主义部分)》,张彤玉《资本主义生产方式演变论》,张岩贵《国际政治经济学导论》,吴浙《中国大陆区域经济发展》,王玉茹《中国企业史》(近代卷),刘玮《国际保险学》,张俊山《经济学方法论》,孙佳美《统计与保险精算的应用研究》,江生忠《中国保险业发展报告》,丁长清《中外经济关系史纲要》,李秀芳《补充养老保险——原理、运营与管理》,马君潞、马晓军《风险投资与风险资本市场》,李志辉《金融理论前沿课题》(第二辑),盛斌《WTO与多边投资协议》,陈卫民《天津人口变迁》,江生忠《中国保险产业组织优化研究》,李荣林《WTO的理论基础与中国的市场建设》,陈建国《WTO新议题与多边贸易体制》,张晓峒《计量经济分析》(修订版),邓向荣《投资经济学》(音像软件);周立群主持的“SARS对天津经济的影响与对策研究”推出了21期《专题研究要报》等等。逄锦聚《政治经济学(第二版)》入选全国百门精品课程教材系列。薛敬孝、李坤望、宫占奎主编的《APEC研究——方式·运行·效果》一书获教育部第三届人文社会科学优秀成果一等奖。陈宗胜、吴浙、谢思全等人合著的《中国经济体制市场化进程研究》获第十届孙冶方经济科学奖。张东刚《中日经济发展的总需求比较研究》获霍英东教育基金奖(青年教师基金奖)。盛斌《中国对外贸易政策的政治经济分析》获第十一届安子介国际贸易研究奖二等奖。苑涛《单一产业贸易的增加是否会减轻贸易自由化对劳动力造成的冲击》获第十一届安子介国际贸易研究奖三等奖。张晓峒《计量经济学网络课件》被教育部专家组评为优秀课件。

学术活动

2003年举办国际国内学术会议及高级讲座数十次,近百位专家学者来学院举办讲座。其中有美国诺贝尔奖得主蒙代尔教授、“亚洲贸易倡议”项目官员 Murray Gibbs,日本驻华使馆参赞千叶明,天津日本人会会长内野政美,北美精算学会主席 Harry Panjer,美国卡耐基·梅隆大学终身教授丹尼尔·博格先生,英国牛津大学小林由佳博士,澳大利亚国立大学 Findly 教授、Sidornko 教授,日本甲斐谕教授,丰田通商天津有限公司总经理内野政美,日本庆应大学渡边幸男教授,千叶商科大学依藤公一教授,日本早稻田大学小林英夫教授,联合国贸易与发展委员会投资、技术与企业发展司司长卡尔·沙旺博士,联合国贸易与发展委员会投资协定处主任詹晓宁博士,香港大学林茉莉研究员,台湾东海大学林正祥教授,台湾东华大学郑治明教授、朱景鹏教授,台湾中央研究院巫和懋教授、胡春田研究员,台湾立法院法制局罗传贤局长,海峡两岸关系协会常务副会长唐树备,国家商务部世界贸易组织司副司长张向晨博士,商务部国经贸司张少刚处长,天津新经济技术产业园区管委会副主任宗国英等。院内举办学术活动百余次。赴国外学习和访问学者60人次。2003年4月1～2日,国际经济研究所、跨国公司研究中心与联合国计划发展署所属的“亚洲贸易倡议组织(Asia Trade Initiative)”联合举办“贸易与投资以及多边投资框架”学术讨论会。参加会议的有亚洲贸易倡议组织和亚洲各国(包括新加坡、泰国、菲律宾等国家)的有关专家和官员,外经贸部和天津市政府的官员、外资企业和民间机构以及非政府组织的代表和学术界的专家和教授。经济研究所与日本人会和市政府外事办公室共同主办了“后SAES期间中日经济关系”国际研讨会,探讨了SARS的影响和对策。2003年8月19～22日由南开大学APEC研究中心主办的“APEC问题研究2003学术年会”在北京召开,来自国家外交部、商务部方面的政府官员以及北京大学、复旦大学、武汉大学、浙江大学、中国人民大学、厦门大学、中国社会科学院、南开大学的专家学者出席了本次会议。在2003年10月风险管理与保险学系与永明保险公司合作举办《寿险风险控制与发展国际研讨会》在国内外产生重要的影响。由南开学政治经济学研究中心、南开渤海金融研究所和南开大学虚拟经济与管理研究中心联合主办的“中国经济与金融发展论坛(2003)”国际学术研讨会于2003年12月27日上午在南开大学伯苓楼报告厅召开。

《南开经济研究》

是经济学理论的核心期刊,被国家新闻出版署评为“中国期刊方阵”的双效期刊,天津市优秀期刊、一级期刊。主编为周立群教授。《南开经济研究》被《中国学术期刊(光盘版)》、中国期刊网、《中国科技期刊数据库》和《中文社会科学引文索引》(CSSCI)选为首批来源期刊,并为众多二、三次文献转载和摘引。双月刊,国内外公开发行,2003年底已出版114期。本年刊载文章104篇。2003年实行匿名审稿制度并加大专家审稿力度,将内文从80页扩大为112页并更换了封面。

党建工作

思想建设方面:继续组织全院师生认真学习“三个代表”重要思想和学习十六大文件精神,在各系所学习的基础上,学院党委组织三次十六大精神辅导报告,联系学院实际,突出教育创新,理论创新。

在5月份抗击非典过程中,学院党委发挥政治核心作用,把抗击非典工作做为特殊时期的重点工作,充分发挥学院各职能办公室作用,带领全院师生积极抗击非典,制定和推行了应对非典的一系列有效措施,确保了非典时期的稳定和教学、科研工作的顺利展开,并积极发挥经济学科的科研优势,加强后SARS对中国经济影响的课题研究,其中20余篇师生的相关报告被一些重要媒体登载,受到中央和天津市政府的高度重视。

配合学校党委做好南开大学第七次党代表大会的前期筹备工作,按照学校党委分配的名额,严格民主程序,选举产生24名党代表。党代会后,党委组织全体党员和师生认真学习和贯彻落实学校第七次党代会精神。

组织建设方面:全年共发展了258名中共预备党员,其中教师2名、干部2名、本科生130名、硕士生120名,博士生4名。有211人按期转为中共正式党员,500余人申请入党。院党委对金融系、国际经济贸易系、经济研究所等系所党政领导班子进行了调整和补充,选拔优秀的中青年骨干担任系所党政领导。加强学生党组织建设的力度,组建学生业余党校、分年级对申请入党积极分子进行培训。成立经济学院院史编写领导小组,组织院史、系所史的写作;陆续制作“南开经济学人”光盘。

制度建设方面:坚持院党政班子中心组学习和民主生活会;落实党风廉政责任制度,分工、职责明确,学期末有检查,并向学校党委、纪委写出书面报告；坚持发展党员公示制度、党员评议制度、学习制度、组织生活会制度、年终公布党费收缴、使用、管理情况等。组织教师干部党员参观河南林县红旗渠，进行爱国主义教育和改革开放发展成就教育。召开学院一届二次教职工代表大会，学院领导做工作汇报，总结工作，接受教职工检查和监督。

院务工作

落实岗位职责，逐步完善各项规章制度，制定学院招聘引进人才制度、全院教职工会议制度、教师岗位工作量考核及津贴和奖金分配试行办法、经济学院经费管理暂行办法等；召开工会教代会专项会议2次，学院领导汇报院务工作；在抗击非典过程中，配合学院党委做好教学科研的后勤保障工作；完成第三聘期中期教师、干部、实验技术人员岗位考核；编印学院简报20期156条；向学校报送信息100余条，50余条被南开周报、南开简讯和学校有线电视台采用；更新学院网页，更新补充教学及办公设备，建立多媒体教室1个，积极推进现代化教学、现代化办公程度；更新完善教学楼、办公楼治安消防设备和消防疏散指示系统；组办学院“迎新春合家欢岁末联欢”活动，组织集体旅游活动和各种文体比赛活动，活跃职工文化生活，增强实体化学院凝聚力。

学生工作

学生办公室配备6名专职人员，有40位教师、干部和高年级学生兼任本科生一年级宿舍导师、班导师。今年我院组织学生义务献血76人次。坚持举办业余党校、团校、干校，有400余名学生参加学习。坚持素质教育，以学术讲座、参观、实践等多种形式开展丰富多彩的系列活动，学生党总支、团委学生会、社团、班级活动非常活跃：如邀请经济学院副院长李秀芳进行以“走近精算”为主题的学术讲座；邀请全国政协委员、经济学院副院长邱立成教授做题为“政协委员归来话两会”的讲座等涉及学术和思想教育的多场讲座；举办网上淘金——“南开华福杯”模拟炒股大赛；三农文化节开幕及系列活动；凌绝顶以览众山小——南开方圆大讲堂成立；“情系海河”系列活动；“普及财政税务知识，关注两会经济动态”大型系列活动跟踪纪实；情系西部系列活动；参观保税区实践活动；非典期间举办“闪亮青春，激情飞扬”经济学院青年活动周系列活动；“已是悬崖百丈冰，犹有花枝俏”2003经管法试点班游热带植物园活动；英语交流会；新里程系列活动周；保险系党支部党旗下的关爱——特殊主题党日活动；为纪念改革开放25周年的主题演讲比赛等。学生刊物有《经济初学》、《融通》、《新视野》、《新航路》、《鲲鹏》、《风雨伞》、《绿色》等多个。

主要成就和奖励有：2001级国经贸等四个支部获校“十佳红旗团支部”荣誉称号；2001级保险学系获“天津市优秀班集体”荣誉称号；王丽等11人在天津市第二届大学生英语比赛中获奖；余旭辉获“天津市学习雷锋志愿服务先进个人”称号；白梓萱等8人在天津市大学生数学竞赛中获奖；郭若然获全国大学生英语竞赛二等奖，徐阳等6人分获全国大学生英语竞赛三等奖。本年度奖学金获奖情况：保险系党支部主题党日“党旗下的关爱——为徐梦君同学转正”获天津市教卫工委系统三等奖、南开大学一等奖，2001级四个专业支部获校“十佳红旗团支部”；2000级吴慧被评为天津市三好学生；2001级曹颖获天津市理工科优秀学生奖学金；其他各类奖学金获奖情况如下：有42人获国家奖学金，其中一等6人，二等奖36人；611人获得南开大学奖学金，其中一等奖学金44人，二等奖学金141人，三等奖学金273人，基础奖学金82人，单项奖学金71人；220人获南开大学新生奖学金；28人分获宝钢、韩国外换银行、LG、颐中、华泰等特殊类奖学金;138 人被评为南开大学三好学生,45 人被评为南开大学优秀学生干部;1999 级刘琼、王卓被评为南开大学优秀毕业生。

2003 年共有 421 名本科生毕业,其中 131 人被录取为研究生,64 人出国,226 名同学就业,就业学生地域分布为:北京市 27 人,占就业人数的 12%;上海市 13 人,占就业人数 5.8%;天津市 102 人,占就业人数的 45.1%;广东省 34 人,占就业人数的 15%;其他地区 50 人,占 22.1%,就业率达到 100%。硕士、博士研究生共毕业 378 人,就业率 100%,去向主要是北京、广东、上海。

重要事件

1 月 3 日,经济学院召开一届二次教职工代表大会。

1 月 29 日,著名经济学家、经济学院教授、博士生导师钱荣堃逝世,享年 86 岁。不久,金融学系师生追思会,缅怀钱荣堃教授对金融学科做出的巨大贡献。

2 月,由南开大学经济学院与广西壮族自治区国家税务局联合课题组承担的《广西国税发展报告》日完成。报告全文 13.5 万字,发表在《经济研究参考》2003 年第八期上。

3 月 20 日,学院党委启动编写"南开经济学人"专集。第一批滕维藻、谷书堂、魏埙、杨敬年四位先生专集开始制作。

3 月 21 日,南开大学首届三农文化节开幕。经济学家、经济学院前任院长谷书堂教授做开题报告《我所理解的经济学——从山里来的学生到经济学家》。

3 月 25 日,我院"南开大学'十五''211 工程'重点学科建设项目"、"现代金融理论与中国金融风险管理"、"中国经济转型与经济学理论创新"、"经济全球化下的国际经济理论发展与中国经济"通过我校专家论证。

3 月 26 日,中国社会科学院经济研究所研究员朱荫贵兼职教授致聘仪式在我院经济研究所举行。

3 月 26 日,学校党委南党发(03)26 号文件,邹玉洁任经济学院党委委员、党委副书记。高建军因工作需要调到学校体育部任党委书记。

3 月 31 日,学校南发字(03)33 号文件,邹玉洁兼任经济学院副院长。

4 月 2 日,国际经济研究所、跨国公司研究中心与联合国计划发展署所署的"亚洲贸易倡议组织"联合举办的"贸易与投资及多边投资框架"国际学术研讨会在我校召开。

4 月,由南开大学风险管理与保险学系主办、系主任博士生导师江生忠教授主编的《中国保险业发展报告》(2003 年)由南开大学出版社出版。《中国保险业发展报告》(2003 年)是我国建国以来第一本较全面研究我国保险业发展的历史、现状及未来的专著,也是南开大学风险管理与保险学系与国际上著名的瑞士再保险公司经济研究中心的合作成果。

5 月 19 日,学院全体党员推荐出席南开大学第七次党代会代表 24 人:逄锦聚、周立群、马君潞、张晓峒、冼国明、朱光华、宫占奎、何自力、张秀珍、景维民、邹玉洁、庞传森、盛斌、刘重力、项虹、江曼琦、谢思全、王东胜、陈伊维、迟云浩、张俊山、沈洪溥、戴倩玲、庞瑞芝。

5 月,在周立群教授的主持下,我院部分师生开展了针对 SARS 的专项研究,向天津市委、市政府及有关部门报送了 20 多份《研究要报》,市政府内部刊物摘要登载了部分内容,中央媒体和新华社内参多次报道和选登。

6 月 10 日,我院学生党总支举办"党旗下的关爱"特殊主题党日活动,荣获天津市教卫工委“创最佳党日”活动三等奖和南开大学一等奖。

6月15日，中国经济学教育科研网开始为期一个月的南开大学经济学院宣传月活动。

7月1日，经济学院党委荣获南开大学抗击非典先进集体；高琪、王广斌、王霞、张文龙、穆瑞路荣获南开大学抗击非典先进个人。高琪被评为共青团天津市委抗非典先进个人；赵东海被评为天津市优秀团干部。

7月16日，新加坡中华总商会企业管理学院主管来我院访问。

7月，新加坡PSB学院代表团来我院访问。

9月12日，APEC中心基地顺利通过了教育部人文社会科学研究基地专家组的实地评估。

9月13日，学校党委组织部南组通字(03)3号文件，王东胜任金融学系党总支书记。

9月24日，学校南发字(03)107号文件，张伯伟、周哲任国际经济贸易学系副主任；赵春梅任风险管理与保险学系副主任。

9月26日，成立院史编写领导小组，组长：张秀珍；副组长：周立群、邹玉洁；成员：谷书堂、李万华、熊性美。院史编写工作开始。

9月，张晓峒教授的《计量经济学》教学课件被教育部专家组评为优秀课件。

10月8日，倪志良随中央组织部选派的“博士服务团”赴宁夏回族自治区财政厅任厅长助理，挂职锻炼一年。

10月13日，国务院台湾事务办公室前副主任、海峡两岸关系协会常务副会长、我校兼职教授、台湾经济研究所首席顾问唐树备做客南开名人讲座，并就中央对台政策、和平统一进程、台湾大选等诸多大家感兴趣的热点问题进行了讲座。

10月14日，澳大利亚詹姆斯·库克大学(新加坡)副主席克林·瑞恩教授、校长蔡淑卿女士、詹姆斯·库克大学(新加坡)上海代表处首席代表黄仔铭先生、詹姆斯·库克大学(新加坡)上海代表处中国区教育发展主任佐岷江先生一行4人来我院访问，与我院就国际联合办学事宜初步形成了合作意向。

10月18～19日，由城市与区域经济研究所主办、中国人民大学区域经济与城市管理研究所、兰州大学区域经济研究所协办的第二届全国区域经济学科发展研讨会在我校召开。会议的主题为：“面向21世纪的区域经济学科研和教学”。来自南开大学、中国人民大学、兰州大学三个区域经济学全国重点学科点和其他30余个博士点、硕士点的近百位学术带头人和骨干教师出席会议。

11月6日，联合国贸易发展委员会投资技术与企业发展司司长卡尔·沙旺博士、联合国贸易与发展委员会国际投资协定处主任詹晓宁博士受聘为我院跨国公司研究中心客座教授。

11月8～9日，经济学院、高等教育研究所、法政学院、历史学院联合举行学术研讨会，隆重纪念、缅怀中国学术史、教育史和文化史大师陈序经(1903～1967)先生百年诞辰。陈序经先生曾任南开大学经济研究所所长、经济学院院长。

11月9日，由我校、北美精算学会(SOA)与光大永明人寿保险有限公司共同主办的寿险经营与风险控制国际研讨会在我校举行。南开—光大永明北美精算师考试中心揭牌。

11月13日，由经济研究所主办、泰达学院团委、经济学院研究生会共同承办的“环渤海地区经济合作与发展学术论坛”开幕。天津新经济技术产业园区管委会副主任宗国英为师生们做了题为“高新技术产业与区域经济竞争”的专题报告。

11月19日，盛斌教授入选教育部2003

年度“优秀青年教师资助计划”。

12月12～13日，教育部专家组一行6人来我校，对我校国家经济学基础人才培养基地进行验收评估。

本年，风险管理与保险学系2001级本科生徐辉同学被评为“天津市学习雷锋志愿服务先进个人”。

我院薛敬孝、李坤望、宫占奎主编著作《APEC研究——方式·运行·效果》一书获教育部第三届人文社会科学优秀成果一等奖。

我院8项具有前沿性、创造性国家社会科学基金项目批准立项。

“政治经济学”课程被评为校级、天津市级精品课程。

我院何自立、张彤玉、陈英、陈国富、李学峰、胡昭玲、黄乾的7项课题获天津市“十五”社科研究规划立项。

我院7名教师获教育部人文社会科学研究(博士点基金)项目。

我院教学科研办公室获南开大学2003年度教学成绩管理优秀单位。

国际商学院

概况

2003年是国际商学院实体化“第二个五年发展阶段”开局的第一年。在总结实体化五年工作经验的基础上，继续以“三个代表”重要思想为指导，深入学习贯彻党的十六大精神，按照学校2003年工作部署，瞄准学院发展的制高点，制定并实施新时期学院发展战略，抓住机遇，开拓进取，巩固基础，突出优势，不断创新、提升质量，推动全院教学、科研、学科建设，行政管理和学生管理等各项工作上新台阶，加快建设国内外一流高水平商学院步伐。

国际商学院共8系1所2个中心，包括国际企业管理系、会计学系、旅游学系、市场营销系、财务管理系、人力资源管理系、信息管理与信息系统系、图书馆学系；现代管理研究所；MBA中心、公司治理研究中心。11个本科专业：工商管理、会计学、国际会计、旅游管理、市场营销学、财务管理、人力资源管理、信息管理与信息系统、电子商务、图书馆学、档案学。9个硕士学位授权学科(专业)：企业管理、会计学、旅游管理、管理科学与工程、技术经济与管理、图书馆学、情报学、档案学、MBA。拥有工商管理一级学科博士学位授权点(包括：企业管理、会计学、技术经济与管理、旅游管理)和图书馆学博士学位授权点。现有教职工160人。在岗教师115人，其中教授35人(内含博士生导师22人)、副教授53人、讲师27人。教师中具有博士学位的52人，占教师总数的45%。本年度留用和调入13人，其中引进教授1人，选留具有博士学位的师资5人，调入教授、副教授2人，留学归国博士1人，留用和调入管理干部5人。8人选聘为博士生指导教师，3人晋升为正高级职务，6人晋升为副高级职务。

现有学生4391人，其中博士研究生248人，硕士研究生610人，本科生1811人，MBA(工商管理硕士)学员1447人，EMBA(高级管理人员工商管理硕士)学员275人。

图书资料中心共有中外文图书11万余册，期刊500多种，内容涵盖国际商学院的所有学科。

学科建设

本年度，学科建设有较大加强。申报的工商管理一级学科、图书馆学博士点，在全国博士学位授权审核通讯评议中获综合评分第一。同时，这两个学科还参加全国一级学科评估，分别获得总分第七和第四名。档案学硕士点申报成功，国际商学院的硕士学位授权点增加到9个。同时组织申报会计学专业硕士学位(MPAcc)和项目管理、物流工程两个工程硕士领域的专业硕士学位授权点。

管理学科地位明显提高。李维安教授被聘为国务院第五届学科评议组(工商管理评议组)成员，这是我校管理学科首次进入国务院学科评议组。同时，李维安教授还当选为全国工商管理硕士教育指导委员会第三届委员。

师资力量得到加强。聘请香港大学经济金融学终身教授、博士生导师张俊喜，中国人民大学工商管理学院院长徐二明教授，中国社会科学院文献情报中心主任、研究馆员、博士生导师徐引篪为学院兼职教授。聘请韩国汉城大学经管学院院长赵东成教授为学院客座教授。

教学工作

MBA和EMBA教育。为使MBA教育创出品牌，办出特色，不断创新，学院要求教师不但要有教学经验，还要有企业实践经验，推行案例教学，模拟教学等措施。根据MBA专业学位教育的特殊性，进一步完善了“双导师制”，一个学生配二个导师，除了学校的老师外，还把企业成功知名人士请来，指导学生企业实践，并同企业选拔人才结合一起，有效地解决了学生入口和出口的问题。这个创新举动在考生中产生很好的影响。2003年报考MBA的达1564人，约占周边地区报名总数的85%，录取517人。

为探讨研究MBA在中国的发展，李维安院长参加了在北京召开的2003年世界经理人年会暨《世界最具影响力MBA排行榜》发布会。会上，李维安院长与美国哥伦比亚大学经济学教授、诺贝尔经济学奖得主、世界经理人资讯有限公司董事会主席蒙代尔先生和北京大学校长助理张维迎教授一起就座主席台，并接受记者采访。在大会推出的《中国最具影响力MBA排行榜》上，南开大学国际商学院名列前五名，李维安院长上台接受颁奖。

不断探索EMBA的办学新路，在总结第一届EMBA办学经验的基础上，开办了第二届EMBA。本届招生142人，招收对象依旧为较大规模企业、政府机关的现职高层管理人员。学员遍及天津、山东、山西、河北、北京等省市，但招生条件更加强调考生具有丰富实践经验、较强的语言表达能力和较强的逻辑思维能力。

本科生和研究生教育。为适应我国高校招生体制改革新形势的需要，按照“统分结合”的原则进行本科生招生改革。在全校率先实行本科生招生按大门类录取。工商管理、财务管理、市场营销、人力资源、会计学、旅游管理、电子商务、信息管理与信息系统，招生时按工商管理类招生。图书馆学、档案学，按图书档案学类招生。一年以后再由学生和各系双向选择确定学习专业。因会计学的国际会计方向是国际合作办学，有独特课程设置和培养方案，所以仍实施单独招生。

这样改革的好处一是避免学生高考时因年龄、阅历的限制一次性选择专业的盲目性，使学生通过在学校一段时间的学习，增加对各专业的了解，然后根据自己的兴趣和爱好选择专业，使学生有第二次选择专业的机会。二是实行宽口径厚基础的培养，可以为学生打下宽厚的学科知识基础，避免学生过早进入专业学习而知识面偏窄的弊端，更好地激发学习积极性和学习兴趣，为学生将来进一步攻读硕士学位和博士学位打下良好的基础，有利于提高学生培养质量。三是可以拓宽学生的知识面，提高学生的综合素质，为学生创造最佳的就业能力和就业机会。四是学生培养方案与国际接轨，为学生出国深造创造条件。五是有利于加强专业之间、教师之间的竞争，进一步提高本科教学质量，使学生从中受益。

2003 年共招收本科生 413 人，硕士研究生 204 人，在职申请硕士学位 109 人，博士研究生 73 人，台湾班博士生 24 人。

逐步实现教学手段的现代化。建立了 EMBA 教学实验室；做好人力资源管理、档案学、电子商务三个 1999 年以来新增本科专业建设立项工作；建立电子商务实验室和人力测评实验室；购置了档案学有关软件。以世界著名经济学家、诺贝尔奖获得者泽尔腾先生姓名命名的“泽尔腾实验室”获准建立。“泽尔腾实验室”是全国人文社会科学领域第一个以诺贝尔奖得主命名的管理学科专业实验室。泽尔腾先生受聘亲任实验室主任。同时，MBA 大楼工程正在兴建中。

国际合作办学。CGA（国际会计专业）专业建设取得成绩，与香港等地高校合作办学取得成效，部分学生已赴港交流。

教材建设。在全国普通高等学校优秀教材评比中，李天元教授的《旅游学概论》获国家级优秀教材一等奖。陈炳富教授与周祖成博士合著的《企业伦理学概论》、齐寅峰教授的《公司财务学》、刘志远教授和北京大学王立彦教授合著的《成本管理会计》获国家级优秀教材二等奖。在全国高等教育百门精品课程教材建设计划立项中，获准二类 1 项、三类 2 项；“十五”国家级规划教材立项获准 7 项；天津市“十五”重点教材立项获准 3 项。

加强引导，积极培养学生创新意识，强化创新能力，鼓励本科生进行科学研究。在学校投入 20 万元的学生百项创新活动中，获准的 13 项研究课题在 2003 年中全部完成，其中 2 项获校级一等奖，1 项获校级二等奖。侯文华老师指导的 2003 年大学生数学建模赛天津赛区比赛中，国际商学院学生获 1 个二等奖，1 个成功参赛奖。

在研究生教育中，注重学生创新能力的培养和实践能力的提高，以社会需求为导向，在教学中由知识传授向知识运用、知识创造型转变。学院与摩托罗拉合作，开展第二校园活动，建立实习基地。目前已有两批研究生到摩托罗拉进行为期一年的培训。摩托罗拉安排他们进行两个阶段的培训学习，前一个阶段为相关知识和工作业务培训，后一阶段为上岗实习，学习期满由摩托罗拉公司颁发培训结业证。学生在公司学习期间，享受公司提供的助学金和保险金，并根据学生的表现评出优秀学生奖学金。

博士研究生唐跃军的论文“论转轨经济中的内部人控制与道德风险”获第八届“挑战杯”全国大学生课外学术科技作品竞赛三等奖。

科研工作

鼓励教师“多拿课题，做好课题，出精品成果”，积极抢占学术制高点。本年度科研经费 370 余万元，全院教师共发表论文 220 篇、专著 19 部、教材 30 部。

在天津市第八届社会科学优秀成果表彰大会上，获得 11 个奖项。其中，李维安教授的专著《公司治理》获得本届唯一的特等奖，首次打破天津市社科特别奖空白的记录。公司治理中心在多年理论研究的基础上，正式推出国内第一个作为上市公司治理状况“晴雨表”的中国公司治理评价指标体系(简称：南开治理指数—$CCCI^{NK}$)，引起新华社、人民日报、经济日报、香港大公报、中央电视台等50余家媒体和各界的广泛关注，学校领导也给予了较高评价。在“非典”肆虐时期，完成国家自然基金委应急项目——《SARS对中国社会与经济的影响及应对管理策略研究——基于社会资本理论与影响深度评估的社会组织治理》。李维安教授的论文《改革实践的呼唤：中国公司治理原则》，获教育部第三届全国高校人文社会科学研究优秀成果一等奖。萧英达、张继勋、刘志远教授所著《国际比较审计》获教育部第三届高校人文社会科学研究优秀成果三等奖。以李维安教授为主撰写的专著《公司治理》，获得第十届孙冶方经济科学奖(专著奖)。这是中国经济学界的最高奖项，被称为中国的诺贝尔经济学奖。李维安教授率领团队投标的2003年度教育部哲学社会科学研究重大课题攻关项目《中国民营经济制度创新与发展问题研究》获资助80万中标。张玉利教授设计的研究课题《天津市中小企业发展的微观机制研究》获天津市2003年第四批服务业引导资金规划50万元资助。在2003年国家社会科学基金项目评选中，市场营销系青年教师许晖的“中国企业进入国际市场风险感知及防范研究”课题获得立项资助。“985”工程一期顺利通过学校专家组验收，成绩优秀。“211”工程二期项目“现代公司治理与企业管理创新”被学校正式批准立项。

学术活动

9月，在全国MBA教育指导委员会赞助下，国际商学院与南开大学MBA中心共同主办“首届创业学暨企业家精神教育研讨会”。12～13日，国际商学院与韩国汉城大学商学院共同主办“中韩竞争力与治理国际研讨会”，主题为国家、区域、产业、企业、企业家竞争力体系问题研究以及公司治理评价指标体系问题研究。18～19日，国际商学院和日本东洋大学共同举办中日“面向未来的管理”国际研讨会。日本东洋大学的11名教授参加。10月20日，由学院主办、中国劳动关系研究会和韩国劳动经济学会协办“中韩劳动问题国际学术研讨会”。主题为“人力资源与劳动经济”。韩国劳动研究院前任院长、韩国劳动经济学会的三任会长、韩国劳动关系学会副会长等16位韩国专家参加会议。10月25日，由国际商学院、南开国际管理论坛、南开大学MBA中心主办，教育部港澳台事务办公室资助的百年南开系列纪念活动——“海峡两岸管理比较研究”学术研讨会在伯苓楼召开。数十名台湾企业家和大陆台商参加了会议。11月15～16日，国际商学院主办，国家自然基金委管理学部、香港大学、南开国际管理论坛协办“第二届公司治理国际研讨会”，国家领导、市领导、学校领导参加会议。1994年诺贝尔奖获得者泽尔腾先生到会并作学术演讲。此外，还举办工商管理博士后论坛，该论坛与南开国际管理论坛、公司管理论坛、学院双周学术论坛并称为国际商学院“四大论坛”。

本年，学院相继与美国佛罗里达沃灵顿商学院、韩国汉城大学、爱尔兰波特贝洛大学签订合作协议。泽尔滕教授担任公司治理研究中心顾问。

党建工作

2003年4月，国际商学院原党委书记霍洪喜同志因年龄原因不再担任党委书记职务。校党委任命赵秀清同志担任国际商学院党委书记。

院党委从创建一流大学和一流学院的历史任务出发，引导和组织教职工认真学习贯彻党的十六大精神，实践“三个代表”重要思想，规划学院的学科建设和事业发展。围绕着学院战略管理发展和管理创新问题，2003年8月再次召开了暑期研讨会。党政领导班子成员、党委委员，各系、所、办主任和党支部书记参加了会议。在分析总结实体化以来的基本经验和存在主要问题的基础上，从管理创新的角度对学院的发展导向进行了系统的研究，重点解决从管理理念、管理制度、管理机制等方面调动积极性的问题，实现“保持国内领先，争取亚洲一流，再创世界一流”的战略目标。会上，学院为与会者提供了20万字的国内外一流商学院变革、发展的新状况和新举措的最新资料，促进大家“睁眼看世界”。大会对学院未来发展的总体战略和具体实施方案、学院发展导向与组织文化规划进行了研讨和思考，并取得共识。目前，《国际商学院战略发展与管理创新》方案正在研究制订中。

开展思想政治工作和德育工作。做好群众性思想政治工作，创造和谐稳定的育人和公平竞争环境。随时协调解决工作中遇到的各种矛盾和问题，不断改善教师干部的工作和生活条件。对教师干部在评职称、聘岗、教学安排、进修等方面产生的思想问题，有针对性地疏导和化解矛盾，避免不必要的内耗。

院党委支持院行政领导积极主动、独立负责地开展工作。采取中心组学习、举办讲座，座谈讨论等方式，寻找工作中存在的差距和问题，思考办学方向、办学思想和转变作风，提高工作效率等方面的问题。为发挥民主作风，学院设立了院领导接待日，建立了院党政领导成员分头联系各系所的制度，主动上门，听取意见，指导工作。同时，还建立了院党政领导听课制度，深入课堂，及时了解教学中的情况和问题。

学院党委于2003年6月研究制定了《国际商学院基层支部工作细则》、使支部各项工作更加规范和制度化。为加强党员发展工作，制定了《国际商学院党员发展程序》，同时，把党员发展工作的重点放在教育培养入党积极分子上。通过讲党课、座谈讨论、聘请兼职组织员、与老党员谈心、组织各种形式的参观访问、选送积极分子上党校等方式，培养入党申请人。学生追求进步蔚然成风，争相表达他们为共产主义事业奋斗终身的理想和追求。

2003年学院党委完成了院党委书记的人选的更替和工作的交接，做好系主任换届、干部调整和推荐后备干部工作，并先后派出两名教师干部去香港和西北大学挂职锻炼。完成了第三期干部考核聘任工作。在非典期间，一手抓抗非典，一手抓教学科研，在确保师生员工的身体健康的基础上，保证教学科研正常秩序。

院务工作

为进一步加强管理，继续推行民主管理、民主监督。实行院务公开制度，畅通沟通渠道，及时沟通信息，增强工作透明度和全院凝聚力。同时，还结合一些具体工作，制定了一系列管理规章条例。为强调外事纪律，规范外事活动，制定《国际商学院外事工作条例》。为鼓励教师积极参与西部地区建设，制定《关于教师支持西部地区的鼓励政策》。为加强学术活动的管理，制定《关于教师参加学术活动的管理规定》。

充分发挥工会教代会作用。支持工会教代会工作，在行使民主管理、民主监督职能，广开沟通渠道，反映教工意见和呼声、帮助领导决策、落实教工福利、活跃教工业余文化生活等方面发挥作用。由教工代表组成的财务委员会等群众性机构，进一步完善了民主管理体制，使全院教职工都有参与决策和管理的机会。本年度，学院工会教代会荣获市级先进集体的光荣称号。

在抗击非典工作中，制定出在紧急情况

下的应急措施，下发“关于预防非典的紧急措施”、“给全院教师干部的一封信”、“进一步落实防控措施的通知”等文件。院领导多次深入学生宿舍，做学生的思想工作，稳定学生情绪，并到家属在抗非典第一线的教师家中看望并送去慰问品。学院被评为“南开大学抗击非典型肺炎先进集体”。

学生工作

在学生思想政治工作中，坚持以党建带团建带班团建、带班级建设；以学生党员发展、教育、管理工作，带动全体学生思想的教育工作。在这一工作思路实施的过程中，要求入党的学生人数迅速增加，涌现天津市“抗击非典”五四红旗团委、天津市大中专学生社会实践活动市级优秀示范队、南开大学十佳青年志愿者集体、最佳党日评比二等奖，以及一大批天津市、南开大学的三好学生、优秀学生干部、优秀毕业生。

在学生管理工作中，坚持以素质教育为主线，以各种类型的活动为载体，促进学生综合素质的提高。学院共有管理学社、信息学社、旅游学社等 9 个学生社团，吸收了百分之六七十的学生参与其间。在党团组织的指导下，他们策划开展“企业文化节”、“信息周”、“IT 管理论坛”等大型学术活动，同时，还组织了文娱晚会、体育比赛等活动。在第二届文化素质教育评估中，棋牌协会被评为十佳优秀学生社团，在学校的各项比赛中，荣获南开大学“校长杯”足球联赛冠军、南开大学田径运动会甲组第三名、“校长杯”辩论赛冠军。学生自己办的报纸《南开管理论语》，坚持高质量，规范化办报，半月出版一期，被评为五大优秀学生刊物。

以指导学生就业为重点，做好毕业班和高年级学生的工作。原党委书记和现任党委书记都多次为毕业生做“就业指导专题讲座”。2003 年学生就业率达 97%。

为了改进和加强学生思想政治工作，学生工作办公室坚持调查研究，开展了如何搞好素质教育、创建学生综合表现评估体系、大学生文明行为规范、实体学院的学生管理等四项调研工作。

重要事件

3 月，在天津市第八届社会科学优秀成果表彰大会上，国际商学院获得 11 个奖项。李维安教授的专著《公司治理》获得本届唯一的特等奖，首次打破天津市社科特别奖空白的记录。

4 月，国际商学院公司治理中心在多年理论研究的基础上，正式推出国内第一个作为上市公司治理状况“晴雨表”的“中国公司治理评价指标体系”(简称：南开治理指数—$CCCI^{NK}$)，引起新华社、人民日报、经济日报、香港大公报、中央电视台等 50 余家媒体和各界的广泛关注，学校领导也给予了较高评价。

档案学硕士点申报成功，硕士学位授权点增加到 9 个。

8 月，申报的工商管理一级学科、图书馆学博士点，在全国博士学位授权审核通讯评议中获综合评分第一。

工商管理和图书馆两学科参加全国一级学科评估，获得总分第七和第四名。

9 月，2003 年世界经理人年会暨《世界最具影响力 MBA 排行榜》发布会，在北京国际饭店隆重举行。大会组委会依据中国 10000 名经理人的调查样本和统计结果，在大会上推出《中国最具影响力 MBA 排行榜》，国际商学院名列前五名。

为适应我国高校招生体制改革新形势的需要，国际商学院按照“统分结合”的原则进行本科生招生改革，在全校率先实行本科生招 生按大门类录取。

在全国普通高等学校优秀教材评比中，李天元教授的《旅游学概论》获国家级优秀教材一等奖。

10月,“985”工程一期顺利通过学校专家组验收,成绩优秀,“211”工程二期项目“现代公司治理与企业管理创新”被学校正式批准立项。

以李维安教授为主撰写的专著《公司治理》,获得第十届孙冶方经济科学奖(专著奖)。

11月17日,世界著名经济学家、诺贝尔奖获得者泽尔腾教授在伯苓楼接受了校长侯自新颁发的聘书,成为南开大学名誉教授。以泽尔腾教授命名的“泽尔腾实验室”同时揭牌。

12月,李维安教授当选为全国工商管理硕士教育指导委员会第三届委员。

(撰稿人:朱霆)

体育教学部

师资队伍

新招聘教师曹红娟(女)、杜晶(女)2人,教师马春波晋升为副教授,教师张丽晋升为讲师。教师宁津获得网球国际级裁判员称号。

体育教学

天津市教委批准了游江波的《构建普通高校排球课程体系建设的研究》体育单项课程立项。进行南开大学精品课程建设和教学名师奖的申报工作。不断完善教学管理,通过了由教务处组织的学生成绩管理专家组检查。

群体竞赛

2003年8月,受教育部和国家体育总局委派,南开女排代表中国大学生参加了在韩国大邱举行的第二十二届世界大学生运动会,获得冠军,受到教育部、天津市教委和学校的表彰和奖励。中国大学生体育协会授予南开大学女子排球队为“中国大学生优秀运动队”荣誉称号,天津市教委授予南开大学女子排球队“天津市高校优秀大学生运动队”荣誉称号。南开大学党委下发了《关于表彰女子排球队的决定》,号召全校党员和师生员工学习女排精神。南开大学国际象棋队参加了在马来西亚吉隆坡举行的第八届世界大学生国际象棋挑战赛,获得团体冠军和女子个人冠军。南开大学龙舟队参加中国·天津国际大学生龙舟邀请赛,分别获得500米和10000米的第三名。乒乓球队获得天津高校比赛女子团体第一名、男子团体第二名。篮球队获得天津高校女子第一名、男子第二名。足球队和田径队分获天津高校比赛第四名。游泳队获得天津高校比赛男子团体第四名和女子团体第四名。武术队获天津市武术太极拳比赛第三名。中国象棋队获天津高校比赛团体第一名。网球队蝉联天津高校比赛六项冠军。南开大学获得天津高校群体竞赛团体总分第一名。

体育科研

完成科研论文24篇，其中在《北京体育大学学报》、《天津体育学院学报》、《体育文化导刊》等体育核心期刊上发表论文10篇，完成天津市《天津市高校和社区体育发展对策的研究》和校级《大学羽毛球多媒体网络基础教材》(电子版)课题两项，主编和参与完成由教育部体育教学指导委员会审定的天津高校体育课教材《武术》、《跆拳道》、《排球》、《体育舞蹈》、《健美》。冯永丽获得校级社科研究成果奖励。

党务工作

党总支注重发挥党员的先锋模范作用和党组织的战斗堡垒作用，党员处处走在前头，保证学校各项工作的落实。在抗击非典时期，教育、团结、带领师生员工，认真学习、贯彻、落实教育部和学校的各项决定，制定本部门的落实制度，严格管理、严防死守，坚持按时报告、按时消毒的制度，阻断病毒传播的途径。在体育场、馆的管理中，以大局为重，坚持查验证件，防止校外人员进入，同时对不愿验证的师生做好耐心的解释工作，确保师生的身体健康。配合校工会、团委及各院系开展强身健体活动，活跃校园生活，增强广大师生的身体素质。做好体育预科生的教育管理工作，深入到课堂、宿舍宣传学校防非典的工作安排，向家长宣传学校防非典的各项措施，稳定学生的思想情绪，保证正常的教学活动。

重视在中青年教师和大学生中的党员发展工作，本年度共发展中青年教师党员2名、大学生党员3名。在预科班学生中对积极要求进步、表现突出的同学推荐到党校学习，安排党员教师对其重点培养，并将培养情况转到其所在院系。

重视领导班子思想作风建设，坚持民主集中制，坚持集体领导、分工负责，坚持部务公开。做好后备干部选拔培养工作。认真落实党风廉政建设责任制，重点做好治理乱收费问题，体育特长生招生问题等项工作。在平时工作中，注意做好教职工的思想工作，理顺职工情绪，保证体育部各项工作的落实。

管理工作

继续实行制度化和人性化管理，做好后勤保障工作。一方面强调严格按照规章制度办事，一视同仁；另一方面强调具体问题具体分析，照顾每一个人的特点，不怕麻烦保证服务到位，使人人心情舒畅，工作效率提高。部里的各种事务由党政联席会议研究决定，先后做出篮球、排球、网球场、新建足球场田径场和两边足球场及体育馆等四处场馆的使用管理规定并制做成8张广告牌在场馆内外醒目地点挂牌昭示。建立体育部资料室，开始配备书刊和设施。整理了6卷档案上交档案馆。出台了临时工管理补充条例，巩固信息综合整理快速进入输出制度。专业信息员已上岗一年半，全年向学校各部门报送多类信息150余条。

主办或协办大型活动二十余项，获得圆满成功，无一意外事故。

体育预科班管理

本届预科班共24人，文化程度与体育水平各有不同，根据实际情况制定适合他们学习进度的培养计划，使每个人都有一定程度的提高。部领导定期召开体育预科班学习座谈会，与学生进行沟通。另外，组织学生参观周邓纪念馆、平津战役纪念馆，加强学生爱国主义教育，在学校秋季运动会上，预科班学生发挥出色。在全国和天津市大学生的各项比赛中，预科班学生是各代表队的主力军，为南开大学争得了荣誉。

在预科班学生转入各院系的工作中，体育部领导积极向各院系推荐学生，班主任定期向部领导汇报进展情况，根据每个人的实际情况，帮助选择适合自己学习的院系，尽量满足每个学生的愿望。

场地器材配置

田径场2块（含足球场2块），其中校本部田径足球场在2003年9月铺设了塑胶跑道（意大利蒙多材料）和人工草皮球场（荷兰草皮），并投入使用。另设足球场一块，篮球场22块（其中校区4块），排球场8块（校区1块），网球场5块（校区1块）。室内场地有体育馆主馆、篮球馆、排球馆、乒乓球室、健美房、体操房等，总面积7万余平方米。2003年购置单、双杠20付，分别安装在校西区宿舍和校区。

重要事件

1月，校团委、学生会在体育馆举办庆元旦迎新春活动。

体育部在校体育场馆成功举办体育特长生冬令营测试。

3月，南开女排与国家青少年对抗赛。

4月，南开大学体育节在体育馆举行开幕式，并进行体育节篮球赛。

5月，校工会太极拳培训在体育馆3号馆举办。

6月，本科毕业生离校在体育馆办手续。

7月，研究生毕业离校在体育馆办手续。

8月，南开女排代表中国大学生排球队去韩国，获得世界大学生女排赛冠军。

9月，在体育馆举办迎新生活动。

团委、外事处先后在体育馆举办日本茶道表演和日本绘画展。中央电视台在体育馆录制节目。

10月，我校龙舟队在塘沽举办世界龙舟邀请赛中获第三名。

我校国际象棋队在马来亚大学举行的第八届GACC世界大学生挑战赛中勇夺团体冠军和女子赛第一名。

天津市大学生篮球赛在我校体育馆举行。

11月，研究生招生考试报名在体育馆举行。

天津市大学生排球赛在我校体育馆举行。

研究生院篮球赛在体育馆举行。

12月，筹备2004年体育特招生测试。

深圳金融工程学院

概况

学院立足深圳，服务全国，面向世界，培养既能把握世界金融发展趋势，又了解中国实际情况，具有丰富现代金融知识和较强实际能力的新型高级金融专门人才及复合型金融人才，解决我国资本市场不断发展和逐步开放过程中的实际问题，高起点、新模式，办成国内一流水平，在世界具有重要影响的金融人才培养和金融业创新的重要基地。

学院与国际知名大学合作，高起点搭建学科平台，探讨金融工程学科国际化发展的途径。目前，金融工程学院已与美国加州大学伯克利分校达成联合培养金融工程硕士的合作协议，正在与加拿大多伦多大学合作培养金融 EMBA。

学院招生和培养纳入南开大学的总体计划，并依托南开大学的智力资源等优势，建立高水平的师资和管理队伍，建立有效的教育质量监测、评估和保障体系。学院作为深圳市引进的办学实体，遵循深圳大学城的总体发展规划，与城内院校一起共享大学城的公共服务平台，并依法享有充分的办学自主权。

学院现设金融学和金融工程两个学科，均获得硕士学位授予权。学院现有在岗教职员 21 人，其中专职教师 2 人，兼职教师 16 人，管理人员 3 人。教师中，教授 17 人(均为博士生导师)，副教授 1 人。学院现有学生 176 人，全部为硕士研究生。

学科建设

以适应经济社会发展需要为宗旨，学院学科建设服从办院的目标定位与办学特色，以金融工程等金融领域新兴、交叉学科为主，构筑新的学科体系。专业设置与课程设置既从中国的实际出发，又尽可能与国际相关专业与课程接轨，最大限度地满足了未来金融工程高级管理人才和技术专业人才的全面需要，课程内容在注重基础理论、应用理论的同时，加强实务的内容，有利于培养应用型复合人才。

研究生层次重点建设的专业和专业方向包括：金融工程、金融分析师、国际金融、金融数学、货币银行学、证券投资、风险投资管理、公司财务管理等。

目前学院重点建设金融学和金融工程两个学科。其中金融学专业已经培养了两级硕士研究生，金融工程专业 2004 年首次招收硕士研究生。

教学工作

在认真总结第一届金融工程研究生教学探索的基础上，2003 年学院认真抓课程设置和培养方案的科学化和规范化，着力提高教学质里。

学院聘请了国外金融工程领域具有较高造诣的专家学者开设专门课程，包括“风险管理”和“投资组合管理”等，按照与国际规范的课程体系教学，同时介绍国际最先进的金融工程技术和实际操作方法，教学效果很好。同时，还聘请了国内金融界具有经验和成就的专家开设“中国资本市场”课程，讲授国内资本市场金融运作的基本技术、基本方法，介绍中国资本市场发展的基本规律、基本特点、存在的问题和发展趋势。该课程的开设，使学生提早接触了社会实际问题，了解中国资本市场的特点，为将来学生就业奠定了一定的基础。此外，还聘请国内外金融界知名人士开设“金融市场发展与金融工程技术”的系列讲座，讲座内容都是针对国际最先进的金融工程技术的应用。国外金融市场发展的特点和趋势、中国金融市场发展的问题和趋势等问题，作为正式课程体系的辅助，这些讲座的开设加深了学生对课程教学的理解和掌握，受到学生欢迎。

为加强对学生的培养，学院建立了“双导师”指导制度，每一名学生配备一名校内指导教师和校外兼职指导教师，建立了一支校内指导教师队伍和校外指导教师队伍，校外指导教师队伍已经成为学院发展的重要资源。该措施的实施，在社会上产生了一定的反响，广大学生十分满意。

学术活动

2002 年 3 月 22～27 日，学院举办了“发展金融市场，振兴天津经济”高层论坛，会议的发言人主要有：戴相龙、罗伯特·蒙代尔、周小川、董辅礽、厉以宁、刘鸿儒、吴敬琏、张之骧、夏斌、谢平等。会议主要讨论了经济全球化背景下中国经济及金融市场的发展、加快金融市场发展与金融安全、发展金融市场振兴天津经济、投融资体制变革和天津经济发展等议题。学院举办的主要讲座活动有：2003 年 11 月 14 日，深圳证券交易所总经理、南开大学兼职教授张育军的《国际竞争中重构中国资本市场发展战略》；2003 年 11 月 15 日，美国纽约德意志银行高级定量分析师李宗沂博士的《对冲基金在美国资本市场中的应用及前景》；2003 年 12 月 26 日国际商用机器公司东京研究院的 Shu Tezuka 博士的《蒙特卡罗及蒙特卡罗模拟在金融工程中的应用》。

院务工作

学院明确了领导班子和岗位职责，建立和完善了各项规章制度，如学院发展规划、财务制度、人事制度、学院管理制度等；建立了学院的网站，搭建起了学院信息交流的平台，提高了办公效率。

学生工作

学院目前共有两级 176 名硕士研究生。学院工作坚持以学生为中心，在学生中开展了“我是金融工程学院人，我为金融工程学院做贡献”的活动，强化学生的爱院意识，引导学生树立正确的理念。在非典时期，学院多次召开学生座谈会，了解学生思想动态，为学生解决学习和生活中的困难，并为学生购置了大量的体育活动用品、卫生消毒用品，派专门教师常住泰达学院，随时解决学生中出现的问题。学院设立了学生工作专项经费，作为各项学生工作的财务支持，鼓励学生开展了形式多样的文化体育活动，包括各种体育比赛、智力竞赛、节日文艺联欢等。学院建立领导定期与学生见面的制度，开展由教师和学生共同参加的各种座谈会，加强师生沟通，联络师生感情，促进师生交流。同时学生也积极组织各项活动，例如创办“南开大学金融工程论坛”，邀请中国建设银行总行的郑之杰副行长介绍中国金融体系改革的热点问题；开展丰富多彩的文娱活动，举办“中秋晚会暨迎新晚会”、“元旦晚会”，自编自演文艺节目上，为学生创造了良好的学术气氛和稳定的学习环境。

重要事件

1月13日，深圳市发展计划局将南开大学深圳金融工程学院建设工程项目纳入固定资产投资前期工作计划。

1月14日，深圳市梁道行副市长及市教育局、大学城建设办等有关领导慰问南开大学深圳金融工程学院全体在深员工。

3月，南开大学深圳金融工程学院完成拟建场地用地红线放点测绘工作。

3月22日，举办“发展金融市场 振兴天津经济”高层论坛。

3月，《南开大学深圳金融工程学院管理条例汇编(试行)》制定并实施。

4月，南开大学深圳金融工程学院完成初步勘察阶段岩土工程勘察工作。

8月8日，深圳大学城领导小组第七次会议批准南开大学深圳金融工程学院校园规划方案。

8月19日，南开大学、南开大学深圳金融工程学院与深圳富弘实业有限公司在天津签订合作协议，以BOT方式合作共建南开大学深圳金融工程学院。

9月8日，深圳市政府对《关于与深圳市富弘实业有限公司合作共建南开大学深圳金融工程学院的函》批复，同意对承建我院的项目公司给予享受大企业直通车服务待遇。

9月14日，2003年南开大学(深圳地区)硕士研究生开学典礼暨兼职导师致聘仪式在银湖旅游中心贵宾楼举行。南开大学深圳金融工程学院聘请二十六名兼职导师。

9月5日，南开大学深圳金融工程学院与美国加州伯克利大学哈斯商学院合作培养金融工程与资本运作方向的EMBA研究生签约仪式在五洲宾馆举行。

10月15日，BOT项目公司深圳市南开金融工程学院有限公司注册成立。

10月16日，深圳市卓钦锐副市长召开办公会，专题研究南开大学金融工程学院建设有关问题。

11月10日，聘请美国纽约德意志银行高级定量分析师李宗沂博士为学院的客座教授，为学生讲授《风险控制》课程。

11月16日，深圳市规划与国土资源局下发学院项目《建设用地规划许可证》。

11月19日，深圳市南开深圳金融工程学院举行建设方案发标会。

12月9日，深圳市召开专题会议，研究协调大沙河三期整治工程南开金融工程学院段有关问题并拟定相应方案。

12月24日，深圳市南开深圳金融工程学院举行建设方案评标会，建设部综合勘察设计院方案中标。

12月27日，南开大学深圳地区师生新年联谊会在深圳市银苑酒店举行，有关领导、嘉宾、老师和二百多名在职研究生参加。

(撰稿人：王慧)

迎水道校区

概况

迎水道校区设立党委会和管理委员会。校区党委由5人组成，设书记1人，副书记1人，委员3人。管委会主任由党委书记兼任，副主任2名。校区管理委员会实行主任负责制。在党委会和管委会之下，设3个办公室、1个科和团委，即校区办公室、教务及学生教育办公室、财务及后勤管理办公室、保卫科和团委。校区工会和团委以接受校区党委领导为主，同时还接受学校工会、学校团委领导。

校区的主要功能是培养教育文科各学院本科一年级学生。2003年上半年在校本科生1720人，在校高职生1379人；下半年在校本科生1723人，在校高职生1184人（2001年级499人、2002年级299人、2003年级386人）。

校区现有干部职工18人。其中教授1人，研究员1人，副研究员1人，高级会计师1人，讲师1人，助理研究员6人，干部3人，工人编制4人。

校区全体干部职工创建“自我教育、自我管理、自我服务、自我约束”的管理体制。以人人关爱集体，以为集体作贡献为荣耀。在2003年南开大学秋季田径运动会比赛中，荣获教工丙组亚军。

学生工作

校区以理想教育和“三观”教育为根本，提高学生的综合素质。将理想教育和树立正确的世界观、人生观、价值观的教育融入学生的日常学习生活和丰富多彩的文体活动中，以提高学生的思想道德素质，增强学生的使命感和责任感。在学生教育中，主要开展了以下工作：

进一步深化学生“自我教育、自我管理、自我约束、自我服务”的教育管理体制。建立一支学生骨干队伍，教师负责策划、指挥，学生骨干具体组织、落实。充分调动学生参与社会工作的积极性、主动性，使他们的潜质得到发挥，其组织、指挥、公关、交际等能力得到较充分的锻炼和提高。一年级学生升入二年级并迁到总校后，绝大部分在校区的学生骨干仍在从事着各方面的学生社会工作；新生入校后，在不足一个月的时间内，经过竞争、选拔，很快地建立起校区新的学生会、班长联谊会、学术论坛部、广播站、学生党员联席会等。2003年特别加强对这批学生骨干的教育培训，使其正确处理学习和社会工作的关系，请高年级的学生干部与他们共同交流并介绍经验，使他们能够较早地上岗和适应工作的要求，在学生中发挥先进性和示范作用。如2002级学生组成的校区广播站，经过19位同学的共同努力，使广播站成为大家的共同朋友，其“阳光快车道”、“字字如歌”、“古乐流香”、“点唱机”、“十七点四十八分”等栏目为校区营造出较好的校园文化氛围。在抗击非典时期，广播站19位同学，配合学校布置的各项抗击非典工作和要求，夜以继日地宣传抗击非典先进人物及卫生常识，稳定了学生情绪，使他们保持一种正常的心态；以学生心理健康教育为重点，尽快使新生完成从中学到大学的过渡。新生从中学步入大学存在着心理、学习及生活等多方面的不适应，调整得好坏，适应得快慢，直接关系到大学四年的成长。因此，针对学生心理特点，以做好学生的心理调试为重点，严格遵循“三级防御体系”和普遍教育、个案辅导相结合的原则，开展系列心理健康教育，引导学生尽快适应大学的学习方法和生活方式。为加强心理健康教师队伍建设，先后对负责心理健康教育教师进行专业培训和外出学习，提高专业能力。在硬件投入上，建立了心理咨询室，购买了必要的设备。在管理上，合理安排咨询人员，完善心理咨询制度和方式，把握学生的思想特点和热点的问题开展工作，帮助他们树立正确的世界观、人生观、价值观、成才观和苦乐观，养成良好的行为习惯和健康向上的精神风尚。通过举办心理健康知识讲座、个别咨询等方式，为学生提供心理咨询全程服务。发现患有严重心理障碍和心理疾病的学生，及时通报有关院系，并送到有关专业卫生医疗机构治疗。结合校区的实际情况，不断探索校区心理健康教育的新经验。

在抗击非典期间，为保证校园安全，预防和打击违法犯罪行为，维护广大学生的合法权益，营造“文明、有序、安全、稳定”的校园环境，提高和强化学生“自我教育、自我管理、自我约束、自我服务”的能力，在校区保卫科的指导下，于2003年4月4日建立了“校区学生安防联合会”。同时，还注意充分发挥学生党员的作用。先后以“投身文明建设，发挥模范作用”和“众志成城，抗击非典，我们在你身边”为主题，举行义务劳动、义务执勤，在公寓内公示党员名单，设立党员帮助信箱等活动，将学生教育管理工作延伸到学生宿舍之中。

以周末学术论坛为轴心，创建校区学术文化氛围。校区一直坚持以周末学术论坛为龙头，开展多种类、多渠道的学术、文化活动，努力营造校区的学术文化氛围。2003年“周末学术论坛”在往年基础上，就如何走好大学第一步，举办30场系列讲座。如请曾在校区学习过的毕业学生杨荣刚、郑飞、李岳韵、吴倩等以自己的亲身体会向新生们讲述“走好进入大学第一步”、法政学院院长朱光磊教授讲授“青年的政治素养”、武装部副教授艾跃进讲授“新生活与做人”、文学院宁稼雨教授讲授“文人的人格魅力与人文精神”、历史学院赵伯雄教授讲授“昔日的经典与今日之大学生——通向高素质的钥匙”、马列学院于明盛副教授讲授“个性发展与人际沟通”、经济学院院长周立群教授讲授“中国经济结构的战略性调整与企业改革趋向”等，激发了学生学习的积极性，使校区学术文化氛围得到强化。

以提高学生综合素质为目的，开展丰富多彩的综合文化活动。配合抗击非典，以“明天因为有爱而更美好”为主题，连续三天放映露天电影，深受同学欢迎。开展校区学生足篮球联赛、“新东方杯”外文歌曲大赛、民俗文化节、书画大赛、“五四”征文活动、各类知识讲座、一年一度的“新秀杯”歌手赛以及迎新年游艺等活动，吸引众多学生参与各项活动之中。

教务工作

配合学校教务处，加强对校区学生的教务教学管理，认真实施“检查、监督、协调，保证”的职责。本年度在校区上课的涉及10个学院，34个专业和高职10个专业，共开设429门课程，均正常完成教学任务。配合学校教务处，对礼堂、阶梯教室和部分教室进行多媒体改造，由专门人员负责维护、管理，保证正常教学秩序。在非典期间，学生没有出现故意旷课现象。与此同时，还配合学校有关部门，成功组织了研究生入学考试，大学英语四、六级考试，全国计算机等级考试。

基本建设

充分利用学校核拨的专项经费，力争为师生办更多的实事。本年度除按计划完成预定12项办实事工程外，还积极筹措资金增加5项工程。使校区的教学设施及校园环境有较大改观。

一是实施第一阶梯教室内部灯光改造、吊顶、墙壁粉刷装饰工程。同时，还对窗帘和230余套座椅布套进行清洗。二是实施阶梯教室楼屋顶防水工程。翻修面积达1200平方米，解决了近两年来多个阶梯教室漏雨的问题。三是实施礼堂西南侧小树林地带绿化工程。绿化面积3500平方米，各种树木近百株，三色篱120平方米，新修路面200平方米。使礼堂西南侧由过去的脏乱死角变为绿色景点。四是实施校区图书馆粉刷工程。粉刷面积5600平方米，油漆面积260平方米，更新灯具11套，在一楼增设了咨询服务台，购置计算机三台。有效地改善了办馆条件，在抗击非典中，给学生创造一个洁净的阅读环境。五是针对教学楼部分课桌椅已使用多年破损严重的状况，暑假期间，对10个教室384个座位进行了更新，使学生教学环境和条件得到改善。六是接通校区学生宿舍、校区礼堂有线电视线路，在学生生活区增设室外公共报栏。七是实施变电室电路改造和维修工程。对变电室电闸进行更新，对办公楼电路进行改造，解决了办公楼用电掉闸问题。八是对学生浴室20吨高位水箱及供水系统进行改造，水箱内胆采用不锈钢材料，四壁及底部厚4毫米，顶部厚3毫米，超过国家规定标准；主管道全部更新，水箱内的水温实行自动调节温度。为了自动控制水箱水位，又购置了电磁阀。由于学生浴室的更衣柜已经残损破旧，利用暑假期间制作了21组168格位的中高档的更衣柜，外部使用铝塑板，内部喷漆，加装高档插入式门锁，既美观又便于同学们使用。同时，还完成了对学生服务楼水箱顶部防雨及四周保温工程。九是在校区礼堂安装多功能多媒体设备。不仅使其适应现代化教学需要，成为学生素质教育重要基地，同时提高了军事理论课等大课的现代化教学水平。通过网络连接，使住校区的同学不出校园便可及时收看总校的名人讲座。十是利用国庆节长假时间，对教学楼东侧洗手间下水管道及便池进行了更新改造；对家属院3、4号楼上水管道进行了更新；完成了98号家属院自来水与校区自来水的分离，并实现抄表入户的工程。使7栋居民住宅楼420户所使用的自来水交给自来水公司管理，每年可以减少水费差价损失约5万元。同时，使校区用水指标较紧张问题得到缓解。十一是在抗击非典期间，为改善教学楼东西两侧大教室的通风条件，购置了16台壁扇，8间大教室每间安装2台。十二是配合学校后勤办，积极参与对宿舍大修工程的磁卡表配置及配合校体育部对校区操场维修等事宜。十三是对2、3号公寓进行内外装饰和粉刷，对宿舍内电路实施改造，使其面貌一新，改善女大学生居住条件，受到2003级学生和学生家长的好评。

综合治理

根据校区具体情况，防火工作仍然是校区综合治理的重点，为此.校区充分发挥保卫科、校门卫、校卫队及驻校区各单位的作用，强化了责任制和督促制，经常与各单位沟通信息，提出要求。加强校区机动车辆及自行车停放和校园内不文明行为的管理和教育，始终保持较文明、稳定、安全的校园环境。校区综合治理工作经过各方面的共同努力，2003 年内取得了较好的成绩，荣获“南开区王顶堤街综合治理先进单位”称号。在抗击非典工作中，校区保卫科荣获“南开大学抗‘非典’先进集体”称号，该科副科长于海获市公安局嘉奖。

党建工作

坚持认真落实“以学生工作为中心，以人为本，求真务实”的指导思想，加强党的组织和思想建设，组织广大党员和干部职工认真学习党的十六大报告和“三个代表”重要思想，提高他们的理论修养，增强大家团队凝聚力，在领导班子成员之间、领导与群众之间形成一种和谐、融洽、团结、向上、务实的风气。

领导班子建设。坚持党政领导班子中心组政治学习和民主生活会、民主评议、组织生活、发展对象确定和公示、联系群众等制度。经常召开党政联席会议，随时通报信息，沟通情况，树立学校、校区的大局意识和整体意识。积极推行政务公开，重大工作和事项及时向广大职工通报。认真贯彻党风廉政建设的各项规定和要求，结合校区情况，制定党风廉政建设的若干规定和细则。每个班子成员结合自己分管的工作，对照廉洁从政行为规范考核自己，并按要求向校党委、纪委写出书面报告。

充分发挥党员先锋模范带头作用，开展形式多样的党日活动。在抗击非典期间，校区党委将做好非典防控，保持整洁卫生的校园环境，保证师生健康安全，作为重点工作之一。为做好全校区环境卫生，党委决定决定打破以往党日活动形式组织一次特殊的党日活动，主题定为“以实际行动为党旗增辉”。2003 年 5 月 19 日，党委书记郝邦增、副书记杨明俊带领校区全体在岗党员以及入党申请人，对校区教学楼东侧近 400 平方杂草污垢进行了清整。清出垃圾 15 吨，彻底改变了教学楼东侧卫生环境，使校区环境更加优雅清洁。这一活动形式在校区已形成制度。在新生即将进驻校区前为创建良好的学习、生活环境，校区党委于 9 月 6 日、7 日，组织了“以清整学生公寓周围建筑垃圾”的党日活动，清整了学生公寓周围建筑垃圾和池塘周围的杂草。最佳党日活动的开展，不仅促进党员进一步体会江泽民同志“三个代表”重要思想的深刻内涵，增强党性意识，在各项工作中起到模范带头作用，也发挥了党支部的凝聚力、战斗力和战斗堡垒作用。在校党委开展最佳党日活动中，校区党委荣获二等奖。

行政工作

校区行政班子共计 3 人，为了进一步提高行政班子整体的领导水平，使进入班子的青年于部尽快地适应岗位工作的要求，在加强理论学习的同时. 定期召开行政工作会，并按时参加党政联席会议，随时与校区党委会沟通情况，树立学校、校区的全局意识，整体意识，并鼓励、支持年轻干部大胆开展上作。校区领导班子成员中 3 人都兼作办公室主任，密切了领导班子成员与基层工作人虽间的关系。同时积极推行政务公开、区务公开，向大家交底，因此校区领导班子成员之间、班子成员与职工之间关系和谐、融洽，形成了团结、奋进、向上、务实的风气。

进一步强化校区管委会的职能。学校各部门驻校区机构共有十几个，各自承担不同的任务，但在培养学生、服务学生上是统一的。因此校区管委会将所有驻校区单位都置于工作视野之中，一方面为他们的工作尽力提供支持和方便，另一方面加强了协调、检查、监督的力度，使校区管理育人、服务育人的整体氛围和质量得到了提高。

重要事件

4 月 2 日，在南开大学网页建设推动会上，校区演示成绩不佳。

4月22日，校区召开干部职工及驻校区各单位负责人会议，部署对非典型肺炎预防等事宜。并成立预防领导小组，组长刘恒昌，副组长杨明俊，成员李秀林、刘树国。

4月22日，校党委书记薛进文、校长侯自新、副校长陈学奇来校区检查工作。

4月26日，校区开始对教学楼、食堂、公寓、图书馆、各办公楼实施一天两次喷洒消毒水。

4月30日，党委副书记吴本湘、组织部长杨庆山来校区，宣布郝邦增为校区党委书记兼校区管委会主任，原校区党委书记兼校区管委会主任刘恒昌退居二线。

5月1日，按照学校要求，校区各单位进行爱国卫生大扫除。下午，学校纪委书记张式琪、办公室副主任刘文华来校区检查验收爱国卫生大扫除情况。

5月13日，后勤集团宿管中心的史富华被公安南开分局刑事拘留（在其办公室查出“法轮功”反动宣传品和作案工具）。

5月15日，薛进文书记在高怀英主任陪同下，到校区检查防控非典工作情况。在实地进行检查之后，提出了整改意见和要求。

5月16日，校区党委召开全体党员大会，按照学校党委要求的选举程序，选出郝邦增、杨明俊为校区党代表，上报组织部。

5月23日，经校区党政班子讨论，上报保卫科、李秀林、梁彦斌为校级防控非典先进集体和个人。

6月8日，根据党委副书记张静要求，校区党政领导对周日未住校天津籍学生返校工作进行周密的安排（发放登记表、体温测试、登记表签字及学生上课、自习等工作）。

7月15日，武装部临时迁入迎水道校区办公。

9月8～10日，校区开始迎新工作。

10月24～25日，校区参加学校秋季运动会，获教工丙组亚军。

11月21日，校区校园网页完成更新。

11月26日，校区团委举办“新秀杯”歌手赛。

12月2日，校区召开驻校区单位工作会，传达学校冬季消防安全工作会的精神，布置校区消防安全工作自查和检查工作。

12月25日，校区团委在校区礼堂、食堂一楼和二楼大厅举办迎新年游艺活动。

12月31日，校区教工党支部召开接纳梁彦斌、赵秉才两同志入党大会。

（撰稿人：杨明俊、刘树国）

泰达学院

学科建设

根据南发字[2003]7号文件，成立南开大学泰达应用物理学院，隶属于泰达学院，许京军任院长。经南开大学2003年第十次校长办公会研究，批准成立泰达生物技术学院，隶属于泰达学院。根据劳动和社会保障部培训就业司2003[125号]函，泰达学院关于建立《电子商务师国家职业资格培训远程辅导站》的申请获得批准。

泰达应用物理学院现有凝聚态物理学和光学专业博士学位、硕士学位授予权，材料物理与化学专业硕士学位授予权。10月18日“南开大学泰达应用物理学院成立典礼暨MBE实验室启用仪式”在泰达学院举行，校长侯自新出席并讲话指出，泰达应用物理学院的建立标志着泰达学院由校区模式向实体化学院模式发展迈进了关键的一步，具有里程碑意义。

国家科技部副部长程津培，国家教育部副部长吴启迪，市委副书记、市纪委书记邢元敏，天津市人大常委会副主任俞海潮，天津市委常委、滨海新区工委书记皮黔生，天津市委常委、教卫工委书记陈超英，天津市政府顾问叶迪生等先后视察泰达学院，并到泰达应用物理学院、泰达生物技术学院进行专题调研。党委书记薛进文、校长侯自新、开发区管委会主任李勇等先后到泰达学院对泰达应用物理学院、泰达生物技术学院学科建设情况进行专题调研。党委书记薛进文、校长侯自新先后4次听取院长冼国明、党委书记杜长有对泰达应用物理学院、泰达生物技术学院学科建设情况进行的专题汇报。

泰达生物技术学院是在泰达功能基因组研究中心基础上发展起来的。12月20日，以泰达生物技术学院作为技术支撑的天津生物芯片技术有限责任公司成立，该公司的建立是泰达学院积极构建产学研一体化体系的一项重要战略举措。

教学工作

2003年泰达学院共有本科生、研究生、远程教育本科生、专接本、研究生课程进修班等各类在校生2000余人，教学资源得到充分利用，教学管理井然有序。

设有南开大学泰达学院统一奖学金，王晓文等10名学生获奖。

狠抓院风、学风、考风建设，增加在教学科研方面的经费投入，保证教学工作顺利进行。建立校园广播系统，确保四、六级考试顺利进行。全年累计开课270余门。顺利完成2003届369名本科毕业生、2001级经济学院及国经法所270名研究生离校工作；2001级国际商学院、信息学院、软件学院363名本科生，2003级经济学院及深圳金融工程学院325名研究生顺利迁入泰达学院。顺利完成远程教育2003级74名本科生、63名专接本学生招生工作和入学工作。系统总结远程教育教学及管理经验，编辑出版《跨越时空的教育——南开大学泰达学院现代远程教育实践》一书。

2003年6月，2003届42名学生通过考试，领取了南开大学《电子商务》辅修专业证书。

发挥南开大学教育资源优势，为滨海新区建设提供培训服务，举办研究生课程进修班、工商管理专业(MBA)研究生课程班、英语口语强化班和日语入门基础班等面向不同层次的教育和培训。

科研工作

泰达应用物理学院承担各类立项9项，共获得经费资助总额200多万元；新申请国家发明专利3项，原申请国家发明专利得到授权3项；学院科研人员在国内外各类杂志、期刊上共发表学术论文29篇；许京军教授负责主编国际期刊《Optical Materials》的"Photorefractive Nonlinear Optics"特辑。张存洲教授与辽宁海城市石油化工仪器厂合作开发用于石油钻探开发光谱分析仪项目。

王磊教授领衔的功能基因组学研究中心承担国家自然科学基金面上项目2项、国际合作交流项目1项，天津市科技发展计划项目1项、共获得经费资助总额200多万元；申请了对大肠杆菌O52型的O－抗原特异的核苷酸等发明专利36件；P3实验室完成设计招标。

与宁夏东方钽业集团有限公司就与泰达应用物理学院展开项目合作事宜进行谈判，并达成合作意向。

学术活动

先后有20余位国内外著名学者、企业家来我院进行讲学及学术交流。其中包括：天津市人大常委会副主任王述祖教授，美国国家工程院院士丹尼尔·博格教授，美国哥伦比亚大学E. Phelps教授，俄罗斯西北国家公务员学院院长沙玛哈夫·弗拉基米尔·阿列克萨德拉夫娜，荷兰莱顿大学校长D. Breimer、发展遗传学教授P. J. Hooykass、免疫血液病学教授R. R. P. de Vries和汉语言文学教授M. van Crevel，澳大利亚国立亚太经济与政府学院教授Andrew MacINTYRE、陈春来博士，韩国克里斯蒂安大学校长奇俊舒教授，台湾高雄大学校长王仁宏，兰州大学党委副书记周玲教授，西南财经大学副校长刘大山教授，解放军后勤学院王安筑教授，美国纽约德意志银行高级定量分析师兼副总裁李宗沂教授，深圳证券交易所总经理张育军博士，国家"863"计划生物与现代农业技术领域专家组组长金奇博士，中国疾病预防控制中心徐建国博士等。乌克兰国家科学院Svita教授在泰达应用物理学院进行为期两个月的实验，并指导研究生的研究工作。

中科院院士王占国来泰达应用物理学院验收MBE实验室，董事会副主席王恺、院长冼国明与王占国院士举行会谈。许京军教授作为组委组织PR'03国际会议(Ninth International Conference on Photorefractive Effects, Materials, and Devices，法国，Nice，2003.6.17～21)和CLEO/ Europe－EQEC2003国际会议(The European Conference on Lasers and Electro－Optics and the European Quantum Electronics Conference，德国，Munich，2003.6.23～27)，同时得到第十届国际光折变非线性光学大会(10th International Conference on Photorefractive Effects, Materials, and Devices)的组办权，组内成员发表相关会议论文5篇。功能基因组学研究中心举办"生物芯片技术报告会"。承办"环渤海地区经济发展与合作论坛"开幕式及宗国英研究员学术报告会，与中科院联合赴法国对与泰达应用物理学院有关实验室设备进行考察验收，参加天津开发区“泰达教育与经济发展”研讨会。

与澳大利亚国立亚太经济与政府学院、韩国克里斯蒂安大学就合作办学事宜进行会谈，并签署合作备忘录。

党建工作

认真组织全院师生学习“三个代表”重要思想和十六大精神活动。组织建设方面，2003年下半年，学院党委发展职工党员2人，学生党员3人。制度建设方面，按时举行院党政班子政治学习和民主生活会，制定《南开大学泰达学院党风廉政建设责任制实施办法》，结合班子各成员分管的具体工作，明确各自承担的责任，对照廉洁从政行为规范和有关规定考核各自工作，并按要求向校党委、纪委写出书面报告。围绕学院中心工作，发挥政治核心作用，保证监督党和国家的方针政策及学校各项决定的贯彻落实。明确职责，加强对各学生党支部书记的教育管理，对学生各年级支部的组织活动制度做出具体要求。加强学生党建工作制度化和规范化管理。全年共举办学生党校两期，培训入党申请人近300名。受学校党委组织部委托，对泰达学院学生入党申请人和党员发展、教育管理工作进行调研。

院务工作

加强对学院体制进行梳理工作，在协调处理与软件学院和深圳金融工程学院的关系、与各驻院单位和合作单位的关系等问题上整理出一套比较明确的思路。完善规章制度，强化管理服务职能并使之规范化、系统化，贯彻“精简、高效”原则，增强工作透明度。制定出一整套适合学院自身发展的财务制度，在经费使用上坚决执行预、决算制度，突出对教学科研工作和学科建设的优先支持；同时厉行节约，杜绝浪费，特别是在节约能源一项上仅寒暑两个假期就节约70万元。对人事用工制度和政策进行相应的规范和调整，在人员聘用上实施规范化的用人制度，完善外聘员工社会保险等一系列措施。

领导班子及各部门主管在泰达培训中心举行暑期工作会议，对学院工作进行较为系统的总结。

加强与兄弟院校的交流，先后赴吉林大学、西安交通大学、大连医学高等专科学校、西安翻译学院等高校进行考察交流。

加强自身形象建设，出色完成各类重要接待参观工作40余次，接待国际、国内高等院校10余所，各类企事业单位数十家，充分地面向国内外各界展示南开大学风采。承办南开大学贯彻落实全国高校党建工作会议精神进一步加强改进学生党建工作研讨会、南开大学中青年管理骨干培训班暨挂职干部经验交流会，承办团市委基层团干部信息培训班。与天津开发区消防中队开展联合消防演习。组织全体教职工参观“滨海新区10年成就展”。积极参加学校工会组织的各项活动，在学校2003年秋季运动会上取得教工丙组第一名和体育道德风尚奖。

院长冼国明获天津市“十五”立功先进个人称号；泰达学院获得2003年度天津开发区爱国卫生工作先进单位称号和2003年度天津市教卫系统工会先进集体称号；阴沛涞获2003年度天津开发区爱国卫生工作先进个人称号和2003年度天津市教卫系统工会工作先进个人称号。

学生工作

学院现有学生工作教师2名，聘任专职班导师7名。

加强学生思想教育工作力度，全年举办学生党校两期。组织丰富多彩的学生活动，积极参加学校和开发区的各项活动，举办“泰达杯”篮球赛，羽毛球、乒乓球赛，戏剧月，首届泰达学院班级主页大赛，纪念“一二·九”运动六十八周年活动月系列活动，以及中秋晚会和元旦晚会，参加南开大学2003年秋季运动会，参加天津开发区首届学校田径运动会。侯自新校长出席元旦晚会并讲话。支持学生暑假社会实践小分队赴甘肃参加义务支教活动，《中国青年报》、香港《文汇报》、《甘肃日报》、《兰州日报》、《天津青年报》、兰州电视台等近十家媒体进行了报道。举办两期学生团校活动，培训学生350余名。

大力支持学生创业，2002届通讯工程专业学生张育鹏等创建易步科技有限公司举行揭牌剪彩仪式。

获得的奖励有：开发区首届学校田径运动会团体总分第二名，南开大学2003年秋季运动会学生甲组团体第四名，暑期社会实践小分队荣获"天津市大中专学生社会实践活动市级优秀示范队"称号，团委书记曾利剑获市级先进个人称号。

抗击"非典"

非典期间，薛进文书记、侯自新校长、张静副书记、耿运琪副校长、陈永川副校长、陈学奇副校长，开发区管委会李勇主任、倪祥玉副主任等领导先后10次到泰达学院进行检查指导，极大鼓舞了全院师生战胜非典的斗志。

在抗击非典斗争中，泰达学院果断采取措施，实行领导班子成员值班制度和党员干部快速反应机制；从2月份开始在全院范围内喷洒过氧乙酸，预防春季传染病的发生，同时拉开预防非典的序幕；非典期间全院共进行8次党政联席会议专题布置抗击非典工作；先后两次制定《泰达学院应对非典预案》；实行出入证制度，全院师生员工统一佩戴身份标识牌，无证者被拒绝进出学院；与开发区泰达医院建立直线应急联系。非典期间，泰达学院各项教学科研秩序未受到任何影响，设立图书消毒区，图书资料中心成为天津市唯一一所在非典期间不间断购进新书的图书馆。

泰达学院被评为南开大学抗击非典先进集体，张连众、阴沛涞被评为南开大学抗击非典先进个人；泰达学院青年志愿者协会被评为共青团天津市委抗击非典新长征突击队，团委书记曾利剑被评为天津市抗击非典优秀团干部。《滨海时报》2003年5月6日第二版报导了泰达学院抗击非典纪实。

重要事件

3月12日，教育部学生司韩建华巡视员在副校长陈洪、研究生院副院长杨明光的陪同下考察泰达学院。冼国明、杜长有汇报工作并陪同考察。天津市人大常委会副主任、南开大学WTO研究中心主任王述祖教授到泰达学院做题为"经济全球化与引进外资发展战略"的讲座。

3月14日，俄罗斯西北国家公务员学院院长沙玛哈夫·弗拉基米尔·阿列克萨德拉夫娜一行来泰达学院考察交流，杜长有接待来宾。

3月18日，荷兰莱顿大学校长D. Breimer、发展遗传学教授P. J. Hooykass、免疫血液病学教授R. R. P. de Vries和汉语言文学教授M. van Crevel参观泰达学院。

3月20日，由信息学院99通讯工程专业张育鹏等同学创建的易步科技有限公司举行揭牌剪彩仪式。侯自新校长在冼国明、杜长有等陪同下对易步公司的各方面工作进行考察。

5月1日，冼国明、杜长有向党委书记薛进文、副校长陈洪、张静等领导专题汇报泰达学院防控非典措施及目前存在的困难。

5月28日，天津市市委常委、教卫工委书记陈超英，天津市科委主任李家峻、副主任赵海山等在副校长耿运琪、泰达学院党委书记杜长有陪同下考察泰达功能基因组学研究中心的建设情况，中心主任王磊汇报工作。

5月29日，天津市人大常务委员会副主任俞海潮到泰达应用物理学院调研，许京军专题汇报泰达应用物理学院的建设情况和最新研究成果。耿运琪副校长、冼国明、杜长有等陪同考察。

5月30日，侯自新校长到泰达学院专题调研，听取冼国明、杜长有工作汇报，检查生命功能基因组学实验室建设情况并与学生代表进行座谈。

6月20日，开发区管委会主任李勇、副主任倪祥玉、科技局局长王凤菊到泰达应用物理学院调研，听取许京军工作汇报。汇报后李勇与泰达学院学生代表进行座谈。王恺、冼国明、杜长有等陪同。

6月30日，《今晚报》报道泰达学院为中国“典子”翟淑宏提供免费远程学习机会。7月5日进行后续报道。

7月19日，冼国明、杜长有列席学校暑期工作会议，专题汇报泰达学院工作。

7月21日，劳动和社会保障部培训就业司2003[125号]函公布名单，批准泰达学院通过《电子商务师国家职业资格培训远程辅导站》的申请。

8月9～11日，泰达学院领导班子暑期工作会议在泰达培训中心举行。

8月29日，台湾高雄大学校长王仁宏一行25人来泰达学院参观访问，冼国明、杜长有、张鹏、张连众、王林印等分别接待来宾。

9月7～8日，杜长有、张鹏、王林印等参加开发区主办的“泰达教育与经济发展”研讨会。

9月9日，天津市委常委、滨海新区工委书记皮黔生慰问泰达学院全体教职工。

9月16日，经济学院2003年研究生开学典礼在泰达学院举行。校长侯自新出席典礼。典礼后侯自新在杜长有等陪同下检查泰达应用物理学院实验室建设情况。

9月25日，杜长有率队参加天津开发区首届学校田径运动会。泰达学院代表队获得团体总分第二名。

9月25日，外交部部长李肇星夫人秦小梅女士一行访问泰达学院。冼国明、杜长有接待来宾。

10月8日，澳大利亚国立亚太经济与政府学院 Andrèw MacINTYRE 教授和陈春来博士访问泰达学院，冼国明、陈建国等接待来宾。

10月10日，宁夏东方钽业有限公司总经理张宗国一行访问泰达学院，杜长有、张鹏、许京军分别接待来宾并就双方合作事宜进行谈判。

10月13日，国家示范性软件学院评估专家组到泰达学院检查软件学院学科建设和教学情况。冼国明、杜长有等接待来宾。

10月18日，“南开大学泰达应用物理学院成立典礼暨MBE实验室启用仪式”在泰达学院举行。校长侯自新出席并讲话，开发区管委会副主任艾亚民，中科院、天津市教委、科委、南开大学、开发区有关部门和有关专家以及天津斯坦雷电气有限公司代表等产业界人士出席了庆典。仪式由冼国明主持。

10月22日，天津市政府经济顾问叶迪生在开发区科技局局长王凤菊陪同下考察泰达应用物理学院，冼国明、杜长有、张鹏、王林印等汇报工作陪同考察。

10月23日，国家科技部副部长程津培院士、天津市科委主任李家俊一行在耿运琪副校长、冼国明、杜长有陪同下视察泰达学院。程津培听取王磊和许京军的工作汇报，视察泰达应用物理学院和生命功能基因组学研究中心实验室。

10月25日，在南开大学2003年“海信杯”秋季运动会上，泰达学院取得学生甲组团体第四名、教工丙组第一名的成绩，并获得体育道德风尚奖。

11月6日，天津市科委、教委组织专家组对泰达应用物理学院光电子存储实验室进行天津市重点实验室评估，杜长有、许京军接待专家组一行。

11月7日，国家教育基金委信息部主任秦建国一行到泰达学院调研。杜长有等接待来宾。

11月11日，泰达学院2003年优秀学生颁奖仪式在多功能报告厅举行，冼国明、杜长有、张鹏、王林印等向143名优秀学生颁奖。

11月13日，“环渤海地区经济发展与合作论坛”开幕式暨宗国英研究员学术报告会在泰达学院举行。

11月27日，兰州大学党委副书记周玲一行16人访问泰达学院，杜长有等接待来宾。

11月28日，南开大学一北野财团（天津斯坦雷）2003年度奖学金颁奖仪式在泰达学院举行。校党委副书记张静、开发区管委会副主任倪祥玉、学工部部长杨克欣、北野财团常务理事大塚英四郎、事务局长岛村毅、斯坦雷公司总经理河内健、冼国明、杜长有等出席颁奖仪式，25名学生获奖。

12月5日，组织全体教职工参观“滨海新区十年成就展”。

12月8日，功能基因组研究中心P3实验室设备招标工作在泰达学院进行。

12月9日，以校长奇俊舒教授为首的韩国克里斯蒂安大学考察团访问泰达学院。冼国明、杜长有、王林印等接待来宾并举行会谈，双方签署合作备忘录。

12月11日，以西南财经大学副校长刘大山教授为组长的国家经济学人才培养基地验收评估专家组莅临泰达学院参观考察。杜长有接待来宾并陪同专家组参观。

12月13日，南开大学“贯彻落实全国高校党建工作会议精神，进一步加强学生党建工作研讨会”在泰达学院召开。党委书记薛进文，副书记张静、杨庆山等出席会议。南开大学各分党委、党总支、直属支部书记，各院（系）党委（党总支）副书记、团委（团总支）书记80余人参加本次会议。

12月14日，南开大学泰达学院首届班级主页大赛举行。

12月17日，泰达学院与开发区消防中队开展联合消防演习。王林印进行现场指挥。

12月18日，南开大学现代远程教育学院工作会议代表参观泰达学院。杜长有接待来宾。

12月19日，市委副书记、市纪委书记邢元敏，市委常委、滨海新区工委书记皮黔生，市委常委、市教卫工委书记陈超英一行在校长侯自新、副校长耿运琪、院长冼国明等陪同下视察泰达学院。市领导首先听取泰达功能基因组学研究中心、泰达应用物理学院的工作汇报，随后参观泰达功能基因组学研究中心和泰达应用物理学院实验室。

12月20日，南开大学中青年管理骨干培训班暨挂职干部经验交流会在泰达学院举行，校党委副书记杨庆山主持会议并讲话。

12月20日，天津生物芯片技术有限责任公司开业典礼暨生物芯片技术报告会在泰达学院举行。国家科技部副部长程津培院士，市委常委、滨海新区管委会主任皮黔生，市委常委、教卫工委书记陈超英出席。出席大会的还有市科委主任李家俊、南开大学副校长耿运琪教授，国家科技部、国家教育部、国家基金委、天津市科委等有关部门负责人和该领域知名专家。大会由开发区管委会副主任艾亚民主持。程津培和皮黔生为天津生物芯片技术有限责任公司揭牌。

12月24日，国家教育部副部长吴启迪一行视察泰达学院。吴启迪首先听取王磊、许京军的工作汇报，随后在天津市教委副主任马建标、校长侯自新、副校长耿运祺、开发区管委会副主任倪祥玉及冼国明、杜长有等陪同下，吴启迪视察泰达功能基因组学研究中心和泰达应用物理学院。

12 月 24 日，校长侯自新以及冼国明、杜长有等出席“纪念一二·九运动六十八周年”活动月闭幕暨元旦晚会并为获奖学生颁奖。

12 月 26 日，天津开发区学校治安工作座谈会在泰达学院召开。开发区公安分局局长何宁出席。杜长有、王林印出席会议并就泰达学院的治安情况进行汇报。

（撰稿人：杜长有、于洋）

经济与社会发展研究院

概况

经济与社会发展研究院现设有三个研究中心和两个研究所。分别为：中国城市与区域经济研究中心、现代物流研究中心、企业研究中心和产业经济研究所、交通经济研究所。

现有在岗教师和研究人员 29 人，其中专职教师 9 名，双聘教授 5 名，校聘兼职教授 3 名。2003 年引进在校博士后 2 名。全体教师均为博士毕业或博士在读。

主要进行科研、教学和开展对外合作三方面的工作。科研方面主要进行经济和管理领域内的理论研究，利用南开大学多学科优势，培育新兴学科，为政府和企业进行决策咨询；教学方面主要在三个硕士学位授权学科（专业）和两个博士学位授权学科（专业）培养研究生；对外合作方面主要有对外学术交流和合作办学等。

学科建设

2003 年，物流学专业二级学科硕士研究生点获得批准，并进一步完善了该专业硕士研究生的培养方案。目前，该院设有硕士学位授权学科（专业）3 个，即产业经济学、区域经济学和物流学；博士学位授权学科（专业）2 个，即产业经济学、区域经济学；博士后流动站一个。

2003 年，在教育部人文学科重点研究基地的申报中，研究院现代物流研究中心是全国物流领域内的唯一申报单位。物流中心的研究领域、学术梯队、研究成果等受到教育部专家的高度评价。目前，物流中心还正在积极申报教育部文科重点实验室。

教学工作

教学工作包括计划内硕士、博士研究生的教学和对外合作联合培养硕士研究生两部分。

计划内研究生。2003 年共有在学硕士生 58 名，博士生 14 名。毕业硕士生 10 名，招收硕士生 25 名；本年无博士研究生毕业，招收博士研究生 8 名。

联合培养硕士生方面。2003 年毕业研究生 200 余名，招生 153 名。

经济与社会发展研究院承办的南开大

学一澳大利亚 Flinders 大学医院管理硕士研究生班项目正式启动。此外,与澳大利亚 Flinders 大学合作的国际经贸关系硕士研究生班、与香港理工大学合作的现代物流管理硕士研究生班分别进行了第四期和第二期的教学工作。

通过与境外大学合作办学,吸收国外先进的教学和管理经验,不仅锻炼了研究院的师资力量,而且极大提升了南开大学在国内外知名度和影响力。

科研工作

2003 年,共出版著作 2 部,译著 3 部,发表论文 20 篇,其中入选 CSSCI 8 篇。

共承担四项纵向课题,包括教育部博士点基金项目、国家软科学基金项目和天津市软科学基金项目。通过这些项目,加强了教师对相关理论的深入研究和学科建设,积蓄了学院的理论成果和学术力量。与此同时,完成了一批具有较大影响力的科研项目和 30 余项省(市)政府、大型企业委托的咨询项目,进入学校的科研经费达 350 万元。其中,由国家发改委经济运行局委托编写的《中国现代物流发展报告(2002 年)》已出版。这是我国第一部由政府发布的物流行业发展报告,具有很高的权威性;由交通经济研究所完成的《"十五"综合交通体系发展政策中期评价》报告得到政府有关部门和社会各界的高度评价,被认定为中国"十一五"综合交通体系发展政策的唯一编制单位。

学术活动

举办多次国际学术交流活动或高级研讨班,与国内外十几所大学和研究机构保持着密切的联系和合作。2003 年 10 月,城市与区域经济研究中心与北京大学共同主办了"区域经济学国际研讨会"。参加会议的有来自北美、欧洲、日本等地 30 多位国际区域经济学知名学者及国内 80 多位同行专家;11 月,研究院与韩国高丽大学共同主办了"中韩现代物流国际学术交流会",并于年末正式启动韩国高丽大学在南开大学建立分院的项目;12 月,在香港理工大学成功举办了第二届"两岸三地现代物流研讨会"(更名为"中华物流论坛")。现代物流中心共组织大陆有关高校以及企业界物流领域的学者专家 50 余人参加会议,在两岸三地物流领域产生强烈反响。

党建工作

组织教职工、学生党员和党外人士学习十六大文件,使得党员在新的形势下更加明确了前进的方向。组织建设方面,经济与社会发展研究院党支部安组织程序已接受 6 名同志为正式党员,吸收了 5 名学生为预备党员。制度建设方面,教工和学生各自成立了党支部,定期召开党员座谈会,紧紧围绕学院教学科研工作开展工作,不断探索如何在学院新机制下发挥党员先锋模范作用。

院务工作

2003 年,研究院在信息化建设方面取得重大进展。经济与社会发展研究院建立的南开物流网已拥有包括智库、论坛及在线教育培训在内的一整套学习、互动交流物流知识的栏目;实现了网上辅助教学、网上咨询、网上交流、网上信息查询、网上图书查询及借阅等多项功能;目前,论坛注册会员 2400 人,访问量已达到 30 万,平均日访问量超过 600 次,消息传递将近 16 万,论坛已积累了 24910 篇文章,并与海内外多家专业院校建立了链接。

研究院的快速发展是我校顺应高等教育体制改革的硕果。经过 3～5 年时间,研究院将建设成为国内有一定影响的科研和人才培养基地,经济、管理决策咨询中心,成为南开大学加强与国内外政府、企业及其他方面联系的一个重要窗口。多方面、多渠道为学生创造就业机会，2003 年毕业生百分之百就业。

重要事件

10 月 24 日，南开大学一澳大利亚 Flinders 大学医院管理硕士研究生班第一期开学典礼。

12 月 7～8 日，在香港成功举办第二届“两岸三地现代物流研讨会”(更名为“中华物流论坛”)。

12 月 23 日，南开大学云南研究院在云南正式挂牌成立。

(撰稿人：刘军、景虹)

高等教育研究所

概况

高等教育研究所在岗人员 13 人，其中教授 1 人，副教授 5 人，讲师 6 人，助教 1 人，具有博士学位者 8 人，现有兼职教授 5 人，都具有博士学位。2000 年 7 月，高教所获得“高等教育学”硕士学位授予权，2001 年开始招收硕士研究生，现有高等教育学，教育经济与管理和教育学原理三个硕士点，硕士研究生 13 人。设有资料室，藏书 1600 余册，内容涉及教育学、高等教育学、高等教育管理学、教育心理学、教育社会学、比较教育学和高等教育史等学科。

《南开教育论丛》于 1986 年 1 月创刊，为季刊。1987 年 1 月在天津市新闻出版局注册备案，获得内部资料准印证号。主编王处辉，副主编赵永东副教授，责任编辑茹宁、曹爱华。

科研工作

2003 年立项 6 项。其中由宋秋蓉主持的教育部重点课题“近代中国私立大学办学成功的因素分析”，横向课题“近代中国私立大学发展史研究”，天津市人文社会科学一般课题“近代私立大学与当代民办高等教育的比较研究”；乐国林主持的天津市教育科学“十五”规划课题“弱势群体子女的大学生涯状况研究”；由刘清华主持的天津市教育科学“十五”规划课题“高等教育分类发展与入学考试制度改革”；赵允德主持的教育部课题“高等教育与文化创新”。在研项目 11 项，其中有王处辉主持的教育部课题“大学办学特色的形成与发展战略研究”，国家教育科学规划项目“大学组织形态变迁研究”；张晓唯主持的国家社科规划项目“民国时期大学教育观念形成和演化的动态考查”；赵永东主持的教育部项目“中日高等教育机制比较研究”等等。发表科研成果 61 项，其中出版书两部：宋秋蓉的《近代中国私立大学研究》(天津人民出版社)和王处辉主编的《转型中高等教育的反思与构建》(合肥工业大学出版社)。发表论文有宋秋蓉的《近代中国私立大学办学成功的因素分析》，载《高等教育研究》2003 年第 5 期；《近代中国私立大学的地位与作用》，载《江苏高教》2003年第2期；《当今世界高等教育经费来源多元化趋势》，载《教育与经济》2003年第4期；王处辉的《高校教师收入知多少?》，载《新华文摘》2003年第2期；乐国林的《中国城市家庭高考志愿填报中的代际差异和互动研究》，载《青年研究》2003年第9期等等。

学术交流

继续开展双周学术讲座。与全国各主要高校高等教育研究所建立密切的横向联系，同时与国外的大学建立了学术交流关系。参加国际学术会议4人次，参加国内学术会议8人次。承办"纪念陈序经诞辰100周年"大型国际会议，聘请北京大学教育学院著名教授陈学飞担任我所兼职教授。

重要事件

4月18日，宣布2003年招收7名研究生，准备聘用3名博士生为我所研究人员。

4月20日，通告防治非典措施。

推选王处辉为第七次党代会代表。

5月12日，曹爱华做关于"高等教育质量评估"的学术报告。

5月19日，王处辉做关于"大学排名"的学术报告。

5月26日，宋秋蓉、赵允德、王处辉做"关于高等教育经费多元化趋势"的学术报告。其中，宋秋蓉介绍国际高等教育经费多元化；赵允德分析中国高等教育经费来源多元化趋势；王处辉介绍南开大学经费来源。

6月9日，乐国林做关于"高考志愿填报：社会分层和代际关系的指示器"调查报告。

6月23日，邢志杰关于"2002年部属高校事业发展状况及基本办学条件状况监测报告"的学术报告。

6月29日，邢志杰、汤全起做关于"高校内涵发展的主要途径和思路"的学术报告。

7月7日，郭丽到所里报到。

9月15日，陈巴特尔、刘清华来所报到。

9月21日，刘清华关于自己博士论文的学术报告。

10月17日，刘清华汇报武汉学术会议"考试与社会发展"的情况。

王处辉汇报天水会议"首届全国高校发展研究研讨会"情况。

张晓唯汇报天津关于梁启超大型国际学术会议情况。

10月20日，陈巴特尔博士论文"文化变化中的蒙古民族高等教育的演变"学术会议。

11月8、9日，我所与历史学院、法政学院和经济学院共同承办"纪念陈序经诞辰一百周年"大型国际会议。

11月24日，王处辉汇报"高等教育学与研究生工作"学术研讨会情况和上海两岸三地文化与现代化国际会议内容。

12月9日，举行北京大学教育科学院副院长、国务院学科评议组成员陈学飞教授担任我所兼职教授致聘仪式，并举行学术讲座。

12月24日，南开大学高等教育学会正式成立。教育部原副部长周远清任名誉会长，侯自新校长任会长，逄锦聚副校长、原南开大学党委副书记吴本湘、孔繁丰任副会长，我所为常务秘书处，所长王处辉任秘书长，负责日常事务。

（撰稿人：茹宁）

附属单位

南开大学附属中学

概况

南开大学附属中学(以下简称附中)是始建于1960年的南开大学教工子弟校,天津市首批重点中学、市级“三A”学校、教育部命名的“现代教育技术实验学校”。学校设高中部、初中部各12个教学班,共有学生1200人,依托于附中的惠明中学有9个教学班,有学生436人。学校占地面积21420平方米,校舍建设10010平方米,现有教学楼3座。学校设物理实验室3间,化学实验室2间,生物实验室1间,多媒体语音室1间,多媒体演播室1间,多媒体计算机网络教室2间,图书馆藏书5万册,阅览室设百余座位,操场设300米环形跑道。附中正式在编教职工107人,其中研究员1人,副研究员1人,高级教师43人,一级教师56人,二级教师8人,教师中获硕士学位的2人。

招生和毕业生

2003年,附中初一招收新生179人,惠明中学初一招收新生140人。附中新初一设特长班1个。高一年级招收新生201人,其中计划生136人,择校生65人,并专门设立一个理科实验班。附中初中毕业生升入高中82人,占毕业生人数的77.3%,惠明中学升入高中的204人,占毕业生人数的88.3%。高中毕生班理科达专科线以上的占96%,其中,一般本科线的以上占68.8%,重点本科线的占32.8%。文科达专科线以上的占96.55%,其中,一般本科线以上的占63.8%,重点本科线的占32.8%。

教育教学

2003年,附中在办学实践中,坚持以邓小平同志教育要“三个面向”的重要指示为基本指导思想,全面贯彻党和国家的教育方针,努力推进素质教育,重点放在加强素质教育主渠道建设上,强化现代教育技术与课堂教学的整合,强化过程管理,优化德育过程和教学过程。强调以教科研推动教学改革的深化。召开了以“学习新课标,树立新理念”为主题的推动教学改革的研究会,进一步统一认识,确立学生是学习主体的理念,用以指导教学实践。上半年9人作校内研究课9节,下半年22人作研究课22节,参与的教师分布在各个学科各个年龄段。在2003年11月6日全国高中数学竞赛中,附中在南开区位于南开中学、43中学、109中学、天津中学之后名列第5名。高二4班李四维同学创作的《Media Look》作品,在2003年4月举行的第四届全国中小学电脑制作活动中,荣获天津市唯一的高中组程序设计二等奖(天津市赛区一等奖)。宋倩楠等7名同学分获天津市八年级英语决赛二、三等奖;张丽霞等22名同学在第五届全国“思中杯”阅读原著翻译有奖竞赛中分获一、二、三等奖;于辰等4名同学分获天津市八年级语文决赛一、二、三等奖；张严昕同学获全国初中数学竞赛(天津市赛区)一等奖、获全国初中化学竞赛(天津市赛区)一等奖；耿昊炎获全国初中化学竞赛(天津市赛区)一等奖、获第八届全国青少年信息学奥林匹克竞赛一等奖。

课题研究

2003年10月，附中被中央教科所德育研究中心评为全国教育科学"十五"规划国家重点课题"整体构建学校德育体系深化研究与推广实验"2002～2003年度先进实验学校，并获荣誉证书。在该课题下，郑兆莹申报的《论班级环境的育人功能及其建设》获优秀成果一等奖；赵培芬申报的《"母爱——神圣的情感，孝心——基本的人性"德育活动课实录》获优秀成果三等奖；陈连霞申报的《发扬南开光荣传统，构建中学德育环境体系》获优秀成果二等奖；赵培芬申报的《母爱——神圣的情感活动设计方案》获"《德育》读本实验研究"优秀成果三等奖。

在天津市第四届德育学术年会上，董成尧的论文《论中学德育工作中学生主体性的发挥》获二等奖，刘丹的论文《学生人际交往与个性发展简论》获三等奖，王乙闻的论文《在日常工作中培养学生的责任制》和周安安的论文《发挥家庭教育在教育中的优势》分获参评奖，陈连霞的论文《关注时代发展，培养人文精神——谈班级建设中人文精神的培养》获三等奖，同时获全国第十二届中小学班集体建设理论研究会一等奖。在全国第十二届中小学班集体建设理论研究会上，张华兰的论文《现代优秀班集体需要多途径全方位优化》获一等奖，董丽惠的论文《培养良好班风提高学生素质》获二等奖，刘丹的论文《构建民主的人文环境营造班级的和谐氛围》获三等奖。

教育教学成果认定

张津军的论文《网络教学，课程整合与高中数学研究性学习》、李洁的《"西亚和北非"第一节教案》、刘宏的论文《初三"思想政治课"教学中学生发散性思维的培养》和论文《寓创造性思维训练于思想政治教学之中》、陈燕的《浅谈班集体凝聚力的形成》、付亚男的《他山之石可以攻玉——指导班集体活动的一点思考》、孙玉玲的《当前中学生的价值取向与情感教育研究》、赵晓红的《学校开展性心理教育的可行性探索》、朱晓青的《中小学生减负与"囚徒困境博弈"论》、陈连霞的《班集体建设活动中管理方法的探讨》分获市级教育教学成果认定；欧阳天真的《信息技术课教学的特殊性》和张津军的《现代教育下的教师角色转换》获区级教育教学成果认定。

重要事件

1月10日，附中在第四届全国中小学素质教育英语知识能力竞赛中荣获团体一等奖；

3月7日，日本武藏中学学生河合骏介、栗山隼明来在附中进行为期六周的进修学习；

3月16日，李信校长应中国高等教育学会、中国教育报编辑部、中国地区开发促进会文化教育委员会的聘请，出任中国西部地区教育顾问，聘期二年。附中与内蒙古扎兰屯市成吉思汗镇一中建立友好关系，李信校长和孙秉恒校长签订帮扶合作意向书。

3月23日，全国人大副委员长吴阶平为附中题辞："发扬优良传统 创办一流中学"。

9月6、7日，日本岩手县一关市第一高校田中祥夫校长和PTA铃木明等四位会长来附中访问。

10月4、5日，在南郊宝成宾馆召开"学

习新课标精神，提高教学质量”教学研讨会。

12月，天津市教育委员会授予附中《心理健康教育先进单位》称号。

南开大学附属小学

概况

南开大学附属小学始建于1946年，多年来继承老一代创办南开学校的光荣传统，发扬南开精神，坚持兴办有南开特色的学校。学校有35个教学班，1769名学生，教职工71人，专职教师中，中学高级教师5人，小学高级教师52人；市、区级教研中心组成员6人，国家、市、区、校级骨干教师12人，学科带头人24人。2003学年度学校获得集体荣誉称号12项，在全国、市、区级各类竞赛中教职工获奖183人次，学生获奖455人次，接受天津市教育局对首批命名的“天津市素质教育示范校”复查工作，成绩优异，进入全国名校600强。

附小坚持“全面发展，质量一流”的办学方针。2003年是实施附小第四个“三年发展规划”的第二年，学校在修改现行的人事制度改革方案的基础上，实施目标管理体制，狠抓教学常规的管理，优化教学过程，鼓励教师钻研业务，注重对中青年教师的培养。不断改善办学条件，优化教学设施。配有闭路演播系统，网络机房2个，多媒体教室2个，计算机109台，建成了校园局域网并和大学联网。

教学工作

附小在教学管理中做到“五严”，突出“五个意识”；注重课堂教学过程，并按学校《教学管理条例》的要求抓备课、上课、听课、检测、教研、辅导、竞赛七个环节；实行领导“推门听课”制度，分管领导下组教研制度和教学分析会制度；加强教学常规管理，促进课堂教学的改革。注重教师基本功训练，举行24、25届青年“希望杯”教学研究课、中年教师“创新杯”研究课和学科带头人、骨干教师展示课，以及“课堂教学家长开放周”活动。组织教师学习《走进新课程》并进行考核，提高教师对新课标的认识。在课堂教学中教师们还认真探索“双主体”育人模式，培养学生良好学风。在严格抓好抓实日常管理的情况下，更加规范学校的教学管理的各个环节，注重每一节课的成效，并以课堂教学为主线，以学科特长生的培养为特色，成功举办英语节、陈省身杯数学竞赛、家长开放周、接待全国教育之旅教育参观团，以及各级各类的教研课等多项展示附小教学质量这一生命线的工作。2003年度学生参加天津市红花竞赛成绩优秀的学生有31人，参加小学数学奥林匹克竞赛一、二、三等奖的学生有26人，参加《畅想未来》《奥运寄语》《河的故事》等小学作文竞赛一、二、三等奖的学生有近800人。有3人在全国第五届思中杯阅读原著翻译有奖竞赛中荣获一等奖。

学校重视体卫工作，开展丰富多彩的课间活动，学生体育锻炼达标率95%以上，优秀率10%以上。开展“六病”防治工作，落实《健康评价标准》。

科研工作

附小是全国学习科学研究直属实验校。“学习科学研究”是学校已经坚持七年的研究课题，经过多年的研究和实践，创设了“学习指导、多媒体教学、生动教育”三结合教学模式，并不断深入将这一课题的研究引入到对学生学习习惯的培养的研究，总结了《附小学生学习习惯培养细则》。2003年全国“学习科学”的实验研究优秀成果有梁跃校长等29人的论文获奖。在天津市“新世纪杯”论文评选中16人获奖，学校被评为南开区科研基地，南开区优秀科研单位。德育工作《自主参与与学校德育工作》在全国四省市德育工作会议上进行交流。学校科研课题《双主体创新发展育人模式》在市十五规划课题中立项。

学生管理

重视对学生进行爱国主义等“五爱”教育，通过举办各种活动，融教育于活动中。每周一举行升旗仪式和国旗下的讲话活动，定期召开主题中队会，参与抗击非典献爱心活动，与西部小朋友手拉手活动，到河北省沽源山区进行访贫问苦活动。组织开展与西部十二省市联谊活动，对学生进行关心他人，有责任意识的教育，收到了良好的教育效果。有的学生将自己的零用钱寄给西部贫困地区的小朋友，有的家长还为孩子资助了贫困山区的儿童，中央电视台12频道两次对此项活动进行了报道。提倡学生自主管理，开展小干部轮换制，建立学生值勤中队，开展“争八章，创优秀”活动。与天津市武警消防总队建立长期联系，使其成为学校教育实践基地，定期组织学生进行军训，规范学生言行。在学生中表彰先进，树立典型，评选三好少年、金星少年、红花少年、读书小博士、诵读小状元等。

将学生教育寓于丰富多彩的活动中。坚持开展读书活动，每年的9月25日是学校读书节，举行诵读古诗文活动。学校被评为中华古诗文诵读工程全国优秀校。有7名学生荣获中华古诗文经典诵读工程授予的全国诵读标兵称号。

组织各种兴趣小组26个，开展科技周活动。参加“我爱祖国海疆”青少年航海模型竞赛在天津赛区荣获帆船二等奖。有68名学生在全国市区各级各类艺术比赛中获奖。在纪念毛主席诞辰110周年之际，少先队又组织了少先队员代表到毛泽东的随身摄影师侯波、徐肖冰二位老人家拜访，参观了毛主席纪念堂。

重大事件

2月，与华英学校开办了奥林匹克数学思维训练班（三、四、五年级）。

3月，承接了全国语文阅读教学展示活动。

4月，学校组织了“生命因奉献而伟大，关爱因真情而感动”抗击非典系列活动。

4月，全国学习科学实验千所校活动，渠一品老师做“一碗水”一课。

5月，申报天津市语言文字示范校。

5月，梁跃校长被评为南开区抗非典先进个人。

5月，我校被南开大学评为抗非典先进单位。

6月，2003届毕业生中有69人提前被市五所中学录取，22人综合成绩为优。

6月，我校编写印刷了4本新一年级的校本教材。

8月，天津市教研室领导及教研员来我

校进行课改调研。

9月,六年级全体学生军训。

9月,梁跃校长在"南开区首届中青年校长评优"中被评为优秀中青年校长。

9月25日,举办"东西部小朋友共享一片蓝天,同读一本好书"活动。西部2省驻京领导到会,学校与之进行手拉手活动,并当场捐款5000元用于支援西部教育。

9月30日,召开附小运动会。

10月,召开南大附小教学工作会议。

10月,接待中国教育之旅校长代表团到附小进行学访活动。

11月,接受天津市素质教育示范校复评工作。

12月,接受天津市德育行为规范示范校检查。

12月,首届陈省身杯数学邀请赛在附小举行。

12月,师生代表赴京参加毛泽东诞辰110周年纪念活动。

12月,召开南大附小首届英语节。

12月,学校荣获全国古诗文诵读先进单位荣誉。

12月,学校校本培训工作在南开区校长干部会议上进行经验介绍。

12月,制定上报附小第四个三年发展规划。

(撰稿人:梁跃)

表彰与奖励

2003 年社会捐资设立奖学金一览表

编号	奖学金名称	捐资单位、个人	奖学金总额(元)	名额合计	金额分配(元/人)
1	王文田奖学金	已故旅美校友王文田女士	139059.1	不定	根据基金利息
2	李书华奖学金	已故美籍华人物理学家李书华	69322.14	不定	根据基金利息
3	新电元奖学金	日本新电元工业株式会社	200000	不定	特等 5000;一等 3000
4	曾宪梓优秀大学生奖学金	曾宪梓教育基金会	182500	50	3600
5	三星奖学金	三星集团(中国)总部	108000	17	本 5000;硕 7000;博 10000
6	颐中奖学金	青岛颐中烟草(集团)有限公司	100000	50	2000
7	福慧特别奖学金	香港福慧慈善基金会	100000	20	5000
8	王克昌奖学金	王克昌奖学基金会	约 80000	不定	一等 3000;二等 1500;三等 1000
9	LGDAGU 奖学金	天津乐金大沽化学有限公司	45000	15	3000
10	光华奖学金	光华奖学基金会	40000	不定	一等 3000;二等 1500;三等 1000
11	北野财团奖学金	天津斯坦雷电气有限公司	50000	25	2000
12	LG 电子奖学金	乐金电子(天津)电器有限公司	31500	10	3000
13	诺维信奖学金	诺维信(中国)生物技术有限公司公司	50000	10	研 3000;本 3000
14	住友商事奖学金	住友商事株式会社	27000	18	1500
15	宝钢教育基金会奖学金	上海宝山钢铁公司	27000	9	3000
16	KEB. BANK 奖学金	韩国外换银行天津分行	20000	10	2000
17	松下奖学金	日本松下育英电器有限公司	20000	20	1000
18	理工科优秀学生奖学金	台湾声宝集团	18000	10	特等 2500;优秀 1500
19	中科院奖学金	中国科学院	15000	3	5000
20	七七之光奖学金	物理学院七七级校友	15000	5	3000
21	IBM 奖学金	IBM 奖学基金会	24000	4	研 8000;本 4000
22	杨石先奖学金	校友及社会贤达人士	9000	18	500
23	华泰保险奖学金	华泰财产保险有限公司	4000	3	一等 2000;二等 1000
24	李宜燮奖学金	李宜燮先生	4000	2	2000
25	魏埙经济学科奖学金	大庆能源利用技术开发公司等	2600	4	研 800;本 500
26	柯斯碧奖学金	柯斯碧先生	500	1	500
27	叶氏驼庵奖学金	加拿大宋庆龄儿童基金会	5 万美金基金利息	12	特等 3000;一等 2000;三等 1000

（续表）

编号	奖学金名称	捐资单位、个人	奖学金总额(元)	名额合计	金额分配(元/人)
28	迦陵古典文学奖助学金	澳门(集诚实业公司)企业家沈秉禾先生	基金利息	不定	10000,5000
29	范氏艺术鼓励奖	企业家徐伟先生	50000	6	一等1000;二等800;三等600
30	范氏艺术收藏奖	范曾先生	总额30万元	4	一等1000;二等800;三等600
31	吴志明传播学创新奖学金	福建电广传媒公司	总额30万元		一等3000;二等2000;三等1000
32	PPG奖学金	PPG涂料(天津)有限公司奖学金	10000	5	研2000;本2000
33	霍济光奖学金	美国霍济光奖学基金会	44000	10	4000
34	欧姆龙奖学金	欧姆龙公司	4万元基金利息		
35	武田奖学金	天津武田药品有限公司	6万元基金利息		
36	广试奖学金	广州化学试剂厂	20000		

2003年社会捐资设立助学金一览表

编号	助学金名称	捐资单位、个人	助学金总额(元)	名额合计	金额分配(元/人)
1	寸草济困助学金	两位贤达人士	80000	40	2000
2	晓龙奖学金	晓龙基金会	60000	20	3000
3	福慧爱心助学金	香港福慧慈善基金会	50000	50	1000
4	大洲助困奖学金	韩国李知恩女士	36000	12	3000
5	建行助学金	建设银行天津分行	40000	20	2000
6	古林助学金	天津大港王秀林先生	210007	3000	
7	国税局助学金	国税局天津稽查局	7500	3	2500
8	凯悦助学金	天津凯悦饭店	7500	3	2500
9	东丽粮库助学金	中央储备粮东丽库职工	6000	2	3000
10	张光寅助困奖学金	张光寅先生	1000	2	500
11	中海油贫困大学生助学金	中国海洋石油总公司	84000	28	3000
12	新长城自强助学金	中国扶贫基金会	33120	18	1840

2003年社会捐助研究生优秀奖学金一览表

单位:万元

序号	奖学金名称	捐助方	金额	奖励范围	管理机关
1	光华奖学金	光华教育基金会	30	研究生、高年级本科生	研工部
2	求是奖学金	求是科技基金会	25	研究生、数学类教师	研工部　数学院
3	大通奖学金	大通公司	20	研究生	研工部
4	华侨心奖学金	华燃气控股有限公司	15	研究生	研工部
5	东港奖学金	浙江东港集团	9	化学类研究生	研工部

（续表）

序号	奖学金名称	捐助方	金额	奖励范围	管理机关
6	华为奖学金	华为公司	7.5	研究生/本科生	研工部
7	新电元奖学金	新电元株式会社	7	数学/信息/国际商学院等/研究生	研工部/学工部
8	三星奖学金	三星集团	4.8	研究生	研工部/学工部
9	华藏奖学金	新加坡净宗学会	1.65	研究生	研工部
10	中国科学院奖学金	中国科学院	3.5	研究生/本科生	研工部
11	颐中烟草奖学金	颐中烟草(集团)有限公司	2	研究生	研工部/学工部
12	宝钢奖学金	上海宝钢公司	0.9	研究生　人事处	研工部
13	王克昌奖学金	王克昌奖学基金	1	研究生	研工部
14	龙吟奖学金	龙吟奖学基金	0.25	研究生	研工部
15	将军敬业奖教金	山东将军集团	30	从事研究生教育管理教师、干部	研究生院
16	研究生科技创新基金	天津华厦公司	10	研究生	研工部
17	研究生教育管理科研奖励基金	天津中乒公司	10	从事研究生教育管理教师、干部	研究生院
合计			177.6		

本科生奖学金及各类获奖名单

天津市先进集体标兵(2个)

校学生女子排球队
校学生合唱团

天津市十佳大学生(2人)

哲学系　郑　飞
物理学院　刘智波

天津市先进集体(5个)

校学生“三个代表”重要思想研究会
物理学院2000级
化学学院2002级
风险管理与保险2001级
生物技术2001级

天津市三好学生(2人)

国际商学院　董　毅

经济学院　吴慧敏

天津市优秀学生干部(7人)

物理学院　郭　浩
生科院　李　宁
法政学院　郑　丹
信息学院　娄　超
外语学院　李　平
国际商学院　童贤达
文学院　金　鑫

天津市理工科优秀学生奖学金(10名)

特等奖(2人)
数学学院　高　晓
物理学院　涂勤昌

优秀奖(8人)
数学学院　吴国良
生命科学学院　邵丽莎
化学学院　易　龙　赵燕楠
经济学院　曹　颖
信息学院　王　洁　陈　思　刘菁菁

南开大学集体特别奖(共4个)

校学生女子排球队:在第二十二届世界大学生运动会上勇夺冠军;在全国大学生运动会女子排球项目比赛中十一次蝉联冠军。

校学生合唱团:在韩国釜山举行的第二届世界奥林匹克合唱比赛中,获得青年混声合唱银奖,无伴奏民谣金奖,有表演民谣冠军。

信息学院代表队:吴方浩、刘菁菁、李栋、李斌组成的 Atlantis 团队在2003年微软亚洲研究院主办的“创新杯”软件开发大赛中获全国一等奖。

软件学院代表队:伍宽、赵珅参加第八届“挑战杯”全国大学生课外学术科技作品竞赛获全国三等奖。

南开大学个人特别奖(共4人)

化学学院 易　龙:在第八届“挑战杯”全国大学生课外学术科技作品竞赛中获全国特等奖。

化学学院 刘军力:在第八届“挑战杯”全国大学生课外学术科技作品竞赛中获全国二等奖。

国际商学院 唐跃军:在第八届“挑战杯”全国大学生课外学术科技作品竞赛中获全国三等奖。

法政学院 杨 涛:在"中法图杯"全国高校法律书评大赛中获全国一等奖。

数学学院 郭惟苗:在2002年全国大学生英语竞赛中获二等奖。

南开大学国家奖学金(共280人)

一等(41人)

法政学院(3人):余荣军 曾祖强 田超群

国际商学院(6人):张潇丹 樊振佳 龙凤 赵俊霞 刘晓燕 易 伟

化学学院(3人):潘中怀 张 毅 王秀丽

物理学院(2人):赵 宇 鄢小卿

环科学院(1人):黄秋菊

经济学院(6人):项海英 张 翔 覃金丽 刘志斌 林长泽 黄建统

软件学院(1人):周宏垒

生命科学学院(2人):雷文亮 韩 英

数学学院(2人):陈正祥 张宏鹏

外语学院(2人):赵金梅 范清华

文学院(2人):郝 莉 傅单五

历史学院(1人):蒋海涛

信息学院(5人):李振海 彭 丽 谭 清 李 明 陈 烽

哲学(1人):张 奋

职业技术学院(4人):马 艳 周晓松 李晓鹏 申 宝

二等(239人)

法政学院(23人)

宋 颖 宋丽俊 赵晓静 陈小琼 张志功 郭 鹏 万 洋 祁 亮 冯利生 李慧娟 赵福维 贺 婷 左希迎 梁 维 刘鸿剑 谢开天 龙海峰 文春霞 张沙沙 杨 召 朱 冬 刘成霞 杨 莉

国际商学院(37人)

李 威 林德钦 韩禄昌 李心跃 储诚靖 陈 瑜 刘海琦 李惠妍 阎 慧 李忠浩 但家平 贾 磊 童贤达 李 静 王志焘 陈云兴 景宗波 赵 亮 律志刚 王 焱 李 政 尤玉新 戴 羽 李筱东 王晓洲 高俊杰 赵海超 马志琴 冯文雨 李敏吉 吕占甲 苏艳琪 王 刚 许春强 张 楠 李艳从 吕庆元

化学学院(16人)

胡 帅 黄 腾 张佳玮 陈 伟 张伟娜 安百亮 肖元征 徐 静 王 敏 范曲芳 王浩龙 易 龙 迟 恒 王 嘉 舒 伟 张晓雨

物理学院(12人)

刘正鑫 孙 健 吴素芝 王文杰 胡 欣 高 欣 何旭东 李 琼 郭全乐 张志芹 李利伟 李臣宇

环科学院(6人)

李延庆　王　雪　王东东　周孝凌　刘永吉　陆贵涛

经济学院(36 人)

陈玉停　徐美丽　杨媛春　陈国栋　张新文　刘文反　张新燕　赵丽莉　王孝松
南金云　赵　阳　沈　虹　陆　玉　张　萍　徐国振　覃甲生　张晓滢　姜　玲
魏蓬辉　石少军　王　羽　岳胜男　刘鹏翔　董自勋　马　星　朱云鹏　王慧娜
陈海燕　李　瑞　王志鑫　林　祥　陈媛媛　宫玉玺　赵　建　张利平　徐水明

软件学院(5 人)

周成林　方学维　敖伟波　朱贤菊　杜　刚

生命科学学院(11 人)

雷　虹　黄　晨　彭国媛　林　枫　苏　旸　刘静静　黄俊哲　李志杰　刘廷林
任玉林　张海州

数学学院(14 人)

金　飞　刘紫亮　李　阳　苏云鹏　申　郑　白建兴　张　杰　崔世琦　杜理论
韩耀华　韦　莺　谭冬妮　李　君　梁唐华

外语学院(14 人)

何　欣　段艳丹　李玉珍　邱爱杰　付丽燕　刘成汉　宗志臻　刘　茜　孙　勇
白兰兰　李珊珊　徐召帅　崔春然　张丽丽

文学院(8 人)

孟子勇　陈冬梅　张　坤　张　楠　周　展　李　军　孟祥君　焦　洋

历史学院(6 人)

张海荣　郭玲玲　刘　佳　王丽华　李志猛　侯文昌

信息学院(27 人)

陈　云　白振轩　刘志付　赵立晴　张永坤　吉　敏　林斯锐　郝大收　魏　震
汪陈应　康金华　李伦臣　任　强　陈　琳　杨保战　邓澍军　罗新生　江　波
孟庆维　刘晶平　徐　微　王　欣　屈庆立　刘　峰　丁加华　秦江景　孙会林

哲学(4 人)

张金玲　周海波　刁立达　王子阳

马克思主义教育学院(3 人)

金雪飞　余一凡　王延东

医学院(4 人)

姜　伟　张　超　林　莉　李晶晶

职业技术学院(13 人)

王俊超　毕　敬　赵玉亮　张　岩　邬　金　孙永斌　张　津　胡　燕　许鲜苗
李　敏　李文静　郝张红　赵　军

优秀学生奖学金（共 3693 人）

数学科学学院（215 人）

一等

宫鲁津　廖奕捷　马　俊　牛志冬　史媛媛　王　皓　吴国良　谢尚宇　徐光博
杨　亮　张拔群　张　拓　张园园　赵　杨　种玉香　周海婴

二等

赵丽琼　赵　萌　郑有泉　张　博　张　冬　张　磊　张倩倩　张　松　张晓慧
张晓炜　张玉娟　王雪晶　王子龙　吴金龙　武　猛　徐　翔　薛晓琳　杨晶文
阴小波　秦中峰　宋章章　苏云鹏　田　瑜　王方芳　王　皓　王建宇　王学勤
李胜琦　李　响　梁立明　林　雄　刘　诚　刘冷溪　刘年青　聂　辉　关连坡
关启安　黄　岸　黄惠茹　黄凌燕　黄　毅　蒋　煜　李　兰　白利杰　蔡朝阳
常　乐　陈　超　陈　甜　陈轶旻　封　菁　高晓沨

三等

胡　锐　胡　燕　黄文达　金卓英　柯宏旭　赖　莉　雷　洁　李　晶　孙雪莲
谭冬妮　唐　涓　唐　月　王　翀　王　芳　王慧杰　王　乐　翟良旭　张　波
张　杰　张　琳　张　梅　张绍娟　赵　慧　赵继伟　阎昌荣　杨　帆　杨　松
叶　恒　尹冬男　于　璐　于岩群　俞　欢　文　静　吴明华　吴云辉　谢志辉
辛凌雯　徐方军　徐　丰　徐宗敏　王晓辉　王　雪　王振洲　王　正　王志明
韦　莺　卫廷廷　魏　博　赵　璐　周一帆　朱丽萍　邹　剑　任明明　桑　磊
沙丽丽　申　郑　沈洪峰　孙东霞　孙　婕　孙　亮　罗陨嬰　马正博　毛学舟
孟　强　木丽芬　倪敏燕　乔　晖　裘嘉恒　李　君　李　丽　李卫中　李晓明
李燕清　李　野　梁　爽　刘彬彬　白建兴　鲍　策　陈炽华　陈麝碧　陈正祥
程　璞　褚鑫华　崔日升　崔世琦　董寅林　杜　岩　傅乐天　郭　鹏　何宝林
何金轩　侯宏岩　刘　富　刘佳强　刘　锐　刘挺汀　刘　艳　刘云辉　卢国祥
陆　楠

基础

魏　维　文强龙　徐珊珊　杨　舟　张世金　张　昭　张振兴　池　梁　单国根
范林元　郭　颖　黄　昆　李　波　李忠华　刘士涛　罗建哲　马　骅　明桂芹
彭江涛　孙旭东　王靖宇　王玲珑　王强松　单　项　孙　巍　王玉主　王政雄
吴　丹　武丹丹　徐　林　许　茵　张亚楠　黄德宝　金　阳　李昊波　李小瑜
林　涛　刘　佳　刘　学　罗梓桂　张　尧　白云鹤　方春发　高　峰　高　鑫
高　雅　韩耀华　何万涛　何竺霖

物理学院（240 人）

一等

初丽丽　郭志辉　牛　晖　牛志元　王　永　张　颖　周　飞　安亚南　潘玉峰

夏霞宇	幺　恒	张　越	邹　翔					

二等

丁程远	高宏臣	胡　毅	李世文	李　颖	李越强	刘建彬	潘　毅	钱晓锋
任　杰	尚文敬	宋道红	童志松	王　俊	吴素芝	谢　玲	辛　然	徐桂芝
杨程亮	杨　硕	于　平	张晓川	赵璐冰	朱正勇	郝　悦	李正正	刘玲玲
马博学	潘雷霆	王芳勋	王　萍	于洪军	张植奎	钟立刚	刘　静	涂勤昌
王建华	吴日雯	张　楠	赵　宇	白　强	陈建军	程小露	丁燕军	郭晓枝
李　抄	李洪云	李　腾						

三等

朱　辉	杨文龙	尧江明	张　翼	张振宇	赵英杰	郑　珂	周　峰	周　顺
王　蕊	王文杰	王旭东	文　武	徐　璐	薛　钊	鄢小卿	阎翠翠	孙银宝
田顺强	万从尚	汪为民	王　超	王　凯	王磊磊	王玲丽	李　威	李文博
刘继元	刘晓海	刘正鑫	毛示旻	宁辽原	孙丰舟	安　勇	边　飞	陈小雪
陈新东	程　化	方哲宇	高丞锋	龚　亮	胡　隽	胡明光	胡文晖	胡　欣
黄家辉	蒋胜鹏	金　哲	李　俊	高　欣	何铄杰	李臣宇	李雅堂	刘丽军
刘新国	刘　宇	罗　帅	罗通顶	毛慧武	盛柏杨	宋　昆	苏境坦	孙嘉伦
孙　乐	杨　宁	张　姝	张　莹	张　志	俞弋南	张志芹	宋绯飞	孙立萍
王天琳	王　伟	王志伟	肖罗生	徐团伟	阎　锋	雷　霆	李洪刚	李可佳
李中梁	梁　萌	刘　涛	刘祥明	钱　坤	蔡博渊	陈　楠	陈星宇	崔　鹏
崔铁成	韩　彬	韩　烨	何旭东					

基础

刘华昕	刘巧丽	刘　珊	刘　宇	刘　政	孟桂先	祁轶玲	石　弢	王　林
王新伟	王　英	肖连君	谢宝星	辛　铎	袁　林	詹　鹤	张海明	张宏涛
张　慧	张　洁	张墨林	张雪梅	张雅婷	赵　亮	李建平	李利伟	李　鹏
李智磊	李　卓	历长勇	梁旭斌	刘鸿超	傅正义	高　松	郭全乐	胡金牛
胡学鹏	霍明夏	贾清清	李朝杰	蔡　卫	曹　须	陈　翀	陈　曦	程振洲
崔暖洋	董江舟	窦树岗	周凯迪	周晓婷	周玉琳	庄怀轩	苏智华	孙会业
孙　健	孙益顶	孙玉姣	万元斌	王昌辉	王　军	王志军		

单项

翟　萌	张　超	张学良	周志强	胡　义	火　悦	李　磊	满　荣	邵　娜
王建英	王进祥	杨一宏	崔　娜	林海清	马　蒸	盛　峰	伍雁雄	张　婧
李　刚	李汝成	刘　洋	刘作锋	鹿力成	邹昌光			

信息学院(400人)

一等

白振轩	李　娜	刘众奇	马　灿	马文静	王　洁	王　鑫	邢剑宽	杨　娜
张　凯	赵亚静	蔡华苹	罗　琦	杨文霞	刘雪娇	吕　超	吴　方	张靖恺
周志伟	高丕涛	李　楠	时　磊	刘琳琳	龙　镇	卢　鲤	邵　巍	徐玲玲

张梦溪 白佳 陈众 李韬

二等

胡冬明 黄海宽 姜楠 李吉屹 李力 李幼萌 李雨森 刘芳 于士涛
张振华 赵新超 郑嘉平 郑艳 刘杰 刘俊玲 刘宜轩 秦婧 孙涵
孙怡 汪陈应 王彪 曹建华 陈双甲 邓澍军 范彬 冯志婧 高大伟
高立金 贺锋 王树义 葸晶文 谢晓磊 许航航 杨洁 杨宗云 尹乐
于萌 高昌利 孔晓芳 李伦臣 李婷 王欢欢 温馨 肖瑜 徐微
阎超 阎磊 张弛 屈庆立 谭清 田进峰 魏薇 文婧媛 袁小星
赵毅 黄茜 姜雪风 李莹 李振海 刘峰 刘钢 吕达文 潘文光
王斐 王锦 袁佳杰 邹锦芝 房强 胡南 贾继华 李婧 李颂
刘一鸣 吕俊锋 史斌 张帅 张以蕾 康金华 李斌 李田 刘晓光
刘志付 罗丹 潘勇 张凯林 陈思 丁倩倩 葛力雅 贺子奇 虎乐乐
姜平 姜伟龙 颉鹏飞 陈希 陈小鹿 程龙 景国辉 李琳琳 马旭
孙鹏 王奇峰 王应应 杨勇 张娜 张艳

三等

秦博雅 阮星华 沙楠栩 孙松涛 田禾 王闯 王冬 王锋 郑强
智晓彦 王磊 王玉玲 魏立英 吴宝琪 吴佳泽 吴筱桉 肖萃 许海玲
于银涛 张慧斌 张连伟 张楠 张青青 张文清 赵彩云 赵廷健 曹路
曹雪竹 陈磊 窦晓光 杜玉 方斌 傅治钧 高立娟 李楠 李倩
李文彬 李潇 梁仁秀 林楠 刘皎瑶 刘晶平 江波 金鑫 兰小丰
李波 李冬 李峰 李继宗 李克 宫晓利 郭彦梅 韩凤娟 韩楝
侯乐彩 胡佳 纪鹏程 贾丽 薛军 杨国强 杨君超 杨林 杨学刚
叶丹青 易剑 于博洋 刘玲 刘永超 逯斌 吕宝利 罗新生 马晓伟
裴达 齐娟 蔡炎宏 曹振华 陈金福 陈学亮 冯建业 黄怡 金廷满
康辉 刘羽楠 卢任灏 吕钢 马小伟 彭丽 孙建涛 王艳芳 魏震
夏铭 杨玲 杨扬 张健 张宁 赵迎新 祝海波 倪劼 潘少辉
孙亮 唐浩 陶冬毅 王赫 王爽 王晓楠 王欣 吴之珍 许延华
郁操 翟志 张家林 张晶晶 张立 蔡燕飞 邓欢 丁光彩 杜昀
杭力 吉敏 刘茵 罗奎 张利达 张喆 赵立晴 赵亚洲 甄志芳
郑长和 郑祥琥 王晓 王喆 熊卫波 薛颖 杨富圣 赵二刚 郑旭
邹文宇 李亮 李学冬 林朗 刘毅 商广辉 沈菊 孙梅 屠博
董海坤 高平 戈立军 关鹏 郭春雷 胡浩 焦旭东 李丙玉 刘丽佳
倪铭辰 史新斌 孙敬伟 王欢 王韬 王伟 王志红 吴超 徐良艳
杨宁 伊春艳 岳洋 张畅 张斯文 赵磊 鞠兰 孔繁文 雷君
李伟辰 李行 廖继平 林敏燕 刘冀珍 车海琴 陈飞 戴莹 高元正
高园园 韩丁 纪伟 纪晓光 周正 朱远东 陈琳 陈志峰 崔扬
姜庆勇 焦俊亮 李毅堂 林常青 刘菁菁 刘元芳 马博军 任强 沈延
史瑞芝 谭怒涛 王强 吴文娟 杨茹 杨蕊 杨希祥 张曦 张玉东

郑　添　郑小亮　朱龙彪

单项

杨　晓　张玮玮　鲍春杰　曹　阳　陈天鸿　邸　爽　李　亮　陆婷娟　孟庆维
慕云龙　裘　佺　史　琳　孙学卫　王　谦　王云翔　吴方浩　吴　戈　杨维汉
郭　昀　倪　华　苏　静　苏　茜　杨进军　张　亮　郝大收　黄　强　梁汝波
廖玉堂　齐　燕　王奕松　薛冬梅　尹　晶　张　鑫　董　灿　蒋斌博　潘明方
任冬梅　吴　琼　张光璐　尹文基　冯复汉　傅坤昆　刘永超　王　峥　徐跃峰
薛传国　薛　莱　杨　建　程懿远　李　林　刘炳均　娄　超　陆　安　张　蕊

化学学院(393人)

一等

吴　思　杨　帆　邹彩珍　邹海霞　班　斓　曹　瑛　陈　晶　黄　腾　罗　茜
任为武　王婧祎　王　琳　陈　伟　崔　毅　刘　松　潘中怀　张晓雨　赵　晨

二等

张　毅　赵　霞　赵燕楠　宋凡波　王　娇　王　璐　王　楠　王秋实　王小小
王秀丽　吴　婧　蒋小露　柯晨峰　刘洪均　刘　阳　刘　熠　任晓白　任　怡
施　捷　蔡佳佳　曹金丽　陈　琛　程　彬　迟　恒　崔　洁　傅丽棠　高　爽
高　洋　高毅华　郭卓君　韩宝中　胡　�　黄承韫　冀伟强　姜小薇　吴润芝
肖　青　严普查　杨　兴　张聪颖　张佳玮　张　龙　张　婷　白文举　白　瑀
陈　鹏　陈圆圆　胡月晗　李　波　李洁凝　沈铸睿　孙晓红　王　敏　武光军
杨玉婷　张国梁　张文昊　张振杰　朱玲燕

三等

郑琴香　周　凯　张华强　张　蓉　张永振　张　园　张原玮　赵　峰　赵　甲
赵晓淼　刘　媛　孟婷婷　莫冬亮　倪呈宝　牛浩涛　彭　博　彭　媛　皮国沛
谢程鹏　徐　静　徐　旭　杨圣婴　杨　婷　尹维彬　苑慧萍　张　博　焦　娇
金　颉　赖　超　乐　海　李秉桀　李　博　李　晨　李华姝　谭海忠　谭　津
田怡谦　汪　亭　王　超　吴　军　吴　祥　谢博君　齐晓玲　钱云波　乔相臣
饶　璐　宋庆祥　苏德泳　孙　旸　谭凤娱　李　钊　梁福霞　梁　皓　梁嘉杰
刘军力　刘　盛　刘旭锋　刘彦韬　李　晖　李　佳　李敏雄　李　鹏　李　倩
李秋瑾　李　珅　李玉龙　边文越　蔡　吉　蔡　爽　曹志华　陈　平　陈　阳
陈　垚　陈英军　崔　茜　邓　辉　范　欣　冯　罡　古志远　何振平　胡　帅
黄　薇　刘　强　刘文耕　鹿　涛　吕　歆　罗文豪　马　悦　马志栋　宁望波
姚培圆　叶亚平　张　剑　张锦绣　张瀛溟　张振方　庄睿劼　皮　勇　钱　喆
王　晨　王永刚　魏云欢　伍维佳　夏建军　杨　扬　贺　虎　胡　恒　胡　娜
李国涛　李　明　李玮扬　林建斌　刘春荣　卞奇婧　曹文轩　陈世贵　董慧君
杜　江　高　鹏　郝纪双　何庆波

基础

金麦克　金兴菊　孔德林　雷　斌　黎　扬　李光跃　李　果　李佳佳　张澎涛

张　上　张少辉　张舒亚　张　爽　张松臣　张　媞　张　维　顾卓眹　郭　剑
郭　淼　郭彦召　何书佳　贺　林　胡博文　胡治隆　张　川　张非凡　张更辉
张　卉　张　晶　张　堃　张立初　张　明　伊奥尔　易　龙　殷　亮　游　静
于洪波　余　桐　袁中元　张灿明　徐大振　徐　静　徐丽英　徐姝娴　许忠海
杨　军　杨永强　叶兰别克　董英飞　范曲芳　方睿李　冯　淼　冯　帅　付宝华
高瑞丽　高　鑫　陈伟刚　陈　曦　陈晓光　丛肖静　崔　崑　崔晓莹　崔　艳
邓飞黄　花树龙　华　全　黄　达　黄天尧　黄添成　黄　燕　贾健明　贾子麒
庞冠华　彭文朝　邱　欢　渠德忠　任　达　邵长准　舒　平　舒　伟　罗　爽
马　华　马　林　孟令辉　孟　佟　南　开　欧阳勤　潘　璐　刘　日　刘文博
刘　扬　刘　毅　龙　冠　娄玉良　吕宝成　吕　健　李　琰　李雨奇　李昭夏
刘　超　刘　承　刘海洋　刘　璐　刘　青　李九远　李　凯　李黎明　李盛华
李世博　李晓斐　李晓强　李雅潇　王俊伟　王　璐　王　奇　王珊珊　王文龙
王文秋　王　希　王学明　王　雁　王雁北　吴伯岳　吴尚伟　吴学丹　吴志杰
谢剑波　谢　磊　白迎军　常　泽　常子栋　朝格那木　陈　琛　陈　昊　陈　强
陈　涛　宋爱国　宋梁成　宋艳艳　孙世允　孙艳芳　汤响林　陶瑞红　田　秦
汪小超　王蓓蕾　王　菲　王　刚　王　健　王健博　王金桂　王　瑾　郑　婷
周晓荃　朱　雯　左　翔　张　娴　张晓光　张　晔　张寅清　张子健　赵乃鹏
赵　熙　赵晓麟

单项

刘　琨　罗洪盛　马　壮　邵　楠　谭立志　王　冬　王　珂　王志龙　赵红霞
赵　胜　白荣礼　陈　曦　崔明波　范　鹏　胡尧新　李　巍　李毅彤　刘静媛
陈绍晋　程　琼　革远平　黄　鹂　李松安　刘　明　梅连瑞　王哈妮　吴　君
叶凌之　义志杰　于　浩　张佳明

环境科学与工程学院(82 人)

一等

冉丽君　尚　羽　徐冠楠　于敬磊　朱明英

二等

张　浩　张　瑾　张映璇　张子种　朱祉熹　贝新宇　陈　蓓　多　淼　高　媛
顾晓清　李　静　林　妍　刘　冰　马翠梅　马　岩　王东东　王　丽　王　瑜
阎朝霞　叶笑风　于　洋

三等

魏斌年　文　琛　吴文伶　武　婷　辛　颖　颜欣欣　杨　瑶　尹　倩　游　燕
张　蕾　张　力　张　平　张　熹　赵　蓓　赵宏伟　赵　宇　陆贵涛　孟　涛
南　鹏　施　婕　孙晓磊　孙艳玲　王毅军　王　喆　安　飞　安　毅　董　妍
樊　娟　高萍萍　高婷婷　高　玮　何　为　支彦丽　周　冏　周孝凌　胡焱弟
黄秋菊　黄雁云　李明敏　李若璞　李　峋　李媛媛　廖卓玲

单项

陈　庚　董　涛　黄晓明　李云鹏　刘　山　吕杜清　孙　彤　于　洋　张飞飞　张松峰　朱　玲

生命科学学院(144 人)

一等

孙　彬　武　爽　徐姝娲　张　欣　庄丽辉　窦植洵　李　宁　李晚禾　连　敏　柳星峰　马海庭　潘　磊　邵丽莎

二等

张海州　张　晶　张　蕊　周年星　韩　璐　韩　英　郝　放　李　立　李　沫　李晓敏　李志杰　刘　泽　蔡晓云　成秋香　崔宇杰　邓　楠　杜　君　傅晓玲　高　榛　韩　津　鲁迪红　彭　潇　秦　汉　任春妍　宋翔宇　孙　韧　孙　伟　腾　瑶　王　川　王丽娜　魏泽萍　吴　凯　相　丽　许丰雯　杨　薇　于　佳

三等

李振虎　林远成　刘　彬　刘　畅　刘　健　刘静静　刘　蕾　刘　敏　雷文亮　李程达　李　宁　李　青　李　涛　李亚鹏　李　洋　李　悦　郝亮亮　郝璋颖　花吉蒙　黄　晨　黄克震　霍丽红　姜　琳　金春燕　丁　蕊　董　鑫　董焱鹏　段亚君　丰　蕾　付秀萍　高春绪　高智慧　白云鹏　曹刘丽　陈　军　陈　鹏　陈伟敏　成　玉　程　铭　崔　怡　彭国媛　彭懿蓉　朴　文　任　岩　宋丽英　宋　微　苏　丹　孙建新　田　野　王　玮　王　颖　王宇凡　吴　艳　项　洋　谢万钦　徐　晶　许　文　姚　雪　臧晶晶　张宏恺　张丽文　张良梁　张　茹　张　楹　张颖慧　章　瑾　赵紫霞　周　颖　刘廷林　刘　宇　刘　宇　刘竹芸　吕沐东　马晓瑭　苗　琳　潘俊宇

单项

陈　雪　胡　刚　林　枫　刘　品　鲁展燕　彭婷婷　芮亦超　宋　涛　徐　铮　杨　威　张　超　苏　旸　田　路　王静宇　王　璞　王　盛　温振国　闻　奇　邬启明

天津医科大学委培生(23 人)

一等

李洪仕　姚周佳

二等

黄　雷　黄钱娥　唐　亮　阎　睿　张学斌　张　颖

三等

时　磊　孙龙昊　运新伟　张美娟　董维刚　高瑞霄　高　松　何　乐　李建鹏　李　想　林　辉　刘　琦

单项

陈　渊　董　博　孙　翀

北京中医药大学委培生(8 人)

一等

王　烁

二等

任　玲　于　杰

三等

曹远奎　邓媛瑗　苏全新　赵　宁

单项

王代韦

哈尔滨医科大学委培生(10 人)

一等

章　婕

二等

龚　雪　徐　杰　姚家庚

三等

初　霞　刘　爽　路慧敏　吴　超　杨　丹

单项

董兴丽

河北医科大学委培生(10 人)

一等

魏　东

二等

孙立娟　张　颖　赵景茹

三等

范明鑫　贾婧德　冉　方　赵秋菊　郑　钰

单项

崔　蕾

天津中医学院委培生(8 人)

一等

张绍江

二等

韩长月　王丽显

三等

刘小溪　伊　娜　于　光　赵翠英

单项

郑小波

医学院(44人)

一等

胡芳科　邵　宜　孙　蕾　张　楠

二等

代红胜　郭晓磊　胡　洁　李　勇　刘晓峦　刘　颖　穆　洪　辛　伟　徐鹏程
徐　燕　杨一鹏　岳兰竹

三等

杨　舟　张　超　张乐莉　张姗姗　张希玲　赵晓鸿　郑慧琳　曹　华　代胜刚
韩　姗　胡雪晴　贾虹霞　姜林森　姜　伟　林　莉　孟昭婷　饶　伟　邵　青
史　东　司武霞　苏位君　孙智超　王浩如

单项

李晶晶　王慧　王及氓　王　侃　王腾飞

哲学系(94人)

一等

邓　颖　刘　军　吴　倩　臧　勇　张晓晨　郑　飞

二等

朱金艳　陈梦遥　陈小莹　董　梅　冯博华　傅献杰　胡　艳　刘　佳　骆　夷
齐艳红　谭　速　吴玉兰　易　乐　岳　琨　张　兵　张　奋　张金玲

三等

李　归　梁楚芸　刘　超　刘洪宇　刘　佳　刘晓洁　卢　兴　芦红燕　牟　娟
乔　慧　尚　爻　宋　媛　汤爱莲　万淑君　王广禄　项艳兰　徐　丽　杨莉莉
张海量　张红萍　张佳璐　张　章　郑　颖　周　馥　周海波　左　月　陈恋生
陈姝婷　迟　静　范　萍　郭立芳　韩　璐　何江宁　柯　晶

基础

白　光　戴云莉　刁立达　韩　娥　韩圣彬　郝　琳　胡海燕　康　丽　蒯宇豪
李克甲　李　明　李　娜　廉　静　路　瑜　弭艳梅　潘凌芸　裴　蓓　肖建平
杨　彬　杨　武　叶有红　于　好　张磊磊　张睿明　张　润　张文龙　张永美
朱　蕊

单项

崔　瑛　郭　凯　黄凌云　潘　喆　秦　迅　冉隆江　孙　磊　苑子超　张　敏

法政学院(231人)

一等

霍默静　李　敏　梁　维　刘成霞　罗　婷　秦　嫣　唐灿明　王　帅　余晓燕
朝阳瑞雪　陈　越　姜健健　沈丽妹　杨海波　杨　慧　易光蓉　余荣军　陈　怡
陈瑛玑　单　申　高晓培　李荣华　刘　琳　曲　琳　杨　硕　杨　涛　曾祖强
赵晓静

二等

唐芝林　田　君　王菊芬　辛　蕊　杨晶晶　杨　娜　张怡圆　周　晔　李　娜
刘翠翠　刘　丰　刘　辉　刘　佳　刘　茜　史建宏　孙丽娟　陈　庆　刁大明
董　娜　杜美玲　郭　伟　贺文霞　胡冬梅　蒋　璐　尹文君　原子宏　张　帆
张洪霞　郑　丹　周　琳　周　真　陈　翀　崔秀娟　董　洁　杜国元　范丽思
高　珊　高文郡　李文博　廖　原　刘军强　刘　柳　祁　亮　王　盼　王　粟
王晓光　杨灿君　安　明　陈长灿　崔　媛　代传勇　傅晨熹　何　苗　江赛民
蒋润婷　袁明娣　张陈帅　张　瑾　周文文　朱　冬　温雪文　徐国振　徐建红
杨景娜　尹春海　印春南　于静漪　禹思清　欧阳媚　乔　宇　宋丽俊　王慧娜
王　晶　王　青　王燕平　王　宇　李长辉　李　旺　李　莹　林树青　刘秋妹
刘　甜　刘中明　罗瑞芳

三等

韩雅桢　胡亚楠　黄富青　黄　亮　黄耀南　黄禹桦　贾德存　江依妮　李客循
梁　梅　刘丙婷　刘令伟　刘妙坤　刘松洁　刘翔宇　刘亚琴　卞周洲　陈冠南
陈慧荣　陈鹿林　陈小琼　仇小琴　冯利生　韩　瑞　覃贻花　田超群　王　磊
王　曼　徐　亿　许亚楠　杨　寒　杨　静　于　慧　张继雯　张　岩　张政国
赵晶晶　钟景超　周美晓　朱　琨　马晓庆　毛莅霞　梅增加　那朝英　朴美花
秦　浩　秦智娥　石欣颖　张　娜　赵福宾　赵　洁　赵娜娜　郑　铂　周作昂
邹大伟　杨　莉　姚　琦　姚伟晔　尹才凤　岳少华　张　芳　张　乐　张利军
王建玲　王　蕊　王　悦　魏　伟　吴妍妍　徐　卿　许博雅　燕文君　陆欣蓉
庞明磊　齐燕妮　沈玲亚　宋　颖　孙　迪　孙　非　王广旭　董向慧　范存博
高　涵　郭　瑜　韩　妍　胡颖欣　黄　洁　解　静　李　枫　李　筠　李连玺
李　汀　李彦博　梁　昆　刘　敏　卢亚楠　林婧婧　林良亮　林　琳　刘冠懿
刘鸿剑　刘　雅　刘　妍　刘　颖　安佰花　曹　冰　曹盛波　程　爽　邓　莉
邓晓敏　杜　平　范玉娟　傅玉慧　高玉翠　郭　鹏　郭　琦　国　静　胡　晓
胡孝辉　黄　倩　黄　毅　贾婷婷　蒋金月　蒋松涛　李凤凤　李丽萍　李　培
梁　倩　张晓彬　张志功　章　珺　赵　娜　赵　阳　周陈义　虞梦云　原俊婧
张洪亮　张军见　张丽娜　张翩翩　张维涛　张文娜　武　琢　谢扬今　徐　娟
徐　蔚　杨　倩　杨新莹　殷帅兵　游津波　王　晶　王丽丽　王　瑞　王伟伟

王　滢　王　颖　吴闽特　伍一兰　沈镇荣　孙兴涛　唐　娜　佟晶晶　万　洋
王　超　王　菲　王　瑾　刘　振　马臣文　马金英　马　昱　牟菲菲　彭　浩
任雪红　任　尘

单项

张　晖　张立霞　张　丽　张莹莹　赵晨光　何科君　李修强　刘　刚　龙乐乐
孟昭兵　邱　丹　邱玲玲　宋小川　戎立斌　史振钰　谢开天　翟晓东　陈凌潇
陈婷婷　高佳伟　黄　洁　靖　元　李晓坤　李懿婷　刘　淼　林岚青　刘　柳
马凤岗　马　君　彭　洋　秦卫卫　王　晨　王越超　宾岳成　陈晓军　段阳伟
高梦一　顾晓烨　姜　超　李　宁　李　杨　夏　宁　张　郴　张春玲　张士勇
张　颖　宗亚芳

外国语学院(198 人)

一等

章俊芳　冯　欢　何　欣　胡延伟　曲美茹　杨　建　杨　静　张　玲　张亚苹
韩　雯　曲　萌　于艳丽　黄　丽　沈志杰　王　宇

二等

张利洁　张　贞　赵维霜　赵玉芳　周　健　宗志臻　王晓晨　吴　琼　邢　薇
徐　燕　杨姗姗　杨一涵　尹珏林　岳建辉　李　爽　刘　贺　秦　华　秦　晓
孙　玲　孙彭乐　孙艳芳　唐　磊　毕蕾蕾　陈　琳　陈霄虹　段艳丹　付丽燕
郭佳佳　李晶晶　李珊珊　董　霞　郭婷婷　李　莹　邱爱杰　邱　爽　司珊珊
孙晓波　田少郁　王　凯　王梦璠　张森焱　周　迅　白兰兰　冯丽娟　高晓燕
缪　钦　戚　啸　尉晓娟　张蓝月　张夏伟

三等

田　颖　王文贞　吴　蕾　肖美华　邢　钊　杨　爽　叶宝国　于宝艳　刘希若
刘贞男　陆向华　马　骏　潘冬梅　邵长梅　邵　梦　孙　勇　李晓伟　李　昕
李　欣　李英莎　李玉珍　李子鹤　刘成汉　刘　丹　何　妍　黄　静　黄宗贤
靳绮雯　康　宁　兰明学　李晶晶　李　平　范小红　冯大禹　高　伦　高　思
高玉茜　顾艳萍　贵丽娟　韩　霜　詹婵娟　张丹枫　张坤鹏　张文燕　张　扬
张　洋　郑蕴蓉　周逢源　鲍　婕　蔡晓惠　蔡晓丽　常　丽　陈东平　程同涛
邓霄妍　丁　鹿　周婉琦　朱　玲　朱稚怡　祝　维　陈继海　陈金芝　崔　颖
方　丽　符　婷　黄玉平　吉　翔　纪　轶　李爱华　刘　猛　罗　娟　潘　焱
陶　讴　王　丹　王　丹　王　旭　王雅楠　阎文婷　杨　洋　尹艳梅　袁苗苗
张　萌　张　蜜　赵　爽　徐召帅　严学光　岳　瑞　张慧琼　赵　芳　左唯人
曹金艳　陈　麓　冯　腾　鞠　庆　刘文秀　马冰洁　王慧君　王文文

单项

程　聪　胡　特　黄少荣　李会永　李　梨　刘　棣　马　丽　孟　楠　王　晟
伍艳娜　杨　琼　于凤明　张　国　朱丹平　祝付华　黄昌琼　贾　祯　荣　晴
谭亚琪　滕丽丽　王志强　李　志　秦松茂　隋文静　杨雪鹏

经济学院(611 人)

一等

吴艳红　姚帅君　张文慧　曹颖　贺雯雯　贾琼　江霈　李恒　李月
刘乃辉　马超　柏丽　陈媛媛　陈志杰　董庆达　李晓书　李亚鹏　吕佳
田虹　汪海凤　吴婷婷　袁丽丽　云蔚　郑煦　白梓萱　陈婧　杜青
郭若然　黄晓程　李佳慧　李佳宁　梁东擎　孟婧　王静萱　王丽　吴慧敏
项峥　支茵　金笑权　李欣　林婷婷　庞立中　宋琳　余丹

二等

张轶慧　赵丽莉　赵璐　赵欣欣　周星辰　汪苗　翁羽　吴靖宇　徐璐
阎维洁　姚婉　曾丽容　张莉　李轶雄　刘秀柱　吕岩　罗斌　马萍
宁立章　任晨　唐蕾　龚静燕　郭凯笛　何重方　姜在坤　邝怡丹　李婷
李晓明　李星伯　陈玉停　戴小辉　董妍　窦静雅　冯菲　高海威　高贺
高艳　谌龙　丁丹　葛慧　洪羽　胡薇　黄湘君　贾佳　姜振玲
李俊　李俊宜　李玉娜　廉晓婵　林圣凌　刘琳　卢丽俊　卢莹　罗倩
马建华　马睿　马欣　齐雯雯　沈虹　宋建梅　孙秋玉　许书薇　杨杰
杨媛春　虞清清　张梅　张湜　张涛　张一　赵军　竺劲　孙伟丽
田娟　王晶　王廷婷　王晓蕾　王玥　吴沁汐　吴炎芳　郑秋洁　朱榕
曹越　陈聪　陈林　高磊　郭廓　国娇　何芬　何苗　洪雪梅
胡宝昆　胡博　胡媛媛　黄蓉　姜怡　李菁然　李硕　李欣程　李欣颖
刘达　刘鸽　刘建懿　刘晓佳　马丰明　茅勇峰　南金云　孙宇光　田颖
王逾　吴茜　吴轶　徐慧　杨光　于慧雯　张环宇　张茜　张睿
张艳　张扬　张圆　郑玲玲　陈薇薇　陈宣伊　冯梦雷　傅贵君　傅正强
何佳　贺昕　李素娟　马琨　马桢　齐红梅　谭敏　王顺　王颖
韦庐生　魏建　文丹　张凡　赵嘉佳　邹慧萍

三等

史智锋　孙书琴　孙毅　孙卓元　索德波　王丰　王光磊　王述升　安洁
保琳琳　操长根　曹玉超　陈斯敏　陈晓玉　陈馨　陈燕红　程晓明　池锦绣
崔捷　邓秀萍　董芃　范忠斌　付时鸣　傅玉　顾政　郭炉　何力武
胡建萍　黄文娟　姜艳　李宏凯　李强　罗娅　马楠　梅小珊　任必杰
沈妍　石晶　石维嘉　石晓晶　王晓卓　王杨　王玉兴　王育培　魏欣瑞
熊蓓　胥蓓　徐斌胜　阳小成　袁丽娟　张晨　张晨　张伟　张晓雅
张一平　赵婧　李瑞　李欣　梁敏　林琳　刘强　刘莎　刘巍
吕亮　赵黎黎　赵临　赵宇　郑晓薇　郑莹　郑宇　周轩　朱云鹏
王晨　王川　王华　王洁慧　王秋月　王姝　王薇　王玮　马园园
那丽丽　潘嘉钦　史协　宋丽娜　苏丽霞　孙恒志　孙雪芬　李清　李扬
梁仲之　林承渊　卢高文　陆言　陆玉　罗玲　尹俊　于芃　于增楠
余娜　展馨　张艾　张磊　张萍　郝志景　胡梦媛　黄娟　黄彦军

李焕木	李　健	李俐芳	李曼琳	白雪飞	蔡皓华	曹　宁	陈海燕	陈　绮
陈润华	陈　曦	程　滢	崔楠楠	丁爽爽	董　博	董自勋	杜淑芬	冯晓明
韩　霖	郝雅萱	周新闪	周　兴	周　媛	张　倩	张　倩	张树东	张　韬
张月伦	张　展	郑学尧	周　蕾	席朔漠	肖　骁	徐炜锠	颜　颜	杨　洁
杨　津	姚　炜	叶　佳	王孝松	王　莹	韦晓蕾	魏　巍	文品维	吴婷婷
吴昭凤	席　露	陈　莹	崔　馨	戴新丽	董阳阳	杜瑞雪	范海燕	方斯琦
伏　婷	马　星	穆　郁	聂迪中	聂清廉	聂荣辉	屈开开	尚　斌	沈　丹
张　翔	张　媛	赵　阳	赵　悦	郑晓龙	周玉萍	周泽文	朱春燕	冀雪涛
贾　宁	江淑珍	金美玉	睢丽娜	孔　燕	郎　澄	李长霞	李　里	廖　然
林　祥	刘　航	刘　洁	刘　琳	刘　喆	马思晨	杨　帆	由玉靖	于倩倩
岳　蕾	张　帆	张苗佳	张乃岳	张　宁	王　璐	王　鹏	王　悦	王　赟
吴亚明	肖　帆	邢艳宏	阎　苗	沈佳瑛	沈　涛	孙国旺	孙　侃	汤海璐
王海宁	王宏玉	王丽华	符琳杰	宫　健	郭　贞	韩美英	贺克青	侯蔚青
黄海峰	黄贤旺	毕　晟	藏高赟	曹　晶	陈朝萌	陈国栋	陈润红	陈潇雯
陈晓晓	王昌明	王　萌	王　娜	王树梅	王新环	徐美丽	徐梦君	游彦红
于　洋	曾春霞	张志刚	郑可心	钟　瑞	朱　彦	潘　晶	庞　熹	邱丽霞
宋　梅	孙兆峰	覃金丽	谭海峰	田　萌	计　清	季　芳	缴文超	景　卓
李　禾	李　媛	梁中魁	马　潇	崔恩慧	崔红波	冯海兵	付晶晶	宫　正
韩之然	胡雨亭	黄　枫						

基础

郑乐容	郑　强	马剑飞	南　皓	倪宗媞	欧　松	普　杰	祁　雯	秦　雪
曲兆艳	梁　芸	刘　博	刘思达	刘苏雨	刘晓倩	刘　运	刘志斌	罗　羽
寇明凤	兰全艺	李　兵	李晨之	李　程	李清涛	李晓菲	李颖湉	甘　霖
江秋菊	古鹏飞	顾　妍	何晓丹	何瑜琴	胡　臻	黄晓君	边仙花	曹腾飞
陈　陈	陈　晟	陈晓庆	窦　蕊	冯　莹	符卓夫	王正坤	魏耀辉	吴启霞
武　楠	项海英	肖　浩	肖　娴	徐　鹏	许丽丹	许薇薇	薛洪国	杨汉亮
杨　赫	杨　武	杨　珍	余劲儿	张　雷	张　琳	张婷婷	张　钰	张　云
赵　焱	郑春林	郑　宏	余　音	袁思明	岳　凯	云德晴	曾桂湖	张冰寒
张　恒	张建华	宋琳琳	宋　伟	宋训兵	王阜生	王　刚	王　晶	王　可
王　怡								

单项

马　鑫	汝国梁	沈碧佼	杨桂茹	崔　玮	郭　莹	黄　英	金成爱	亓峥峥
吕　超	马　宁	马晓婷	刘　斌	刘中建	鲁广智	孟　磊	欧　炜	王　旭
许彩霞	鄢莉莉	余伟地	张　弘	张　琳	张　曼	赵昊昕	赵江伟	赵　洋
崔　爽	杜　彬	高宏斌	关　超	贺晋峰	江文宇	李敏娜	李维正	王甜甜
王彦夫	邢　洁	徐慧洁	于　飞	于佳鹏	于　爽	张景明	常殊昱	陈瑞敏
冯　涛	葛　汉	郭佳永	胡施聪	刘　妍	彭寿波	张　凌	张新文	赵　迪
周靖人	周黎明	曹　燕	高志强	韩　炜	胡碧波	黄玉境	兰海玉	刘　姣

刘文反　孟凡超　彭　莹　石　嘉　王大为　王志鑫　徐美丽　余旭辉

国际商学院（545人）

一等

董保芸　刘　源　王晓阳　赵玲琳　祝继高　崔伟临　董　毅　冯　杰　黄　静
李　昂　刘在国　徐　跃　廖鸿成　王煜坤　谢　斐　禹英轲　张红娟　张　帅
张　莹　陈　阳　高丽华　乔秀君　张　燕　赵俊霞　洪　燕　焦　彦　刘晓殚
刘雁南　王会娟　王　玥　陈　珊　陈　瑜　季迎欣　杨　曼　叶琛雪　李　婷
祁德君　阎　慧　张　丹　邵　晴　沈仁维　汤　莹

二等

才劲涛　杜　潇　古欢英　黄宝翠　孔祥睿　廖　妮　刘　冰　刘美华　钟　杵
罗光兴　施徐红　宋冬营　王　芳　王小英　武　超　肖　涵　张潇丹　周　超
丁　权　段　爽　冯　果　胡春皓　康　雯　孔荣华　李海鸥　李　红　许　维
杨洁冰　杨　静　杨　全　于　玲　张　进　张凌燕　张新燕　李　静　廖　栩
林德钦　鲁　峥　麻雅玲　宋　璇　王　成　王晓文　刘兆丹　龙　凤　毛　宁
舒尚志　宋晓波　王　娜　王晓洲　吴　俊　傅振艺　顾　威　黄秋国　李　凯
李　琦　李心跃　刘　婵　刘　杭　吴　琳　吴　雯　杨　欣　于　静　于　楠
吴业红　谢　毅　姚　唐　张　莲　张晓雪　张　跃　赵海超　查杨熙　冯小翠
何永乐　李慧君　李妍嫣　任　钢　王　丽　吴　蕾　戴　云　韩　英　靳　伟
李筱东　梁萌萌　刘晓燕　罗　洋　马　然　齐秀洁　曲　颖　宋　玲　苏晓莉
王　磊　邢雅楠　张　露　宗抗抗　阎　晓　严静思　杨　阳　姚冬梅　翟　燕
詹勇飞　张鹤立　张琳斌　常　悦　陈　晶　陈亚敏　韩禄昌　何　颖　胡　娟
李　玲　林　芝　刘　一　梅　莹　孟　菲　宋瑞军　苏　欢　王惠今　王如芳
王　薇　樊振佳　潘笔耘　宋正凯　谭　鑫　王晓娥　吴　萌　肖丽萍　岳鸿缘
曾健勐　张　珅　张艳敏　张　漪　邓小涛　高俊杰　李传庆　刘海琦　王　萍
王永峰　王　宇　于　欢　张胜斌　周洪亮　朱　珠

三等

张　静　张沙戈　赵　勖　庄承材　魏　翩　邬德林　喜彬彬　谢　钧　胥俊如
姚　勇　姚　宇　于巍巍　梁　彬　毛剑云　庞　磊　曲金龙　孙亚梅　田继卫
田　静　王苑潇　杜姗姗　樊　悦　傅玉凤　盖广胤　高建玺　胡　婷　李国君
李　阳　白丹静　蔡为漪　曹　雨　陈　杰　储诚靖　戴　敏　但家平　杜曼溢
陈玲玲　陈真真　迟泽民　崔　晶　崔宇雄　戴　羽　伏　丹　郭永清　林祯乾
刘允娜　卢训涛　罗佰龄　庞文山　尚　坤　施　亮　孙艳丽　孙　宇　唐　磊
佟惠晨　童贤达　王秉权　王洁琳　王静渝　王美怡　王艳艳　王　阳　王尤佳
王　宇　王月蕾　吴苏北　徐　斌　徐振军　何　睿　洪　璇　黄卫卫　焦若玉
孔祥峥　兰　飞　李　照　李　中　许毓玮　阎　强　杨　浩　杨　军　杨宪丰
杨佐红　叶　婵　叶薇薇　易　伟　曾小军　战礼娜　张　洁　张前登　张　雪
张　宇　赵　巍　周　磊　高　鹏　郝　玲　胡海菊　姜新月　李　君　李　猛

李　伟　李　颜　万　岑　王冰洁　王德鑫　王　刚　王苗苗　王晓明　武　涛
徐锦才　曹　颖　陈正举　邓万禧　董　成　冯　怡　高红敏　高　健　高晶晶
颜江春　于　洁　张　杰　张　丽　张令刚　张　松　朱晓芳　李彦敏　李忠浩
刘　倩　刘　蕊　刘　莹　吕成华　马伟民　申　鹏　商　洁　史佳华　宋　扬
童　韵　王　磊　王　楠　王瑞芳　吴　波　吴霄汉　项雷鸣　谢　爽　阎　蕊
张　琳　梁中华　刘　乐　陆　怡　罗二红　彭　峥　漆　鑫　权　琦　冉绍红
程　伟　付银斌　郭　静　郭　立　韩昆仑　胡　刊　李　静　李奇祥　叶　畅
袁晓蓓　翟丽丽　张书维　张　爽　周　琳　朱玉杰　罗　静　沈　月　王　靖
王志艳　魏琳颖　徐　丹　徐艳玲　薛美珏　陈　希　迟耀莹　崔　爽　崔晓芳
邓春侠　郭　雯　侯　莹　黄　浩　雷　燕　李惠妍　李　爽　梁书圣　刘　迪
刘　欢　刘　恋　刘晓丹　王　榭　王馨欣　王玉坤　徐剑锋　徐　晶　徐　晓
杨　静　杨　晴　曹倩娜　陈　丹　陈　靖　陈　洲　高　鑫　何德民　何俊杰
胡栋梁　黄　征　吉晓鸥　赖宏婕　李春霞　李　鹤　李润平　李少波　林　佳
刘　凯　刘雨鸥　卢　茜　吕海洋　潘亚丽　邱胜忠　尚倩倩　石　琳　孙利军
孙伟媛　唐新丽　田　蕊　田尚清　王东亮　王　京　王齐元　翟　培　张红艳
张玲艳　张　敏　张四玲　张　伟　赵冬梅　周婷婷　常艳培　陈东见　陈海龙
韩永建　贺婷婷　胡　序　贾燕华　李　静　李忠霞　刘煜蔷　卢宏娟　路大伟
马　磊　秦　燕　宋建玮　孙立立　王彦侨　徐丽娜　许子媛　杨林芳　姚广宽
佐　莹　杨媛媛　原　明　岳　喆　赵　轩　周　燕　孙　瑶　田　笑　童树连
王　波　王景璐　徐勇妍　阎　静　严书平　邓　倩　郝石钰　李　闯　李如意
李　淑　李　威　史晓远　司　远

单项

赵　旭　陈思苑　顾国建　刘苏苏　刘志明　王宇航　吴　倩　徐　皓　赵　刚
王月娜　吴　霞　张　斌　张　君　张明明　张　婷　邹　琪　陈　彬　陈建岭
陈鹭岚　陈伟明　高俊华　毛彦杰　苗　润　王嘉思　龚清波　姜　楠　李　岩
刘津津　邵逸书　杨晓宇　张　宇　赵　斐　赵　亮　钟　瑾　戴子兰　林晓涛
楼　飞　麦远祥　薛　茜　翟雪莹　张日全　张　伟　成子金　高　珊　郭　烽
李　琪　廉　洁　马国水　孙　旸　曾维茂　翟佳羽　张　磊　王　奇　王子赢
吴正杲　杨　隽　纪沛然　贾　磊　卢向坤　马齐明　任　凯　史晓坤　孙　喆
王陆洋　霍丽敏　骆斌文　马志琴　石英集　孙　伟　王璐璐　杨仁文　崔　勇
柳　伟　穆国超　王　男　许稚菲　杨　帆　杨　勇

马克思主义教育学院(22人)

一等

李陈微　朴丽花　杨欣华

二等

蒋晓敏　刘　洋　王　伟　徐　悦　杨彦春　郑玲玲

三等

单珏慧　江　岩　何　晶　黄晶菁　金雪飞　孔宪翔　李春霞　王延东　余一凡
张安春

单项

马亚男　相　羽　章　杨

历史学院(123人)

一等

胡慧芳　李　晴　李屿洪　孙晨旭　王思葳　张海荣

二等

蒋菊平　孔青青　李　钊　刘　迪　刘珊珊　罗慧娜　庞国庆　邵璐璐　白黎璠
白　云　蔡文筠　陈　扬　陈义凤　董晶晶　郭玲玲　胡　丽　孙　微　王　浩
曾秋云　张昊文　张胜波　周　雪

三等

周　健　朱大益　祖双喜　袁　艳　苑方琦　臧天杰　张国斌　张　坤　张兮维
张阳萍　赵艳春　梁　燕　刘冠男　孟黎华　苏芃芃　孙占伟　田佳龄　王晓晨
韦　羽　郝　平　何　勇　侯文昌　金　晶　李　佳　李　君　李来容　李晓宇
宝丽娜　陈佳桦　陈　艳　丁丽丽　杜　丹　杜林泽　付鸿雁　高祎如　武　鹏
徐新涛　许　纯　杨曼娟　杨学晨　杨烨琨　杨卓轩　姚　靓

基础

于明霞　于　溪　虞富文　张　璐　张　芃　张巍巍　赵　静　周　勇　陈　策
陈露茜　陈秀珠　程　会　房　晔　符婷婷　高福美　郝庆合　黄黎明　回洋洋
贾菁菁　李　斌　李奇英　李秋实　李姝妍　李　侠　孙　妍　谭　平　汪丽萍
王　斌　王　华　王廷海　王晓春　姚　薇　李　钰　廖继红　刘继红　刘姜博
刘　蕊　梅建扬　裴金平　宋文卿　朱雅雯

单项

张　璐　赵士龙　钟刘胜　段彩丽　高科冕　郭　勤　李光前　李翰卿　李志猛
孙丹榜　薇　娜

文学院(162人)

一等

谷　峰　金　真　兰　珊　王旭峰　赵长东　姜啸然　居　瑢　王　鹏　李广欣
李浩涓　王小伟　袁　佳　张　颖

二等

何字温　金智恩　李山川　刘春陶　卢文婷　苗丹阳　孙连山　陶　然　陶思遥
王丹霞　王晓玉　邢　影　徐　昊　张静斐　张　莹　董　艳　郭　卫　柳　称
蒙　妍　赵　娜　朱　榕　韩　冰　李春静　刘　关　马　畅　祁　馨　孙　蕾

魏　旭　张　扬　陈玲玲　方丽萍　郜妍蕊　郝　莉

三等

成　雯　傅单五　龚凌云　胡志意　纪海龙　冀　宁　金　鑫　李　画　王　瑾
王靖雯　王美诗　徐杏杏　许　蔚　薛媛元　杨　莹　袁　薇　张春霞　张　静
张　怡　赵玉冰　赵　铮　朱俊玄　李晓玲　刘　伟　卢　桢　骆旦萍　孟祥君
缪晓航　孙　琳　万玉兰　焦　洋　齐　康　王　婧　张　坤　张　楠　丁颖磊
贺洁星　回晓宁　冀　楠　李　婧　李　冉　李　蔚　陆　平　罗　婷　塔　娜
王　祺　吴晓芳　夏全胜　辛　灵　杨　波　杨　莹　张　丽　张玉芹　郑映映
周轶洲　薛　嘉　于　东　于　淼　崔克刚　董　蕾　冯启飞　荆奕君　齐海涛
王贲媛　王　静　王　娜

基础

刘　君　刘　欣　刘雪峰　吕海燕　罗　淼　毛伟丽　宋会玲　谭　磊　艾　娜
安岩峰　卞清波　薄盛男　陈　琳　窦晓书　高　雅　谷　菲　曾筱易　张彩霞
张　琳　张　姝　张玉丽　郑　蕾　钟晓晴　汪君艳　王　宁　王晓瑾　杨丽花
杨丽艳　杨楠竹　杨　潇　于晓晖　郭　晗　洪　进　胡　俊　姜琪蕊　金　莹
李　菲　李丽远　李晓蕊

单项

付　裕　韩　瑗　骆　欣　宁　可　孙　玉　王　英　姚利梅　曾　健　王　梦
杨爱杰　陈　臣　刘佳悦　王俊楠　郑红铃　朱家琪　孟媛媛　王　刚　张文姣

软件学院(31 人)

一等

申　科　宋久擎

二等

陈蓓希　邓　欣　胡　楠　江　皞　刘　乾　孙　杨　邢玉梅　张宏根　张展宇
郑李炜

三等

谭　峰　武　磊　肖　伟　杨福军　赵树宇　周宏垒　陈建锋　方学维　郭　雄
姜海涛　蒋　琦　林艺伟　楼　波　沈　泼

基础

刘　强　张　伟

单项

杜玉泉　石　迪　周成林

职业技术学院优秀学生奖学金(共 209 人)

一等

时玉林　周晓松　石静雅　孙晓庆　靳　蕾　岳夏彬　刘美明　张晶晶　聂文娟

李媛春　孙　超　焦红艳　李　娜　李晓鹏　赵　静　刘金晓　刘　强　马　艳
何　敏　密继友

二等

陈　九　孙　翼　孙永斌　张　津　傅　沁　刘华月　宁　珅　邢烨烨　单华良
郭　宏　姜嘉莉　田翠平　王俊超　甄伟娜　李　玥　王荣雁　张　艳　赵　欣
陆云鹏　牛森原　徐晓晓　于　磊　赵宝琦　陈亚兰　李　莎　王　贺　王　欣
赵玉亮　李　敏　刘　玥　陆红玉　宋　静　邬　金　谢瀚腾　许鲜苗　张红莉
张瑞婷　张　岩　毕　敬　方　芳　马　娜　史　琴　韩　伟　夏军星　杨立娟
张　纪　胡　燕　马　倩　王　云　赵　曦

三等

陈文强　顾　丰　韩晓慧　洪　霞　宓迎新　王风荣　赵光伟　赵　欣　赵玉玲
周　艳　李　莉　李艳军　李　媛　田　昆　王　强　徐旭峰　徐　玥　叶　晶
张　扬　赵双双　蔡加洋　崔长坤　胡胜凯　李玉锋　李志伟　栗燕燕　刘文俊
齐丹丹　魏　玮　余泳泽　周利伟　代津京　丁　艳　范金萍　靳　辉　李静姝
李铁华　王建蕾　王　娜　于少华　张　贺　杜法灿　果凤田　马国俊　孙　强
杨俊东　张小丰　柴秋转　董玉贤　高荣妹　景淑爱　申彦楠　王　菲　王鹏娟
王　艳　温晓静　张　路　赵　璐　邹纯钰　陈红艳　顾　琳　季　青　李　晨
李　鹏　李新成　柳　晔　孟金凤　牛丹丹　庞晶泉　任继民　孙佳佳　王鹏飞
相　伟　许　璐　杨　明　余理广　张　伟　赵　青　赵　腾　周秀奇　张利震
赵　峰　崔红霞　郝秀丽　刘鸿晏　马玉莹　孙　婷　王　悦　吴美玲　徐　昊
李　君　李瑞华　倪君佩　孙志刚　田会永　王凤艳　于立卓　关丽丽　李娜娜
李文君　李　雯　李晓飞　尚艳华　王梦娟　赵　杨　郑向勇

单项

蒋玉波　娄　杨　马立山　梁　艳　任　婕　吴　烽　李育茜　刘　爽　王　静
周红波　郝　震　胡晓澎　杨　宁　赵　淳　赵　猛　田立涛　严康荣　程　杰
霍晶晶　肇喜龙　房　戬　毛明明　苏海诗　王景辉　吴晓东　张　璞　马建玉
孙　青　杨　静　牛领辉　张光伟　李国平　乔立杰

新生奖学金(共 1064 人)

数学科学学院(57 人)

一等

陈孝伟　仇金鸟　李焕然　刘文静　亓　斌　宋其刚　王　臻　吴慧斌　周育珍

二等

曹　鲁　顾　斌　李国华　李正子　刘甘霈　孟德良　孟　菲　田　旭　王　鹏
叶松高　张　琼　张文川　钟　樑　周　靖

三等

鲍青波　陈　赢　杜杰君　顾辰亮　何　文　洪一斌　洪永坤　胡二彦　贾晓光
孔祥熙　李　岸　李莉莎　李　楠　李　奇　李腾飞　李　阳　梁唐华　刘文嘉
刘　旋　刘紫亮　刘佐梁　吕　阳　马照培　孟岚曦　申文召　孙　晔　王加明
王　晋　王　雁　徐　跃　薛毅捷　于　仂　张宏鹏　周慧尧

试点班

刘小凡　杜理论　胡健行　陈　飞　刘建炯　陈　军　张明敬　吕新跃　黄晶晶
高　辉　韩　琦　宋旨昊　王子亮　阎　伟　杨烨彤　黎　皓　陈伟键　邓志强
徐文文　帅映杰　赵阳洋　金　飞　赵梦柳　杨振兴　蒋　明　孙　晋　张克竞
严佳伟　刘亚晶　冯　浩　周青龙　李　冲　朱莉娟　姚　英　程　文　朱佳文

物理学院(67 人)

一等

李　晓　曹　宇　张　磊　邹　冰

二等

云光普　曾　力　张学智　赵慧钧　郑艳明　周　明　安延彬　迟　鹏　窦宜领
高　彬　胡和杰　金　亮　李　震　刘加东　王　垒　王顺利　王旭成　王展程
吴振斌　谢武力　邢　兵　徐　鹏　刘庆逊　苗俊杰　牛　凯　屈凡明　任　政
尚　进　唐时金　唐晓丹　宋志成　刘肇楠

三等

巩建晓　侯立婷　雷思东　李彦波　刘富才　刘志勇　任　璐　王　佳　王　磊
郑一凡　周　波　周晓东　邓家星　王御栋　张华波　杜叔亚　关炳坤　哈　特
胡　野　李　哲　彭建强　苏有亮　田　振　祖家瑞

基础

梁　巍　刘　芳　卢志璐　吕　博　满江伟　彭红杰　彭　彭　任跃龙　孙其会
王延楠　夏炳墅　辛非非　张　康　赵玉朗　郑　雄　朱星宇　陈　川　戴红亮
段长莎　何　然　洪友丽　李　辉　李　琼　李晓春

信息学院(117 人)

一等

程　利　汪　彬　王晓琳　杨　刚　陈　烽　李　明　丁加华　何　迟　于子一

二等

陈春江　杜大鹏　郭三川　林斯锐　刘　佳　吕　苗　罗宏伟　马丽丽　孙　威
王志刚　姚俊杰　姚　亮　袁　朕　云　浩　张　驰　植德坤　朱雷东　李仁锋
吴春波　徐小传　郑海龙　冯晶晶　张　勇　王明才　余　雷　张　寅　张永坤
曹　铮　韩辰骁　李　宸　陆鼎璇　梅剑春　秦江景　秦羽捷　王来军　向　乔
张宝坤　田　爽　岳　野　赵大伟

三等

张　帆　张华南　张　辉　张钦剑　张云锋　赵文耀　罗美清　马一娃　穆　斌
邵德升　王敏辉　徐　静　杨　乐　张　驰　陈　旸　陈　云　董新捷　范永兴
姜新华　李尼科　李尧兴　刘洪涛　李　晨　李继仙　李　科　刘　炜　易建华
陈健飞　陈锦山　程路明　李建英　李　觅　刘圣凯　吴　超　杨保战　张红宾
赵晓明　冯　林　高远峰　金　宁　吴若宗　杨红宾　杨拯国　柏　刚　高俊鹏
林　谦　刘志宇　唐　驰　张博阳　郭　佳　孙会林　王　晶　于云涛　周峻岭
李　军　李　璐　刘鹏程　罗林旭　孟立平　王　超　王　慧　王　烁　王智勇
许剑波　薛　健　尹　明　赵天工　周　玮

化学学院(95 人)

一等

黄　翔　王衍强

二等

张　捷　赵　卓　朱　婷　朱文杰　李振兴　刘建旭　彭　举　任　杰　王　东
王圣雷　夏　轲　徐　高　褚雁杰　单　华　高愚哲　胡云飞　黄金宇　孔　勇
李　楠　李睿智　张　坤　王永亮

三等

张　影　周永行　陈　鑫　程辉敏　丁雪松　贺光瑞　井志臣　李霄羽　梁衍亮
刘书娟　邱海波　沈　健　舒　毅　宋晓光　王晓晨　王钰宁　阎冶智　张　甘
陈会慧　陈克仲　方琳莉　沙　超　田大伟　詹晓薇　高　博　康江鹏　刘　帅
骆　定　张　剑　邹瑞阳

基　础

白　玉　边天斌　陈进英　陈　瑞　陈　森　陈　琰　承倩怡　冯　葳　左佳卿
张　磊　张良卿　张伟娜　张志杰　张志君　章　易　赵海燕　祝　伟　王白帆
王　嘉　王　魁　吴　帅　夏　倩　夏云龙　向　萍　邢思洋　何　韧　贺智华
黄子生　蒋晓月　李晨光　李　茜　李亚利　刘翠柳　刘如松　刘小俊　罗云岗
马　良　裴闻博　曲伟思　孙　涵　王岸霖

环境科学与工程学院(26 人)

一等

梁丽君

二等

丁程程　高英杰　关　泽　李延庆　孙　权　于海燕　朱紫民

三等

孙　洁　孙进瑜　弯昭锋　万振华　王海东　王潇玮　王　雪　肖翠翠　陈晨咏
李维俊　刘　鹏　刘　硕　刘永吉　马晨燕　莫训强　宋黎明　于卿婵　赵一熊

生命科学学院(77人)

一等

张金涛　曹建谱　郭　丹　蒋　雄　宁振飞　孙村民　孙祥杰　余光建　虞倬昕

二等

蔡　荣　曹春辉　车东博　慈华聪　丛龙峰　董华烨　董　茜　冯晓星　郑灿锋
王　芳　王晓芸　邢常胜　杨　森　殷腾飞　应　铭　余　健　张国强　栾　鑫
马春晓　彭　成　宋　爽　苏冠男　苏　媛　孙　慧　孙晓鸥　符　浩　李建华
李　源　李　喆　刘亚超　刘志鹏　卢　昕　吕　程

三等

王文韬　王之婴　吴　迪　吴晓静　阎晓洁　杨　帆　杨　茵　曾涛海　李　鑫
李　峥　刘鹏飞　闵　微　明　铭　潘鹏炜　滕玖琳　王　超　陈丽维　韩晓平
何一清　黄俊哲　黄雅楠　兰　昊　李　东　李　婷　张丽丽　张　苏　赵婷婷

基础

池友键　高晟妍　郭　鉴　郭　宇　郝一鸣　金　天　龙　吟　孙明恩

医学院(11人)

一等

李　文

二等

张明庆

三等

赵小利　党玉涛　郭　超　李　龙　廉子健　孙立锋　徐福强　张　哲　赵　令

哲学系(27人)

一等

朱志伟

三等

高　辉　高美兰　巩　慧　尚　鹏　王春航

基础

林佳妮　屈　婷　宋　颂　孙　扬　田　田　田致远　王雪丰　王子阳　安　黎
程　晖　崔红权　邓潇栩　邓　媛　胡文静　兰　建　李　新　魏　彬　谢廷禄
徐　波　尤海澜　张泽印

法政学院(95人)

一等

贺　婷　刘　俊　薛旭亮　杨　慧

二等

黄　琳　黄　鸣　罗湘衡　曲　静　王雅雯　魏凤娟　左希迎　高云霞　刘　波
刘　琳　王盛杰　张凤涛　苏海敬　王朝阳　王　昭　文春霞　文　曦　邢　博
徐利明　张　宁　安　帅　丛　耸　李　杨　刘　珺　龙海峰　卢　超　吕　超
欧小春　周海云

三等

吴海光　薛彩文　杨　召　张玉晶　赵叶君　安　勇　顾　炜　和红涛　姜　博
麻庆伟　孙　强　王　巍　吴广磊　曹　靖　代　强　高　毅　龚欢欢　孔丹红
李晓璐　李钰洁　刘志凤　平　凡　尚绪翔　吴玉玲　杨　洁　余水生　张沙沙
柴珊珊　陈怡龙　程天怡　范金林　郭建双　荆爱伟　李宝萍　李慧娟　武　丽
杨　乐　杨　磊　杨伟信　应琪超　尤欣欣　袁　波　张　瑚　史羽超　王　超
王　桓　王　萍　王　涛　王　妍　王　芸　吴志华　李培卓　李素焕　刘　冰
刘　健　罗林建　秦桂芬　施冠群　石瑞峰　张立佳　张玉琦　赵福维

外国语学院(40人)

一等

韩玉娥　周　燕

二等

范清华　靳寒萍　李　晶　刘文涛　其其格　谭思宁　辛　海　杨　华　詹　琳
张慧玉　曹　希　辛　玲　薛晋阳　殷增志　刘海波　王培翎　赵金梅

三等

卜　乐　陈　萍　崔春然　房美娟　郭桂芳　李小新　刘　茜　刘玉凤　罗　铃
沈晓恬　翟延明　郑婉新　段　然　贾　莹　李锦燕　邬愉愉　张丽丽　胡　佳
武　超　向　婕　张　菊

经济学院(220人)

一等

陈　超　谭　珏　吴丛丛　陈伟珊　李　森　孟　博　王武斌　魏　斌　严　璇
张华香　赵焱莹　陈晶晶　刘鹏飞　申　超　石少军　薛洪言　杨少鹏　张艳杰
程锡康　杨文沁

二等

常万亮　冯　尧　李君竹　梁婷婷　刘海峰　彭俊鹏　盛锦飞　王　超　王蕾蕾
王　茹　吴　安　夏　雪　辛　怡　叶永健　岳胜男　柴文龙　常　辉　陈　渝
陈卓铃　崔　明　崔　一　邓孝淙　董秋林　王　伟　王　雨　杨　光　张舫琳
张延波　赵　娜　侯丽娜　姜　森　林　鹏　马玉苹　牛大为　时　旭　王　荦
王　琦　陈　灿　管　理　郭　娜　郭　然　何淑瑛　何志慧　黄　欣　姜　玲
刘　潇　刘晓君　马书智　乔　伟　王贵彬　王治学　魏蓬辉　吴育英　徐一阳
杨　晶　张　栋　张　磊　张　怡　张　轶　赵晓倩　曹文龙　霍晶昌　刘　伟

三等

韩业旺　李聪颖　李方方　刘思颖　刘璇　刘永奇　罗敏怡　莫艳章　宋丹娜
孙有　王建　王亮　王珊　王羽　吴松林　许佳　杨玺　杨熠
余华娇　张利平　朱明阳　邹佳　陈峰　邓辛　都倩　冯叶　高婷婷
耿莎莎　郭晓磊　韩华宁　胡芬芬　黄建统　黄丽　靳洁　刘磊　牛群
曲富城　宋雪强　苏航　孙丽颖　孙娜　陶利锋　王建勇　王清　王耀
阳钊　袁娜　张铭浩　张晓滢　周金婵　周廉洁　朱娜　陈曦　陈晓
程宁宁　冯弥青　郭欣　过薛锋　郝一江　洪幼治　张伟　张彦　张寅
赵泊　赵晨光　赵建　赵丽娟　朱淑敏　王燕红　王亦颉　文义　杨萍
叶朝明　于学羲　张潮波　张榉成　刘彦迪　乔鹤鸣　商睿　孙惠敏　谭黎
田莉莉　王琳　王芮　姜亦婷　雷霆　李华　李建龙　李文泽　李晓鸣
刘博　刘树芳　陈龙忠　戴益文　范兴福　何泽林　侯燕伟　黄荣　季久云
贾晓丽　傅饶　高东东　金春兰　林长泽　陆宁　秦楠　万钟　杨禄
张昊　张梦琳　赵振坤

基础

仇建伟　丁飞　董思思　龚牟利　贾春梅　焦宝松　李大明　李桂林　王丹
王磊　王磊　王淼　翟仁林　张博洵　张弘　张明明　李皓舒　李顺毅
刘颖易　路广利　那振芳　孙宇　田彬　王彩星　周彩云　周惠玲

国际商学院(97人)

一等

郇亚东　景宗波　寇政　李敏吉　唐钊　杨柳　张璞玉

二等

张伟刚　邹宇星　徐升　许春强　许晓华　严冬　姚刘健　印飞飞　张方涛
张旆旆　桑明尧　苏艳琪　田继伟　王刚　王海飞　王克聪　王焱　魏凯
谷鑫　韩旭　李文升　刘志鹏　吕运伟　律志刚　马同英　欧阳曼莉　李艳从
柳婷　杨瞻峰　赵彦　李露

三等

崔志伟　邓宇　高勇　谷烨　韩绝负　何蕾　黄陡威　金永哲　黎龙虎
李慰　李雨峰　林健　刘洋　刘中秋　楼洁静　卢逸　吕占甲　马丽君
马留雨　马占亚　南献澎　牛会敬　戚明明　钱海佳　沈姗姗　施程鹏　童梦石
王峰　王志焘　徐旭丽　严雷　杨帆　张弛　张国凤　张捷　张楠
张田　赵亮　赵庆阳　郑斌　郑嵘　周福杰　朱大勇　卜康康　蔡培锴
蔡旭　曹云　陈惠君　陈强　陈歆　陈云兴　丛雪　何婧　李政
孙妍　王美芝　徐阳雪　吕庆元　尤玉新

马克思主义教育学院(1人)

二等

刘西学

历史学院(24人)

一等

吕厚量

二等

万　晋　尹军海　赵增文

三等

贾晓松　贾　圆　李倩倩　刘净贤　宋开东　陶英琪　韦佳佳　张　瑞

基础

岳婷婷　张　华　张　华　朱兴旺　曹　牧　韩玉洁　胡远志　黄　峰　刘凤杰
刘　佳　王丽华　翁莹香

文学院(65人)

一等

文　嘉　袁贝诺

二等

曹　琳　邓建杰　李蕾蕾　吕　晓　马纪华　马国栋　刘　洁　任晓坤　袁静宜
廖隆凯　刘　维　马兴华

三等

崔　玲　丁艳艳　段　斌　郭　婧　焦　阳　李子萌　时　云　张迎雪　陈　晨
张中博　陈丽婷　韩宇明　贺晓琴　胡寒星　姜　峰　罗　艳　徐雯锦　郑思廷
韩俊龙　潘得传　邱　扬　邵钰涵　王建党

基础

杨　沃　张　楠　马勤勤　秦　兰　屈宗英　宋声泉　宋晓光　万代远　王一通
杨　柳　曹　欣　邓　斌　董自国　郭爱华　郭　赟　梁　燕　林　锋　刘昕亭

软件学院(30人)

一等

梁晓姝　王　岗　吴　楠

二等

崔立威　高宏达　郭　瑞　韩坪良　黄　翀　李　博　刘传玉　孙永胜　熊泽法
杨　波

三等

赵振华　黄　毅　蒋　蔚　祁苏昊　乔　慧　翁杨蕾　杨俊丽　曾庆创　赵　锋
敖伟波　陈景乐　陈　涛　陈晓宇　陈再萍　崔留强　奉　宇　郭　瑞

汉语言文化学院(8人)

二等

胡晓亮　牛　芳

三等

韩秋颖　吕　翔　屠国勇　张　婧　赵建华　赵苡硕

职业技术学院新生奖学金(共20人)

电子信息科学与技术　郝张红　申　宝　张董莉
国际经济与贸易　王文娟　赵　军　周　智
国际经济与贸易　邴艳芳　胡秋爽　胡　毅　季国良　康　洁　李　楠　刘　佳
刘莉娜
计算机科学与技术　傅根希　李文静　刘金苹
市场营销　毛　菲　任晶晶　王富强

南开大学企业奖学金(共314人)

中科院奖学金(3人)

物理科学学院　王　伟
化学学院　班　斓
数学学院　王方芳

宝钢奖学金(9人)

外语学院　杨　静
历史学院　王思葳
法政学院　贺文霞
生命科学学院　马海庭
马克思主义教育学院　马亚男
哲学　张晓晨
经济学院　朱　榕
环境科学学院　李媛媛
文学院　赵　娜

王克昌奖学金(20人)

哲学系　杨　武　肖建平　裴　蓓　郝　琳　白　光　叶有红
文学院　陈珮琳　姜琪蕊　金　莹　刘雪峰　吕海燕　毛伟丽　王　宁

历史学院　赵　静　谭　平　梅建扬　陈　策　张巍巍　王　华　回洋洋

光华奖学金(20人)

信息技术科学学院　孙　鹏　张　娜　陈小鹿　景国辉
哲学系　傅献杰　冯博华　岳　琨
历史学院　罗慧娜　周　雪　孙　微　刘　迪　陈　扬　张胜波　白　黎
文学院　陶思遥　孙连山　徐　昊　苗丹阳　王晓玉　张　莹

颐中奖学金(20人)

信息学院　李　冬　曹雪竹　兰小丰　金　鑫
国际商学院　姚冬梅　刘　一　黄秋国　王晓明　刘　杭　邢雅楠　张　露　侯　莹
化学学院　张　龙　陈世贵　任晓白　沈铸睿
经济学院　张　帆　肖　帆　李　里
软件学院　刘　畅

新电元奖学金(38人)

信息技术科学学院　李　斌　刘　峰　张玉东　高　平　吴　超
软件学院　韩留杰　邢玉梅
生命科学学院　周年星　李晚禾　张海州　崔宇杰
化学学院　金　颉　崔　毅　王颉晨　吴润芝　韩宝中　刘洪均
医学院　代胜刚　孟昭婷　史　东
物理学院　建　军　杨　硕　白　强
环境科学学院　顾晓清　高　玮　林　妍
国际商学院　崔伟临　冯　果　康　雯　廖　栩　李　中　麻雅玲
数学学院　张晓炜　张　松　吴金龙　张晓慧
外语学院　于艳丽

北野财团奖学金(25人)

国际商学院　张晓雪　姚　唐　张　进　宋晓波　邓春侠　张艳敏　宋瑞军　何　颖　胡　娟
信息技术科学学院　姜雪风　黄　茜　魏　薇　刘　钢　袁小星　李　婷　阎　磊　温　馨　王应应　吕俊锋
软件学院　楼　波
物理科学学院　安　勇　阎　锋
法政学院　江赛民　罗瑞芳
外国语学院　王　凯

三星奖学金(11人)

信息学院　陈　众　于士涛

软件学院　申　科
国际商学院　祁德君
法政学院　张陈帅
物理学院　宋道红　尚文敬
经济学院　柏　丽
数学学院　陈　甜　牛志冬　刘年青

LG 电子奖学金(10 人)

国际商学院　童树连　刘美华　才劲涛　罗光兴　张胜斌
经济学院　谌　龙　丁　丹　杨　杰　汪　苗　唐　蕾

LGDAGU 奖学金(15 人)

国际商学院　李传庆　王　芳　吴　蕾　王　丽　宋冬营　朱　珠　邓小涛　张凌燕　任　钢　谢　毅
化学学院　李玉龙　张国梁　张　婷
外国语学院　胡延伟　何　欣

KEB. BANK 奖学金(10 人)

经济学院　李　月　汪海凤　王晓蕾　吴慧敏　高　磊　王静萱　刘乃辉　李铁雄　金美玉　洪　羽

住友商事奖学金(18 人)

外国语学院　邱　爽　王梦璠　田少郁　郭婷婷　邱爱杰　孙晓波　邢　薇　段艳丹　张　贞　吴　琼　陈霄虹　刘　贺　唐　磊　李晶晶　毕蕾蕾　周　健　傅丽燕　尹珏林

PPG 优秀生奖学金(5 人)

化学学院　尹振明　肖　强　傅丽棠　王小小　李　波

华泰保险奖学金(4 人)

经济学院　宋　琳　林婷婷　刘　姣

松下奖学金(20 人)

化学学院　王钰宁　史小猛
生命科学学院　任广丰
外国语学院　杨　华
医学院　张明庆
文学院　邓　斌
环境科学学院　弯昭锋

物理学院　操日祥　徐恒垒
数学科学学院　叶松高　李腾飞
国际商学院　李　令　严　雷
经济学院　李　丽　王建伟
信息学院　王明才　冯　林
法政学院　沙德尔丁
哲学系　李世龙
历史学院　郭晋喜

香港福慧特别奖学金(20人)

文学院　袁新芳　章利新　周　菡　陶　然　董　艳
经济学院　罗　斌　张　涛
国际商学院　毅　峰　徐振军
化学学院　赵晨敬
数学科学学院　孙东霞
信息学院　白　华
历史学院　陈春晓
法政学院　李焕娜
哲学系　于　好
外国语学院　詹婵娟
医学院　曹　华
环境科学学院　王　丽
生命科学学院　张林娟
物理学院　王志军

霍济光奖学金(10人)

文学院　成　雯　卞清波　马志燕　杜东嫣　沈达兵
历史学院　徐新涛　白　云　张世铁
哲学　刘红杰　朱金艳

彭瑞安归侨、归侨子女奖学金(1人)

经济学院　袁丽丽

曾宪梓教育基金会杰出奖学金(5人)

国际商学院　刘在国
经济学院　伏　婷
物理学院　王　永
信息学院　李　韬
文学院　邢　影

曾宪梓奖学金(50人)

信息学院 左铁鹏 李志庆 孙松涛 贾继华 李 韬 张利达
物理学院 杜文波 金 哲 王 永 涂勤昌
环境科学学院 魏斌年
软件学院 赵树宇
数学科学学院 朱 海 倪敏燕 宋章章
医学院 魏继红
生命科学学院 杨 薇 林 松
化学学院 徐大振 张艳芳 鹿 涛 焦 娇
国际商学院 张艳敏 祝继高 李慧君 刘在国 李 君 曾天寒 廖 磊 潘亚丽 田尚清 王 玥
经济学院 孙恒志 孙雪芬 何重芳 廖学强 柏 丽 孟凡超 白 丁 伏 婷 刘 健
法政学院 王 晶 杨 慧 石兰洁
外语学院 朱丹平 梁登敏 高玉茜
哲学系 何江宁
历史学院 王品文
文学院 邢 影

南开大学三好学生(共842人)

数学科学学院(50人)

倪敏燕 聂 辉 秦中峰 史媛媛 孙 婕 王方芳 王 皓 王建宇 李 兰 李 响 李燕清 廖奕捷 刘 富 刘年青 刘 艳 刘云辉 王学勤 王雪晶 王 正 王子龙 韦 莺 魏 博 吴国良 吴金龙 武 猛 谢尚宇 辛凌雯 徐光博 于岩群 张拔群 张 博 张 磊 张倩倩 张绍娟 张世金 张 松 张 拓 张晓慧 张晓炜 张亚楠 张园园 赵 萌 蔡朝阳 常 乐 陈 超 陈炽华 陈 甜 褚鑫华 关连坡 黄凌燕

物理学院(47人)

杨 硕 杨文龙 杨一宏 翟 萌 张海明 张学良 张 颖 周 飞 安 勇 丁程远 胡 欣 金 哲 李利伟 李世文 李 威 李 颖 刘继元 牛志元 祁轶玲 尚文敬 邵 娜 宋道红 王玲丽 文 武 安亚南 李正正 罗 帅 盛柏杨 苏境坦 王芳勋 夏霞宇 杨 宁 钟立刚 涂勤昌 王 伟 肖罗生 徐团伟 阎 锋 幺 恒 张志芹 赵 宇 邹 翔 白 强 蔡博渊 雷 霆 刘 洋 鹿力成

信息学院(104人)

于士涛 张 凯 张 楠 张玮玮 郑嘉平 郭彦梅 李 力 李 娜 李 倩 林 楠 刘 芳 刘 杰 刘宜轩 白振轩 曹建华 陈双甲 邓澍军 范 彬

高大伟　高立金　宫晓利　刘永超　刘众奇　马　灿　马文静　孙　涵　田　禾
王树义　王　鑫　魏立英　肖　萃　邢剑宽　许海玲　杨　洁　杨　林　杨　娜
于　萌　白　佳　陈　希　陈小鹿　陈志峰　程　龙　姜庆勇　李琳琳　李　韬
刘菁菁　刘元芳　史瑞芝　孙　鹏　徐　微　杨文霞　张　弛　李　婷　卢任灏
孙建涛　王欢欢　王艳芳　魏　震　温　馨　夏　铭　谭　清　唐　浩　王　爽
吴　方　薛冬梅　张靖恺　丁光彩　杜　昀　姜雪风　李　莹　李振海　刘　峰
刘　钢　吕　超　房　强　高丕涛　胡　南　贾继华　李　婧　李　亮　李　楠
吕俊锋　时　磊　史　斌　王　斐　袁佳杰　张斯文　周　正　刘琳琳　刘永超
龙　镇　卢　鲤　王　韬　吴　超　徐玲玲　张　帅　陈　思　贺子奇　姜伟龙
康金华　雷　君　李　田　李伟辰　刘丽佳

化学学院(61 人)

邹彩珍　邹海霞　张聪颖　张佳玮　张　龙　张　婷　张　娴　张　毅　赵　霞
赵燕楠　刘洪均　刘　阳　刘　熠　罗　茜　任为武　任晓白　宋凡波　苏德泳
白迎军　班　斓　曹金丽　曹　瑛　陈　晶　程　彬　迟　恒　崔　洁　王婧祎
王　琳　王小小　王秀丽　吴润芝　吴　思　杨　帆　杨　兴　付丽棠　高　爽
韩宝中　胡　箛　黄　腾　冀伟强　姜小薇　蒋小露　刘　松　潘中怀　沈铸睿
武光军　杨玉婷　叶亚平　张文昊　张晓雨　白文举　白　瑀　陈　伟　陈圆圆
崔　毅　贺　虎　胡月晗　李　波　张瀛溟　张振杰　赵　晨

环境科学与工程学院(23 人)

多　淼　高　玮　高　媛　顾晓清　何　为　黄秋菊　陆贵涛　马　岩　于　洋
张　浩　张　瑾　张　平　张映璇　朱明英　朱祉熹　冉丽君　尚　羽　王东东
王　丽　王　瑜　徐冠楠　叶笑风　于敬磊

生命科学学院(36 人)

黄　晨　雷文亮　李　宁　李晚禾　李晓敏　连　敏　林远成　刘　宇　刘竹芸
柳星峰　马海庭　潘　磊　彭婷婷　彭　潇　邵丽莎　宋　微　宋翔宇　苏　丹
孙　伟　田　野　王　颖　王宇凡　吴　凯　项　洋　臧晶晶　张良梁　张　茹
张颖慧　白云鹏　蔡晓云　陈　鹏　崔　怡　杜　君　丰　蕾　韩　英　郝璋颖

天津医科大学委培生(6 人)

董维刚　高瑞霄　何　乐　刘　琦　时　磊　唐　亮

北京中医药大学委培生(2 人)

王　烁　赵　宁

哈尔滨医科大学委培生(3 人)

初　霞　徐　杰　姚家庚

河北医科大学委培生(3 人)

崔　蕾　范明鑫　赵景茹

天津中医学院委培生(2人)

韩长月 王丽显

医学院(12人)

徐 燕 杨一鹏 岳兰竹 张 楠 胡芳科 胡 洁 李 勇 刘晓峦 刘 颖 邵 宜 孙 蕾 辛 伟

哲学系(17人)

戴云莉 邓 颖 郭立芳 韩 璐 黄凌云 李 归 李 明 刘 佳 周 馥 刘 佳 刘 军 刘晓洁 秦 迅 于 好 张海量 张金玲 张晓晨

法政学院(87人)

孙丽娟 唐灿明 唐芝林 王菊芬 王 帅 辛 蕊 杨晶晶 杨 娜 刘成霞 刘翠翠 刘 丰 刘 辉 刘 茜 罗 婷 秦 嫣 史建宏 杜美玲 郭 伟 贺文霞 胡冬梅 霍默静 蒋 璐 李 敏 梁 维 周 真 朝阳瑞雪 陈 翀 陈 越 董 洁 杜国元 范丽思 高文郡 姜健健 易光蓉 尹文君 余荣军 余晓燕 原子宏 张 帆 张洪霞 郑 丹 李文博 廖 原 刘军强 刘 柳 沈丽妹 王 盼 杨海波 杨 慧 蒋润婷 李长辉 李荣华 李 旺 林树青 刘 琳 刘秋妹 刘 甜 袁明娣 曾祖强 张陈帅 张 瑾 赵晓静 周文文 朱 冬 刘中明 罗瑞芳 乔 宇 曲 琳 宋丽俊 王 晶 王燕平 王 宇 安 明 陈长灿 陈 怡 陈瑛玑 崔 媛 傅晨熹 高晓培 江赛民 徐国振 徐建红 杨 硕 杨 涛 尹春海 印春南 于静漪 禹思清

外国语学院(51人)

毕蕾蕾 陈 琳 段艳丹 冯 欢 傅丽燕 郭佳佳 何 欣 胡延伟 李晶晶 李珊珊 李 爽 刘 贺 曲美茹 孙 玲 唐 磊 王晓晨 邢 薇 徐 燕 杨 建 杨 静 杨一涵 尹珏林 岳建辉 张利洁 张 玲 张亚苹 章俊芳 赵玉芳 周 健 宗志臻 董 霞 韩 雯 邱爱杰 邱 爽 曲 萌 司珊珊 孙晓波 田少郁 王 凯 王梦璠 于艳丽 张森焱 高晓燕 黄 丽 缪 钦 沈志杰 王 宇 尉晓娟 张蓝月 张夏伟

经济学院(138人)

张文慧 赵丽莉 赵 璐 赵欣欣 周星辰 任 晨 唐 蕾 汪 苗 翁 羽 吴艳红 徐 璐 阎维洁 姚帅君 李轶雄 李 月 刘乃辉 刘秀柱 吕 岩 罗 斌 马 萍 宁立章 曹 颖 陈玉停 戴小辉 董 妍 窦静雅 冯 菲 龚静燕 郭凯笛 何重方 贺雯雯 贾 琼 江 霈 姜在坤 邝怡丹 李 恒 李 婷 胡 薇 贾 佳 姜振玲 李 俊 李晓书 李亚鹏 李玉娜 廉晓婵 柏 丽 陈媛媛 陈志杰 谌 龙 崔楠楠 丁 丹 董庆达 洪 羽 林圣凌 刘 琳 卢丽俊 卢 莹 吕 佳 马建华 马 睿 沈 虹 宋建梅 孙秋玉 田 虹 田 娟 汪海凤 王廷婷 王晓蕾 王 玥 吴沁汐 吴婷婷 吴炎芳 杨媛春 袁丽丽 云 蔚 张 梅 张 湜 张 一 赵 军 郑 煦 王静萱 王 丽 王 逾 吴慧敏 吴 茜 项 峥 徐 慧 杨 光 于慧雯 张 艳

张扬　张圆　郑玲玲　郑秋洁　朱榕　何芬　胡宝昆　胡博　黄晓程
姜怡　李佳慧　李佳宁　李硕　白梓萱　陈聪　陈婧　陈林　高磊
郭廓　郭若然　国娇　李欣程　李欣颖　刘鸽　刘晓佳　马丰明　孟婧
孙宇光　田颖　马桢　庞立中　齐红梅　宋琳　谭敏　王顺　韦庐生
魏建　陈薇薇　陈宣伊　冯梦雷　付正强　金笑权　李欣　林婷婷　马琨
文丹　余丹

国际商学院（130人）

才劲涛　傅玉凤　顾国建　黄宝翠　刘冰　刘美华　刘源　罗光兴　毛剑云
施徐红　王芳　王小英　王晓阳　王苑潇　吴倩　赵勖　钟杵　祝继高
崔晶　戴羽　冯果　康雯　兰飞　李昂　李海鸥　李红　王晓文
王尤佳　许维　杨军　杨全　曾小军　张进　张凌燕　张新燕　周超
廖栩　麻雅玲　苗润　庞文山　尚坤　宋璇　王秉权　王嘉思　杨欣
于静　禹英轲　张帅　张莹　宋晓波　王娜　王晓洲　王煜坤　吴俊
吴琳　吴雯　谢斐　陈正举　李猛　李心跃　李岩　廖鸿成　刘津津
刘兆丹　毛宁　漆鑫　任钢　宋扬　王丽　吴霄汉　吴业红　张燕
张跃　赵海超　赵俊霞　陈阳　冯小翠　郭静　郭立　胡刊　贾子辉
李奇祥　梁中华　刘晓燕　齐秀洁　王玥　邢雅楠　叶畅　曾维茂　张露
张书维　郭烽　郭雯　侯莹　焦彦　靳伟　李筱东　梁萌萌　梁书圣
常悦　陈晶　陈珊　陈亚敏　陈洲　韩禄昌　何俊杰　黄征　季迎欣
李润平　林芝　刘凯　刘一　吕海洋　梅莹　宋瑞军　田尚清　王榭
王馨欣　严静思　杨曼　杨晴　赵冬梅　周婷婷　常艳培　胡序　李婷
潘笔耘　宋正凯　孙立立　谭鑫　肖丽萍　阎慧　曾健勐　张丹　张艳敏
王萍　王永峰　朱珠　高俊杰　李传庆　刘海琦　邵晴　沈仁维　史晓远
汤莹　王景璐

马克思主义教育学院（6人）

孔宪翔　刘洋　徐悦　杨彦春　余一凡　张安春

历史学院（22人）

白云　蔡文筠　陈扬　董晶晶　傅鸿雁　胡慧芳　胡丽　孔青青　杨卓轩
曾秋云　张海荣　张昊文　张胜波　周雪　李晴　李屿洪　刘迪　刘珊珊
罗慧娜　庞国庆　孙晨旭　王思葳

文学院（34人）

傅裕　谷峰　何宇温　兰珊　李山川　刘春陶　缪晓航　陶然　王晓玉
王旭峰　邢影　张静斐　张莹　赵长东　赵玉冰　董艳　焦洋　居瑢
王鹏　陈臣　丁颖磊　韩冰　李广欣　李浩涓　刘关　祁馨　孙蕾
王小伟　魏旭　陈玲玲　郜妍蕊　郝莉　袁佳　张颖

软件学院（7人）

陈蓓希　邓欣　胡楠　林艺伟　申科　宋久擎　张宏根

南开大学优秀学生干部（共 283 人）

数学科学学院（17 人）

罗梓桂 毛学舟 孟宪君 阴小波 张 琳 张 涛 张智林 赵继伟 白云鹤
杜 岩 高 峰 荀大为 贺 晨 李 冬 李 楠 陆 楠 朱丽萍

物理学院（13 人）

李朝杰 李 磊 满 荣 孙益顶 王建英 张晓川 陈 研 崔 娜 李臣宇
张永谦 孟祥茜 王志军 张 赟

信息学院（31 人）

陈平增 邓澍军 邸 爽 黄 峪 刘 玲 马文静 孟庆维 慕云龙 裘 佺
王 洁 于士涛 李 林 娄 超 张 蕊 吕 钢 杨 扬 张 亮 李 莹
罗 奎 田进峰 袁小星 郑长和 董 灿 蒋斌博 张光璐 傅坤昆 李 斌
李 田 徐良艳 杨 建 周 正

化学学院（18 人）

王 奇 王 雁 张 晶 张 毅 赵燕楠 周 容 陈 晶 冯 罡 古志远
顾卓昳 胡博文 金 颇 刘洪均 刘 扬 胡 恒 刘 松 罗文豪 张 剑

环境科学与工程学院（6 人）

白宏涛 高 歆 李云鹏 刘 山 冉丽君 张宪伟

生命科学学院（11 人）

徐 铮 阎志鹏 杨 洋 高智慧 葛重葳 刘 品 陆光耀 田 路 王 璞
王 盛 闻 奇

天津医科大学委培生（2 人）

陈 渊 阎 睿

北京中医药大学委培生（1 人）

高铭坚

哈尔滨医科大学委培生（1 人）

王经伟

河北医科大学委培生（1 人）

张 男

天津中医学院委培生（1 人）

李广益

医学院（4 人）

丁 凯 胡芳科 贾 雷 李 勇

哲学系（7 人）

刁立达 顾祖新 郝 琳 刘洪宇 潘 喆 尹 刚 张 兵

法政学院(33 人)

刁大明 郭 伟 黄耀南 沈晓非 王卫国 阎 彪 赵晨光 钟景超 杨 慧
张利军 郑智杨 陈 石 陈婷婷 范存博 李连玺 任 毅 戎立斌 史振钰
谢开天 屈 鹏 孙贺硕 武 琢 于洪亮 余 薇 张士勇 高梦一 姜 超
蒋松涛 李凤凤 李 宁 李 莹 刘 亮 刘中明

外国语学院(16 人)

朱 磊 包 燕 丁宝磊 郭 霞 李 平 刘 薇 陶 峰 王晓君 詹婵娟
陈 森 张国涛 赵 爽 孙一明 王发财 尉晓娟 于启勇

经济学院(45 人)

南 皓 欧 松 吴靖宇 阳小成 尹孔阳 陈 馨 高海威 高 贺 黄晓君
江 霈 李星伯 罗 羽 马 超 柏 丽 杜 彬 关 超 黄彦军 李敏娜
王孝松 肖 骁 许彩霞 鄢莉莉 杨媛春 张 琳 张 展 赵江伟 常殊昱
葛 汉 李 里 梁东擎 鲁 寅 王彦夫 阎 苗 于佳鹏 张景明 张 凌
张新文 郑杰锋 周黎明 崔恩慧 高志强 王 娜 徐梦君 于 洋 张志刚

国际商学院(52 人)

但家平 马姝玥 王宇航 吴 倩 赵 静 赵玲琳 赵 旭 张 斌 鲍杰汉
董 毅 孔祥峥 李 中 刘在国 柳二宝 童贤达 杨 博 郑 青 陈正举
傅振艺 李庆川 吕成华 尚 勇 邵逸书 仝兴旺 张 宇 贾子辉 李慧君
刘吉庆 童 韵 王 磊 陈 鑫 蒋 娜 齐秀洁 孙 琳 陶志斌 邢雅楠
张耀华 赵 霞 贾 磊 史晓坤 王 奇 吴正杲 杨 静 叶琛雪 赵兴元
陈海龙 祁德君 石英集 姚广宽 季 颋 柳 伟 王 宇

马克思主义教育学院(4 人)

单珏慧 梁 静 马桂斌 王 伟

历史学院(6 人)

白黎璠 高科冕 王 浩 徐新涛 张兮维 祖双喜

文学院(12 人)

金 鑫 宋会玲 陶思遥 赵 亮 钟晓晴 姜啸然 张 楠 马 畅 夏全胜
赵 娜 叶仲亮 张宝旺

软件学院(2 人)

邢玉梅 赵树宇

2003 届毕业生评优结果(共 292 人)

南开大学优秀毕业生(38 人)

数学学院(1 人)

周金科

物理科学学院(3人)

李锋铭　范　莹　张小丽

信息科学技术学院(1人)

罗丽娟

化学学院(2人)

刘　婧　刘　颖

环境科学院(2人)

董　昭　张　杨

经济学院(2人)

刘　琼　王　卓

国际商学院(1人)

高　慧

外国语学院(1人)

徐　慧

历史学院(1人)

李　雯

职业技术学院(24人)

贾　坤　梁　媛　刘　佳　何　俐　张赛红　胡秋爽　姜海超　唐晓飞　康　洁
余海峰　刘炳坤　张　衡　郝张红　王开平　原　楠　方纪敏　刘金苹　高　峰
季国良　王富强　高　曦　韩赟姣　郭　宁　李生勤

南开大学三好学生(173人)

数学科学学院(14人)

黄占涛　黎　颖　林小俊　刘玉坤　刘月明　马祥音　宁项辉　秦　鹏　苏广想
王继宗　许现民　赵志根　周　健　周金科

物理科学学院(10人)

刘　鑫　武宏宇　张小丽　金　龙　魏　恒　吴　涛　涂勤昌　王晓雷　董　嵘
郭文刚

信息科学技术学院(28人)

陈爱和　窦志成　胡晓英　黄国伟　李　颖　罗丽娟　孙明竹　孙巍巍　陈华良
孔令海　张　萌　毕绘昕　王应安　宋　宇　郑艳利　高世钰　石　卫　宋　平
王　健　王　一　夏　飞　刘　丹　安文韬　单　樑　柏江丽　陈　军　冯　凯
李　芳

化学学院(16人)

刘　林　刘　颖　刘　真　史　策　邢　航　阎智侠　杨　琴　杨文智　阿　荣

崔丽娜 窦 艽 郭 震 何 刚 何 静 林 松 刘 婧

环境科学与工程学院(5 人)

冯 楠 李付生 吴 琳 袁 旭 翟洪艳

生命科学学院(10 人)

吴 雪 张锦彬 张智松 赵 琦 樊 闰 郭 棣 李 乐 李少华 李晓峰
刘 斌

国际商学院(42 人)

曹江荣 华 勇 刘春梅 赵 鑫 邹永洁 程 雪 刘 静 王旭东 杜乃竹
高 慧 胡田烊 刘大微 王一茹 谢 巍 杨 扬 赵重铠 金海峰 罗 敏
梅亮犬 王俊峰 吴 巍 张 路 王 嘉 赵丽丽 陈秀惠 陈 妍 穆雪茗
石少明 党 晶 曾 禹 张义明 张 宇 曹 扬 冯 昕 郝 烨 寇霭婷
阎 慧 尹 芳 郑 乔 杨荣刚 庞 佳 孙立武

历史学院(6 人)

宫贤鹏 孙雅彬 王全福 王 妍 吴 彦 张世铁

文学院(9 人)

常瑛华 丁 超 刘 堃 王 越 周 菡 李冬梅 王欣昀 郑 炜 赵 涛

软件学院(4 人)

方 正 伍 宽 阎志东 杨延平

南开大学优秀学生干部(74 人)

数学科学学院(5 人)

崔 涛 刘晶熠 曲克杰 宋伟龙 许 晋

物理科学学院(3 人)

李锋铭 王 琰 郭宏雷

信息科学技术学院(8 人)

庞 博 万 飞 王亚林 徐海涛 张 帆 翟志刚 陈 旺 吴 龙

化学学院(6 人)

邓术平 杜 峰 计景成 李 涛 王 艽 吴丽欢

环境科学学院(2 人)

王海勇 张 宏

生命科学学院(4 人)

刘 琦 宋 卓 遇 言 张 帅

哲学(1 人)

高立军

法政学院(6 人)

杨　娜　郑志成　李大为　谢　琛　陈　铁　丛　杰

外国语学院(6 人)

储信艳　梁晓光　刘锐敏　吴玉贤　李　晗　刘翠芸

经济学院(13 人)

李安兵　刘雅楠　王广斌　宫维维　林慧灵　谭伟强　王晓春　王　卓　高云波
刘海涛　唐淑坤　石　俊　尹　黎

国际商学院(12 人)

李　黎　寇　磊　谢　巍　高大为　魏　巍　范琛囡　石　洁　朱晓旭　冯玉玲
张玖鑫　郝　飞　臧　凯

历史学院(2 人)

徐兴颖　张振海

文学院(3 人)

芦　洋　翟明睿　教富斌

软件学院(1 人)

赵敬磊

南开大学集体特别奖学金(4 个)

物理学院　魏　恒　梅　灿　张　攀
软件学院　伍　宽　刘　睿　薛　松　俞震东
信息技术科学学院　陈晓利　陈　志　陈思远　陈　越　陈爱和　陈　鹏
法政学院　郭乐琦　祁　娟　贾金辉

南开大学个人特别奖学金(2 人)

文学院　李冬梅　宋静茹

南开大学学业优秀生(1 人)

化学学院　张　磊

研究生奖学金及各类获奖名单

东港奖学金(45 人)

化学学院(45 名):

伍国琳　史文健　何　可　班树荣　王　浩　朱莉娜　田金磊　郑修成　邹武新
宋志毅　尹振明　苏福海　杨志勇　初　嫄　谢亚勃　张　翀　赵小菁　李国然

王来军　吴建梅　余莉萍　卢春阳　刘有芹　吴利平　翟雪梅　王晨宏　王瑞芳
赵玉增　李树锋　高立超　杨　眉　蔡　红　袁　飞　焦丽芳　张　颖　钟桂云
徐　华　周爱玲　王爱娥　朱有全　钟　滨　王宝雷　王硕文　臧洪俊　吴　超

光华奖学金(331 人)

MBA 中心(57 名)

孙荣峰　赵双燕　王　玥　张　利　李　超　裘　旭　于　军　王欣欣　邢　娜
侯玉辉　李宝权　魏　达　常　瑞　方小青　韩会宿　王海红　田敬莲　苏泽伟
于　洋　刘培元　江　毅　杨建宏　王　群　宋　峥　张泉水　战宝龙　邹志刚
龚　涛　宗　华　苏　可　朱连宇　于洪涛　刘子龙　李　钢　冯明华　张群生
段振涛　高永刚　张颖环　华邦宝　张　颖　朱春玉　于俊舫　刘维锋　王迎新
王海宇　吴　锋　孙世龙　王春梅　张　蕾　杨振东　刘向东　刘　功
郑英豪　刁玉湘　朱　江　孔德圣

法政学院(54 名)

管　健　郭道久　刘中建　金小红　胡　杨　王恩界　赵　军　焦洪宝　董　跃
张剑锋　阎鲁宁　杜　恩　颜海铁　李　超　王胜利　虞志华　郑可菊　王　娟
高越强　尹长舒　冉华才　李　杰　张志伟　晋　展　张志锋　王　辰　王　洋
汤　炀　张　静　李向阳　周振超　弭　维　杨文彬　杨　毅　于家琦　李　芳
陆明远　张彦华　邓玉兵　徐　蕊　李利平　刘硕晗　郭　欣　谭江华　姜妙屹
张彦彦　徐树芬　韩　丁　吴　晟　秘凤华　熊巧玲　薛朝晖　虎　欣　赵东艳

化学学院(37 名)

段海峰　赵书斌　温　新　高　峰　王志鹏　梁　茂　李海蓉　刘征骁　何　佳
刘怡姗　王国仓　曾　敏　朱应栋　胡　燕　夏永清　申小义　张明明　温笑菁
李海燕　赵晨敬　王　影　周　宁　冯　艳　孟宪玲　米　欣　王纪军　丁　斌
李　鸿　刘　锟　王圆方　欧阳燕　李园园　李　礼　张偌瑜　霍翔宏　赵　琢
王悦禧

环境科学与工程学院(19 名)

马成仓　王福生　吴　婧　王宗爽　李铁龙　王成俊　赵　杰　常　青　汲弈君
郭爱红　孟庆堂　汪　磊　侯树宇　李海莹　葛卫东　史聆聆　王凤花　孙　凌
徐　健

金融工程学院(12 名)

李祖伟　叶晓霞　陈红霞　陈晓丽　杨　雪　陈　科　谢瑞芬　李　巍　常朝晖
刘晓明　王文官　刘丽娜

经济学院(16 名)

李宗怡　刘志阳　牛凯龙　刘　阳　马冀勋　周　伟　井源源　戴倩绫　那　新
林　岚　朴雅琳　张荣亮　应宇晓　魏　星　冯　涛　张大威

经济与社会发展研究院(7名)

李连辉 卢 洁 陈波翀 康 锋 耿松涛 芦 岩 董永祥

历史学院(7名本科生)

罗慧娜 周 雪 孙 微 刘 迪 陈 扬 张胜波 白黎璠

历史学院(12名)

孙 鹏 侯学华 王建红 谭晓玲 李巨轸 杨 琳 王娟娟 许 明 蒋爱花
李 莉 张 宇 孟繁星

马克思主义教育学院(4名)

赵 昉 弓丽娜 顾洪英 胡尹燕

生命科学学院(18名)

王 娟 郝淑莲 赵 广 刘清岱 郭宏宇 吴宝艳 宋春娟 张 淳 施兴启
王仁静 曹 宇 刘东波 张 奇 曹 岚 王 静 皮子凤 刘 静 李雅玥

数学学院(3名)

陈东阳 冯建芬 甄 强

外国语学院(8名)

任军虎 张智中 尚 菲 李莉华 欧 琛 罗 旭 孙 伟 邓 蕙

文学院(6名本科生)

陶思遥 孙连山 徐 昊 苗丹阳 王晓玉 张 莹

文学院(26名)

王红斌 谭 洁 马兴祥 盛桂琴 梁 磊 唐克龙 王振来 安祥祥 李 鹏
董正存 卜伟才 尚玉翠 贺金茹 王义杰 邱伟科 徐红梅 吕少英 张子程
陈谊娜 冀春宇 陈 欣 刘 华 李 果 唐梅花 张 丛 王建红

物理学院(5名)

高垣梅 颜博霞 郭宗霞 刘雪红 梁春恬

信息技术科学学院(25名)

王湘晖 张 昊 李向平 张铁楠 高卫华 赵 星 全 薇 石政堃 周思儒
江 罡 姬秀娟 牛丽萍 金 宇 练书成 牛晓光 昝世刚 裴 巍 王竞春
阙嘉岚 王 超 刘 波 孙婷婷 张思远 阎 宇 陶智华

信息技术科学学院(4名本科生)

孙 鹏 张 娜 陈小鹿 景国辉

哲学系(3名本科生)

傅献杰 冯博华 岳 琨

哲学系(8名)

乔文娟 魏俊国 韩伟才 左 惠 陈 军 黄仲英 徐丽云 赵润琴

求是奖学金(20 人)

物理学院(3 名)
楼慈波　汪大云　刘松芬

化学学院(11 名)
赵彦利　赵　斌　李建荣　宋　芸　章福祥　陈晓燕　朱柏林　朱守非　陈　莉
陆　燕　张望清

生命科学学院(6 名)
李　军　张立国　陶　江　单志英　刘　忠　王顺启

三星奖学金(6 人)

化学学院　李　莉
信息技术科学学院　杨新征
物理科学学院　陈亚辉　谭　浩
国际商学院　唐跃军
经济学院　孙建平

大通奖学金(127 人)

化学学院(18 名)
王军霞　于　斌　李兰冬　金瑞彩　杨雅莉　邹如强　陈沛全　楼兰兰　卢银花
梁　鹏　周玉花　王　蕊　李　颖　芮嘉明　唐　朔　蔡丽波　张艳华　张　旻

生命科学学院(13 名)
方　晖　王新谱　杨静华　黄　亮　耿　华　王金龙　邓　刚　薛怀君　谢　强
安春菊　辛天蓉　马　挺　史海滨

医学院(4 名)
张媛媛　李　杨　叶　雪　皮淑芳

历史学院(20 名)
秦　方　王伟凯　李胜凯　王盛恩　顾　然　陈晓东　郑　玮　蔡礼彬　雷　戈
宋希斌　贾雪飞　孙文颖　庞乃明　徐春燕　张　伟　杨硌堂　王　睿　林绪武
姜海龙　牛建立

日本研究院(8 名)
乔林生　石秀梅　孙继强　周志国　万鲁建　田庆立　张利军　田利芬

哲学系(6 名)
夏国军　陆信礼　曹树明　陈映霞　何　平　贾向桐

外国语学院(10 名)
杨晓丹　谢慧艳　张丽娟　贾丹丹　柳　杨　李　洁　郑新宇　赵晓燕　寇　杨

咸 慧

法政学院(9名)

刘文红 刘翠丽 孙大勇 李咏梅 朱艳艳 孙东晓 庞 然 肖国忠 李 丽

经济学院(11名)

于 欣 牛智敬 尚 林 李宝伟 魏凤春 姜 琰 王文创 高雪莲 高进田 孙 静 马文娟

国际商学院(28名)

唐跃军 董 军 李昌弈 王仕鑫 刘宏鹏 刘雅静 刘 铮 陈 茹 张婷婷 李 兰 彭雅瑞 臧春燕 徐结媛 郭 薇 袁 磊 陈珊珊 余 倩 方 琳 万 捷 王春藕 卞晓青 王碧含 邓竹菁 梁瑞乾 刘 维 吴新宇 袁 斌 尹 琪

华藏奖学金(25人)

汉语言文化学院 王 华 邓 葵
哲学系 刘 限 杜以芬
环境科学与工程学院 郭炜峰
马克思主义教育学院 张春霞
法政学院 纪雪峰 白林军 韩 颖
国际商学院 毛贻娜 王 芯 贺海涛 姜红敏
历史学院 张泽宇 胡筱华 陈 静 边树政 王洪兵 温显娟
外国语学院 王佩霞 田冬梅 李兰兰
经济学院 于雅楠 曾之光 韩春霞

华桀奖学金(30人)

经济学院(10名)

伍志文 宋海燕 苗巧刚 蓝庆新 王海东 韩 晶 王 璐 罗 浩 谢建国 沈洪溥

国际商学院(6名)

曹廷求 孙国强 于畅海 孙 征 吴 娱 王兴琼

MBA(6名)

杨艳秋 张国萍 董兆昆 杨 锴 张 婧 闫 峰

经济与社会发展研究院(3名)

刘维林 王鹏姬 张 鹏

马克思主义教育学院(1名)

张宏岩

法政学院(3名)

徐道稳 王学东 韩玲梅

文学院(1名)

鲁庆中

龙吟奖学金(5人)

经济学院(研究生) 张运鹏 殷广卫 王明坤

生命科学学院 李华兵 王春雨

宝钢奖学金(3人)

文学学院 马瑞洁

历史学院 夏 炎

外语学院 任东升

华为奖学金(35人)

数学科学学院(3名)

王硕玉 孙 磊 陈宝江

物理科学学院(4名)

黄春福 张晓华 董法杰 谢春霞

信息技术科学学院(28名)

王新华 赵秋玲 张文华 孙世温 孙国华 张宇飞 王增会 马世亮 王建伟
陈浩琼 贾芸芳 姜少华 李学初 李云峰 张永利 范万水 王永峰 焦纲领
牛亚平 赵晓丽 周铁戈 梁 科 薛 峰 万洪武 胡 静 田 华 于 洋

新电元奖学金(68人)

数学研究所(8名)

侯净敏 郭军伟 陈彩云 张端智 张晓岩 乔胜勇 邓玉平 刘雄军

数学学院(12名)

张 伦 李艳婷 孙剑平 苏 明 薛运华 陈艳玲 詹华英 何敬民 周 明
陈月容 赵金玲 马 岩

物理科学学院(12名)

郭 鹏 蔡克家 陈 凯 钟显辉 王 鹏 周黎明 申 岩 崔探星 冯 鸣
王文倩 陈胜平 刘宏德

信息技术科学学院(22名)

余 斌 吴 杰 朱 锋 温遇华 杜升之 陈殿玉 李章林 王 新 王 恺
刘 涛 康叶伟 张东生 徐步衡 汲明亮 吴水华 刘铁罗 徐巧丽 郭兆华
陈轶迪 张 瀚 刘大海 钟安鸣

环境科学与工程学院(4 名)

崔铁宁 刘春光 王帅杰 彭 林

国际商学院(10 名)

关晓红 董蕴琳 谭新生 罗海成 李胜楠 武永红 王 革 牛建波 陶 峻 何 青

王克昌奖学金(11 人)

物理学院 阎培光 李家方 阎文博
软件学院 韩炳涛
文学院 安祥祥 李 鹏 马兴祥 盛桂琴 梁 磊
历史学院 田绍磊
哲学系 金 珠

颐中烟草奖学金(10 人)

经济学院 赵敏敏 曾庆久 李 萌
国际商学院 杨 俊 唐高斌 高晓春
化学学院 陈建新 南 晶 罗 亮
金融工程学院 赵希林

中国科学院奖学金(5 人)

化学学院 李锁龙
化学学院(本科生) 班 斓
物理学院 刘智波
物理学院(本科生) 王 伟
数学学院(本科生) 王方芳

南开大学奖学金(78 人)

经济学院(64 名)

靳 涛 孙建平 靳卫萍 周京奎 罗若愚 祝 茂 郑小洁 严 兵 张 兵 李海菠 蔡 楠 李泽广 阴宝荣 卢 萍 孙会国 李永辉 徐伯男 臧爽言 徐 菲 于化龙 朱 妍 杜国彬 曹 静 邹卫星 宋智勇 郭金兴 杨在军 陈 祥 王 兵 黄征学 辛 波 史桦鑫 胡 军 赵冬冬 练姿秀 李静华 梁 华 姚从容 王 敬 刘 程 张晓东 周佩衡 蔡卫光 傅 斌 迟云浩 曾令波 蔡 方 刘彦平 王自峰 陈 宁 李俊玲 聂挺进 张马俊 李诚邦 王俊寿 洪 涌 孟 猛 任永菊 田海峰 孙 艳 贾永航 张彗君 于中鹏 张敬庭

国际商学院(14 名)

翟 磊 杜军龙 雷占力 张继袖 冯欣荣 赵 莹 徐世光 吴子攀 曹宁宁

姜晓丽　王　蕾　崇　敬　蒋伟伟　孙美丽

2003年优秀研究生学生干部名单（103人）

数学研究所（1名）

张晓岩

数学学院（1名）

孙　磊

物理学院（3名）

陈　凯　张　瑞　李勇男　孟　婕

信息技术科学学院（9名）

杨新征　黄兴博　樊志勇　牛丽萍　张海威　陶智华　张文华　马世亮　张永利

化学学院（14名）

翟雪梅　徐　华　王硕文　刘征骁　曾　敏　段海峰　赵　琢　赵晨敬　刘　锟　郭　浩　刘　勇　张建达　王小建　齐东来

环境科学与工程学院（5名）

吴建会　何　俊　毕晓辉　罗世君　熊　瑛

生命科学学院（3名）

王仁静　朱卫兵　张　奇

医学院（1名）

刘　惠

汉语言文化学院（1名）

施琳娜

文学院（4名）

冀春宇　范　军　李　叶　江海燕

历史学院（3名）

李巨轸　孙文颖　顾　然

日本研究院（1名）

周志国

哲学系（2名）

徐丽云　宋照强

外国语学院（5名）

孙　伟　咸　慧　吴　贺　李晶晶　贾丹丹

法政学院（9名）

张　静　虎　欣　朱艳艳　胡　杨　吴　晟　李利平　王胜利　李向阳　徐　蕊

马克思主义教育学院(1 名)
黄 涛

经济学院(17 名)
沈洪溥 商 晨 林文顺 张庆元 张晓斌 涂 红 祝 茂 王洪斌 乞 宁
和少波 裴 沛 胡 军 张马俊 常志芳 王贺东 李宝伟 夏 慧

国际商学院(11 名)
崇 敬 王 玎 张 伟 郭永建 董 军 彭雅瑞 雷占力 翟 磊 项立龙
张洪涛 徐世光

MBA **中心** (8 名)
刘向东 刘 功 郑英豪 刁玉湘 朱 江 江 毅 孙世龙 孔德圣

经济与社会发展研究院(2 名)
康 锋 杜 量

金融工程学院(1 名)
王文官

2003 年度研究生三好学生名单(92 人)

数学研究所(1 名)
陈彩云

数学学院(2 名)
甄 强 马 岩

物理科学学院(3 名)
刘松芬 陈亚辉 刘智波

信息技术科学学院(9 名)
王湘晖 孙世温 陈浩琼 贾芸芳 康叶伟 阙嘉岚 李 尧 李云峰 赵 昕

环境科学与工程学院(5 名)
李铁龙 葛卫东 罗世君 孙 彦 郭炜峰

生命科学学院(5 名)
谢 强 辛 丹 吴 荃 曹 岚 蔡小宁

化学学院(12 名)
李建荣 章福祥 郑修成 邹武新 苏福海 刘 勇 初 娜 谢亚勃 卢春阳
李树锋 郭 浩 张建达

汉语言文化学院(1 名)
王 峰

文学院(3 名)
房晓童 袁新芳 冉启斌

历史学院(3 名)
贾雪飞　李　莉　田绍磊

日本研究院(1 名)
乔林生

哲学系(4 名)
夏国军　杜以芬　金　珠　宋照强

外国语学院(2 名)
欧　琛　咸　慧

法政学院(8 名)
王恩界　高越强　尹长舒　庞　然　孙大勇　杨文彬　王胜利　徐　蕊

马克思主义教育学院(1 名)
赵　玮

经济学院(14 名)
黄征学　牛凯龙　刘志阳　曾令波　靳卫萍　殷广卫　贾永航　戴倩绫　那　新
蔡卫光　傅　斌　迟云浩　马文娟　徐　菲

国际商学院(8 名)
董　军　陶　峻　张婷婷　李　伟　孙美丽　尹　琪　毛贻娜　翟　磊

MBA **中心**(7 名)
王春梅　吴　锋　张　蕾　王海宇　刘维锋　王迎新　邢　娜

经济与社会发展研究院(2 名)
刘维林　杜　量

金融工程学院(1 名)
李　巍

毕业生名单

本科毕业生名单(2532人)

法政学院(216人)

彭洋 林岚青 顾晓烨 潘璐 卞周洲 杜亚卿 李宏达 李佳 李敏
李秦松 刘丰 盘冬冬 朱钢 朱琨 陈萍 高敏 龚娜 胡冬梅
胡亚楠 李客循 李伟 刘佳 刘尧 那朝英 盛雪梅 石兰洁 宋丽华
隋晶晶 王羽菁 杨寒 杨柳 陈慧荣 陈鹿林 程晓宏 丁桂华 冯逵
郭伟 黄亮 江忠明 旷三三 李颖宣 刘永金 庞真明 王帅 张政国
赵晨光 钟诚 贺文霞 蒋燕 李岩 刘志华 毛莅霞 孙超杰 王宇
王奕菊 张红蕊 张丽 周晔 范存博 李丛亮 陆新超 庞雨生 任赞赫
束江涛 田九翔 王磊 岳少华 郑丹 高珊 解静 雷文橘 李汀
刘克琦 刘淼 齐燕妮 谭华 王艾 王进 吴丹 余晓燕 张媛
佘倩茹 常喜元 郭而郛 刘军强 陶海滨 王晓光 肖品 曾宪才 赵福宾
邹大伟 李晓坤 李妍 鲁琴 孙迪 童云澜 吴妍妍 杨慧 张琳
周萍萍 蔡乐 柴生培 刘楚才 孙九一 杨畅 褚明远 陈惠琳 董晗
黄洁 柯晗 李枫 李焕娜 李懿婷 刘畅 朴艺华 邵校 邵泽姝
宋娟 王盼 姚琦 易光蓉 张洪霞 张乐 赵洁 朱珊珊 安明
陈涛 翟立瑶 冯刚 赫永超 黄福涛 江赛民 李长辉 李洪岩 李帅
林良亮 刘力 刘佑君 任鹏云 宋亮 吴斌 夏宁 谢扬今 邢忠鑫
徐新 杨帆 杨涛 余涛 俞捷 张建云 张卿 张宣 曹晶
单申 邓莉 邓玥 翟伟英 丁佳 董红艳 段国庆 傅印环 高美华
公舒萌 关萍 郭琦 国静 韩丹 何苗 呼婷婷 胡晓 黄倩
贾桂芳 解童 李颖 李郢 李茜 林琳 刘家卿 刘蕊 刘甜
刘雅 刘亚萍 罗瑞芳 莫晓时 欧阳媚 曲琳 宋迎 王晶 王晶
王晓鸾 王颖 武红宇 邢云婷 徐蔚 徐欣 徐秀峰 杨新莹 杨倩
游津波 余薇 张蕾 张丽娜 张乃文 张文娜 张小芳 赵炳淑 赵鸣镝
赵娜 赵阳 周文文 周奕 刘中明 张士勇 林琳 邱丹 陈丽君

国际商学院(453人)

毛允 卢大业 李一 张洁 梁海雄 才劲涛 李文斌 宋扬 张健
王莹 王洁琳 王晓文 刘美华 高鹤 蔡闯 但家平 董建伟 盖广胤
霍洪海 李健 李伟 刘可 刘鸣佳 刘鹏 刘晓宁 卢伟 吕维杰
宋冬营 王晓阳 王宇航 武岳 杨连瑛 姚宇 张建华 张明照 赵刚

郑　滨	郑旭锋	郑赞表	周志华	朱超俊	祝继高	庄承材	邬德林	陈思苑
樊　悦	古欢英	胡　婷	兰仪娜	李　嫒	李　博	李　想	梁燕萍	罗　静
施徐红	孙　洁	孙亚梅	王小英	谢　钧	杨　萍	易桂芬	于巍巍	张　静
赵　莹	周文婷	蔡正宏	陈　彬	陈志新	崔　鹏	崔宇雄	丁晓炜	葛怀亮
郭旭林	何　远	黄卫卫	李　军	李全立	李　响	刘　宇	刘在国	刘志远
刘　鑫	马　诤	潘森林	史志强	孙　宇	童贤达	王　慧	王仰龙	王　歆
温　荣	肖文斌	辛肇源	杨　浩	游　凡	岳　钢	曾天寒	张津玮	张　进
张明明	张前登	张　权	张　阳	赵　亮	郑云龙	周　岗	邹　琪	阎　强
闵大为	訾鲁东	陈晗颖	董　毅	冯　果	伏　丹	高俊华	葛　晶	何　睿
李海鸥	廖　栩	刘　嘉	刘允娜	麻雅玲	潘　磊	彭晓文	宋　璇	孙艳丽
孙　玉	王美怡	王晓娟	王月娜	席金梅	许　维	杨佐红	叶　婵	于　玲
俞声洲	战礼娜	张　博	张惠惠	张　晓	张一帆	张　莹	赵　巍	周　晓
程万兴	董　成	付　中	高　鸣	高圣源	龚清波	郭晓峰	华宗卫	黄昌欣
黄升扬	姜远扬	姜　楠	李长伦	李　君	李　凯	李庆川	李　伟	李彦敏
李忠浩	刘　强	吕成华	毛　杰	孟　棋	石海波	宋晓波	孙　林	王德鑫
王煜坤	翁广续	徐锦才	徐路明	易琳伟	尹义勇	张　杰	张　立	张令刚
张占一	张　翊	赵　亮	郑海健	陈　思	高明喆	呼鹏琳	李鹏美	李　颜
李　琦	刘丽芳	刘　茗	毛　宁	沈　滢	汪晓露	吴　琳	邢利媛	于　静
张　莹	陈　强	陈孝仁	陈　岩	崔志军	付军政	辜　林	郭　立	韩　强
韩　松	何　洋	胡　刊	胡　伟	贾子辉	李奇祥	刘科伟	龙海雄	权　琦
宋天鹏	唐光泽	王　骏	王永胜	王子东	韦森友	谢　爽	姚　唐	张大为
张定武	张　浩	张日全	张　伟	张　伟	赵　哲	晏江毅	窦占魁	查杨熙
戴子兰	高京京	高丽华	关　键	管　洁	郭　静	李慧君	李　静	陆　玲
宋　扬	王瑞芳	王亦凡	王　楠	吴　蕾	吴雪倩	谢　毅	阎　蕊	张晓雪
张　燕	张　苓	张　琦	陈海明	郭嘉琦	姜文彬	李建新	李　钊	刘建成
陆　勃	马国水	王自宏	吴祖光	谢洪浩	杨贯涛	杨海林	张　磊	张　明
褚士永	迟耀莹	崔晓芳	戴　云	邓春侠	翟丽丽	高　薇	韩　英	蒋　娜
焦秀丽	焦　彦	靳　伟	李国英	李惠妍	廉　洁	梁萌萌	廖　玲	刘晓丹
刘　岩	刘潇潇	卢　乐	孙　琳	王　艳	王　玥	王志艳	魏琳颖	魏周婷
夏晓燕	叶　畅	尹　冰	展　宁	张　蕾	张　磊	张泽寒	宗抗抗	蔡天明
陈忠良	冯　佳	龚　浩	贡　雨	贾　磊	姜大伟	焦志浩	金　亮	李　斌
李润平	李少波	梁海涛	梁　炜	刘　凯	刘　明	刘章铭	马　宁	秦鑫强
任　凯	任　猛	沈　毅	盛景春	宋瑞军	孙利军	田尚清	王　男	王　鹏
王齐元	王少奇	王玉坤	王振华	王炜诗	魏安政	谢建中	徐国兴	徐　颖
杨　栋	杨晓斌	杨志东	于　帅	詹勇飞	张海峰	张绍坤	张　楠	赵树旗
赵卫永	赵兴元	赵　喆	曹倩娜	陈亚敏	翟　燕	何　颖	胡　娟	吉晓鸥
季迎欣	赖宏婕	李　研	刘原宇	潘亚丽	舒晓敏	苏　欢	唐新丽	田　蕊
王　川	王陆洋	王馨欣	王　瑜	吴　萌	武　婷	熊　瑜	杨　曼	杨　隽
张四玲	张　维	阎　晓	李　伶	寥伟兵	石英集	孙立新	孙　鹏	孙　伟

王扬眉 王琦 徐岳 杨欢 邹琳 阎慧 晁栋材 常艳培 陈秋月
崔轲娃 冯意 李昂 李静 廖丹 林丽艳 林英华 卢宏娟 秦燕
石雅楠 孙立立 王丽 王彦侨 吴萌 谢新华 许子媛 于欢 于晴
岳鸿缘 张艳敏 张彦 张颖 张漪 周琳 陈敬宗 陈兆爽 邓小涛
季頲 李伟轶 廖磊 卢波 穆国超 任翔 童树连 王超 王世威
王振考 谢朝红 张和勇 庄庭亮 邓倩 刘海琦 乔晶 司远 孙擎
汤莹 万辉 王波 王颖 徐勇妍 许稚菲 朱珠 阎静 程璐璐
孙晓舸 田笑 何冰川

化学学院(176人)

胡娜 卞锐 蔡基峰 陈强 陈垚 崔崑 丁维岩 顾卓 郭剑
郭亚萌 郭振山 何灵均 侯瑞栋 花树龙 华全 黄钛 贾子麒 蒋慧华
柯晨峰 乐海 雷斌 李珅 李巍 李毅彤 李佐习 李晖 刘承
刘峰 刘海洋 刘军力 刘盛 刘旭锋 刘彦韬 刘扬 刘毅 吕健
罗洪盛 马华 孟令辉 乔相臣 渠德忠 邵长准 苏明跃 谭津 谭立志
田怡谦 王冬 王健博 王金桂 王俊伟 王奇 王文龙 王玉和 王璐
温飞 吴军 吴庆波 吴尚伟 吴学丹 吴志杰 徐大振 杨兴 杨永强
杨中辉 易龙 殷亮 张川 张更辉 张华强 张立初 张澎涛 张书明
张维 张晓光 张晓天 张新军 张寅清 赵胜 赵熙 赵宇 赵紫来
周容 周宇 班斓 蔡爽 陈佳 陈琛 迟恒 范欣 付丽棠
高爽 高洋 胡� 姜小薇 蒋小露 焦娇 黎扬 李秉桀 李慧芳
李秋瑾 李琰 刘媛 罗文劲 孟婷婷 彭媛 齐晓玲 邱欢 饶璐
孙艳芳 谭凤娱 王珊珊 王小小 王秀丽 王雁 徐静 徐姝娴 杨帆
张蓉 张婷 张晔 周晓荃 邹海霞 曹海祥 曹鹏贞 陈华东 陈昊
丛晓军 杜斌 傅凯刚 高明 革远平 韩耀坤 胡伟 黄津 金成范
李波 李金鹏 林建斌 刘博闻 刘春荣 鹿涛 马志栋 裴践文 乔一博
饶晶 孙宇 王琛 武光军 夏建军 徐贤 杨扬 姚培圆 章勇
张峰 赵浩然 赵佳 郑锐强 陈圆圆 崔毅 李洁凝 李玮扬 吕歆
梅连瑞 孙蕊 王敏 肖婕 叶凌之 于欣妍 张丽萍 赵晨 张灵竹
张春雨 张松林 徐丽英 滕大勇 杨齐敬

环境科学与工程学院(66人)

白宏涛 戴永康 何泽 马铭锋 王毅军 许文泉 杨有强 叶笑风 于培松
张松峰 张元 赵鑫 葛艳菊 潘路茹 冉丽君 王丽 武婷 向芸
张熹 安飞 陈庚 段建成 高欢 韩斌 韩承 侯建伟 郎宇鹏
李若璞 李云江 刘光逊 刘骆峰 陆平 马晓辉 钮杰 王习堪 魏斌年
许可 许贤哲 许晓涛 薛永华 颜欣欣 于洋 张树樑 陈蓓 范庆
冯真真 高媛 顾晓清 郭亮 胡平 金圣圣 李媛媛 李炜媛 廖卓玲
罗晓丽 马岩 尚羽 石英琳 王喆 杨洋 游燕 张映璇 张稚妍
赵巍 周孝凌 孙晓磊

经济学院(406人)

吴　昊	汝国梁	何瑜琴	齐春颖	郑可心	单伯鹏	李增辉	常　宏	刘　姝
刘　丽	武　莹	臧欣然	曹玉超	陈玉停	程晓明	邓　旸	范忠斌	付时鸣
何重方	黄贤旺	江　霈	李　程	李宏凯	李晓明	廖学强	刘　博	刘贯虹
刘开雄	刘乃辉	刘岩峰	刘亦凡	吕　超	吕磊峰	罗　斌	马　宁	毛翔凌
石书籍	孙　毅	索德波	王　彪	魏耀辉	温大海	翁　江	吴长路	武　楠
杨　磊	杨　昊	于奇炜	岳　凯	曾国伟	张建华	张　云	张鑫磊	赵春廷
郑春林	郑　宇	周　轩	保琳琳	陈燕红	池锦绣	邓秀萍	冯　莹	甘　霖
秋　菊	顾　妍	黄晓君	金　花	李绍芳	李　月	李铁雄	刘　念	罗　羽
孟　伟	普　杰	祁　雯	任　晨	孙　逊	孙艳颖	王育培	王　怡	魏欣瑞
吴启霞	项海英	杨　珍	余　添	张　昇	张　莉	张莉莉	张铁慧	赵黎黎
赵　婧	郑　宏	郑乐容	郑　莹	白　丁	曹　玮	陈代祥	陈　铭	陈　琦
崔秀通	戴薇巍	董自勋	高　魁	郭擎晴	郝志景	贺晋峰	胡厚伟	黄　成
黄彦军	李　聪	李　清	李雪楠	李兆哲	林圣凌	刘　斌	刘文峰	刘中建
吕春廷	苗　林	乔文杰	任　重	王　冰	王昌文	王　晨	王吉人	王　雷
魏　巍	魏　巍	文品维	吴亚明	吴　哲	肖理中	徐善山	许海波	许化桥
杨茂春	杨　坡	杨　涛	杨文龙	尹　俊	于洪彪	于　扬	张朝峰	张文辉
赵江伟	赵　洋	赵　义	周　渊	朱文举	柏　丽	陈　冬	陈润华	陈　希
程　滢	单　婧	党玉婷	翟羽佳	丁爽爽	董晓爽	董　莹	冯雅静	付莹莹
葛　慧	洪　羽	胡梦媛	胡晓琳	冀　果	贾　佳	贾　蕾	金山月	李芳娜
李　晶	李俊宜	李　睿	连　漪	刘海金	刘　佳	刘世雯	刘文双	刘晓娴
卢丽俊	鲁广智	罗　婷	马明洋	那丽丽	裴　蕾	苏丽霞	孙恒志	孙雪芬
田　虹	万　丽	汪海凤	王洁慧	王秋月	王晓蕾	王　莹	王　玥	王　薇
王　姝	魏　琳	文慧娟	吴沁汐	吴婷婷	席　露	席　星	徐永微	许冰心
许书薇	许晓靖	杨春梅	杨琳琳	杨媛春	姚　娟	叶　佳	于　琳	虞清清
张　嫚	张　梅	张　蕊	张月伦	张　倩	郑惠云	周新闪	周张岳	毕　晟
陈张晨	陈国栋	董阳阳	杜小光	段京城	宫　健	韩　旭	黄海峰	姜德坤
蒋张军	李正茂	刘　健	刘鹏翔	刘小宇	刘星雨	罗　希	骆霄鹏	马　龙
毛也赛	汪　敏	王　赟	王　博	王　刚	王开泉	王　柯	王　品	王　悦
王照坤	相　宁	徐金金	杨新德	杨　阳	杨玉晓	于晓伟	曾韬屹	张景明
张　凌	张乃岳	张　阳	张　政	赵　迪	赵　鹏	郑杰锋	郑　昊	钟泉福
朱庆和	阎树刚	蔡　文	曹　越	邓玉莹	邓　倩	董海萍	杜亚葳	方　舟
伏　婷	高　磊	贺克青	洪雪梅	胡　博	姜　怡	江淑珍	揭　萌	金美玉
李长霞	李佳宁	刘　晶	刘莉莉	刘　琳	刘晓静	罗燕红	马　静	沈　丹
孙　立	王非梦	王冠华	王海宁	王宏玉	王静萱	王　丽	王　觅	王　逾
王　璐	吴慧敏	吴　茜	邢　洁	徐　慧	杨　帆	杨　娟	杨魏巍	由玉靖
于　爽	于　杨	张　晶	张　扬	张　盈	张月菊	张　昶	赵　悦	朱　榕
阎　苗	睢丽娜	杜铁伟	高志强	胡碧波	姜云鹏	缴文超	梁鸿飞	梁卫东
刘永喜	孟凡超	孟令怡	穆小林	宁自强	庞伯宇	邱　彪	宋彬彬	谭海峰
王　冠	叶　成	袁海博	曾凯霖	赵永生	周　刚	臧　治	陈宣伊	陈薇薇

崔恩慧 董睿 冯梦雷 符欣 胡雅娟 黄蔚 回真 景卓 李亮
李婷婷 梁中魁 林婷婷 刘姗 刘姣 马桢 邱丽霞 宋琳 宋梅
孙家宁 王树梅 王维芳 王颖 王昕怡 徐美丽 曾春霞 张凡 张晓曦
赵晶 钟瑞 郑秋洁 孔庆凯 阎静 王昕 曾桂湖 鄂平 刘达
谢丽华 张环宇 丁力 王昊 岳丽霞 乞璇 王玥 梁振民 李南
赵娜 于泓哲 马鑫 亢峥峥 徐慧洁 刘博 刘军 董菲 王笑
赵春霞

历史学院(70 人)

陈华安 郝平 郝庆合 李尚君 李岳韵 李志猛 史楠 孙丹榜 谭炳基
王品文 武鹏 肖阳 谢赟 虞富文 张波 赵文义 蔡文筠 陈露茜
李晴 刘姜博 田佳龄 汪丽萍 韦羽 许纯 袁艳 张昊文 郑丽君
陈琛 高科冕 郭玉 宁凡 王超 王国永 王争 徐新涛 臧天杰
白云 傅鸿雁 郭玲玲 回洋洋 李晓宇 李姝妍 刘冠男 王华 王晴
王晔 陈策 陈锋 陈浩 董欣 何勇 史春平 谭平 董莹莹
冯迪凡 胡伟 蒋菊平 李来容 李钊 刘珊珊 梅建扬 苏芃芃 王思葳
吴艳 张巍巍 张晓花 张琪 赵静 肖凯 张浩

马克思主义教育学院(17 人)

李亚军 路高峰 马钰金 王铭惠 王延东 姚文军 赵楠 朱中卫 江岩
李春霞 梁静 刘洋 马文娟 马亚男 徐悦 杨欣华 秦臻

软件学院(105 人)

黎鹏 谭锋 武磊 祝文兵 岑宇 郭冰 方春强 金鑫 刘明
石迪 王季 严飞 韩晓玮 何鑫 申科 侯亚明 阎磊 蔡洪基
丁胜瑜 方学维 葛晓磊 姜海涛 任宝宝 宋久擎 谢锟 徐辉 许韬
严健 杨福军 张宏根 郭雄 胡楠 江皞 蒋琦 林艺伟 沈泼
周宏垒 张慧宇 邓欣 梁子强 楼波 肖伟 赵树宇 周成林 邢玉梅
卢子怡 于翔 刘冠军 崔玉婷 李强 谢力 刘乾 郝验峰 秦冬
孙黎明 张文茂 李丹 杨磊 钟金傲 赵磊 张晓伟 朱贤菊 刘刘
杜玉泉 陈蓓希 刘清华 王衡 俞震东 彭为伟 李博 马世界 邵天挺
田堃 许艺华 杨绍立 杨勇 杨真 叶承毅 袁宇 张志龙 魏然
蔡倩彦 伍宽 李文坚 刘睿 赵珅 张卓晖 曹杰 李志 廖赤恒
钱春旺 曲天伟 阎志东 张乐 赵敬磊 甄毅 杨衍东 方正 杨延平
谢云鑫 雷鸣 薛松 郁杨 张金山 江佳

生命科学学院(133 人)

杜宏伟 张宏恺 陈莉莉 白雪亮 陈鹏 陈维维 杜君 方家俊 高春绪
韩佩东 韩轶 侯森 胡刚 花吉蒙 李源 李振虎 刘畅 刘桂山
刘伟 刘洋 刘志坚 马博 明聃 母俊杰 齐源远 秦汉 任仙文
阮珏 孙焕宇 王化群 王玮 王璞 温振国 吴杨 夏惠明 肖克胜
徐华 阎志鹏 杨静波 杨亮 尹君 岳扬波 张良 张锐 张三利
张喜慧 赵宇 周皓 邹俊 安娣 蔡晓云 操珍 程铭 崔怡

段亚君 冯丹丹 高榛 李娜 李宁 李妲 连敏 刘利芳 刘美
刘品 刘小静 刘雪倩 石松婷 宋丽英 宋微 孙建新 孙蕾 腾瑶
王川 王佳 王琳 吴艳 杨薇 章瑾 张晶 张良梁 张欣
张铁璇 周颖 朱雪花 臧晶晶 邓楠 高志刚 黄敏桥 姜尚挚 李靖晖
李明利 李涛 林松 鲁宁 吕沐东 马海庭 潘磊 孙军 孙晓东
陶然 魏延民 闻奇 许华腾 杨威 张帆 赵小勇 郑承纲 朱明
祝金星 成秋香 付秀萍 韩璐 姜楠 李立 李悦 李绮梨 刘敏
刘如明 彭婷婷 宋翔宇 孙乃瑜 汪艳平 王琳 王伟萍 张丽文 张林娟
赵月菊 赵紫霞 张南轩 卢涛 李晚禾 孙晗 伊林

数学科学学院（138人）

陈耀斌 程斌 单国根 杭江锋 郝志鹏 金阳 李波 李明昱 刘锐
卢国祥 马鸿博 乔晖 唐碧友 田泽 王强松 文强龙 吴国良 吴云辉
武猛 苑博 张振兴 赵继伟 郭颖 明桂芹 王方芳 张玉娟 程璞
戴益民 李楠 刘诚 刘富 刘建伟 刘军伟 刘年青 石飞 孙晓梁
王攀 王铮 徐方军 徐正磊 许茵 杨松 余强 张季 张莹童
胡燕 黄懿 倪敏燕 孙振莉 唐涓 武丹丹 杨帆 种玉香 陈谷
段昕 范文祥 高玉斌 火亮 孔征宇 李海 李航 李响 李燕清
林闻杰 凌小宁 刘佳强 刘军 刘坤良 刘帅 刘晓威 卢万厂 罗晓波
罗梓桂 马枝海 齐敬 秦岭 任义 桑磊 沈洪峰 宋章章 孙巍
王斌 王乐 王志明 魏博 杨亮 阴小波 余辉 张拓 张琰
赵振刚 朱海 朱毅 封菁 高静 高蓉 高晓枫 韩颖 胡娜
黄惠茹 金卓英 李晶 刘翠萍 刘挺汀 刘艳 王超颖 王彤 王雪莹
杨苏 赵宇君 白辰驹 蔡朝阳 杜岩 李晓明 廖奕捷 刘斌 刘剑英
卢岗 彭京川 唐迪 王学勤 王禹 卫廷廷 杨壮 张大力 张冬
张建英 张毅 高雅 李小瑜 沈临 孙笑明 孙欣 王冬苏 王芳
王小舟 丁华昆 张一

外国语学院（150人）

蒋雯 鞠明 张静达 高伦 韩珀培 黄少荣 黄宗贤 姜卓衔 康宇
李晓伟 刘棣 牛卓 尚晓天 孙勇 王飞明 王盼礼 王闻 吴继斌
肖美华 杨戈 杨鹏飞 于凤明 喻依杰 张国 张教运 朱丹平 覃捷
毕蕾蕾 蔡晓丽 曹春瑾 常丽 陈霄虹 陈曦 池平 邓薇 杜一宁
段艳丹 傅丽 高寒冰 高思 高玉茜 顾艳萍 郭霞 郭勖 韩薇
何欣 贺媛媛 雷洁 黎瑞贞 黎珊珊 李芳 李慧 李晶晶 李维
李欣 李永芹 梁登敏 梁剑雯 刘丹 刘贺 刘彦秀 刘薇 柳梦瑶
陆向华 吕舷 马洁 牟妍妍 邱华英 邵长梅 邵梦 施卫艳 宋慧
宋钰 孙洁 孙维 唐磊 王小娟 王倩 吴琼 邢薇 邢钊
徐玮瑀 许巧玲 杨海燕 杨静 杨晓芳 詹婵娟 张丹枫 张玲 张贞
张倩 赵玉 赵岚 周健 周娜 朱春艳 朱玲 诸葛璐艳 阎兵
胡亮 刘刚 斯新军 王凯 王志强 徐冬荣 曾继新 赵爽 赵顺利

邹卫玲　卞小玢　范　欣　符　婷　郭宏翌　郭婷婷　霍　华　贾　祯　李爱华
李美佳　李泽爱　潘　焱　邱　爽　曲　萌　沈　杰　沈群芳　宋　玉　王莉莉
王梦璠　王　旭　武晓乐　杨　洋　阳贝壳　于　莉　袁苗苗　邵　亿　于启勇
张国斌　张忠鹏　单　静　冯丽娟　黄　丽　李　昂　刘文秀　隋文静　孙　静
王　菲　王　卓　吴　琼　张蓝月　左唯人　马　骏

文学院（92 人）

卞清波　黄隽翀　李洪生　李山川　柳棋文　卢　桢　王旭峰　杨　潇　朱俊玄
薄盛男　毕　琳　陈　琳　成　雯　杜东嫣　房轶婷　龚凌云　何字温　冀　宁
贾慧莹　姜丽丽　姜琪蕊　金　莹　李晶晶　李晓玲　刘雪峰　吕海燕　吕　卓
马志燕　毛伟丽　彭　氡　孙　玉　陶　然　陶思遥　王靖雯　王美诗　王　宁
邢　影　徐晓利　徐　婷　杨　玫　姚利梅　张玉丽　张　姝　赵　铮　周霓钦
曹天宇　龚　晶　郭朝栋　何炳源　王小伟　王祝炫　杨卓思　余卫江　曹　燕
曹　妤　房淑清　黄　妍　回晓宁　贾　璇　李　冉　刘　关　刘佳悦　孙　蔷
田润娟　温　静　吴晓芳　伍　昕　杨　莹　赵　娜　郑映映　周珊珊　周轶洲
陈一云　耿　威　顾海涛　郭　卫　姬忠华　孙福波　田争光　王　鹏　张方天
张　楠　董　艳　井　溶　孔令钰　齐　康　王　婧　杨爱杰　朱文晶　沈达兵
李萌苏　黄庄雅

物理科学学院（137 人）

杜文波　蔡　卫　曹　须　陈云飞　崔　鹏　戴　炜　丁程远　丁　喆　高连军
高　松　高丞锋　郭志辉　侯福龙　胡　义　黄家辉　蒋胜鹏　金　哲　赖　林
李　佳　李利伟　李　威　刘　宇　鲁云飞　钱晓锋　宋道红　孙德海　孙　健
孙益顶　陶　曦　田顺强　万元斌　王　超　王栋梁　王　凯　王　永　肖连君
谢黎明　徐　峰　徐　乾　徐　文　尧江明　张泰峰　张　翔　张　镔　赵九洲
周　顺　周志强　常　鸥　陈　曦　刘华昕　刘巧丽　卢　轶　孙玉姣　徐桂芝
徐　璐　于　平　赵璐冰　周晓婷　安　勇　冯　曦　高运平　葛　强　顾铁成
孔庆峰　李臣宇　李　宁　廖　亮　刘丽军　刘占元　马　蒸　潘雷霆　潘玉峰
盛柏杨　孙　乐　吴国宝　吴　捷　武　刚　伍雁雄　肖龙远　肖森波　张永谦
张　姝　赵云磊　钟立刚　阎　铮　仇鑫华　洪　劼　王　萍　郗　睿　包虞健
傅立维　高　爽　高　崧　韩　彬　韩　烨　李恩荣　李汝成　李中梁　梁　骏
梁　萌　刘长军　鹿力成　全　刚　石　兴　宋立伟　覃业文　王道文　王建华
王　伟　王志军　肖罗生　邢小彬　叶迅锋　张　越　张　楠　赵　磊　赵　帅
周立鹏　李洪刚　阎　锋　姜　萌　李洪云　吴日雯　翟　萌　赵兴宇　朱　丹
王文鹏　陈开富　刘海涛　刘新国　苏朋源　刘正鑫　王　兴　陈　琳　卢海洋
张小光　钟　维

信息技术科学学院（323 人）

董润杉　臧宏念　张文清　鲍春杰　余　乐　陈　飞　陈寄文　崔国军　崔志凯
冯复汉　傅宏炜　韩　丁　何　里　贺子奇　黄　磊　贾晓瑞　贾丕军　姜伟龙
靳昊宇　李　斌　李方熹　李伟辰　李志庆　林　桦　刘俊辉　刘文佳　卢　鲤
罗　鑫　孟庆斌　任　毅　史　斌　谭柏嵩　王　超　王海文　王　伟　王　洋

王志红	王　中	许　贤	薛传国	尹文基	于运达	袁　铮	曾潇湘	张凯林
张　雷	赵　磊	郑林兵	郑　洋	周云海	朱高强	朱　琳	鞠　兰	李　田
刘琳琳	王　欢	杨　宁	张　畅	张以蕾	常　颖	陈华曦	陈金城	陈　磊
陈天鸿	池兴禄	戴　伟	邓澍军	董琼康	傅　翔	傅玉冰	付治钧	韩　超
贺　川	胡　佳	胡晓泽	黄长山	纪鹏程	李　波	李　楷	李铁吾	李谊明
刘　戈	刘　浩	刘金豪	刘　平	刘　霄	陆　磊	马晓勇	门振庭	孟晋津
彭　睿	齐　明	沙楠栩	石文俊	宋　超	宋　淳	宋　铮	苏冠男	孙　博
孙松涛	孙　涛	谭　磊	王　磊	王　亮	王树义	王昊明	王　鑫	温振业
吴宝琪	吴方浩	吴述雷	薛　军	杨　萌	杨　森	杨维汉	杨学刚	尤梦华
尤　勇	于　萌	于士涛	袁振坤	詹志友	张博闻	张　凯	张连伟	张柳华
张　沛	张　宇	张　楠	赵小军	郑　强	钟捷群	仲昭勇	周　豪	庄世杰
韩凤娟	韩　楝	姜　楠	况　婷	李　楠	刘俊玲	马文静	任　义	孙　怡
王玉玲	吴晓清	武　颖	杨　洁	尹　乐	张水英	张蓓蓓	张玮玮	智晓彦
曹晋芳	程　龙	房如华	黄俊锋	贾志达	李朝伟	李　林	李　平	李　韬
林海略	刘　亮	陆　安	马博军	齐中峰	任　强	桑智明	石炳林	谭怒涛
王　达	王应应	徐　亚	杨　勇	应小昆	于福佳	余　跃	张　頠	张燕鹏
张　琦	郑　添	钟海峰	钟　童	左玉龙	褚鹏宇	陈　琳	李琳琳	刘菁菁
邵海珍	杨　茹	叶　岚	班振江	蔡泽宇	曹宇飞	陈金福	陈　冕	邓洪永
范伟利	李　猛	梁　栋	马小伟	聂子宁	邱雄毅	史　磊	王德江	王　辉
薛力伟	杨进军	叶　辉	张新新	赵　骁	左铁鹏	阎　磊	樊双丽	黄　怡
李　婷	刘羽楠	彭　丽	温　馨	杨文霞	张　宁	蔡燕飞	陈　冲	陈　曦
邓　欢	封孝东	洪荣墩	胡　欣	黄双渠	金　鑫	李天将	李　霄	李　炜
林委之	刘　钢	刘　庚	吕　超	罗　奎	骆　金	潘少辉	齐　鹏	孙　亮
汤雅权	陶冬毅	王奕松	许博粱	袁小星	张春晖	张靖恺	张利达	张学夫
张引弢	张　喆	张　峥	赵玉玺	周书伟	何　佳	黄玉玲	黄　茜	姜雪风
蒋舒静	齐　燕	王　爽	魏　巍	魏　薇	吴　瑕	徐艳岚	杨　素	尹　晶
岳　玲	张　立	陈　正	董　灿	龚　奇	郭春雷	何俊峰	胡增鑫	黄　俊
贾继华	赖鸿杰	李宏义	李　鹏	李　通	李学冬	李　楠	林　朗	刘　戈
刘　毅	刘哲夫	卢林峰	吕俊锋	倪　杰	潘明方	商广辉	孙文豪	孙耀强
唐　凯	唐　涛	王　凯	熊卫波	许德浩	张宾栋	赵　飞	赵志平	钟宇平
邹文宇	高　园	李　颂	孙　梅	杨　蕊	李加俊	岳　洋	黄远达	金廷满
谢晓磊	张铭扬	李良琦	戴　莹	张　亮	张　霞	周立安	陈　静	

哲学系(50人)

毕祥宾	陈万里	宫　臣	顾祖新	郭　月	韩　军	李小冬	刘　超	卢　兴
孙　磊	孙智飞	郑　飞	朱建鑫	戴云莉	冯博华	傅献杰	官子玥	韩　璐
黄凌云	柯　晶	刘　冰	刘　荣	路　瑜	牟　娟	朴月梅	乔　慧	宋　媛
于　好	朱金艳	朱　蕊	刁立达	弭艳梅	丁金伟	方　浩	姜龙志	王中杰
尹　刚	袁　峰	张文龙	臧　勇	崔　瑛	何江宁	李　明	王　萌	吴玉兰
徐　丽	岳　琨	赵　静	左　月	周　宇				

硕士毕业生名单(1187人)

数学所(7人)

贺振东　葛　剑　韩　飞　秦　云　穆彦平　李治国　孙怡东

数学学院(24人)

季江龙　赵玉凤　陈智奇　马海南　李　冬　佳　川　于　红　曹　松　邹向群
赵　毅　陈宗兴　李开广　王义东　吕同玲　陈春敏　陈松斌　周明虎　张学奎
王　真　林　怡　孙　烨　尹向飞　李　燕　赵　毅

物理学院(23人)

陆开一　赵景焕　崔　龙　韩　群　贾宝华　徐之光　于瑞泉　张丕友　王秋玲
郑　鑫　刘　翔　王　钦　尹玉华　温宏胜　朱登松　孟凡臻　杨　建　林海波
胡　平　张潮波　赵英利　王立业　李晓东

信息技术科学学院(114人)

张春书　沈长海　苏晓星　张　玥　王　跃　李　杰　陈　莹　黄桂岭　乔　辉
盛益强　陈德胜　于雅鑫　张　保　高伟清　许兆文　郑　铁　张　恒　黄　迪
祝荣辉　商伯涵　薛　君　王震宇　许长喜　林立旻　李　颖　高　翔　相里瑜
白自权　李小平　谢　宁　王宇飞　郑高飞　张慧欣　孙冬艳　李建玫　乔　欣
顾　然　王赛宇　马永昌　刘　淮　吴智勇　王　琳　李　鹏　郭　斌　武玉华
朱　锋　赵张刚　黄维海　薛玉明　祝俊刚　王　晟　娄　光　王　维　贾茂林
刘明铭　刘东生　李洪波　林惠雪　程英英　李进闯　徐　伟　夏肇亮　侯　勇
杨　磊　蔡红力　曹　涌　杨小明　郭贤伟　曾昭智　李　霞　刘　欣　王　颖
董雅莉　龚　鹏　刘幼华　于晨捷　董沙莎　孔小玲　江　健　华　军　吴贺俊
方　胡　勇　宋　隆　高　荣　王　豆　豆　李瑷珲　皮洪亮　刘　涛　彭锡涛
邱　林　李俊川　辛　颖　马　涛　艾　涛　杨　冰　吴松涛　程　蕾　江红英
阎会强　蒋　学　于　鹏　林乐健　郑德斌　罗　华　师文轩　李亚威　赵志永
马　超　王　军　那文武　齐艳红　廖大春　秦晓东

环境科学学院(21人)

王中华　刘森林　张英喆　景晓东　赵琪微　佟玉洁　王军锋　师立晨　侯锡梅
王　媛　曾明荣　陈卫民　徐智华　李巍巍　曹丽静　曹骥赟　黄　凌　刘　斐
薄文广　余素林　白　宇

化学学院(98人)

万俊华 朱军 沈伟峥 边仿 李凌 杨磊 顾伟华 朱海马 李宝庆
周卫华 田文莉 李妍 张佳 葛建华 李金水 齐东来 杨智 王欣
孟涛 耿佃亮 陈鑫 王茜 刘玺 王世彬 贺双胜 伍凌 王贯峰
张国柱 胡国航 王丽华 卢金勇 关旭东 路凤辉 陈潭 张绍原 韩文慧
江凌 蒋海燕 刘智广 张丽荣 张翠 胡志刚 陈瑜 王小兵 梁晓勇
杨媛 李桢 宁辉 孙菲 陈胜男 宋赫男 王永龙 王晓丹 蔡蓉
李颖 夏小勇 武绪丽 刘伟 罗永 冷雪冰 常卫星 侯乃涛 林长江
俞麟 唐龙 裴志国 胡天顺 党丽敏 刘凌 尚志强 王占平 李姮
项军 唐奕龙 邹阳 高颖 康彦龙 李凌云 郭运勇 牛文强 夏庆云
林海 张丽影 李慧 孙学军 邢香花 岳进 沈旭东 刘涛 吴铿
梁志武 郑月娥 刘二伟 林超 刘磊 卓栋涛 郑绍辉 张振生

生命科学学院(48人)

张向飞 池方 吕昀 王葳 张万良 史海滨 韦素碧 高威 王萌
王广科 李航 肖会姣 徐子钧 贾莹 李晶 周霞 吴新世 刘茜
关彬 霍永良 奚艳伟 陈海浪 俞键 马永钢 赵辉 黄志刚 樊荣
侯亭 陶汉林 李汀 尹红艳 祁倩 刘默涵 周芳 王满燕 赵明明
董全文 刘国红 程博 卢茜 赵丽 李结良 李元 张文涛 王隆飞
程勇 殷丽辉 蒋筠

医学院(21人)

顾志敏 陈辉 陈勇 陈喆 崔子林 冯学泉 黎明 刘晓龙 倪春生
田焕书 于洋 张峰 张勇超 赵欣 诸葛萦 崔亚争 刘敏 明宇
吴双庆 朱丹 郭峰

汉语言文化学院(11人)

沈红丹 焦妮娜 李伟 冯传强 钟村艳 李宇凤 刘芳芳 孔庆蓓 康贞玉
刘沅锡 张珍姬

文学院(41人)

杨洪兵 田志凌 陈鸥帆 张新煜 陈维昌 高岩 马喆 赵改燕 葛立胜
李珂 方颐 赵茗 徐曙宁 高迎泽 牛文利 徐利华 任正君 丁彩云
周正辉 欧启彬 胡兴华 李威 梁建欣 李野 林晨 孙易 李洁
徐馨 徐正芳 秦琰 冯驰 于建慧 王芳 田秀玲 黄戈 毛瑞珩
徐桂香 郑福叶 吴民京 黄渊擎 任宣美

历史学院(47人)

张峰 阎宝明 杨桂玲 祝露 龚建玲 刘淼 张光华 程世刚 孙莹炜
胡优静 俞强 幺振华 罗艳春 张雪丽 张传勇 薛磊 孙桂珍 张鹏军
许新民 李永强 肖冰 张丹 冯琳 任吉东 王贞 高宝明 傅红
史国荣 王继业 金彩云 孙丽莹 郭云艳 张忆梅 沈健荣 张群 金卫国
曹琳 沈一民 李治国 田承军 孟宪科 王昊 周巍 丁见民 韦军亮
冢田和茂 春野佑司

哲学系（21人）

余升高	陶红茹	陈　菊	张凤莲	曹红钢	张九海	张传新	夏焕云	张春林
万义芳	李彩凤	张春萍	刘培伟	叶毛华	赵红星	姬三凤	张栋豪	邹　坚
陈红娟	魏佳音	杨治国						

外国语学院（31人）

郭　新	张　佩	秦　妍	崔　妍	李晓霞	张　珺	乔雪瑛	张凤华	窦月梅
刘洁莹	刘莉华	叶祖丽	韩　鹏	戴　静	吴　静	赵秀菊	商瑞芹	于　建
张志远	盖梦丽	鲁爱书	马　琳	燕玉敏	李　峰	岳　波	杨朝桂	张迎华
张　雪	胡　进	李雪芬	董丽华					

法政学院（53人）

朱　静	胡　隽	魏文杰	胡翼鹏	顾丹丹	曹晓鸥	胡勇慧	余　莉	韩　威
赵德雷	刘晓津	唐　敏	邓章斌	蒲晓宇	张兰岚	王雪丽	曲　博	董英明
窦　晨	王　鑫	宋　扬	龚铁鹰	裴云寿	唐　静	罗武章	桂庆凯	尚文彦
刘书俊	吴　广	刘艳晶	周　津	张博然	赵长华	汤　明	阮铃雯	谢利锦
王　翎	常维平	何　元	张天喆	原　艳	吴宏兴	何　晖	潘　竹	宁　悦
吴　静	段　桃	郭敏辉	王庆松	宋　鑫	曹　征	叶晓翔	张　然	

马列学院（17人）

何伶俐	白向宁	曹亚芳	奚先来	岳从欣	朱荣华	何喜莲	曹金华	郭　洁
董　欣	钟　恒	李静静	王　喆	崔学军	赵学锋	张　梅	李　敏	

经济学院（213人）

张昭玺	杨迎昕	董林辉	文　青	刘辉锋	吴华岷	孙景宇	魏红艳	张雯晔
刘　宪	赵志成	谭庆刚	梁志欣	汪江凌	李飞跃	董　昕	林　泉	张承宇
张耀伟	韩冬黎	卢　娜	程晶蓉	丁国杰	李宝臣	傅信明	叶　锋	王明茹
邵雪天	马素红	李顺福	洪　泳	杜　创	翟鹏秋	何晓光	黎德福	黄玖立
吴德胜	李东生	孙志东	冯素杰	梁晓辉	常　悦	解凤敏	朱文明	李双维
刘伯栋	李文江	邹　璇	刘安军	刘文华	苏向辉	刘　燕	张天宝	孙水波
张　蕾	刘　毅	李瑞琴	刘平平	张　慧	郭　玲	孙　强	王　超	汪静月
刘　曹	吉　云	赵军华	高艳松	周　华	邢　娟	张海燕	吴　雄	陈远明
叶冬松	刘红军	孟　宾	尚大维	李东宁	何小红	顾　丰	陈　力	王　彤
陈　江	陈卉佳	吉兴和	王　元	马海啸	刘卫红	申丽梅	李　岚	肖　雷
赵　懿	吴鹏飞	文东伟	李亚瑞	董照辉	王蕴秀	郭雪莲	陈爱华	尚　煜
王丹辉	王　涛	赵晓蕾	廖明中	杨长志	王　慧	李　伟	许庆锋	卓　越
王　静	周培荣	雷万里	刘佳宁	赵　斐	吕　燕	姜　澎	孙　文	刘　嘉
穆　蕾	黄　佳	刘训敏	周　顺	徐冬冬	葛　明	林　非	蓝海荣	齐志鲲
张绪立	吴盛生	范洪波	商国发	刘　冬	宋　扬	邵　雷	鲍正新	罗立治
陈　颖	马　灿	龙　雨	于天远	刘　琦	李　熠	王滨娜	贾　曼	黄祥钟
曹晋丽	赵新杰	冷　鲲	陈继先	肖红涛	宋晓霞	朱媛媛	王　韧	李莲春
徐延军	何飒飒	曹　悦	成小兵	陈　实	甄　伟	袁佳子	王海岭	章　晖
王树勇	吴国君	姜　弢	韩玉书	周辉义	邱欣欣	李　响	邓辉宇	陈朝辉

祥焱 李洪岩 林蕊 张晓蕾 阴平 张佳楠 田辛心 李蕴琳 谷英
姜彬 郭煜 罗虹 胡翔宇 赵红允 许守德 王勇 崔坤 乔利剑
杜娟 张晓红 马峰 毛勤晶 刘涛 董鹏 史啸凯 李宁鸽 付玉艳
陈善乐 张恒春 郑岁月 柯言 叶峰 张欣 黄岩 黄巍 司徒珑瑜
许昌茂 阮海鹏 鲁荔 陈立新 王天阳 丁鲲华

国际商学院（386 人）

刘宜 陶能虹 刘洁 郭龙春 刘志坚 周云飞 曹文俊 苏伟娜 刘琛
赵现瑛 曹建英 于兰 高辉 肖淑女 李鸿斌 郭锐 田辉 杨桦
刘泉军 高振斌 胡莹岚 任晓芳 孙友平 白金利 戚振忠 税大成 郭炜
酉素娟 李培德 葛晶 欧媛 王泽伟 陈祥 陈庆国 胡宇 曲亚民
许亚峰 甘源 顾文辉 颜承捷 吴彬 覃家琦 孙文钢 吴秀莲 金玉华
祝晖 杨园 杨丽 王天姿 范玉钟 阮景平 徐健 宋国学 夏惊鸣
杜存兵 赵令佳 陈伟军 黄文颖 张燕 张超 宋宇新 牟婷婷 王娟
刘湘雯 廖志宏 肖明 罗欣 高军善 罗婧菁 赵妍姝 范晴 周海英
黄欣 张桂玲 王雅尊 马德辉 仵格娟 杨伟秀 陈维军 李静 陈萍丽
成金涛 刘钺 李宏伟 张红 冯素君 王刚 苏晓晨 徐国平 邢宝龙
刘保玉 杨伟峰 邢文凤 王英 邢松 臧军强 马继超 赵明峰 王生民
丁顺 黄令斌 冯钢 陈利 陆飞 张金梅 王亚虹 俞祖剑 张普亮
张亚飞 程述 成宪来 胡志宽 左晶 刘鹏 张黎明 滕华 刘斌
王芸 王小军 席平均 王圣泉 赵喆 钟琦 钱雪梅 薛宇英 姜喆
武跃丽 方一星 刘丽荣 李建州 孙继东 曾小明 李艳军 羡婕 郭春雨
刘峰 王谦 王永生 王宗祥 周海燕 冀勇鹏 何建洪 周炳涛 何天林
宋海波 曾亮 李坤 冯旭疆 庄重 肖津 张志军 程勇 郝波
李惠璠 朱松林 史玉洪 陆爱平 张毅 裴育 郎向宇 牛嵩山 李芳
李红钢 刘强 杨威锋 周靓 张强 孟凡华 李希昌 秦勇 何岩
李旺 刘颖宜 周长青 王琰 巢军 余大卫 郝长颖 刘春炜 尹秀颖
苗自成 林晓骥 付宜新 张明 徐媛 杜建刚 宋翠松 李珊 孟天光
蔡洪波 王璐 赵斌 高猛 雷东明 尹树武 杨莉 姜波 刘强
张威 朱政经 王鹏 李明 阎喆 王静宜 孙绍瑞 周莉 王红
李煦 田美圆 芦文娟 谈明 刘志方 过建明 贾永前 刘晓风 王洁
张冬 李海鹏 杜培忠 蒋慧明 朱哲 刘春华 赵慧彬 王国华 程江
彭程 吴亚平 郝玉峰 任有福 尚卫东 张仲智 陈建生 张海意 王书明
王志新 杨彦斌 姚国银 邢金刚 胡晖 林姿里 李皓垠 杨洪利 沈琛
赵晓彤 任紫亭 张正东 马兰生 陈晓亮 赵志荣 王国建 周旭东 李海明
乔志英 阎文泉 周杰 陈瑞林 吕保金 王核 王云霄 胡宇 张志标
尹德钢 钟建安 李艳 赵传斌 徐金明 彭树平 江世勇 杨瑞 徐川
蒋海俊 张勇 张娌嘉 何纪文 吴永隆 邱烽尧 李立薇 陈俊儒 陈照明
余佳惠 鹿欣 齐岳 李明照 邵刚 李洪宾 赵军 刘涛 禄鹏
王毅 夏金平 张海 周鸿滨 许宝玉 杨建军 裘旭 阎长江 高庆生

杨崑　罗文辉　冯立岗　卢震　孟莹　石琳光　田强　刘淼　马革
傅广义　王志坤　方忠强　胡元明　郑德广　黄汉敏　韩旭　马延民　周海鸿
张洁　易坤　徐志海　李铁军　徐克元　钟明　邓兵　傅郁　王朋良
陈光杰　王岦　尹京捷　曾志远　赵齐越　俞云峰　田辉柏　黄茜　张国萍
刘正义　曾爱华　葛尊增　白辉　李晓广　孟君奎　付秀胜　许利军　刘伟
尹松青　余华强　于洪涛　刘爱明　高广平　卞春荣　杨宏光　牛文兴　梁广寅
赵强　孙晓冬　周立强　刘煜　朱连宇　牛金芮　张恩海　柳莘　高翔
陈志刚　李群　苏可　宋红亮　李厚本　黄文涛　胡泊　王煜彤　王国秋
李方建　王宏凯　谭祁冬　朱利华　刘家骥　李秀萍　陈云　王长东　周湘
许晓明　罗艳华　孙百顺　宋永菲　郭炬　韦颜秋　崔容根　徐丛彻

经济发展研究院(11 人)

过晓颖　李兰冰　李连成　王婷　孙雅丽　韩燕　周博文　李艳艳　路畅
李金辉　蒋笑梅

博士毕业生名单(410人)

数学所(3人)

王　超　张宝印　郭健宏

数学学院(12人)

宋眉眉　倪军娜　刘秀贵　肖建明　史毅茜　张文博　王晓明　魏　丽　杨贵军
艾明要　朱建平　常祖领

物理学院(9人)

乔海军　赵晓巍　陶智勇　谭春虎　禹宣伊　张连顺　苏红新　樊亚仙　迟荣华

信息技术科学学院(39人)

张宝颖　廖帮全　罗伟栋　路荣涛　孙凤池　刘玉灿　牟德一　郑　辉　李朝晖
李　燕　衡红军　程　龙　樊　玮　梁秀霞　黄勇林　项　阳　童峥嵘　杨石泉
蒙红云　邹文利　周　广　梁艳梅　张慧娟　孙　强　刘宏利　史广顺　靳简明
代永平　任立儒　张加友　杨恢东　周弋云　俞　梅　陈金志　孙青林　王桂婷
马希荣　许　静　李旭东

环境科学学院(11人)

李秀芬　杜建云　任安芝　刘宪华　陈春云　钱　芸　李克勋　刘东方　刘　洁
漆新华　近藤和史

化学学院(69人)

曾　青　张宝莲　斯志怀　王利亚　边贺东　李孝增　徐靖源　顾　文　王庆伦
沈星灿　尹学博　李红霞　金松子　彭以元　彭久合　张万轩　郑　艳　杜　森
樊　志　马延风　胡见波　吕仁庆　邢玉梅　许秀芳　石博杰　孔　宇　马永强
叶　勇　李康应　李朝阳　张　锴　柳清湘　崔大军　谢建华　傅　煜　袁德凯
程永浩　任雪玲　段月琴　俞　玫　王旭东　罗君涛　许　峰　吴　雁　王　重
欧来良　张吉祥　陈广新　张育英　李　赏　阎晓琦　狄晓威　孔德明　徐黎立
高　宇　梁媛媛　魏进平　彭　艺　张　敏　刘玉秀　杜登学　宫风华　吉保明
曾广怀　高文亮　金　钟　李海涛　程华威　张海玥

生命科学学院(14人)

王世珍　杨　琴　袁　毅　张丹丹　尤　平　刘　巍　余　莛　卜云萍　黄　英
阳菊华　李文鹏　白艳玲　郭宏杰　高英堂

文学院(31人)

谢永芳 陈 光 郭昭军 王国栓 王景荣 焦立为 许振东 柏 松 邬烈波
迟宝东 石明庆 郭 锋 刀 洁 蔡荣男 陈鹏飞 杨光远 周德才 孔祥卿
赵慧欣 王吉辉 卢福波 郭继懋 贾宗普 意西微萨·阿错 田桂民 宋尚美
韩在均 沈淑贤 朴起贤

历史学院(57人)

郭 丽 杨效雷 张杰军 尹沧海 冯 好 施爱国 郑全红 陈永森 李宪堂
罗义贤 班立华 吴莉苇 胡中生 瞿大风 李晓敏 邢 铁 董丛林 刘黎红
范铁权 童晓薇 陈新华 李朝阳 裴 苹 李伟中 赵金康 谭建华 崔艳红
赵克仁 祝志伟 周喜峰 张雪峰 刘中平 成淑君 刘丽华 谢国荣 张立新
王慧英 贾庆军 徐万胜 杜小军 王立新 马 凌 阎国栋 王 谨 杨向东
刘道刚 文 松 吴舒屏 郭拥军 崔宏勋 白志良 秦进才 陈 静 张英聘
金宗燮 朴美敬 李铢雨

哲学系(8人)

素 珍 刘悦笛 甄自恒 于惠玲 高秀昌 郑淑媛 杨克欣 汪天文

外国语学院(4人)

王治江 温秀颖 李 欣 胡翠娥

法政学院(5人)

韩克庆 詹启生 王 丽 周小兵 郭大水

经济学院(126人)

辛 华 武良成 马静如 王国文 蔡红标 汤 碧 郭石光 朱 丽 王建东
王朝辉 廖尧麟 张 波 金发奇 艾献军 康卫华 张锐钢 黄 楠 李凤城
韩文霞 姚国庆 戴淑庚 公峰涛 杨新房 郭旭新 母爱英 霍 铁 刘 英
王晓川 王 青 张 贵 卿志琼 梁 正 袁义才 张凤和 李文斌 舒 东
韩铁林 王家庭 王恩东 姜国杰 傅 新 乔宗铭 屈子力 李 永 王增业
刘拥军 田明圣 张 琪 孙文祥 袁 克 刘 翼 万志宏 郑昭阳 于谨凯
常 健 王少国 邓宏图 刘 伟 潘宏胜 曹利群 许学军 秦海英 桑自国
刘洪军 姚 勇 陈佳琪 兰日旭 周浩明 梁 华 陆长平 赵 文 杨建国
黄卫华 景普秋 安树伟 任洪生 尹恕好 阎龙光 丁松良 王来星 李 强
向志强 邵章鸿 李军峰 赵时亮 阎二旺 柳艳舟 倪志良 张玉棉 孟会娟
宋 军 于建霞 曹洪军 党 剑 董彦岭 万 峰 祝向军 白 玫 王 平
张少华 樊苗江 孙宏伟 周 青 肖 风 田 颇 张屹东 张力军 王小龙
马春辉 甄学军 苏武康 张 成 吕 华 赵春梅 包小忠 李安波 霍建国
冯慰荣 房四海 于晓燕 张春安 曹 华 庞继英 张 君 李圣权 阿苏尔

国际商学院(21人)

黄福广 支 燕 张亚双 周尚志 孙明贵 孙班军 李云峰 武立东 常永新
王 辉 刘 昕 丁 宁 王兰云 杨 坤 何会文 周新军 万正峰 杨 龙
何 忠 徐 虹 张 良

日本研究院 (1人)

张耀武

2003年大事记

2003 年大事记

1 月

1 月 3 日　举行 SCI 数据库开通仪式。副校长陈洪、天津市数字图书馆建设管理中心主任冯承柏，以及天津市高校代表参加开通仪式。

1 月 6 日　党委副书记孔繁丰一行 3 人应邀赴日本创价学会及创价大学访问。

1 月 7 日　副校长逄锦聚会见韩国汉城国立大学代表团。

1 月 8 日　党委副书记吴本湘会见全美中国和平统一促进联合会会长程君复。程君复会长一行专门拜访陈省身先生。

1 月 8 日　本科教学评估揭晓，外国文学、力学、民法、刑法、基础化学、基础有机化学与实验 6 门课程被评为 2002～2003 年度第一学期校级优秀课程。

1 月 8 日　纪委、监察室召开特邀监察员座谈会。纪委书记张式琪出席会议并讲话。

1 月 9 日　召开第一次校长办公会议。会议有六项议题：南开大学交通经济研究所更名为南开大学产业经济研究所；成立南开大学泰达应用物理学院；研究国家生命科学与技术人才培养基地运行事宜；研究后勤服务集团第十三个月工资发放事宜；研究进一步加强我校学报工作事宜；审议《南开大学引进人才来校工作实施办法》（试行）、《南开大学科研启动经费资助计划实施办法》（试行）、《南开大学引进杰出人才和接收具有教授、副教授任职资格或具有博士学位人员来校工作住房补贴的有关规定》、《南开大学引进杰出人才专业技术职务评审暂行办法》和《南开大学人文社会科学特聘教授岗位制度实施办法》。

1 月 9 日　召开中层正职干部会议，党委书记薛进文、校长侯自新分别传达天津市委八届三次会议、教育部咨询工作会议精神。

1 月 10 日　召开第一次党委常委会，会议有两项议题：审议干部事宜；审议《南开大学中层党政领导干部选拔任用工作实施细则》和《南开大学中层后备干部队伍建设的实施办法》。

1 月 10 日　召开第四届教职工代表大会第

二次会议，会议的主要议题是审议学校发展战略规划和职工住房货币分配暂行办法。学校党政领导、教代会代表和部分特邀代表240余人出席会议。会议讨论通过《南开大学职工住房货币分配暂行办法》。

1月11日 与大港区人民政府签订合作建设南开大学滨海学院协议。大港区区委书记只升华，区长陈玉贵，天津市教委副主任马建标，校党委书记薛进文，校长侯自新，副校长陈洪、逄锦聚出席签字仪式。天津市大港区人民政府提供1000亩土地，7万平方米建筑并购买相关教学设备。学院建设分两期进行，2004年8月全部完成。滨海学院是隶属于我校的二级学院，具有独立法人资格，实行董事会领导下的院长负责制，学生总规模为5000人。

1月11日 天津市社会科学联合会主办的“理论创新论坛”在我校举行，论坛的主题是“中外近代化道路的新审视”。

1月14日 召开2003年度国家自然科学基金申请工作会议，副校长耿运琪、各学院主管科研的副院长、科研干事以及准备申请基金的教师参加会议。会议介绍2003年国家自然科学基金项目的申请及管理办法。

1月15日 召开“国家生命科学与技术人才培养基地班”成立大会，副校长耿运琪出席会议。生命科学学院国家生命科学与技术人才培养基地是教育部审批的高新技术人才培养示范型基地。

1月18日 举办2003年体育特长生冬令营和中学生艺术冬令营。

1月21日 侯自新校长会见瑞士洛桑酒店管理学院院长鲁朗先生一行。

1月26日 举行南开校友新春联谊会。党委书记薛进文、校长侯自新、副校长陈洪与30多位在津校友代表以及来自北京、广东南开校友会的代表一起共贺新春。

1月29日 著名经济学家、博士生导师钱荣堃教授因病逝世，终年88岁。钱荣堃先生是我国著名的经济学家，被誉为“中国MBA之父”。1951年起在我校任教至今，曾任国务院学位委员会学科评议组特约成员、中国金融学会副主席、中华外国经济学说研究会常务理事及天津市外国经济学说研究会会长等职务。

2月

2月1日 中共中央政治局委员、市委书记张立昌和市委副书记邢元敏，市委常委、市委秘书长王文华，市委常委、市委教卫工委书记陈超英在党委书记薛进文、校长侯自新的陪同下到数学大师陈省身先生家中拜年。

2月12日 副市长张俊芳在教委主任何致瑜的陪同下到我校调研。

2月14日 逄锦聚副校长会见北美精算学会主席、加拿大滑铁卢大学Harry Panjer先生一行，商讨共同主办国际学术会议事宜。

2月17日 召开第二次党委常委会，会议有两项议题：讨论《南开大学2003年工作要点》，研究筹备召开学校第七次党代会事宜。

2月17日 召开第一次党委全委(扩大)会议，会议有两项议题：审定《关于召开中国共产党南开大学第七次代表大会的决议(草案)》和《南开大学2003年工作要点》。

2月18日 党委书记薛进文、校长侯自新、副校长逄锦聚会见浙江省台州市市委书记史久武一行。

2月19日 学校党委下发《南开大学2003年工作要点》。

2月20日 召开2003年工作会议，校党委书记薛进文代表校领导班子向大会做述职报告，校长侯自新部署学校2003年工作。

2月20日 生命科学学院王磊教授、数学学院陈志敏教授入选教育部第五批“长江学者奖励计划”特聘教授，南开数学研究所汪徐家教授、安迪·内埃米教授入选“长江学者奖励计划”讲座教授。

2月20日 党委副书记吴本湘一行14人赴香港，参加香港教育博览会。

2月24日 召开安全稳定工作会议，部署“两会”期间学校安全稳定工作。

2月24日 我校学生在首届JESSUP国际法模拟法庭中国赛区选拔赛中获第三名。

2月25日 召开“十五”“211”重点学科项目校内论证评估工作部署会议，校长侯自新，副校长逄锦聚、耿运琪，有关学院院长、重点学科项目第一负责人参加会议。会议提出对13个重点建设的项目进行论证评估的必要性及项目研究的具体要求，决定由学校领导、相关学科的部分教授组成专家组，对各学科建设项目进行深入认真的论证评估。

2月26日 校学习中心组集中学习党的十六大精神和胡锦涛同志在西柏坡学习考察时的重要讲话。

2月26日 召开第二次校长办公会议。会议有三项议题：审议《关于进一步加强教育创新提高教学质量的若干意见》；审议《南开大学关于加强科技创新工作的意见》、《关于进一步提高人文社会科学研究水平的意见》和《南开大学人文社会科学研究优秀成果奖励办法》；审议我校2003年霍英东教育基金推荐候选人名单。

2月27日 副校长陈洪主持召开2003年度博士后工作会议，提出进一步抓好博士后的管理工作及新站点申报工作。

2月28日 卢桂章教授出席2002年度国家科学技术奖励大会，其主持完成的“面向生物医学工程的微操作机器人系统”荣获国家技术发明奖二等奖(一等奖空缺)。卢桂章教授代表天津市科技工作者上台领奖。

2月28日 我校第八届新闻奖颁奖，党委书记薛进文、校长侯自新、党委副书记孔繁丰向获奖的42个新闻单位和个人颁发奖品和证书。

2月28日 召开分党委、党总支、直属党支部书记会议。党委书记薛进文就筹备召开学校第七次党代会、中层后备干部队伍建设及安全稳定等工作进行部署。

本月 教育部批准我校新增德语、信

息安全、软件工程、药学、分子科学与工程、光电子技术科学6个本科专业。其中分子科学与工程和光电子技术科学专业为我校与天津大学合作申办。

本月 与日本武藏大学以文书形式缔结武藏大学派遣留学生协议。

3月

3月5日 召开宣传思想工作领导小组会议，审议通过2003年学校宣传思想工作要点。

3月5日 副校长逄锦聚主持召开教学院长会议。会议决定开展“新世纪教学改革立项”，以培养适应新世纪现代化建设需要的具有创新精神、实践能力的高素质人才为宗旨，对高等教育人才培养模式、教学内容、课程体系、教学方法等进行综合改革和实践。

3月5日 心理健康指导中心和青年研究中心成立。

3月6日 副校长耿运琪主持召开国家级基础试验教学示范中心建设推动会。化学、物理、生物、电工电子四个基础课实验教学中心负责人汇报工作。

3月6日 召开与“法轮功”斗争有功人员表彰会，对张之豪、刘福生、邹边凤等同志进行奖励。

3月7日 纪委书记张式琪主持召开纪检监察工作会议，对2003年纪检监察工作进行部署。

3月8日 与日本驻华大使馆、北京音乐信息中心、天津市对外友协共同举办“2003天津·日本文化之舟“展览。党委副书记吴本湘及日本驻华大使馆公使宫家邦彦出席开幕式并致辞。

3月11日 国务院对台办公室、港澳办公室、教育部在我校召开内地高校面向港澳台地区招收研究生工作座谈会，来自全国60多所高校和研究机构的80余名代表出席会议。

3月12日 天津市人大常委会副主任、我校WTO研究中心主任王述祖教授在泰达学院为师生作题为“经济全球化与引进外资发展战略”的讲座。

3月12日 教育部学生司司长韩建华到泰达学院调研。

3月12日 党委书记薛进文、副书记吴本湘主持召开中青年学术骨干座谈会，就学科建设、人才建设等问题听取中青年学术骨干的意见。

3月12日 副校长陈洪主持召开2003年引进人才工作会议，出台新的引进人才政策，规范引进人才审批工作程序。

3月13日 副校长耿运琪主持召开大学科技园建设推动会，要求各部门抓好科技园的建设工作，迎接教育部、科技部对国家大学科技园的验收。

3月14日 南开校友总会召开在津理事会。

3月14日 南开大学国家文科基础学科人才培养和科学研究基地举行揭牌仪式，副校长陈洪、逄锦聚出席仪式。文学、史学、哲学基地被教育部授予“国家文科基础学科人才培养和科学研究基地”，是全国首批建设基地。

3月15日 爱知大学现代中国学部南开大学现地教学项目第六期开学，

共有学生190人。

3月18日　副校长陈洪、耿运琪会见荷兰莱顿大学校长D. Breimer一行。

3月19日　校学生邓小平理论研究会、“三个代表”重要思想研究会、十六大精神研究会召开座谈会，学习“两会”精神。

3月19日　校党委召开表彰会，对勇救落水儿童的刘月波同志进行表彰，党委书记薛进文，副书记、副校长张静，团市委副书记刘道刚出席会议。张静宣读校党委《关于表彰刘月波同志救助落水儿童先进事迹的通报》，共青团天津市委员会授予刘月波同志天津市优秀共青团干部称号。

3月20日　副校长耿运琪主持召开理科重点实验室建设推动会，听取各实验室的工作汇报，对两个国家重点实验室参加评估的准备工作进行布置。

3月22日　与中央电视台等单位联合举办“电视与音乐教育”研讨会。

3月22日　举行“发展金融市场，振兴天津经济”高层论坛。戴相龙市长出席论坛开幕式并发表主题演讲。诺贝尔经济学奖得主、我校名誉教授罗伯特·蒙代尔，国务院发展研究中心金融研究所所长夏斌等国内外著名专家学者参加论坛。市委常委、常务副市长夏宝龙，市委常委、滨海新区工委书记皮黔生，副市长崔津渡出席论坛，校长侯自新主持开幕式，副校长逄锦聚代表我校课题组在论坛上做主题演讲。

3月23日　科学计算研究所“南开之星”超级计算集群系统设计计划通过专家论证。

3月24日　召开校务公开工作检查汇报会，迎接天津市校务公开工作检查推动组来我校检查指导工作。天津市教卫工委常务副书记杨希禄、教卫纪工委书记郑新建及天津市部分高校代表出席会议。校党委书记薛进文，党委副书记兼工会、教代会主席孔繁丰，副校长陈洪，纪委书记张式琪参加会议。

3月25日　召开“十五”“211工程”重点学科建设项目校内论证评估会。校长侯自新，副校长逄锦聚、耿运琪，评估专家组成员、各有关项目负责人参加会议。13个重点学科建设项目分别进行汇报，专家评审组进行评估。

3月26日　召开第三次党委常委会。会议有三项议题：讨论南开大学关于进一步加强统战工作的意见；审议中国共产党南开大学第七次代表大会代表产生办法；讨论干部事宜。

3月27日　党委书记薛进文主持召开学习“两会”精神座谈会，学校“两会”代表、委员，校学习中心组成员，教代会、民主党派负责人和有关部门负责人参加会议。全国人大代表、校长侯自新传达十届全国人大一次会议精神，全国政协委员朱坦传达全国政协十届一次会议精神。

3月27日　召开招生宣传及就业指导工作会。校长侯自新，党委副书记、副校长张静出席会议。校长侯自新就如何做好招生与就业工作提出明确要求。

3月28日 召开第三次校长办公会议。会议有七项议题：审议我校申报教育部第五届青年教师奖、优秀青年教师资助计划名单；审议外国语学院翻译系主任、副主任、西语系副主任，数学科学学院数学系主任、科学计算研究所副所长人选；研究我校生物实验站拆迁事宜；研究成立南开大学国际问题研究院、日本研究院、南开大学亚太公司治理研究中心事宜；审议《南开大学捐赠工作暂行规定》。

3月30日 现代远程教育学院举行首届专升本学生开学典礼，党委副书记吴本湘参加开学典礼。首届共招收925名学生。

4月

4月1日 党委副书记吴本湘主持召开涉外安全保卫工作会议，请天津市有关部门负责人作涉外安全保卫工作报告。

4月2日 召开网页建设检查推动会，党委书记薛进文、校长侯自新、副校长陈洪出席会议。历史学院、研究生院就本单位网页建设介绍经验和做法。会议进行现场抽查演示，学校办公室、经济与社会发展研究院、数学学院等三个单位获优秀奖。

4月3日 “面向21世纪的美国和中国”国际学术研讨会在我校开幕，来自美国、韩国和香港地区及北京大学、清华大学等高校和科研机构的近百名学者参加研讨会，副校长陈洪出席会议并致辞。

4月3日 出台《南开大学关于加强科技创新工作的意见》。

4月8日 国家规划办对我校国家社会科学基金项目进行中期检查，校长侯自新、副校长逄锦聚就学校情况进行简要介绍，六个重点项目负责人就项目进度、研究方法、经费使用情况及预期目标做汇报。

4月9日 召开校学习中心组专题学习交流会，党委副书记吴本湘、孔繁丰，后勤集团负责人汇报我校基层党组织负责人赴兄弟院校考察的收获和体会。

4月10日 副校长陈学奇主持召开人口与计划生育工作会议，对2001、2002年度“新生育文化家庭”进行表彰，各院（系）、单位向学校递交《2003～2005年人口与计划生育目标管理责任书》。

4月10日 党委副书记、副校长张静主持召开学生宿舍导师制中期总结表彰研讨会，对158名优秀宿舍导师进行表彰。

4月11日 举办各分党委、党总支、直属党支部书记和基层各党支部书记培训报告会，党委书记薛进文作辅导报告。党委副书记吴本湘主持会议。

4月11日 副校长陈洪主持召开保密工作会议，研究部署学校2003年保密工作。

4月12日 在人民大会堂举办《南开史学家丛书》研讨会，北京大学、中国人民大学、中国社科院等单位的50余位专家、学者参加会议。校长侯自新出席会议并致辞，副校长陈洪主持会议。会议围绕《南开史学家丛书》所反映的史学传统及其影响展开讨论，画家范曾教授、史学家何兹全教授、史学家任继愈教授等在会上发言。

4 月 15 日 侯自新校长主持召开防治非典型肺炎紧急会议，贯彻落实党中央国务院关于做好防治非典型肺炎工作指示精神，对我校防治非典工作作出部署。

4 月 15 日 副校长陈洪主持召开年鉴工作会议，《南开大学年鉴》(2002)编写工作正式启动。这是我校首次编写年鉴。《南开大学年鉴》(2002)包括学校概况、院系情况、教育教学、科学研究、基础管理、党建与思想政治工作等十五部分，综合反映我校各方面基本情况及 2002 年基本工作情况。

4 月 16 日 召开第七次党代会代表推选工作布置会，各分党委、党总支、直属党支部书记参加会议，就代表选举的条件、代表名额的分配原则、代表选举程序等问题做说明。党委书记薛进文出席会议并讲话，党委副书记吴本湘主持会议。

4 月 17 日 副校长陈学奇带领学校有关部门负责人，并约请天津市卫生局监督所专家对全校食品卫生及疾病预防安全进行检查，重点检查爱大会馆、专家楼、明珠园餐厅、学生食堂等重点部位。

4 月 17 日 出台《关于进一步提高人文社会科学研究水平的意见》。

4 月 18 日 “南开心”首届心理月·电影节开幕，党委副书记、副校长张静出席开幕式。

4 月 18 日 全校进行春季爱国卫生大扫除，对校园环境、教室、办公室等公共场所以及学生宿舍彻底清扫。学校第一批购置 2500kg 过氧乙酸，全校进行集中消毒。

4 月 19 日 学生合唱团“雅韵清歌”世界奥林匹克合唱比赛获奖汇报演出在天津音乐厅举行。校长侯自新，党委副书记、副校长张静观看演出。

4 月 19 日 开始向教育部“零报告”非典信息。

4 月 21 日 召开第四次党委常委会，研究学校预防非典型性肺炎的有关措施。学校成立非典防治工作领导小组。党委书记薛进文、校长侯自新任组长，陈洪任常务副组长，副校长张静、陈学奇任副组长。

4 月 21 日 召开中层干部紧急会议，副校长陈洪传达教育部《关于高等学校非典型肺炎预防和控制工作若干问题的通知》，校长侯自新传达天津市教卫工委、天津市教委非典型肺炎防治工作紧急会议精神，党委书记薛进文部署学校预防和控制非典型肺炎工作。党委副书记吴本湘主持会议。会议要求各级领导干部高度重视，把预防非典工作作为当前首要的任务抓紧抓好，制定预防和控制非典工作预案及工作流程，健全工作机制，坚决阻断非典在校内传播。

4 月 21 日 学校请卫生防疫部门专业工作人员到学校对交通干道、家属宿舍区进行预防消毒。

4 月 21 日 学校为每个学生宿舍配备体温计，订购 2 万个口罩，发放给医务人员、观察隔离人员和部分师生。

4月21日 校医院设立独立的呼吸门诊和观察隔离间，设置防治非典专线电话，首批抽调12名医护人员。

4月21日 由我校和云南省委宣传部、北京大学、清华大学、《求是》杂志社、西南联大北京校友会、云南师范大学联合摄制的大型历史文献片《西南联大启示录》在中央电视台播出。

4月22日 出台《南开大学防治非典型肺炎工作方案》。

4月22日 党委书记薛进文、校长侯自新、副校长陈学奇对学校防治非典型肺炎工作的部署情况进行检查。在校医院查看呼吸科和观察隔离区等重点部位，对学生食堂的环境卫生、餐具消毒提出具体要求。

4月22日 对近十天外出特别是到过疫区的师生，以及校内接待来自疫区的所有人员情况进行摸底、排查。

4月22日 宿舍管理部门分7个组深入到学生宿舍，排查学生宿舍留宿情况。

4月22日 教务处下发《关于在预防非典期间教学管理若干规定的通知》，规定未经批准，教师不得随意改变原来的授课方式，不得随意停、调课。4月22日至5月9日，全校共调整203门课程。150人以上的大课停止集中授课，调为小班授课。

4月23日 紧急腾空第一、第二学生宿舍，消毒后开辟为隔离区，作为隔离观察病房，将发热和与发热患者有过接触的人员以及来自疫区的人员转入隔离观察区进行观察。在第一学生宿舍设呼吸门诊，开辟专线电话。

4月23日 建立非典信息快速反映机制。学校办公室每日汇总非典防治情况，编辑防治非典情况通报。校园网、校报、电视台、校情公布栏等全方位宣传预防非典常识及学校采取的防治措施，及时通报学生病情。

4月23日 后勤集团成立防治非典工作导诊队，负责发热学生进入隔离区、转诊及病愈学生回宿舍的接送工作。组建10人专职消毒小分队，负责校园和居民区的消毒。

4月23日 学生食堂免费向学生提供预防非典中药汤剂。

4月24日 召开第五次党委常委会。会议有三项议题：审议成立南开大学日本研究院事宜；讨论干部事宜；审议第七次党代会报告提纲。

4月24日 发布南开大学防治非典公告。严格校园管理，外地车辆一律不得进入校园，出租车、摩托车不得进入教学区，校外人员不得随意进入校园，校内各招待所不得随意接待外来客人住宿，凭工作证、学生证获佩戴校徽进入教学楼、图书馆，凭住宿证进入学生宿舍，师生经批准方可去外地。

4月25日 党委书记薛进文主持召开中层干部会议，副校长陈洪传达教育部4月24日紧急通知和天津市教委补充通知的有关精神，校长侯自新对学校下一阶段非典防治工作进行部署。要求坚决做到“教师不停课、学生不停学，师生不离校”，进一步做好防大疫、打硬仗的准备，全力阻断非典输入的途径。

4月25日　向教职工、学生发送非典防治知识手册、消毒指南。《南开大学报》两个版面宣传防治非典知识，加印到20000份，人手一份。向师生发放防控非典通报。

4月26日　部署外地返校师生非典型肺炎防治工作。要求各单位、院（系）必须了解、掌握外出返校人员的情况，及时报告；对仍在外地的师生，尽可能劝阻不要返校；向每个返校师生发放《外出返校人员须知》；从疫区返校的师生要进行相应的隔离观察。

4月27日　印发《关于防控非典工作的补充通知》。要求严格执行教育部“教师不停课、学生不停学，师生不离校”，的要求，未经学校允许，所有课程不得私自停课，教职工不得到外地出差，学生不准擅自离校。凭学校颁发的有效证件进出学生宿舍、教学楼、图书馆、实验室、计算机房、体育馆、浴室和图书馆。严禁校外闲杂人员、车辆穿行校园，清理整顿家属区环境，教职工一律不得私自出租房屋。

4月27日　中共中央政治局委员、市委书记张立昌到龙兴里小区，看望部分战斗在防治非典一线医务工作者的家属。

4月27日　党委书记薛进文、校长侯自新等学校领导班子成员分别到各学生宿舍检查工作，看望学生，做学生的思想工作。

4月27日　公司治理研究中心正式推出国内第一个作为公司治理状况晴雨表的中国公司治理评价指标体系——南开治理指数。

4月30日　召开中层干部会议，对“五一”期间非典防控工作进行部署。党委书记薛进文、校长侯自新、副校长陈洪出席会议。要求各级干部、党团员要发挥先锋模范作用，站在抗击非典第一线，同舟共济，共渡难关。提倡社会公德，以科学的态度认识对待非典，树立战胜非典的必胜信心。“五一”期间学生不离校，坚持上课，各单位实行“零报告”制度，各校门实行严格的查证制度。

4月30日　进一步加强校门管理，所有人均需持证进入校园。在三处校门分别配置红外测温仪，对所有进入学校的人员进行体温检测，严禁发热患者进入校园。

4月30日　范曾教授为学校抗击非典捐款50万元。

5月

5月5日　校党委召开分党委（党总支）、直属党支部书记、党群部门负责人会议，党委书记薛进文，校长侯自新，副书记、副校长张静，纪委书记张式琪出席会议，党委副书记吴本湘主持会议。会议要求学校各级党组织一定要成为抗击非典斗争的坚强政治核心，把党的旗帜举起来，党的声音响起来，党的形象树起来；全体共产党员进一步发挥好先锋模范作用和带头作用，保证学校整体工作有序运行。

5月8日 经济学院2002级保险专业天津籍本科生徐某在家期间被确诊为“非典”病人。

5月9日 召开中层干部会议，布置近期防控非典工作。党委书记薛进文、校长侯自新、副校长陈洪出席会议并讲话。会议通报患病学生徐某的情况，要求全校师生以科学的态度对待非典，以主人翁精神进一步做好防控非典工作，全体共产党员和干部要战斗在抗非典第一线，充分发挥党组织的战斗堡垒作用和党员的先锋模范作用。做好离校学生工作，安排他们分期分批返校。将教学区和生活区彻底隔离。

5月9日 校工会、教代会、博士生会、研究生会、学生会联合举办“自爱、爱人，护我南开”主题活动月，校长侯自新，副校长陈洪、张静出席活动月开幕式。活动月包括“健康、乐观、友爱、责任”四个系列的内容。

5月9日 学工部、研工部、团委召开同心抗非典学生工作专职干部座谈会。党委书记薛进文，副书记、副校长张静出席会议。

5月9日 南开大学滨海学院一期工程破土动工。

5月13日 召开2002年度先进表彰会，对获得天津市劳动模范、“十五”立功先进集体和个人进行表彰。党委书记薛进文出席会议并讲话。天津市特等劳动模范集体：信息学院光电子所，天津市劳动模范：宫占奎、齐寅峰、张琚、周立群、孙骞、周其林。“十五”立功集体：经济与社会发展研究院，“十五”立功先进个人：冼国明、邵云瑞、傅士成、阎少林、严秀平、冯永丽、高海燕。

5月14日 我校抗非典防护服无纺布检测装置，非典疫情上报、统计分析系统参加天津市科技抗非典现场推动会展示。

5月19日 召开中层干部会议，党委书记薛进文、校长侯自新、副校长陈洪出席会议并讲话。会议通报近期防控非典工作情况，对学校下一步工作进行部署。会议指出，要以“三个代表”重要思想为指导，动员全校各方面力量，抓好各项工作，逐步恢复正常的教学科研秩序，把非典造成的损失减少到最小。坚持两手抓，一手抓抗非典，一手抓教学科研，夺取抗击非典工作和教学科研工作双胜利。

5月19日 召开第四次校长办公会议。会议有七项议题：审议成立南开大学环境与社会发展研究中心学术委员会及人选事宜；审议爱大项目运营委员会建议名单；研究在防控非典的同时，逐步恢复正常教学秩序，保证学生如期毕业等事宜；听取就业形势及我校毕业生就业落实状况的汇报，并对我校今年就业目标和具体措施进行研究；研究有关推进学校人事代理工作事宜；审议《南开大学聘请名誉教授制度实施办法》；讨论《南开大学内部会计控制制度（试行）》；研究调整科研经费管理费事宜。

5月20日 日本四日市大学校长宗村南男

先生致函侯自新校长，并捐赠我校防控非典援助物资。

5月21日　教务处、研究生院对近期学生教学、考试和论文答辩工作及离校毕业生返校工作做出安排。

5月21日　召开《百年南开》展览工作会议。副校长陈洪主持会议。南开中学、南开大学在内的南开系列学校准备于2004年在北京国家博物馆举办以“百年南开”为主题的大型展览，以展现南开百年的辉煌，总结南开百年特色独具的教育理念和办学理念，服务于当前和未来教育的发展。会议决定成立由南开中学、南开大学两校教师参加的展览大纲起草小组、资料征集小组和协调小组，初步确定工作流程和定期会晤的机制，并决定于近期内开始资料征集、校友联络以及与重庆南开中学的洽商等具体事宜。

5月23日　天津市教卫工委与我校签订合作培养研究生协议。天津市教卫工委副书记杨希禄、曹欣欣，校党委书记薛进文、校长侯自新出席签字仪式。

5月23日　召开机关部处负责人会议，就转变机关工作作风，创建文明处室，推进管理规范化、制度化建设作出部署。党委书记薛进文、校长侯自新、副校长陈洪、纪委书记张式琪出席会议并讲话。

5月27日　召开第六次党委常委会。会议有两项议题：汇报后备干部推荐情况，汇报第七次党代会代表推选情况。

5月28日　召开第七届两委委员候选人推荐工作布置会，总结第一阶段代表推选工作。党委书记薛进文，副书记吴本湘、张静出席会议。会议要求各级党组织对选举工作要精心准备，认真、充分地做好各项前期准备工作，确保选举工作高效、有序地进行。

5月28日　天津市委常委、市委教卫工委书记陈超英，天津市科委主任李家俊，副主任赵海山视察长江学者王磊教授的实验室，并听取王磊教授的工作汇报。

5月30日　校长侯自新到泰达学院调研，与部分学生进行座谈，听取学生的意见。

5月30日　因防控非典暂时停办的周末论坛再度开讲。

本月　启动科技创新基金，开展有关SARS研究，全校教师共申报研究课题30余项。

本月　学校新办公楼正式启用，建筑面积8000平方米。学生第二食堂正式启用，建筑面积7426平方米。

6月

6月3日　冼国明、李剑鸣、龙以明、葛墨林、程津培、耿运琪、翟宏琛、朱坦、席真、李维安等十名教授当选为国务院学位委员会第五届学科评议组成员。

6月3日　副校长逄锦聚主持召开教学指导委员会会议，讨论产生“教学名师奖”建议名单。

6月3日　天津市人大常务委员会副主任俞海潮到泰达应用物理学院视察。

6月4日　召开第五次校长办公会议。审

议南开大学“教学名师”奖名单。

6月4日 校学习中心组集中学习，研讨学校发展规划。党委书记薛进文强调要坚决贯彻中央“两手抓”、“两个不放松”的精神，认真谋划学校的改革发展大计。

6月6日 召开中层干部会议，党委书记薛进文传达教育部全国教育系统卫生防疫和健康安全视频电视会议的精神，校长侯自新对暑期前学校工作进行部署和安排。不懈不怠、严防死守，争取学校抗击非典保卫战的最后胜利，同时按照两手抓的方针，重点做好天津籍离校学生的返校、学生毕业、就业、招生以及高考阅卷、学生考试等工作。

6月10日 召开第七次党委常委会。会议有三项议题：审定南开大学银行贷款合同文本及资金使用方案；审议《南开大学内部会计控制制度（试行）》；审议科技园建设资金筹措的有关问题。会议决定学校将从2004年起分4年贷款10亿元人民币，用于学校的发展和建设。

6月10日 召开第七届两委委员候选人第二轮推荐工作布置会，党委书记薛进文，副书记吴本湘，副书记、副校长张静出席会议。党委书记薛进文在讲话中指出，第二轮推荐工作应重点考虑候选人的布局和结构比例，以确保最终推荐出的人选具有合理的结构搭配。

6月11日 我校与天津天士力集团签订合作建设生命科学与技术人才培养基地协议。校长侯自新、天士力集团总裁阎希军出席签字仪式。天士力集团定期接收学生到公司的研发机构和市场机构进行教学实习，双方定期互聘指导教师，开展学术交流，合作开发应用型项目。

6月12日 天津市委副书记邢元敏，市委常委、市委教卫工委书记陈超英，副市长张俊芳在党委书记薛进文、校长侯自新的陪同下，看望高考阅卷教师和工作人员。

6月17日 我校与国家开发银行天津市分行签订贷款协议，以南开大学教育发展立项，从2003年到2006年，分四年贷款10亿元人民币。贷款主要用于学校的基本建设、学科建设、队伍建设等涉及学校长远发展的重大方面。学校将加强对贷款资金的管理，成立专门的管理小组，负责组织有关专家对使用资金项目进行论证。设立专门的资金账户，确保专款专用，提高贷款使用效益。

6月18日 召开第八次党委常委会。会议有两项议题：讨论干部事宜；审议《南开大学校务委员会建议名单》、《南开大学财经工作领导小组建议名单》、《南开大学银行贷款资金管理领导小组建议名单》。

6月19日 召开数字化校园建设启动会。校长侯自新出席会议并讲话，对学校的信息化建设提出长远的规划和要求。校园信息化建设将分三个阶段进行：第一阶段以建设数据中心为核心，整合、调整、改善现有的信息应用系统；第二阶段按照校园信息化的要求，全面推进信息应用系统的建设；第三阶段逐步建立 URP(校园资源规划)系统，充分利用信息和信息技术，改善大学结构，重组管理流程，优化资源配置，实现大学工作的高效、优化、低成本。

6 月 20 日　党委副书记吴本湘主持召开第七届“两委”委员候选人第三轮推荐工作，第七次党代会全体代表、六届“两委”委员及党员中层正职以上干部 224 人以投票方式就第七届“两委”委员候选人初步人选进行第三轮推荐。

6 月 20 日　伊朗文化艺术展在我校举行，天津市副市长张俊芳、伊朗驻华大使费雷敦·韦尔迪内·贾德、校长侯自新出席开幕式。

6 月 22 日　举行新党员宣誓大会，700 余名新党员在党旗前宣誓。党委副书记吴本湘出席仪式并讲话。

6 月 24 日　召开第九次党委常委会。会议有两项议题：审议两委委员候选人名单，审议党委、纪委领导班子候选人名单。

6 月 25 日　召开第六次校长办公会议。会议有九项议题：会议同意设立软件工程系、软件技术研究所，法政学院成立行政管理系、国际关系系、社会工作与社会政策系、社会心理学系；审议 2003 年度南开大学特聘教授候选人名单、“光电信息技术科学”教育部重点实验室副主任人选建议名单；成立南开学校百年华诞暨南开大学 85 周年校庆筹备委员会和筹备组，通过组成人员建议名单，着手校庆准备工作；审议《南开大学仪器设备招标管理实施细则》、《南开大学学则》修订稿、《南开大学精品课程建设规划》；研究教学区与家属区隔离方案。

6 月 25 日　在新开湖畔举行欢送 2003 届毕业生文艺晚会。党委书记薛进文，校长侯自新，副书记吴本湘、张静，纪委书记张式琪出席晚会，4000 余名毕业生观看演出。文艺晚会是在我校取得抗击非典阶段性胜利的特殊时期举行的。

6 月 26 日　召开分党委、党总支、直属党支部书记会议，通报两委委员推选情况，布置 2002～2003 年度中层干部考核工作。党委书记薛进文、副书记吴本湘出席会议。党委书记薛进文通报“两委”委员候选人第三轮推荐情况，要求各级党组织和全校党员干部要继续做好各项工作，迎接第七次党代会的召开。

6 月 27 日　举行 2003 届本科生毕业典礼。校党委书记薛进文、校长侯自新等校领导出席典礼。本年有 2532 人名本科生毕业。

6 月 28 日　举行外籍专家和留学生招待会，校长侯自新、副校长陈永川出席招待会。

6 月 30 日　召开学科建设规划座谈会，副校长耿运琪出席会议，我校部分国务院学位委员会学科评议组成员、各院(系、所)学科建设负责人就我校 2005 年、2010 年和 2019 年各个时期的学科建设规划提出建议。

6 月 30 日　李小农被评为天津市防治非典

型肺炎工作优秀共产党员，信息学院“强军计划”党支部、后勤服务集团校园中心党支部、校医院党支部被评为天津市教卫系统防治非典型肺炎工作先进党组织，李小农、崔颢、张德宝、邢丽芳、谢桂玲、刘桂岺被评为天津市教卫系统防治非典型肺炎工作优秀共产党员。李小农、张德宝、刘桂岺、张志尧、孙玮、崔颢被中共天津市委、天津市人民政府评为抗击非典先进个人。

本月　本科生就业率达到97.02%，研究生就业率达100%。

7月

7月1日　举行“十五”“211工程”建设项目启动暨任务书签字仪式。校长侯自新代表学校与13个建设项目负责人和主管学院院长签订“十五”、“211工程”建设项目任务书。“十五”“211”工程建设项目包括13个重点学科建设、校内公共服务体系建设、师资队伍建设以及必要的基础设施建设和相关的其他配套项目建设。在自然科学方面，将形成以数学、生命科学、材料科学与材料加工为主线的三个学科平台；在人文社会科学方面，将形成以经济与管理、人文科学为主线的两个学科平台。

7月2日　新一届校务委员会成立并召开第一次全体会议。校务委员会主任：薛进文，副主任：侯自新、吴本湘，委员：王磊、王文俊、车铭洲、孔繁丰、卢桂章、申泮文、母国光、孙仲林、朱光华、刘泽华、刘振祥、李万华、李正名、李剑鸣、何炳林、谷书堂、张光寅、张伟平、张自立、陈洪、陈茹玉、陈晏清、罗宗强、金桂玉、周学光、胡国定、洪国起、席真、葛墨林、程津培、熊性美、薛敬孝、戴树桂、魏宏运。校党委书记、校务委员会主任薛进文主持会议，校长、校务委员会副主任侯自新做校情汇报。

7月7日　举行2003届研究生毕业典礼，校长侯自新等学校领导出席典礼，本年有1187名研究生毕业。

7月8日　召开第七次校长办公会议。会议有四项议程：听取南开大学深圳金融工程学院工作进展情况汇报，审议选择深圳富弘实业有限公司作为建设深圳金融工程学院合作伙伴的方案，审议深圳金融工程学院与美国加利福尼亚大学伯克利分校哈司商学院的合作协议，研究深圳金融工程学院未来发展中的人事制度和师资队伍建设等事宜。

7月8日　举行天津市生物芯片技术有限公司成立签字仪式，副校长耿运琪教授主持签字仪式。天津市生物芯片技术有限公司由南开允公集团、天津中新药业集团股份有限公司、天津经济技术开发区和天津创业投资有限公司共同组建。

7月10日　举行原党委书记李原新作《只唯实》赠书仪式。李原及其亲属、党委书记薛进文、校长侯自新、党委副书记吴本湘、纪委书记张式琪等出席仪式。

7月11日 召开抗击非典总结表彰大会，党委书记薛进文、校长侯自新等校领导和中层干部及受表彰先进集体代表、先进个人出席会议。薛进文总结学校抗击非典的成功经验，副校长陈洪宣读《关于表彰抗击非典型肺炎工作先进集体和先进个人的决定》，对17个先进集体和93名先进个人进行表彰。

7月14日 国际数学研究中心大楼开工。数学大师陈省身，市委副书记邢元敏、副市长张俊芳，校党委书记薛进文、校长侯自新，原副校长胡国定等出席开工典礼。国际数学研究中心项目总建筑面积20660平方米，总投资近1.2亿元。

7月14日 《百年南开》展览筹备组召开专家校友座谈会，听取部分南开校友及校史专家对展览大纲的意见。副校长陈洪主持会议。南开大学原副校长王文俊，南开中学原校长杨志行、纪文郁等两校老领导和申泮文、冯承柏、罗明锜、胡光明、郭凤岐、李绍曾、肖获、赵伯勋等校友、校史专家及展览筹备组成员参加座谈会。展览筹备组汇报展览筹备工作的进展情况。

7月15日～21日 学校领导班子在北京密云县召开暑期工作会议。校党政领导班子成员及相关部门负责人20余人参加会议。会议以“学习贯彻‘三个代表’重要思想，研讨学校发展和建设规划”为主题，研究确定学校下半年的工作要点。

7月21日 在北京密云县召开第十次党委常委会。会议有三项议题：审议南开大学2003年综合财务预算计划；研究南开大学医疗体制改革事宜；成立第七次党代会会务机构事宜。

7月21日 著名外交家、中国驻法大使吴建民为师生做“面向新世纪中法合作与发展”的讲座。

本月 与天津大学首次面向全国联合招生，招生专业为光电子技术科学及分子科学与工程，重点培养理工科复合型人才，毕业生可同时获得两所学校的学位证书。

8月

8月1日 南开大学接收儒苑大学生公寓。公寓占地面积2.15万平方米，建筑面积2.77万平方米，可容纳3300名学生住宿。

8月6日 日本爱知大学代表团对我校进行为期两天的访问。

8月9日 校长侯自新会见“台湾立法主管部门”人士组成的参访团。

8月13日 教育部、科技部国家大学科技园专家组来我校验收大学科技园建设工作。

8月15日 数学研究所长江特聘教授方复全荣获第四届“天津十大杰出青年”称号。

8月16日 《百年南开》展览工作组与国家博物馆工作人员在南开中学座谈，就《百年南开》展览细目交换意见。

8月22日 举行新教工岗前培训开学典礼，党委书记薛进文、校长侯自新出席典礼并讲话。党委副书记吴本湘主持典礼。通过留校、引进、选拔新增教工181名，其中教学岗位103人，具有博士学位的82人，占新增教工的45.3%。

8月23日 校长侯自新会见来访的美国前众议员莱斯特·沃尔夫一行。

8月24日 副校长逄锦聚率现代物流研究中心一行4人到韩国高丽大学访问。

8月29日 召开中层领导干部会议，党委书记薛进文主持会议并讲话。校长侯自新对下半年学校重点工作进行部署。

8月30日 南开大学女排在韩国大邱举行的第二十二届世界大学生运动会女子排球比赛中勇夺世界冠军。这是南开大学女排在世界赛场上取得的最好成绩，该队连续11次荣获全国大学生女子排球联赛冠军。

8月30日 第一批近4000名学生入住西区新学生公寓，新学生公寓共7栋楼，是在化工厂原址上用120天时间兴建的，建筑面积达35000平方米。

9月

9月1日 我校与IBM、Intel联合举行新闻发布会，宣布将联手建造目前国内最先进的超级计算机——“南开之星”。天津市副市长杨栋梁，IBM、Intel公司负责人，校党委书记薛进文、校长侯自新出席新闻发布会。党委书记薛进文和IBM中国副总裁范宇为“南开大学——IBM计算科学联合研究所”揭牌。

9月2日 韩国驻华大使金夏中先生来我校做“韩中关系的现状和未来”专场报告。

9月4日 张伟平教授获“教育部直属高校全国留学回国人员先进个人”称号。

9月6日 召开“东亚区域经济合作”国际学术研讨会，市委常委、滨海新区管委会主任皮黔生、日本国际交流基金北京事务所所长山崎正亲及专家学者70余人参加研讨会。副校长逄锦聚出席开幕式。日本研究院揭牌。

9月9日 市委副书记、市长戴相龙，天津市副市长张俊芳在校党委书记薛进文、副校长陈洪的陪同下慰问陈省身先生和李正名院士。

9月9日 举行庆祝教师节中青年骨干教师联谊晚会，校党委书记薛进文、副校长陈洪及各类杰出人才100余人参加活动。

9月9日 顾沛、朱光磊获首届教育部高等学校“教学名师奖”，赴北京人民大会堂参加颁奖典礼。顾沛、朱光磊、朱志昂获2003年度天津市高等学校教学名师奖。

9月10日 副校长逄锦聚主持召开文科科研工作会议，部署下半年文科科研的重点工作。

9月10日 召开学校安全工作会议，部署学校安全大检查工作。党委副书记吴本湘、副校长陈学奇出席会议。

9月11日 举行“共度佳节，月圆南开”慰问新生活动，校党委书记薛进文，党委副书记、副校长张静到迎水道校区慰问300余名家庭经济困难新生。

9月12日 举行2003级新生开学典礼，数学大师陈省身先生，党委书记薛进文、校长侯自新等校领导出席开学典礼。今年共招收博士生721人,硕士生2238人,本科生3004人,专升本434人。

9月12日 教育部专家组考察我校申请建立教育部部级科技查新工作站有关情况并听取工作汇报。副校长陈洪参加汇报会。

9月12日 举行迎国庆度中秋茶话会,校党委书记薛进文、校长侯自新、副书记吴本湘,学校各级人大代表、政协委员、民主党派负责人、长江学者特聘教授,归侨侨眷、台属、少数民族、归国留学人员代表等60余人参加茶话会。

9月13日 由校学生合唱团和交响乐团领衔的南开大学艺术团与天津青年友好艺术团在天塔湖畔联合举行"青春的乐章"大型露天交响音乐会。

9月14日 深圳金融工程学院举行2003年硕士研究生开学典礼暨硕士研究生兼职导师致聘仪式,副校长逄锦聚出席典礼。本年招收80名新生。

9月15日 举行深圳金融工程学院与美国加州大学伯克利分校哈斯商学院合作培养金融工程及资本运作方向EMBA研究生签约仪式,深圳市副市长陈应春、副校长逄锦聚、哈斯商学院代表出席仪式。

9月16日 副校长陈学奇带领学校有关部门及院(系)负责人对教学楼、实验室、学生食堂及各施工工地进行安全检查。

9月16日 党委书记薛进文、纪委书记张式琪会见西安交通大学党委副书记李玉华一行。

9月17日 举行处级以上干部学习贯彻"三个代表"重要思想培训班开学典礼,党委书记薛进文做开班动员报告,副书记吴本湘主持开班式。

9月17日 著名华人科学家、诺贝尔物理学奖得主杨振宁先生来我校为师生做演讲。演讲结束后,前往宁园看望陈省身先生。

9月18日 举行蒙民伟楼落成使用典礼,著名实业家、香港信兴集团主席蒙民伟,香港南开校友会会长何国钊,校长侯自新出席典礼,典礼由党委副书记吴本湘主持。蒙民伟与侯自新共同为大楼揭幕。蒙民伟楼建筑面积9130平方米,投资2000万元,蒙民伟先生捐赠500万元。

9月19日 副校长陈洪主持召开校史编写工作启动会议,各院(系)、部门负责人及校史编写组成员参加会议,正式启动校史编写工作。

9月22日 副校长陈学奇带领学校有关单位负责人对农药工程中心研究基地、催化剂厂、上古林树脂厂等校办企业进行安全生产检查。

9月22日 天津市高校备战第七届全国大学生运动会动员大会在我校举行,市委副书记邢元敏,市委常委、市委教卫工委书记陈超英,副市长张俊芳,校长侯自新、副校长逄锦聚出席会议。市教委授予我校试办高水平运动队优秀学校称号,授予南开女排天津市大学生优秀运动队称号,授予南开女排运动员杨桂茹等

6人为天津市大学生优秀运动员称号。

9月22日～23日 中组部、教育部领导来校进行调研。

9月24日 学校召开表彰大会，党委书记薛进文讲话，校长侯自新主持会议，党委副书记吴本湘宣读学校党委的表彰决定，授予女排教练组有特殊贡献的先进集体称号，授予女排学生先进集体标兵称号并颁发特别奖学金。

9月24日 召开第八次校长办公会议。会议有九项议程：审议经济学院国际经济贸易系副主任、保险系副主任，文学院传播学系主任、中国语言文学系副主任、中华古典文化研究所副所长人选；审议并同意由我校作为国家汉语语汇分技术委员会主任单位，在文学院成立南开大学语汇学与词典学研究中心；审议国际商学院学术委员会调整建议名单；决定成立南开大学城市公共安全研究中心、南开大学发生与比较认识论研究中心、南开大学人文社会科学发展咨询委员会；研究给予硕士研究生和本科毕业生来校工作人员住房补贴方案；审议我校2003年度享受政府特贴推荐候选人名单。

9月25日 在2003年微软"创新杯"全国软件开发大赛上，由我校信息技术科学学院学生吴方浩、李栋、刘菁菁和李斌四人组成的Atlantis团队开发的"DJ梦工厂"网络电台平台项目获得冠军。

9月25日 天津市政府常务副市长夏宝龙来我校听取现代物流研究中心关于天津市现代物流发展相关问题的汇报。校长侯自新、副校长逄锦聚出席汇报会。

9月25日 党委副书记吴本湘主持召开民主党派负责人座谈会，就学校召开第七次党代会向民主党派人士征求意见和建议。党委书记薛进文出席会议并讲话。

9月25日 举行面向西部图书捐赠仪式暨"美好的祖国西部"主题报告会，向西部十二省区捐赠价值36万元的图书。副校长陈洪出席报告会。

9月27日 MBA中心主办的中国首届"创业学暨企业家精神教育研讨会"在我校召开，全国MBA教育指导委员会秘书长仝允桓、清华大学等50多所国内知名高校的专家教授和部分企业家出席会议。副校长逄锦聚出席开幕式。

9月27日 召开第十一次党委常委会，会议有四项议题：审议干部事宜；讨论党代会代表分团情况及各代表团团长建议名单；讨论党代会党委工作报告；讨论党代会纪委工作报告。

9月27日 布置开展治理教育乱收费专项检查工作。纪委书记张式琪传达国家七部委及天津市关于清理整顿教育乱收费的文件精神。党委书记薛进文、校长侯自新出席会议并讲话，强调以这次清理教育乱收费工作为契机，整顿学校财务秩序，规范财务管理，提高学校管理水平。

9月27日 召开南开学校百年华诞暨南开大学85周年校庆筹备工作会

议。党委书记薛进文、校长侯自新出席会议，副校长陈洪主持会议。会议通报南开学校百年华诞暨我校85周年校庆筹备工作的进展情况，对校庆筹备工作、校友工作和筹集学校发展资金工作进行部署。

9月29日 举行兼职组织员致聘仪式，党委书记薛进文、副书记吴本湘及30余名兼职组织员参加会议。

9月29日 数学大师陈省身为师生作以《二十世纪的几何学》为主题的演讲。

9月29日 副校长逄锦聚一行4人前往高丽大学参加我校与韩国高丽大学联合举办的面向21世纪的中韩物流发展与合作国际研讨会。

9月30日 召开“三个代表”重要思想培训班总结交流会，党委书记薛进文、副书记吴本湘出席会议。

本月 汪小兰主编的《有机化学》、戴树桂主编的《环境化学》分获教育部1997～1999年科技进步奖科技教材奖一、二等奖；佟家栋、高乐咏主编的《国际经济学》(修订版)和李天元主编的《旅游学概论》(修订版)获教育部2002年全国普通高等学校优秀教材奖一等奖。

本月 香港科技大学公布本年获荣誉博士的5位杰出人士，数学大师陈省身先生名列榜首。

10月

10月8日 校学习中心组集体学习，党委书记薛进文传达中共中央总书记胡锦涛在省部级主要领导干部学习贯彻“三个代表”重要思想专题研讨班上的重要讲话。

10月9日 召开第七次党代会代表团团长、副团长会议。党委书记薛进文出席并讲话，党委副书记吴本湘主持会议。会议宣布南开大学第七次党代会各代表团正式组建，全校239名党代表共分为12个代表团，每个代表团设团长和副团长各1名。党委副书记孔繁丰、纪委书记张式琪分别就党委和纪委工作报告的起草过程、内容、结构以及进一步修改等问题作说明。

10月11日 化学学院教授陈军、朱晓夏，物理科学学院特聘讲座教授陈志刚荣获2003年度国家杰出青年科学基金。

10月12日 国家示范性软件学院评估专家组对我校软件学院进行中期评估。

10月13日 举行纪念梁启超诞辰130周年暨“梁启超与近代中国社会文化”国际学术研讨会，天津市委常委、市委宣传部部长肖怀远出席开幕式。来自美、法、德、日、韩等国家和中国两岸三地150位专家学者参加会议。梁启超之子、中科院院士梁思礼，梁启超之孙、著名学者梁从诫等梁氏后裔一行近20人专程赴会。本次研讨会是海内外第一次举行的以梁启超研究为主题的国际学术会议。

10月13日 第二届大学生文化素质教育节开幕式暨大学生文化素质

教育世纪文库首发式在东艺演播厅举行，副校长陈洪出席开幕式。

10月13日　国务院台湾事务办公室前副主任、海峡两岸关系协会常务副会长唐树备先生做客“南开名人讲座”，为师生作题为“‘台独’的渐进式运动”的报告。

10月14日　天津市消防局安全检查组来我校检查消防疏散通道和安全出口专项治理工作。

10月15日　日本学者金山彦喜教授向我校图书馆捐赠100余册日文原版图书。

10月15日　副校长陈洪会见西南师范大学副校长石耀初一行。

10月16日　召开第十二次党委常委会，研究第七次党代会有关事宜。

10月16日　我校大学科技园被科技部、教育部认定为“国家大学科技园”。

10月16日　天津市高校学生学习十六届三中全会精神研讨会在我校举行，天津市13所高校的学生代表120余人参加研讨会。

10月16日　副校长陈洪会见伊朗驻华大使馆文化参赞萨贝基、伊朗德黑兰大学管理学院院长默罕默德·赛义德·塔斯米里，洽谈我校与伊朗德黑兰大学合作事宜。

10月17日　数学大师陈省身因其为科技馆发展做出的重要贡献荣获中国科技馆发展基金委员会第五届“启明奖”。

10月17日　教育部监察局局长刘金平来我校调研。党委书记薛进文、纪委书记张式琪汇报学校有关工作。

10月17日　校内专家对“教育振兴行动计划”一期学科建设23个项目进行评估验收。

10月17日　副校长陈永川会见英国驻华使馆科技参赞Robin Porter先生，高级科技项目官员杜英女士，英国工程与物理科学研究理事会计划与交流部部长Catherine Coates女士和国际事务部部长Nigel Birch先生。

10月17日　中国华夏文化促进会副会长、中国音乐家协会创作委员会副主任、著名作曲家鲍元恺教授做客“南开周末论坛”。

10月18日　第二届全国区域经济学学科发展研讨会在我校举行，来自国内40多所院校、研究机构的100余位学科带头人、教学和科研骨干参加会议。纪委书记张式琪出席会议

10月18日　由教育部“长江学者奖励计划”特聘教授许京军教授领衔的泰达应用物理学院成立，国内首个MBE实验室启用。校长侯自新与天津经济技术开发区管委会副主任艾亚民共同为泰达应用物理学院揭牌。泰达应用物理学院的成立，标志着南开光电子专业综合实验条件跨入世界前五名，也标志着泰达学院向综合性实体学院的转变。

10月20日　英国皇家学会前会长、著名数学家阿蒂雅教授(SirM. F. Atiyah)在南开名人讲座演讲物理、化学及几何中多面体相应能量的极值问题。

10月22日 天津市原副市长叶迪生视察泰达学院。

10月23日 召开第二次党委全委(扩大)会议,审议第七次党代会党委工作报告和纪委工作报告。

10月23日 科技部副部长程津培视察泰达学院。

10月24日 举行2003年"海信杯"田径运动会,校党政领导出席开幕式,党委书记薛进文在开幕式上致词,副校长陈洪主持开幕式。学生3人次打破三项校运会纪录,1项校最高纪录,教工33人次打破15项校运会纪录。

10月24日 与澳大利亚Flinders大学联合培养的医院管理专业硕士研究生(MHA)第一期举行开学典礼,党委书记薛进文出席典礼。该项目是目前国内第一个有资格授予医院管理硕士学位的办学单位。

10月25日 党委书记薛进文会见我校客座教授、南开国际管理论坛执行主席、美国百人会成员、晓龙基金会创办人兼执行长曾宪章博士。

10月25日 召开"海峡两岸管理比较研究"学术研讨会,党委副书记孔繁丰出席研讨会,来自海峡两岸的专家学者及企业界人士参加研讨会。

10月27日 陈永川副校长会见美国路易斯维尔大学文学与科学学院院长James Brennan先生。

10月29日 副校长逄锦聚主持召开教学指导委员会议,审议申请推荐免试研究生的名单。确定推荐440名学生为免试研究生。

10月30日 国际象棋A队在第八届GACC世界大学生挑战赛中获团体冠军,文学院学生、国际特级大师李若凡获女子个人冠军。

10月31日 著名作家王蒙被聘为我校兼职教授,做客"南开名人讲座"作题为"语言的功能与陷阱"的学术报告。

10月31日 "长江学者奖励计划"特聘教授张伟平荣获中国数学界最高奖"陈省身数学奖",成为获此殊荣的两位数学家之一。

本月 国务院学位委员会公布第九批博士、硕士学位授权学科、专业名单,我校博士、硕士授权一级学科新增哲学、工商管理,总数达12个;博士学位授权点增加18个,总数达93个;硕士学位授权点增加26个,总数达148个;硕士学位专业授权点增加公共管理硕士(MPA),总数达4个。

11月

11月1日 我校和北京大学、清华大学、西南联大校友会、云南省委宣传部、《求是》杂志社等单位在北京大学联合举办《西南联大启示录》研讨会。党委副书记、副校长张静出席研讨会。

11月2日 召开第十三次党委常委会,审议第七次党代会有关事宜。

11月3日～4日 中国共产党南开大学第七次代表大会隆重召开,239名代表组成12个代表团出席大会。天津市委副书记邢元敏,市委常委、市委教卫工委书记陈超英,中组部三局副局长李锋、原天津市人大常委会主任、原校党委书记张再旺,原天津市人大常委会副主任、原校党委书记李原,原校党委书记洪国起出席大会。校长侯自新主持大会。校党委书记薛进文在大会上作了题为《以“三个代表”重要思想指导,深化改革,坚持创新,为全面建设国际知名高水平大学而奋斗》的报告。大会确定今后一个时期我校发展的战略目标,到2010年前后,把南开大学建设成为规模适度、结构合理、特色鲜明、国际知名的高水平大学,再经过几个“五年计划”的努力和艰苦奋斗,跻身世界一流大学的行列。提出人才强校、强势学科、精品课程、科技化和国际化五大战略。大会通过了薛进文同志代表中共南开大学第六届委员会所作的《以“三个代表”重要思想指导,深化改革,坚持创新,为全面建设国际知名高水平大学而奋斗》报告和纪律检查委员会的工作报告,选举产生中共南开大学第七届委员会和新一届纪律检查委员会。中共南开大学第七届委员会由龙以明、朱光磊、乔以钢、刘育、刘景泉、关乃佳、孙骞、杨庆山、杨克欣、佟家栋、张静、张东升、张玉林、张式琪、陈洪、陈学奇、周立群、冼国明、赵秀清、郝邦增、侯自新、逄锦聚、耿运琪、高怀英、薛进文25名委员组成。纪律检查委员会由于莉、叶向明、孙广平、苏明辉、李晓肃、张式琪、张景荫7名委员组成。

11月4日 中共南开大学第七届委员会召开第一次全体会议,选举产生新一届常委、书记、副书记。党委常委:薛进文、侯自新、张静、杨庆山、刘景泉、陈洪、逄锦聚、耿运琪、陈学奇、关乃佳、朱光磊。党委书记:薛进文。副书记:张静、杨庆山、刘景泉。

11月4日 中共南开大学纪律检查委员会召开第一次全体会议,选举产生纪委书记、副书记。纪委书记张式琪,副书记叶向明。

11月6日 校学生合唱团在北京保利剧院举行汇报演出。科技部副部长程津培、中纪委常委马驳,校党委副书记兼副校长张静,演艺界的部分专家观看演出。

11月8日 举行纪念陈序经诞辰一百周年学术研讨会。全国政协副主席马万祺、澳门特区行政长官何厚铧及最高人民法院原副院长端木正向大会发来贺信、贺电。市人大常委会副主任张元龙,市政协副主席朱坦,原市人大常委会主任、原校党委书记张再旺,副书记刘景泉、副校长逄锦聚出席研讨会。

11月9日 与北美精算学会、光大永明人寿保险有限公司共同举办寿险经营与风险控制国际研讨会,天津市副市长崔津渡、校党委书记薛进文出席开幕式,国内外寿险业及理论界专家近300人参加会议。南开—光大永明北美精算师考试中心揭牌。

11月9日 南开大学—天津大学研究生首届联合学术节闭幕，南开大学—天津大学联合办学领导小组组长、教育部原副部长周远清出席典礼并讲话，天津市副市长张俊芳、校党委书记薛进文出席典礼。

11月10日 载人航天工程总设计师王永志、航天英雄杨利伟及载人航天工程先进事迹报告团一行10人来到南开，与天津市高校师生座谈。市委常委、市委宣传部部长肖怀远出席座谈会，市委常委、市委教卫工委书记陈超英主持座谈会。党委书记薛进文代表师生致辞，校长侯自新、副校长陈永川、申泮文院士、我校师生代表以及本市11所高校的师生代表出席座谈会。薛进文、侯自新代表南开全体师生工向报告团成员赠送纪念品。

11月11日 美国佛罗里达大学沃灵顿商学院院长John Kraft来我校访问，校长侯自新、副校长陈永川分别会见客人。

11月11日 副校长耿运琪会见法国留尼旺大区副主席Raymond Lauret一行。

11月11日 举行日本政府向南开大学捐赠“同声传译设备”项目签字仪式，日本驻华大使馆公使宫家邦彦、副市长只升华、校长侯自新出席签字仪式。日本政府向外国语学院捐赠1000万日元，用于购买同声传译设备，建设天津市第一个同声传译教学专用教室。

11月12日 召开第十四次党委常委（扩大）会，会议有三项议题：研究党委领导分工和领导班子自身建设问题；传达、学习市委常委扩大会、全国高校第十二次党建工作会、全国高校毕业生就业工作会议精神；研究部级后备干部推荐工作。

11月13日 召开2004年就业工作会议。党委书记薛进文传达2004年全国普通高校毕业生就业工作会议的精神，校长侯自新结合我校实际情况就如何做好毕业生就业工作提出明确要求。党委副书记、副校长张静主持会议。

11月13日 副校长耿运琪主持召开教学实验室建设座谈会。各理科、工科学院相关负责人参加会议。会议就如何推动我校教学实验室的建设，为学校实验教学工作注入新活力进行研讨。

11月14日 召开第九次校长办公会议。会议有八项议题：审议化学学院化学系增补副主任、哲学系发生与比较认识论研究中心主任、国际商学院图书馆学系主任人选；决定成立南开大学泽尔腾实验室；研究外国语学院申请成立全国出国培训考试中心备选人员考试（BFT）培训中心事宜；审议“核心数学与组合数学”教育部重点实验室学术委员会名单；审议2003年南开大学专业技术职务评审机构换届名单，《南开大学2003年选聘新任博士生指导教师工作安排》；研究南开大学科学计算所管理模式；研究贯彻《教育部政府采购管理暂行办法》的有关事宜；审议《南开大学保护知识产权的规定（试行）》。

11 月 15 日 第二届公司治理国际研讨会在我校召开。全国人大常委会副委员长蒋正华、国家审计署审计长李金华，天津市市长戴相龙，诺贝尔经济学奖得主莱因哈德·泽尔腾出席开幕式，国内外知名专家、学者、企业家 300 余人参加研讨会。全国人大常委会副委员长成思危为大会发来贺信。校党委书记薛进文宣布大会开幕，校长侯自新致开幕词，副校长逄锦聚主持特邀嘉宾主题演讲。研讨会上，南开大学公司治理研究中心推出国内首个上市公司治理评价指标体系——“南开治理指数”。

11 月 15 日 1367 名学生到天津市血液中心无偿献血。

11 月 16 日 “软件技术与产业发展论坛”系列活动揭幕。著名电脑专家曾宪章博士作“软件产业的发展方向及策略”报告。

11 月 17 日 举行致聘仪式，授予诺贝尔经济学奖得主莱因哈德·泽尔腾为我校名誉教授，校长侯自新向泽尔腾教授致聘书。泽尔腾经济管理实验室（Sal Lab）揭牌，泽尔腾教授出任实验室主任。该实验室是我国人文社会科学领域首家以诺贝尔奖得主名字命名的实验室。

11 月 17 日 召开 2003 年选聘新任博士生指导教师工作会议。校长侯自新出席会议并讲话。

11 月 18 日 校长侯自新作为教育部中国大学校长代表团副团长，出席在德国举行的中德大学校长论坛。

11 月 19 日 耿运琪副校长率团参加在法国巴黎凡尔赛门会展中心举行的“21 世纪中国高等教育展”。

11 月 20 日 南开数学研究所副所长葛墨林教授当选为中国科学院（数学物理学部）院士，是天津市此次唯一当选的中科院院士。葛墨林是著名物理学家、博士生导师、国务院学位委员会物理、天文学科组成员、亚洲太平洋地区理论物理中心一般委员会委员。

11 月 20 日 纪委书记张式琪主持召开第二次全委会，就新一届纪委班子如何按照党代会的要求，围绕全面建设国际知名高水平大学的奋斗目标，进一步推进我校党风廉政建设和反腐败工作进行讨论。

11 月 20 日 国务院卫生与食品安全检查团对我校学二、学三食堂进行检查。

11 月 23 日 国家语言文字标准委员会汉语语汇分技术委员会在我校成立。国家语委语言文字标准化技术委员会下设 7 个分技术委员会，负责有关语言文字国家标准的制定、审核和推广等工作。汉语语汇分技术委员会是第一个成立的分技术委员会。

11 月 24 日 化学学院本科生易龙在第八届“挑战杯”全国大学生课外学术科技作品竞赛中以“高分子信息存储材料”获特等奖，

是本次挑战杯决赛中化工类唯一的特等奖。

11月24日 我校人文社科重点基地中国社会史研究中心举办“多元学科视野下的中国社会史研究学术研讨会”，来自国内外的40余位学者就社会史研究如何应对社会学科的冲击与回应展开讨论。

11月24日 党委书记薛进文，副书记、副校长张静会见东南大学学生工作考察团。

11月25日 党委书记薛进文，副书记、副校长张静会见兰州大学党委副书记周玲一行。

11月26日 校长侯自新、副校长陈洪会见北京师范大学副校长郑君礼一行。

11月26日 城市环境空气颗粒物原解析技术国际研讨会在我校举行。副校长陈永川，国家环保总局、天津市科委的有关人员出席会议。该领域专家魏复盛院士、王文兴院士、Dr. JohnG. Watson、Dr. Judith C. Chow做学术报告。

11月27日 “长江学者奖励计划”特聘教授许京军主持的“弱光非线性光子学材料及其先进制备技术实验室”被教育部批准为重点实验室。

11月27日 第三届天津市海峡两岸大学生文化交流代表团50余人来我校访问。党委副书记、副校长张静会见代表团。

11月27日 举行中青年管理骨干暨教职工入党申请人培训班，党委书记薛进文作题为“用‘三个代表’重要思想指导高水平大学建设实践”的报告。党委副书记杨庆山主持会议。

本月 哲学、社会学、外国语言文学、电子科学与技术为新增博士后流动站设站学科。

12月

12月1日 天津市高校团组织促进大学生创业工作推动会在我校举行，团中央书记处书记杨岳，党委书记薛进文，副书记、副校长张静出席会议。杨岳和薛进文共同为天津市大学生职业导航中心揭牌。

12月1日 副书记杨庆山主持召开冬季安全防火工作会议，校长侯自新出席会议并讲话，会议传达天津市冬季安全防火工作会议精神，对冬季防火工作进行部署。

12月1日 “知识转换与社会政策”国际学术研讨会在我校举行。副校长陈洪出席开幕式并致词。来自中国社会科学院、北京大学、清华大学、中国人民大学、加拿大萨斯喀彻温大学等单位的专家、学者参加研讨会。

12月3日 我校国际商学院院长李维安、经济学院教授陈宗胜获中国经济学界最高奖——第十届孙冶方经济科学奖。

12月3日 数学大师陈省身在数学研究所学术报告厅为师生作题为“漫谈Finsler几何”的学术报告。

12月3日 天津市科委主任李家俊在校长侯自新的陪同下对“南开之星”超级计算机的建设运行情况进行考察。

12月3日 党委书记薛进文率研究生教育管理工作考察团赴香港进行为期一周的访问。

12月3日 原全国政协常委、天津市政协副主席，民盟中央原常委，民盟天津市委原副主委、名誉主委，日本研究院教授、博士生导师吴廷璆病逝，终年93岁。1949年10月调入南开大学工作，历任中国史学会天津分会副理事长、科学院河北分院历史研究所(现改天津市)副所长，中国亚非学会、中华日本学会和中国中外关系史学会顾问，中国史学会常务理事、中国日本史学会首任会长和名誉会长。

12月4日 数学科学院邓少强教授、物理科学院宋峰教授、经济学院盛斌副教授入选教育部2003年度优秀青年教师资助计划。

12月4日 党委副书记、副校长张静主持召开学生课外学术科技创新推动暨表彰会，表彰在“挑战杯”全国大学生课外学术科技作品竞赛中取得成绩的学生及其指导教师。校长侯自新出席会议并讲话。学校决定启动学生科技创新工程，从2004年开始，每年划拨不少于100万元的经费作为专项基金，鼓励学生的科技创新活动。

12月5日 化学学院刘育教授获2003年全国高校宝钢教育基金优秀教师特等奖；历史学院陈志强教授、文学院曾晓渝教授、生命科学院杜荣骞教授荣获优秀教师奖；任东升等3名研究生和马瑞洁、赵娜等9名本科生荣获优秀学生奖。

12月6日 京津晋高校大学生纪念改革开放25周年暨第二届高校大学生学习“三个代表”重要思想研讨会在我校举行。来自清华大学、中国青年政治学院、山西大学、天津大学等30多所高校的近百名代表参加会议。党委副书记、副校长张静出席开幕式。

12月7日 中国社会工作教育协会第四届年会暨中国社会工作与社会工作教育理论与实践学术研讨会在我校召开。来自北京大学、香港大学、复旦大学、菲律宾大学等国内外100余所高校的200余位专家学者参加会议。党委副书记刘景泉出席开幕式。

12月7日 逄锦聚副校长率现代物流研究中心一行8人赴港，与香港理工大学、台湾东吴大学等单位共同组织2003中华物流论坛。

12月8日 举行纪念“一二·九”运动暨市级优秀学生和先进集体表彰会，对2003年度市级优秀学生和先进集体进行表彰。天津市市委常委、市委教卫工委书记陈超英，党委副书记、副校长张静出席会议。开展纪念“一二·九”运动68周年火炬长跑活动。

12月8日 召开纪念吴大任诞辰95周年暨《吴大任教育与科学文集》出版座谈会，校长侯自新，数学大师陈省身，数学家陈鹀、胡国定出席座谈会，副校长陈洪主持座谈会。《吴大任教育与科学文集》收录了吴大任1950年至1993年期间撰写的有关教育教学方面的文章，共80余万字。

12月9日　中国科技论文(2002年度)统计结果发布，我校被SCI收录论文数量为486篇，在全国高校中排名第十。

12月9日　校合唱团应邀参加由团中央、教育部、中央电视台联合举办的全国大学生纪念“一二·九”运动68周年文艺演出。

12月12日　以中国人民大学校长纪宝成为组长的教育部专家组一行6人，对我校国家经济学人才培养基地建设进行验收评估。校党委书记薛进文在验收评估报告会上向专家组介绍我校基础学科人才培养基地建设的总体情况。

12月13日　召开学生党建工作会议，各分党委、党总支、直属党支部书记，各专业学院(系)党委(党总支)副书记，团委(总支)书记及部分兼职组织员参加会议。党委书记薛进文、副书记杨庆山出席会议，党委副书记、副校长张静主持会议。会议传达全国高校第十二次党建工作会议精神，对我校近几年学生党员发展工作进行总结，对进一步加强和改进学生党建工作提出明确要求。

12月17日　召开第十五次党委常委(扩大)会议。会议有四项议题：研究部级后备干部推荐上报名单；研究学科平台建设资金使用方案；审议关于成立汉语言文化学院党总支和医学院直属党支部转为党总支的申请；讨论党代会报告任务分解情况。

12月19日　天津市委副书记邢元敏，市委常委、滨海新区工委书记皮黔生，市委常委、市委教卫工委书记陈超英在校长侯自新、副校长耿运琪的陪同下视察泰达学院。

12月19日　我校组织学生听取天津市市长戴相龙作的天津发展形势的报告。

12月20日　举行天津生物芯片技术报告会暨天津生物芯片技术有限责任公司揭牌仪式。国家科技部副部长程津培，天津市委常委、滨海新区工委书记皮黔生，市委常委、市委教卫工委书记陈超英，副校长耿运琪出席揭牌仪式。程津培和皮黔生为天津生物芯片技术有限责任公司揭牌。我校生命科学学院长江学者奖励计划特聘教授王磊任天津生物芯片技术有限公司总经理。

12月22日　南开大学云南研究院在昆明揭牌，校长侯自新、云南省副省长吴晓青出席仪式并讲话。该研究院是高校针对云南省建的第一所专门研究院。

12月22日　我校学生交响乐团在北京国家图书馆音乐厅举办“斯拉夫之夜”新年音乐会。教育部原副部长、中国高等教育学会会长周远清，教育部社政司司长靳诺，芬兰、波兰、德国、冰岛、塞尔维亚、挪威、西班牙、南非等8国驻华大使及使馆工作人员在副校长张静陪同下聆听音乐会。

12月23日 学校召开特邀监察员座谈会，纪委书记张式琪出席会议，特邀监察员就学校党风廉政建设工作提出意见和建议。

12月24日 教育部副部长吴启迪、教育部原副部长周远清在天津市副市长张俊芳的陪同下来我校视察，听取我校关于南开大学、天津大学紧密合作办学情况的汇报。党委书记薛进文、校长侯自新参加汇报会。在校期间，吴启迪、周远清前往看望国际数学大师陈省身，视察天南大联合研究院工地、“南开之星”计算中心和泰达学院。

12月24日 党委副书记刘景泉主持召开纪念毛泽东同志诞辰110周年理论研讨会，各分党委、党总支、直属党支部负责同志，“两课”教师代表，学生“三会”代表和离退休老同志代表出席研讨会。

12月24日 举行高等教育学会成立仪式，教育部原副部长、中国高等教育学会会长周远清，校长侯自新，中国高等教育学会秘书长张晋峰，原校党委副书记吴本湘、孔繁丰出席仪式。仪式由副校长逄锦聚主持。学会聘请周远清为名誉会长，侯自新为会长，逄锦聚、吴本湘、孔繁丰为副会长，王处辉为秘书长。

12月30日 召开第十六次党委常委会，会议有两项议题：研究干部问题，研究对允公集团投资问题。

12月30日 召开2003年文科研究优秀成果颁奖大会。党委书记薛进文，校长侯自新、党委副书记刘景泉、副校长逄锦聚和获奖教师及各单位负责人出席颁奖大会，会议由副校长陈洪主持。

12月30日 教育部批准筹建南开大学滨海学院。

12月31日 校长侯自新主持召开第十次校长办公会议。会议有十项议题：通报我校推荐第五届教育部科学技术委员会学部委员建议名单情况；审议光电信息技术科学教育部重点实验室专职副主任人选，法政学院全球问题研究所所长人选，南开大学政治经济学研究中心增补副主任人选，泰达学院膜分离技术研究开发中心主任(代理)人选，环境科学与工程学院环境工程与管理系副主任人选；研究在泰达学院建立泰达生物技术学院事宜；审议生命科学学院系所及人员调整方案事宜；审议《南开大学校办产业发展风险基金管理使用暂行办法(草案)》；研究《南开大学教学名师及精品课程负责人奖励资助办法(试行)》；审议《南开大学实施人事代理制度暂行办法》、《南开大学关于聘用外籍人员来校工作的实施办法(试行)》；研究成立南开大学科学计算研究所学术委员会、管理委员会，审议相关行政机构组成人员名单；决定成立南开大学危险化学品评审中心。

12月末 2003年，全校理科科研经费突破1.5亿元，文科科研经费超过1500万元。专利申请148件。

本月 我校与天津大学共建化学化工科学与工程实验室。

本月 教育部授予南开女排“中国大学生优秀运动队”称号

本月 文学院学生曹燕获第二届“新纪元全球华文青年文学奖”散文组冠军。

本月 南开学报（哲学社会科学版）入选教育部高校哲学社会科学名刊首批工程。

附　　录

2003年新闻媒体报道南开大学主要消息索引

报刊名称	文章题目	版次	作者	刊登日期
北方网	南开大学天津大学两校新增七名长江学者			2003－1－2
天津日报	《南大21岁本科生赶超博士》主人公再获殊荣	1		2003－1－3
天津日报	哈佛大学生专程来南开大学进行文化教育交流	5	刘耀辉	2003－1－4
天津日报	南大开通SCI数据库	5	汪伟　陈丽娜	2003－1－4
天津日报	九十初度说数学	7	陈省身	2003－1－4
中国青年报	张磊:应试时代的神童故事	1(头条)	堵力	2003－1－5
科技日报	张磊:南开“牛人”(附图片)	5(半版)	冯国梧　周维海	2003－1－8
天津日报	南大大港建分校	5	汪伟　陈丽娜	2003－1－8
党政干部论坛	实践“三个代表”创建一流大学	1期	南大党委	2003－1－13
中国网	过去五年是中国教育事业发展最快最好的时期		侯自新	2003－1－14
雅虎网	南开文学院为古典文学研究设重奖年奖20万	丁峰		2003－1－17
天津日报	南大重金奖励古文研究	5	汪伟　丁峰	2003－1－19
搜狐网	香港专业进修学校与南开大学签协议合作办学	中新社		2003－1－19
北方网	国际法模拟法庭赛 南开大学膺获第三			2003－1－19
天津日报	“名誉营长”陈省身与小营员畅谈数学理想	1	刘耀辉　姚文生	2003－1－21
今晚报	首届数学冬令营开营陈省身任名誉营长	1	杨晓慧	2003－1－22
中国教育报	南开大学文学院设奖助学金	2	张宝敏	2003－1－22
人民日报	电子媒体翰林电子书问世	18		2003－1－29
天津日报	南大要建国际级数研中心	5	汪伟	2003－1－30
人民日报	市委书记给数学大师拜年	2	李靖	2003－2－1
光明网	8位学者谈《南开史学家论丛》		何兹全等	2003－2－5
北方网	南开大学全国首届拍卖专业毕业生“畅销”		刘雁军　丁峰	2003－2－11
高教领导参考	南开大学掀起学习贯彻党的十六大精神的热潮	2期	南大校办	2003－2－15
光明日报	“公私观念与中国社会”学术讨论会在南开举行	B3	高山	2003－2－18
光明日报	张筑生的事迹和精神震撼心灵	1	陈建强等	2003－2－21

（续表）

报刊名称	文章题目	版次	作者	刊登日期
天津青年报	天南大九教授成为长江学者	2	侯砚 孙卫军	2003－2－21
香港文汇报	朱经武晤南大代表团(附图片)	A22	王毅 丁峰	2003－2－21
北方网	南大成立心理健康指导中心和青年研究中心		刘雁军 丁峰	2003－2－21
中国教育报	南开大学文学院重金奖后学	2	张宝敏	2003－2－25
光明日报	侯自新:拓宽教育渠道加快人才培养	1	周晓曲	2003－2－25
天津教育报	南大与天士力合作	2	陈欣然 丁峰	2003－2－25
中国教育报	南开大学物流研究项目通过鉴定	3	李力	2003－2－28
天津青年报	日本茶道南开展演(图片)	2	黄星 杨少春	2003－3－1
雅虎网	南开大学成立学生十六大精神研究会		李靖	2003－3－3
北方网	南开大学学生招生就业全透明荣誉奖金公开评			2003－3－3
光明网	“南开史学家丛书”学术研讨会在京举行		南史	2003－3－3
光明日报	程津培:关注海外华文教育	A3	倪迅	2003－3－6
北方网	南开大学公示制度让师生感受透明服务与教育			2003－3－6
天津日报	南大构筑五个学科高地天大五个学科全国领先	1		2003－3－11
高教领导参考	南开大学加强科技创新与文科科研工作新举措	3期	校办	2003－3－12
今晚报	陈省身在普林斯顿	25	王军杰	2003－3－12
天津教育报	格非在南大演讲	2	陈欣然 陈丽娜	2003－3－12
天津教育报	南开华为科技节闭幕	2	陈欣然 丁峰	2003－3－12
天津教育报	南开大学举办现代日本文化节(图片)	2	李想	2003－3－12
天津日报	两会剪影(侯自新代表发言图片)	2		2003－3－12
人民日报	培养拔尖创新人才	2	侯自新	2003－3－14
今晚报	南大天大目标:世纪中叶 世界一流	1	鲍国之 毛国强	2003－3－15
天津日报	关于中国共产党科学总结历史经验的若干思考	9	南开大学党委	2003－3－15
今晚报	南大研究生报名点报名的外国学生络绎不绝	8	张立	2003－3－17
今晚报	南大音乐教育受称赞	9	马明	2003－3－18
天津教育报	南大教师湖中救人	2	陈欣然 陈丽娜	2003－3－19
天津日报	南大公示制度让师生心里亮堂	5	汪伟 王树强	2003－3－19
中国网	首家上市公司治理评价指标体系CCGI推出		经济日报	2003－3－19
天津日报	南大学生创业拿到法国订单	9	常昊	2003－3－20
中国青年报	南开学生享受“透明”教育	5	王树强 李新玲	2003－3－20
光明日报	与时俱进是马克思主义的理论品质	C2	李毅	2003－3－20
中国教育报	南开一大批拔尖人才入党	1头条	张宝敏	2003－3－20
新浪网	天津市委书记张立昌给数学大师拜年		李靖	2003－3－20
中国教育报	《实验室科学》正式出版	2	张宝敏	2003－3－21
今晚报	经济学家茅于轼上午南大演讲	1	王军杰	2003－3－22

（续表）

报刊名称	文章题目	版次	作者	刊登日期
天津日报	“欧元之父”蒙代尔在南大演讲	2	庞晓敏 张璐	2003－3－22
北方网	南开大学招生就业全透明荣誉奖金公开评		郑文浩	2003－3－22
科学时报	南开大学优秀研究生可提前留校		王树强	2003－3－23
天津日报	南大国际商学院招生不再分专业	5	汪伟 丁峰	2003－3－24
天津青年报	南大下学期将实行3～6年学制	11		2003－3－24
中国教育报	南开大学举办金融市场高层论坛	2	张宝敏	2003－3－24
北方网	南开大学成立心理健康指导中心		宋剑锋	2003－3－25
天津教育报	南大社会学系师生参加低保调查受好评	1	陈欣然 张维平	2003－3－26
科技日报	南开大学国家文科基地正式揭牌	B1	陈丽娜	2003－3－29
光明日报	崛起的津派中国画（附杜滋龄国画）	4	李京	2003－3－29
北方网	南开大学软件学院外向型办学卓有成效		刘雁军	2003－4－1
天津教育报	摩托罗拉成为南大培训基地	1	陈欣然 丁峰	2003－4－2
光明网	“电视与音乐教育”研讨会在南开大学举行			2003－4－2
深圳特区报网	首创双导师制培养人才南开在深选聘25位导师		杨勇	2003－4－2
中国教育报	南开大学物流研究取得开创性成果	2	张宝敏	2003－4－5
中国青年报	南开10名硕士生进入第二课堂	5	丁峰 李新玲	2003－4－6
今晚报	南开大学微操作机器人获国家科技发明二等奖	6	佟郁	2003－4－6
在线国际商报	南开大学物流研究成果通过专家鉴定		沈镇平	2003－4－7
光明网	“电视与音乐教育”研讨会在南开大学举行		李子	2003－4－7
中广网	南开大学在摩托罗拉公司开办第二校园		鸣真	2003－4－9
光明日报	郑天挺师的为人和学问 ——读《及时学人谈丛》	C3	何兹全	2003－4－9
光明日报	自成体系的史学大师 ——《伯伦史学集》读后	C3	齐世荣	2003－4－9
光明日报	元史大家杨志玖 ——读《陋室文存》	C3	陈高华	2003－4－9
光明日报	探寻中国文化之根 ——读王玉哲《古史集林》	C3	李学勤	2003－4－10
光明日报	中国美国史学科的奠基人 ——评杨生茂《探径集》	C3	张芝联	2003－4－10
光明日报	资料 会通 见识 ——读杨翼骧《学忍堂文集》	C3	翟林东	2003－4－10
光明日报	勤奋·深思·博学 ——读来新夏《三学集》	C3	戴逸	2003－4－10
光明日报	求真致用 以史为鉴 ——读魏宏运《锲斋文录》	C3	李文海	2003－4－10
中国广播网	南开大学在摩托罗拉公司开办第二校园		张梦薇	2003－4－10
人民网	南开大学快速启动非典相关研究		陈杰 王树强	2003－4－10
人民日报	《与时俱进：马克思主义的理论品质》出版	9	安然	2003－4－14
天津日报	天南大要招国防生	5	汪伟	2003－4－14
北方网	中外著名金融学家汇集南开大学金融论坛			2003－4－14

（续表）

报刊名称	文章题目	版次	作者	刊登日期
北方网	南开研制微操作机器人系统进入产业化进程		新华社	2003—4—15
天津青年报	侯自新马蹄湖畔论百年南开(半版附图片)	13	刘晓艳 丁峰	2003—4—21
天津青年报	南大帮“哑巴”张口说英语 41 门课程双语教学	7	侯砚 陈丽娜	2003—4—21
光明日报	《南开史学丛书》学术研讨会在京举行	B3	南史	2003—4—21
光明日报	南开学报	C1	南开学报	2003—4—23
天津日报	南开大学获准自主设置博士硕士学科	5	汪伟 陈丽娜	2003—4—24
科技日报	南开大学开设双语教学课程	3	陈丽娜 冯国梧	2003—4—26
人民网	著名画家范曾为母校南开大学抗非典捐款 50 万		陈杰 丁峰	2003—4—27
香港文汇报	南开大学校长侯自新(附图片)	C1	王毅 李文林等	2003—4—28
今晚报	南开大学光电子薄膜器件与技术研究所	20		2003—5—1
中国教育报	南开大学推行学习伙伴计划	1	张宝敏	2003—5—2
今晚报	南大学生代表看望校医院抗非典一线医护人员	5	左山	2003—5—4
科学时报	南开大学开设 41 门双语教学课程		陈丽娜	2003—5—4
科学时报	南开大学开设 41 门双语教学课程		陈丽娜	2003—5—6
中国青年报	南开大学快速启动非典相关研究	5	李新玲 王树强	2003—5—7
天津日报	南大启动非典相关研究 18 个项目申请立项	5	汪伟 王树强	2003—5—7
天津日报	“南开微球”支援抗非典	5	汪伟 王树强	2003—5—8
科技日报	南开大学快速启动非典研究	3	王树强 冯国梧	2003—5—9
中国教育报	南开科研“特产”支援“非典”	2	张宝敏	2003—5—10
社会科学报	南开大学:“方圆大讲堂”开讲	3	南大宣传部	2003—5—11
人民网	中国首届拍卖专业大学生将在南开新鲜出炉		刘雁军	2003—5—15
中国教育报	范曾向南开大学捐款“抗非”	2	张宝敏	2003—5—16
新华网	南开大学打造阳光五月湖畔音乐会拒绝非典		李靖 丁峰	2003—5—16
中国日报	立法者促进战略石油储备——访侯自新校长	3	赵任峰	2003—5—18
人民日报	“中国上市公司治理评价系统”问世	14	国昆 永庆	2003—5—18
中国教育报网	南开大学:联合办学 增开专业 复合培养		王瑜琨	2003—5—19
大公报	南开大学办金融市场高层论坛	A7	刘现云 刘坤	2003—5—21
大公报	南开大学申请 18 项科研立项	A4	刘现云 刘坤	2003—5—21
天津日报	南开大学最近举办抗非典室外系列活动	3	杨新生	2003—5—22
人民网	非典时期南开大学启动“1+1”伙伴计划		陈杰 丁峰	2003—5—22
新华网	南开大学今年部分学院实行按科类招生		招办	2003—5—23
新华网	南开大学云南研究院今日揭牌		屈明光	2003—5—23
天津教育报	南开大学举办露天讲座	2	陈欣然 陈丽娜	2003—6—2
深圳商报网	逄锦聚谈“南开现象”		徐香梅	2003—6—3
中国青年报	南开大学拍卖专业高职生走红	5	丁峰 李新玲	2003—6—4

（续表）

报刊名称	文章题目	版次	作者	刊登日期
天津日报	南大10教授受聘国务院学位委员会评议组成员	2	汪伟 王树强	2003－6－10
中国教育报	南开首届拍卖专业毕业生“畅销”	1	张宝敏	2003－6－12
天津青年报	我第一志愿是南开	2	尼玛卓嘎	2003－6－12
每日新报	西藏首位“专业”拍卖师出自南大	3	李海燕 丁峰	2003－6－12
每日新报	南大引进高新人才用“三无政策”	3	李海燕 陈丽娜	2003－6－12
光明日报	“南开百年”主题展览将举办	A2	陈建强	2003－6－15
天津日报	“百年南开”展览将举行	6	汪伟	2003－6－17
今晚报	南大首创“根管显微内窥镜”达国际先进水平	2	王军杰 陈丽娜	2003－6－18
今晚报	“百年南开”展将进国家博物馆	13	王军杰 王树强	2003－6－19
中国教育报	南开大学：联合办学增开专业复合培养	5	王瑜琨	2003－6－19
天津青年报	中国工程师第二届年会在南开大学秀山堂举行	5		2003－6－21
光明日报	小探头代替牙镜和钢针	A2	陈建强 陈丽娜	2003－6－23
光明日报	《百年南开》展览校史资料、文物征集启事	B4	南开大学、中学	2003－6－23
新华每日电讯	南开大学李生勤到拉萨做拍卖师	4	李靖 丁峰	2003－6－24
科学时报	南开大学立项非典政经影响		陈丽娜	2003－6－24
光明网	南开大学的外国留学生(图片)		李靖	2003－6－25
光明日报	发挥网络优势 注重就业指导	1	陈建强 王树强	2003－6－27
天津日报	南大师生举办纪念建党82周年新开湖畔音乐会	6	刘耀辉 丁峰	2003－6－27
光明日报	南大阿塞拜疆留学生参加毕业典礼(图片)	2	李靖	2003－6－27
中国教育报网	南开大学：及早动手 注重指导		张宝敏	2003－6－27
人民网	南开大学关于主辅修与双学士学位的相关规定			2003－6－28
中国教育报	南开大学60名拍卖典当专业大学生毕业(图片)	2	李靖	2003－6－28
科学时报	南开大学科研人员首创新型牙科医疗器械	B4	陈丽娜	2003－6－29
科学时报	南开大学国家文科基地正式揭牌		陈丽娜	2003－6－29
新华网	伊朗文化艺术展在南开开幕		南开大学	2003－6－30
新华网	南开大学科研人员首创新型牙科医疗器械		南开大学	2003－6－30
中国网	侯自新过去五年是中国教育事业发展最好时期		唐富春	2003－6－30
人民网	南开大学入校后转专业相关规定			2003－6－30
科学时报	南开大学确定首批自主设置博士硕士学科		陈丽娜	2003－7－1
天津教育报	南大“十五”“211工程”建设启动	1	陈欣然 陈丽娜	2003－7－3
天津日报	南大为奥运编织“安全网”	5	汪伟 陈丽娜	2003－7－4
人民日报海外	今年南开大学60名拍卖与典当专业大学生毕业	4	李靖	2003－7－6
新华每日电讯	南开大学开设专门课程让“三个代表”进课堂	1	李靖	2003－7－6

（续表）

报刊名称	文章题目	版次	作者	刊登日期
天津日报	南大投建世界一流数学中心	1	汪伟	2003—7—14
中国教育网	封面人物：南开大学校长侯自新	6月号		2003—7—25
中国教育网	教育信息化变革之力——访南开大学校长侯自新	6月号		2003—7—25
中国教育报	南大等高校10名学生暑期到兰州义务支教(图)	2	韩传号	2003—7—26
天津日报	超高效除草剂通过验收	7	汪伟 丁峰	2003—7—27
天津青年报	南开大学《公司治理教程》入选研究生用书	14	苏娅辉 丁峰	2003—7—28
天津日报	南开描绘世界数学坐标	10	孙刚 丁峰	2003—7—29
联合早报(新)	南开大学数学重镇100年不落伍		天津日报	2003—8—1
光明日报	培养高素质数理化人才	B1	南开大学	2003—8—5
天津日报	国际数学研究中心 世界一流落户南大	6		2003—8—18
人民网	南开大学建设世界一流数学中心		陈杰	2003—8—22
科学时报	南开大学“奥运风险研究”通过评估	B4	陈丽娜	2003—8—26
瞭望	南开天大关注北大方案	29期	侯自新	2003—8—27
新浪网	微分几何大师著名数学家陈省身(附图片)		孙珉等	2003—8—28
天津日报	南大女排夺冠 董震吊环称王	3	张明	2003—8—30
光明日报	金牌诚可贵经验价更高——谈南开女排夺金意义	2	王东	2003—8—31
天津日报	南开大学IBM英特尔联手开发国内“电脑王”	1	李玉峰 汪伟	2003—8—31
人民网	南开大学联手IBM建造国内最快的超级计算机		陈杰	2003—9—1
光明日报	南开与IBM建超级计算机	1	陈建强	2003—9—2
新浪网	南开17年的探索成功大学女排夺得大运会冠军		孙保生	2003—9—3
天津教育报	做好“双高”人员入党工作	1	薛进文	2003—9—3
文汇报	陈省身的五次抉择	11	科学生活	2003—9—5
天津教育报	韩驻华大使南大作报告	1	陈欣然 陈丽娜	2003—9—5
天津青年报	金大使妙语动南开	17	苏娅辉 胡冬梅	2003—9—5
科技日报	南开与IBM联手打造超级计算机	3	冯国梧 陈丽娜	2003—9—5
中国青年报	南大学子软件开发大赛夺冠	5	李新玲 陈丽娜	2003—9—6
天津青年报	南大朱光磊 顾沛在北京人民大会堂接受颁奖	17	刘海峰	2003—9—10
天津青年报	德国洋指挥“奏响”南开	17	郑然成 雯许瑞	2003—9—11
文摘报	陈省身为何选择数学	6	张奠宙	2003—9—12
天津日报	陈省身的5次抉择	7	《陈省身传》	2003—9—12
中国教育报	“首届高校教学名师奖”获得者顾沛教授(图片)	1	刘海峰	2003—9—12
光明日报	让创新型人才辈出——南大着力培养学生创新能	1(头条)	陈建强 王树强	2003—9—13

（续表）

报刊名称	文章题目	版次	作者	刊登日期
光明日报	坚强女孩梦圆南开	2	陈丽娜 陈建强	2003—9—13
高教领导参考	南开大学推进校务公开加快学校发展	12 期	党办校办	2003—9—13
高教领导参考	南大处级以上干部实行学术假和经费资助制度	16 期	校办	2003—9—13
天津青年报	杨振宁南开"讲故事"	18	苏娅辉 张国	2003—9—19
天津青年报	南开大学蒙民伟楼竣工	18	苏娅辉 陈丽娜	2003—9—19
中国青年报	南开大学就业指导开发校友资源	2	李新玲	2003—9—20
天津日报	名师录(附朱光磊教授照片)	13		2003—9—21
中国教育报	"南开之星"超级计算机诞生	1	张宝敏	2003—9—24
中国青年报	南开大一新生写论文批判中学作文教学	5	李新玲	2003—9—29
天津日报	南大与加州大学共育 EMBA	2	汪伟 张国 王树强	2003—10—2
天津青年报	南大与美高校合作培养 EMBA	1	陈欣然 王树强	2003—10—3
天津教育报	微软"创新杯"南大学子夺冠	2	陈欣然 陈丽娜	2003—10—10
内参	南开大学研制出"硅基液晶"微显示芯片	3670	李靖	2003—10—13
高教领导参考	南开大学加强后备干部队伍制度建设	10 期	办公室	2003—10—13
新华网	南开大学与美国加州大学合作培养 EMBA 研究生		王树强	2003—10—13
中国青年报	国内首枚微显示芯片在南大研制成功(图片)	5	李星皎	2003—10—14
网易	唐树备作客"南开名人讲座"解说两岸关系问题		孙志民	2003—10—16
中国教育报	华罗庚数学奖陈省身数学奖双双颁发	1	石志勇	2003—10—16
天津日报	"南开物理星团"再让世界瞩目	1	汪伟	2003—10—18
人民日报	国内首枚微显示芯片在南大研制成功(图片)	11		2003—10—19
光明日报	公司治理必须多管齐下	B2	楚风	2003—10—21
今晚报	国内首个医院管理硕士班在南开大学	2	王军杰 丁峰	2003—10—24
中国教育报	南开大学泰达学院应用物理学院成立	2	张宝敏	2003—10—24
中国教育报	陈省身喜获罗巴切夫斯基奖章	2	张宝敏	2003—10—28
光明日报	欢迎报考南开大学研究生	B4		2003—10—29
北方网	南开大学非晶硅太阳能电池产业化稳步推进		郭城	2003—10—31
北方网	著名作家王蒙来津演讲受聘文学院兼职教授			2003—10—31
光明日报	中国数学会全国代表大会召开	2	夏静 梅献民	2003—11—1
中广网	国内首枚 LCOS 微显示芯片在南开大学研制成功		新华网	2003—11—2
天津日报	天大南大打造高教航母	1	汪伟	2003—11—3
搜狐网	王蒙前往南开大学当教授开口就说对不起南开		中国新闻网	2003—11—3
求是	用"三个代表"重要思想武装大学生头脑	21 期	薛进文	2003—11—4
中国新闻网	王蒙前往南大当教授开口就说"对不起南开"			2003—11—4

（续表）

报刊名称	文章题目	版次	作者	刊登日期
人民网	南大纪念中国学术大师陈序经诞辰100周年		陈杰 张国	2003—11—4
天津日报	陈省身获启明奖（附图片）	1	李保平 宋子明	2003—11—7
中国教育报	南开大学纪念陈序经诞辰一百周年	2	张宝敏	2003—11—9
天津日报	南大纪念陈序经诞辰百年	2	汪伟 张国	2003—11—11
经济日报	南开大学2003年毕业典礼(图片)	9	廖年生	2003—11—11
光明日报	南开大学学生合唱团不平凡之路	B1	单三娅	2003—11—12
光明日报	走向世界应用物理研究的前言	C4	陈建强 丁峰	2003—11—12
天津日报	南大天大首届联合学术节闭幕	2	汪伟	2003—11—12
中国教育报	南大获世界大学生国际象棋挑战赛两项冠军	2	张宝敏	2003—11—12
搜狐网	缅怀一代宗师南大纪念陈序经诞辰百年		汪伟 张国	2003—11—12
天津日报	陈省身数学奖揭晓南大张伟平获奖	2	汪伟	2003—11—16
天津日报	“泽尔腾实验室”落户南大	2	汪伟 武志成	2003—11—16
中国教育报	为祖国而歌唱——记南开大学学生合唱团(图片)	8	于尔	2003—11—18
新华网	诺贝尔奖得主受聘南开名誉教授并建实验室		李新玲	2003—11—19
人民日报	南开因你而更美丽	16	陈杰 禹伟良	2003—11—21
天津日报	泽尔腾:阐释博弈之美(附图片)	19	常瀚之 庞晓敏	2003—11—21
天津日报	南大学子获全球华文青年文学散文冠军	5	汪伟 丁峰等	2003—11—22
天津日报	诺贝尔奖得主受聘南大	13		2003—11—24
天津日报	南大葛墨林当选中科院院士	1	汪伟 张国 丁峰	2003—11—24
新浪网	汉语标准,南大参与制定		王军杰 陈丽娜	2003—11—24
天津日报	全国“挑战杯”特等奖南大本科生夺得	5	汪伟	2003—11—25
中广网	南开大学光电所四个项目通过成果鉴定		张梦薇 丁峰	2003—11—26
高教领导参考	南开大学积极培育物理学科新的增长点	18期	南开大学	2003—11—26
新浪网	促进汉语语汇规范化 国家语委南大设“分会”		李海燕 陈丽娜	2003—11—27
天津日报	开展民营经济研究 市工商联与南大签约协议	2	吴学婵	2003—11—28
中国青年报	南开大学全力提升研究生招生质量	7	张彭升	2003—12—3
天津日报	南大芯片达世界水平	9	黄海京 孙国红	2003—12—3
天津日报	大学生乒球赛落幕	8	金亭	2003—12—3
中国青年报	南开学术成果评定引入代表作制度	5	李新玲 陈丽娜	2003—12—4
中广网	南大芯片设计工艺达到世界水平		赵凯 孙国红	2003—12—4
中广网	“挑战杯”竞赛南开学子再次折桂		张梦薇 陈丽娜	2003—12—4
中国教育报	南开大学:学术评定要看“代表作”	2	张宝敏	2003—12—5
天津日报	陈省身大师亲绘挂历赠数学迷	1	汪伟	2003—12—5
每日新报	南开大学首推“代表作”制	3	李海燕 陈丽娜	2003—12—6
新华网	“陈省身数学奖”揭晓南大张伟平获得		天津日报	2003—12—9
中广网	天大南大打造高教航母		张梦薇 孙卫军	2003—12—9
股市888	南开将推公司治理排行榜		中国证券报	2003—12—9

（续表）

报刊名称	文章题目	版次	作者	刊登日期
人民网	南开大学大力实施人才强校		陈杰	2003—12—10
中国改革报	第二届公司治理国际研讨会在南开召开	1	王彦 丁峰	2003—12—11
技术市场报	南大治理研究走在全国前列	4	王树强 陈胜利	2003—12—11
新浪网	《沐浴》脱颖出南大女生再摘美文桂冠		李海燕 赵建伟	2003—12—11
新浪网	南开大学国内首创培养经济研究生		张绍祖	2003—12—11
科技日报	南开引入学术"代表作"制度	1	冯国梧 陈丽娜	2003—12—12
香港太阳日报	南开大学学生收看神舟五号成功返回（图片）		李星皎	2003—12—14
香港苹果日报	南开大学学生热烈欢呼返回舱平安着陆（图片）		李星皎	2003—12—15
天津日报	南大研制出新型除草剂	9	汪伟 陈丽娜	2003—12—15
中广网	"南开之星"超级计算机一期工程完工		张梦薇 陈丽娜	2003—12—16
人民日报	南开大学大力实施人才强校	11	陈杰	2003—12—17
中国教育报	《吴大任教育与科学文集》出版	2	张宝敏	2003—12—17
中广网	南开大学研制"新型除草剂 H—9201"		张梦薇 陈丽娜	2003—12—17
天津日报	最高经济学奖孙冶方奖揭晓南大两学者折桂	1	庞晓敏	2003—12—21
人民日报内参	南大法学家建议我国尽快制定《紧急状态法》		陈杰	2003—12—22
中国广播网	"南开现象"惊现"中国诺贝尔经济学奖"		张梦薇 张国等	2003—12—22
新华网	国内最高经济学奖孙冶方奖南大两学者折桂		天津日报	2003—12—23
国内动态清样	南开大学研制出"硅基液晶"微显示芯片		李靖	2003—12—23
国际在线	南开大学出现"诚信试卷"		张梦薇 丁峰等	2003—12—23
中国教育报	南开大学学生交响乐团献艺京城	2	范绪 锋朱平	2003—12—24
天津青年报	"南开现象"惊现"中国诺贝尔经济学奖"	14	苏娅辉 张国	2003—12—24
天津日报	南大昨考"诚信试卷"	9	汪伟 丁峰	2003—12—26
中国青年报	南开学生网上打分评价授课教师	5	李新玲 陈丽娜	2003—12—26
人民网	南开大学学生网上为授课教师匿名打分		李新玲	2003—12—26
中国青年报	南开大学出现无人监考的"诚信试卷"		李靖 丁峰	2003—12—26
中国青年报	南开教授程鹏老师就是要帮学生实现自己想法	5	李新玲	2003—12—26
科技日报	天南大合作又有新成果	1	陈欣然 陈冯等	2003—12—31
光明日报	天南大加快合作步伐	5	陈冯 李丹	2003—12—31
光明日报	承风借力创一流 南开大学"985"工程建设纪实	1(头条)	宋言荣 王树强	2003—12—31